公共经济学

吕守军　魏　陆　编著

上海交通大学出版社
SHANGHAI JIAO TONG UNIVERSITY PRESS

内容简介

本书旨在通过对公共部门经济活动进行理论和实证分析,揭示公共部门特别是政府经济活动的基本规律及其对宏观、微观经济的影响,为政府制定政策提供理论依据和实践指导,为读者客观认识公共部门的经济活动提供参考。全书共分为六篇,分别是基础理论篇、公共支出篇、公共收入篇、公共企业与规制篇、公共收支管理篇、宏观财政理论与政策篇。本书体系完整,信息量大,案例丰富,数据翔实,易于理解,力求做到理论与实践相结合,体现公共经济学的思想性和实践性。

本书适合作为公共管理类本科生或者相关专业研究生的专业课程教材,也可作为经济学、工商管理类专业学生以及政府公共管理部门工作人员的学习参考用书。

图书在版编目(CIP)数据

公共经济学 / 吕守军,魏陆编著. —上海:上海
交通大学出版社,2021.12
ISBN 978 - 7 - 313 - 25254 - 8

Ⅰ.①公… Ⅱ.①吕…②魏… Ⅲ.①公共经济学—
高等学校—教材 Ⅳ.①F062.6

中国版本图书馆 CIP 数据核字(2021)第 153843 号

公共经济学
GONGGONG JINGJIXUE

编　著:吕守军　魏　陆
出版发行:上海交通大学出版社　　　　　地　　址:上海市番禺路 951 号
邮政编码:200030　　　　　　　　　　　电　　话:021 - 64071208
印　制:上海万卷印刷股份有限公司　　　经　　销:全国新华书店
开　本:710mm×1000mm　1/16　　　　　印　　张:28.25
字　数:617 千字
版　次:2021 年 12 月第 1 版　　　　　　印　　次:2021 年 12 月第 1 次印刷
书　号:ISBN 978 - 7 - 313 - 25254 - 8
定　价:98.00 元

前　　言

党的十八大以来,我国既强调使市场在资源配量中起决定性作用,也强调更好发挥政府作用。二者是有机统一的,不是相互否定的,政府的职责和作用主要是保持宏观经济稳定,加强和优化公共服务,保障公平竞争、维护市场秩序、推动可持续发展、促进共同富裕,弥补市场失灵。

公共经济学是关于公共部门特别是政府经济活动的一门重要学科,既具有悠久的历史和深厚的经济学底蕴,又是一门充满活力、蓬勃发展的学科;既与我们每个人的生活息息相关,也关系到整个国家和社会的发展,因此掌握和了解一定的公共经济学知识对我们的学习、生活以及工作都是十分必要的。

本书在向读者介绍公共经济学专业知识时努力做到三个"力求":一是力求做到理论与实践相结合,在介绍相关理论的同时,各章都以专栏形式配备了大量背景材料、案例分析等,便于读者从实践的角度理解对应经济学理论;二是力求反映国内外公共经济政策的最新改革动态,体现公共经济学的思想性;三是力求使读者了解现代公共经济学的基本理论和基本实践,对公共经济学有一个全面和系统的把握。

本书共分为六篇二十三章,分别是基础理论篇、公共支出篇、公共收入篇、公共企业与规制篇、公共收支管理篇、宏观财政理论与政策篇;具体内容包括导论、理想市场的评判标准、市场失灵、公共产品、公共选择、公共支出概论、教育、农业、基础设施、社会保障、公共收入概论、税收理论、货物和劳务税、所得税、公债、公共企业、公共规制、公共定价、外部效应的治理、政府间财政关系、公共预算、宏观财政理论、宏观财政政策。

本书在上海交通大学出版社 2010 年出版的《公共经济学》(魏陆、吕守军)的基础上进行了更新和完善,可以看作是该书的第二版。书中多数内容都经作者在课堂讲授过程中反复推敲,适合作为公共管理类本科生或者相关专业研究生的专业课程教材,也适合作为经济学、工商管理类专业学生以及政府公共管理部门工作人员的学习参考用书。

本书的出版得到了上海交通大学出版社的大力支持,感谢上海交通大学研究生院和国际与公共事务学院的资助。

由于编者水平有限,不足之处恳请读者提出宝贵意见。

目　　录

第一篇

1

公共经济学

【基础理论】

第一章

导　论

对绝大多数国家来说,现代经济是典型的混合经济,公共部门和私人部门共同构成了经济活动的主体,为社会提供所需要的产品和服务。公共部门经济活动不但与我们每个人的生活息息相关,而且还关系到整个国家和社会的发展。因此,了解和掌握一定的公共经济学知识是十分必要的。作为导论,本章主要介绍混合经济、政府经济干预理论的演变、公共经济学的基本框架,使读者对公共经济学全貌有一个初步了解。

第一节　混合经济

按照不同分类标准,经济部门可以划分为不同类型:按产业不同,划分为第一产业、第二产业和第三产业;按生产的产品不同,马克思将社会生产部门划分为第 I 部类(生产生产资料的部门)和第 II 部类(生产消费资料的部门);按经济主体的性质不同,经济部门可以划分为公共部门和私人部门,如图 1.1。

一、公共部门

公共部门(public sector)指社会中属于政府所有或控制,使用公共财产和公共资金,在一定程度上贯彻和执行政府意图的经济实体的总和。公共部门由政府部门、公共非营利组织和公共企业部门共同构成,如图 1.1。

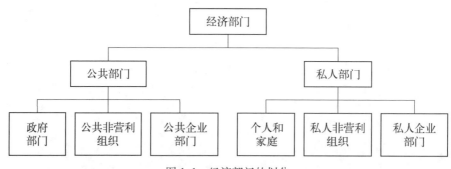

图 1.1　经济部门的划分

　　政府部门，指拥有强制性的公共权力、能够制定公共政策的政权组织，是公共部门的核心组成部分。政府部门不从事营利性产品或服务的销售，主要通过税收筹集收入，所需经费完全依靠财政拨款，免费或在一定程度上免费向社会提供公共产品或服务，也被称为"纯粹的"公共部门。从纵向上来看，政府部门按照层级又可分为中央政府和地方政府；从横向上来看，政府部门包括各种不同的职能部门。

　　政府不是抽象的，而是由具体的部门和机构组成的，但是关于什么是政府，却有两种截然不同的观点。一是"政府有机论"，该理论把社会看作是一个自然的有机体，每个人都是这个有机体中的一部分，而政府被看作是这个有机体的心脏。据此，个人只有作为社会的一部分才有意义，个人利益要服从于整体利益。二是"政府机械论"，认为政府不是社会的一个有机组成部分，而是个人为了更好地实现其个人目标而人为创立的东西。政府就像一个信托机构，政府官员只是受托人，没有个人就没有政府。据此，处于舞台中心的不应是群体而应是个人，个人是社会的基础。"政府机械论"在西方资本主义政治思想中占据主导地位，其经济思想也是沿着个人主义的思想路线发展的。

　　公共非营利组织，指由政府投资，所需资金主要由财政提供，基本功能是为社会提供公共服务和准公共产品，不以营利为目的的组织机构。例如，由政府投资兴办和主管的公立学校、医院、科研机构、社会福利机构、基金会、联合会等公共事业单位或非政府公共机构。这些组织机构的活动要优先体现政府的意图，甚至直接为实现政府的目标服务，其服务或产品价格由政府确定。这些部门提供的公共服务的数量和质量与政府政策密切相关。此外，通常"广义"的政府部门还包括公共非营利组织。

　　公共企业部门，指公共部门中由政府所有或控制，以营利为主要目的，从事产品或服务的生产和销售，依靠销售取得收入来源，同时又承担一定政治、经济和社会责任的企业单位的总称。按照营利性的不同，公共企业部门又可细分为公益性公共企业和竞争性公共企业。公益性公共企业，如城市自来水公司、城市公共交通公司等，一般由政府投资或以政府为投资主体，为社会提供公共服务或准公共产品。此类公共企业部门具有一定的垄断性，其服务或产品价格由政府定价，但实行企业化管理，自负盈亏，必要时由政府补贴。竞争性公共企业，如政府所有或控股的工厂、商店、宾馆等企业单位，与私人部门的工商企业平等参与市场竞争，自主经营，自负盈亏，但其经营活动仍受到政府的影响。因此，公共企业既具有一定的公共性，负有一定的社会责任，但是通常又以营利为主要目标。

　　不论是政府部门、公共非营利组织还是公共企业部门，它们的活动都在不同程度上体现为政府的活动，也就是说都具有一定的公共性。但是政府部门、公共非营利组织与公共企业部门所从事的活动的性质是有所区别的：前二者不以营利为目的，后者以营利为主要目标；前二者一般不从事销售，后者则必定要从事私人产品和服务的销售；前二者以财政拨款为主要收入来源，后者则以销售收入为主要收入来源；前二者很大程度上依据上级政府的指令行事，后者则具有相对独立性；前二者主要从事社会消费活动，一般不生产物质产品，后者则主要从事物质产品以及各项服务的生产活动。

在有些发达国家,如美国,公共企业数量很少。虽然也有一些公益性公共企业,但是竞争性的公共企业很少。所以,其公共部门的划分基本上可以不考虑公共企业,公共部门和广义政府部门的范围相差不大。在我国,无论是在竞争性领域还是在非竞争性领域,公共企业部门仍具有相当大的规模。由于与政府关系密切,公共企业在市场竞争中具有明显的优势。虽然在事关国民经济命脉的行业中,公共企业占据主导地位对维护国家经济安全、保障经济社会的稳定运行都具有重要意义,但是如何改革公共企业,提高公共企业运行效率,加强政府对公共企业的监管,维护公平竞争的市场秩序,仍然是我们面临的重要问题之一。

二、私人部门

私人部门(private sector),与公共部门相对应,指由个人、家庭及私人所拥有的企业等经济主体所组成的经济部门,如图1.1所示。这些经济行为主体的共同特点是它们的活动依赖于私人资产,所取得的收入归属于个人。除了部分非营利性的私人组织外,多数私人部门均具有强烈的利益动机,其消费和生产决策以自身利益最大化为目标。虽然他们的活动要受到各种法律、政策和规章的制约,但除此之外,政府只能通过税收、补贴等间接手段来影响或诱导他们,而不能用直接行政指令来规定他们的行为。有时人们也将私人非营利组织和部分公共非营利组织统称为第三部门或非政府组织(NGO),以区别于纯粹的公共部门和私人部门。

政府、公共非营利组织、公共企业、个人和家庭、私人非营利组织、私人企业共同构成了经济活动的主体,为社会提供所需要的产品和服务。但是由于各经济主体的性质不同,公共部门与私人部门是存在明显区别的。这种区别主要体现在以下几个方面:一是在负责人的产生上,在民主社会中,负责管理公共机构的个人是被选举产生的,或是由选举产生的人任命的(或是由选举产生的某人任命的某人任命)。掌权者的合法性源于直接或间接的选举程序[1],而私人企业部门的决策者通常是由财产的所有权决定的;二是在主体拥有的权力上,公共部门中的政府部门被赋予特定的强制权,如征税权,这种权力是任何私人机构所没有的;三是在所占有的资源上,公共部门所占有的是一种公共资源,而私人部门所占有的是一种产权明确的非公共资源;四是在为社会所提供的产品和服务上,公共部门中的政府部门所提供的是一种公共产品和公共服务,私人部门所提供的则是一种私人化的产品和服务;五是在它们的行为价值取向上,公共部门特别是政府必须以公共利益作为其行为的价值取向,而私人部门则往往以其自身利益的最大化作为其行为的价值取向。

三、混合经济

公共经济学(public economics)是经济学的一个重要组成部分。经济学(economics)是一门研究个人和社会如何进行选择,使用具有多种用途的稀缺资源生产各种商品,并把商品分配给社会的各个成员或集团以供消费之用,达到社会效用最大化的学科。经济学

---

[1] 斯蒂格里茨. 公共部门经济学[M]. 郭庆旺译. 北京:中国人民大学出版社,2005.

主要研究六个问题,即生产什么(what);生产多少(how many/much);怎么生产(how);为谁生产(for whom);谁做决策(who);以什么程序做出决策(how to decide)。

由于资源具有稀缺性,因此资源配置是经济学的核心问题。对资源的配置主要有两种手段,一是计划经济手段,二是市场经济手段。计划经济,即由政府通过指令性计划来决定人们生产什么、如何生产以及谁来消费。市场经济,即通过生产者和消费者之间的自由交换来决定人们生产什么、如何生产以及谁来消费。公共部门主要采用计划手段配置资源,而私人部门通常采用市场手段配置资源。从公私部门的构成和资源配置的手段来看,存在两个极端情况:

一是自由放任的市场经济,以完全的私有产权和分散决策为特征,也称之为纯粹市场经济模式。在这一模式下,几乎没有公共企业部门,同时政府部门的规模也非常小,政府对市场的干预很少,市场的资源配置作用得到最大限度地发挥(如表1.1)。19世纪上半叶的美国被认为是接近自由放任的市场经济模式。

表1.1　自由放任的市场经济

政府部门	居民家庭部门
私人企业部门	

二是高度集中的计划经济,以中央集权的计划和控制为特征,也称为纯粹集权经济模式。在这一模式下,几乎没有私人生产部门,同时公共部门的规模非常大,政府对经济的干预无处不在,计划对资源的配置作用被最大程度地发挥(如表1.2)。改革开放前的中国和苏联采用的即是这种经济模式。国家实行高度集中的计划经济体制,政府对经济的干预和控制渗透到经济生活的各个方面。目前朝鲜的经济模式仍接近这种模式,其"经济自由指数"连续多年都位居全球后列。

表1.2　高度集中的计划经济

政府部门	居民家庭部门
公共企业部门	

但是大部分国家的经济模式都是介于自由放任的市场经济和高度集中的计划经济之间,公共部门和私人部门互为补充,呈相互融合之势,共同提供社会所需要的产品和服务,也就是所谓的混合经济模式(mixed economy)(见表1.3)。只不过有的国家私人部门大一些、市场化程度高一点,有的国家公共部门大一些、市场化程度低一点,所有国家都在动态变化过程中寻找最优的公共部门和私人部门结合模式。

表1.3　混合经济

政府部门	居民家庭部门
公共企业部门	私人企业部门

衡量一个混合经济中公共部门规模的大小通常有三种方式:一是在公共部门中就业的人员占全部社会就业人员的比重;二是公共部门所创造的生产总值占全部国内生

产总值(GDP)的比重;三是公共部门支出规模占国内生产总值的比重。不管从哪一种方式来看,公共部门在国民经济中的作用都是不可替代的。

需要指出的是,在经济部门中,公共部门究竟应该占据多大比重,没有一个适合于所有国家的评判标准,不能一概而论。有的国家公共部门的规模相对很小,有的国家公共部门的规模相对就很大,但二者可能都发展得很好。因此,具体到每个国家,关键看这种混合经济模式中各部门的占比是否有利于其自身的经济社会发展。

第二节　政府经济干预理论的演变

自18世纪末期现代西方经济学产生以来,政府是否应该对经济进行干预、应该进行何种程度的干预一直都是该学科最具有争议的话题之一。不同历史时期、不同经济学派在这一问题上的观点差异非常大,为我们研究政府的经济作用提供了许多不同的视角。总体来看,政府经济干预理论的变化大致可以划分为三阶段。

一、18世纪后期至20世纪30年代

在这一时期,经过古典学派和新古典经济学派以及其他经济学派的发展,诞生不久的西方经济学理论和实践都得到了极大的丰富。在政府对经济的干预上,主张自由市场经济、反对政府过多干预经济的观点占据主导地位。

1. 古典经济学派的政府经济干预思想

以亚当·斯密(Adam Smith,1723—1790)为代表的古典经济学派,建立于资本主义自由竞争时期。当时资产阶级还是一个新兴的阶级,为了巩固资产阶级在政治上和经济上的统治地位,建立和发展资本主义生产关系,古典学派把反对封建制度的残余和重商主义经济学说的束缚以及维护新兴资产阶级的利益作为他们的历史任务。1776年,亚当·斯密发表了《国民财富的性质及其原因的研究》(*An Inquiry into the Nature and Causes of the Wealth on Nations*,简称《国富论》)。亚当·斯密主张"自由竞争、自由放任",反对一切干预的自由主义思想。他提出了"看不见的手"的经济理论,认为个人在追求自身利益最大化的同时也会使社会利益最大化。他说:"每个人都在力图应用他的资本,来使其生产的产品能得到最大的价值。一般来说,他并不企图增进公共福利,也不知道他所增进的福利为多少。他所追求的仅仅是他个人的安乐,仅仅是他个人的利益。在这样做时,有一只看不见的手引导他去促进一种目标,而这种目标不是他所追求的东西。由于他追逐自己的利益,他经常促进了社会利益,其效果要比他真正想促进社会利益时所得到的效果更大。"根据亚当·斯密的自由竞争思想,政府支出对经济资源的单纯损耗,对扩大再生产完全是一种负面作用。因此必须限制政府的活动范围,这样既减少了政府支出,又可以防止政府对经济的不必要干预。亚当·斯密认为,政府在市场经济中应仅充当"守夜人"的角色,"管得最少的政府就是最好的政府",政府的职能应仅限于抵抗国外侵略、维护治安以及举办某些公共工程方面。

在亚当·斯密之后,大卫·李嘉图(David Ricardo,1772—1823)、让·巴蒂斯特·萨伊(Jean-Baptiste Say,1767—1832)、约翰·斯图亚特·穆勒(John Stuart Mill,1806—1873)等古典经济学家对公共服务提供范围、国家职能进行了完善,但是均反对政府过多地干预经济。因此,在资本主义初期,政府的职能是非常有限的,这与当时资本主义发展的历史时期是相适应的。

2. 新古典经济学派的政府经济干预思想

新古典经济学派以瓦尔拉等人的边际革命和一般均衡理论创立为标志,由马歇尔所确立并由庇古等人所发展,至凯恩斯为止。新古典经济学派继承和发展了古典经济学派反对政府经济干预的思想,从瓦尔拉的"一般均衡理论"和马歇尔的"局部均衡理论"出发,把资本主义经济描绘成一部可以自行调节的美妙的机器,认为自由竞争的市场完全能够保证全社会经济资源的合理配置和充分利用,保证每个社会成员的需求都得到最大的满足。同时,新古典经济学派将"经济人"假设作为经济分析的前提,提出了"帕累托最优""社会福利函数"等概念,构建了垄断、外部效应、公共产品、信息不完全等经济学概念,丰富了西方经济理论。

阿瑟·塞西尔·庇古(Arthur Cecil Pigou,1877—1959)创立了福利经济学(welfare economics),认为国家活动或者政府活动必须最大限度地贯彻提高国民经济福利的原则。庇古在《福利经济学》一书中,根据政府支出能否产生社会所得将其区分为转移经费和非转移经费,认为不管转移经费还是非转移经费,两者都使总货币所得发生变化,对经济产生积极的作用。根据庇古的观点,政府除了要履行亚当·斯密等古典经济学家提出的三大职能外,还需要对收入分配进行调节,通过抚恤金、养老金、补助金等手段提高国家的总体福利水平。庇古把经济学的研究转到对社会福利经济的考察,从传统的个人自利的研究转到社会经济福利的研究,大大提升了西方经济学的研究境界。庇古提出了政府支出的配置原则,即各项支出的组合应使得每一项目支出的边际效用相等,公共支出的边际效益应等于私人支出的边际效益。在公共供给方面,庇古提出了外部效应,并以此作为区分私人净产品和社会净产品的关键。若某种产品的社会利益大于私人利益,就需要通过政府补贴的方式使得该产品未能在价格中体现的那部分外部效益得以实现;若某种产品的社会成本超过私人成本,就需要征税。政府可以按照生产者所造成的边际外部成本的大小向生产者征税,使得税收成为生产者成本的一个组成部分,从而使之成为企业的内部成本。这种使外部成本内在化的税收被称为庇古税(Pigouvian tax)。庇古还认为,政府的经济性支出应当由公债来弥补。庇古提出的福利经济学思想在古典经济学的基础上显著拓展了政府的经济职能,迄今仍是公共经济学重要的规范分析工具。

3. 德国学派的政府经济干预思想

这一时期,德国社会政策学派的阿道夫·瓦格纳(Adolf Wagner,1835—1917)的经济思想也有较大的影响。当时瓦格纳所处的德国社会矛盾比较突出,他反对自由资本主义的经济政策,主张政府应积极干预国民经济,改革不合理的分配制度,调和阶级矛盾。瓦格纳认为,自由经济向垄断资本主义过渡必然使政府职能也发生相应的变化,政府职能应扩展到文化和福利等社会领域,经济自由时代的"廉价政府""守夜人国家"

应向垄断资本主义时代的"高价政府""社会政策国家"转变。瓦格纳对政府支出的作用持肯定态度,认为不仅政府在维持国防、社会治安等方面的支出具有生产性,政府其他一些经济干预活动同样也是具有生产性的,并提出政府职能的扩大和政府支出的持续增长具有必然性。因此,瓦格纳的政府经济干预思想相比古典经济学派和新古典经济学派又有了很大的进步。

二、20 世纪 30 年代至 70 年代

这一时期,由于 20 世纪 30 年代资本主义大萧条(the great depression),使得新古典经济学的正统地位面临巨大挑战,凯恩斯主义应运而生。1936 年,约翰·梅纳德·凯恩斯(John Maynard Keynes, 1883—1946)发表了《就业、利息和货币通论》(*The General Theory of Employment, Interest and Money*,简称《通论》),将西方经济学带入了以宏观分析为主导的时代,在经济学上被称为"凯恩斯革命"。一直到 20 世纪 70 年代,凯恩斯主义宏观经济干预理论在经济学界占据绝对主导地位,使得政府财政制度得到了空前的研究和实践,财政学和公共经济学得到了空前发展。

20 世纪初期,资本主义从自由资本主义时代发展到垄断资本主义时代,那种为维护新兴资产阶级利益,巩固新兴资本主义生产方式的理论和学说当然不能适应国家垄断资本主义的要求了。1929 年,资本主义国家爆发了一场规模空前的经济大危机,在古典经济学派所倡导的政府不干预的经济政策的引导下,各国经济陷于长期萧条,失业问题日趋严重。到 1933 年,美国的失业率高达 24.9%,英国为 21.3%。面对这场史无前例的经济危机、大量的失业和生产过剩,传统的新古典经济学理论显得无能为力,资产阶级经济学也发生了第一次危机。为了适应国家垄断资本主义的要求,一方面,罗斯福在美国积极推行新政,通过扩大政府干预应对危机;另一方面,凯恩斯的财政理论也应运而生,为政府干预经济提供了理论依据。

凯恩斯反对新古典经济理论的充分就业假定,严厉批判了萨伊定律的观点,即供给可以自动创造需求,储蓄等于投资,资本主义经济可以通过自由竞争而自动保持均衡,旗帜鲜明地提出了政府干预论。凯恩斯认为,社会中存在大量的"非自愿失业",由于工资具有"刚性",劳动力市场是不能出清的。他认为经济危机的根源在于"有效需求不足",提出了三大心理规律,即边际消费倾向递减、流动性偏好、对资本资产未来预期的收益递减。边际消费倾向递减使得消费的增加总跟不上收入的增加,导致消费需求不足;对资本未来预期的收益递减和流动性偏好使得投资需求不足。因此,市场无法达到宏观层面的经济稳定,需要依靠政府干预经济。

凯恩斯主义主张政府积极干预经济,认为财政支出具有乘数效应。公债对于一国的经济是有益的,有利于刺激经济增长、复苏、扩大就业并可以为经济发展提供有益的外部环境。在经济萧条时期,政府通过发行公债、举办公共工程等措施,增加公共投资,以此增加社会总需求,即实行扩张性的财政政策;在经济高涨时期,政府实行紧缩性的财政政策,以此减少社会总需求。因此,凯恩斯的财政政策也被称为需求管理的财政政策。但是需要强调的是,凯恩斯并不主张政府全面干预经济。相反,凯恩斯强调政府要更好地保护自由竞争,政府干预应是有限度的,仅在于弥补自由竞争市场经

济的不足,提高有效需求。

凯恩斯以后,以诺贝尔经济学奖获得者萨缪尔森(Robert J. Samuelson)、詹姆斯·托宾(James Tobin,1918—2002)等为代表的"新古典综合派",把凯恩斯主义与新古典微观经济学结合在一起,形成了一个集凯恩斯宏观经济学和马歇尔微观经济学之大成的经济理论体系。萨缪尔森提出了补偿性财政政策理论,批判了财政赤字会挤出投资的观点。他认为由衰退引起的赤字属于周期性赤字,完全不会产生挤出效应。因而在经济衰退时,要加大政府公共支出规模,实行赤字预算。当经济复苏时,周期性的赤字自然会消失。只要能够合理利用财政货币政策,就可以实现资本主义持久的繁荣。此外,萨缪尔森还提出了资本主义混合经济理论,完善了公共产品理论体系。政府的职能范围不再局限于"公共权力机关的维持费用",而是扩大到对市场经济的管理和调控,建立起社会保障体系以调节收入分配,甚至直接介入市场领域并形成一定规模的公共生产部门。

从第二次世界大战结束到 20 世纪 70 年代,凯恩斯理论在西方经济学中长期占据主导地位,造就了资本主义战后的繁荣。但是需要指出的是,凯恩斯理论并不主张国家全面干预经济,认为政府干预应是有限度的。

三、20 世纪 70 年代至今

20 世纪 70 年代,资本主义出现了"滞胀(stagflation)"现象,即失业和通货膨胀并存,经济停滞。根据凯恩斯经济理论,失业和通货膨胀是不应并存的,但是二者却同时出现了。这时如果再执行凯恩斯的补偿性财政政策的做法,治理一种问题,必然会加重另一种问题,这是凯恩斯主义所不能够解释的。"滞胀"的出现使得凯恩斯主义经济学从理论和实践上都受到沉重打击。为了解释这种现象,各经济学流派都提出了自己的理论,使彼时的经济学领域呈现出各学派并起的局面。

1. 新凯恩斯主义经济学派的政府经济干预思想

20 世纪 70 年代以后,以约瑟夫·E. 斯蒂格里茨(Joseph E. Stiglitz,1943—)和格里高利·曼昆(Gregory Mankiw,1958—)等学者为代表的新凯恩斯主义经济学在西方备受瞩目。新凯恩斯主义对原凯恩斯主义理论进行了深刻反省,吸收融合了其他学派对原凯恩斯主义的批评,增强了原凯恩斯主义所忽视的所谓的微观经济学基础,使凯恩斯主义从困境中走了出来,为政府干预经济提供了理论指导。新凯恩斯主义坚持原凯恩斯主义关于"市场不会自动出清"的假设,但认为价格是黏性的而不是刚性的;工资不是不能够调整,但调整需要时间。新凯恩斯主义提出了菜单成本论、效率工资论等理论来解释以上观点。

效率工资论认为,雇主对劳动力市场上的个体劳动力的素质并不了解。为避免劳动力流失,雇主们通常会通过支付较高的工资留住高素质的劳动者,与高效率相对应的就是效率工资。即使劳动力市场供大于求,但由于雇主无法确定在解雇原有劳动力后,能否招募到与之等同甚至更好的劳动力,于是便不会出现通过降低工资水平使劳动力市场出清的局面。因此失业将是常态,需要政府进行干预。菜单成本论认为,在经济中出现供给或需求冲击后,工资和价格的黏性会使市场不能出清,经济会处于非均衡状态。所以即使有理性预期的存在，国家的经济政策也是有积极作用的，能够通过干预化解非均衡状态，进而影响生产和就业。

因此，新凯恩斯主义主张在短期内实行积极的财政货币政策干预经济，但是该理论对长期干预持保留态度。实质上，新凯恩斯主义仍主张政府对经济进行适时适度的干预。

2. 现代新古典学经济派的政府经济干预思想

20世纪70年代后，许多经济学派都对"滞胀"提出了自己的解释，如货币主义学派、理性预期学派、供给学派、公共选择学派等。尽管这些学派的理论依据和政策主张各不相同，但是都反对政府对经济过多干预，主张市场调节甚至是自由放任的市场经济，因此这些学派被统称为现代新古典经济学派（或新自由主义经济学派）。

以1976年诺贝尔经济学奖获得者米尔顿·弗里德曼（Milton Friedman，1912—2006）为代表的货币主义学派认为，20世纪30年代的大萧条是实行错误的货币政策的结果。如果当时美联储能够增加基础货币供给，本来可使危机免除，正是因为美联储没有这样做，才使得经济陷入大萧条的困境。面对20世纪60年代末期以来美国日益严重的通货膨胀，货币主义者认为，凯恩斯理论的重大错误在于忽视货币发行量过多的消极作用，一味增加货币发行量来解决失业，却不顾及可能造成的通货膨胀。货币主义强调货币政策在宏观经济活动中的地位，认为资本主义宏观经济的问题在于有效需求不足。但该理论认为财政政策是"滞胀"的根源，主张减少政府对经济的干预，最大限度地发挥市场的作用，只要确定一个固定的货币供应量增长速度，就可以解决"滞胀"问题。

以1995年诺贝尔经济学奖获得者罗伯特·卢卡斯（Robert Lucas，1937—）等为代表的理性预期学派，假定市场中的经济单位在形成预期时使用了一切有关的、可以获得的信息，并且对这些信息进行理性分析。一方面，人们在预期经济未来变化时总是尽可能地利用现在所有可以被利用的信息，而不是仅仅依靠过去的经验[①]。另一方面，也不排除不确定因素的随机变化会干扰人们预期的形成，使人们的预期偏离其预测变量的实际值。因此，理性预期学派认为，如果政府运用财政政策对经济活动进行干预，那么人们就会根据政策在未来可能产生的影响做出预期，从而调整自己的行为。这种预期下的调整将使得财政政策无效，除非政府实行"出其不意"的政策。

以亚瑟·拉弗（Arthur B. Laffer，1941—）、马丁·费尔德斯坦（Martin Feldstein，1939—2019）为代表的供给学派，同样反对政府对经济活动的干预，认为市场经济是可以自动达到均衡的，如果达不到均衡，原因也在于国家执行的财政或货币政策。供给学派认为，凯恩斯政策扩大了政府开支。为了弥补开支，政府就要增税。增税使得劳动者和资本家不能获得应有的工资和利润，这在两方面对总供给产生了破坏作用：一方面损伤了劳动者的积极性，导致劳动时间和劳动量减少；另一方面损伤了资

---

① 之前占据主导地位的是适应性预期假定，即人们不掌握充分的信息，主要根据过去的经验来预测未来，并准备随时调整预期。因此，理性预期是针对适应性预期而言的。

本家投资的积极性,导致企业雇佣的工人数量下降。二者减少了社会商品的总供给和就业人数。供给学派用拉弗曲线(Laffer curve)来解释税率高低对税收的影响,主张大幅度减税以促进储蓄和投资,增加供给,进而扩大政府课税基础,提高政府税收收入,消除财政赤字,最终通货膨胀也可以得到控制。供给学派的减税主张契合了20世纪80年代里根政府的政策实践,极大提高了当时其在经济学中的地位。但是该学派的主张对于消除滞胀,特别是政府财政赤字效果并不明显,其影响力已经逐渐淡化。

以1986年诺贝尔经济学奖获得者詹姆斯·布坎南(James Buchanan,1919—2013)等为代表的公共选择学派批评了主流经济学将经济市场和政治市场割裂的研究方法,继承了主流经济学关于"经济人"的基本假定,运用经济学方法研究非市场决策。该理论认为政治制度就像市场制度,政治家就像企业家,选民就像消费者,选举制度就像交易制度,选票就像货币,政府的政策制定者同"经济人"一样,在政治市场上追求他们自己的最大利益——政治利益,而不管这些利益是否符合公共利益。因此,公共选择学派认为,公共决策会产生官僚主义,政府对经济的干预不一定能实现社会利益的最大化。综上,该学派主张减少政府对市场的干预,即使是公共产品的供给也应该引入竞争机制。

因此,围绕政府职能和政府对经济的干预,不同经济学派在不同历史时期的观点是在不断变化的,政府的经济职能也是不断丰富的。不同的经济学派的产生都有其历史背景,每个学派的观点都有一定的合理性,这为我们在不同的经济环境下运用不同的经济政策提供了多样的理论依据和政策选择。

俗话说"三十年河东,三十年河西",在一段时期可能主张政府干预的国家主义占据上风,但在另一段时期可能主张自由市场经济的自由主义又占据上风。如何在政府干预和自由市场之间寻求一个最优的平衡点,可能很难有一个定论,政府对经济的干预是一门艺术,需要各个国家在实践中不停地探索。

如2008年全球金融危机爆发后,经济学理论界对美国所推行的自由市场经济模式产生了广泛的质疑。面对严重的经济危机,多数国家的政府不得不加强对经济的干预,使用财政政策、货币政策甚至直接接管私营企业等措施稳定经济,主张政府加强干预的观点得到了广泛采纳。但是,对于政府干预的时机和力度仍然存在很大的争议。坚持自由主义的经济学者认为,政府干预可能在短时间内对稳定经济有一定作用,但是从长期来看,政府干预恰恰是经济不稳定的根源。

总体来看,不管是市场还是政府,在发挥效用的同时,都有着自身基因所决定的缺陷,市场失灵和政府失灵都可能发生。在市场经济条件下,市场机制不可能完全脱离政府独自发挥作用。现代制度经济学家杰弗里·霍奇逊(Geoffrey Hodgson,1946—)认为,一个纯粹的市场体系是行不通的。"一个市场系统必定渗透着国家的规章条例和干预","干预"本质上一定是制度性的,市场通过一张"制度网"发挥作用,这些制度不可避免地与国家和政府纠缠在一起①。也就是说,政府与市场的作用是相互交织在一

① 杰弗里·霍奇逊. 现代制度主义经济学宣言[M]. 向以斌译. 北京: 北京大学出版社,1993.

起的。

可以预见,关于政府应该如何干预经济的争论仍将持续下去。总体来看,既要认识到市场经济规律的重要性,不过于高估政府驾驭市场经济的能力,充分发挥市场的作用,又要认识到市场存在的缺陷,对经济的适时适度干预仍是必需的。

第三节 公共经济学的基本框架

不同经济体制下的公共经济制度的特点是不同的。在市场经济体制下,公共经济是公共部门,特别是政府部门为市场经济提供公共服务而进行的经济活动。随着经济社会的发展,公共经济活动的内涵和外延在不断发展变化,公共经济学的理论和实践也在不断丰富和完善。

一、公共经济学的形成和发展

作为一门学科,公共经济学(public economics)或公共部门经济学(economics of the public sector)是在公共财政学(public finance)的基础上形成和发展而来的。

纵向来看,公共财政学与公共经济学在产生时间、研究方法和研究范围上是存在差异的。传统公共财政学的产生可以追溯到亚当·斯密,斯密在《国富论》中专门有一章论述"君主或国家的收入",它意味着财政学作为一门科学正式诞生,因此斯密也被视为传统财政学的创始人。1892年,英国经济学家巴斯塔布尔出版了《公共财政学》(*Public Finance*)一书,公共财政学作为经济学的一个分支首次得以单独成书。总体来看,早期公共财政学主要局限于政府收入,特别是税收和公债的研究,很少对公共支出进行经济分析。

1924年,卢兹的《公共财政学》(*Public Finance*)一书第三章最后一节专门分析了"公共经济与私人经济差异"问题,这是美英财政学著作首次分析公共经济与私人经济的关系。1933年,斯杜登斯基在其《公共财政学篇章》(*Chapters in Public Finance*)中专门列了一章——"公共经济的性质与机制",深入分析了公共集团性质、公共经济性质、公共经济发展等问题,进一步发展了"公共经济思想"。1936年,意大利学者马尔科的《公共财政学基本原理》(*First Principles of Public Finance*)一书在美国翻译出版,公共经济(public economy)才在英文译著中出现,该书第一章指出:"所谓的公共经济学或公共财政学,研究的是国家的生产活动,它涉及的是共同需要的满足问题。"这为美英财政学的理论基点从"政府收支"转到"公共经济"上来奠定了基础。

1947年,阿兰和布朗里出版了《公共财政经济学》(*Economics of Public Finance*),首次采用了马尔科的财政学是经济学的观点,该书第一篇"公共经济纵观"指出,随着更多的政府财政注意力关注于经济生产和就业方面,以及财政收入与支出的相互联系上,公共财政学很快变成对公共经济的研究。其后,泰勒1948年的《公共财政经济学》(*Economics of Public Finance*)、道格拉斯1952年的《国民政府经济》(*Economy of the*

National Government)、马斯格雷夫 1959 年的《公共财政学理论：公共经济研究》(*The Theory of Public Finance: A Study in Public Economy*)等,都不再将财政学局限于政府或公共收支上,侧重于从经济学的角度看待财政问题。

1965 年,约翰逊首次出版了以"公共经济学"(Public Economics)为名的一书,界定了公共部门的范围,并分析了公共部门与其他部门的区别和差异。20 世纪 60 年代和 70 年代公共经济学得到迅速发展,1972 年《公共经济学学报》(*Journal of Public Economics*)创刊,可以视为公共经济学形成的一个重要标志。此后,许多教科书都采用了相同或相似的名称。因此,虽然公共经济学的产生只是近几十年的事情,但是它却极大拓展了公共财政学的研究范围和研究方法。公共经济学不再局限于传统的公共财政收支,而是从经济学的角度看待和分析公共财政问题。目前,公共经济学已经成为经济学"一个令人激动和富于挑战性的重要分支",得到广泛的关注和研究。

横向来看,虽然财政活动并不完全等同于公共经济活动,但是公共财政仍是公共经济的中心内容,而且公共财政学也是不断动态发展的。因此,公共财政学与公共经济学在内涵和外延上基本上是相同的。综观现有的公共财政学或者公共经济学著作,虽然叫法不同,但是其基本内容和框架却是大致相同的。如果硬说区别的话,只不过公共经济学更注重以经济学方法分析公共部门经济问题,范围更广一些,而传统的公共财政学更注重具体的财政收支制度和政策分析。

因此,至今许多学者仍认为,公共经济学或公共部门经济学就是财政学,财政学与公共经济学或公共部门经济学是同一门学科。美国著名财政学者哈维·罗森(Harvey S. Rosen, 1949—)在其所著的《财政学》(*Public Finance*)一书中谈到,政府收支活动的根本问题不是资金问题,而是实际资源的利用问题。因此,有些作者更愿意称为公共部门经济学或简称为公共经济学①。有的学者干脆将其所编写的相关领域的教材命名为《公共经济学(财政学)》②。

二、市场经济下公共经济活动的内涵

在封建经济、计划经济和市场经济等不同经济体制下,公共经济活动的内涵是不同的。在封建经济体制下,公共经济活动的封建君主私人性特征明显;在计划经济体制下,强调的是公共经济活动的国家性;在市场经济下,突出的是公共经济活动的公共性。公共经济活动的内涵主要体现在以下六个方面:

一是公共经济以公共部门为活动主体。狭义的公共部门即指政府部门,广义的公共部门还包括公共企业部门,所以公共经济学也被称为政府经济学(government economics)、公共部门经济学(public sector economics)或财政学(public finance)等。虽然叫法不同,但是总体来看其研究的基本内容是一致的。

二是公共经济以国家政治权力为依托。政府部门被赋予一定的强制权,政府组织

---

① 哈维·罗森.财政学(第十版)[M].赵志耘译,北京:中国人民大学出版社,2015.
② 蒋洪.公共经济学(财政学)[M].上海:上海财经大学出版社,2006.

的权力在性质上都是公共的,公共经济活动依托的是国家政治权力。因此,政府在税收收入的筹集、收入再分配、对社会经济活动的管制等方面的公共政策都具有强制性,而这一点是任何私人部门都不具备的,私人部门必须服从政府的公共政策。

三是公共经济以存在市场失灵为前提。政府经济活动的基础是存在市场失灵,市场失灵要求政府干预。市场不能干但又需要弥补的,政府就应当去干。在现实市场经济运行中,市场失灵的领域是极为广泛的,需要借助政府的公共权力强制性地进行弥补和校正。

四是公共经济以满足社会公共需要为主要目的。虽然存在少数营利性的公共企业,但是公共经济的本质特征是满足社会公共需要,而不是为某一小部分群体谋取私利,也即通常所说的公共经济的公共性。公共性决定政府活动不能以市场营利为目标。实际上,这也是区分政府活动与私人活动范围的基本准则。

五是公共经济以公共收支活动为主要内容。公共经济主要研究的就是政府的收支活动。一方面,政府履行职能需要一定的资金;另一方面,多数政府职能是通过政府收支活动来实现的。例如,政府履行社会保障职能必须以一定的收入为前提,而个人所得税的征收为政府活动提供了资金。由此看来,政府收支活动也具有收入调节功能。

六是公共经济以法治性为保障。市场经济是一个法治经济,公共经济作为政府直接进行的活动,在市场经济下无疑也必须受到法律的约束和规范。任何经济主体都不能凌驾于法律之上,因而公共经济也具有明显的法治性特征。例如,税收是依据税法征收的。没有国家权力机关的批准和授权,有关税法是无法确立的。政府预算也要通过国家权力机关审议和批准,而一旦法案得到通过,政府、企业、个人等市场主体都必须严格遵守。

三、公共经济学研究的主要问题

作为一门学科,公共经济学的中心线索是资源配置效率、收入分配公平和宏观经济稳定这三大主线,其研究的基本问题可以归纳为以下四个方面:

一是政府该干些什么(what)。政府不是万能的,不是所有的事政府都能干,或者都能干得好,但是没有政府也是万万不行的。公共经济学要确定哪些事情需要政府做,如政府应该提供什么样的公共产品,提供多少公共产品,如何在公共产品与私人产品之间实现均衡等(见图1.2)。

二是政府该如何生产(how)。公共经济学需要确定公共产品是由政府来组织生产还是由私人企业去生产更有效率。由政府来组织生产公共产品,可以减少大公司对消费者的剥削,但是并不一定最有效率;

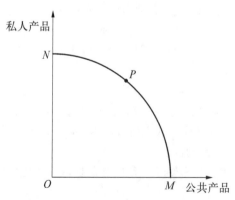

图1.2　资源在公共产品和私人
　　　　产品之间的配置

如果是通过私人企业来生产,由政府提供,则要解决好政府如何选择承包企业、确定价格、实施监督等问题。

三是政府为谁生产(for whom)。公共经济学要研究公共产出的利益分配问题,即如何通过政府的经济活动使社会收入分配更加公平。政府关于税收与福利计划的决策将直接影响人们的收入分配。同样,政府决定生产什么样的公共产品,也就决定了哪些个人与利益集团可以从中获益。

四是政府如何决策(how)。政府并不一定如人们所期望的那样,总是追求社会利益的最大化,而是同样存在"经济人"行为。公共经济学还研究政府是如何决策的,怎样改进政府决策过程来保证政府履行职责;如何加强管理,控制和引导政府工作人员的行为,防止滥用职权,使之高效率、低成本地为社会提供服务。

四、公共经济学的基本框架

公共经济学仍然是一门发展中的学科,关于公共经济学这门学科应该包含的具体内容还没有定论。不同学者可以根据自己的理解加以取舍,不同国家由于发展阶段和发展环境的不同,其公共经济政策分析的重点也是不同的。

目前,国内外以《公共经济学》《公共部门经济学》《财政学》《公共财政学》《政府经济学》等命名的教科书很多,所包含的内容不完全相同,各有特色,为我们学习公共经济学提供了不同的选择。综合现有的公共经济学或者公共部门经济学等教科书,公共经济学的基本框架可以用图1.3表示。

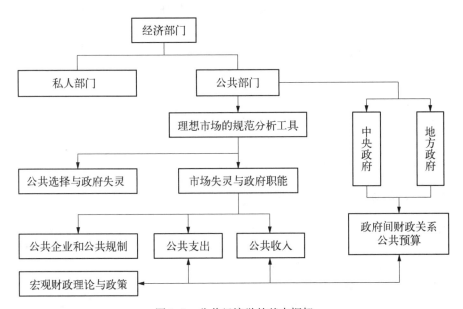

图 1.3　公共经济学的基本框架

在市场经济下,经济部门可以划分为公共部门和私人部门,其中公共部门的核心是政府部门。公共经济学研究的是公共(政府)部门为满足社会公共需要所进行的经济活动及其经济影响。在市场经济下,政府经济活动的前提是存在市场失灵,要评判市场失灵,必须先清楚理想市场的评判标准是什么,福利经济学的帕累托最优理论为评判理想市场提供了一个重要的规范分析工具。但是现实中理想的市场是不存在的,市场失灵是广泛存在的,主要体现为公共产品、外部效应、垄断、信息不对称、收入分配不公平、宏观经济失衡等方面,由市场失灵引申出政府的三大职能,即资源配置职能、收入分配职能、经济调节职能,因此,市场失灵和政府职能是公共经济学的一个重要内容。当然政府不是万能的,政府也是存在缺陷的,公共选择和政府失灵问题也是公共经济学的一个重要内容。政府履行职能主要是通过公共收支政策进行的,公共收入政策包括税收政策、债务政策等,公共支出政策可包括教育政策、社会保障政策等,因此,公共收入政策和公共支出政策是公共经济活动的两条主线。此外,公共企业是公共部门的一个重要组成部分,有时政府对经济的干预活动并不完全表现为政府收支活动,公共企业和公共规制也是公共经济学研究的一个重要内容。政府是划分为不同层级的,不同层级的政府需要明确如何合理划分财权和事权,同时为了对公共收支进行管理,需要编制公共预算,政府间财政关系和公共预算理论是公共经济学的另一个重要内容。最后,自凯恩斯经济学产生以来,财政政策已成为政府调节经济的一个重要手段,宏观财政理论与实践也是公共经济学的一个重要内容。因此,公共经济学的内容是非常丰富的,既有系统的理论,也有很多与我们生活联系密切的政策实践。

本书正是按照以上思路来进行编写的。全书共分为六篇二十三章,分别是:基础理论篇,包括第一章导论、第二章理想市场的评判标准、第三章市场失灵、第四章公共产品、第五章公共选择;公共支出篇,包括第六章公共支出概论、第七章教育、第八章农业、第九章基础设施、第十章社会保障;公共收入篇,包括第十一章公共收入概论、第十二章税收理论、第十三章货物和劳务税、第十四章所得税、第十五章公债;公共企业与规制篇,包括第十六章公共企业、第十七章公共规制、第十八章公共定价、第十九章外部效应的治理;公共收支管理篇,包括第二十章政府间财政关系、第二十一章公共预算;宏观财政理论与政策篇,第二十二章宏观财政理论、第二十三章宏观财政政策。全书力求做到理论与实践相结合,反映国内外公共经济政策的最新改革和发展动态,体现公共经济学的思想性,使读者能够对公共经济学有一个全面和系统的把握。

五、公共经济学与其他学科的关系

公共经济学是经济学的一个分支学科,有其独特的学科特点,但是与其他社会科学也存在一定的联系。要想准确认识和把握公共经济学,必须了解公共经济学与其他学科的关系,这也有助于对公共经济学的学习。

1. 公共经济学、宏观经济学与微观经济学

公共经济学是经济学的一个重要分支,经济学的基本分析方法贯穿始终,经济学的资源稀缺性、理性经济人等基础性假定同样适用于公共经济学。公共经济学、宏观经济学与微观经济学的联系十分密切,掌握一定的宏观及微观经济学知识是学好公共经济学的一个基础。微观经济学是以单个经济单位为研究对象,研究单个经济单位的

经济行为以及相应的经济变量的决定,研究价格机制、生产者行为、消费者行为,而公共经济学把政府看成一个经济活动主体,该主体为实现其社会经济利益最大化而生产和消费。因此,微观经济学的优化资源配置的研究目的同样适用于公共经济学。例如,公共经济把税收看成是政府的成本与价格,通过对财政收支的研究来弄清纳税人的每一笔税金是否实现了最大化,政府的每一笔开支是否实现了最大化。宏观经济学是以整个国民经济活动为考察对象,研究经济总量的决定及其变化。宏观财政理论和政策是宏观经济学的重要组成部分。由于宏观经济自身的不稳定性,需要政府对宏观经济进行调节和干预,宏观财政政策是重要的经济调控工具之一。

2. 公共经济学与福利经济学

福利经济学是现代经济学的一个重要分支,它在 20 世纪早期由英国经济学家亚瑟·庇古(Arthur Pigou,1877—1959)创立,后来在美国、法国和北欧国家得到广泛传播和发展。对个人来讲,福利是指一个人获得的主观满足感,既包括物质生活需要的满足,也包括精神生活需要的满足;对社会来讲,福利是指一个社会全体成员的个人福利的总和或个人福利的集合。在社会福利中,能够直接或间接用货币来衡量的那部分社会福利,叫作经济福利。经济福利就是福利经济学的研究对象。福利经济学以帕累托最优原则揭示了资源配置的有效性问题。为了实现社会财富的增长和福利的增加,人们必须要打破过去的平衡而寻求新的平衡。帕累托最优原则已经成为公共经济学研究的重要内容,是公共经济学的基本原则和指导思想之一。

3. 公共经济学与政治学

政治的本质是人们在一定经济基础上,围绕特定利益,借助社会公共权力来规定和实现特定权利的一种社会关系。政治学就是研究政治关系及其发展规律的科学。政府作为一个经济组织,在制定政策时首先要考虑到政治影响和政治约束,政治因素对政府经济行为有重要的影响力。公共经济学与政治学相互影响、相互渗透,政府的许多经济行为是借助政治学的框架来完成的;而随着经济学的发展,公共经济学的思想及研究方法越来越多地渗透到政府经济活动与决策的各个方面。以布坎南为代表的公共选择学派、强调政府干预经济的新古典综合派以及经济周期理论中的政治经济周期理论,都说明经济学与政治学是密不可分的。

4. 公共经济学与法学

法通过确立人们之间权利、义务的方式来调整人们之间的关系,这些关系包括政治、经济、文化、伦理等。法学为公共经济学研究提供了基本的法理基础。在公共经济学中,规范地判断政府应该做什么,不应该做什么,哪些是政府经济行为,哪些不是政府经济行为具有相当的难度。法学可以提供解决此类问题的思路。市场经济是法治经济,政府的收支活动都必须通过法律来约束和保障,如各种税法、预算法、社会保障法等;许多政府行为必须通过法律规范来实施,如反垄断法。法学为公共经济学提供了制度保障。

六、公共经济学的研究方法

公共经济学既具有丰富的理论,也具有多彩的实践。同经济学一样,规范分析和实证分析是公共经济学的两种基本研究方法。同时,各种公共经济学案例研究也越来越受到重视,为我们学习公共经济学提供了很好的切入点。

1. 规范分析法

规范分析(normative analysis)主要研究政府活动的价值判断标准。例如,在社会中如何将有限的资源用来生产不同的产品,怎样的资源配置被认为是最有效率的。再如,在社会中什么样的收入分配状况被认为是公平的。公共经济学试图回答这些问题。它要确立一套理论体系来说明什么是"好",什么是"不好",这样才能够对各种财政政策进行评价并作出选择。这种分析方法被称为规范分析法。如福利经济学中的帕累托效率标准是公共经济学中的重要规范分析工具。

2. 实证分析法

实证分析(positive analysis)主要研究各种不同的政府活动方式会产生怎样的经济结果。例如,政府为了要向社会提供某些服务需要筹集一定的收入,既可以按同一比例向个人收入课税,也可以对不同收入水平的个人按不同的比例课税,不同的征税方式对劳动、收入分配等产生的影响到底如何呢?这些都需要通过大量的调查研究才能得出结论,这种分析方法被称为实证分析法。在现代公共经济学实证研究中,计量经济分析方法正在被越来越广泛地运用。

3. 案例分析法

公共经济学关系到每一个人的生活,具有丰富的实践性。生动鲜活的案例是其他任何研究方法都无法替代的。严格来讲,案例分析是实证分析的一种,但是其可以将规范分析法和实证分析法很好地结合起来,逐渐成为一种独具特色的分析方法。在公共经济学研究中也越来越重视案例分析的运用。与简单的说教相比,客观、翔实的案例描述更能令读者深刻思考其背后蕴涵的道理。

专栏1-1

我国从单一公有制经济向混合经济的转变

自 20 世纪 50 年代中期我国完成生产资料的社会主义公有制改造以来,单一的生产资料公有制一直是我国所有制结构的重要特征,几乎所有生产资料都归国家和集体所有。1978 年,在我国国内生产总值(3 624 亿元)中,国有经济占 56%,集体经济占 43%,非公有制经济只占 1%;在城镇就业人员中(9 514 万),在国有单位就业的比重为 78.3%,在集体单位就业的比重为 21.5%,个体从业者只有 15 万人,比重仅为 0.2%。

改革开放以来,随着我国经济体制改革的推进,私人部门的规模和作用迅速扩大,市场在资源配置中的不断增强,实现了从单一公有制经济向混合经济的转变。2013 年,党的十八届三中全会将发展混合所有制经济提升到基本经济制度重要实现形式的高度。这一提法首次出现在中央文件中,是经济制度理论的重要突破。目前我国已经形成了以公有制经济为主体、多种所有制经济共同推动经济发展的良好格局。国有企业继续发挥支柱作用。2018 年末,全国共有国有控股企业 24.2 万个。国有控股企业数量仅占全部企业的 1.3%,但从业人员占全部企业的 15.7%,资产总计和营业收入分别占全部企业的 57.9% 和 28.1%,仍然是国民经济发展的中坚力量。私营企业数量快速增长。2018 年末全国共有私营企业 1 561.4 万个,比 2013 年末增加 1 001 万个,增幅为 178.6%,占全部企业的比重由 68.3% 提高到 84.1%。港澳台商和外资企业稳定发展。2018 年末,全国共有港澳台商投资企业 11.9 万个,比 2013 年末增加 2.3 万个,增长 23.8%,资产总计增长 82.1%,全年营业收入增长 26.0%。

经过 40 年的探索,混合所有制经济在力度和广度上呈现以点带面、层层递进的发展态势,逐步凝聚了改革共识,倒逼国有企业建立现代化治理机制和激励机制,大幅提升了国有经济的主业竞争优势。企业市场化经营激发了微观主体活力,为健全社会主义市场经济体制、加快实现经济转型做出重要贡献。

复习与练习

● **主要概念**

公共部门　私人部门　自由放任的市场经济　高度集中的计划经济　混合经济　公共非营利组织　私人非营利组织　私人企业　公共企业　竞争性公共企业　营利性公共企业　混合所有制改革　计划经济　市场经济　政府有机论　政府机械论　公共经济学　古典经济学派　看不见的手　经济人　自由资本主义　垄断资本主义　大萧条　凯恩斯主义　滞胀　新凯恩斯经济学派　效率工资　菜单成本　现代新古典经济学派　货币学派　公共选择学派供给学派　理性预期学派　理性预期　适应性预期　新自由主义　福利经济学　经济福利社会福利　实证分析法　规范分析法　案例分析法

● **思考题**

1. 公共经济学不但与我们每个人的生活息息相关,而且还关系到整个国家和社会的发展。如何理解这句话?

2. 公共部门与私人部门的区别主要体现在哪些方面?

3. 我国中央政府各个组成部门的主要职能是什么? 我国有哪些大型公共企业?

4. 自西方经济学产生以来,不同历史时期、不同经济学派对政府经济干预的观点是如何变化的?

5. 公共经济学与公共财政学的关系如何?

6. 公共经济学研究的主要内容是什么?

7. 市场经济下公共部门经济活动的内涵是什么?

8. 公共经济学的基本框架是什么?

9. 从公共部门就业、公共部门支出、公共部门产出等角度分析改革开放以来我国公共部门规模是如何变化的。

10. 与其他主要国家相比,当前我国公共部门规模大小如何? 如何进一步完善我国混合经济模式?

11. 关于当前我国政府对市场的干预,你是如何看待的?

第一章

理想市场的评判标准

市场失灵是政府经济活动的前提和基础。在分析市场失灵和政府职能之前,必须先明确理想市场的评判标准是什么。我们认为,理想的市场应该满足三个条件:市场是完全竞争的,资源配置符合帕累托效率标准;收入分配的方式和结果是合理的,既兼顾市场效率又体现社会公平正义原则;宏观经济运行是平稳的,能够自动实现充分就业和稳定增长。本章主要介绍理想市场下资源配置的效率标准、收入分配的公平标准和经济运行的稳定标准。

第一节 资源配置的效率标准

福利经济学(welfare economics)是公共经济学规范分析方法的主要工具,是研究各种经济状态的社会合意性的重要理论,也是经济学的一个重要分支。相对于需求,资源总是稀缺的。怎样的资源配置状态才被认为是最好的呢? 意大利经济学家和社会学家维尔弗雷多·帕累托(Vilfredo Pareto,1848—1923)认为,如果有某种资源配置达到这样一种状态,在这种状态下任何可行的调整都无法使得调整之后一些人的境况变好,而不使其他任何人的境况至少不变坏,那么这种状态就是最好的。这种资源配置状态即被称为帕累托效率(Pareto efficiency)或者帕累托最优(Pareto optimal)。换言之,如果存在某种资源配置状态,通过一定调整能使一些人的境况得到改善,而其他人的境况至少不变坏,那么这种资源配置状态肯定不是最优或最有效率的,这种调整被称为帕累托改进(Pareto improvement)。帕累托效率是评判资源配置状况的一项重要衡量标准,实现帕累托效率标准需要满足三个条件:生产效率、交换效率和产品的组合效率。

一、生产效率

为了便于说明问题,我们假定一个社会中只有甲、乙两个人,只使用 X、Y 两种资源作为生产投入,生产的产品只有 A、B 两种。资源配置达到帕累托效率标准的第一个条件是生产效率,即在现有的资源数量和技术条件下,产品的产量达到了最大化,没有资源的闲置浪费,技术的运用达到最合理的程度。在经济学上,生产效率有两种表示方式,一是生产可能性曲线,二是生产效率曲线。

1. 生产可能性曲线

生产可能性曲线表示的是在现有资源、技术和组织条件下,产量达到最大限度时各种产品组合的轨迹。如图 2.1 所示,横轴表示 A 产品的产量,纵轴表示 B 产品的产量,曲线 PQ 是在现有资源、技术和组织条件下,A、B 两种产品最大产量的组合,即生产可能性曲线。只有 A、B 产量的组合点在生产可能性曲线 PQ 上时,生产才是最有效率的。如图中的 E 点即满足生产效率标准,在这一点已不可能通过改变资源配置,在不减少一种产品产量的情况下,而增加另一种产品的产量了。D 点处于生产可能性边界内,不是生产效率点,因为可以通过资源的重新配置,同时增加两种产品的产量。生产效率是理想的资源配置状态的一个特征,使每一种产品的生产能以最低的成本实现最大的产出。

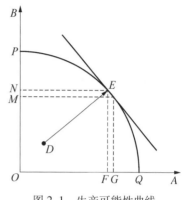

图 2.1 生产可能性曲线

生产可能性曲线的特征是上凸、向右下方倾斜的,其斜率表示 A、B 产品的边际转换率,即增加一种产品的产量,需要放弃的另一种产品的产量。产品的边际转换率是递增的,表明 A 产品产量越多,则要增加 A 产品的产量相应要放弃的 B 产品的产量就越大。生产可能性曲线的斜率用公式表示为:

$$生产可能性曲线的斜率 = A、B 产品的边际转换率 MRT_{AB}$$
$$= -MN/FG = -\Delta B/\Delta A$$

可以用边际成本 MC 来表示边际转换率,边际成本是指增加一单位产量所增加的成本,如图 2.1 所示,在产量达到生产可能性曲线的前提下,社会只要放弃 MN 数量的 B 产品,就能使 A 产品的数量增加 FG。因此,MN 是生产 A 产品的增量成本,可以用 MC_A 表示;同样 FG 是生产 B 产品的增量成本,可以用 MC_B 表示。由此,生产可能性边界的斜率可以用边际生产成本表示为:

$$\Delta B \cdot MC_B + \Delta A \cdot MC_A = 0;$$
$$MRT_{AB} = -MN / FG = -\Delta B/\Delta A = -MC_A / MC_B$$

2. 生产效率曲线

生产效率的另一种表示方式是生产效率曲线。在介绍生产效率曲线之前,先来学习一下等产量曲线。等产量曲线是在现有技术条件下,能生产一定产量产品的各种资源组合的轨迹。如图 2.2 所示,假定厂商生产 A 产品使用 X、Y 两种生产要素,Q_0 是一条等产量曲线,则 HL 就是厂商的等成本曲线[①]。

等产量曲线的特征是下凸、向右下方倾斜的,其斜率表示两种生产要素的边际技

---

① HL 名为"曲线",实为直线的推导解释,请参照范里安. 微观经济学:现代观点(第七版)[M]. 上海:格致出版社,2009.

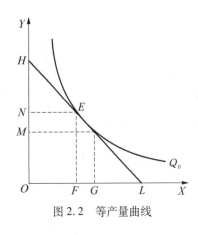

图 2.2 等产量曲线

术替代率,即在相同产出水平下,减少一种生产要素的投入量,需要增加的另一种生产要素的投入量。生产要素的边际技术替代率是递减的,表明随着 X 要素投入量越多,相应要放弃的 Y 要素的投入量就越小。等产量曲线的斜率用公式表示为:

等产量曲线的斜率 = X、Y 要素的边际技术替代率 $MRTS_{XY}$

$$= - MN / FG = - \Delta Y / \Delta X$$

可以用生产要素的边际生产力来表示边际技术替代率。边际生产力是指增加一单位生产要素所增加的产量,如图 2.2 所示,在同等产量下,厂商要减少 MN 数量的 Y 要素,就必须增加 FG 数量的 X 要素,因此,MN 就是 X 要素的边际生产力,可以用 MP_X 表示;同样 FG 是 Y 要素的边际生产力,可以用 MP_Y 表示。由此,等产量曲线的斜率——边际技术替代率可以用边际生产力表示为:

$$\Delta Y \cdot MP_Y + \Delta X \cdot MP_x = 0;$$

$$MRTS_{XY} = - MN / FG = - \Delta Y / \Delta X = MP_X / MP_Y$$

在投入水平既定的情况下,等产量曲线与等成本曲线相切的点,如图 2.2 中的 E 点为企业的产量最大,在该点,生产要素的边际技术替代率等于生产要素的相对价格。

在经济学上,通常用一个长方形表示用既定数量的资源去生产两种不同产品的所有可能存在的资源配置方案,这个长方形被人们称为弗朗西斯·埃奇沃斯(Francis Edgeworth,1845—1926)箱形图。如图 2.3 所示,OX 表示 X 资源的数量,OY 表示 Y 资源的数量,O 是 A 产品的原点,O' 是 B 产品的原点。图中曲线 A_1、A_2、A_3 是 A 产品的等产量曲线,B_1、B_2 是 B 产品的等产量曲线。长方形 $OXO'Y$ 中的任何一点都代表 X、Y 两种资源在 A、B 两种产品之间的一种配置方式。什么样的资源配置是符合生产效率最大化原则的呢?图中的 F 点是 A_1、B_1 的交点,在这种资源配置下,A、B 两种产品的产量

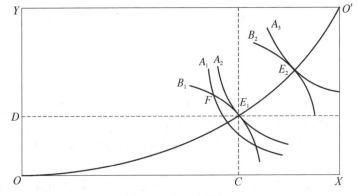

图 2.3 生产效率曲线

分别是 A_1、B_1。F 点是资源配置的效率点吗？显然不是。因为通过改变资源配置状态，如增加用于生产 A 产品的 X 要素的投入，减少其 Y 要素的投入，同时，增加用于生产 B 产品的 Y 要素投入，减少其 X 要素的投入，可以在不改变 B 产品产量的情况下（仍为 B_1），增加 A 产品的产量，使 B_1 与新的 A 产品的等产量曲线 A_2 相切于 E_1 点。此时，A、B 产品的产量分别是 A_2、B_1。在 E_1 点，不可能再通过改变资源的配置在不减少一种产品数量的情况下，而增加另一种产品的数量了。E_1 点便是资源配置的效率点。因此，从图中来看，A、B 等产量曲线的切点是生产效率点，满足生产效率最大化的条件。在埃奇沃斯箱形图中有无数个这样的点，这些点的连线被称为生产效率曲线（也被称为生产的契约曲线），如图中的 OE_1E_2O'，它表示所有符合生产效率的资源配置状态。

在生产效率曲线上，A 产品的等产量曲线与 B 产品的等产量曲线相切，也即 A 的边际技术替代率与 B 的边际技术替代率相等。生产效率用公式可表示为：

$$A\text{ 产品的 } MRTS_{XY} = B\text{ 产品的 } MRTS_{XY} = -\Delta Y/\Delta X = MP_X/MP_Y$$

生产效率曲线和生产可能性曲线是生产效率的两种不同表示方式，只不过前者是用投入的生产要素表示，后者是用生产要素生产出来的产品表示，其含义是相同的。生产效率曲线上的点所代表的 A、B 两种产品不同产量的组合所形成的轨迹，即是生产可能性曲线。帕累托效率标准中的生产效率条件要求资源配置的坐标点始终保持在生产效率曲线或生产可能性曲线上，即使产品产量达到最大。

二、交换效率

产品在被生产出来之后，还要考虑产品在消费者之间的分配问题。资源配置的效率标准的第二个条件是交换效率，即在给定的产品数量和种类下，产品如何在消费者之间进行分配，以实现个人效用最大化。

学界通常用产品效用无差异曲线表示能给消费者带来相同效用的不同产品的组合。效用无差异曲线表示带给消费者同等效用的不同产品数量组合的轨迹。如图 2.4 所示，假定消费者只消费 A、B 两种产品，I_0 就是一条效用无差异曲线，HL 就是消费者的预算约束线。

效用无差异曲线的特征是下凸、向右下方倾斜。其斜率表示两种产品的边际替代率，即在相同效用水平下，减少一种产品的消费量，需要增加另一种产品的消费量。产品的边际替代率是递减的，表明随着 A 产品消费量的增多，相应要放弃的 B 产品的消费量就越少。效用无差异曲线的斜率用公式表示为：

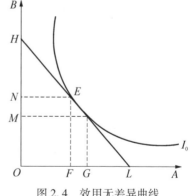

图 2.4　效用无差异曲线

$$\text{效用无差异曲线的斜率} = A、B\text{ 产品的边际替代率 } MRS_{AB}$$

$$= -MN/FG = -\Delta B/\Delta A$$

可以用产品的边际效用来表示边际替代率,边际效用是指增加一单位产品消费量所增加的效用,如图2.4所示。在同等效用水平下,消费者要减少 MN 数量的 B 产品的消费量,就必须增加 FG 数量的 A 产品的消费量。因此,MN 就是 A 产品的边际效用,可以用 MU_A 表示;同样 FG 是 B 产品的边际效用,可以用 MU_B 表示。由此,效用无差异曲线的斜率——边际替代率可以用边际效用表示为:

$$\Delta A \cdot MU_A + \Delta B \cdot MU_B = 0 \quad MRS_{AB} = -MN/FG = -\Delta B/\Delta A = -MU_A/MU_B$$

在收入水平既定的情况下,效用无差异曲线与预算约束线相切的点,如图2.4中的 E 点,为消费者的效用最大点。在该点,效用无差异曲线的边际替代率等于产品的相对价格。

埃奇沃斯箱形图也可用来分析交换效率问题。如图2.5所示,OA 表示 A 产品的数量,OB 表示 B 产品的数量;O 是个人甲的原点,O' 是个人乙的原点。埃奇沃斯箱形图中任何一点都代表给定数量的 A、B 两种产品在甲、乙二人之间的配置状态。甲$_1$、甲$_2$、甲$_3$ 是消费者甲的效用无差异曲线,乙$_1$、乙$_2$ 是消费者乙的效用无差异曲线,那么图中什么样的资源配置状态是符合交换效率最大化的呢?图中的 G 点是甲的无差异曲线甲$_1$ 和乙的无差异曲线乙$_1$ 的交点,G 点满足产品的交换效率最大化吗?显然不满足。因为通过改变产品的配置状态,如增加消费者甲的 A 产品的消费量,减少其 B 产品的消费量,同时减少消费者乙的 A 产品的消费量,增加其 B 产品的消费量,可以在不减少消费者乙的效用水平的情况下(仍为乙$_1$),增加消费者甲的效用水平,使乙$_1$ 与新的甲的无差异曲线甲$_2$ 相切于 E_1 点。在 E_1 点,已经不可能再通过改变产品在甲、乙二人之间的分配,在不减少一个人的效用水平的情况下增加另一个人的效用水平了。因此,从图中来看,甲、乙的效用无差异曲线的切点是满足交换效率条件的。在埃奇沃斯箱形图中有无数个这样的点,这些点的连线被称为交换效率曲线(也被称为交换的契约曲线),如图中的 OE_1E_2O',它表示所有符合产品交换效率最大化的资源配置状态。

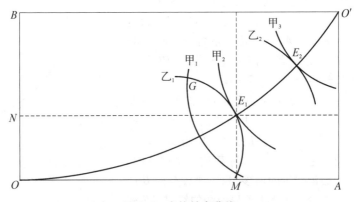

图2.5　交换效率曲线

在交换效率曲线上,甲的无差异曲线与乙的无差异曲线相切,也即甲的产品边际替代率与乙的产品边际替代率相等。交换效率用公式可表示为:

$$消费者甲的\ MRS_{AB}^{甲} = 消费者乙的\ MRS_{AB}^{乙} = -\Delta B/\Delta A = MU_A\,/\,MU_B$$

因此,资源配置的交换效率条件要求在给定的产品种类和数量的情况下,资源配置应该使产品的个人效用达到最大化,从而最大限度地发挥产品满足消费者需求的效用。

三、产品的组合效率

资源配置的生产效率考虑的主要是产品产量,即在资源和技术给定的条件下,如何将不同的资源用于各种产品的生产,以使得产品的产量达到最大化。现实中,符合生产效率的资源配置状态有无数种,任何在生产可能性曲线或者生产效率曲线上的资源配置坐标点都满足生产效率条件。资源配置的交换效率考虑的主要是消费者效用问题,即在给定的产品种类和数量条件下,如何将不同的产品在消费者之间进行分配,以使得产品的效用最大化。现实中,符合交换效率的资源配置状态也有无数种,任何在交换效率曲线上的资源配置坐标点都满足交换效率条件。从整个社会来讲,单纯考虑资源配置的生产效率或交换效率是没有多大意义的。因为即使满足了生产效率条件,但如果产品在消费者之间分配不合理,对社会来讲这种资源配置肯定不是最优的;即使资源配置满足了交换效率,但是如果生产出来的产品不能满足消费者的需求,对社会来讲这种资源配置也不是最优的。

因此,资源配置的效率标准的第三个条件是产品的组合效率。即对于整个社会来讲,怎样的产品组合才能既满足生产效率条件,又满足交换效率条件。如图 2.6 所示,CD、EF 是生产可能性曲线,I_1、I_2 是社会效用无差异曲线。I_1 与生产可能性曲线 EF 相交于 N 点,对于社会来讲,N 点是资源配置的产品组合效率点吗?显然不是,因为同样在生产可能性曲线 EF 上,通过改变资源配置,增加 B 产品的产量,减少 A 产品的产量,可以增加社会的总效用水平,使生产可能性曲线与更高的社会效用无差异曲线 I_2 相切于 L 点。L 点是资源配置的组合效率点,因为在现有的资源数量和技术条件下,已经不可能通过改变 A、B 产品的数量来增加社会效用水平了。因此,从图 2.6 中来看,生产可能性曲线与社会效用无差异曲线的切点是资源配置的产品组合效率点。随着资源数量和技术条件的不同,

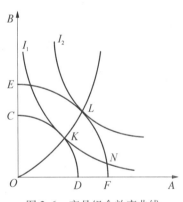

图 2.6　产品组合效率曲线

有无数条生产可能性曲线和社会无差异曲线,生产可能性曲线和社会无差异曲线切点的连线被称为产品组合效率曲线,如图 2.6 中的 OKL 曲线,它表示所有符合产品组合效率的资源配置状态。

对生产效率和交换效率的分析结果表明,生产可能性曲线的斜率是生产者方面的产品边际转换率,社会效用无差异曲线的斜率是消费者方面的产品边际替代率,在产品组合效率曲线上,生产方面的产品的边际转换率与消费方面的产品边际替代率相

等。产品组合效率曲线用公式可以表示为：

$$产品的\ MRT_{AB} = 产品的\ MRS_{AB}$$

这是资源配置的帕累托效率标准的必要条件，即在给定的资源数量和技术条件下，既使产品的产量达到最大化，又使产品适销对路，使产品产生的社会效用也达到最大化，即产量与产品效用同时达到最大化。

因此，根据帕累托效率标准，在只有甲、乙两个消费者，A、B 两种产品的情况下，如果还存在"双赢"或者"利己不损人""利人不损己"[①]的机会，那么这种资源配置就不符合帕累托效率标准。任何能够达到甲、乙"双赢"或者实现"利己不损人""利人不损己"的行为都是一种帕累托改进。但是，根据帕累托改进的定义，甲、乙任何"损人利己"或者"损人不利己"的行为都不能称之为帕累托改进。对于甲、乙"损人不利己"的行为在任何时候都是不能接受的，因为这种行为降低了资源配置效率。对于甲、乙"损人利己"情况，如果这种调整对他人效用的损失很小，对自己的效用增加很大，自己增加的效用足以弥补他人减少的效用，那么这种社会福利的改进被称为潜在的帕累托改进(potential Pareto improvement)。也就是说，在一定情况下，"损人利己"行为也许是可以接受的。

四、福利经济学第一定理

福利经济学第一定理(First Fundamental Theorem of Welfare Economics)认为，在完全竞争市场条件下，资源的配置效率可以达到帕累托最优，实现帕累托效率。

完全竞争市场是指一种竞争不受任何阻碍和干扰的市场结构。完全竞争市场必须符合以下条件：产品是同质的，即保证生产者和消费者的无名性；具有众多的买者与卖者，即买卖双方都不能决定价格，都是价格接受者；买卖双方具有完备的信息，即生产者了解消费者的偏好、需求的变化，同时，消费者了解生产者的成本状况，生产者和消费者之间不存在信息不对称；资源可以完全自由流动，且进入或退出不需要成本；没有外部效应，即成本和效应都可以内在化地通过价格反映出来；最后，边际成本是递增的，即不会出现自然垄断。

下面我们看看，为什么完全竞争市场可以满足资源配置效率的三个条件，即资源配置的均衡点会处于图 2.7 中的 E_1 点。假定产品 A 的价格为 P_A，产品 B 的价格为 P_B，因为是完全竞争市场，所以消费者甲、乙面对的产品价格是相同的。

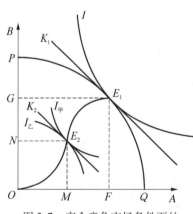

图 2.7　完全竞争市场条件下的
资源配置效率

① 如甲喜欢收集邮票，乙对邮票毫无兴趣。乙有一张邮票，如果他将邮票赠予甲，对乙来讲没什么福利损失，而将提高甲的福利水平，这就是一种"利人不损己"的情况。

从生产效率来看,在完全竞争市场条件下,追求利润最大化的竞争性企业,必然使用最好的技术,最合理地配置资源,因此其产量必然位于生产可能性曲线 PQ 上,此时:

$$A、B \text{ 产品的边际转换率 } MRT_{AB} = MC_A / MC_B$$

即图 2.7 中经过 E_1 点的切线 K_1 的斜率。

I 是社会效用无差异曲线,社会效用无差异曲线的斜率是社会的产品边际替代率。假定生产可能性曲线与社会效用无差异曲线相切于 E_1 点。此时,A 产品的产量是 OF,B 产品的产量是 OG。那么,这些 $A、B$ 产品的产量如何在甲、乙之间进行分配呢? 具体可参见由 OFE_1G 构成的埃奇沃斯箱形图。

从交换效率看,消费者消费产品的边际效用,就是消费者所愿意支付的价格,也就是 $P_A = MU_A$,$P_B = MU_B$。 追求效用最大化的消费者,必然满足下列条件:

$$\text{消费者甲的 } MRS_{AB}^{甲} = MU_A / MU_B = P_A / P_B;$$

$$\text{消费者乙的 } MRS_{AB}^{乙} = MU_A / MU_B = P_A / P_B$$

因此:

$$\text{消费者甲的 } MRS_{AB}^{甲} = \text{消费者乙的 } MRS_{AB}^{乙} = P_A / P_B$$
$$= \text{社会的产品边际替代率 } MRS_{AB}$$

即图 2.7 中经过 E_2 点的切线 K_2 的斜率。此时,甲消费的 $A、B$ 产品数量分别为 OM、ON,乙消费的 $A、B$ 产品数量分别为 MF、NG。

从产品的组合效率看,在完全竞争市场条件下,产品价格等于边际成本,即 $P_A = MC_A$,$P_B = MC_B$,因此,产品的转换效率可以改写为:

$$A、B \text{ 产品的转换效率 } MRT_{AB} = MC_A / MC_B = P_A / P_B$$

所以:

$$A、B \text{ 产品的转换效率 } MRT_{AB} = \text{消费者甲的 } MRS_{AB}^{甲}$$
$$= \text{消费者乙的 } MRS_{AB}^{乙}$$
$$= \text{社会的产品边际替代率 } MRS_{AB} = P_A / P_B$$

即图 2.7 中 K_1 与 K_2 两条直线是平行的。

因此,在完全竞争市场条件下,资源配置是可以达到帕累托效率标准的,即图 2.7 中的 E_1 点。也就是说,自由竞争的经济会"自动地"实现有效的资源配置,无须任何政府干预。

福利经济学第一定理有一个重要内涵需要指出,那就是帕累托效率标准关心的是每个人的福利,而不是不同人的相对福利。也就是说,它不关心收入的不平等问题。因此,使富人更好、穷人景况不受影响的变化仍然是帕累托改进,并且个人福利只取决于其自身感受。

第二节 收入分配的公平标准

效率标准阐述了资源配置的理想状态,但是它没有涉及分配问题,即没有说明各人之间所拥有或享有的产品份额应该如何。通常用公平(fairness)来概括一个社会收入分配的理想状态。效率不一定意味着公平。那么什么样的分配结果是最佳的呢?对资源配置的效率标准的认识是统一的,即帕累托效率标准,这一标准也是客观的,与个人的主观价值判断无关。但是,对公平的含义和标准,由于涉及主观判断问题,在认识上是存在分歧的。不同的人可能有不同的解释,不同经济学派的观点也大不相同。

一、社会福利函数

在介绍关于公平的观点之前,先介绍社会福利函数。社会福利函数是福利经济学研究的一个重要内容,福利经济学用社会福利(social welfare)表示一个社会在总体上的满意程度。随着西方经济学的发展,社会福利函数(social welfare function,SWF)也经历了古典效用主义时期、由"阿罗不可能定理"引发的困惑时期以及古典效用主义复兴时期等几个发展阶段。

社会福利函数是社会福利水平与所有社会成员的效用水平之间的关系,它表明一个社会对效率与公平双重目标的偏好。社会福利函数试图指出社会所追求的目标应该是什么,应该考虑某些人的效用还是所有人的效用,以及当人们之间的效用相冲突时,应该如何处理这些不同的效用。

如果以效用水平表示个人的福利,则社会福利就是个人效用的函数。在社会福利函数中,各个人的效用被作为自变量,而社会福利水平则作为因变量。假设社会中共有 n 个人,用 U 表示个人效用,则社会福利函数 W 可以表示为:

$$W = F(U_1, U_2, \cdots, U_n)$$

假定社会中只有甲、乙两人,这时的社会福利函数可以写成:

$$W = F(U_甲, U_乙)$$

假定只有甲、乙两个消费者,则在每一个既定的社会福利水平下,可以有多种个人的效用组合,这些个人效用组合所形成的曲线称之为等社会福利曲线,即社会效用无差异曲线,如图 2.14 中的 Ⅰ、Ⅱ、Ⅲ 三条曲线。通常假定这些社会无差异曲线与单个消费者的无差异曲线一样,也是向右下方倾斜且凸向原点的,并且较高位置的社会无差异曲线代表较高的社会福利水平。

同时,在某一既定时点,可供分配的产品的数量总是一定的,消费者不同消费组合的效用水平是不同的,甲、乙消费者的各种效用组合所形成的曲线称之为效用可能性曲线,即社会福利函数曲线,如图 2.14 中的 MN 曲线。效用可能性曲线构成了效用可能性区域,在效用可能性曲线之外的社会福利水平或者个人效用组合是目前难以达到的。

不同时期、不同学者关于社会福利函数的理论和形式是存在很大差异的。古典效用主义假定社会福利函数是线性的,则社会福利是所有个人福利总和的函数,社会福利函数 W 可以表示为:

$$社会福利水平\ W = \delta_1 U_1 + \delta_2 U_2 + , \cdots, + \delta_n U_N$$

其中,δ 表示个人效用的权数。

除了古典效用主义的社会福利函数外,20 世纪 70 年代后出现的古典效用主义的复兴中,还出现了新古典主义的社会福利函数(Neo-utilitarianism SWF)、罗尔斯主义的社会福利函数(Rawlsian SWF)、精英主义的社会福利函数(Elitist SWF)、纳什的社会福利函数(Nash's SWF)、阿特金森的社会福利函数(Atkinson's SWF)等,这些社会福利函数的形式及其政策主张都是有所不同的。以上现代效用主义的社会福利函数反映了经济学家对资本主义发展过程中出现的平等、正义、福利等问题的关注和深入思考,再度强调了效率并不是一个社会所应追求的唯一目标。

如果将个人福利或效用与个人收入联系起来,忽略其他因素对个人福利或效用的影响,则社会福利函数又是个人收入的函数。通过社会福利函数可以对一个社会收入分配的公平程度进行评判,并提出实现社会福利最大化的改进收入分配的政策主张。

二、功利主义的公平标准

18 世纪后半期至 19 世纪初期,英国伦理学家兼哲学家杰雷米·边沁(Jeremy Bentham, 1784—1832)创立了功利主义哲学。功利主义(Utilitarianism)追求个人福利水平的最大化,认为社会福利水平就是社会总效用,它等于社会所有成员的效用之和。一个社会应追求社会总效用的最大化,社会公平程度越大,则社会福利水平越高。因此,只要收入再分配政策能增加社会福利,政府就应当这样做。功利主义还认为,不论是高收入者还是低收入者,他们之间的每一单位效用是等价的。功利主义的社会福利函数可以表示为:

$$W = \delta_1 U_1 + \delta_2 U_2 + , \cdots, + \delta_n U_N;$$

$$\delta_1 = \delta_2 = \cdots = \delta_N = 1$$

这个式子也被称为叠加型的社会福利函数。假定一个社会由甲、乙两人构成,横轴表示乙的效用,纵轴表示甲的效用,社会效用水平用 W 表示,则在社会效用一定的情况下,功利主义的社会效用无差异曲线是一条直线,如图 2.8 所示,AB 就是功利主义的社会效用无差异曲

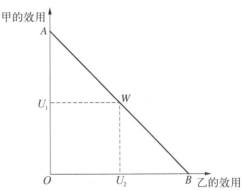

图 2.8　功利主义的社会效用无差异曲线

线,即社会福利的大小取决于社会成员的效用总和,与收入分配状况无关,无论是穷人还是富人,其效用的增加对社会福利的贡献都是一样的。

功利主义有三个假定:一是不论穷人或富人,每个人的效用函数都相同,都取决于个人的收入水平;二是每个人的效用函数都是其收入的边际效用递减函数,即随着收入的增加,个人的境况会改进,但改进的幅度是递减的;三是可得的总收入是不变的,为一固定数。根据这三点假设以及叠加型的社会福利函数,功利主义的政策观是:为了实现社会福利的最大化,政府应该进行收入再收入分配,直到达到完全的收入平衡。因为只要收入分配不平等,穷人和富人边际效用就不会相等,社会福利就没有达到最大化。由此,功利主义提出了补偿原则,即如果社会中某一部分人的所失能够补偿另外某些人的所得还有余,那么这种变化是"好"的,是朝着收入的"公平"目标前进的,这种收入的再分配是合理的。也就是说,按照功利主义的正义观点,为了满足多数人的最大利益而对少数人的侵犯是正当的,即使这种侵犯对少数人是不正义的,因为它所要达到的是最多数人的最大利益。

图2.9表示了功利主义的公平标准,横轴 OO' 是社会总收入水平,是固定不变的。PQ 是穷人的边际效用曲线,MN 是富人的边际效用曲线。假定在初始收入分配中,穷人的收入为 OA,富人的收入水平是 $O'A$,此时穷人的边际效用为 AE,富人的边际效用为 AC,穷人的边际效用高于富人的边际效用;通过改变收入分配水平,将富人的一部分收入转移给穷人,可以增加整个社会的福利水平,直到收入达到 I 点。此时,穷人和富人的边际效用相等,穷人和富人收入各为总收入的一半,社会总效用达到最大。

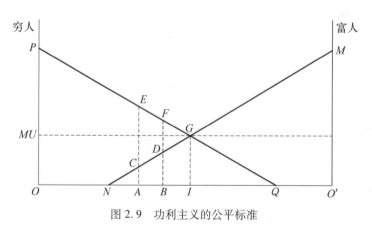

图 2.9 功利主义的公平标准

由此可见,在收入再分配上,功利主义的公平标准对收入的再分配要求是激进的。因此,在当时阶级矛盾比较突出的历史背景下,这一思想一经产生很快得到广泛传播,成为英国自由主义及激进主义的思想武器。显然资产阶级是难以接受功利主义的公平标准的,因此对功利主义公平标准存在很大的质疑,如穷人和富人的效用函数完全相同是否符合实际;收入作为一个整体,收入的边际效用未必肯定向下倾斜;收入总额固定不变,也不一定成立,收入再分配可能影响收入总额。此外,这种公平标准过于注重公平,忽视了其对效率可能产生的消极影响,因此功利主义的公平标准很难得到社会的共同认可。

此外，尽管因为收入边际效用递减规律的存在，按照功利主义的公平标准会给予穷人更多的关注，但功利主义在分配社会生产能力时往往忽视处于社会不利地位阶层的利益，反而可能造成更大的不公平。如政府的一笔资金有两个投资方案可供选择，一是给西部交通闭塞、贫穷落后的山区的孩子建十所小学，二是给东部交通便利、经济发达的大城市的孩子建一所中学。按照这笔资金对社会福利的贡献，用于大城市一所中学的建设对社会的潜在收益可能更大，因为大城市的孩子可以有更多机会上大学，为社会创造更多的财富。那么，按照功利主义原则，政府的资金应该投到东部大城市。但是，从公平的角度来衡量，投资于山区小学的建设无疑更加有利于社会公平。

总之，按照功利主义的公平标准，社会公平程度越大，社会福利水平越高。要做到这一点，政府需要对收入进行再分配，但是应尽可能不要使收入蛋糕变小，而是应使收入蛋糕变大，否则会影响社会福利水平。因此，实际上政府最终只能对收入实行比较温和的再分配。

由于功利主义以追求个人福利为目标，因此在我国功利主义长期被冠以"庸俗"的称号而受到批判，但是我国计划经济时代所推崇的恰恰是一种功利主义的道德观和价值观，如每个人都被要求以国家和集体利益为重，以致牺牲个人利益也在所不惜。

三、罗尔斯主义的公平标准

美国著名哲学家约翰·罗尔斯(John Rawls, 1921—2002)在其1971年具有重要影响的名著《正义论》(A Theory of Justice)中提出了罗尔斯的公平理论。罗尔斯主义的公平理论在当代西方思想中占有重要地位，它是对自卢梭以来的契约论思想的最新发展。

罗尔斯认为，社会中的每个人都拥有在某些自由项上被平等对待的权利，这些自由项包括信仰、结社、迁移和就业、尊严以及政治参与等，这被称为罗尔斯的第一原则。罗尔斯假定有关正义的社会契约是理性的个人在"初始状态"下制定的，而订立契约的人都处在一种所谓的"无知的面纱"之中，即他们在订立契约时对于自己在社会中的所处的利益、地位等毫无所知。由于在"无知的面纱"下，人们不知道他们最终是贫是富，因而他们对分配目标的看法是不带偏见的、是公正的，即"无知才能公平"。这种观点消除了人们自身贫富状况客观差异对公平这一主观价值判断的影响，保证了起点公平，因此是具有说服力的。

专栏2-1

罗尔斯正义理论的价值与局限

罗尔斯的公平正义理论主要是在与功利主义的论战中开展的。功利主义曾被密尔等人所推崇，在《正义论》里，罗尔斯为自己所立的目标就是"去把洛克、卢梭和康德所表述的契约论传统一般化并提高到一种更高层次的抽象水平"。罗尔斯的正义理论将社会分配"善"的问题作为研究主题,将正义主题规定为社会结构,力图解决社会制度的设计正义问题。这是对功利主义的批判与超越,也将古典契约理论抽象到一个更高水平。罗尔斯的正义理论广受赞誉,也备受批评。罗尔斯政治哲学的理性构建虽然为解决社会公平正义提供了建设性的方案,但只是在一定范围内对社会制度的改良,即对资本主义社会机构的内部调整。这种调整不会触动资本主义的经济基础,它承认阶级的存在,承认资本主义生产资料私有制,因此具有一定的理论局限性,不能从根本上解决社会正义问题,也就无法从根本上消除自由与平等之间的巨大张力。

参考文献:张兵,董新凯. 罗尔斯的正义论对我国分配公平问题的启示[J]. 南京社会科学,2016(10):152 - 156.

在罗尔斯看来,社会福利水平不应该是社会成员的效用简单的加总。在社会成员之间的收入水平存在差距的情况下,富者的一单位效用与穷人的一单位效用是不等价的,一个社会应更加重视增加穷人的效用。如果某种收入再分配政策使得穷人增加了一定的效用,而富人减少了一定量的效用,那么社会福利水平肯定提高了。因为只要穷人的效用能够增加,哪怕只增加一点点,不管富人的效用减少多少,都会使社会福利水平提高。反之无论富人的效用有多大的增加,只要穷人的效用没有增加,社会福利水平就没有提高。这种使效用最小的社会成员的效用达到最大化的原则,被称为最大最小标准。罗尔斯公平理论认为,社会分配的任何不平等不能以牺牲社会中最差成员的福利为代价,这被称为罗尔斯的第二个原则。罗尔斯强调,第一原则具有绝对的优先权,即社会分配不能以牺牲个人自由为代价,同时社会应关心最底层成员的福利。罗尔斯主义的社会福利函数用公式表示为:

$$W = \delta_1 U_1 + \delta_2 U_2 + \cdots + \delta_n U_N$$

其中,收入最低的人权数 δ 为1,其他收入者的权数 δ 都为0。

假定第二个人的收入水平最低,其效用水平为 U_2,则社会福利函数表示为:

$$W = MAX\{MIN(U_1, U_2, \cdots, U_N)\} = U_2$$

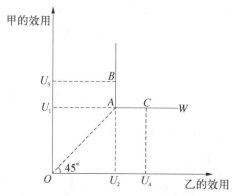

图 2.10 罗尔斯主义的社会效用无差异曲线

也就是说,最大最小标准意味社会应该关心收入最低者的效用水平,使其效用达到最大。如图 2.10 所示,横轴表示乙的效用,纵轴表示甲的效用。假定甲的效用是 U_1,乙的效用是 U_2,社会效用水平用 W 表示。在 A 点,甲和乙的效用相等,则此时社会效用 $W = U_1 = U_2$。假定甲的效用增加了,乙的效用没变,新的效用组合点为 B 点,甲的效用增加到 U_3。由于 $U_3 > U_1 = U_2$,根据罗尔斯社会福利函数,社会福利由效用较低的人的效用水平决定,乙的效用水平较低。因此,此时的社会福利为 U_2,即 B 点和 A 点的社会福利是相同的,都是 U_2。

同样,假定乙的效用增加了,甲的效用没变,新的效用组合点为 C 点,乙的效用增加到 U_4。由于 $U_4 > U_1 = U_2$,根据罗尔斯社会福利函数,社会福利由效用较低的人的效用水平决定,甲的效用水平较低,因此,此时的社会福利为 U_1,即 B 点和 A 点的社会福利是相同的,都是 U_1。因此,根据罗尔斯社会福利函数,A、B、C 三点具有相同的社会福利,位于同一条社会无差异曲线上,也就是说罗尔斯的社会效用无差异曲线是 L 型的,表明富人福利的增加不能补偿穷人福利的下降。

与边沁的功利主义不同的是,由于罗尔斯认为穷人和富人的效用函数是不同的,最后一元钱对富人的边际效用未必低于穷人的边际效用。例如,一个富人有一辆汽车,但是没有买汽油的钱,一个穷人可以维持基本的温饱。此时,再增加一元钱可以使富人购买汽油从而使汽车能够运转,其福利水平将极大地提高。而这一元钱对穷人来讲作用不是非常大,这时一元钱对富人的边际效用将可能高于穷人的边际效用。因此,罗尔斯主义承认收入分配不平等具有一定的合理性,从而否定了功利主义激进收入分配的政策主张,兼顾了公平和效率,其观点被广泛接受。

但是,也有批评者说,最大最小标准只关注处境最差的人的福利,如果一个社会这么极端地去做的话,这种做法可能是不得人心的。但目前看来,各国普遍对低收入者实行最低生活保障标准,并且随着经济社会发展水平的变化不断提高保障标准,这其实与罗尔斯主义的最大最小标准是相符的。

四、折衷主义的公平标准

折衷主义(eclecticism)①指没有自己独立的见解,只是把各种不同的思潮、理论采取中庸方式结合在一起的一种思维方式和表现形式。因此,就公平而言,折衷主义的观点介于功利主义和罗尔斯主义之间。功利主义和罗尔斯主义对富人和穷人的效用的权数采取了截然不同的立场,它们可以被视为两个极端,而折衷主义介于二者之间。在社会福利函数中,功利主义认为 $\delta_1 = \delta_2 = \delta_n$;而罗尔斯主义认为收入最低的权数等于1,其他人的权数都为0;折衷主义则认为:

$$W = \delta_1 U_1 + \delta_2 U_2 +, \cdots, + \delta_n U_N$$

其中,不同收入者的权数 δ 都大于0,并且随着收入的变化而变化,收入越低,权数越高;收入越高,权数越低。

从折衷主义的观点来看,富人的一单位效用的社会价值小于穷人的一单位效用,这就使它区别于功利主义;但折衷主义又认为富人的效用,只要大到一定的程度总可以等同于穷人一单位的效用,这就使之又区别于罗尔斯主义。如图 2.11 所示,横轴表示乙的效用,纵轴表示甲的效用,社会效用水平用 W 表示,在社会效用一定的情况下,折衷主义的社会效用无差异曲线如图 2.11 中的 W 曲线所示。若社会收入分配差距较大,如图 2.11

① 也作"折中主义"。

中的 E 点,如果收入差距继续扩大,即富人的效用继续增加、穷人的效用继续减少。折衷主义认为,只有这种改变能使富人的效用增加远高于穷人的效用减少。社会总效用不变或提高时,社会才愿意接受穷人效用的下降;如果这种改变使得社会效用水平下降,社会是不能接受这种导致收入分配差距扩大的再分配的。因此,我们通常所说的社会效用无差异曲线即是折衷主义的社会效用无差异曲线,是一条向右下方倾斜、下凸的曲线。

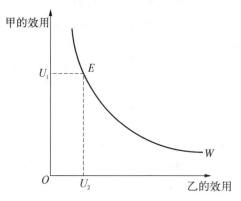

图 2.11 折衷主义的社会效用无差异曲线

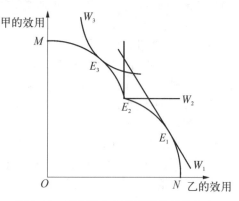

图 2.12 不同社会福利函数的最优状态

很显然,当社会福利函数不同时,社会的最优分配状态也是不相同的。如图 2.12 所示,MN 表示整个社会的效用可能性曲线①;W_1、W_2、W_3 分别代表功利主义、罗尔斯主义和折衷主义的社会效用无差异曲线;E_1、E_2、E_3 分别是三条社会效用无差异曲线与社会效用可能性曲线的切点;E_1、E_2、E_3 都符合帕累托效率要求。但是,功利主义、罗尔斯主义和折衷主义的最优分配状态是不同的。E_1 是功利主义的最优分配状态,E_2 是罗尔斯主义的最优分配状态,E_3 是折衷主义的最优分配状态。在这里,罗尔斯主义的公平状况要优于功利主义和折衷主义。由此可见,在自由竞争的市场经济下,对公平不同的评判标准会导致不同的最优分配结果。

五、市场经济下的机会公平标准

除了社会福利函数对公平的评判标准外,市场经济下的收入分配也强调机会公平,包括规则公平、起点公平和结果公平。

规则公平,即经济活动是所有社会成员参与的竞争。因此,竞争的规则必须公平。这种规则对于各社会成员来说应是统一的、一视同仁的,既不偏袒某些人也不压抑某些人,所有人都遵循同一规则参与经济活动。

起点公平是对规则公平的补充。不仅竞争过程中规则要公平,而且对于所有社会成员来说,竞争的起点也应是公平的。就像赛跑,选手们要从同一条起跑线上出发一样,在社会经济活动中,每一个人应有大致相同的起点,这样每个人的机会就是均等的。

① MN 是一条平滑对称的弓状曲线,其对称轴是一条倾角为 45°的斜线。MN 之所以呈弓状,是因为生产函数和效用函数存在凹性。

在起点公平和规则公平条件下,各人的收入份额与其对生产的贡献份额是相一致的,收入分配的结果也将是公平的。因此,机会公平实际上强调的是市场自由竞争。但是由于存在各种不可控制的风险,即使做到了规则公平和起点公平,收入分配结果的差距也可能过大,结果公平要求收入分配的差距应控制在合理范围之内。

六、公平与效率的关系

效率指资源配置的理想状态,公平指收入分配的理想状态。公平与效率是经济学两个永恒的主题,这两个目标是对立统一的。有时二者是相互促进、可以兼顾的,有时又是相互冲突、必须取舍的。如何正确处理公平与效率的关系,找到二者在不同条件下的最优组合,是政府政策需要着力解决的一个重大现实问题。

例如,在我国城市化进程中,农村劳动力大规模向城市转移。政府加强对农村劳动者的教育和培训,既可以提高这些劳动者的生产效率,促进经济发展,又可以提高农村劳动者的收入,改变我国城乡二元结构,改善整个社会的收入分配状况。这时公平与效率是互相促进的。

再如,在我国高度集中的计划经济体制下,虽然做到了相对公平,但是这种公平是以牺牲效率为代价的;改革开放以来,随着我国市场经济体制的建立,在生产效率得到快速提高的同时,收入分配差距过大又成为人们关心的一个突出的社会问题。公平与效率如何兼顾一直是我国需要解决的重要问题。

在公平与效率相互促进的情况下,公共政策的制定是相对比较容易的。但是在公平与效率相互冲突的情况下,如何在公平与效率中作出取舍,这对公共政策决策机制是一个考验。如甲、乙两个人在沙漠中行走,甲有两袋水,乙没有水。一袋水能够勉强使甲走出沙漠,两袋水将能够确保甲走出沙漠,但是乙将被渴死。这时从公平的角度来讲,甲应该给乙一袋水,这样两个人都能走出沙漠;从效率的角度来讲,两个人的生产力显然大于一个人,所以甲还是应该给乙一袋水。这种做法是大家都可以接受的。但是,如果甲只有一袋水,乙没有水,如果甲、乙两个人分享这一袋水,则都会渴死;如果甲独自享受这一袋水,则他可以走出沙漠。这时,从公平的角度考虑,两个人应该分享这一袋水,但是两个人都会渴死,这是没有效率的做法;从效率的角度考虑,应该保证一个人可以走出沙漠,还可以保持一部分生产力,但是这又有失公平。这时应该如何取舍呢?

公平与效率的对立统一关系可以用图2.13表示,MN 是效用可能性曲线,假定社会初始的生产—分配状况是图中的 B 点,由于 B 点在效用可能性曲线之内,所以 B 点是不符合生产效率的。经济效率提高会使生产—分配状况从 B 点移动到效用可能性曲线 MN 上。如果新的均衡点在 AE 之间,则这种改变是帕累托改进,因为两个人

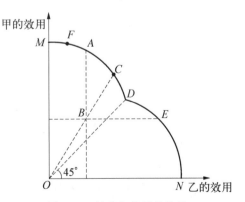

图 2.13　效率与公平的关系

的效用可能都增加了,或者在一个人效用不减少的情况下,另一个人的效用增加了。如果新的均衡点是 *C* 点,则效率的提高没有改变收入分配相对状况,因为甲和乙的效用之比没变。如果新的均衡点在 *CD* 之间,则效率的提高使得收入分配更加公平了,因为甲和乙的效用差距缩小了。如果新的均衡点在 *MA* 之间,如图中的 *F* 点,这种改变提高了效率。因为虽然乙的效用减少了,但是甲的效用增加了,并且甲增加的效用足以弥补乙减少的效用,实现了帕累托效率,这是一种潜在的帕累托改进。但是,这种效率的提高恶化了收入分配状况,社会变得更加不公平了。即使实现了帕累托效率,社会不一定愿意接受这种改变。

因此,效率的改进既可能促进公平,也可能恶化收入分配状况。不同人由于价值观、立场的不同,对公平与效率的关系可能存在较大的分歧,有时必须要由政府作出取舍。

七、福利经济学第二定理

当效率与公平出现冲突时,政府该如何取舍呢? 福利经济学第一定理描述的是资源配置的效率问题。在完全竞争市场下,市场是可以达到资源配置的帕累托效率标准的,但是这种效率本身是否合意并没有加以考虑。

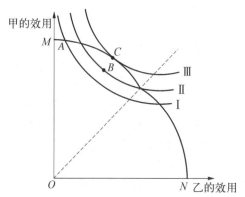

图 2.14　效用可能性曲线和社会福利最大化

如图 2.14 所示,*MN* 是社会效用可能性曲线,只要甲、乙的效用组合在 *MN* 上,就是符合资源配置效率的,如图中的 *A* 点和 *C* 点。*B* 点位于社会效用可能性曲线之内,是不符合效率标准的。对于社会来讲,*A* 点的资源配置就肯定优于 *B* 点吗? 这需要明确的价值判断。假定社会效用无差异曲线是折衷主义的,图 2.14 中 I、II、III 分别是三条社会效用无差异曲线。从图中可以看出,无差异曲线 I 与效用可能性曲线相交于 *A* 点,在这一点资源配置是符合效率标准的。无差异曲线 II 经过 *B* 点与效用可能性曲线相交,显然,在 *B* 点的资源配置是不符合效率标准的。但是 II 位于 I 之上,也就是说,在 *B* 点的社会福利水平高于 *A* 点,即使 *B* 点没有达到资源配置的效率水平也是如此。无差异曲线 III 与效用可能性曲线相切于 *C* 点,在这一点既达到了资源配置的效率标准,同时又使得社会福利达到最大化。因此 *C* 点也被称为极乐点(bliss point),对社会来讲是最优的。

为了使经济移动到福利最大化的点,如图 2.14 中的 *C* 点,即使在完全竞争的市场经济下,政府仍必须直接干预市场生产吗? 例如,政府必须要对穷人消费的商品规定最高限价或者保障每个人的最低消费量吗? 回答是否定的。政府可以通过收入再分配,改变资源的初始配置,让市场发挥作用,就可以使个人效用处于社会效用可能性边界上的同时实现社会福利的最大化,而不必直接干预市场。这就是福利经济学第二定理(Second Fundamental Theorem of Welfare Economics)。

福利经济学第二定理具有重要的含义。它表明,即便社会有使现行资源分配不公平的倾向性,政府也无须直接干预市场价格,损害效率;相反,政府只需要以被认为是公平的方法在人们之间转移资源就行了,如征收总额税。因此,福利经济学第二定理在强调促进公平的同时,仍是非常注重发挥市场效率作用的。效率优先、兼顾公平,得到了大多数经济学家的认同,市场自由竞争理念深入人心。但是,如何以公平的方法在人们之间转移资源,仍然可能涉及对经济的直接干预。

第三节　经济运行的稳定标准

宏观经济运行的稳定标准通常包括四个方面,即经济增长、充分就业、物价稳定、国际收支平衡,这也是各国政府制定宏观经济政策所努力追求的目标。但是在不同阶段、不同国家这四个经济指标的稳定量化标准是不同的,并没有一个统一的标准。

一、经济增长

经济学上,用国内生产总值(GDP)表示一国的经济总量。国内生产总值指一定时期内(一个季度或年度)某一国家(或地区)经济中所生产的全部的最终产品和劳务的价值。经济增长指以不变价格衡量的国内生产总值的变化,即实际 GDP 的变化。经济增长首先应使生产处于生产可能性边界之上,即在现有的资源技术条件下,产量应达到最大化。资源、技术、就业是经济增长的重要推动力量。经济增长还要求经济总量每年保持一定的速度稳步增加,年度之间不至于波动太大。不同国家由于处在不同发展阶段,对经济稳定增长的衡量标准也不同。例如,对中国来说,目前保持6%左右的经济增速算是平稳的;但是对于美国来说,4%可能已经算是高速增长了。

二、物价稳定

价格稳定一般是指价格总水平的稳定。价格总水平是用物价指数来衡量的,通常用居民消费价格指数(CPI)来衡量。居民消费价格指数反映一定时期内居民家庭所购买的生产消费品和服务项目的价格变动趋势与程度的相对数。也可以用 GDP 平减指数(GDP deflator)来衡量物价变化水平,GDP 平减指数指一国经济在不同时期内所生产的全部最终产品和服务的价格总水平的变化程度。GDP 平减指数虽然涵盖的产品和服务范围最广,但居民消费价格指数更能反映价格变化对居民生活的影响,更为社会各界所关心,也经常被经济部门所使用。物价保持绝对不变是不可能的,即通货膨胀率不可能为零。由于各国经济社会发展环境不同,物价稳定也没有一个统一的标准。对于有的国家来说,3%的通货膨胀率已经算是很高的了;而对于有些国家来说,10%的通货膨胀率也是可以接受的。通货膨胀影响经济的稳定增长,但是物价下跌即通货紧缩也不利于经济发展,物价稳定要求价格的波动应控制在一定幅度内。

三、充分就业

充分就业一般指一切生产要素都有机会以自己愿意接受的报酬参加生产的状态。在充分就业的情况下,生产总量是该社会当时所能生产的最大产量。通常以劳动者的失业率(unemployment rate)作为衡量充分就业与否的标准,充分就业意味着较低的失业。失业可以分为摩擦性失业、季节性失业、结构性失业等。百分之百的就业是不可能的,失业率不可能为0。由于就业压力不同,每个国家的充分就业目标也是不同的,如美国规定5%的失业率就算是充分就业了。

四、国际收支平衡

随着世界经济一体化趋势的加强,各国之间的经济交往越来越密切,国际收支状况对一国经济的影响也越来越重要,实现国际收支平衡已成为政府宏观经济调节的一个重要目标。国际收支是指一国与世界其他各国之间在一定时期(通常是一年)内全部经济往来的系统记录。国际收支平衡表一般包括经常性项目、资本项目、储备资产以及误差与遗漏四个部分。经常性项目反映了资源在一国与他国之间的实际交易的净差额,主要包括货物贸易和服务贸易、收益和无偿转让;资本项目主要指资本的输入和输出,具体表现为国家间的债务关系。国际收支平衡要求一国的国际收支总量和结构相对均衡,本国货币汇率保持稳定,为本国经济创造一个良好的外部发展环境。

总体来看,关于理想市场的效率评判标准是相对客观的,但是公平和稳定的评判标准却是相对主观的。公平和效率的关系更是经济学中一个永恒的难题。在市场经济下,既确保效率优先,又能够在收入分配方面兼顾公平,体现社会公平正义的原则,同时又保持宏观经济持续稳定较快增长,是各国政府孜孜不倦的追求目标。

·············· 复习与练习 ··············

● **主要概念**

帕累托效率 帕累托改进 生产效率 交换效率 组合效率 等产量曲线 效用无差异曲线 边际技术替代率 边际转换率 边际替代率 生产可能性曲线 生产效率曲线 帕累托潜在改进 社会福利 社会福利函数 效用可能性曲线 社会效用无差异曲线 功利主义 罗尔斯主义 罗尔斯第一定理 罗尔斯第二定理 折衷主义 福利经济学第一定理 福利经济学第二定理 极乐点 充分就业 起点公平 规则公平 结果公平 无知的面纱 最大最小标准 经济增长 物价稳定 充分就业 国际收支平衡

● **思考题**

1. 资源配置的效率标准是什么?用生活中的事例说明什么是帕累托改进和潜在的帕累托改进。

2. 福利经济学第一定理的主要内容是什么?为什么完全竞争市场可以满足资源配置的效率标准?

3. 福利经济学第二定理的内涵是什么?

4. 什么是社会福利函数? 不同学派、不同学者的社会福利函数有何异同?

5. 功利主义的公平标准是什么? 功利主义在收入分配方面的政策主张是什么?

6. 罗尔斯主义的公平标准的主要内容是什么? 罗尔斯主义在收入分配方面的政策主张是什么?

7. 折衷主义公平标准的主要观点是什么? 折衷主义在收入分配方面的政策主张是什么?

8. 为什么说公平与效率的关系是对立统一的? 举例说明之。

9. 当前我国正在推动实现共同富裕,如何理解共同富裕的内涵,如何处理好公平与效率的关系?

10. 我国宏观经济的稳定评判标准是什么? 我国近几年经济社会发展的主要调控目标是什么?

第三章

市场失灵

现实中的市场与理想的市场是存在一定差距的,没有完美的市场。也就是说,无论是在资源配置的效率方面、收入分配的公平方面,还是经济稳定的运行方面,市场都是难以达到我们前面所阐述的理想市场标准的。市场失灵(market failure),也被称为市场缺陷,即市场机制存在的缺陷或不足之处。市场失灵为政府干预经济提供了契机,政府经济职能也应运而生。本章主要介绍市场失灵的具体体现,以及由此引申出来的政府经济职能。

第一节　资源配置的市场失灵

完全竞争市场只是一种理想情况。在现实世界中,完全竞争市场几乎不存在。任何不符合完全竞争市场要求的现实市场都可能导致资源配置达不到效率标准。资源配置方面的市场失灵主要体现在以下四个方面。

一、市场无法提供公共产品

公共产品(public goods),指具有消费性的非竞争性和收益的非排他性的物品,也被称为公共品、公共物品等。非竞争性(non-rival),就是说一些人对这一产品的消费不会影响另一些人对这一产品的消费,一些人从这一产品中受益不会影响另一些人从这一产品中得到利益,受益对象之间不存在利益冲突。换言之,在某种产品的数量给定的条件下,增加消费者的边际成本为零。如政府提供的气象预报服务,收听人数的增加不会增加这一服务的成本,也不会影响其他人也从这一服务中的得到好处,这就是非竞争性。非排他性(non-excluding),指产品在消费过程中所产生的利益不能为某些人或某个人所专有,要想将一些人排斥在消费过程之外,不让他们享受这一产品的利益是不可能的。同样以政府提供的气象预报服务为例,只要这项服务存在,它就必然会使大家都从中受益。要想将某些人排除在这一好处之外或者在技术上是不可能的,或者代价过高,不值得去做,这就是非排他性。国防、外交、良好的公共安全、清洁的空气、优美的环境等都具有公共产品的特征。

假定有 n 个人,公共产品的数量为 G,则每个人消费的公共产品的数量是相等的:

$$G_1 = G_2 = \cdots = G_n$$

与公共产品相对的是私人产品(private goods),指在消费过程中具有竞争性和排他性的产品。竞争性就是某个人或某些人从这一产品中得到好处时,必定会使其他人从这一产品中得到的利益减少,消费者之间存在利益冲突。排他性就是能够以某种方式将某些人排斥在这一产品的消费之外,使之无法享受这一产品带来的利益。日常生活中,人们消费的大量产品和服务都具有私人产品的性质,例如汽车、食品、服装、家用电器、住房等。在某个人消费这些产品的时候,其他人就不能消费,即此类产品具有竞争性;某一消费者也可以将这些消费品据为己有,不让其他人消费,也就是说这些产品具有排他性。

假定有 n 个人,私人产品的数量为 P,每个人的消费数量是 P_i,则这 n 个人的消费数量之和即为私人产品的数量:

$$P = \sum_{i=2}^{n} P_i$$

此外,还有一些产品介于公共产品和私人产品之间,被称为混合产品或准公共产品(mixed goods or quasi public goods),这类产品具有不完全的非竞争性和非排他性。混合产品可以分为两种情况。一种是具有非竞争性和排他性的产品。例如,公园、剧院、高速公路和桥梁等。这些产品在消费者的数量未造成拥挤的情况下,增加一个消费者不会损害其他消费者的利益,也就是说具有非竞争性;但是要阻止某些消费者从这类产品中得到好处是完全可行的,通过收取一定的费用就可以做到,因此又具有排他性。另一种是具有竞争性和非排他性的产品,例如政府提供的教育、卫生防疫、保健医疗、住房保障等服务。只要符合条件消费者都可以享受,具有非排他性;但是由于此类产品或服务数量是有限的,会造成消费者之间的过度拥挤,因此又具有很强的竞争性,往往需要花费很长时间的排队成本才能享受。

公共产品的这种消费特性,如果通过市场买卖的方式,即由消费者支付成本来提供公共产品会怎么样呢? 由于公共产品具有非排他性,要将某个人排斥在这一产品的消费之外是不可能的。因此即使给公共产品确定了一个价格,作为一个理性的消费者,人们也不会去购买。因为不管他买还是不买,他都能消费这一产品,从这一产品中得到好处,不会因为他不购买而排除他消费这一产品的权利。他不购买这一产品并不是因为他不需要它,他只是想让其他人来承担这一产品的成本,而自己则坐享其成。因此,如果由市场提供公共产品,消费者很容易也很可能通过隐瞒自己的偏好,而不承担或较少承担公共产品的成本,这种情况被称为公共产品的"搭便车"问题(free rider problem)。它使得公共产品的提供量远远低于公共产品有效配置的数量要求,这是市场失灵的突出表现之一。

可以用博弈论(games theory)中的囚徒困境(prisoner's dilemma)来解释为什么市场提供公共产品会导致效率不足的情况。假定有甲、乙两个人,对于某一公共产品(如路灯、道路等),甲、乙可以选择诚实表露对这一公共产品的真实偏好,但必须付费;也可以隐瞒自己的偏好,不用付费,但是一旦对方提供了这一公共产品,自己仍可以从中受益。对每个人来说,有四种情况:一是如果自己隐瞒了偏好而对方提供了公共产品,则自己的收益最大,假定是10;二是如果两个人都诚实表露了真实偏好,因为要承担一定的费用,个人收益将有所下降,假定为8;三是如果两个人都隐藏了偏好,由于没有公共产品的提供,虽然不用承担费用,收益将进一步下降,假定为6;四是如果自己诚实表达了偏好而对方选择隐瞒,自己要承担公共产品的费用,这时收益将最小,假定为4,我们用囚徒困境来看个人的选择,如表3.1所示。

表 3.1 公共产品市场提供的囚徒困境

甲乙策略	乙 诚 实	乙 隐 瞒
甲诚实	8, 8	4, 10
甲隐瞒	10, 4	6, 6

从表3.1中可以看出,如果乙认为甲将诚实表露自己的偏好的,则乙选择隐瞒自己的偏好对自己最为有利;如果乙认为甲将隐瞒自己的偏好,则乙选择隐瞒自己的偏好仍然对自己最为有利。也就是说,不管甲做出如何决策,对乙来说选择隐瞒自己的偏好都是最为有利的,对甲也是同样如此。因此,两个人的最佳博弈策略都是隐瞒自己的偏好,不为公共产品付费。但是相对于两个人都诚实表达偏好,两个人的福利水平都将下降。

因此,虽然完全由市场来提供公共产品,其数量未必是0(一些慈善组织、私人部门也会提供一定量的公共产品),但是相对于社会整体效益最大化的要求,数量肯定是不足的。图3.1表明了市场提供公共产品的效率损失。图3.1中 AB 为一个社会的生产可能性边界,它表明这个社会在现有的资源和技术条件下所能生产的所有公共产品与私人产品的组合。I_1 和 I_2 是两条表示不同社会福利水平的社会效用无差异曲线。E 点是社会效用无差异曲线 I_2 与生产可能性曲线 AB 的切点,该点所代表的产品组合使社会福利达到最大化,此时公共产品的提供量为 Q_2。在这一点,资源配置是符合帕累托效率的。但是由于存在着搭便车问题,消费者会将自己的收入全部或基本上全部用于私人产品的消费。因此价格机制无法引导资源配置逼近 E 点,公共产品的

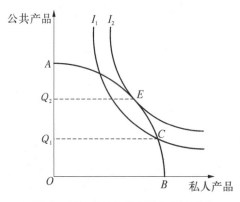

图 3.1 市场提供公共产品的效率损失

提供量会非常有限。就像图3.1中 C 点所表现的那样,公共产品的提供量仅为 Q_1,远低于效率水平。这样就会造成效率损失,损失的量为社会效用无差异曲线 I_1 和 I_2 之间的社会福利水平差额。

例如,2019年我国一些地方遭受干旱,很多地方通过人工降雨来缓解旱情。人工降雨作为一项政府提供的服务,具有明显的公共产品特征。这一服务具有非竞争性,只要人工降雨成功,当地居民都可以从人工降雨中得到好处,一个居民从中受益不影响其他居民也从中受益;这一服务也具有非排他性,很难将某个居民排除在这一公共

产品的好处之外。但是,如果由市场来提供这一服务,由居民根据自己的需要来承担人工降雨成本,居民很容易通过隐瞒自己的偏好从而不承担或少承担人工降雨成本,这种"搭便车"行为将使得市场不能有效提供这项服务。

又如,我国目前农村地区(特别是中西部地区)公共产品或准公共产品缺失的问题较为严重,一些地方道路、桥梁年久失修,缺少清洁用水,教育、医疗卫生等基本公共服务水平与城市相比存在较大差距。由于政府投入不足,这些本应由政府提供的公共产品或准公共产品远远不能满足人民群众的要求。因此,我国乡村振兴的关键之一应是如何解决农村公共产品或准公共产品的短缺问题。就总体而言,目前政府提供的公共产品与服务,无论是数量还是质量,与社会的需求还是有很大差距的。因此党的十九大报告认为,当前我国社会主要矛盾已经转化为人民日益增长的美好生活需要和不平衡不充分的发展之间的矛盾。

公共资源也具有准公共产品的特点。公共牧场、公共鱼塘等公共资源具有非排他性,每个人都可以尽自己最大的限度使用;同时又具有竞争性,公共资源总量是有限的,过度放牧或过度捕捞等过度使用行为会造成灾难性的后果,导致社会整体效益的损失,这被称为"公地悲剧(Tragedy of the Commons)",也必须由政府加以管制。

二、市场无法校正外部效应

完全竞争市场要求所有产品的成本和效益都能通过产品的价格反映出来,即生产者要承担生产这一产品给社会带来的全部成本,同时其所带来的全部好处也都归这一生产者或产品的购买者所有。外部性(externalities),指一个人的行为对他人产生了额外的利益或成本的影响,但这种影响并没有通过价格反映出来,因此也无法得到报酬或进行赔偿。也就是说虽然某人承担了成本,但没有获得对应的利益,或者虽然某人获得了好处,但是并没有为此支付价格。按照所产生的成本和利益的不同,外部性又分为正外部效应(positive externalities,也称为外部收益)和负外部效应(negative externalities,也称为外部成本),当私人成本小于社会成本时,则存在负外部效应;当私人收益小于社会收益时,则存在正外部效应。按照经济活动主体的不同,可以分为生产的外部效应和消费的外部效应。

在市场经济下,外部性是非常普遍的现象。如企业生产过程中所造成的环境污染是一种负外部效应,靠市场机制自行调节,企业并不需要为其所造成的外部成本承担责任。再如某人在自家花园中种植绿植,在给其带来新鲜空气的同时,也给其邻居带来了好处,但是其无法从邻居那得到补偿。因此,对于社会来讲,在存在外部效应的情况下,资源配置并不是最优的,而是存在效率损失的。

图 3.2 表示的是负外部效应的效率损失。横轴表示产量,纵轴表示价格。MB 表示每单位产

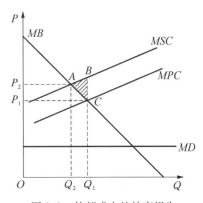

图 3.2　外部成本的效率损失

品的边际收益,通常它随着产量的增加而下降。MPC 表示边际私人成本,它是厂商购买生产要素的付款。MD 是边际外部成本,厂商不需要为其支付价格。MSC 是边际社会成本,即 MPC 加上 MD。对厂商来讲,MB 与 MPC 的均衡点即 C 点的产量是最佳产量,这时厂商的利润最大,此时的产量为 Q_1。但从社会的角度看,最佳的产量是 MB 与 $MSC(MPC+MD)$ 的均衡点,即 A 点的产量。此时的产量是 Q_2。因为在产量 Q_1,社会成本高于社会收益。三角形 ABC 的面积相当于社会的福利净损失①,资源没有达到最优配置。在产量为 Q_2 时,社会收益等于社会成本,资源达到最优配置。

所以在存在负的外部效应的情况下,厂商实际产量相对于经济效益要求的产量就过多了。社会用于这一产品的生产资源多于最优水平,这时的资源配置是无效的或低效的。如果某种产品产生的是正外部效应,则情况正好相反。厂商实际产量或者消费者的实际消费量过少,这时的资源配置也是无效或低效的。

专栏3-1

温室气体排放与全球气候变暖

近年来,全球气候变暖成为国际社会最为关注的热点话题之一。2007 年联合国政府间气候变化专门委员会(IPCC)公布的最新的《全球气候变化评估报告》指出,全球气候变暖已是毫无争议的事实。IPCC 分别在 1990 年、1995 年、2001 年、2007 年和 2014 发表了5 份全球气候评估报告。1990 年第一次报告称"近百年气候变化可能是自然波动,或人为活动,或二者共同影响的结果";1995 年第二次报告称"人类活动对地球气候和气候系统的影响已经可以被检测出来";2001 年第三次报告则以"新的更强证据表明,过去 50 年增暖可能归因于人类活动";2007 年的第四次报告将这种可能性从 2001 年的 66% 提升到 90%以上,认为在过去 50 年中,"很可能"是人类的不当活动导致了全球气候变暖。这也是这个委员会成立以来,首次使用这样严重的措辞形容人类活动与气候变暖之间的联系。2014年 11 月,IPCC 在丹麦哥本哈根发布了第五次评估报告,表示"人类活动导致了 20 世纪 50年代以来一半以上的全球气候变暖这一结论的可信度超过 95%"。

全球气候变暖主要是由人类活动大量排放的二氧化碳、甲烷、氧化亚氮等温室气体的增温效应造成的,其中二氧化碳是最主要的温室气体。未来温室气体继续排放将会造成全球温度进一步升高,与 1986—2005 年相比,预计 2016—2035 年全球地表平均温度将上升0.3℃~0.7℃,到 20 世纪末将升高 0.3℃~4.8℃;到 20 世纪末全球平均海平面上升 0.26米~0.82 米。

---

① 理解为什么三角形 ABC 的面积相当于社会的福利净损失,要具备一定的微观经济学知识。需求曲线下的面积指的是一定的消费量给消费者带来的福利,如图 3.2 中的 ACQ_1Q_2;供给曲线下的面积指的是一定的产量给生产者带来的成本,如图中的 ABQ_1Q_2,在考虑外部成本的情况下,当产量从 Q_2 增加到 Q_1 时,社会成本的增加量(ABQ_1Q_2)大于社会福利的增加量(ACQ_1Q_2),社会福利净损失就是三角形 ABC 的面积。

温室气体排放是人类活动产生的外部性问题,单纯靠市场机制是无法解决的。对每一个国家来说,气候变化已不只是科学问题、环境问题,同时还是经济问题、政治问题和国家安全问题。应对这一问题,需要国际社会的共同努力。

三、市场无法消除竞争失灵

资源配置的帕累托效率要求市场是完全竞争的,没有垄断。但是在现实市场经济中,某种程度的垄断似乎是一种常态,从而导致竞争失灵。竞争失灵表现为在市场上出现只有为数很少的几家供应商、甚至是独家垄断的局面。垄断厂商通过操纵物价,牟取暴利,使市场均衡作用失灵。在存在垄断的情况下,由于单个厂商可以影响价格,其可以通过压低产量的方式抬高价格,获取垄断利润。对于整个社会来讲,垄断也导致资源配置的市场失灵,使得资源配置达不到效率标准。

对于一般的垄断,政府可以通过各种反垄断措施,如限制单个企业的规模,促进市场竞争,有效发挥市场机制的作用,从而实现资源的效率配置。但是对于那些对规模经济敏感的部门,如电信、供电、供水、供气、铁路等行业,大规模生产可以降低其单位成本,提高收益。因此,一旦某个公司占领了一定的市场,实现了规模经济,就会阻碍潜在竞争者的进入。因为新进入该行业的公司由于生产达不到一定的规模,成本会远远高于大公司,难以与大公司展开竞争,无法生存。因此,在规模经济显著的行业,特别容易形成垄断,这就是所谓的自然垄断(natural monopoly)。显然,自然垄断的形成有其合理性。在各种自然垄断产品的生产成本中,固定成本所占比重非常大,而变动成本所占比重很小,且此类产品具有较强的地域性。

如图 3.3 表示的是自然垄断的效率损失。AB 是企业面临的需求曲线,AG 是边际收益曲线(MR),AC 是平均成本曲线。因为存在规模经济,所以 AC 是向右下方倾斜的。MC 是边际成本曲线,假定 MC 固定不变。如果由企业自主定价,对于追求利润最大化的企业来说,在 MR 与 AG 实现均衡时的产量是最优的,此时产量为 Q_1、价格为 P_1,在该点的平均成本 AC 为 OH。很显然,P_1 高于 OH,也就是说企业将获得超额利润,数额为 P_1HDL 所围成的面积。但是对于社会来说,最优的产量是边际成本曲线 MC 与需求曲线 AB 相交处的产量,这时的均衡产量是 Q_2、价格是 P_2,Q_2 远大于 Q_1,P_2 远低于 P_1。图 3.3 中三

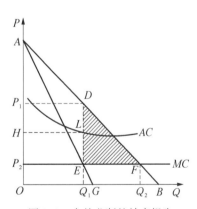

图 3.3　自然垄断的效率损失

角形 DEF 的面积即是自然垄断造成的效率损失。如果考虑生产厂商为了获得和维持垄断地位从而享受垄断的好处,向政府官员行贿或者雇佣说客向政府官员游说等寻租活动所造成的经济损失,垄断的效率损失还会进一步扩大。

对于自然垄断,无法通过限制企业规模(如将一个企业拆分成几个企业)的反垄断

措施来改进资源的配置效率。这样虽然竞争增加了,但是企业的平均成本上升了,消费者可能需要支付更高的价格,社会福利未必能得到改进。如果由企业自主定价,自然垄断企业如一般垄断企业一样,为获取最大利润,必然将产量定在 Q_1,对于全社会来讲显然不符合效率标准;如果迫使企业的产量达到效率水平,即 Q_2,这时企业的平均成本 AC 又高于产品单位价格,企业将面临亏损,生产难以为继,政府必须给予补贴。因此,在存在自然垄断的情形下,资源配置通常达不到效率标准,需要政府加以干预。

对垄断行业的改革是很多国家面临的共同问题。根据垄断的成因和阻碍市场进入的特点,可将垄断划分为行政垄断、市场垄断、自然垄断三种类型。除上文中提到的自然垄断外,行政垄断是指用行政权力管制市场准入,在一个市场只允许一家企业独家经营或少数几家企业垄断经营的市场结构。市场垄断是因市场力量或技术原因出现的垄断。我国三种垄断形式交织在一起,以行政权力为依托的自然垄断是较为常见的垄断形式,如电力、自来水、铁路等。其一方面不断要求提高价格,另一方面凭借垄断地位获取的利润为职工谋取较高的收入和福利水平。如何加强对这些行业的监管,是我国市场经济建设需要解决的重要问题之一。

四、市场中的信息失灵

市场有效运行的另一个前提条件是要求所有当事人在作出经济决策时,都具有充分的信息,即交易双方充分了解商品质量、性能、成本等。显然这也是一个非常理想化的假定,在现实生活中,由于许多条件的限制,经常出现当事的一方具有较多的信息,而另一方信息较少的情形。这种现象被称为信息不对称(information asymmetry)或信息失灵(information failure),是一种市场缺陷。在存在信息不对称的情况下,信息少的一方处于劣势地位,信息多的一方处于有利地位,信息失灵会降低市场的资源配置效率。

信息失灵有多种情况。其一,买卖双方之间存在信息失灵。例如,在劳动力市场上,雇主和雇员之间对员工劳动技能就存在信息失灵。雇员比雇主对自己的劳动技能更加清楚,而雇主为了留住高水平的员工,往往被迫支付较高的工资。这时的工资水平就不是效率工资,这也被认为是导致劳动力市场失衡的重要原因之一。

其二,生产者与消费者之间也存在信息失灵。生产者由于专门从事某一种或某一类产品的生产和销售,因此具有较多的有关这一产品的专业知识。生产者清楚地知道生产这一产品使用了怎样的原材料,它的成本是多少,产品的质量如何以及这一产品的市场行情。而消费者一般不具备产品的专业知识,即使是某种产品的专家,作为消费者也只了解这一种产品,而不可能具有其他所有产品的专业知识。消费者在购买时能观察到的只是产品的外观,但对其质量却知之甚少。与生产者相比,他们对产品市场行情的了解不够清楚。由于私人生产者以自身利益为行为目标,他们往往倾向于利用这种信息不对称在生产和交易过程中偷工减料,以次充好,这样就会造成效率损失。如果政府不对假冒伪劣产品加以严格管制,就会导致产品市场出现"劣币驱除良币"的现象,使遵纪守法的经营者的生产经营活动受到冲击,严重扰乱市场秩序,甚至造成极大的效率损失。

我国市场经济起步较晚,信息不对称问题十分突出。因此,国人在购物时养成了讨价还价的习惯,这也是人们为减少信息不对称可能给其带来的损失表现出的正常反应。但是在信用缺失的情况下,购买者通常处于劣势地位。所以,有句俗语叫"南京到北京,买的没有卖的精"。

图 3.4 表示的是信息失灵的效率损失。其中,S是生产者的供给曲线,D_1 是消费者在不了解真实产品信息的情况下的需求曲线,这时均衡产量是 Q_1;假定生产者在生产过程中有偷工减料、以次充好的行为,如果消费者掌握了生产者的全部信息,消费者的需求曲线将向左下方移动到 D_2,这时的均衡产量将变为 $Q_2(Q_2 < Q_1)$。对于社会来讲,一种产品的合理数量应以其真实的效用来确定,而图 3.4 中 Q_2 正是效率需求量。由此可见,信息失灵会使得产量偏离效率水平并造成超额需求,它所造成的效率损失表现为图中阴影部分三角形 ABC 的面积。

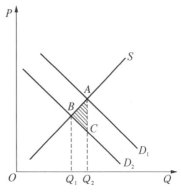

图 3.4 信息失灵的效率损失

信息失灵会带来逆向选择(adverse selection)和道德风险(moral hazard)问题,将影响市场提供产品的效率。如在健康保险市场,投保人比保险公司更了解自己的身体状况。越是那些身体健康状况差的人越有动力购买健康保险,而那些越是身体健康状况好的人购买健康保险的积极性越低。这就导致保险公司面临极大的盈利风险,迫使其将产品价格定得更高,又反过来更加抑制了健康状况良好的人购买健康保险的积极性。于是,只有那些身体健康状况极差的人才会购买健康保险,保险公司面临更大的风险,被迫再次提高健康保险价格。由此恶性循环,使得市场提供健康保险的数量不足。这种消费者的行为被称为逆向选择。一旦投保人购买了健康保险,由于具有了医疗保障,他可能不像没投保时那样注意自己的健康,其患病的可能性反而增大了。这种消费者的行为被称为道德风险,此类风险也会使得保险公司面临更大的盈利风险,导致市场提供健康保险的效率不足。在就业市场上也是如此。如果由市场提供失业保险,也会产生逆向选择和道德风险问题。

专栏3-2

P2P e 租宝非法集资事件

P2P 网贷是指通过第三方互联网平台进行资金借、贷双方的匹配。需要借贷的人群可以通过网站平台寻找到有出借能力并且愿意基于一定条件出借的人群,帮助贷款人通过和其他贷款人一起分担一笔借款额度来分散风险。但是 P2P 在发展的过程中也面临了很多问题,很多平台通过伪造信息营造虚假的高信誉形象,欺骗借款人进行非法集资。2015 年的 e 租宝事件就是其中较为典型的 P2P 平台非法集资事件。

e租宝是"钰诚系"下属的金易融(北京)网络科技有限公司运营的第三方互联网平台。该平台打着"网络金融"的旗号上线运营,罪犯以高额利息为诱饵,虚构融资租赁项目,持续采用借新还旧、自我担保等方式大量非法吸收公众资金,累计交易发生额达700多亿元。警方初步查明,e租宝实际吸收资金500余亿元,涉及投资人约90万名。一年半内非法吸收资金500多亿元,受害人遍布全国31个省市区。在正常情况下,融资租赁公司赚取项目利差,而平台赚取中介费。然而,e租宝其所谓的融资租赁项目根本名不副实。在已查证的207家承租公司中,只有1家与钰诚租赁发生了真实的业务。除了虚假项目外,e租宝还通过聘请美女高管、承包高铁命名"e租宝号"等方式营造虚假的企业形象。

2015年12月16日,e租宝经营者涉嫌犯罪,被立案侦查。2016年1月,警方公布e租宝非法集资500多亿。2018年2月7日,北京市第一中级人民法院已对被告单位安徽钰诚控股集团、钰诚国际控股集团有限公司,被告人丁宁、丁甸、张敏等26人犯集资诈骗罪、非法吸收公众存款罪、走私贵重金属罪、偷越国境罪、非法持有枪支罪一案立案执行。2020年1月8日,北京市第一中级人民法院发布e租宝案首次资金清退公告。

第二节　收入分配的市场失灵

经济学研究表明,即使在完全竞争市场中,也难以实现收入分配的公平,何况在现实中完全竞争市场几乎不存在。家庭出身、受教育水平、风险偏好以及运气等诸多因素都会影响个人收入高低,收入差距过大是当前很多国家面临的共同问题。

一、收入分配的市场失灵

在市场经济下,收入分配是按照个人拥有的生产要素贡献大小来进行的,如劳动得到工资,资本得到利息,土地得到地租。从理论上来说,完全竞争的市场可以实现资源的效率配置。但是在分配领域,单纯依靠市场机制的自发作用不可能完全实现公正的收入分配,这被称为收入分配的市场失灵。

第一,在现实生活中,人们参与竞争的起点是不平等的,即个人所拥有的生产要素禀赋可能相差悬殊。人天生是不平等的。有人出生在富裕家庭,可以享受良好的教育,自然在就业竞争中具有优势,并且有机会接受大量遗产,即使不参加劳动,照样可以过上富足的生活。有人出生在贫困家庭,没有机会获得良好的教育,进入社会时起点很低,面临的生活压力将大得多。有的人在智力或体力上具有某种天赋,而有的人则不具备这些条件,有的人甚至天生就不具备劳动能力。因此,当人们参与社会竞争时,起点就不一致。在这种情况下,即使竞争过程中的规则是公平的,所产生的收入分配结果——从起点公平的观点来看——仍是不公平的。

第二,市场经济强调公平竞争。但由于存在资源配置的市场失灵,规则公平也是难以完全做到的。例如,在存在垄断的情况下,价格会严重背离价值,从而使部分人获得不合理的高收入。又如,在存在政府对市场广泛干预的情况下,部分企业由于有政府行政权力的支持,在竞争中处于有利地位,可以获取其他企业无法企及的超额利润。再如,市场经济在资源配置方面还存在信息失灵、外部效应等缺陷,这些既会影响资源配置效率,也会影响收入分配结果。最后,城乡歧视、种族歧视、性别歧视、地区歧视都将使得收入分配结果有失公平。

第三,市场是存在激烈竞争的,是充满风险的,收入分配的结果也可能是不合人意的。如有的行业由于存在过度竞争,可能使得价格低于价值,并使一些企业时刻面临破产风险。一旦工人因企业破产失业,他们将失去收入来源,生活陷入困境。同时,周期性的经济危机也是难以避免的。如2007年以来的全球金融危机使得很多企业破产,失业率大增,贫困人口的数量明显增多。生活也是充满风险的,俗话说"人有旦夕祸福"。一些人可能患有严重疾病,高额的医疗费用也可能使其生活陷入贫困,导致因病致贫。市场经济下,这些系统性风险和非系统性风险都可能造成收入分配差距过大。

第四,市场经济下人们的偏好是不同。有些人的偏好可能是非理性的,这也会影响收入分配的结果。如有的人好吃懒做;有的人喜欢今朝有酒今朝醉,从不为将来打算;有的人沾染上不良嗜好如酗酒、赌博、吸毒等,难以自拔;有的人喜欢冒险,这些都可能使其生活陷入困境,甚至维持基本的生计都成问题。虽然学界在个人是否应该为其贫困负责这一问题上存在很大的争议,但是在当代各国实践中,从人道主义出发,需要政府通过收入再分配给予贫困人群适当的救助。

因此,在市场经济下,即使社会分配是符合效率要求的,但是其分配结果并不一定符合社会公平正义的价值标准。不管是发达国家还是发展中国家,收入分配差距过大正成为社会越来越关注的问题。表3.2是近30年来美国税前货币收入的分配情况,可以看出美国收入分配的两极分化现象是十分严重的。

表3.2 美国货币收入在家庭之间的分配

年度	最低的20%	第二低的20%	中间的20%	第二高的20%	最高的20%	最高的5%
1967	4.0	10.8	17.3	24.2	43.8	17.5
1972	4.1	10.5	17.1	24.5	43.9	17.0
1977	4.4	10.3	17.0	24.8	43.6	16.1
1982	4.1	10.1	16.6	24.7	44.5	16.2
1987	3.8	9.6	16.1	24.3	46.2	18.2
1992	3.8	9.4	15.8	24.2	46.9	18.6
1999	3.6	8.9	14.9	23.2	49.6	21.5

注:哈维·罗森. 财政学(第六版)[M]. 赵志耘 译,北京:中国人民大学出版社,2003.

收入分配公平程度如何衡量呢?对收入公平的衡量主要有两方式:一种是贫困指数法,另一种是基尼系数法。

二、贫困指数

贫困指数(poverty index)是处于贫困线以下的人口占总人口的比例。要想计算贫困指数,首先需要确认某一个收入水平为贫困线,贫困线的高低对贫困率有决定性的影响。关于贫困线的确定目前有多种方法。通常认为,贫困线是一个足以维持最低生活水准的固定实际收入数。其计算方法是:先估算出能满足足够营养水准所必需的饮食的最低费用;再统计不同规模家庭的收入用于食品的比重;最后用"足够的"饮食费用乘以这一比重的倒数,即可得出贫困线。贫困指数越大说明贫穷者越多,收入分配也就越不公平,反之则越是公平。如果一个国家收入水平低但较为平均,而另一个国家收入水平高但两极分化现象严重,后者的贫困指数可能高于前者。但是,前者的分配状况不一定就是理想状态,因此,只能相对地看待贫困指数。

世界银行以 1985 年的美元为基准,将国际贫困线标准确定为人均每天 1 美元。由于每个国家的条件不同,贫困线标准也不同。2005 年美国的贫困线标准为:单身年收入低于 9 570 美元,两口之家低于 12 830 美元,三口之家低于 16 090 美元,四口之家低于 19 350 美元,五口之家低于 22 610 美元。到 2006 年底,美国贫困人口比率为12.3%,即有 3 650 万人、770 万个家庭生活在贫困中。但是,美国的贫困人口并非人们想象的那样无家可归、饥寒交迫。根据 2005 年公布的一份调查报告,46%的贫困户有房有车。总体来看,20 世纪 70 年代以来,美国的贫困率在 12%上下波动。在经济衰退期间,贫困率会有所上升。

需要注意的是,贫困线的高低对贫困率的影响非常大。2011 年,中央决定将农民人均纯收入 2 300 元(2010 年不变价)作为新的国家扶贫标准。这一新标准的出台,使得全国贫困人口数量和覆盖面由 2010 年的 2 688 万人扩大到了 1.28 亿人,占农村总人口的 13.4%,占全国总人口的近十分之一。按照中国现行的年人均收入 2 300 元人民币的农村扶贫标准计算,2015 年国内仍有 4 300 多万贫困人口。近年来,国家大力实施脱贫攻坚战,2020 年底完成了消除绝对贫困的艰巨任务,全面建成了小康社会。

三、基尼系数

基尼系数(Geni coefficient)是衡量公平程度的另一个重要指标。要想了解基尼系数,首先要了解洛伦兹曲线。1905 年,美国统计学家马克斯·洛伦兹(Max Lorenz,1876—1959)为了研究国民收入在国民之间的分配,提出了著名的洛伦兹曲线(Lorenz Curve)。他首先将所有社会成员按照收入水平从低到高进行排列,然后将人数与收入分别逐个相加,并算出这些人的人数占总人数的比例及其相对应的收入占总收入的比例。如图 3.5 所示,横轴表示收入从低向高人数占总人数的比重,最大为 1;纵轴表示相对应的收入占总收入的比重,最大也为 1。每一比例的人数占总人数的比重都对应一个收入占总收入的比例。因此,在图中可以找出无数个这样的点,如 H、I、J、K 点。将这些点

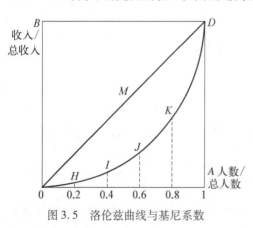

图 3.5 洛伦兹曲线与基尼系数

连接,就会得到一条下凹的曲线,这条曲线被称为洛伦兹曲线①,即图中的 *OHIJKD*。

理论上,洛伦兹曲线中存在两种极端情况:一是若全社会的收入都集中在一个人手中,即其他人收入都为 0,则洛伦兹曲线就会与图 3.5 中的 *OAD* 相重合。*OAD* 被称为绝对不公平线;二是当一个社会中每一个人的收入都相等,即实行绝对的平均主义时,洛伦兹曲线就会变成一条对角直线,与图 3.5 中的 *OD* 相重合。*OD* 被称为绝对公平线。但在现实中,洛伦兹曲线通常介于绝对公平线 *OD* 与绝对不公平线 *OAD* 之间。贫富差距越大,洛伦兹曲线就越是往下凹,越接近于绝对不公平线 *OAD*;贫富差距越小,洛伦兹曲线就越平直,越接近于绝对公平线 *OD*。

20 世纪初,意大利经济学家科拉多·基尼(Corrado Geni,1884—1965)根据洛伦兹曲线制定了判断分配平等程度的指标,即用洛伦兹曲线与绝对公平线(对角线)之间的面积 *M* 除以三角形 *OAD* 的面积,这一数值被称为基尼系数。由于三角形 *OAD* 的面积为 0.5,所以基尼系数即是 2 倍 *M* 的面积。绝对平均分配(每个人的收入都相同)的基尼系数为零,极端不公平的分配(所有的收入都集中在一个人的手中)基尼系数为 1。一般情况下,基尼系数在 0 到 1 之间。其数值越小,收入分配就越公平,反之则越不公平。

一个社会合理的收入分配结构应该是"纺锤形"(也称为橄榄形或倒 U 形)的,即中等收入规模的人应该占据多数,高收入阶层和低收入阶层所占比例都较低。"金字塔形"(社会中低收入者比例太大,中高收入者比例很小)和"哑铃形"(或 M 形)(社会中低收入者和高收入者的比重很大,而中等收入者的比重很小)都不是理想的收入分配状况。收入分配差距可能影响社会稳定,需要政府进行干预。

第三节　经济运行中的市场失灵

宏观经济的实际运行结果表明,经济的平稳增长、物价稳定、充分就业、国际收支平衡也只是理想状态。在现实中,这些目标通常难以同时实现。经济增长的过程不是直线进行的,而是在周期性波动中前进的,有时这种波动产生的经济危机会对经济造成巨大的破坏。宏观经济运行的市场失灵具体表现在以下四个方面:

一、周期性经济波动

在市场经济下,经济总是呈现周期性波动,有时不同年份的波动幅度甚至可能非常大。经济周期指生产过程中周期性出现的经济扩张与经济紧缩交替更迭、循环往复的现象,这种波动可以通过 GDP、就业和收入等综合经济活动指标的波动显示出来。经济周期一般分为繁荣、衰退、萧条和复苏四个阶段,不同的经济周期理论对经济的周期性波动有不同的解释。美国的约瑟夫·基钦(Joseph Kitchin,1861—1932)认为厂商生产过多就会造成存货积压,从而导致生产和经济活动衰退,这种 2~4 年的短期调整被称为"存货周期"或者"基钦周期"。法国的克莱门·尤格拉(Clément Juglar,1819—1905)从

---

① 如果有无数个这样的点的连线的话,洛伦兹曲线应该是一条平滑的曲线,这里仅标出几个点。

与主要产品和主要设备的更新寿命相关的投资周期的角度,提出了9~10年的周期,这被称为"尤格拉周期"。美国的西蒙·库兹涅茨(Simon Kuznets,1901—1985)从人口、劳动力数量、货币供给、资本贮存等增长率变化现象出发,提出了15~20年的中周期理论。俄国的尼古拉·康德拉基耶夫(Nikolai Kondratiev,1892—1938)从生产、利率、工资、外贸与价格运动关系变化现象出发,提出了50年左右的长周期理论。

经济的周期性波动对经济的稳定增长有阻碍作用。企业在衰退期将出清存货,对设备和厂房等固定资产的投资急剧下降,削弱经济增长的动力;对劳动力的"引致需求"减少,失业率上升;企业利润迅速下降,破产倒闭企业增加。经济繁荣期间情况相反,但可能引发通货膨胀。20世纪30年代发生的经济危机,对资本主义经济造成了巨大冲击,其产生的严重后果至今仍令人心有余悸。

专栏3-3

大萧条对美国的影响

就其强度、波及范围和持续时间而言,美国的大萧条都是史无前例。一名国会委员会成员于1932年2月所做的下列证词,描述了大萧条对美国的影响。

"正如我(俄克拉荷马州议员奥斯卡·阿美林格)已经指出的,在最近三个月中,我访问了这个富裕和美丽的国家的大约20个州。以下是我听到和看到的一些事情:在华盛顿州我被告知,整个夏季和冬季,森林大火都在这个地区肆虐,而引起这场大火的原因则是失业的森林工人和破产的农民想借此挣几个灭火补贴。在我离开西雅图的最后一个晚上,我看到几个妇人在当地大超市的废弃货堆中找寻食物。许多蒙大拿市民告诉我,几千蒲式耳的小麦都被弃在麦田中无人收割。因为小麦的价格是如此的低,以至于卖小麦的钱还不足以支付收割小麦的成本。在俄勒冈州,我看到几千蒲式耳的苹果烂在果园里。只有绝对没有半点瑕疵的苹果才能卖得出去,200个苹果只能卖到40到50美分。而与此同时,数以百万计的孩子却因为父母的贫穷在整个冬天都吃不到一个苹果。

当我在俄勒冈时,波特兰市的市民悲伤地讲述了一个事实:数以千计的羊羔都被牧羊人杀了,因为他们把羊卖给市场所得的钱还付不了运费。尽管俄勒冈的牧羊人不得不将羊肉喂了鹰鹫,但我在纽约和芝加哥等城市却看到人们在垃圾桶中寻找肉类。我把这件事讲给芝加哥餐馆中的一个人听时,他告诉了我他养羊的经历。他说他在今年秋天杀了3 000只羊,将它们都抛到大峡谷中去了。因为把一头羊运到市场要花1.1美元的运费,但在市场里一头羊还卖不到1美元。他还说他已经养不起这些羊了,而他又不能让羊挨饿,所以他干脆就将它们都杀了抛进山谷……

农民因为工人的贫苦而变得贫困;同时,工人也因为农民的贫困而生活困苦。这两类人都没有钱去购买对方的产品,因此我们也就同时在同一个国家中遇到了生产过剩和消费不足的现象。"

摘自勒芬·斯塔夫里阿诺斯.全球通史[M].北京:北京大学出版社,2005.

改革开放以来,我国经济年均增速接近10%,保持了快速增长。经核算,2019年,我国国内生产总值规模接近100万亿元,比上年增长6.1%。图3.6是1978—2019年我国的经济走势,从中可以看出,我国的经济周期性波动特征是非常明显的。2020

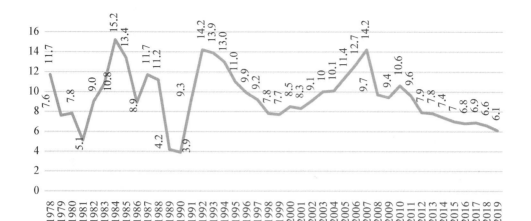

图 3.6　1978—2019 年我国经济走势

注：根据《2019 年中国统计年鉴》及 2019 年统计公报相关数据绘制。

年由于受新冠肺炎疫情影响我国经济仅增长 2.3%，是改革开放后最低水平，全球经济也陷入了大萧条以来最严重的衰退。

二、通货膨胀和通货紧缩

　　市场经济下可能出现通货膨胀或通货紧缩。通货膨胀指一定时期价格持续、普遍的上涨（即价格总水平持续上涨）。通货紧缩指一定时期价格持续、普遍的下降（即价格总水平持续下降）。按照通货膨胀的严重程度，可以将其分为三类：一是爬行的通货膨胀，又称温和的通货膨胀，其特点是通货膨胀率低而且比较稳定；二是加速的通货膨胀，又称奔腾的通货膨胀，其特点是通货膨胀率较高，一般在两位数以上，而且还在加剧；三是超速通货膨胀，又称恶性通货膨胀，其特点是通货膨胀率非常高，通常在三位数以上，而且完全失去了控制。通货膨胀是一种货币现象，按通货膨胀的成因，又分为需求拉动型、成本推动型、混合型和结构型通货膨胀。

　　无论是通货膨胀还是通货紧缩，都会对经济生活带来严重的影响。通货膨胀会引起收入和财富的再分配，使依靠工资和其他固定收入的人群实际收入水平下降，使债权人遭受损失，使纳税人的税收负担随着物价水平的升高而加重，产生"档次爬升"现象。而且，由于不同商品的价格上涨速度并不一致，通货膨胀还会通过改变商品相对价格扭曲资源配置，降低整个经济的效率。正因如此，世界各国纷纷将通货膨胀视为经济稳定的大敌。当然，通货紧缩也不是什么好事，它会严重挫伤经营者的信心，抑制企业的投资积极性，降低经济效率。

　　图 3.7 是 1978—2019 年我国的居民消费价格走势。可以看出，通货膨胀和通货紧缩在我国都曾发生过。1998 年之前，我国主要面临通货膨胀问题，如何控制物价过快增长是宏观调控的主要目标。由于亚洲金融危机的影响，1998 年，我国首次出现了通货紧缩，其后如何扩大内需、应对通货紧缩就成为宏观调控的主要目标。进入 21 世纪后，我国价格水平总体稳定，波动幅度相较于 20 世纪 80 年代和 90 年代要小得多。

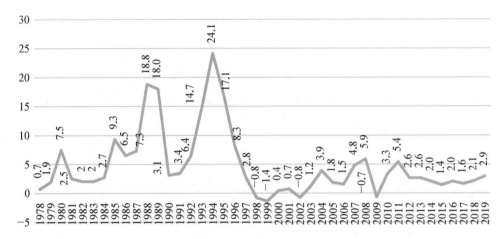

图 3.7　1978—2019 年我国居民消费价格走势

注：根据《2019 年中国统计年鉴》及 2019 年统计公报相关数据绘制。

三、失业

在现实中，劳动力市场是难以出清的，即充分就业无法实现。经济学界对失业也有不同的理论解释，如凯恩斯的刚性工资论、新凯恩斯主义的效率工资论、菜单成本论等。总之，在市场经济下，失业似乎是一种常态。失业使劳动力资源造成浪费，使社会生产量下降，还会带来一系列社会问题，加剧社会动荡。因此，失业问题不仅是经济问题，也是一个重要的政治问题。一些经济学家将失业率和通货膨胀率之和称为人们的痛苦指数，越高表示人民生活越痛苦。他们还发现，在选举制度下，痛苦指数高低与执政党能否连任存在明显的负相关关系。

我国是世界第一人口大国，虽然政府为促进就业采取了许多措施，但是仍面临非常大的就业压力。图 3.8 是 2000—2019 年我国的城镇登记失业率，我国经济的快速增

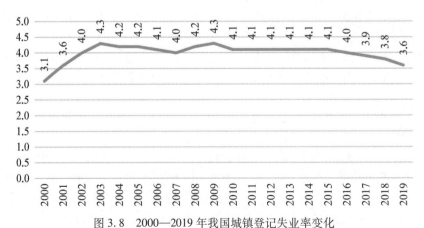

图 3.8　2000—2019 年我国城镇登记失业率变化

注：根据《2019 年中国统计年鉴》及 2019 年统计公报相关数据绘制。

长为解决就业问题打下了扎实基础。虽然城镇登记失业率保持在较低水平,由于人口和产业结构变化,就业压力将长期存在。

四、国际收支失衡

国际收支失衡是指在一定时期,由于贸易逆差或资金的大量流出,使得外汇储备下降的现象。国际收支失衡会导致货币贬值,造成金融危机。亚洲金融危机、墨西哥金融危机等都是如此。国际收支失衡不仅仅局限于贸易逆差,过多的贸易盈余、过快的外汇储备增长也是国际收支失衡的一种表现。我国面临的即是这种状况,国家贸易长期处于顺差状态给人民币带来了较大的升值压力。虽然没有金融危机风险,但是国内经济面临很大的结构调整压力。历史经验表明,货币快速升值或快速贬值都不利于经济的平稳发展,如果应对不当,甚至会造成经济危机。

改革开放以来,我国国际收支状况发生了极大变化。改革开放初期,对外贸易持续处于逆差状态,外汇储备不足;而近几年是持续的巨额贸易盈余,外商直接投资(FDI)持续增长,贸易项目和资本项目的双盈余使得外汇储备快速增长。表3.3是1978—2019年我国国际收支的变化。

表 3.3　1978—2019 年我国国际收支的变化

年　份	1978	1980	1985	1990	1995	2000
贸易盈余(亿美元)	−11.5	−19.0	−149.0	87.5	167.0	241.1
外商直接投资(亿美元)			19.6	34.9	375.2	407.2
外汇储备(亿美元)	1.7	−13.0	26.4	110.9	736.0	1 655.7
年　份	2005	2010	2011	2012	2013	2014
贸易盈余(亿美元)	1 020.0	1 815.1	1 549.0	2 303.1	2 590.2	3 830.6
外商直接投资(亿美元)	603.3	1 057.4	1 160.1	1 117.2	1 175.9	1 195.6
外汇储备(亿美元)	8 188.7	28 473.4	31 811.5	33 115.9	38 213.2	38 430.2
年　份	2015	2016	2017	2018	2019	
贸易盈余(亿美元)	5 939.0	5 097.1	4 195.5	3 509.5	4 219.3	
外商直接投资(亿美元)	1 262.7	1 260.0	1 310.4	1 349.7	1 381.4	
外汇储备(亿美元)	33 303.6	30 105.2	31 399.5	30 727.1	31 079.2	

20 世纪 80 年代,我国外汇储备一直低于 100 亿美元,1980 年的外汇储备甚至为负13 亿美元。曾经有一段时间,如何增加外汇储备是我国国际收支的一项重要目标。随着经济发展,目前我国已是世界第一外汇储备大国。虽然外汇储备增长过快带来的"流动性"过剩问题,一度成为影响我国宏观经济运行的一个重要因素,但是也对我国应对外部环境变化发挥了保障作用。

由美国次贷危机引发的全球金融动荡

美国次贷危机(subprime lending crisis),全称是次级抵押贷款市场危机。按照信用等级,美国房地产贷款市场分为三类:优质贷款市场、次优级的贷款市场、次级贷款市场。一类贷款市场面向信用额度等级较高、收入稳定可靠的优质客户,而三类贷款市场是面向收入证明缺失、负债较重的客户。因信用要求程度不高,其贷款利率通常比一般抵押贷款高出2%～3%,并遵守更加严格的还款方式。由于本次危机源于三类贷款市场,所以称为次贷危机。

一些房地产放贷公司(如房地美和房利美)在利益的驱动下,放松了对贷款人的信用条件要求,大量向次级信用者发放住房贷款。为了获取更多资金用于住房信用贷款,这些放贷公司又将房地产贷款作为资产,通过投资银行包装成住房贷款资产抵押证券,在资本市场上进行融资。信用评估机构对此类证券给予了较高信用评价,保险公司、对冲基金大量购进此类证券。在利率较低、房地产市场价格持续上涨的情况下,资金的正常循环是没有问题的,房贷公司、投资银行、信用评估机构、投资机构都可以从中获利。但是一旦银行利率上升、房价开始下跌,次级贷款者还不起贷款,问题就出现了。因借贷人违约导致房地产公司破产,由此引发的资金链断裂造成连锁反应,导致次贷危机。次贷危机影响机制如下图所示:

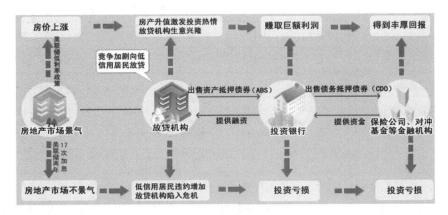

美国"次贷危机"是从2006年春季开始逐步显现的,并于2007年8月席卷美国、欧盟和日本等世界主要金融市场。特别是2008年8月之后,次贷危机影响愈演愈烈,造成全球证券市场剧烈动荡,各个国家出台了一系列大规模的救市措施。金融危机随后逐渐影响到各国的实体经济,很多国家经济增速明显放缓,甚至出现了经济衰退。

美国一向标榜自由市场竞争,次贷危机所引发的金融危机再次证明了宏观经济的脆弱性,也迫使经济学界重新反思政府是否应该干预市场,以及如何干预市场。

第四节　政府经济职能

在现实中理想的市场是不存在的,市场失灵的存在就意味着政府需要适时适度地进行经济干预。为了提高资源配置的效率,促进收入分配的公平和宏观经济的稳定,政府的资源配置职能(resource allocation function)、收入分配职能(income redistribution funciton)和经济调节职能(economic regulation funciton)应运而生。

一、政府的资源配置职能

提高资源的配置效率,是政府最重要的经济职能之一。政府的资源配置职能主要包括以下几个方面。

1. 提供公共产品

由于公共产品具有非竞争性和非排他性,如果由市场来提供公共产品,虽然并不意味着公共产品的提供量必然为零,但是其数量肯定低于社会效率最优化水平。因此,提供公共产品是政府改进资源配置效率的一项重要职能。由政府免费向消费者提供公共产品和服务称为公共供给(public provision)。但是,与私人产品一样,公共产品的提供量也是有一定的效率标准的。为了有效地配置资源,政府首先要确定一个社会中有多少资源用于生产公共产品,即公共产品的数量应为多少。由于公共产品具有多样性,所以政府还需要确定不同类型的公共产品的生产数量如何,如多少用于国防,多少用于教育等。政府为了提供公共产品,通常需要通过征税的方式来弥补公共产品的成本[1]。此外,一些混合产品或准公共产品也需要政府提供。随着人民生活水平的提高,对公共产品或准公共产品的需求层次也是不同的,政府提供的公共产品或准公共产品的数量和质量都需要跟上社会需求的变化。

2. 校正外部效应

外部效应导致效率损失,政府为了校正负的外部效应,可以通过征税的方式来使得其边际私人成本加上税收正好等于边际社会成本,使资源的配置达到效率水平。这种校正性的税收(corrective taxation)被称为"庇古税(Pigouvian tax)"(这种税是 20 世纪初英国著名经济学家庇古提出的解决外部性问题的措施,故因此而得名)[2]。在征收庇古税后,具有负外部效应的产品就不会生产得过多,同时也为治理各种负外部效应筹集了资金。目前很多国家开征了二氧化碳税、二氧化硫税等生态环境税,运用税收手段加强环境的保护的治理模式正被各国普遍采用。有时一些外部效应,如全球气候变暖问题,单靠一个国家的努力还不够,需要世界各国的共同努力。对于具有正外部效应的活动,政府应该提供补贴,以使得其边际私人收益加上补贴正好等于边际社会收益。此外,政府还可以通过管制的方式来校正外部效应,如对环境污染,可以严格规定企业的污染物排放标准,或者设定一定时期的污染物排放总量,以改进资源的配置效率[3]。1991 年诺贝尔经济学奖获得者、新制度经济学派代表人物罗纳德·科斯(Ronald Coase, 1910—2013)认为,当交易成本为零,政府仅仅通过确立资源使用的权

---

① 关于公共产品的有效提供方式我们将在本书第四章中专门介绍。

② Corrective tax,校正性税收,有的也称之为"矫正性税收",只是译法不同,二者之间并无实质性的区别,本书统一称之为"校正性税收"。

③ 关于外部效应的治理我们将在本书第十九章中专门介绍。

利,就可以使外部效应内在化,这被称为科斯定理。

3. 减少竞争失灵

对一般性垄断,政府可以通过反垄断立法来加强市场竞争,从而提高资源的配置效率。酝酿了14年之久的中国《反垄断法》于2008年8月1日起正式实施,企业利用市场垄断地位操纵价格的行为将被视为违法。但是,对于自然垄断,由于其产生具有必然性,所以反垄断可能不是最好的方法。针对此类问题,政府可以采用公共定价的方式来改进资源的配置效率。公共定价①是公共管制的一种形式。政府可以根据垄断企业的边际成本或平均成本规定其产品的价格,垄断企业只能按这一价格出售产品,超过这一价格就被视为非法。如果这一规定能够得到切实的执行,可以有效消除垄断所造成的效率损失。但是对于政府来说,能否准确地了解到垄断企业的成本等信息是公共定价的关键。此外,需要指出的是,自然垄断并不是一成不变的。随着科学技术的进步和经济发展,原先的自然垄断行业也可能面临越来越多的竞争。例如,中国移动、中国联通的发展使得中国电信的垄断地位大为削弱。因此,政府应该顺应形势,积极通过增强竞争等方式来减少自然垄断行业的效率损失。

4. 克服信息失灵

虽然市场竞争本身在一定程度上具有降低信息失灵造成的效率损失的能力,但是单纯依靠市场竞争来消除信息不对称产生的所有问题显然是不现实的。解决生产者与消费者之间的信息不对称问题不能通过税收方式,而只能通过公共规制的办法来解决②。政府可以采用资格管制、信息管制以及质量管制等措施,最大限度地解决生产者和消费者之间的信息不对称问题。例如,对于食品行业,政府可以规定只有企业规模、技术、卫生状况达到某一标准的才能进入这一行业;生产者必须全面及时地披露其所销售的食品的有关信息,在产品包装上写明生产者、生产日期、生产地、产品所含成分、有效期以及技术标准等信息;产品必须符合既定的质量标准才可以上市销售。政府应加强对产品的监管,发现问题产品,坚决予以打击。

二、政府的收入分配职能

公平是政府干预经济时另一项重要考量因素,由于存在收入分配的市场失灵,对收入进行调节是政府的一项重要职能。政府对收入进行再分配的方式主要有以下几种。

1. 税收调节

税收的主要目的是为政府部门筹集资金,没有税收,政府就不可能免费地为公众提供产品和服务。但征税会对收入分配产生影响,所以税收也是政府调节收入分配的一个重要手段。公平是政府课税的一个重要原则,税收公平要求不但要使同等收入的人纳相同的税,而且要使高收入者多纳税,这样才能使社会成员之间税后的收入差距有所缩小。为了实现这一目的,在税收的设计上,就需要设法让高收入者承担较多的税负,让低收入者少交税,甚至不交税。用税收的术语来说就是要使税收具有累进性,

---

① 关于公共定价我们将在本书第十八章中专门介绍。
② 关于公共规制我们将在本书第十七章中专门介绍。

其含义是各人缴纳的税款与收入的比例应根据各人的收入水平来定,收入越多,这一比例就越大。①

2. 公共供给

公共供给就是政府免费地向社会提供公共产品或服务。虽然公共产品在消费上具有非竞争性和非排他性,全体社会成员都可从中受益,但是不同的社会成员从各类公共产品中的得益却是不同的。因此,政府公共供给的公共产品的类型不同,也会影响收入分配结果。例如,政府免费提供义务教育和高速公路,对低收入者和高收入者的影响显然是不同的。再如,儿童的免疫是一项具有外部效益的服务,如果这项服务能够以低收费或者免收费的方式向所有儿童提供的话,虽然这种普遍提供的服务也会使社会其他阶层得到好处,但对低收入群体来说意义更大。因为这一群体感染疾病的可能性较大,如果不是以低标准收费或者免费的话,最有可能得不到接种的也是这一群体。因此,政府公共供给的公共产品的不同对收入分配的结果影响也是很大的。此外,政府出于公平考虑,通常也提供一些私人产品。

3. 社会保障

政府调节收入分配的另一个重要手段就是社会保障,其对调节收入分配、促进经济社会的稳定运行具有重要作用。社会保障包括社会保险和社会福利两大类。其中,社会保险资金通常来自专项基金,由于个人在缴费数额和收益大小之间不是完全对等的,通常高收入者缴费相对多、受益少,而低收入者缴费相对较少,而受益多。因此,社会保险具有收入再分配功能。社会福利是政府对低收入者的无偿援助,其资金通常来自一般税收,税收累进性越强,保障水平越高,对缩小贫富差距的影响就越大。相对于社会保险,社会福利对收入再分配的作用更强②。

三、政府的经济调节职能

自宏观经济学产生以来,各国政府都非常重视运用宏观政策工具对经济进行调节。财政政策便是主要政策工具之一。此外,货币政策和汇率政策也为保障经济的稳定运行发挥了重要作用。政府的经济调节工具通常包括以下三方面。

1. 财政政策

财政政策指一个国家的政府为达到既定目标,对财政收入、财政支出和公债等作出的政策决策。财政政策工具主要包括三类:一是财政支出类政策工具,如购买性支出和转移性支出;二是财政收入政策工具,主要指税收政策;三是赤字和债务政策,按照财政收支关系及财政赤字的变化,又可以分为扩张性的财政政策、紧缩性的财政政策和中性的财政政策③。

2. 货币政策

货币政策指一个国家根据既定目标,通过中央银行运用其政策工具,调节货币供

---

① 关于税收理论我们将在本书第十二章中专门介绍。

② 关于社会保障我们将在第十章中专门介绍。

③ 关于宏观财政理论与政策我们将在本书第二十二章、二十三章中专门介绍。

给量和利率,以影响宏观经济活动水平的政策决策。货币政策工具一般包括公开市场业务、再贴现率和法定存款准备金率,这也被称为中央银行三大法宝。其他货币政策还有道义劝告、信用放款、存贷款基准利率等。货币政策也可以分为扩张性、紧缩性和中性的。

3. 汇率政策

汇率政策指运用本国货币对外国货币汇率的变化,来调节本国的国际收支,从而实现经济的稳步增长的政策决策。如在贸易逆差过大时,促使本国货币贬值,提高本国商品的出口竞争力,从而改变国际收支状况。在外汇储备增长过快时,促使本国货币升值,调节国际收支。

此外,为了保持经济的平稳增长,国家可用的经济调节政策还有收入政策、就业政策、产业政策等,如通过某种行政措施强制性或非强制性地限制工资和价格,包括规定最低工资、最低生活保障、价格管制等。还可以通过设立企业进出门槛,促进产业的优化升级,提高本国产业的国际竞争力。

通过研究发现,战后发达国家经济危机持续的时间缩短了,并且影响也减弱,而扩张期却延长了。这与社会对市场经济规律认识的加深以及政府采取的反危机的公共政策分不开的,政府的宏观经济调节对促进经济的稳定运行发挥了重要作用。例如,2008 年由美国次贷危机引发的全球金融危机爆发后,各国政府都综合采用了财政政策、货币政策、产业政策等一系列宏观经济政策工具加强了对市场的干预,2020 年新冠疫情发生后,各国采取的超宽松财政和货币政策有力减缓了疫情带来的巨大冲击,否则世界将陷入大衰退。

因此,为了弥补市场失灵,需要政府对经济进行干预,政府的经济职能就应运而生。政府权力具有公共性、强制性、全局性,在一定程度上可以通过公共政策校正市场失灵。党的十八大之后,我国既强调使市场在资源配置中起决定性作用,也强调更好发挥政府作用,二者是有机统一的,不是相互否定的,政府的职责和作用主要是保持宏观经济稳定,加强和优化公共服务,保障公平竞争,维护市场秩序,推动可持续发展,促进共同富裕,弥补市场失灵。但是,要求政府积极干预经济并不是说政府就可以取代市场,市场规律是客观存在的,政府对经济的干预应是适时、适度、适可而止的。

复习与练习

● **主要概念**

市场失灵　公共产品　私人产品　混合产品　搭便车　非竞争性　非排他性　竞争性排他性　外部效应　外部成本　外部收益　私人成本　社会成本　垄断　自然垄断　市场垄断　行政垄断　公共定价　公共规制　公地悲剧　庇古税　信息失灵　逆向选择　道德风险　市场提供　公共供给　社会保障　社会保险　社会福利　贫困指数　贫困线　基尼系数　洛伦兹曲线　通货膨胀　通货紧缩　城镇登记失业率　经济周期　痛苦指数　大萧条　次贷危机　财政政策　货币政策　汇率政策　国际收支失衡　科斯定理　反垄断　税收调节

● **思考题**

1. 为什么市场不能有效提供公共产品？举例说明之。

2. 为什么市场不能校正外部效应？举例说明之。

3. 为什么市场不能解决竞争失灵？举例说明之。

4. 为什么市场不能消除信息失灵？举例说明之。

5. 为什么市场不能实现收入分配的公平？举例说明之。

6. 假定通过抽样调查，2019 年我国居民收入结构如下表所示：

收入分布	最低的 20%	第二低的 20%	中间的 20%	第二高的 20%	最高的 20%
收入所占比重	4%	8%	16%	20%	52%

画出 2019 年我国收入分配的洛伦兹曲线，并计算我国的基尼系数。

7. 我国目前的收入分配状况如何？应如何改进？

8. 为什么市场不能实现宏观经济的稳定？举例说明之。

9. 市场经济下市场失灵和政府职能的关系是什么？

10. 举例说明一些互联网巨头企业的垄断行为表现。

11. 为什么十八大之后我国既强调使市场在资源配置中发挥决定性作用，又要更好发挥政府作用？

第四章

公共产品

不同产品的效率供给方式是不同的。公共产品应由政府供给,由市场提供会导致一定的效率损失;混合产品既可以由政府或市场单独供给,也可以由政府和市场共同供给;私人产品则主要由市场提供。但是,效率并不是决定产品供给方式的唯一因素,有时出于公平等因素考虑,政府也会提供一些混合产品和一部分私人产品。本章主要分析公共产品、混合产品以及私人产品不同提供方式的效率问题。

第一节 公共产品的效率供给

公共产品是具有非竞争性和非排他性的产品,提供公共产品被认为是政府的一项重要职能。但是公共产品也不是越多越好,公共产品的供给也有一个效率标准。公共产品的供给是需要成本的,一个合理的成本分担机制对公共产品的效率供应也是至关重要的。

一、产品的提供方式和生产方式

在学习公共产品的效率供给之前,首先要了解什么是产品的提供方式,什么是产品的生产方式,以及二者之间的关系。

1. 公共提供与市场提供

公共提供和市场提供指的是产品的分配和筹资方式。公共提供(public provision)就是政府免费向社会提供公共产品或服务。因此,需要政府通过税收筹集收入,弥补公共产品的生产成本。例如,气象服务作为一种公共产品,是由政府提供的,所有公民都可以免费享受气象服务的好处。但是这种免费是相对的,因为政府提供气象服务也是需要成本的,需要发射气象卫星、建立气象观测站、进行气象分析、发布气象信息等。政府主要通过税收来筹集公共产品的供给成本,个人承担了纳税义务,实际上也间接承担了政府公共提供公共产品的成本。但是,个人从政府提供的公共产品中受益大小,与其纳税多少通常是不存在直接相关性的。

所谓市场提供(private provision)指消费者用自己的个人收入,通过购买的方式来取得消费品。例如,汽车是一种私人产品,主要是由市场提供的。个人要取得对汽车的消费权,必须向厂商支付相应的价款。厂商通过销售产品获取收入,回收生产成本,赚取经营利润,进而进行再生产。在市场提供方式下,个人能够消费多少产品与服务完全取决于其支付能力。

当然还有些产品可以采取混合提供的方式,即既向受益人按照规定的价格收取一定的费用,又由政府对提供者进行财政补贴,共同补偿产品的生产成本,在降低受益人的负担的同时避免提供者发生亏损。

2. 公共生产与私人生产

公共生产和私人生产指的是产品的生产方式。公共生产(public production)指以政府为生产资料所有者为主进行的生产。私人生产(private production)指以私人为生产资料所有者为主进行的生产。公共生产和私人生产各有利弊。公共生产可以克服私人垄断生产的弊端,具有更强的社会责任,但公共生产的效率却往往不尽人意。二战以后,英国、法国等西方国家进行了大规模的国有化运动,但是随着公共生产的效率问题日益突出,20世纪80年代后很多国家又掀起了私有化运动。一般认为,私人生产在多数情况下可能更有效率。例如,在美国,军工企业多为私人企业,甚至监狱也可以由私人进行经营管理。目前,在中国,公共企业部门的规模要比私人企业大得多。实质上,中国一些企业的产权构成非常复杂,可能既有公有产权,也有私有产权,是一种混合所有制方式,关键看是谁处于支配地位。

需要强调的是,产品的提供方式和生产方式是两个完全不同的概念。公共产品的公共提供并不意味着公共产品就一定要公共生产。公共提供的公共产品既可以公共生产,也可以由私人生产。同样,市场提供的私人产品也可以由政府或私人生产。例如,政府与私人生产者签订契约,通过政府购买的方式提供公共产品,公共提供私人生产的产品和服务目前正越来越多地被运用。因此,公共产品、私人产品的生产、分配方式有多种组合。从分配方式来看,公共产品既可以公共提供,也可以市场提供,或者采取混合提供的方式;从生产方式来看,既可以私人生产,也可以公共生产。私人产品也是如此;从分配方式来看,私人产品既可以市场提供,也可以公共提供,或者采取混合提供的方式;从生产方式来看,既可以私人生产,也可以公共生产。混合产品同样也是如此。公共产品、私人产品和混合产品的生产、分配与筹资方式如表4.1所示。

表 4.1 公共产品、私人产品和混合产品的生产、分配与筹资方式

产品和服务的性质	生产方式	分配方式	筹资方式	示 例 市场提供	示 例 公共提供
私人产品	私人企业	市场提供(价格) 公共提供(限定条件)	销售收入 税收	食物、衣服、汽车等	政府对低收入者的食品补助
公共产品	公共企业	市场提供 公共提供	收费、捐款 税收	私人开办的慈善机构	公共电视 国防、治安
具有拥挤性的公共产品	公共企业	市场提供 公共提供	收费 税收	电影院 游乐园	道路、公园、桥梁
具有排他性的公共产品	公共企业	市场提供 公共提供	收费 税收	学校、医院、交通运输	公立学校 公共卫生

既然公共产品、混合产品和私人产品都有多种提供方式,哪一种方式最符合效率标准呢?需要运用公共经济学知识具体情况具体分析。

二、公共产品的需求曲线

公共产品的供给是需要成本的,其通常来自纳税人缴纳的税款。如果政府提供公共产品的支出增加了,则人们缴纳的税款也要增加。以政府提供的人工降雨这一公共产品为例,如政府通过收税来筹集提供这一公共产品的成本,则每增加 1 毫米的降雨量,每个人必须多交纳一定的税款,这一税款被称为公共产品的税收价格,那么个人愿意支付的税收价格与其愿意消费的公共产品数量是什么关系呢?

假定一个社会中有甲、乙两个消费者,二人收入不同。甲的收入为 Y_1,乙的收入为 Y_2,甲的收入高于乙,都是一个常数。甲、乙只消费两种物品,一是私人产品 C,一是公共产品 G。私人产品的价格为 1,P 是甲必须为公共产品支付的税收价格。根据公共产品和私人产品的特性,甲、乙二人消费的私人产品数量可以不同,但是消费的公共产品数量必须是一致的。则甲的预算约束线为:

$$C + PG = Y_1$$

预算约束线表明,在其收入和税收价格既定的情况下,他能购买的公共产品和私人产品的组合。如图 4.1 所示,MM' 是税收价格为 P_1 的情况下甲的预算约束线。根据消费者均衡理论,甲的公共产品和私人产品的最优消费组合是预算约束线与其无差异曲线相切的那一点上,即 E_1 点,这时公共产品的需求量为 G_1。假定政府将税收价格从 P_1 提高到 P_2,新的预算约束线将变为 MN,其可以消费的私人产品的最大数量不变,但是可以消费的公共产品的最大数量将减少,新的均衡点为 E_2 点,此时公共产品的需求量为 G_2。可以看出,公共产品的价格上升,将使得个人对公共产品的需求量下降,这一点与私人产品是相同的。

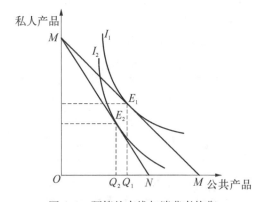

图 4.1 预算约束线与消费者均衡

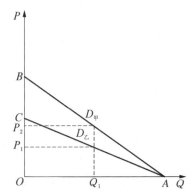

图 4.2 公共产品的个人需求曲线

根据不同税收价格及对应的公共产品消费量,可以画出相应的公共产品需求曲线。图 4.2 中,AB 是甲的公共产品需求曲线。与私人产品一样,个人对公共产品的需求也是与其所要支付的价格负相关的,即公共产品的需求曲线是向右下方倾斜的。

同理,可以画出乙的公共产品需求曲线,即图4.2中的 AC。由于甲、乙对公共产品效用的评价不同,对于同等数量的公共产品(Q_1),二人愿意支付的价格水平是不同的,甲为 P_2,乙为 P_1,甲对公共产品的效用评价水平要高于乙,因此,甲愿意支付更高的价格。

那么这个二人社会的总需求曲线该如何得到呢?由于公共产品具有非排他性,所以对每个人来说,其消费的公共产品的数量都是相同的,只是愿意支付的价格水平不同。因此在边际上,社会的总效用是各个人效用的总和。以政府提供的人工降雨为例,假定在一定数量的人工降雨水平(如 10 mm)下,其给甲带来的效用为 100 元,给乙带来的效用为 80 元,那么这项公共产品给整个社会带来的效用就是 180 元。换言之,某种公共产品的社会边际效用是在每一单位公共产品供给数量下,所有个人边际效用之和;社会需求曲线是个人需求曲线的纵向相加。如图4.3所示,在公共产品供给数量为 Q_1 的情况下,

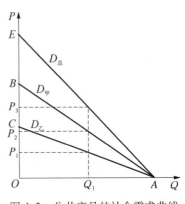

图 4.3　公共产品的社会需求曲线

甲愿意支付的价格为 P_2,乙愿意支付的价格为 P_1,社会愿意支付的价格为 P_3,$P_3 = P_1 + P_2$。所以,AE 即是公共产品的社会需求曲线。

三、公共产品的效率供给

那么对于社会来说,公共产品的效率供应量该如何决定呢?清楚了公共产品的需求曲线后,与私人产品一样,公共产品的生产和消费量达到社会的边际效用与社会边际成本相等,即社会需求曲线与供给曲线相交时,这一产品的配置就是有效率的。如图4.4所示,公共产品供求的均衡点是 F 点,效率供给量是 Q^*,价格是 P^*,甲愿意支付的价格为 P_2,乙愿意支付的价格为 P_1,$P^* = P_1 + P_2$。

从消费者的角度来说,价格是边际效用替代率 MRS,指消费者在每一单位公共产品数量水平上愿意支付的税收价格,即消费者在这一点上公共产品与私人产品的边际效用替代率。因此,公共产品的社会总效用可以用公式表示为:

$$MRS_总 = MRS_甲 + MRS_乙$$

从生产者的角度来说,价格是边际转换率 MRT,指生产者在每一公共产品的供给量上愿意将多少私人产品转换为公共产品,即生产者在这一点上公共产品与私人产品的价格之比。因此,公共产品的效率供给条件可以用公式表示为:

$$MRS_总 = MRS_甲 + MRS_乙 = MRT$$

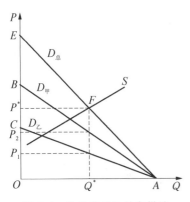

图 4.4　公共产品的效率供给

上式表明,公共产品的边际转换率必须等于个

人的边际替代率之和。由于每个人必须消费同等数量的公共产品,所以公共产品的效率供给要求,他们对所提供的最后一单位公共产品的总评价(边际效用之和),等于社会提供它的增量成本。这是萨缪尔森公共产品最优供给一般均衡模型的条件。

需要指出的是,市场无法直接提供公共产品的实际需求信息,也就是说公共产品的需求曲线是虚拟的。因此,消费者是否真实反映其对公共产品的需求偏好,决定着公共产品效率供给能否实现。

四、威克塞尔—林达尔均衡模型

瑞典经济学家努特·威克塞尔(Knut Wicksell)和艾瑞克·林达尔(Eric Lindahl)提出了公共产品供给的局部均衡模型,被称为 W-L 模型。W-L 模型考虑了政治因素,试图找出民主社会中公共产品产出的合理水平以及在不同的人之间如何分摊公共产品的成本,即税收负担问题。

在 W-L 模型中,假设有两个消费者甲和乙。假定两个人具有相同的政治权力,即二人的地位是完全相等的,谁都不能将自己的意愿强加于人,必须通过协商决定公共政策问题。对于任何一种预算(一定规模的公共支出、公共产品和税收的特定组合)都采用相同的决策原则,即必须每个人都同意,预算才能通过。针对某一类公共产品是一种公共产品,假定每一位拍卖者报出不同的税收份额和预算规模(公共产品的数量),经过某一拍卖程序,就可以得出一个均衡结果。对于甲或乙来说,用所承担的税收比重来表示税收价格,其所负担的税收比重越低,其对公共产品的需求量越大;其所负担的税收比重越高,其对公共产品的需求量越小,也就是说二人对公共产品的需求量与其负担的税收比重是负相关的。如图 4.5 所示,横轴代表公共产品的数量,纵轴代表消费者愿意承担的税收份额,则 AA' 是甲的公共产品需求曲线,表明即使甲承

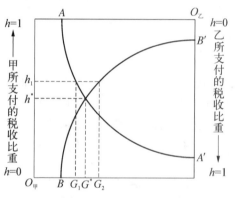

图 4.5 威克塞尔—林达尔均衡模型

担全部税收,其对公共产品的需求量也不为零,其负担的税收比重越低,其对公共产品的需求量越大。仍以 $O_甲$ 为原点,则 BB' 是乙的公共产品需求曲线,同样表明乙对公共产品的需求量与其承担的税收比重是负相关的,但是与甲承担的税收比重是正相关的。

假定甲在拍卖过程中愿意支付的税收比重为 h_1,其公共产品的需求量为 G_1,而在乙愿意支付税收比重为 $1-h_1$ 的时,其公共产品的需求量为 G_2,二人对公共产品的需求量是不同的,无法达到均衡。由于二人在政治权力上是相等的,必须再次进行协商,另行决定公共产品的数量,这一过程将一直持续到 h^* 出现时,在甲愿意承担的税收比重为 h^*,乙愿意承担的税收比重为 $1-h^*$,公共产品的需求量都为 G^*,也就是说当公共产品的产量为 G^* 时,甲、乙二人愿意负担的税收比重正好可以弥补公共产品的生产成

本,h^* 和 G^* 的组合被称为林达尔均衡,相应的税收价格就是林达尔价格。W－L 模型重在说明公共产品的效率供应是社会中个人经过讨价还价和不断磋商实现的,最佳条件是每个人所愿意承担的成本比重之和等于 1。这时公共产品的供应也是符合资源配置的效率标准的,任何改变都会影响资源配置效率。

根据上面的分析,公共产品有效配置的标准在理论上是明确的,只要清楚不同个体对公共产品的需求曲线,就很容易确定公共产品的效率供应量及成本分担方式。在现实中,尽管每个人对公共产品都有自己的效用评价,但由于公共产品具有非排他性,人们很容易产生搭便车行为,即为了避免承担公共产品的成本,很可能会隐瞒或不真实地反映自己的偏好。因此,要在现实中实现公共产品的效率供应是很困难的。由于人们很难准确了解公共产品的社会边际效用,所以也难以决定公共产品提供的合理规模。

因此,如何设计一个合理的偏好表露机制,迫使参与各方表示自己对公共产品的真实需求,是经济学家实现公共产品效率供给时面临的一个重大挑战。

五、扭曲性税收下公共产品的效率供给

公共产品的供给需要政府通过税收筹集收入,弥补政府提供公共产品的成本。但是现实生活中,政府征税是需要一定的成本的。这种成本表现为两方面。一是税收的征管成本,如税收征管部门的经费支出。由于存在征管成本政府实际可动用的税收数额是小于其征收数额的;二是税收所造成的额外效率损失,这种额外损失是政府没有得到的,但是由于税收对纳税人行为产生的扭曲性影响,而实实在在发生的。因此,在存在扭曲性税收的情况下,人们为多获得一单位公共产品,必须放弃的私人产品的成本是超过这一单位公共产品的成本的。为了解释以上问题,首先需要了解什么是生产可行性曲线。生产可行线是在税制既定的情况下,与每一公共产品相一致的最大私人产品消费水平的组合。由于征税会带来效率损失,因此,如图 4.6 所示,生产可行性曲线是在生产可能性曲线之内的。

图 4.6 中,MM 是生产可能性曲线,MN 是生产可行性曲线,生产可能性曲线的斜率是生产的边际转换率(MRT),生产可行性曲线的斜率被称为边际经济转换率。边际经济转换率考虑了通过税收融资造成的成本和效率损失以及随之而来的资源配置的效率标准变化。因此,虽然公共产品由市场提供会因数量不足而导致效率损失,但是公共产品的公共供给也会产生效率损失。当税收征管成本很高、造成的扭曲性效应非常大时,就意味着获得公共产品的代价非常昂贵。此外,由于政府存在挥霍腐败现象,也可能导致公共产品的公共供给效率降低。因此,政府在提供公共产品时,也必须十分重视供给效率的损失

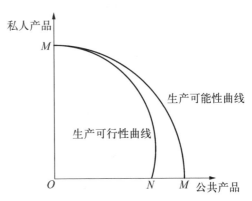

图 4.6　生产可能性曲线和可行性曲线

问题。

此外,公共产品的效率供给还与公共产品的受益范围密切相关。对于地方治安等区域性的公共产品,由地方政府提供更有效率;对于全国性的公共产品,如国防,由中央政府提供更有效率;还有一些公共产品具有全球性特征,被称为全球公共产品(global public goods)或国际公共产品(international public goods),如臭氧层、大气层、世界经济秩序、世界安全、全球公共卫生等,此类公共产品的供给需要国际间的协调与合作。

六、公共产品的市场提供

即使公共产品存在"搭便车"问题,必须通过公共供给才能达到效率水平,也不意味着私人绝不会提供任何公共产品。在某些情境下私人也会提供一定数量的公共产品。例如,对拥有庞大船队的船主来说,建设一个灯塔的收益可能远高于灯塔的建设成本。灯塔在给其带来好处的同时,也会给其他船只带来好处。罗纳德·科斯(Ronald H. Coase)在其所著的《经济学中的灯塔》中回顾了英国早期历史上灯塔的提供情况,认为英国灯塔制度的演变表明公共产品不一定要由政府提供。私人出于成本与效用考量、慈善心理、社会认同、价值观、社会地位、个人声誉等考虑,也会提供部分公共产品。现代社会中存在大量的非营利性组织,如慈善机构、政治组织、宗教和文化团体,其提供的某些产品和服务具有公共产品的性质,弥补了政府提供公共产品数量不足的缺陷。

私人提供公共产品的数量主要取决于人们对公共产品效用水平的评价及其成本之比。如果一个社会对一个公共产品的效用评价水平很高,比如教育、社会救助,而同时其成本又不高,即其效用与成本之比越高,由私人提供的这类公共产品的数量可能就越多。因此,政府应通过一些激励性措施,鼓励私人提供部分公共产品或混合产品,以弥补政府提供数量不足的问题。

需要指出的是,随着社会发展和技术进步,一些原先具有公共产品特征的产品和服务,其市场化的效率供给也不是绝对不可能的,技术进步可以解决部分公共产品的市场供给问题。例如,在有线电视还没有出现之前,电视信号通常是公共提供的。但是随着技术进步,向用户收费成为可能。因此目前在很多国家,在政府仍免费提供一些电视信号的同时,很多电视节目是用户必须付费才可以收看。

第二节 混合产品的效率供给

混合产品是具有不完全的非竞争性和非排他性的物品。根据其特点,混合产品的效率供给要分具体情况来看。

一、具有外部效益的混合产品的效率供给

这类产品具有一定的竞争性,但具有较低的排他性,同时又通常会产生很大的外部效益。在存在外部效益的情况下,这类混合产品的消费既给消费者自身带来效用,

同时也给消费者之外的其他人带来一定的好处。例如,公共教育、公共卫生等,具有很强的外部效益,符合条件的消费者都可以享受,具有非排他性;但是在此类产品供给数量有限的情况下,消费者之间又具有一定的竞争性。如图 4.7 所示,AB 为购买者的边际效用曲线,CD 为社会的边际效用曲线,它们之间的垂直距离表示该产品的边际外部效益,距离越长,表示外部效益越大。在市场提供的情况下,购买者根据自己从该产品的消费中得到的利益来决定购买量,此时该产品的产出水平为 Q_1。但是从整个社会的利益来看,该产品的效率产出水平应为 Q^*,在该产出水平上,边际社会效用等于边际生产成本。因此,由市场

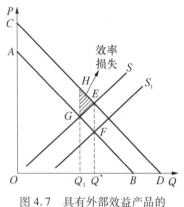

图 4.7　具有外部效益产品的效率供给

提供此类产品虽然使消费者个人的净得益实现了最大化,但社会整体效益却受到了损失。这种因外部效益未能充分实现而造成的效率损失在图中表现为阴影部分三角形 GHE 的面积。

对于具有外部效益的混合产品,如何决定其效率供给水平呢?如果该产品采取公共供给的方式,即由社会免费提供给消费者,人们将会最大限度地消费该产品,直到边际效用为零止。该产品的边际效用,无论是消费者个人的边际效用还是社会的边际效用,都会大大低于生产该产品的边际成本,这样就会产生效率损失。从资源配置效率的角度讲,由政府提供具有外部性的产品是不符合效率要求的,特别是当外部性不是很大时更是如此。但是如果完全由市场提供此类产品也会产生效率损失,具体表现为产品供给不足导致外部效益发挥不充分。市场提供与公共提供二者效率损失的对比关系,很大程度上取决于该产品外部效益的大小。如果该产品的外部效益较大,市场提供的效率损失就会很大,而公共提供的效率损失就会相对小些,这种产品就类似于公共产品。一般来说,更适合由政府提供。反之,如果该产品的外部效益很小,公共提供的效率损失就会很大,市场提供的效率损失就会相对小些,这种产品就类似于私人产品,一般来说,更适合由市场提供。

对于具有外部效益的混合产品,将公共供给与市场供给结合起来的做法可以使这种效率损失减少。如果政府能够准确地估计出在社会利益最大化的产出水平上的外部边际效益,就可以采用对该产品进行补贴的方式来鼓励消费或扩大生产,从而使消费和生产量达到最佳水平。如图 4.7 中,政府对每一单位产品生产给予的补贴恰好是社会利益最大化产出水平 Q_1 上社会边际效益与个人边际效益之差,即外部边际效益。这样,生产者实际承担的边际成本曲线由 S 降到 S_1 的位置上,由于价格下降,消费者愿意购买的数量就会增至 Q^*。在 Q^* 的产出水平上,产品的边际成本为 EQ^*。其中一部分(Q^*F)由消费者付款弥补,其余部分由政府补贴弥补,数量为 EF。因此,对消费者来说,这是一种部分由市场提供、部分由政府提供的混合提供方式。与单纯的公共提供相比,这种方式避免了该产品因过度消费而造成的效率损失,使资源配置达到效率水平。因此,确定合理的政府补助标准是具有外部效益的混合产品效率供应的关键。

教育即是这一类型的混合产品。一个人接受教育,在自身人力资本得到积累、就业能力增强的同时,对整个社会的发展也是非常有帮助的。也就是说教育的社会收益大于个人收益。特别是基础教育,对促进整个国家文化素质、提高国家在国际社会中的竞争力非常重要。由于基础教育的巨大的外部效益,各国都非常重视基础教育,推行免费的义务教育制度,其实就是将基础教育作为一项公共产品由政府提供。高等教育也具有很大的外部效益,但是相对于基础教育而言,高等教育的外部性要小一些。因此,各国政府对高等教育的发展也都给予很大的支持,但通常受教育者也需要自行承担一定的费用。

卫生防疫也是如此。个人在接种预防传染病的疫苗减少自己被传染的机会的同时,也减少了他人被传染的机会。因此,卫生防疫也具有很大的外部效益。对于基础性的卫生防疫,由于其外部效益非常大,通常由政府提供,如我国目前对儿童提供天花、脊髓灰质炎、流脑、甲肝、乙肝、乙脑等十多种疫苗免费接种,对肺结核等疾病提供免费治疗,极大降低了这些疾病的发病率。而一般的卫生防疫可以由市场提供,政府给予一定的支持,如流行性感冒疫苗通常是个人自费注射的。

总体来看,当混合产品的外部效益很大时,要由政府提供;当外部效益很小时,由市场提供也不会造成很大的效率损失。究竟采取何种提供方式,需要政府根据效率和公平因素进行综合权衡。

二、具有拥挤效应的混合产品的效率供给

还有一类混合产品,在一定程度上具有非竞争性,但是当消费者超过一定数量限度、出现"拥挤"时,竞争性效应就非常显著了。同时这类产品也具有一定的排他性,可以通过某些方式将某些消费者排除在这一产品的受益对象之外。

在现实生活中有多种这类具有拥挤效应的混合产品。例如,对于设计每小时车流量限制在1 000辆的公路,在通行的车辆很少时,其具有非竞争性,增加一辆车使用公路不会给其他车辆造成影响;但是当车流量超过设计的流量时,公路将会因此变得拥挤,这时再增加一辆车将会增加其他车辆的拥堵时间,给其他车辆带来负外部效应。对于这类混合产品,可以采用公共供给的方式,通过征税弥补公路成本,也可以采取收费机制,使那些不愿意付费的车辆不能使用公路。那么对于此类具有拥挤效应的混合产品,如何决定其效率供给量呢?

假定以上公路的需求曲线,即边际效用曲线为已知。该曲线在图4.8中为AB,即对公路的需求是与其收费价格负相关。OQ_0为该公路的设计承载能力。当车流量未超过设计承载力时,如Q_1,免费使用不会造成拥挤或堵塞,消费者之间是存在非竞争性的。此时增加消费者的边际成本为零,消费者的边际成本曲线与图4.8中的横

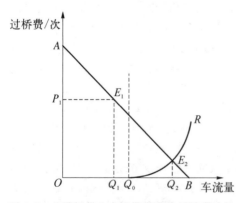

图4.8 公共提供和市场提供道路的效率比较

轴重叠。当车流量超过设计承载力时(通常公共供给都会造成会对这类产品的过度消费),将会造成拥挤,增加消费者的排队时间。此时消费者之间是存在竞争性的,社会边际成本将是上升的。如图 4.8 中的 Q_0R 所示,随着车流量的增加,边际成本也随之递增。对于社会来讲,对公路的利用将一直持续到边际成本与边际效用相等的那一点,即图中的 E_2 点。此时车流量为 Q_2,消费者从使用公路中所得到的总效益表现为图 4.8 中需求曲线 AB 与边际成本曲线 OQ_0E_2 所夹的面积。

诚然,建造和维护道路是需要花费成本的。由于该道路是免费向消费者提供的,其成本只能通过税收来弥补。在征税过程中会发生两项重要成本。其一是税收成本,即为了征税而耗费的资源。其二是税收的效率损失,为了补偿该道路的成本就要征税,而征税过程会造成价格的扭曲,从而使社会福利受到损失。这种福利损失也是该道路公共供给的成本。因此,公共供给这一道路给社会带来的净效益,就等于消费总效益扣除生产成本、税收成本以及税收造成的效率损失之后的余额。

如果采用市场供给会如何呢?由于该道路的使用具有可排他性,因此可以向过往车辆收费,用收费来弥补道路的成本。由于收费要有人管理,还要有必要的收费设施,因而要付出收费成本。道路的收费总额应能补偿道路的建设、维护成本以及收费成本。图 4.8 中,假定能满足这一要求的收费标准为 OP_1。在这一收费标准条件下,车流量为 OQ_1。由于过桥要付费,因而车流量比不收费的情况减少了(需要指出的是,即使是在收费情况下,车流量也可能超过设计车流量),这是收费的效率损失。在收费的情况下,即如果采取市场提供道路的方式,社会的净得益即消费者剩余,在图 4.8 中表现为三角形 AP_1E_1 的面积。

在我们生活中还有很多这类具有拥挤效应的混合产品,如桥梁、博物馆、公园、图书馆等。对于这类产品,可以采取公共提供的方式,也可以采取市场提供的方式,究竟采取哪种方式取决于哪种方法给社会带来的净效益更大。显然,这个问题只能根据具体情况来回答。收费成本取决于收费的难易程度,收费管理越困难,收费成本就越高,能弥补成本的定价也要越高,而定价的高低则会影响收费的效率损失的大小。影响收费效率损失的另一个因素是这一产品需求曲线的弹性。需求曲线的弹性越大,收费的效率损失也就越大;需求曲线的弹性越小,收费的效率损失也就越小。

在实际操作中,政府往往采取收费与税收相结合、公共供给与市场供给相补充的方式来提高这类混合产品的供应效率。如既允许私人建设道路、桥梁、博物馆,通过收费弥补建设成本,又通过税收筹资的方式免费提供一部分这类产品或服务,或者政府承担一部分建设成本,又收取一定的费用,或者给予私人部门提供混合产品税收优惠、财政补贴,以降低其生产成本,使消费者能够以较低的价格使用这类产品。

专栏4-1

伦敦市中心区拥堵收费政策

随着汽车的普及,当前很多城市都在为交通拥堵困扰。道路作为一种具有拥挤效应的混合产品,既可以由政府提供,也可以由市场提供,还可以采取以上两种供给模式相结合的方式。为了缓解交通拥堵问题,各个城市做出各种努力和尝试,如优先发展公共交通战略、汽车牌照拍卖制度等。其中,近年来伦敦实行的中心区拥堵收费政策较为引人关注。

为减少中心区拥堵,从根本上改善公交运营状况,英国伦敦于 2003 年 2 月 17 日,对交通拥堵的重点地区开始实施拥挤收费方案,即在伦敦中心区划出特定区域,在固定时间段对出入车辆实行交通收费管制。中心区内除小汽车之外,还有很多可选的出行方式,如公交、地铁、出租车、自行车和步行等,是一个十分适合采取拥堵收费的区域。收费区域覆盖了伦敦市中心内环路以内 21 平方公里的范围,拥堵收费的对象为所有在收费区域内行驶的机动车。拥堵收费方案在 2003 年实施之初为每天 5 英镑(折合人民币约 48 元)。2005年 7 月,拥堵费上涨至每天 8 英镑(折合人民币约 77 元)。2007 年 2 月,拥堵收费区域向西扩展,将收费范围扩大至原来的两倍,收费金额不变。2011 年 1 月,西扩区被取消。与此同时,拥堵费上涨至 10 英镑(折合人民币约 96 元),自动收费系统(Auto Pay)正式开通。2014 年 6 月,拥堵费再次调价,费用上涨至 11.5 英镑。2017 年每天的收费是 11.5 英镑(折合人民币约 110 元)。收费时段为周一至周五上午 7 点至下午 6 点(不包括主要假期)。

在政府财力紧张的情况下,通过市场提供部分混合产品是可以增进资源配置效率和社会总体福利水平的。但是如果过多地依赖市场,则可能造成社会福利的净损失。我国目前存在的情况是,相对于社会的需求水平,政府提供的公共产品和准公共产品数量是不足的。一些本来应由政府公共提供的公共产品或准公共产品,更多是通过市场化方式提供的,"过度市场化"倾向较为突出。例如,美丽的海滩、优美的自然风景、众多的名胜古迹,本来应该全民免费或低价共享,但是在市场供给方式下,高昂的门票将很多人拒之门外,被称为"一流门票价格,三流服务水平",与社会公众的需求有较大的差距。在这方面,杭州西湖"还湖于民"的做法十分值得肯定。随着我国经济发展和人民生活水平的提高,政府应该提供更多的公共产品或准公共产品。2008 年,我国宣布博物馆、纪念馆等将陆续免费向公众开放,由公共财政提供经费保障。这种政策适应了人们对这些混合产品需求的变化,受到了社会公众的普遍欢迎。

三、俱乐部产品理论

当某种产品具有不完全的非竞争性,同时又具有一定的排他性时,如果免费提供,势必会造成过度消费;如果通过市场提供,又会出现供给不足的问题。解决混合产品的拥挤问题的一个可行办法是形成俱乐部,按照消费者对混合产品的偏好将消费者划分为不同的群体,即俱乐部。每个成员只从自己所在的俱乐部提供的公共产品中获得收益,对其他俱乐部的公共产品没有偏好。这类产品也被称为俱乐部产品,其具有排他性,可以通过俱乐部会员资格将不愿付费的消费者排除在外,从而解决可能产生的"拥挤"效应问题。

第三节　私人产品的效率供给

私人产品是具有竞争性和排他性的产品。私人产品的市场提供的效率供给量是如何决定的呢？与公共产品的效率供给有何不同呢？如果由公共提供私人产品会产生什么样的后果呢？这也是政府需要考虑的问题。

一、私人产品的需求曲线

私人产品的个人需求曲线是向右下方倾斜的，即价格越高，其愿意消费的数量越少。如图 4.9 所示，AB、AC 分别是甲、乙的私人产品需求曲线，二人的收入水平不一样，甲的收入水平高于乙。与公共产品不同的是，私人产品对于每个消费者给出的价格是一样的，他可以根据自己的效用评价购买所需的消费量。因此，在同一价格水平下，不同收入水平的消费者愿意购买的数量是不同的。收入水平越高，其愿意购买的数量越多。如图 4.9 所示，在价格为 P_1 时，甲、乙的需求量分别是 Q_1、Q_2。

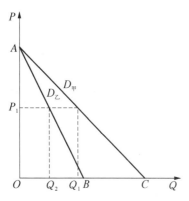
图 4.9　私人产品的个人需求曲线

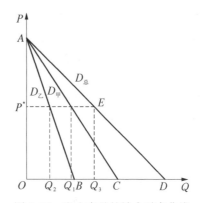
图 4.10　私人产品的社会需求曲线

那么如何得出私人产品的社会需求曲线呢？由于私人产品在消费上具有竞争性和排他性，消费者消费某种私人产品只能通过购买的方式获得，其所愿意支付的价格即是这一私人产品带来的边际效用。一个社会从某类私人产品中得到的效用为消费这一产品的所有个体所得到的效用之和。如图 4.10 所示，当某项私人产品的价格为 P_1 元时，甲和乙的消费量分别为 Q_1 和 Q_2，社会的均衡产量是 Q_3，$Q_3 = Q_1 + Q_2$，AD 是私人产品的社会总需求曲线，由个人需求曲线横向相加即可以得出社会需求曲线。

二、私人产品的效率供给

私人产品的效率供给量如何决定呢？在市场经济下，私人产品效率供给量是社会边际效用与社会边际成本相交时的产量，也即需求曲线和供给曲线相交时的产量。如

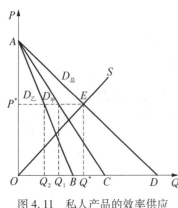

图 4.11　私人产品的效率供应

图 4.11 所示,私人产品供求的均衡点是 E,均衡产量和价格分别为 Q^*、P^*。

从消费者的角度来说,其愿意支付的价格即为最后一单位私人产品给其带来的边际效用,即边际替代率。由于每个人面临的价格水平是一样的,因此:

$$MU_甲 = MU_乙 = MRS_甲 = MRS_乙 = P^*$$

从生产者的角度来说,价格是边际转换率 MRT。因此,私人产品的效率供给条件可以用公式表示为:

$$MRS_甲 = MRS_乙 = MRT$$

即社会边际转换率等于甲的边际替代率和乙的边际替代率,此时的价格为 P^*。在此价格水平下,甲的消费量为 Q_1,乙的消费量为 Q_2,社会总产量 $Q^* = Q_1 + Q_2$。

因此,在市场经济下,通过市场可以实现私人产品的效率供给。

三、私人产品的公共供给

在很多情况下,出于公平等因素考虑,政府也会提供一些私人产品。特别是在计划经济体制下,很多私人产品是政府提供的。如何分析私人产品公共供给的效率呢?

1. 无限量公共提供私人产品的效率损失

假定政府免费提供私人产品,消费者将会产生过度消费行为,不会考虑政府提供私人产品的生产成本,直到最后一单位的私人产品给其带来的边际效用为零为止。私人产品由政府提供所产生的效率损失,与消费者对这一私人产品的需求弹性密切相关。如图 4.12 所示,在私人产品的需求弹性比较大,需求曲线比较平缓,如图中的 D_1 时,假定供给曲线为 S,与横轴平行,即边际成本不变。如果该私人产品由市场提供,其均衡产量是 Q_e;如果由政府提供,则消费者的最大效用消费量是 ON,直到边际效用为零。公共提供的效率损失可以用三角形 ELN 的面积表示。如

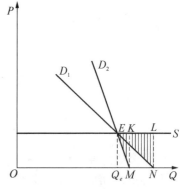

图 4.12　需求弹性与私人产品公共提供的效率损失

果私人产品的需求弹性比较小,需求曲线比较陡直,如图中的 D_2,为便于说明问题,假定其供给曲线也是 S,市场提供的均衡点也是 Q_e。如果这类私人产品改为由政府提供,则消费者的最大效用消费量为 OM,公共提供的效率损失可以用三角形 EKM 的面积表示。

因此,私人产品的需求弹性越大,公共供给的效率损失也越大。可以想象,如果珠宝首饰和饮用水这两类私人产品都改为由政府提供的话,由于珠宝首饰的需求弹性非常大(需求曲线比较平缓),一旦免费提供,需求量可能会无限大;而饮用水的需求弹性较小

（需求曲线比较陡直），即使免费提供，个人的消费量也不可能增加多少。因此，公共供给珠宝首饰的效率损失将大得多，但是我们经常能看到免费提供饮用水的情况。在现有资源和技术条件下，无论经济有多发达，由政府无限量提供所有私人产品都是难以做到的。

2. 私人产品价格补贴造成的效率损失

由于私人产品无限量公共供给的效率损失很大，实践中较常见的是私人产品的部分公共供给，如价格补贴。也就是说消费者购买产品的价格只是部分地承担了产品的成本，其余部分由政府的补贴来弥补。例如，由政府予以补贴，低价提供粮、油、副食品和住房。

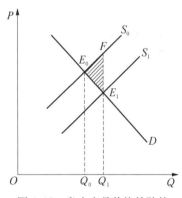

图 4.13　私人产品价格补贴的效率损失

虽然这种情况比纯免费提供、成本全部由政府来弥补对消费起到一定的约束，但由于消费者所支付的价格仍低于产品的边际成本，过度消费的情形仍会产生，只是程度上有所减轻。如图 4.13 所示，某产品的需求曲线 D 与供给曲线 S_0 交于 E_0，Q_0 是该产品由市场提供下的均衡产出水平。政府补贴使得生产者所承担的边际成本线降到 S_1（政府补贴水平为 E_1F），产出水平由需求曲线 D 和新的边际成本曲线 S_1 的交点 E_1 决定，消费量由原来的 Q_0 增至 Q_1。增加的消费量的社会边际成本超过了边际效益，但由于消费者自己不用支付全部成本，因而造成了过度消费，所产生的效率损失表现为图 4.13 中三角形 E_0E_1F 的面积。

3. 限量公共提供私人产品的效率损失

与价格补贴相配合，较为常见的是政府采取某种限量供应的方法。换言之，不是消费者想要多少就给多少，人们获得某些产品的数量将受某些非价格因素的制约。相对于无限量的公共提供，限量供应可以避免资源配置效率受到过大的损害，但能在多大程度上做到这一点，取决于政府所决定的供应总量在多大程度上接近该产品的均衡产量。在限量公共供给的情况下，要实现效率，政府必须了解该产品的供给曲线和需求曲线，这样才能决定该产品符合效率要求的数量。但是面对众多的消费者，政府了解每个消费者的需求信息几乎是不可能的。因此，限量虽然有可能减少过度消费的效率损失，但效率损失仍不可避免。

因为数量有限，所以如何解决私人产品公共提供的数量配给方式就是一个非常重要的问题。由于政府不可能了解每个人的需求信息，故通常采用统一供给的方式进行配给，即给每个人提供相同数量的产品，而不管其真实需求如何。我国计划经济时期实行的票证制就是如此，每个人按照一定标准凭票供应。如图 4.14 所示，甲、乙二人对某种产品的需求曲线分别为 $D_甲$、$D_乙$，在同一价格水平上，甲的消费量多于乙。假定供给曲线为 S，如果由市场提供这一

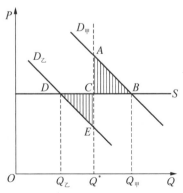

图 4.14　私人产品统一提供的效率损失

产品,甲、乙的消费量分别为 $Q_甲$、$Q_乙$;如果由政府采取统一提供的方式,向每个人提供的数量都为 Q^*,则对于甲来说,数量不足,低于其意愿消费量 $Q_甲$。由于数量不足产生的效率损失为三角形 ABC 的面积。对于乙来说,公共提供的数量多于其意愿消费量 $Q_乙$,过度消费产生的效率损失是三角形 CDE 的面积。对于整个社会来说,统一提供的效率损失为三角形 ABC 和三角形 CDE 面积之和。因此,虽然统一提供有利于节约交易成本,同时也便于管理,但是由于可能造成有人消费不足、有人消费过度,也会产生效率损失。

公共产品限量供应的另一种配给方式是排队供应。根据排队先后顺序以及排队的次数来决定各人所得到的份额。在排队供应的情况下,人们以自己的休息时间与产品相交换,谁愿意放弃较多的休息时间去排队等候,谁就可以得到较多的产品。这样,等候所花费的精力就类似于一种价格机制,决定各个人所得到的份额。在这种限量机制中,各人所得到的数量是不一样的。有的人会花更多的时间去排队等候,因此得到较多的产品,而另外一些人花的时间少些,得到的产品也会少些。这就是说,排队供应考虑到了不同个人的不同要求。但是,这种排队机制对生产效率却会造成很大的损害。由于各人能得到多少产品取决于他花费在排队等候上的时间,人们为了得到较多的产品就要花更多的时间去等候。然而,等候是不会生产出产品来的。如果大家都来竞相排队,而不是去生产,那么社会将无法提供产品,实际的生产水平将远远低于生产可能性边界。此外,如果再考虑私人产品公共供给中存在的政府腐败现象,其效率损失更大。

计划票证:一个时代的缩影

在计划经济体制下,由于价格受到控制,使得商品的计划价格远低于供求均衡价格,大部分商品是短缺的。匈牙利经济学家亚诺什·科尔奈(Janos Kornal)的《短缺经济学》(*Economics of shortage*)20 世纪 80 年代在中国出版,在我国经济学界掀起了一股短缺经济学热。

在短缺经济下,为了解决资源配置问题,票证就取代价格成为计划配置资源的重要手段。票证配给制度相当于政府对私人产品给予了价格补贴,但是由于商品相对于需求的短缺性,又不得不配合采取票证的方式加以限制。在计划经济下,大多数商品都必须凭票购买。因此,计划票证就成为我国计划经济时代的一个缩影,有"第二货币"之称,甚至有时候比钱还管用。我国计划票证首先是从粮票和棉布票开始的。1953 年和 1954 年,中央分别宣布粮、棉统购统销政策,城镇居民、干部先是凭购粮证买粮,凭棉布票买布,后来逐渐拓展到其他商品。计划经济下我国的票证可谓五花八门、名目繁多,有粮票、布票、油票、棉花票、肉票、鱼票、糖票、盐票、酒票、煤票、劈柴票、鞋票等生活必需品,高档一些的商品更是要凭票供应,如手表票、自行车票、缝纫机票、电视机票及大衣柜票等。当年人们视这些票证为"命根子""生命票"。

改革开放后,随着我国经济的发展以及经济体制的转变,20 世纪 90 年代中期,计划票证正式退出了中国经济的历史舞台。

四、优值品和劣值品的效率供给

优值品(merit goods)是消费者对其效用评价过低的私人产品,有的也将其翻译为功德物品。如汽车安全带,消费者低估了其对安全驾驶的作用,这时他的偏好被认为是不明智的。在这种情况下,消费者自己确认的边际效用曲线为 CB,如图 4.15 所示,而实际上它给消费者个人所带来的边际效用可以用曲线 AB 表示。如消费者根据自己的偏好去购买的话,均衡的产量为 Q_1,但若根据它实际上给消费者带来的边际效用来判断,最适当的消费量应为 Q_2。政府不加任何干预的市场将产生图 4.15 中阴影面积三角形 E_1E_2D 所表示的效率损失。这幅图看上去与前面讲的外部效益情况一样,但实际意义有所不同。在外部效益情况下,AB 与 CB 两条曲线之间的距离表示购买者给其他人所带来的边际效用。而在优值品的情况下,它表示由购买者本人享有但又未被他自己意识到的边际效用。

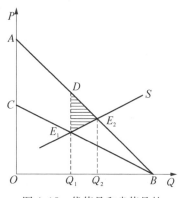

图 4.15 优值品和劣值品的效率供给

对优值品单纯由市场提供所产生的效率损失大小,取决于消费者偏好的不理智程度。如果消费者对某产品的效用评价大大低于客观上合理的效用评价,那么纯市场供给所造成的效率损失就会较大,反之则会较少。当然,优值品的公共供给也会因过度消费而产生较大的效率损失,所以此类产品并不适于公共供给。一种较为有效的办法是采取一定的管制措施,强制性地要求消费者将购买量增加到某个合理水平,这种办法在实践中常被采用。例如,汽车安全带可以有效地降低交通事故给车上乘客造成的伤害,被认为是一种优值品。因为很多人忽视开车时系安全带的作用,政府可以作出规定,不系安全带不得在道路上行驶,否则将受到严厉处罚。另一种办法是对这一产品进行补贴,鼓励人们对这种产品的消费。总之,对于具有优值品性质的私人产品,需要政府采取某种干预措施鼓励对其的消费,以减少或避免效率损失。

与优值品相对应的另一类私人产品是劣值品(dismerit goods),即消费者对其效用评价过高的私人产品,如烟、酒、毒品、赌博等。消费者对其的需求超过了合理需求,这时他的需求被认为是不合理的。如图 4.15 所示,与优值品正好相反,消费者自己确认的边际效用曲线是 AB,而实际上它给消费者个人所带来的边际效用应由曲线 BC 表示。如果由市场提供,消费者的消费量是 Q_2,而合理的消费量应是 Q_1,因此,市场供给会造成消费者对这一产品的过度消费,造成效率损失。对于劣值品,政府可以禁止其消费,例如毒品;或者通过征税的方式抬高价格,抑制消费者对其的消费,以减少市场提供的效率损失,例如烟、酒等。特别是对于烟来说,烟民除了高估了烟的效用之外,还可能忽略了吸烟给其他人带来的巨大的负外部效应。如果考虑吸烟的外部成本,供给曲线将进一步上移,更加应该限制烟草的消费。因此,2003 年 5 月联合国第 56 届世界卫生大会通过了《烟草控制框架公约》,一旦签署生效,各成员国都必须把公约内容融入本国法律,对烟草的生产、销售、税收、广告等多方面进行限制。中国于 2005 年 10

月正式批准该公约,因此近年来我国对公共场所禁烟明显加强了。

因此,为了实现资源的有效配置,政府应根据公共产品、混合产品、私人产品的不同特性,采取适当的提供方式,以实现产品的效率供应。政府的主要职能在于提供公共产品以及部分混合产品,对私人产品应尽可能避免采用公共供给的方式。同时,随着人民生活水平的提高,对公共产品或准公共产品的整体需求层次也随之上升,政府提供的公共产品或准公共产品的数量和质量都应该能跟得上社会的需求。但是,政府提供的公共产品或准公共产品并不一定必须公共生产,在很多情况下由私人生产可能更有效率。

复习与练习

● 主要概念

公共产品 私人产品 混合产品 公共生产 私人生产 公共供给 市场供给 混合供给 个人需求曲线 社会需求曲线 全球公共产品 国际公共产品 效率供给 扭曲性税收 生产可能性曲线 生产可行性曲线 边际经济转换率 边际转换率 威克塞尔—林达尔均衡模型 具有外部效益的混合产品 具有拥挤效应的混合产品 俱乐部产品 优值品 功德物品 劣值品 科斯定理 限量提供 配给制 排队供应

● 思考题

1. 公共产品的个人需求曲线和社会需求曲线之间的关系是什么? 私人产品的个人需求曲线和社会需求曲线之间的关系又是什么?

2. 公共产品如果由市场提供其数量就一定为零吗? 公共产品的公共供给就一定是有效率的吗?

3. 对于具有外部效益的混合产品,什么情况下适宜于公共提供? 什么情况下适宜于市场提供?

4. 对于具有拥挤效应的混合产品,应该采取何种提供方式?

5. 如何分析计划经济下私人产品公共供给的效率损失?

6. 优值品和劣值品的特点是什么? 如何实现其效率供应?

7. 公共产品、私人产品、公共供给、私人供给、公共生产、私人生产之间的关系是什么? 试举例说明?

8. 为什么绝大多数国家对新冠肺炎疫苗采取免费供应方式?

第五章

公共选择

由于资源的稀缺性和需求的多样性,个人和公共部门都需要在运用有限资源满足各种需求时做出众多选择。在市场经济下,个人对私人产品的选择是通过价格体系决定的。在民主社会,公共部门的开支预算是通过政治程序决定的。公共选择理论(public choice theory)就是用经济学的方法研究政治问题的一种理论,即从经济学角度研究非市场决策,因此也被称为政治经济学。本章主要介绍公共政策的决策机制、决策主体的行为特征以及政府失灵问题。

第一节 直接民主决策

直接民主决策(direct democracy),是指决策中所有具有相关利益的人都能直接参与投票决策的制度,即通过一人一票的原则,投票表决能否通过公共决策方案。如许多国家在重大事项决策中所实行的全民公决制度。根据投票原则,直接民主决策又有一致同意原则和多数同意原则。

一、一致同意原则

一致同意原则(unanimity rule),指一项集体行动方案,只有在所有参与者都同意或者至少没有任何一个人反对的前提下,才能实现的一种表决方式,也称为全票通过原则、一致性原则。在一致同意原则下,每一个参与者都有否决权。在现实中,一致性原则还是比较常见的。如联合国安理会在形成决议时,要求中、美、俄、英、法5个常任理事国一致同意或者至少没有任何国家反对的情况下才能通过。欧盟在外交政策上要求用一个声音说话,在解除对华军售制裁问题上,由于少数国家持有不同意见,迟迟没能通过。我国在进行干部业绩考核或环境评审等重大决策时,采用"一票否决制",也是一致同意原则的一种变相形式。一致同意原则具有明显的优点,具体如下:

首先,一致同意原则作出的选择必定是帕累托最优导向的。由于在一致同意原则下,每个理性的参与者都有否决权,对任何不利于自己的方案都会使用否决权,阻止方案的通过。这决定了决策中至少不会有人因此而受损。所以,一致同意原则通过的方案必定是帕累托最优导向的,是一种帕累托改进。

其次,一致同意原则强调参与者的权利平等。一致同意原则实行一人一票、一票否决制。人们在决策中的权利是平等的,任何人都难以将个人的意愿强加给他人,因此所有参与者的权利都能平等地得到保障。

再次,一致性原则可以避免"搭便车"行为。在一致同意原则下,每个人的投票行为对集体而言都是至关重要的,可能直接影响投票结果。如果个人放弃投票权可能要冒自身利益受损的风险,特别是在参与者较少的情况下更是如此。一致性原则激励每个人都参与到投票过程中,因此,可以避免"搭便车"行为。

虽然一致同意原则具有上述优点,但是它也有其明显的缺点,主要表现为两个方面:

一是决策成本高,决策时间长。一致同意原则要求寻求所有参与者都能够满意的选择,在参与者很多的情况下,得到一个符合"帕累托最优"的决策结果几乎是不可能的,可操作性不强。从社会来看,由于决策成本过高、决策时间过长,一致同意原则的效率并不是最优的。如图5.1,横轴表示决策人数,假定为 N 人,纵轴表示预期的决策成本。弧线 D 是决策成本,在一直性原则下,决策人数越多,决策成本越高,因此 D 是向右上方倾斜的。弧线 E 是决策后的外部成本,它与参与决策的人数成反比,参与决策的人数越多,决策后的外部成本越低,因此, E 是向右下方倾斜的,则投票总成本就是决策成本和决策后的外部成本之和, S 是投票总成本曲线,先下降后上升,最低点对应的决策人数是 K 人。因此,对于全社会来讲,一致性同意原则的效率并不是最优的,采取 K/N 比例同意的决策规则是成本最低、效率最高的。

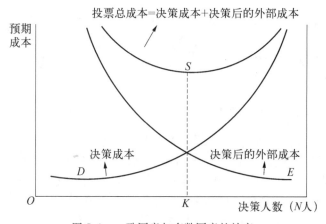

图5.1 一致同意与多数同意的效率

二是无法排除个别参与者利用其否决权进行敲诈活动,鼓励"策略"行为。在一致性原则下,由于每位参与者都享有否决权,会鼓励个别参与者运用"策略行为"来争取自己所偏好的方案胜出,最终的选择结果也许就取决于参与者讨价还价的能力。

因此,一致同意原则的适用范围有其明显的局限性,只有在参与人数较少的情况下,才是一种较好的决策方式。在参与人数较多的情况下,一致同意原则几乎不具有可行性。例如,很难想象一个国家能够运用一致同意原则通过全民公决制定一项公共政策。

公共选择理论的产生和发展

公共选择理论是一门介于经济学和政治学之间的新兴交叉学科,运用经济学的分析方法来研究政治决策机制。18—19世纪,以孔多塞、波德等为代表的一些数学家从数学的角度对投票过程进行了研究,迈开了公共选择理论发展的第一步。20世纪初,以威克塞尔、林达尔为代表的瑞典经济学家对财政决策问题做了初步研究,是现代公共选择论的先驱。20世纪50年代以后,以1986年诺贝尔经济学奖获得者布坎南等为代表的政治经济学家建立和发展了现代公共选择理论。

"经济人"假设、方法论上的个人主义、交易政治观是公共选择理论的主要研究方法。公共选择理论认为,人类社会由两个市场组成,一个是经济市场,另一个是政治市场。在经济市场上活动的主体是消费者(需求者)和厂商(供给者),在政治市场上活动的主体是选民、利益集团(需求者)和政治家、官员(供给者)。在经济市场上,人们通过货币选票来选择能给其带来最大满足的私人物品;在政治市场上,人们通过政治选票来选择能给其带来最大利益的政治家、政策法案和法律制度。前一类行为是经济决策,后一类行为是政治决策,个人在社会活动中主要是做出这两类决策。该理论进一步认为,在经济市场和政治市场上活动的是同一个人,没有理由认为同一个人在两个不同的市场上会根据两种完全不同的行为动机进行活动,即在经济市场上追求自身利益的最大化,而在政治市场上则是利他主义的,自觉追求公共利益的最大化。同一个人在两种场合受不同的动机支配并追求不同的目标,在逻辑上是自相矛盾的。这种政治经济截然对立的"善恶二元论"是不能成立的。

公共选择理论试图把人的行为的两个方面重新纳入一个统一的分析框架或理论模式,用经济学的方法和基本假设来统一分析个体行为的各个方面,从而拆除传统的西方经济学在经济学和政治学这两个学科之间竖起的隔墙,创立使二者融为一体的新政治经济学体系。因此,公共选择理论也被称为政治经济学。

2009年,公共选择学派的另一位代表性人物埃莉诺·奥斯特罗姆获得了诺贝尔经济学奖,公共选择学派再次受到高度关注。

二、多数同意原则

由于一致同意原则的固有缺陷,更多情况下,人们采取的是多数同意原则。所谓多数同意原则(majority voting rules),是指对一项集体行动方案,只要赞成票占多数,即获得通过。多数人同意,可以是二分之一以上同意,也可以是三分之二以上或更高比例同意,可以根据具体情况而定。简单多数(simple majority)是指赞成和不反对的人数超过一半即可。绝对多数(absolute majority)可以是三分之二、四分之三等。对于特别重大的问题,对多数同意原则设置的门槛也通常更高。如美国国会对于一般性的决议,只要过半数的简单多数就可以了;但是对于弹劾总统要求三分之二的多数通过;而对于修改宪法,不但要求参众两院三分之二的议员同意,还要求四分之三的州批准后才能生效。2009年12月1日,欧盟27国通过的《里斯本公约》正式生效,标志着欧盟的对外决策原则将从一致同意原则改为多数同意原则,这有助于提高其对外决策的效率。

多数同意原则有效克服了一致同意原则决策成本过高的缺点,具有决策成本低、相对容易作出决策的优点。如有甲、乙、丙三人,有 A、B、C 三种方案可供选择,甲对三种方案的排序为:A>B>C。乙的排序为:C>B>A。丙的排序为:B>C>A。如果采用一致性原则,则三人很难产生表决结果。如果采用多数同意原则,A 和 B 表决,B 胜出;B 和 C 表决,B 胜出,最后 B 方案获得通过。因此,多数同意原则在实践中得到广泛运用。但是,多数同意原则也有其缺点。

首先,易形成"多数人的暴政",即多数剥削压榨少数人。多数同意原则是按多数人的意愿决定最终方案的,决策结果具有一定的内在强制性,要求全体成员都服从。这就意味着多数人可以把自己的意愿强加给少数人,与罗尔斯所提倡的公平正义原则是相违背的。如一项工程成本为 100,有甲、乙、丙三个人。如果采取税收筹集费用,每人分担比例为 33.3%。但是在三人受益程度分别为 35、35、0 的情况下,甲、乙两个人很可能合作以 2:1 通过以征税方式筹集工程成本,这一决策显然对丙是不利的。这种多数人剥削少数人的情况被称为"多数人的暴政(majority tyranny)"。因此,多数同意原则的最终决策结果所体现的是多数人的利益,而少数人的利益就可能被忽略甚至被侵害。

其次,助长了个人忽视投票权的行为,鼓励"搭便车"行为。在多数同意原则下,特别是在投票者人数众多的情况下,个人行为与结果之间并不存在直接联系,单个参与者可能感到自己的选择行为在多数同意原则中是无足轻重的,从而助长了选民不重视投票权的行为。此外,在多数同意原则下,投票人参与投票决策是需要花费一定成本的,而公共决策结果作为一项公共产品是具有非竞争性和非排他性的,很容易导致投票者"搭便车"行为。

第三,无法反映个人选择的偏好程度。例如,甲对 A、B、C 三种方案的选择是 A>B>C,但是这样的排列无法反映出他对三种方案的偏好程度。如果可以给每个方案打分的话,他给 A 的打分是 100 分,B 的打分是 20 分,C 的打分是 18 分,实际上他对 B 和 C 的偏好差异并不大。

第四,可能导致投票交易。在存在多种选择的情况下,参与者之间可能通过互投赞成票,谋求增大各自的利益。如有甲、乙、丙三个参与者,有三个方案 A、B、C 可供选择,甲支持 A 方案,乙支持 B 方案,丙支持 C 方案,如果每人只有一个选择,在多数同意原则下,则三个方案都不能通过。如果每个人可以选择两个方案,甲和乙可以达成相互支持协议,甲通过投票支持 B 方案换取乙对 A 方案的支持,这样在多数同意原则下,A、B 两个方案都能得到通过,这种情况在实际决策中是非常常见的。

最后,可能产生投票悖论。也就是说可能存在多种投票结果,最终的投票结果也许完全取决于投票次序。对于投票悖论将在下一节作详细介绍。

三、投票悖论与阿罗不可能定理

1. 单峰型偏好与中位选民定理

在公共选择理论中,把一个人的偏好曲线中比所有邻近点都高的点称之为峰。如果投票人偏离他最中意的选择,不论偏离的方向如何,他的效用都将下降,那么该投票人的偏好就是单峰的。如图 5.2 中的 a。如果投票人偏离他最中意的选择,他的效用是先下降后上升,则其偏好是多峰的,如图 5.2 中的 b。

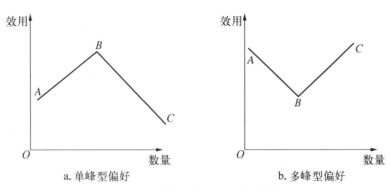

a. 单峰型偏好　　　　　　　　b. 多峰型偏好

图 5.2　单峰型偏好和多峰型偏好

　　如果所有选民的偏好都是单峰型的,那么投票悖论就不会出现,这就是单峰型定理。如有甲、乙、丙三人,有三种方案 A、B、C,可以假定 A 代表高水平的财政支出方案,B 代表中等水平的财政支出方案,C 代表低水平的财政支出方案。甲对三种方案的排序为:A>B>C;乙的排序为:C>B>A,丙的排序为:B>C>A,如图 5.3 所示。

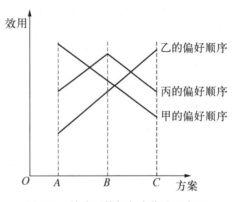

图 5.3　单峰型偏好与中位选民定理

　　根据多数同意原则,如果让三人对每两个方案进行淘汰投票,在 A 和 B 方案的比选投票中,B 胜出;在 B 和 C 的比选投票中,B 胜出;最后 B 方案被选中。从图形上来看,B 方案位于三个中间。在一个多数决策模型中,只要所有人的偏好都是单峰型的,多数票规则的结果所反映的就是中位选民的偏好。因为选择该政策不仅使中间投票人获益最大,也使其他人损失最小,这就是中位选民定理(median voter theorem)。因此,在选举制度中,如何获取中位选民的支持,是政党政治的一项重要议题。

　　2. 多峰型偏好与投票悖论

　　如果投票人的偏好是多峰型的,采用过半数规则可能得不到唯一结果。这时,投票过程的次序对投票结果非常重要,不同的投票次序会产生的不同的投票结果,这种现象被称为投票悖论(voting paradox)。仍以上述甲、乙、丙三个人,A、B、C 三个方案为例,甲的排序仍为 A>B>C,丙的排序仍为 B>C>A,但是乙的排序变为 C>A>B,如图 5.4 所示。

　　根据多数同意原则,如果让三人对每两个方案进行淘汰投票,在 A 和 B 方案的比选投票中,A 胜出;在 B 和 C 的比选投票中,B 胜出;在 A 和 C 的比选投票中,C 胜出,出

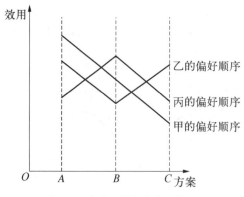

图 5.4　多峰型偏好与投票悖论

现投票循环,没有一个方案能够战胜其他所有方案,这就是投票悖论。在存在投票悖论的情况下,我们可以看出,投票规则对于投票结果具有决定性的影响。如果有人最后希望方案 C 胜出,只要将投票方式改为淘汰投票,让投票人对 A 和 B 两种方案先进行选择,然后再让投票人对 A 和 C 两种方案进行投票选择,最终获得通过的方案就是 C。因此,在多数人同意原则下,谁掌握了制定投票规则的权力,谁就掌握了控制投票结果的能力。

此外,在多数票同意原则下,也可能产生投票交易行为,即投票者之间互投赞成票,以使得对自己有利的方案能够通过。

3. 阿罗不可能定理

既然多数同意原则可能导致投票悖论,是否存在一种政治机制或社会决策规则,能够消除这种投票悖论现象呢? 1972 年诺贝尔经济学奖获得者、美国数理经济学家肯尼思·阿罗(Kenneth Arrow, 1921—2017)认为,在民主社会中,不可能找到一种投票程序,它所产生的结果既不受投票程序的影响,同时又尊重每一个人的偏好,能将所有个人的偏好转换为一种社会偏好,并作出前后一致的决策,这就是著名的阿罗不可能定理。阿罗的结论建立在两条社会选择公理与民主决策方式所需满足的五个条件之上。

阿罗提出的两条社会选择的公理是:可比性,即对于任意备选方案 X、Y,必有 $X \geqslant Y$,或 $Y \geqslant X$,也就是说必须能对所有可能的结果进行排序;传递性,对于任意的备选方案 X、Y、Z,如果 $X \geqslant Y$ 且 $Y \geqslant Z$,则 $Y \geqslant Z$,也就是说选择必须前后一致。

阿罗还认为,民主决策方式必须满足下列五个条件:一是选择的非限制性,即在进行集体选择时,所有可能的个人偏好的组合都应被考虑进去;二是集体选择的非反常性,即集体选择一致地、不偏不倚地反映个人选择;三是不相关方案的独立性,即不受无关备选方案的影响;四是公民的至上性,即集体决策不能局限于精英决策,必须对个人偏好作出反映;五是非独裁性,即个人和团体不能将他们的偏好强加于他人,从而决定集体决策的结果。

阿罗认为,任何投票规则和选择程序必须同时满足上述两条公理和五个条件,才能把个人偏好转换成社会偏好次序或集体偏好次序。但是,事实上无法找到一个能符合所有这些要求的投票规则,也不能指望民主社会能够作出前后一致的决策,这被称为阿罗不可能定理(Arrow's impossibility theorem)或阿罗悖论(Arrow Paradox)。阿罗不可能定理指出,如果众多的社会成员具有不同的偏好,而社会又有多种备选方案,那么在民主的制度下不可能得到令所有人都满意的结果。阿罗的观点不仅对传统福利经济学和政治理论提出了严峻的挑战,也对经济学关于经济行为的研究造成了冲击。

4. 投票方式的改进

为了减少多数投票规则可能产生的投票循环现象,提高投票效率,多数票投票规则有一些变异形式。假定要从一张 N 个（$N>3$）候选人组成的名单中选出一个人，除了简单多数和绝对多数投票规则外，多数同意原则还可以采取以下原则：

过半数原则，即选出得到超过半数票的第一位候选人。

占多数原则，即选出得到票数最多的一个候选人，即使其得票没有超过半数。

博尔达计数规则，指先由 N 个候选人每人提出 1 个提案，按照投票者的偏好程度的排序来给 N 个提案中的每一个打分，分值从 1 到 N，把所有投票者对每个候选人的分数分别加起来，得分最高的候选人获胜。

淘汰投票规则，即要求每一个投票者标明在 N 个候选人组成的名单中他认为最差的候选人，把被最多投票者认为最差的候选人从名单上删掉，重复这个过程直至只剩下一个候选人，这个候选人便是获胜者。

赞成投票规则，即在 N 个人组成的候选人名单中，每个投票者对所有他赞同的候选人投一票，得票最多的候选人为获胜者。

第二节　间接民主决策

即使采取多数同意原则，在具有众多投票者的情况下，决策成本也是非常高的。因此一些大国很少使用直接民主决策，如美国建国以来从来没进行过一次全民公决。在现实中，大多数公共政策决策并不是由全体选民直接投票来直接决策，而是由他们通过投票，选举产生一定数量的代表，并授权这些代表代替选民来作出公共决策。这种集体决策制度被称为间接民主决策（indirect democracy），间接民主制可以看作是多层次的直接民主制，也被称为代议制。在间接民主决策机制下，公共决策主要参与者为政治家、行政官僚、选民以及其他人。在下文的分析中，假定这些人像其他个人一样，也追求自身利益最大化。

一、政治家

政治家和官僚是政治市场上的供给者。政治家（politicians）（如议员、总统或总理、首相、州长等）由选民直接选举产生，其基本职责是代表选民进行决策。政治家是否会始终真正代表选民的利益？他们的行为动机和目标是为了使公共利益最大化吗？

公共选择理论认为，在民主制度下与个人追求自身效用最大化一样，政治家的目标是当选或连任，也即选票的最大化。要争取尽可能多的选票，政治家就必须按大多数选民的意愿提出施政方案或作出公共决策。因此，在间接民主决策机制下，追求选票数量最大化的政治家，将根据中位选民偏好制定选举计划。如图 5.5 所示，假定甲、乙是两位候选人，甲的立场比较自由，乙的立场比较保守，可以用博弈论来解释甲、乙二人的政策选择。假定最初甲的立场是 L，在选民分布图的中间偏左的地方，而乙的立场是 N，在选民分布图中间偏右的地方。假设每个选民将支持与其立场相近的候选人，甲将赢得 L 偏左的选民的选票，乙将赢得 N 偏右的选票。为了追求选票的最大化，如果甲稍微改变立场，使自己的立场向中位选民的立场 M 点移动，则其立场左边的选票不会流失,还会争取到更多的中间选民的选票,这显然对甲来说是一种最优选择,这一过程将一直持续,直到其接近 M 点为止。对于乙来说也是如此,为争取更多的选票,将会尽量向中位选民的立场靠近。

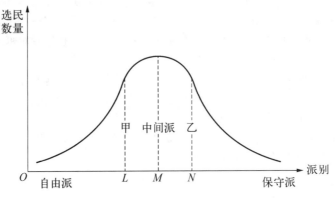

图 5.5　选举中的中位选民定理

因此,在间接民主决策下,政治家的立场有向中位选民靠拢的倾向,在竞选时会宣布一些最能被"中间投票人"接受的政策主张。例如,在收入政策方面,因为增税容易引起选民的不满,政治家更多地倾向于用发行公债来代替税收;在支出政策方面,政治家总是倾向于扩大公共支出的规模和范围。政治家的这种经济人动机及行为,在现实经济生活中将使公债规模和政府支出规模不断扩大,并可能引发宏观失调、通货膨胀、经济运行效率低下等许多问题。

二、行政官僚

行政官僚(administrative bureaucrat)是由政府聘任来具体执行和实施政治家的政治决策的人。行政官僚的存在是政府能连续运作的必要条件,没有他们,政府的工作将无法保持连续性和稳定性。政治家的数量是有限的,大量政府事务是由政府公职人员来处理的,这些公职人员也被称为行政官僚。行政官僚掌握着管理技能与专业知识,而且他们在政府中的任期比政治家要长,是维持公共部门稳定运转的重要力量。在间接民主决策机制下,行政官僚的行为倾向是什么呢?

威廉·尼斯坎宁(William Niskanen, 1933—2011)认为,在市场导向的私人部门里,一个想有所作为的人就要使其公司尽可能地多赚钱,企业利润增加,个人薪金也将随之增加。在政府等公共部门,情况却截然相反,官僚们往往关注于官位的特权、公共声誉、权力和官职,因为对他们来说,增加货币收益的机会微乎其微。尼斯坎宁认为,权力、地位等等都与行政预算规模大小呈正相关,因此,官僚们的目标就是追求其预算最大化。

为了实现这一目标,官僚们会极力夸大其部门工作的重要性,以便取得政治家和选民的支持。例如,国防部门真的希望世界永远和平、消防部门真的希望永远没有火灾、警察部门真的希望永远没有犯罪吗? 实际上可能并不是如此,一些行政官僚甚至可能会创造需求以获得自身的满足。图5.6是尼斯坎宁的官僚产出模型。其中,横轴表示官僚的产出,纵轴表示预算美元数,上面的是总收益曲线,下面的是总成本曲线。假定行政官僚知道社会公众会接受任何总收益大于总成本的项目。在以上前提下,行政官僚的建议产出将是 Q_1,在这一点总成本(TC)等于总收益(TR)。但是从整个社会的角度来看,Q_1 是非效率产出水平。根据一般的数学常识,只有当产出的边际成本等于边际收益时,这时的产出才会使社会净效益达到最大。图 5.6 中的 Q^* 才是效率产出水平,此时总收益曲线(TR)的斜率 MR 与总成本曲线(TC)的斜率 MC 相等。$Q_1 > Q^*$ 表明,官僚要求的预算明显高于社会最优方案。由此可见,行政官僚争取预算最大化的行为倾向会导致政府规模膨胀,运行效率下降。

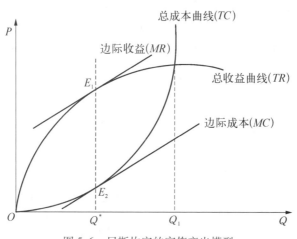

图 5.6　尼斯坎宁的官僚产出模型

由于行政官僚与社会公众也存在明显的信息不对称,行政官僚具有明显的信息优势。甚至在很多情况下,行政官僚可以将政府内部信息设定为机密、秘密或不宜公开信息,为外部对行政官僚的监督设置障碍。单个纳税人也缺少对政府官僚进行亲自调查的动机,因为纳税人的监督活动所带来的利益具有公共产品的属性,单个纳税人更倾向于“理性地忽视”自身的监督权。因此,克服官僚的这种行为往往是具有一定难度的。虽然尼斯坎宁的行政官僚部门预算最大化假定具有一定的局限性,但是可以在某种程度上解释为何政府支出不断膨胀。

除了追求部门预算最大化外,由于行政官僚的产出很难衡量,这将导致政府官僚喜欢致力于那些非生产性的、但却可观察到的行为,例如召开和参加各种会议、制定各种政府文件、修马路、种植绿化等。这些显性行为容易为社会公众所观察,有利于其继续获得所需要的资源;而对于地下排水管道的更新、公共卫生的改进、道路的维护等,这些隐性行为不容易为社会公众观察,行政官僚往往没有多大的动力做这样的事情。

三、选民

选民(voters)是政治市场上的需求者。在间接民主决策机制中,选民的主要任务就是选举他们的代表。公共选择理论认为,选民个人无论是作为消费者还是投票者,无论是在经济市场上还是在政治市场上,其行为动机和目标都是一致的,都是为了追求个人利益最大化,即都作为理性的经济人在进行经济活动或政治活动。选民投票目的是为了通过参与政治获得预期效用的最大化,这被称为"理性投票人假设"。因此,在投票的成本较高,个人对投票结果的影响又微乎其微的情况下,一些选民会理性地放弃投票权。据统计,美国总统投票率平均为55%左右,而非总统选举年的国会选举平均投票率仅为40%,很多美国民众几乎从不投票。2020年11月美国总统大选由于候选人立场对立,激发了选民的投票热情,合格选民投票率达66.9%,为1900年以来最高水平。

此外,某些有着共同利益的选民会结成特殊利益集团。在很多情况下,试图影响政府政策的选民往往不是单独行动,而是会联合起来形成利益集团。利益集团(interest groups)是由具有相同价值需求和利益倾向的个人所组成的团体或团体间的联盟,它代表成员的利益,履行利益表达的功能。利益集团影响公共决策的方式或途径主要有院外活动、舆论宣传、政治捐款、抗议示威等。在西方政治体制下,利益集团、行政官僚和政治家被称为铁三角,对政策的制定起决定性的作用。

专栏5-2

美国的利益集团和院外游说

在美国的政治生活中,有数万个性质不一、规模不等的利益集团或"游说"组织的存在。它们不光在选举时发挥作用,在平时的政治、经济、社会、文化等各个领域中都可以看到它们活跃的身影。这些利益集团四处奔走,为他们关心的议题投钱出力。如全美步枪协会拥有近500万会员,每年的活动预算平均达到了2.5亿美元。在枪支管制问题上,全美步枪协会呼吁抵制枪支管理法案,防止美国政府剥夺人民持枪的自由,积极参与全国、州和地方的各级选举,鼎力支持那些同协会立场一致的候选人,各个候选人对其影响力都不敢小觑。

院外游说活动常用的政治战略有四种:直接游说、间接游说、草根游说和政治行动委员会。直接游说,即公民、利益集团代表本人或委托专业游说人员通过面对面的方式与决策者发生接触,传递信息、表达观点、施加影响。间接游说是一种迂回的政治战略,通过广告、宣传、公众舆论、群众示威等手段向决策者发送信息。草根游说指的是普通公民通过信函、电话、传真、电子邮件等手段向决策者表达政治意愿的行为。政治行动委员会是在选举中代表利益集团筹资并向候选人及政党捐助竞选经费的组织。这四种政治战略各有其优点和弊端,根据问题的性质和政治形势,利益集团选择其中的一种或几种战略展开政治行动。由于利益集团在选举中的重要作用,因此,无论是民主党还是共和党,都不敢忽视利益集团的影响。

四、其他人员

还有很多人可以影响公共决策,如新闻媒体、专家、智库、法官等。新闻媒体在西方被称为立法权、行政权、司法权之外的第四权力,它不能决定你如何思考,但是可以决定你思考什么。新闻媒体能引起公众对某些问题的关注,也能影响公共决策结果。此外专家、智库也可以对政府政策施加影响力,并且在政策制定中发挥着越来越大的作用。

中国特色新型智库

2015年1月20日,中办、国办印发《关于加强中国特色新型智库建设的意见》(以下简称《意见》),开启了中国特色新型智库建设的全新篇章。5年来,我国新型智库建设取得了令人瞩目的成就,成为决策咨询系统和哲学社会科学界共同关注的热门议题。"智库"从新词成为热词,各级各类智库机构奋发有为,在很大程度上为推进科学民主决策、提升国家治理体系与治理能力现代化水平、增强国家软实力做出了独特贡献。

为紧跟国家高端智库建设步伐,各省(区、市)积极探索适应智库发展规律的改革良策,借鉴中央建设国家高端智库的举措,以落实省(区、市)级高端智库建设规划为切入点,培育和发展一批省(区、市)级重点新型智库,以更好地为地方决策乃至全国层面决策服务。据不完全统计,截至2019年12月,由各省(区、市)智库管理部门牵头,全国共有21个省(区、市)先后开展重点新型智库试点培育工作。经过4年左右的建设,省(区、市)重点智库实体建设也取得了重大突破,体制机制不断优化,研究力量不断增强,咨政能力不断提高,充分发挥了在智库建设过程中的示范引领作用。

随着智库机构的蓬勃发展,不同类型、不同主题、不同区域的智库在本领域、本地区逐渐形成了一定规模的智库网络。以智库联盟为例,2015年后,我国智库联盟数量快速增长。2015—2018年间,全国成立了70余家智库联盟。2019年上半年,越南研究智库联盟、河南省高校智库联盟、江苏新智库联盟、长三角地区党校(行政学院)智库联盟等数家智库联盟相继成立。目前,我国已建成智库联盟百余家。这些智库联盟可以为不同地区、不同领域、不同类型的智库提供交流合作的平台,有助于打破"智力孤岛",提高智库之间的协同创新能力。

在智库网络与智库交流的共同作用下,我国逐渐形成了由党委、政府内设政策研究机构,高校、社科院、党校等下属政策研究机构、社会组织公共政策研究机构等组成的"智库共同体"。该共同体以服务党委、政府,提供决策咨询为主要任务。新型智库在高速发展的过程中,始终锚定"咨政启民"的核心职能,多措并举,全面深入地参与政府决策过程。众多智库成果转化为公共政策、转化为社会生产力,在推进科学决策、民主决策,推进国家治理体系和治理能力现代化进程中,发挥着越来越重要的作用。内参是我国智库最具特色且最为重要的决策咨询成果,也是体现智库服务中央决策、服务地方发展的关键指标,能够直观反映出新型智库的决策服务水平。

参考文献:南京大学中国智库研究与评价中心、光明日报智库研究与发布中心联合课题组. 2015—2019中国特色新型智库稳健前行[N]. 光明日报,2020-1-16.

第三节 政 府 失 灵

市场失灵不是政府一定要对经济进行干预的充分条件,而是必要条件。市场失灵只是为政府对经济进行干预提供了契机,千万不能想当然地认为政府干预就一定能校正市场失灵。如同私人部门的市场经济活动会存在市场失灵一样,公共部门的政策干预同样存在政府失灵(government failure)问题。

一、理想的政府

我们在第二章讨论了理想的市场应该具备的三个条件,那么理想的政府应该具备什么样的必要条件呢? 理想的政府应该符合以下两个方面的要求。

在主观方面,所有政府工作人员都必须一心为公,不追求任何个人私利。这要求政府工作人员必须全心全意为社会公众服务,他们的唯一目标是满足社会公众的愿望和要求。在履行职能过程中,他们完全不考虑个人利益、个人的要求和愿望,不会利用特权谋求个人的或特殊集团的利益,即个人具有完全的利他主义精神,而不是利己主义的。马克斯·韦伯(Max Weber)曾经描绘了致力于服务公共利益的理想的行政官僚的形象,他们诚实并忠实于公共利益,具有相应的专业知识,具有献身精神,从有利于社会的行为中获得效用,以为社会利益作出更大的贡献而自豪。

在客观方面,要求政府在决策时掌握充分的信息,能够建立确保作出正确决策的决策机制。即在决策前,政府必须全面、准确、及时地了解影响资源配置效率、收入分配公平、经济运行稳定的所有因素,包括现有一切资源的种类以及各种资源的数量,所有不同产品的生产技术,所有不同个人的偏好、个人的真实福利水平,各种宏观经济指标的运行情况等。政府不但能够洞悉这些信息的现实,还能够准确判断出其未来变化趋势。政府只具有充分的信息还不够,还要求有合理的决策机制,摒弃官僚机构的陋习,确保能够高效、及时地作出正确的决策。

只有在主观和客观上同时满足了这两个条件,政府对经济的干预才有可能达到效率标准,实现既定目标。

二、政府失灵

正如现实中的市场不是理想中的完全竞争市场一样,现实中的政府也不完全具备理想化的政府所应满足的主观和客观条件。政府的不完善之处被称为政府失灵或政府缺陷,通常体现在以下四个方面。

1. 公共决策中的经济人行为

虽然不排除确实存在一些具有完全利他主义的官僚,依靠个人美德服务于公共利益,但是利己主义的个人动机更是一种常态。根据公共选择理论,在公共决策中参与者也都是经济人,追求的都是自身利益的最大化。经济人行为使得公共决策者在主观上并不一定追求社会利益的最大化,一些公共决策者可能利用手中的公共权力谋取个人和部门私利,由此将导致政府设租和企业寻租行为。在现实中政府官员的贪污腐败现象屡见不鲜,成为全球政府治理的一个顽疾。此外,根据政治经济周期理论,政府经济政策是导致经济周期波动的一个重要原因。凯恩斯主义是政府最喜欢的策略。但是政治家在制定政策时,出于选举目的或政绩考量,通常不考虑长期后果,只看到眼前的利益。政府短视的经济政策可能恰恰是经济不稳定的根源。

2. 公共决策中的信息失灵

理想化政府还要求政府在作出决策时掌握充分的信息。但是社会经济是一个非常复杂的系统，具有多样性，并且时刻都处在变化之中。即使在信息技术高度发达的今天，政府掌握了现代化的管理技能和工具，也依然无法避免信息失灵的问题。政府与市场也存在严重的信息不对称，且政府通常处于劣势地位。例如，政府很难了解每个人对公共产品的真实需求，政府获得的信息可能是滞后的、错误的，甚至有时一些下级政府部门可能出于部门利益、政绩角度考虑，利用一些虚假信息误导上级政府部门，这些都将影响政府做出正确的决策。

3. 公共决策者的能力有限

在实际决策中，公共政策通常是根据决策者的经验作出的。即使公共决策中的参与者追求的都是社会利益的最大化，在主观上并没有谋取个人私利的动机，也掌握了决策所需的必要的信息，但是由于公共决策者的能力有限，其作出的决策也未必是正确的，即也有可能"好心办坏事"。例如，有的地方官员确实想为农民增收做点事情，看到今年猪肉价格上涨了，就要求所有农民养猪，并且给予养猪农民财政补贴；但是等这些新养的猪集中上市时，由于供应量大增，猪肉价格大幅下跌，农民可能不但没有增收，反而遭受了损失，可能又需要政府给予扶持。如果决策者不能把握农产品价格变化的蛛网特征，是很难做出正确决策的。

4. 公共决策的程序缺陷

即使政府能够得到充分信息，并且愿意根据公众的偏好来制定计划和执行计划，即排除他们利用公共权力追求个人私利的可能性，但是公共决策机制仍存在着一个独立的非效率因素，这就是公共决策程序所具有的缺陷。在现代社会，公共政策决策过程并不是个黑箱操作过程，公共部门的公共产品支出是通过政治程序决定的。在一致同意原则下，虽然可以减少政策的负外部性，但是决策成本高；在多数票同意原则下，有可能出现投票循环，并不一定能形成一个前后一致的决策。二者都经常会造成无法作出决策或者决策效率低下的局面。此外，由于利益集团在公共决策中的巨大影响，如果没有一个合理的公共决策机制，公共权力也可能沦为为利益集团服务的工具。因此，公共决策程序的缺陷，也可能导致政府作出错误的决策。

5. 公共决策机构的低效率和扩张倾向

由于政府官员花的是纳税人的钱，没有产权约束，没有降低成本的激励机制，社会公众的监督信息不完备，行政资源趋向于浪费。由于官僚机构垄断了公共产品的供给，没有竞争对手，可能导致政府部门的过分投资，生产出多于社会需要的公共产品。因此，政府机构具有天然的低效率和自我膨胀倾向，凯恩斯主义扩张性倾向的经济政策是政府机构所热衷的。查尔斯·沃尔夫（Charles Wolf, 1924—2016）认为，政府失灵最大的特点就是政府的低效率。在政府组织中，政府维持一项活动的收入与它的成本无关，当获得给定的"产出"（完成某项任务和实现某一目标）时，就会产出一种投入较多资源的要求，使用了不必要的资源，不把活动的成本与维持活动的收入联系在一起的政府行为，缺乏降低成本的内在动力，也缺乏外在压力，其行为必然是低效率的。

三、对政府作用的反思

在现代社会,没有政府是不行的,但是政府绝不是万能的,既要反对无政府主义,又要客观认识政府失灵。在某些情况下,政府失灵对经济社会发展所造成的损害可能比市场失灵更大。政府治理的改革和完善是人类社会的一个棘手问题。回顾新中国成立以来我国经济社会发展历程,走了很多弯路,经历了巨大挫折,付出了惨痛的经验教训,如"大跃进"和"文化大革命",但改革开放以来,在党和政府的领导下,我国经济社会发展取得了巨大成就,为世人瞩目,这很好地说明了政府作用的两面性。如何最大限度地抑制政府"恶"的一面,发挥政府"善"的一面,是政府治理的核心问题。

长久以来,人们对政府在经济中的作用在不断探索,计划经济体制是对无限政府的尝试,完全自由竞争的市场经济是对有限政府的探索。人们对政府作用的认识也是不断发展变化的,从亚当·斯密的自由市场理论到凯恩斯主义经济理论再到新自由主义理论,似乎对政府在市场经济中的认识经历了一个回归,但是其实质和内涵已经发生了重大变化。

······················ **复习与练习** ······················

● **主要概念**

公共选择理论 公共选择 直接民主决策 间接民主决策 集中决策 中间选民 中位选民定理 中间投票人 理性投票人 一致同意原则 多数同意原则 简单多数 绝对多数 单峰型偏好 多峰型偏好 投票悖论 阿罗不可能定理 多数人的暴政 过半数规则 占多数原则 博尔达计数规则 淘汰投票规则 赞成投票规则 政治家 行政官僚 选民 新闻媒体 第四权力 利益集团 院外游说 铁三角 智库 理想政府 政府失灵 政治经济周期 利己主义 利他主义

● **思考题**

1. 一致同意原则和多数同意原则各自的优缺点是什么?

2. 什么是阿罗不可能定理?在民主社会中,一个有效的集体决策应该满足哪些条件?

3. 在我国公共政策制定中,哪些采用的是一致同意原则?哪些采用的是多数同意原则?试举例说明之。

4. 在间接民主决策下,政治家、行政官僚和选民的行为取向分别是什么?

5. 我国目前一些地方"政绩工程""形象工程"问题十分突出,试用公共选择理论分析这一现象。

6. 我国存在利益集团吗?如果有的话,其是如何影响我国公共政策制定的?

7. 理想政府的评判标准是什么?

8. 举例说明我国的政府失灵,分析原因并找出对策。

公共经济学

第二篇 2

【公共支出】

第 六 章

公共支出概论

公共收支是公共部门经济活动的两条主线,政府经济职能的履行很多是通过公共收支政策来实现的。公共支出指公共部门为提供公共产品和公共服务所发生的支出活动。公共部门运转和履行职能都是需要以一定的支出为保障的,政府的每项改革和发展战略的实施通常也需要一定的财政资金作为保障。相对于需求,可供支出的资源总是有限的。因此,公共支出也在某种程度上反映了公共部门的政策选择取向,从中可以看出政府政策的轻重缓急。本章主要介绍公共支出的分类、对公共支出持续增长的解释以及公共支出效益的评价方法。

第一节 公共支出的分类

根据不同的分类标准,可以将数额巨大的公共支出划分为不同的类别,这些支出分类也从不同侧面反映了政府职能和公共支出的特点。有多种公共支出分类方法。

一、按政府功能分类

政府功能分类主要反映政府活动的不同功能和政策目标。按政府功能分类,公共支出主要包括以下几大项。

行政管理支出,指国家机关为提供公共服务、维持日常运转而发生的支出,具体包括人员经费和公用经费。广义的行政管理支出不但包括行政机关的支出,也包括立法机关、司法机关的支出。行政管理支出规模的大小,在一定程度上反映了政府部门规模的大小和效率的高低。2019 年,表示我国行政管理支出的"一般公共服务支出"为20 344.7 亿元,占当年财政支出的比重为 8.5%,占 GDP 的比重为 2.1%。

国防事务支出,指国家预算中用于国防建设和保卫国家安全的支出,包括国防费、国防科研事业费、民兵建设以及专项工程支出等。维护国家安全是政府的一项重要职能,同时也需要耗费大量的资源。但是由于不同国家所面临的外部环境以及国防战略的不同,国防支出占财政支出和 GDP 的比重差异比较大,有的国家很高,有的国家相对低得多。

经济事务支出,指政府直接用于推动和促进经济发展的支出,包括一般经济、商业和劳工事务,农业、林业、渔业和狩猎业,燃料和能源,采矿业、制造业和建筑业,运输、通讯以及其他行业的经济事务等。这些行业多是国民经济基础产业,投资量大,投资周期长,收益率相对较低,但是对国民经济发展具有重要意义,其发展需要政府给予资金和政策支持。例如,为农业提供财政补贴是当前各国普遍采用的一项政策。

社会事务支出,指政府用于维持和发展某些具体公共事务方面的支出,包括教育、科技、文化、卫生、体育事业等。这些领域所提供的产品和服务具有公共产品或准公共产品的性质,涉及面广,与人民生活密切相关,对经济社会发展具有重要意义。如公共教育经费占 GDP 的比重是衡量各国政府对教育重视程度的一个重要指标。

社会保障支出,指政府用于社会保险和社会福利方面的支出,这些支出对于调节收入分配、促进社会稳定、保障人民基本生活水平具有重要意义。随着经济发展水平的提高,政府在社会保障方面承担的职能越来越大,社会保障支出成为政府支出的主要项目。在有的国家,几乎一半的政府支出都用于社会保障方面。

其他支出,指除上述几项支出以外的政府支出,如对外援助支出、对下级政府的转移支出等。

将财政支出按政府职能分类可以反映出政府在经济社会发展中所承担的作用。某项职能的支出规模及其占政府支出的比重大小,反映了其在政府支出中的地位及政府对其重视程度。

表 6.1 是 2019 年我国按职能划分的财政支出,从表中可以看出,在 2019 年 238 858.4 亿元①财政支出中,用于教育的支出最高,用于社会保障和就业的支出位居其次,用于城乡社区的支出位居第三。纵向来看,随着我国现代财政制度的构建,我国财政支出结构也发生了较大的变化。特别是近几年来,财政对民生问题的支持力度显著持续加大,用于教育支出和社会保障支出的比重明显提高。

表 6.1 2019 年全国一般公共预算支出

项　目	支出(亿元)	占总支出比重(%)	项　目	支出(亿元)	占总支出比重(%)
一般公共服务	20 344.7	8.5	资源勘探信息等	4 914.4	2.1
外交	617.5	0.3	商业服务业等	1 239.7	0.5
国防	12 122.1	5.1	金融	1 615.4	0.7
公共安全	13 901.9	5.8	援助其他地区	471.3	0.2
教育	34 796.9	14.6	自然资源海洋气象等	2 182.7	0.9
科学技术	9 470.8	4.0	住房保障	6 401.2	2.7
文化旅游体育与传媒	4 086.3	1.7	粮油物资储备	1 897.1	0.8

① 非特别指出,本书所说的我国财政收支均指我国一般公共预算收支,不包括政府性基金、社会保险基金、国有资本经营性收支等,因此其统计口径小于公共收支范畴。

（续表）

项　　目	支出（亿元）	占总支出比重（%）	项　　目	支出（亿元）	占总支出比重（%）
社会保障和就业	29 379.1	12.3	灾害防治及应急管理	1 529.2	0.6
卫生健康	16 665.3	7.0	债务付息	8 442.5	3.5
节能环保	7 390.2	3.1	债务发行费用	65.6	0.0
城乡社区	24 895.2	10.4	其他支出	1 748.8	0.7
农林水	22 862.8	9.6	支出总计	238 858.4	100.0
交通运输	11 817.6	5.0			

注：资料来源于财政部 2019 年全国财政决算（http：//yss. mof. gov. cn/2019qgczjs/202007/t20200731_3559718. htm）。

　　表 6.2 是按职能划分的美国政府支出。可以看出，在 2019 年度（2018 年 10 月 1 日至 2019 年 9 月 30 日）美国政府支出中，卫生保健的数额最大，比重超过五分之一（22.4%）。社会保险支出（指对老年人、残疾人、死者遗属提供的生活保障，其中老年保险是核心）位居第二，教育支出在支出项目中位居第三位，国防支出则排在第四位。

表 6.2　2019 年度按职能划分的美国政府财政支出

项　　目	支出（万亿美元）	占总支出比重（%）
社会保险	1.5	19.1
卫生保健	1.7	22.4
教育支出	1.1	14.9
国防	0.9	12.3
津贴	0.5	6.0
社区和地区发展	0.3	3.9
交通	0.4	4.7
一般政府服务	0.2	2.6
其他支出	0.6	7.5
净利息	0.5	6.5
合　　计	7.6	—

注：资料来源于美国联邦政府网站预算历史数据（http：//www. whitehouse. gov/omb/budget/fy2021/pdf/hist. pdf）。

二、按经济性质分类

　　支出经济分类主要反映政府支出的经济性质和具体用途。按支出经济性质分类，公共支出可以分为购买性支出和转移性支出。

购买性支出(purchase payments),指政府按照等价交换原则,购买商品、劳务和公共工程等方面的支出,直接表现为政府购买商品和服务的开支。购买性支出包括购买政府日常活动所需要的商品和劳务的支出,也包括购买用于公共投资的商品和劳务的支出。因此,对于购买性支出来说,政府每支出一笔钱,就可以获得相应的商品或劳务。例如,通过向公务员支付工资,可以获得公务员提供的劳务。购买性支出具体包括工资福利支出、商品和服务支出、基本建设支出等。

转移性支出(transfer payments),指政府根据一定规则将公共资金无偿转移给一些个人和组织,而不取得相应的商品和劳务。政府对个人的转移性支出包括养老、医疗、失业等各项社会保险资金的支付、对低收入贫困家庭的资助和救助等;政府对组织的转移性支出包括对社会团体、公司企业的补贴和对外国政府与国际组织的捐赠、政府债务利息支出等。对于转移性支出来说,支出的增加并不意味着政府拥有的资源所有权的扩大,也不意味着政府和公共部门占有和运用资源的增加。

在公共支出中,购买性支出和转移性支出比重的不同也反映了经济发展程度和政府职能的差异。通常,发达国家公共支出中转移性支出所占比重相对较高、购买性支出比重相对较低。这是因为发达国家社会保障制度比较健全,保障水平高,政府用于基础设施等经济建设方面的投资较少,因此转移性支出比重高。而对于发展中国家来说,由于经济仍处于起步阶段,政府在基础设施投资等方面承担的职能较大,同时社会保障制度还不是很健全,保障水平低,因此购买性支出比重高。

专栏6-1

当前我国政府支出分类方法

长期以来,我国的财政支出分类带有明显的计划经济色彩。为了反映政府的经济职能,将支出按功能分为基本建设费、事业费、行政费等,具体包括基本建设支出、企业挖潜改造资金、地质勘探费、科技三项费用、流动资金、农林水等事业支出、文教科学卫生事业费、国防费、行政管理费、政策性补贴支出等。这种分类便于财政部门按不同经费的性质分配资金,同时也便于对政府支出中的生产性支出与非生产性支出比例、积累和消费比例等进行统计分析。但这种分类有一个最大的缺点,即不能集中反映政府在某一方面(例如教育)的全部支出情况。为了完整、准确地反映政府收支活动,进一步规范预算管理、强化预算监督,借鉴国际经验,我国自2007年1月1日起全面实施政府收支分类改革。随后,财政部每年都对收支分类科目进行完善。根据2020年政府收支分类科目,当前政府支出分类有支出功能分类和支出经济分类两种方式。

一、支出功能分类

支出功能分类主要反映政府活动的不同功能和政策目标。根据社会主义市场经济条件下政府职能活动情况及国际通行做法,将政府支出分为类、款、项三级。其中,类、款两级科目设置情况如下。

（1）一般公共服务，包括人大事务、政协事务、政府办公厅（室）及相关机构事务、发展与改革事务等 27 项支出。

（2）外交，包括外交管理事务、驻外机构、对外援助等 9 项支出。

（3）国防，包括现役部队、国防科研事业、专项工程等 5 项支出。

（4）公共安全，包括武装警察部队、公安、国家安全等 11 项支出。

（5）教育，包括教育管理事务、普通教育、职业教育等 10 项支出。

（6）科学技术，包括科学技术管理事务、基础研究、应用研究等 10 项支出。

（7）文化旅游体育与传媒，包括文化和旅游、文物、体育等 6 项支出。

（8）社会保障和就业，包括人力资源和社会保障管理事务、民政管理事务、补充全国社会保障基金等 21 项支出。

（9）卫生健康，包括卫生健康管理事务、公立医院、公共卫生等 13 项支出。

（10）节能环保，包括环境保护管理事务、环境监测与监察、污染防治等 15 项支出。

（11）城乡社区，包括城乡社区管理事务、城乡社区规划与管理、城乡社区公共设施等 6 项支出。

（12）农林水，包括农业农村、林业和草原、水利等 8 项支出。

（13）交通运输，包括公路水路运输、铁路运输、民用航空运输等 7 项支出。

（14）资源勘探工业信息等，包括资源勘探开发、制造业、建筑业等 7 项支出。

（15）商业服务业等，包括商业流通事务、涉外发展服务等 3 项支出。

（16）金融，包括金融部门行政、金融部门监管、金融发展等 5 项支出。

（17）援助其他地区，包括一般公共服务、教育、文化体育与传媒等 9 项支出。

（18）自然资源海洋气象等，包括自然资源事务、气象事务等 3 项支出。

（19）住房保障，包括保障性安居工程、住房改革、城乡社区住宅。

（20）粮油物资储备，包括粮油事务、物资事务、能源储备等 5 项支出。

（21）灾害防治及应急管理，包括应急管理事务、消防事务等 8 项支出。

（22）预备费。

（23）其他支出，包括年初预留、其他支出。

（24）转移性支出，包括返还性支出、一般性转移支付、专项转移支付等 10 项支出。

（25）债务还本支出，包括中央政府国内债务还本、中央政府国外债务还本、地方政府一般债务还本。

（26）债务付息支出，包括中央政府国内债务付息、中央政府国外债务付息、地方政府一般债务付息。

（27）债务发行费用支出，包括中央政府国内债务发行费用、中央政府国外债务发行费用、地方政府一般债务发行费用。

二、支出经济分类

支出经济分类主要反映政府支出的经济性质和具体用途。支出经济分类细分为政府预算支出经济分类和部门预算支出经济分类，科目设置情况如下。

（一）政府预算支出经济分类

机关工资福利支出、机关商品和服务支出、机关资本性支出、对事业单位经常性补助、对事业单位资本性补助、对企业补助、对企业资本性支出、对个人和家庭的补助、对社会保障基金补助、债务利息及费用支出、债务还本支出、转移性支出、预备费及预留、其他支出。

（二）部门预算支出经济分类

工资福利支出、商品和服务支出、对个人和家庭的补助、债务利息及费用支出、资本性支出（基本建设）、资本性支出、对企业补助（基本建设）、对企业补助、对社会保障基金补助、其他支出。

（本专栏内容详见财政部《2020 年政府收支分类科目》）

三、按资本形成分类

资本形成主要反映政府支出是否形成一定的社会资本。按资本形成分类，可以分为经常性支出和投资性支出。

经常性支出（current expenditure），指直接用于经常性事务管理所需的商品和劳务支出，以及对个人和组织的转移支出。这类支出是经常发生的，具有一定的连续性，一般不直接对资本形成产生贡献。此类支出主要包括行政管理支出、社会事业支出、国防支出、利息支出等，通常用于工资、职工福利、社会保障费、公务费等。通常经常性支出来自一般税收。

投资性支出（capital expenditure），指政府进行公共工程项目投资、形成社会资本的支出，如政府用于能源、交通、水利等项目的投资性支出。此类支出在完成时会体现为一定形式的社会资本的增加。通常，投资性支出可以部分来自公债收入。

按资本形成分类可以反映政府在经济建设中发挥的作用。特别是在经济危机时期，投资性支出是政府干预经济的重要手段，体现了政府对经济的干预程度。通常，发展中国家投资性支出比重高于发达国家。

四、按强制性分类

强制性反映政府支出可以自由支配的财力的大小。按支出是否具有强制性，公共支出可以分为强制性支出和自主性支出。

强制性支出（mandatory expenditure），指根据现行法律或契约必须进行的支出。例如利息支出，不管政府财政状况如何，都必须按时偿还所借债务的利息，否则可能影响政府声誉；再如社会保险支出，相当于政府与个人签订了契约，一旦个人符合领取条件，政府必须支付。强制性支出所占比重越高，政府在调节支出方面的余地就越小。如美国，由于政府债务规模巨大，同时以公民权利性法案（entitlements）形式存在的诸多社会福利支出具有很强的强制性，实际上政府每年可以调节的支出所占比重不到一半。

自主性支出（discretionary expenditure），指不受法律或契约的束缚，由立法机关根据每个财政年度的需要可以自主控制的支出。一些公共工程投资性支出便属于此类支出，在政府财力比较紧张或者经济形势比较高涨时，可以减少此类开支；在政府财力比较宽裕或者经济形势萧条时，可以扩大此类支出。

五、按表现形式分类

按支出是否在预算表中有一定数额的货币资金相对应,公共支出可以分为显性支出和隐性支出。

显性支出,指直接表现为一定数量的货币资金的财政支出。这类支出在政府预算收支表格中可以反映出来,其支出有严格的管理程序,每一笔支出都有据可查,是政府支出的主要形式。我们所讨论的通常指的就是显性支出。

隐性支出,指不体现在政府预算收支中、不通过拨款环节的支出,包括税式支出和政府担保支出。税式支出指政府由于税收优惠减免所减少的收入。对于纳税人来说,是少缴了一笔税收,对于政府来讲,相当于给纳税人提供了一笔补助,只不过这笔公共支出没有经过国库和财政账户。政府担保是指政府为其他经济主体提供的信用保证,这是政府的隐性负债,也被称为或有债务。通常情况下,如果借款人按时归还借款,政府并不承担责任;但是一旦借款人不能按时归还借款,政府需要负连带责任。这时这笔隐性债务就变为显性债务,需要政府以财政支出来偿还。有的国家如美国,不但要编制和报告显性支出,还要向立法机构报告或有债务情况。

根据不同的分类标准,还有其他公共支出分类方法。如按照是否纳入预算管理,将公共支出分为预算内支出(budgetary expenditure)和预算外支出(extra-budgetary expenditure),通常预算外支出不需要立法部门的批准,管理相对较松。在预算管理比较严格的国家,是不允许存在预算外支出的,所有支出都必须经过立法部门的审查监督;而有的国家由于财经纪律不严,可能送交立法部门审议的只是公共支出的一部分。

此外,需要注意的是,各国的公共支出及其分类的统计口径不是完全一致的。如有的国家公共支出与政府支出、财政支出所包含的范围是一样的,而有的国家财政支出可能只是公共支出的一部分;再如,有的国家将社会保险支出作为预算内支出进行管理,有的国家将社会保险支出作为预算外支出进行管理,预算内社会保险支出只指财政向社会保险资金的补贴。从指标比较上看,两个国家社会保险支出占公共支出的比重将相差很大,但并不能就此认为后者对社会保险不重视。因此,在进行国家之间的比较时,必须先清楚统计口径是否一样,否则得出的结论可能未必正确,这一点非常重要。

第二节　对公共支出持续增长的解释

衡量公共支出规模的大小有绝对指标和相对指标,绝对指标即支出的绝对数额,相对指标即公共支出占 GDP 的比重。由于经济在不断发展,各国的公共支出绝对规模增长很快。同时,公共支出的相对规模也是不断上升的。表 6.3 是美国部分年份的政府支出情况。

表 6.3　美国部分财年的政府支出(单位: 10 亿美元)

年　份	GDP	联邦政府	州和地方政府	各级政府总计	占国内生产总值的比例(%)		
					联邦政府	州和地方政府	总　计
2000	10 117.4	1 789.0	1 132.9	2 921.9	17.7	11.2	28.9
2001	10 526.5	1 862.8	1 232.4	3 095.3	17.7	11.7	29.4
2002	10 833.6	2 010.9	1 331.2	3 342.1	18.6	12.3	30.8
2003	11 283.8	2 159.9	1 405.9	3 565.8	19.1	12.5	31.6
2004	12 025.4	2 292.8	1 452.6	3 745.5	19.1	12.1	31.1
2005	12 834.2	2 472.0	1 526.7	3 998.7	19.3	11.9	31.2
2006	13 638.4	2 655.0	1 601.2	4 256.2	19.5	11.7	31.2
2007	14 290.8	2 728.7	1 704.5	4 433.2	19.1	11.9	31.0
2008	14 743.3	2 982.5	1 821.2	4 803.7	20.2	12.4	32.6
2009	14 431.8	3 517.7	1 877.4	5 395.0	24.4	13.0	37.4
2010	14 838.8	3 457.1	1 880.2	5 337.2	23.3	12.7	36.0
2011	15 403.7	3 603.1	1 889.2	5 492.3	23.4	12.3	35.7
2012	16 056.4	3 526.6	1 930.4	5 457.0	22.0	12.0	34.0
2013	16 603.8	3 454.9	1 982.6	5 437.5	20.8	11.9	32.7
2014	17 335.6	3 506.3	2 023.3	5 529.6	20.2	11.7	31.9
2015	18 099.6	3 691.8	2 093.3	5 785.2	20.4	11.6	32.0
2016	18 554.8	3 852.6	2 165.2	6 017.8	20.8	11.7	32.4
2017	19 287.6	3 981.6	2 239.3	6 220.9	20.6	11.6	32.3
2018	20 335.5	4 109.0	2 316.4	6 425.4	20.2	11.4	31.6
2019	21 215.7	4 448.3	2 389.1	6 837.4	21.0	11.3	32.2

注: 资料来源于美国联邦政府网站联邦预算历史数据(https://www.whitehouse.gov/omb/historical-tables/)。

　　总体来看,各国公共支出基本上都经历了一个从小到大、占 GDP 的比重不断提高的演变过程。公共支出膨胀似乎是一种世界性的现象。对于这一现象,经济学家有不同的解释。

一、瓦格纳的公共活动增长论

　　19 世纪末,德国财政学家阿道夫·瓦格纳(Adolph Wagner, 1835—1917)研究了许多欧洲国家以及美国公共支出规模的扩张问题,认为随着经济中人均收入水平的提高,公共部门支出的相对规模也将增长,他的这一观点被称为瓦格纳法则(Wagner's Law)。

对于公共支出持续增长这一现象,瓦格纳认为公共支出的增长是经济因素和政治因素二者共同作用的结果。随着经济社会的发展,一些新的情况不断涌现,对政府提供的公共服务提出了更高的要求,导致公共活动不断增长。一方面,随着经济的发展,经济关系会变得越来越复杂,市场失灵的存在对政府的经济活动提出了更高的要求。市场相互作用的复杂机制使得商业规则和契约变得非常必要,这就需要建立一套严密的司法制度来执行这些法律,维护市场制度的正常运行;另一方面,随着城市化程度和居住密度的提高,导致了外部性和拥挤问题的加剧,从而要求公共部门进行干预和加强管理,保证社会生活的有序运转。因此,社会对政府提供的公共服务需求随经济发展是不断增加的,政府必须不断扩大支出范围才能满足社会需求。

同时,随着人民收入水平的提高,对教育、文化、娱乐、医疗和福利服务等方面的需求也将增加,并且国民对它们的需求增长要比国民收入增长得更快,即这方面需求的收入弹性较大,这也会导致政府支出的增加。因此,随着经济的发展和人均收入水平的提高,适应社会需求的变化,财政支出的绝对规模和相对规模都将不断增长。

二、马斯格雷夫和罗斯托的经济发展阶段论

美国经济学家理查德·马斯格雷夫(Richared Musgrave, 1910—2007)和华尔特·罗斯托(Walt Rostow, 1916—2003)从经济发展的角度,对公共支出增长进行了分析,提出了经济发展阶段论。这一理论认为,在经济发展和增长的初始阶段,由于基础设施落后以及私人资本积累相对有限,公共部门需要通过投资为社会提供诸如道路、交通、治安、医疗和教育、法律和秩序以及卫生等必不可少的公共产品和服务来促使经济和社会发展由不发达阶段进入中等发达阶段。此时,公共部门的投资在国家总体投资中的比重较高。

到了经济和社会发展的中级阶段后,随着私人产业部门的逐步兴旺发展,尽管政府仍将继续进行公共部门投资,但此时公共部门投资已开始由过去的主导地位下降为对不断增长的私人部门的投资的补充。同时,虽然市场已有所发展,但是市场失灵也将逐渐显现。因此,需要政府加大干预以校正市场失灵,政府用于环境保护、市场管理的支出将持续增加。

当经济发展进入成熟阶段,公共投资占 GDP 的比重会趋于下降。公共支出的重点将会由提供社会基础设施,转向以教育、卫生和福利服务支出。用于社会保障和收入再分配方面的支出相对于公共支出的其他项目及 GDP 而言,都将会有较大幅度的增长,因此公共支出水平仍会不断增长。这一观点对考察发展中国家的财政支出增长状况具有一定的参考价值。

三、皮科克和怀斯曼的危机推动论

英国经济学家皮科克和怀斯曼在总结瓦格纳分析结果的基础上,对 1890—1955 年间英国的公共支出的演变情况进行了分析,指出导致公共支出增长的因素有外在因素

和内在因素,并认为外在因素是导致财政支出相对规模不断增长的主要原因。该理论也称为内外因素论、梯度渐进增长论、时间形态理论、偶然事件论。

皮科克和怀斯曼认为,虽然政府喜欢多花钱,但是公民在期望享受更多的公共产品的收益的同时却不愿为此多纳税,因此政府在决定收支水平时必须注意人民的意愿。政府在决定其支出水平时,必须考虑人民对其隐含的税收将作出的反应,即人民的"税收容忍度"。否则,人民会通过手中的选票行使否决权。这使政府的公共支出水平在一定程度上受到税收水平的制约。但是,即使在正常时期,随着经济发展和人民收入的增加,由于累进税率的作用,税收在税率不变的情况下,支出的绝对规模和相对规模都会呈现渐进增长的趋势。这是内在因素的作用。

但是在危机时期,如发生战争、严重的自然灾害、经济危机或某些大规模的社会灾难等外部原因时,政府对经济社会的干预力度将加大,会使公共支出迅速增长,公共支出的增长轨迹就会受到影响而改变。一方面,公共支出会替代私人支出,皮科克和怀斯曼将其称之为"替代效应(displacement effect)";另一方面,政府将被迫提高税率以满足新增的支出需要,而在危机时期提高税率也是公民可以接受的,他们认识到有许多社会经济活动应纳入政府的职责范围,公共支出的增长也会得到支持,这就是"审视效应(inspection effect)"。同时,危机还有利于中央政府将财政权力集中在自己手中,导致中央政府支出占全部财政支出的比重有所提高,这被称为"集中效应(concentration effect)"。

但在危机过后,由于政府需要偿还危机时的借债,公共支出虽会有所回落,但不会回落到原来的水平,而是会比危机前有所增加,在新的水平线上进行新一轮的渐进上升。如图6.1所示,如此反复,推动公共支出规模不断上升。

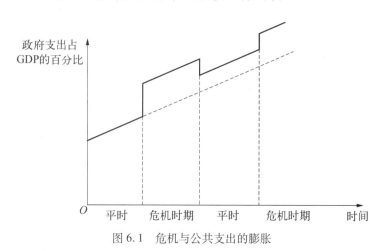

图6.1　危机与公共支出的膨胀

四、马克思主义对财政支出增长的理论解释

马克思从资本主义国家的本质来论证财政支出的增长是一种必然的趋势。马克思认为,国家支出的增长是资本主义政治—经济制度的固有产物。由于生产资料私有

制和生产社会化之间的矛盾,私人部门有盲目扩大生产的趋势,由此造成的生产过剩最终会导致经济危机。这是资本主义经济的内在规律。而资本主义政府是代表资产阶级利益的。所以,由资本家控制的政府必须扩大开支以消化这种生产过剩。资产阶级政府扩大开支主要有两种方式:一种是通过扩张军备来完成,以此来加强和维持资产阶级的统治;另一种是通过增加社会服务支出,以此试图缓和工人的不满情绪,这都会导致政府支出的增加。最终,不断增长的支出超过了政府的税收能力,导致政府垮台。

马克思主义关于政府支出增长的理论解释的主要贡献在于,它明确认识到经济与政治制度之间的关系是政府支出增长的根源,为我们认识政府支出的增长提供了不同的视角。

五、鲍莫尔的非均衡增长论

美国经济学家威廉·鲍莫尔(William Baumol,1922—2017)从公共部门平均劳动生产率偏低这一现象入手,对公共支出增长原因进行解释。他提出的非均衡增长模型(unbalanced growth model)将国民经济分为两个部门,一是生产率不断提高的部门,主要指有技术进步的私人部门;二是生产率提高缓慢的部门,主要指劳动密集型的公共部门。

假定两个部门的工资水平最初相等,且工资水平都应随着劳动生产率的提高而相应上调。私人部门劳动生产率的提高速度快于公共部门,那么一段时间之后,私人部门的工资水平将高于公共部门,公共部门对劳动者将失去吸引力。即使对公共部门活动的需求是没有弹性的,公共部门为了得到应有的劳动量向社会提供原有水平的服务,其工资水平必须相应提高,使其与私人部门同步。由此,相对于私人部门,公共部门活动的单位成本将上升。如果考虑到对公共部门活动的需求(如教育、医疗等),随着收入水平的变化是富有收入弹性的,那么公共部门支出的增长将更加迅速。

因此,若要维持私人部门和公共部门这两个部门的均衡增长,公共部门的支出只能不断增加,但这同时将导致整体经济增长率的不断降低。因此,鲍莫尔认为,正是公共部门的低效率导致了公共部门支出的快速增长,这被称为非均衡增长理论或鲍莫尔法则(Baumol's Law)。

六、收入再分配论

这种观点认为,政府支出之所以增长,是由于低收入者利用政治制度进行有利于他们自己的收入再分配。即在选举制度下,政治家通过给那些收入在中位或中位以下的选民提供利益,并让那些收入高于中位水平的选民承担净成本,以获得前者的选票。收入越集中于最高收入者,面向中位选民的再分配的潜在利益就越大。由于社会保障支出具有刚性,使得公共支出持续增长。

也有的收入再分配论观点认为,收入再分配主要有利于中等收入阶层,而非低收入阶层,但是用于筹资的税收却是主要由穷人和富人来承担的,这被称为迪克拉特定律(Director's Law)。在现实中,政治家为了赢得更多的选票,可能会制定种类繁多、规模庞大、针对不同收入阶层的转移支付计划,导致公共支出规模的不断膨胀。

此外,公共选择理论中的行政官僚行为理论——行政官僚的经济人行为倾向以及公共部门的低效率和膨胀倾向也可以解释公共支出不断扩张的趋势。公共产品给社会成员带来的"财政错觉"也可以解释公共支出的增长。由于公共产品的非竞争性和非排他性,而其成本却是由社会成员通过纳税来分担或者政府通过借债来筹集的。这就会导致单个社会成员低估公共支出计划的成本,不能正确认识到公共支出给他们带来的成本与收益之间的关系。这被称为财政错觉(fiscal illusion),从而导致社会成员支持公共支出的增加。

专栏6-2

我国财政支出占 GDP 比重的变化

改革开放以来,随着我国经济的发展,我国财政支出规模是不断增长的。特别是最近几年,财政支出规模增长迅速。1978 年我国财政支出仅为 1 122 亿元,2019 年财政支出达到 238 858.4 亿元,增长了 210 多倍。但是我国财政支出的相对规模,即财政支出占 GDP 的比重却发生了较大的波动,改革开放以后直到 1994 年,我国财政支出占 GDP 的比重是稳步下降的,这主要是由于政府的分权让利改革以及相应的税制不健全,收入分配体制发生了重大变化。同时,财政管理体制的不健全也使得大量政府支出游离于政府预算之外,预算外支出规模巨大,几乎已经接近预算内支出。因此,预算内财政支出占 GDP 比重不断下降。

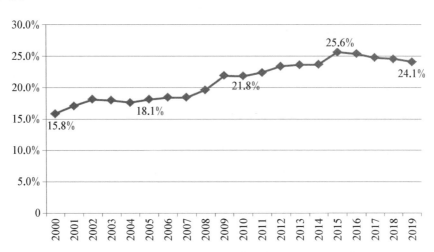

图 6.2　2000—2019 年我国财政支出占 GDP 比重的变化

注:资料来源于 2000—2018 年中国统计年鉴、财政部 2019 年全国一般公共预算支出决算表、中华人民共和国 2019 年国民经济和社会发展统计公报等相关数据绘制。

　　1994 年,我国进行了新税制改革,同时财政管理体制不断健全,财政支出占 GDP 的比重呈持续上升趋势,并且在近五年来保持基本平稳态势。图 6.2 是 2000—2019 年我国财政支出占 GDP 的比重,总体趋势保持平稳。这里需要指出的是,上图显示的仅是我国一般公共预算支出,不包括社会保险基金、政府性基金和国有资本经营预算支出。因此,由于统计口径的差异,我国财政支出占 GDP 的比重远低于发达国家和一般发展中国家。

第三节　公共支出的成本-收益分析

　　同私人支出一样,公共支出也需要寻求有限资源最合理的配置方法。福利经济学给我们提供了一种定性分析的理论框架,但是仅有定性分析对确定公共项目支出规模还是不够的。例如,政府要修建一个大坝,大坝规模应该多大? 这需要具体分析该项目的成本和收益是多少。在公共支出效益的评价中,成本-收益分析是一种常用方法。1936 年,美国政府在一项防洪工程的投资决策上,首次采用了成本-收益分析方法。成本-收益分析方法(cost-benefit analysis),即如何用最小的成本去获取最大的收益。然而,由于公共支出的特点,衡量公共支出成本与效益又同私人支出具有很大的差别。对于公共支出来说,需要衡量的是社会成本和社会收益,这也是公共支出效益分析的难点所在。

一、成本-收益分析的一般原理

　　成本-收益分析是通过将公共支出的货币化收益与成本进行比较,以此来作为决定公共支出项目的选择标准。成本-收益分析方法有净收益现值法、收益成本比率法、内部贴现率法等几种,常用的是净收益现值法。

　　在使用成本-收益分析方法时,经常需要对不同时期的成本与收益进行比较。在使用这一方法之前,必须明确资金是具有时间价值的,不同时期的资金是不能直接进行比较的。例如,今年的 100 元钱与两年之后的 120 元钱相比,后者就一定比前者价值高吗? 答案是未必。这要看这笔资金的贴现率是多少,必须将不同时点的资金折现到同一时点上才可以进行资金价值比较。

　　净收益现值法(NPV)就是将公共项目长期内各年的收益和成本选择适当的贴现率,分别折现为现值,并将收益现值减去成本现值,从而求得净收益现值,或者直接将各年的净收益折现为现值。其公式为:

$$NPV = \sum_{t=0}^{n} \frac{B_t}{(1+r)^t} - \sum_{t=0}^{n} \frac{C_t}{(1+r)^t} = \sum_{t=0}^{n} \frac{B_t - C_t}{(1+r)^t}$$

其中,B_t 是 t 年的收益;C_t 是 t 年的成本;n 是支出项目的年限;r 是贴现率。

　　对于单个公共项目而言,只要项目的净收益现值(NPV)大于 0,项目就是可行的;

如果 NPV 小于 0,则项目不可行。对于有多个项目选择而言,在资金有限的情况下,则应该选择 NPV 最大的项目。

成本-收益分析的另一种方法是收益成本比率法(NI),即将支出项目的各期收益的现值与成本的现值相除,求出收益现值与成本现值的相对数,是净现值法的变通方法。其公式为:

$$NI = B/C = \sum_{t=0}^{n} \frac{B_t}{(1+r)^t} \Big/ \sum_{t=0}^{n} \frac{C_t}{(1+r)^t}$$

对于单个公共项目而言,只要 NI 大于 1,项目就是可行的;如果 NI 小于 1,则不可行。如果存在几个项目可供选择时,NI 最大者为最佳方案。

成本-收益分析的第三种方法是内部收益率法(IRR),即计算出使未来各年的收益的贴现值总和等于成本的贴现值总和的那个贴现率,这个贴现率就是项目的投资报酬率。其公式为:

$$\sum_{t=0}^{n} \frac{B_t}{(1+IRR)^t} - \sum_{t=0}^{n} \frac{C_t}{(1+IRR)^t} = \sum_{t=0}^{n} \frac{B_t - C_t}{(1+IRR)^t} = 0$$

IRR 可以通过计算得出。如果 IRR 等于或超过实际融资成本时,项目可行;如果小于,则项目不可行。如果存在几个项目可供选择时,具有较高内在报酬率的项目为最佳方案。

三种方法各有利弊,通常净现值法运用最为普遍。成本-收益分析的另一种变通方法是最小费用法,即在支出项目的收益相差不大或者在支出目标既定的情况下,选择成本最小的支出方案,其实也就是使 NPV 或 NI 最大的方案。如政府目标是每年要新增 1 000 万个就业岗位,将失业率控制在 4% 以内。为实现这一目标,一种方式是政府通过提供就业培训以及财税、金融等政策支持手段,通过市场来解决就业问题;另一种方式是政府通过新办企业或政府购买方式直接解决就业问题。而方案的选择则取决于哪种方案成本最低。

公共支出的成本-收益分析方法的原理与私人项目成本-收益分析方法相同,但是与私人项目只考虑私人成本和收益不同,公共支出需要考虑社会成本和收益。如何衡量社会成本和收益,是公共支出效益分析的难点所在。公共支出的收益、成本以及贴现率的考虑是不同于私人支出的。

二、社会成本与收益的货币化度量

与私人企业只考虑那些会影响其盈利能力的因素不同,公共支出可能更关心更广泛的结果,即社会成本与收益。如政府投资修建一座大坝,除了大坝的水力发电功能外,政府可能更关心大坝的生态、防洪等影响。因此在列举公共支出的成本与收益时,除了直接成本和直接收益外,还必须考虑公共支出的间接成本与间接收益。企业用市场价格衡量投入和产出,但是对于公共支出来说,其产出和投入的市场价格可能不存在,这也是公共支出效益分析的难点所在。如在医疗卫生领域,人的健康和生命是很难用价格衡量的,也不存在这样的定价市场。政府的国防支出、教育支出、环境保护支出也是如此。由于信息和技术的约束,公共项目的成本效益分析面临很大的挑战。但是,尽管如此,对于没有市场价格的社会成本与收益的度量,经济学家已经探索过多种程序和方法来解决其量化的难处。

对于时间的估价。"时间就是金钱"可以描述经济学家对时间效益的评价。例如,政府投资兴建了一座大桥,将两地的通行时间缩短了 1 个小时。这 1 个小时的社会价值如何衡量? 经济学家通常用人们每个小时的工资来作为所节约时间的价值,将大桥为整个社会节约的时间价值加总起来,就可以得到总价值。但是由于工作与闲暇之间存在替代性,人们是否会将所节约的 1 小时时间全部用于工作是不确定的,这种方法高估了时间价值。

对于生命的估价。通常人们认为生命是无价的,用货币衡量生命价值好像给人一种不道德的感觉。如果真是如此的话,那么为什么政府不把所有的钱都用来投入到医疗系统呢? 这是因为即使一项支出可以挽救生命,也是受成本-收益约束的。为了衡量支出效益,经济学家努力给生命赋予一个货币价值。有两种估计生命价值的方法。一种是推断法,即估计一个人如果继续活着的话,他可以赚多少钱。另一种是偏好表露法,即一个人需要多少额外收入补偿死亡机会的增加。两种方法都有争议,对于第一种方法来说,评估退休之前的生命价值似乎是可行的,事实上在交通事故伤残、死亡补偿数额的计算上使用的就是这种方法。但是对于退休之后的生命价值却不适用,退休之后将不会有收入,如果用推断法则其生命价值为零,显然是错误的。对于第二种方法,人们也许无法确切了解他们所面对的风险,这时危险性工作的市场工资并不能真实反映人们的偏好。

对自然环境的估价。如果企业的生产行为对环境造成了污染,企业应该作出多大的补偿? 目前通常采用应变评估技术来确定补偿数额。在应用这一方法时,个人会被问及一系列问题,比如如何评价环境损害和保护某些物种。许多人是愿意为环保支付一定费用的,即使他们本身不会从这一环境保护中直接得到好处。个人愿意支付的价值被称为存在价值,把所有人的支付加总起来,就是此项环境支出的价值。

在存在市场失灵的情况下,市场价格就不可能反映真实的边际社会成本或收益。经济学家改为采用真实成本或机会成本来代替价格,这种价格被称为影子价格。影子价格反映真实的边际社会成本或收益,在存在市场失灵时,影子价格既可能高于市场价格,也可能低于市场价格。如在存在大量失业的情况下,影子工资低于市场工资;当资本市场存在配给时,影子价格会超过市场利率;由于钢铁生产者没有考虑增加生产所造成的污染给社会带来的边际外部成本,钢铁的影子价格超过市场价格。

三、社会贴现率的确定

贴现率对项目的成本-收益分析结果至关重要。私人项目所采用的贴现率通常用市场利率来代替,公共支出项目社会成本和收益又该采用什么样的贴现率呢? 通常用社会贴现率来评估公共支出,社会贴现率衡量的是社会对目前牺牲的消费所做出的评价。

　　一种观点认为,社会贴现率应该等于市场收益率所反映的机会成本。假定私人投资最后 10 万元的年收益率为 10%,如果政府从私人部门中把这 10 万元直接拿走用于政府项目,则政府项目的机会成本就是私人部门的 10% 的收益率。由于这 10% 衡量的是机会成本,所以用其作为贴现率是合适的。无论该收益是否课税,都无关紧要。不管收益是留在投资者手里,还是一部分给了政府,税前收益衡量的是这笔资金为社会所创造的产品的价值。

　　但是实践中,政府支出资金是通过征收税收来筹集的。税收将对个人投资、消费决策产生较大影响。假定私人项目必须按其收益的 50% 向政府纳税,公共部门筹资减少私人部门消费和投资,则私人消费的机会成本(贴现率)就是税前投资收益率,私人投资的机会成本(贴现率)是税后投资收益率。因此,一个确定公共支出贴现率的自然的解决办法是用税前收益率和税后收益率的加权平均数来计算相应的公共支出贴现率。税前收益率的权数为来自投资的资金比率,税后收益率的权数为来自消费的资金比率。如果政府通过税收所筹措的 10 万元资金 1/4 来自投资的减少,3/4 来自消费的减少,则公共部门的贴现率为 6.3%($10\% \times 1/4 + 5\% \times 3/4$),低于市场收益率所反映的机会成本。但是在实践中,很难确定某一公共项目资金多少是由私人消费减少转化来的,多少是由投资减少转化来的,以这种方法确定的社会贴现率也有一定的争议。

　　还有一种观点认为,社会贴现率应低于市场收益率所反映的机会成本。一是,由于公共部门决策者的责任,不仅要关心当代人的福利,还要关心后代人的福利;而在现实中,私人部门只关心他们自身的福利。因此,从社会观点来看,私人部门的储蓄太少,即对未来收益所用的贴现率过高,政府所选用的社会贴现率应该低于市场收益率。二是,由于人们对未来收益缺乏充分重视的远见,他们在对这种收益进行贴现时,用的贴现率太高,而具有远见的政府所使用的贴现率,应当与个人充分认识到其自身利益时所采用的贴现率一样,这是一种政府家长主义论点。除此之外,企业投资会产生外部性,使得其他企业也从中收益,因此私人市场不能提供足够的投资,政府通过使用一种低于市场水平的贴现率,可以纠正市场无效率现象。尽管认为社会贴现率应该低于市场收益率,但是这些观点都无法提供具体的指导。

　　总体来看,公共支出的成本-收益分析方法知易行难,收益、成本、贴现率任意一个数值的确定都可能对结果产生非常大的影响。因此,有人认为,对公共支出进行成本-收益分析与其说是一门科学,倒不如说它是一种艺术。在实践中,支持某一项目的人为了使项目通过,往往会选择最有利于自己的计算方法,有的甚至会故意扩大收益、压低成本,以此寻求外界对项目的支持。

　　例如,政府要修建一个灌溉项目,这一项目可能会使耕地的价值增加,还可能使农产品的产量增加。如果把耕地价值的增长和农产品产量增加所带来的收益的增加都算作这一灌溉项目的收益,就是对收益的重复计算。因为正是由于农产品产量的增加带来了耕地价值的增加,农民不可能同时得到这两种收益。再如,修建灌溉项目是需要成本的,工人工资就是其中之一。但是政府很可能将工资作为创造的就业机会,计入项目的收益,这些都会影响成本-收益分析方法的结果。

········· 复习与练习 ·········

● **主要概念**

公共支出　购买性支出　转移性支出　经常性支出　投资性支出　强制性支出　自主性支出　隐性支出　显性支出　税式支出　预算内支出　预算外支出　瓦格纳法则　公共活动增长论　危机推动论　替代效应　集中效应　审视效应　经济发展阶段论　非均衡增长论　鲍莫尔法则　收入再分配论　财政错觉　迪克拉特定律　成本-收益分析方法　最小费用法　净现值法　收益成本比率法　内部贴现率法　社会成本　社会收益　社会贴现率　动态投资　静态投资

● **思考题**

1. 公共支出有哪些分类标准? 在每一分类标准下,公共支出的构成是什么?

2. 按照不同分类标准,分析 2019 年我国财政支出规模及其结构,并在与一些主要国家进行比较的基础上分析如何进一步优化我国财政支出结构。

3. 由于我国国防支出增长较快且数额较大,西方国家借此炒作的"中国威胁论"仍然甚嚣尘上,对此你怎么看?

4. 对公共支出持续增长这一趋势,不同经济学家都有哪些解释?

5. 近年来我国公共支出的绝对规模和相对规模都呈上升趋势,对此现象你如何解释?

6. 成本-收益分析有哪些具体方法? 是如何运用的?

7. 对公共支出的成本、效益进行分析时,在确定社会成本、社会收益和社会贴现率方面有何难点? 通常是如何解决的?

8. 自行寻找一个公共工程项目,观察并总结其如何通过成本-收益分析进行可行性研究。

第七章

教　育

教育不仅使接受教育者受益,而且对一个国家的经济社会发展也至关重要。平等的教育还有助于缩小贫富差距、促进社会公平,许多国际法将受教育权确认为一项基本人权。当今世界各国都十分重视教育,普遍将基础教育作为义务教育强制国民接受,由政府免费提供;对于高等教育、职业教育等也都大力支持。因此,教育支出是政府支出的一个重要组成部分。本章主要分析政府为什么要提供公共教育、教育支出的总量与结构以及教育支出的公平与效率。

第一节　教育在社会发展中的作用

根据公共产品的判定标准,即使对义务教育而言,教育也不能算作是纯粹的公共产品。因为教育很容易具有排他性,增加一个学生的边际教育成本也不为零。因此,教育产品只能属于具有外部效益的准公共产品或混合产品。那么,为什么各国都要提供一定规模和层次的公共教育呢? 这与教育对经济社会发展巨大的正外部性、私人提供教育的市场失灵是分不开的。

一、教育与经济发展

教育是国家发展的基石。当今社会,国家之间的竞争实质上是科学技术的竞争,是知识的竞争,是人才的竞争,而这一切归根结底都离不开教育的发展。教育不但使受教育者得到好处,有助于其提高收入水平,而且还有利于社会生产力的提高,对一国经济发展具有重要推动作用。因此,很多国家将优先发展教育作为一项基本国策。

教育支出是一种人力资本投资,对经济发展具有重要的推动作用。很多学者已经通过实证研究,指出教育对经济增长的重要贡献。1962 年,美国著名经济学家西奥多·舒尔茨(Theodore Schultz, 1902—1998)在分析大量统计数据后指出,1929—1957 年美国经济增长有33%的份额要归因于美国教育的发展,美国经济在"人力资本"上的投资收益要大于在实物资本上的投资收益。另一位美国经济学家爱德华·丹尼森(Edward Denison, 1915—1992)在其《1929—1982 年间美国经济增长趋势》一书中,运用美国 1929—1982 年间的数据,计算出美国在这一期间 2.9%的年实际经济增长率中,1.9%归功于要素投入增长,1.0%应归功于技术进步。其中,知识的进展对整个经济增长的贡献为0.7个百分点。他认为知识进展是发达资本主义国家最重要的经济增长推动因素。因此,政府教育支出作为人力资本投资的一部分,能极大地促进社会劳动生产率的提高和技术进步,从而对宏观经济的长期、稳定增长产生巨大影响。

全要素生产率是人们衡量技术进步对经济增长贡献一个常用的指标。根据生产方程 $Y = AF(K, L)$,其中 Y 是产出、F 是生产方程、K 是资本、L 是劳动、A 就是全要素生产率(total factor productivity,TFP)。经济的增长可分解为:

$$\frac{dY}{Y} = \frac{dA}{A} + \alpha \frac{dK}{K} + (1 - \alpha) \frac{dL}{L}$$

因此,经济增长可以用资本投入的增长、劳动投入的增长和全要素生产率的增长来解释。全要素生产率的增长就是经济增长中无法用资本和劳动的增长来解释的那部分增长,影响全要素生产率的因素有技术进步、劳动力技巧、经济和法律环境等。全要素生产率的增长体现了经济增长的质量,全要素生产率增长越快,经济运行质量就越高,越有利于竞争力的提高。如果经济增长速度很快,但是主要靠资本和劳动投入推动的,则经济增长的质量很低。由于这种高速增长中隐含着投资泡沫,所以很难持续下去。全要素生产率的提高主要取决于教育和科技投入,教育水平与全要素生产率是正相关的。

2008年诺贝尔经济学奖获得者、美国著名经济学家保罗·克鲁格曼(Paul Krugman, 1953—)在1993年前后曾经撰写了《亚洲无奇迹》一书,认为东亚国家的经济增长在很大程度上就是由资本和劳动投入的增加推动的,而全要素生产率却增长缓慢,这种高速增长将是不可持续的。东亚国家和欧洲国家在高速经济增长时期的全要素生产率的增长如表7.1所示。

表7.1　东亚与欧洲国家的全要素生产率增长(1950—1994)

国家和地区	资　本	劳　动	全要素生产率	产　出
1950—1973				
法　国	1.6	0.3	3.1	5.0
意大利	1.6	0.2	3.2	5.0
日　本	3.1	2.5	3.6	9.2
英　国	1.6	0.2	1.2	3.0
西　德	2.2	0.5	3.3	6.0
1960—1994				
中　国	3.1	2.7	1.7	7.5
印度尼西亚	2.9	1.9	0.8	5.6
韩　国	4.3	2.5	1.5	8.3

（续表）

国家和地区	资　本	劳　动	全要素生产率	产　出
马来西亚	3.4	2.5	0.9	6.8
菲律宾	2.1	2.1	-0.4	3.8
新加坡	4.4	2.2	1.5	8.1
泰　国	3.7	2.0	1.8	7.5

注：CRAFTS N. Implications of financial crisis for East Asian trend growth [J]. Oxford Review of Economic Policy, 1999, 15(3)：110-131.

从表7.1中可以看出,虽然东亚国家经济增长速度非常高,但是全要素生产率的增长与资本和劳动投入的增长相比是最小的。而在欧洲经济高速增长时期,全要素生产率的增长高于资本和劳动投入的增长。

这从一方面说明了东亚模式下政府动员资金用于经济社会投资的能力,另一方面也解释了东亚国家的出口竞争力不断下降和企业经营效率、盈利能力的低下问题。虽然当时很多人对克鲁格曼的预言不以为然,但1998年亚洲金融危机的发生似乎证实了克鲁格曼的预言,关于全要素生产率再次引起人们的高度关注。在制定国民经济和社会发展规划时,中国很多地方也将全要素生产作为衡量经济发展质量的一个重要指标。

二、教育与社会问题治理

教育事关人民福祉。教育的正外部性不但体现在对经济发展的贡献上,还体现在对社会发展的促进作用上。教育对于改善收入分配状况、控制人口过快增长、提高人们健康水平、降低犯罪率等都具有正面效应,有助于解决许多人类正面临的社会问题。

1. 教育与社会公平

当前,贫富差距过大是很多国家面临的一个严重的社会问题。根据世界银行的数据,目前全球仍有十多亿人口生活在贫困线以下。很多国家的治理经验表明,贫富差距过大是造成社会动荡的主要原因,并且会严重阻碍经济社会的持续发展。市场经济下,收入分配强调按照生产要素进行分配,生产要素包括劳动、土地、资本、技术、知识、信息等。由于产权关系的存在,人们很难改变劳动、土地、资本这三项生产要素的分配格局,但是人们可以通过教育获得相应的知识、技能和信息,从而增加收入,改变自己的社会地位。

"授人以鱼不如授人以渔",教育比单纯地向低收入提供经济援助更有助于使其摆脱贫困。实证研究表明,从个人来看,个人收入水平与其受教育水平存在正相关关系。受教育程度越高,收入水平就相对越高,并且面临的失业风险也相对越小;从整个社会来看,劳动者平均受教育程度的增加能够改善社会的收入分配状况,降低社会收入分配的不平等程度。表7.2是相对于男性群体而言(假定男性群体的收入=100),35~44岁就业者按照教育程度的相对收入。从中可以看出,在每个国家,不管是男性、女性还是平均而言,就业者的受教育程度越高,相对收入也就越高。

表 7.2　35～44 岁女性就业者按教育程度区分的相对于男性的收入/假定男性收入＝100

国　家	初中教育			非大学第三级教育			大学教育		
	2010	2015	2017	2010	2015	2017	2010	2015	2017
加拿大	79	73	—	76	66	—	72	76	—
美　国	70	65	70	72	66	68	70	69	75
澳大利亚	76	86	—	68	76	—	70	75	—
新西兰	85	76	72	77	74	75	75	77	76
丹　麦	80	—	81	77	—	80	74	—	78
芬　兰	—	79	—	—	76	—	—	76	—
法　国	69	—	—	—	75	76	—	77	76
德　国	—	86	85	—	74	72	—	82	80
荷　兰	80	—	90	85	—	89	83	—	87
葡萄牙	75	77	78	72	76	76	74	75	76
瑞　典	—	—	83	—	89	82	—	89	79
英　国	74	94	74	80	75	70	80	77	77
挪　威	80	79	81	80	77	77	76	74	76
瑞　士	83	79	79	82	78	87	83	89	84
各国平均	—	76	77	—	75	78	—	75	77

注：资料来源于 OECD 数据库 https://stats.oecd.org/Index.aspx#（位于条目 Education and Training）。m 表示数据缺失。

如表 7.3 所示，政府教育支出的利益归宿随着教育阶段的不同而变化，小学与中等教育通常比大学/高等教育对穷人更为有利。因此，发展教育被认为是消除贫困的有效途径。通过保证低收入者获得一定程度的教育，在推动经济发展的同时，也有助于提高他们的收入水平，从而促进社会公平。

表 7.3　教育补助的利益归宿

国家和部门	调查年度	不同收入组享受政府补助的百分比（%）		
		最低 40%	中间 40%	最高 20%
所有教育				
阿根廷	1983	48	35	17
智利	1983	48	34	17
哥伦比亚	1974	40	39	21
克罗地亚	1983	42	38	20
多米尼加	1976—1977	24	43	14
乌拉圭	1983	52	34	14

（续表）

国家和部门	调查年度	不同收入组享受政府补助的百分比（%）		
		最低 40%	中间 40%	最高 20%
印度尼西亚	1978	46	25[a]	29[b]
马来西亚	1974	41	41	18
高等教育				
阿根廷	1983	17	45	38
智利	1983	12	34	54
哥伦比亚	1974	6	35	60
克罗地亚	1983	17	41	42
多米尼加	1976—1977	2	22	76
乌拉圭	1983	14	52	34
印度尼西亚	1978	7	10[a]	83[b]
马来西亚	1974	10	38	52

注：a. 此数字指中间的 30%。b. 此数字指最高的 30%。
资料来源：摘自西门尼斯（1995），见桑贾伊·普拉丹. 公共支出的基本分析方法［M］. 北京：中国财政经济出版社，2000.

正因为如此，许多国际法将受教育权确认为一项基本人权，比如《世界人权宣言》（UDHR）宣称"每一个人都享有受教育的权利"。作为一种天赋的权利，教育是那些在经济和社会方面被边缘化的成年人和儿童摆脱贫困、获得充分参与社区事务权利的主要工具。联合国、世界银行等国际组织都极力主张通过教育消除贫困，缩小社会贫富差距。

2. 教育与人口问题

人口过快增长对地球资源、环境造成了巨大压力，是导致发展中国家贫困的一个重要原因，也将影响人类社会的可持续发展。研究发现，随着教育程度的提高，女性的生育意愿将下降，从而有利于控制人口过快增长。教育对生育水平的影响可以通过以下几个方面来解释：一是随着人们教育程度的提高，他们有能力获得更高的收入，这样生育子女将给他们带来很大的机会成本；二是随着人们教育程度的提高，他们有能力保障自己的老年生活，对养儿防老的需求也将下降；三是教育程度越高，对子女的性别歧视越小，也降低了人口的需求；四是教育程度越高，结婚年龄就越晚，从而降低了人口的供给。当然，随着教育程度的提高，家庭负担子女的经济能力将越强，也有可能养育更多的孩子。但是总体来看，教育程度与生育率呈明显的负相关关系。这可以解释，为什么一些发达国家在苦于生育率过低和人口负增长时，而一些发展中国家却为人口过快增长而忧虑。

3. 教育与个体健康

随着公民受教育程度的提高，将使得他们的健康观念和自我保护意识增强，可以降低死亡率。1968 年,芝加哥大学的伊夫林·北川和菲利普·豪瑟两位研究人员根据美国 1960 年人口普查所做的生命统计分析,首次向人们揭示死亡率和教育程度之间存在令人惊讶的逆向关系,几乎每一种死亡原因都是教育程度较低的人居多。例如,没念到八年级的白人女性过早死亡率竟然比同年龄大专毕业女性高出 105%,如果是男性,整体死亡率竟高出了 64%。很多国内外的其他研究也证实了教育程度与死亡率、患病风险存在的负相关性,预期寿命与受教育程度存在正相关性。因此,教育可以改善人们的健康,延长人们的预期寿命,减少社会医疗费用支出。

4. 教育与社会治安

犯罪是一个严重的社会问题,教育对犯罪特别是暴力犯罪具有抑制作用。教育有助于公民树立正确的价值观,在是非面前能够加以明辨,在问题面前能够积极通过合法途径加以解决,降低其误入歧途的可能。教育能够使公民获得赖以生存的技能,能够自谋其生,也降低了他们通过暴力、偷窃等非法途径不劳而获的可能性。并且,教育程度越高,将使他们犯罪的代价越高,从而也有助于抑制其犯罪动机。当然,教育也有可能增强罪犯的犯罪技能和机会,从而带来严重后果。但是,总体来看,教育与社会治安也存在正相关性。

此外,教育对于环境保护、交通安全、生产安全等都具有很强的正效应,对解决人类社会面临的诸多严重问题都具有重要意义。

三、私人提供教育的市场失灵

个人投资教育将会得到一定回报,所以个人愿意为教育提供一部分资金。即使政府不提供公共教育,私人教育市场仍有相当大规模。因此,由于公共资金有限,教育不需要也不可能全部由政府公共提供。政府提供公共教育的根本原因在于市场失灵。由于教育的巨大外部性,如果完全由私人提供教育,将造成巨大的效率损失和严重的社会问题。私人提供教育的市场失灵主要体现在以下几个方面。

一是个人可能低估教育的重要性,从而导致教育投入不足。由于教育的巨大正外部性,教育投资的私人效益将远低于社会效益。如图 7.1 所示,MPB 是教育投资的私

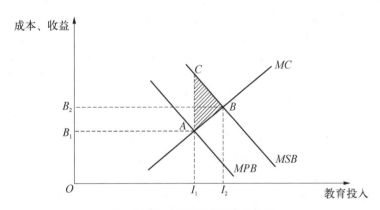

图 7.1　私人提供教育的效率损失

人边际效益曲线,MSB 是教育投资的社会边际效益曲线,MC 是教育投资的边际成本曲线。对于私人来说,其教育投入的多少取决于教育给其带来的私人边际收益和教育投资的边际成本,且不会考虑教育的外部效应。在以上情况下,私人的教育投入量为 I_1;而对于社会来说,教育的投入量应该取决于教育的社会边际效益和教育投资的边际成本,最优的教育投入量应为 I_2。因此,在存在外部效益的情况下,私人教育投入量(I_1)将低于社会最优的教育投入量(I_2),从而产生三角形 ABC 面积大小的效率损失,这是一种典型的市场失灵。并且,外部效应越大,所产生的效率损失也将越大。研究表明,相对于中等教育和高等教育,初等教育的外部效应最大,如果完全由市场提供,效率损失也将最大。因此,很多国家实行强制性免费的基础教育政策。

二是私人人力资本市场存在缺陷,可能使个人缺乏为教育筹资的途径。即使个人认识到教育投入的重要性,但是对于贫困家庭的子女来说,如果完全通过市场为教育融资,学生也很难通过资本市场获得没有担保的信贷。根据生命周期理论,为了实现一生收入和支出的平衡,个人在工作之前应该可以通过资本市场进行借贷,然后通过教育所取得的未来生命周期内的收入偿还贷款。这种借贷行为的前提是存在一个完善的私人人力资本市场。但是,对于私人部门来说,由于信息约束,很难确定借款者将来是否具有还款能力,它们将面临极大的借贷风险。因此,私人部门通常不愿意为教育融资提供贷款,即使有也是不能满足需求的。特别是对初等教育贷款而言,由于时间跨度长、不确定性大,靠资本市场借贷来融资几乎是不可能的;对于高等教育而言,完全靠资本市场融资也是做不到的。

三是出于公平和收入再分配考虑,为儿童提供平等受教育的机会。如果完全由私人提供教育,由于受行为能力的限制,儿童教育将主要取决于父母对教育的重视程度和家庭经济状况。通常认为,父母为了孩子的成长考虑,将以利他主义的态度看待孩子的教育支出,只要有足够高的回报就会投资于孩子的教育。但是现实生活中,父母对子女教育的重视程度与其自身受教育程度也是正相关的。一些受教育程度比较低的父母往往不舍得在子女教育上花费太多,这将影响其子女今后在社会中的竞争能力。同时由于家庭环境不同,在私人提供教育的情况下,出生于富裕家庭的人将有机会获得良好的教育,出生于贫困家庭的儿童可能因为家庭的经济压力不得不早日工作贴补家用,无法享受充分的教育。因此,为了使孩子接受教育不受父母的经济状况或者他们的利他主义态度的约束,为了孩子能够有一个公平竞争的起点,政府应该提供教育,特别是应该提供基础教育。

基于上述考虑,目前各国普遍实行强制性的基础教育政策。基础教育主要由政府免费公共提供,技术教育和职业教育政府也由普遍提供,对于高等教育政府更是给予大力支持。根据各自经济社会发展的实际情况,有的国家实行六年制义务教育,有的国家实行九年制义务教育,有的国家实行十二年制义务教育,有的国家甚至大学教育也基本是免费的。

联合国《经济、社会及文化权利国际公约》关于教育的规定

《经济、社会及文化权利国际公约（International Covenant on Economic Social and Cultural Rights）》（以下简称《公约》）是联合国通过的国际人权公约，包括序言及其他5个部分，共31条。1966年12月16日第二十一届联合国大会第2200A号决议通过并开放给各国签字、批准和加入，1976年1月3日正式生效。《公约》第十三条关于公民受教育权的规定如下：

一、本公约缔约各国承认，人人有受教育的权利。它们同意，教育应鼓励人的个性和尊严的充分发展，加强对人权和基本自由的尊重，并应使所有的人能有效地参加自由社会，促进各民族之间和各种族、人种或宗教团体之间的了解、宽容和友谊，和促进联合国维护和平的各项活动。

二、本公约缔约各国认为，为了充分实现这一权利起见：

（1）初等教育应属义务性质并一律免费；

（2）各种形式的中等教育，包括中等技术和职业教育，应以一切适当方法，普遍设立，并对一切人开放，特别要逐渐做到免费；

（3）高等教育应根据成绩，以一切适当方法，对一切人平等开放，特别要逐渐做到免费；

（4）对那些未受到或未完成初等教育的人的基础教育，应尽可能加以鼓励或推进；

（5）各级学校的制度，应积极加以发展；适当的奖学金制度，应予设置；教员的物质条件，应不断加以改善。

1997年10月27日，中国政府正式签署《公约》，2001年2月28日，第九届全国人大常委会第二十次会议批准了《公约》，并于2005年4月接受首次履约报告审议。截至2010年6月底，共有160个国家批准或加入了《经济、社会及文化权利国际公约》，6个国家（美国、南非、古巴、科摩罗、伯利兹、圣多美和普林西比）已签署，但尚未批准。

2009年10月，中国外交部牵头成立了由立法、司法、行政部门组成的跨部门协调机制，就执行《公约》各项条款及上次审议情况进行总结，并提交了第二次履约报告、共同核心文件及答复材料。2014年5月，联合国经济、社会及文化权利委员会在日内瓦审议了中国执行《经济、社会及文化权利国际公约》第二次履约报告，联合国经济、社会及文化权利委员会专家在审议中积极评价中国履约成绩，肯定中国根据自身国情制定的各项政策措施。

第二节　教育支出的总量和结构

发展教育是政府最重要的公共职责，是政府公共服务最重要的内容之一。在当前经济社会中，虽然私人部门在教育市场中也发挥一定的作用，但是几乎所有国家的政府都在教育供给中起着主导作用。特别是在基础教育领域，政府更是起到决定性作

用。因此,教育支出是公共支出的一个重要组成部分,从中可以看出政府对公共教育的重视程度及公共教育的政策导向。

一、我国教育发展现状

百年大计,教育为本。中国是人口大国,也是教育大国。改革开放以来,党和政府十分重视教育事业的发展,强调教育是立国之本,是国家民族振兴的基石。1982 年《宪法》规定:"国家举办各种学校,普及初等义务教育","中华人民共和国公民有受教育的权利和义务"。其后,全国人大先后于 1986 年颁布了《义务教育法》,1993 年颁布了《教师法》,1995 年颁布了《教育法》,1996 年颁布了《职业教育法》,1998 年颁布了《高等教育法》,2002 年颁布了《民办教育促进法》,教育立法逐步完善。我国目前已经建立了完整的教育体系,三级正规教育学生占全球比重的近五分之一,教育规模居世界首位,2018 年各级各类教育学校、学生情况如表 7.4 所示。

表 7.4　2018 年我国各级各类教育情况

项　　目	学校数（所）	招生数（万）	在校学生数（万）	毕业生数（万）	教职工数（万）	专任教师（万）
高等教育						
研究生	815	44.6	128.3	34.5		
博士		6.0	23.7	4.4		
硕士		38.7	104.6	30.1		
普通本专科	2 663	607.7	2 021.0	511.9	248.8	167.3
本科	1 245	297.1	1 104.2	225.7	180.1	117.4
专科	1 418	310.6	916.8	286.3	68.5	49.8
成人高等学校	277	202.6	548.3	169.1	3.8	2.2
中等教育	76 476	3 508.7	10 204.3	3 360.5	800.8	628.9
高中阶段教育	24 320	1 649.1	4 576.1	1 426.1	381.1	264.8
高中	14 091	8 370.0	2 489.0	845.4	274.5	181.5
中等职业教育	10 229	812.1	2 087.1	580.7	106.6	83.4
初中阶段教育	52 426	1 859.6	5 628.3	1 934.4	419.7	364.1
初等教育	170 209	1 695.7	10 566.6	2 099.8	575.1	610.2
工读学校	92	0.5	1.0	0.4	0.3	0.2
特殊教育	2 152	6.2	41.7	5.2	6.8	5.9
学前教育	266 677	1 482.7	2 475.0	1 040.5	453.1	258.1

注:数据来源于《2019 年中国统计年鉴》。

随着我国教育的发展,从升学率来看,学龄儿童净入学率和小学升学率接近100%,表明九年制义务教育得到了很好的执行。同时,初中和高中普通学校的毕业生升学率也大幅提高。2018年高等教育毛入学率（在校生数占适龄人口的比率）达到30%以上,这表明高等教育已经实现了从精英化向大众化、普及化的转变。从各类学校的教职工配备情况来看,2018年年我国各级各类学校的教职工数量有了明显的增加,其中初等和中等教育的教职工数量合计为1 375.9万人,比2008年增加了3.5%。从受教育程度来看,各阶段学历人数占总人口的比例在稳步提高,如表7.5所示。

表7.5 1990—2018年我国各级普通学校毕业生升学率及受教育程度人口占总人口比重

年 份	升学率(%)			受教育程度人口占总人口比重(%)			
	小 学	初 中	高 中	小 学	初 中	高 中	大 学
1990	74.6	40.6	26.1	—	—	—	—
1995	90.8	50.3	45.9	—	—	—	—
2000	94.9	51.2	73.2	26.7	28.9	9.9	3.0
2005	98.4	69.7	76.3	30.5	31.2	10.1	3.5
2010	98.7	87.5	73.3	35.7	34.0	11.2	3.6
2011	98.3	88.9	75.4	31.0	36.6	12.1	5.8
2012	98.3	88.4	76.1	29.9	37.8	12.6	6.2
2013	98.3	91.2	77.7	30.0	36.3	13.0	6.7
2014	98.0	95.1	77.5	31.8	36.8	14.0	7.0
2015	98.2	94.1	77.9	32.3	37.1	13.5	6.9
2016	98.7	93.7	78.5	33.4	38.0	14.3	7.4
2017	98.8	94.9	80.1	35.7	38.0	14.2	7.5
2018	99.1	95.2	80.2	36.7	38.3	14.8	7.6

注:初中升高级中学包含升入技工学校,高中升学率为普通高校招生数（含电大普通班）与普通高中毕业生数之比。资料来源于历年中国统计年鉴。

近年来,虽然我国民办教育得到了较快发展,但是在各级各类学校（不包含培训机构）教育中,公办教育仍都占据主导地位。2018年,81%以上的普通高等教育学生、92%左右的普通高中教育学生、88%左右的初中教育学生、95%以上的小学学生、60%左右的幼儿园学生都在政府举办的公办学校学习,我国公共教育在教育体系中的比重高于世界平均水平。

二、教育支出的总量

教育是立国之本。衡量一个国家政府对教育重视程度的一个重要指标就是看政府教育投入状况,既要看教育投入的总量,也要看教育投入占该国GDP比重的相对规模。

我国教育经费主要包括两部分,一是政府教育投入,即通常人们所说的财政性教育经费;二是居民个人及社会对教育的投入,包括社会团体和公民个人办学经费、社会捐资和集资办学经费、事业收入以及其他教育经费。国家财政性教育经费,包括国家财政预算内教育经费、各级政府征收用于教育的税费（主要指教育费附加）、企业办学中的企业拨款、校办产业和社会服务收入中用于教育的经费等。其中,财政预算内教育经费指中央、地方各级财政或上级主管部门在年度内安排,并计划拨到教育部门和其他部门主办的各级各类学校、教育事业单位,列入国家预算支出科目的教育经费,包括教育事业拨款、科研经费拨款、基建拨款和其他经费拨款,是国家财政性教育经费的主要组成部分。2019 年预算内教育经费占全国教育经费的比重为 69.4%,占全国财政性教育经费的比重为 86.9%。

我国政府十分重视教育投入。1993 年制定了《中国教育改革和发展纲要》,提出要"逐步提高国家财政性教育经费支出占国民生产总值的比重,本世纪末达到 4%,达到发展中国家 20 世纪 80 年代的平均水平"。1993 年颁布的《教育法》规定"各级人民政府教育财政拨款的增长应当高于财政经常性收入的增长,并使按在校学生人数平均的教育费用逐步增长,保证教师工资和学生人均公用经费逐步增长"(即通常所说的教育支出"三个增长")。1995 年,中央提出了科教兴国战略。党的十八大以来,教育事业取得历史性成就、发生历史性变革,为建设教育强国奠定了坚实基础。为此,党的十九大提出,要以改革开放 40 周年为契机,落实好《关于深化教育体制机制改革的意见》,完善全链条的改革推进机制,推进育人方式、考试招生、办学模式、管理体制、保障机制等的系统改革。20 世纪 90 年代以来,我国教育经费支出呈现逐年增长的趋势,见表 7.6。

表 7.6　1991—2019 年我国教育经费来源(单位:亿元)

年份	合计	国家财政性教育经费	预算内教育经费	社会团体和公民个人办学经费	社会捐资和集资办学经费	事业收入	学费和杂费	其他教育经费
1991	732	618	460	—	63		32	—
1995	1 878	1 412	1 028	20	163		201	—
2000	3 849	2 563	2 086	86	114	938	595	148
2005	8 419	5 161	4 666	452	93	2 340	1 553	372
2010	19 562	14 670	14 164	105	108	4 106	3 016	572
2011	23 869	18 587	17 822	112	112	4 425	3 317	634
2012	28 655	23 148	29 314	128	96	4 620	3 505	664
2013	30 365	24 488	21 406	147	85	4 926	3 738	717
2014	32 806	26 421	22 576	131	80	5 427	4 053	748
2015	36 129	29 221	25 861	188	87	5 810	4 317	823
2016	38 888	31 396	27 701	203	81	6 277	4 771	931
2017	42 562	34 208	29 920	225	85	6 958	5 293	1 087
2018	46 143	36 996	31 993	241	95	7 738	5 896	1 074
2019	50 178	40 047	34 649	220	101	8 724	6 686	1 087

注:资料来源于 1992—2020 年《中国教育经费统计年鉴》。

根据表 7.6 所示,从绝对规模来看,我国财政性教育经费逐年上升,特别是近年来高速增长,预算内教育经费也是如此。从相对规模来看,财政性教育经费占 GDP 的比重呈现先下降后上升的变化趋势,2019 年达到 4%,比 2010 年提高 0.5 个百分点,并且该比重自 2012 年后一直高于 4%。财政性教育经费占全部教育经费的比重也呈现先下降后上升的变化趋势,2019 年达到 79.8%,比 2005 年最低时的 61.3% 提高 18.5%。2019 年预算内教育经费(含教育费附加)占财政支出的比重为 14.6%,也呈逐渐上升趋势,这些数据反映了近年来政府对教育的重视程度,是功能性支出分类中支出金额最大的科目。

但是,从国际比较来看,我国公共教育支出占 GDP 的比重仍不算高。据统计,发达国家公共教育经费支出占 GDP 的比重总体超过 5%,发展中国家公共教育经费支出占 GDP 的比重超过 4%,表 7.7 是部分国家公共教育经费支出占国内生产总值(GDP)比重的情况。

表 7.7 部分国家公共教育经费支出占国内生产总值的比重(%)

国家和地区	2005	2010	2015
世界平均	4.1	4.5	4.83
高收入国家	5.0	5.4	5.45
中等收入国家	3.9	3.9	4.61
低收入国家	3.11*	2.8	—
印度	3.2	3.4	3.34
日本	3.60	3.54	3.62
韩国	—	4.63	4.96
以色列	5.8	5.5	7.11
南非	5.1	5.7	5.42
美国	—	5.33	5.48
巴西	4.5	5.7	4.07
法国	5.67	5.70	5.73
俄罗斯	3.8	—	4.02
英国	5.0	5.7	5.80
澳大利亚	4.9	5.6	4.77

注:* 表示为 2004 年数据。资料来源于 OECD 数据库及世界银行公开数据库。

如果再考虑我国庞大的教育规模,我国人均教育经费就更少了。这一方面是由我国经济发展阶段决定的,另一方面也表明我国公共教育投入还有很大的提高空间。

三、教育支出的结构

教育支出总量只是说明了教育支出的一个方面,教育支出的结构也能反映政府的教育政策导向。按照教育层次,可以划分为初等教育、中等教育和高等教育,教育支出也主要用于这三个方面。

2019 年全国教育经费总投入为 50 175 亿元,其中用于高等教育(包括普通高等学校和成人高等学校)13 464 亿元,占 26.8%,用于高中阶段教育(包括中等职业学校)7 730 亿元,占 15.4%,用于义务教育阶段(包括小学和初中)22 780 亿元,占 45.4%,用于学前教育 4 099 亿元,占 8.2%,其他教育支出 2 102 亿元,占 4.2%,与 1997 年相比,我国教育经费投入用于高等教育的比重显著提高,如图 7.2 所示。这与我国近年来高等教育规模的持续扩张是相一致的。相对于国际平均水平,我国用于高等教育的教育经费比重已经不算低了。

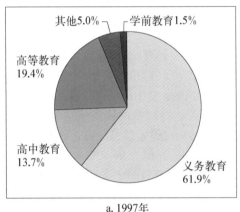
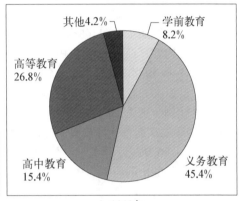

a. 1997年　　　　　　　　　　　b. 2019年

注:数据为根据《1999 年中国统计年鉴》和《2019 年全国教育经费执行情况统计快报》计算得到。

图 7.2　1997 年和 2019 年全国教育经费支出结构

从生均预算内教育事业费(指预算拨款中的人员经费和公用经费,不包括基本建设经费和科研经费)来看,2018 年普通小学、普通初中、普通高中和普通高等学校生均预算内教育事业费分别为 10 566、15 199、14 956、20 974 元,虽然高等教育生均经费仍远高于普通中学和普通小学,但是与 2008 年相比,二者之间的差距已经明显在缩小,2008 年普通高等学校生均预算内教育事业费是普通小学的 2.8 倍,2018 年缩小至 2 倍,如表 7.8 所示。

表 7.8　1997—2019 年生均预算内教育事业费(元)

各级教育	1997	2000	2005	2010	2015	2016	2017	2018	2019
普通小学	334	492	1 327	4 013	8 838	9 558	10 199	10 566	11 197
普通初中	591	680	1 498	5 214	12 105	13 416	14 641	15 199	16 009
普通高中	1 155	1 315	1 959	4 510	10 821	12 315	13 769	14 956	16 336
普通高等学校	6 523	7 310	5 376	9 590	18 144	18 748	20 299	20 974	22 042

注:资料来源于教育部、国家统计局、财政部历年全国教育经费执行情况统计公告。

如前所述,初等教育的正外部性对低收入者影响更大。二十多年来,政府在高等教育与初等教育中的作用发生了极大的变化。三十多年前,个人上大学几乎不需要缴学费,完全是政府负担,高等教育是典型的精英教育。虽然义务教育法规定义务教育免收学费,但是杂费和书本费给家长带来了沉重的负担,义务教育只能算是名义上的。近年来,国家加大了对义务教育,特别是农村义务教育的投入。2006 年在西部地区免除了义务教育学杂费,2007 年扩大到中部和东部地区,2008 年秋季在全国城市也免除了义务教育学杂费。随后,普通小学和普通初中的学杂费继续大幅下降,一些地方还免除了义务教育阶段学生的书本费,终于实现了从名义上的免费义务教育向实质上的免费义务教育的转变。义务教育已基本实现了全免费。经初步统计,2019 年全国学前教育、义务教育、高中阶段教育、高等教育经费总投入分别为 4 099 亿元、22 780 亿元、7 730 亿元、13 464 亿元,比上年分别增长 11.6%、9.1%、7.5%、12.0%,显然政府在三级教育体系中的职能正在向其应有的职能回归。

从预算内教育经费的具体用途来看,可以分为人员经费、公用经费和基本建设三部分。近年来,预算内教育经费大幅增长。尽管基础薄弱,但相比于 20 年前,条件已有显著改善。以义务教育为例,2019 年公报显示,全国小学、初中体育运动场(馆)面积达标校数的比例分别为 90.2%、93.5%,体育器械配备达标校数的比例分别为 95.4%、96.6%,音乐器械配备达标校数的比例为 95.2%、96.2%,美术器械配备达标校数的比例为 95.0%、96.0%,小学数学自然实验仪器达标校数的比例为 94.7%,初中理科实验仪器达标校数的比例为 96.1%。普通高中各项指标达标校数的比例平均也比 1998 年高出了近 31 个百分点。

此外,教师的收入水平也不断提高。2019 年,在全国属非私营单位的 19 个行业中,教育行业平均工资已经达到 97 681 元,排在第 7 位。但教师工资增长速度仅为 5.7%,在所有行业中排倒数第四。与公务员工资相比较,教育行业的收入水平相对仍不算高。教育大计,教师为本,教师收入水平偏低不利于教育质量的改善。2020 年 5 月,教育部就"义务教育教师工资水平不低于公务员"连发 2 个通知,要求年底以前必须完成这项目标任务。这项措施将有效提高教师收入,有助于提升教师队伍素质,改善教学质量。

四、教育支出的效益分析

由于教育支出的公共性、教育效益的外在性,对教育支出进行成本-收益分析是一件比较困难的事情。

教育成本包括私人成本和社会成本。其中,私人成本指个人投入的教育成本;社会成本不但包括个人的教育投入,还要包括政府、企业等在内的整个社会的教育投入。教育成本又可分为直接成本和间接成本,直接成本指个人和社会的直接教育投入,间接成本指个人和社会因为教育投入而放弃的收入,即教育投入的机会成本。私人直接成本包括学杂费、书籍费等,私人间接成本指为求学而放弃的收入;社会直接成本指社会直接教育投入,社会间接成本指这些投入因用于教育而所放弃的收入。狭义的教育成本仅包括私人和社会的直接成本,广义的教育成本还包括间接成本。

　　教育的收益包括私人收益和社会收益。私人收益通常用个人因接受教育而增加的收入来表示,社会收益不但包括私人收益,还包括教育的外在收益,这是教育支出效益评估的难点所在。教育效益评估的另一个关键问题是如何在教育投入与产出结果之间建立精确的对应关系,如个人收入的增加有多少应归因于教育,多少应归因于其他因素。

　　教育支出的效益分析就是将教育成本与教育收益进行比较,得出教育支出的收益率。有两种核算方法,一是内部收益率法(internal rate of return),又称财务内部收益率法(FIRR)、内部报酬率法,是用内部收益率来评价项目投资财务效益的方法。所谓内部收益率,就是资金流入现值总额与资金流出现值总额相等、净现值等于零时的折现率。一是明瑟收益率法(Mencerian rate of return),即个人多接受一年教育可以带来的收入增长的百分比。私人收益率仅考虑私人教育成本和私人收益,社会收益率要考虑社会成本和社会收益。表7.9是按照内部收益率测算的一些地区平均的教育投资社会收益率与私人收益率。

表 7.9　不同教育阶段地区平均的教育投资收益率

地　　区	社会收益率(%)			私人收益率(%)		
	初　等	中　等	高　等	初　等	中　等	高　等
撒哈拉以南的非洲	24.3	18.2	11.2	41.3	26.6	27.8
亚洲	19.9	13.3	11.7	39.0	18.9	19.9
欧洲、中东、北非	15.5	11.2	10.6	17.4	15.9	21.7
拉丁美洲、加勒比海	17.9	12.8	12.3	26.2	16.8	19.7
经合组织国家	14.4	10.2	8.7	21.7	12.4	12.3
世界平均	18.4	13.1	10.9	29.1	18.1	20.3

注:资料来源于西门尼斯(1995),见桑贾伊·普拉丹.公共支出的基本分析方法[M].北京:中国财政经济出版社,2000.

　　从表7.9中可以看出,由于对公共教育的补贴,私人教育的成本小于社会教育的成本,因此在所有教育中,私人收益率都高于社会收益率;在所有地区中,初等教育的社会收益率和私人收益率都最高,高等教育的社会收益率低于中等教育,但是其私人收益率却高于中等教育。因此,从教育投入的收益率看,私人教育投资对改善个人收入状况非常重要。从促进社会公平的角度,政府教育支出的重点应放在基础教育上。

　　因此,从我国公共教育经费的总量来看,仍有很大的提高空间;从教育支出的结构来看,应继续改善办学条件,大幅度提高教师、特别是乡村教师的工资水平;从教育支出的效益来看,政府教育支出的重点应放在基础教育上,加大对农村义务教育的投入。

第三节　教育支出的公平与效率

教育可以改变命运,教育公平被认为是最重要的社会公平。即使教育支出的总量很大,但是如果主要教育资源被少数人独占,则教育的正外部性将削弱,甚至可能会带来严重的社会问题。因此,作为政府的一项基本公共服务,教育公平是政府需要优先考虑的。相对于需求,政府可以用于公共教育的资金毕竟是有限的。如何最大限度地发挥教育资金的效率,也是教育支出需要解决的问题。

一、教育支出的公平

1. 教育公平的内涵

教育公平的观念源远流长。两千多年前,孔子就提出"有教无类"的教育公平思想。意思是说,学生入学读书不应以其家庭出身、贫富、所在地域作为标准,应该让所有尊师重教、有求知欲的学生都能够接受教育。当代社会,教育已经成为公民的一项基本权利,教育公平越来越受到关注。

教育公平就是要求政府、社会和教育机构在制定教育政策、分配教育资源等方面公正和平等地对待每个社会成员,保障每个社会成员都能均等地享受到公共教育资源,确保上一代人的不平等现象不至于全然延续给下一代。

具体来说,教育公平的内涵可以分为三个层次:一是确保人人都享有平等的受教育的权利和义务,反对教育排斥和教育歧视,这是教育公平的前提和基础;二是提供相对平等的受教育的条件,即教育条件均等。学校提供的校舍、设施、老师等方面的条件相差不应过大;三是教育成功机会和教育效果的相对均等,即学生接受同等水平的教育后所得的成功机会应与其学业成绩等相一致。这三个层次可以被概括为起点公平、过程公平和结果公平。

当然,教育公平并不是追求绝对的平等主义。在保证教育平等、反对教育特权的同时,教育公平要求公共教育资源的配置向社会弱势群体倾斜,注重通过教育改变弱势群体的社会状况。在保证同样的学生在就学机会、教育条件等方面应受到相同对待的同时,教育公平还要求保证具有不同天赋的学生享有受到适合其潜力发展的教育水平的权利,也就是说教育应做到因材施教。

理念中的教育公平并不必然转化为现实权利。由于受家庭条件、居住区域、民族、种族、宗教信仰等因素的影响,一定程度的教育不公平问题在各国都是存在的。如美国在20世纪50年代之前,白人学生和黑人学生是分校读书的,白人公立学校的条件远好于黑人学校。直到1954年,联邦最高法院才裁定废除学校的种族隔离政策,强制要求白人公立学校接收黑人学生,但是这一政策的执行仍遇到极大的阻力。目前,美国黑人学生、拉丁裔学生的辍学率仍远高于白人学生。

2. 我国的教育支出的公平问题

我国教育支出的公平问题一直非常令人关注,教育的起点公平、过程公平、结果公平等与教育公平理念都还有较大的差距,上一代人的处境对下一代人教育公平的影响仍是非常大的。但令人欣慰的是,近年来这种情况正在得到逐步改善。

（1）城乡差距。

从城乡来看,近年来农村与城市教育条件、政府教育支出的差距在缩小。从生均预算内公用经费支出来看,1997 年农村生均支出占全国平均水平的 64%,2018 年农村生均支出占全国平均水平的 89.9%,显然农村与全国平均水平的差距大幅缩小。这种变化一方面是由于农村义务教育经费筹措方式的改变。2006 年之前农村义务教育经费是由乡镇承担的,因此城乡教育条件差距非常大,自 2006 年开始,农村义务教育经费改为由县级财政统筹,教育经费统筹层次的提高对缩小城乡教育支出差距非常重要;另一方面则是由于政府加大了财政支持力度,在一般公共预算安排的教育经费、政府性基金预算安排的教育经费、企业办学中的企业拨款、校办产业和社会服务收入用于教育的经费等方面加大对农村地区的教育投入。不过,城乡人口在受教育程度方面差异依然较大。

（2）区域差距。

从区域来看,虽然近年来国家加大了对中西部地区教育的支持力度,但是目前除部分高等院校外,各级教育经费主要由地方政府承担。因此,受经济发展水平等各种因素的影响,我国东、中、西部地区教育支出水平存在较大的差异,东部地区明显高于中西部。表 7.10 显示的是 2018 年部分省市各级教育生均预算内教育事业费。可以看出,我国各省市生均预算内教育事业费差异非常大。以义务教育为例,北京普通小学生均预算内教育事业费是河南的近 5 倍,在普通初中生均预算内教育事业费一项上,北京是河南的 6 倍多。教育支出低于全国平均水平的省市基本上都处在中西部地区,各地区教育条件和教学水平相差较大,是一个亟待解决的问题。

表 7.10　2018 年部分省市各级教育生均预算内教育事业费（单位：元）

地　区	普通小学	普通初中	普通高中	职业中学	普通高等学校
全　国	10 566	15 199	14 956	14 201	20 974
北京市	31 376	59 768	66 084	53 861	58 805
上海市	21 887	33 285	39 237	30 035	36 405
安徽省	9 851	15 021	11 954	11 895	15 466
河南省	6 370	9 863	9 350	9 344	14 226
贵州省	10 156	12 242	12 795	6 781	19 490
甘肃省	11 040	13 052	11 745	17 276	20 701

注：资料来源于《2018 年全国教育经费执行情况统计表》。

（3）社会阶层差距。

即使在同一地区内部,各个学校的办学条件和教学质量也是存在较大差异的。这就导致家长"择校"现象比较突出,从而导致家庭出身对子女的教育影响非常大。例如,不同收入水平的家庭对教育作用的认知水平是不同的,通常高收入家庭更加重视子女的教育,有意愿也有能力为子女提供更好的教育。高收入群体为了子女能够进入更好的学校,可以迁居到拥有优质教育资源的地区,或者选择收费昂贵的私立学校,甚至送子女到国外读书,而这些都是低收入家庭难以做到的。特别是对高校学生而言,目前每年近万元的学费和生活费,对贫困家庭是一笔不菲的开支,很多家庭为此背上沉重的负担。孩子受教育质量的不同将影响其在社会上的竞争力,导致下一代的收入差距继续扩大。

(4) 进城务工人员子女教育问题。

进城务工人员子女是一个特殊的群体,他们也许就在城市出生、在城市长大,但是由于户籍不在城市,他们仍然不能算是真正的城里人。对于进城务工人员子女教育,虽然有关部门提出了坚持"两个为主"的原则,即坚持以流入地解决入学为主,坚持以公办学校解决入学为主,但是实际解决的情况并不理想,他们仍然无法享受到政府的义务教育优惠政策。一部分进城务工人员子女选择回原籍上学,留在农村成为留守儿童,远离了父母的关怀;另一部分留在城市读书,主要有两种形式:一种是在专门建立的农民工子弟学校,其办学条件与当地学校是难以相提并论的。另一种是在当地学校借读,二者都需要支付一定的费用,并且还必须回原籍参加升学考试。由于制度的阻隔,使得进城务工人员子女很难融入城市生活,融入社会,对他们成长的负面影响不可低估。

实证研究表明,虽然教育规模的扩展对收入分配具有平等化效应,但是教育的不公平对收入分配却具有很强的不平等效应。客观来看,近年来,在促进基本公共服务均等化这一理念的指导下,城乡、区域义务教育的差距在缩小,我国教育的公平问题正在向好的方向发展。但是,教育的起点不公平、过程不公平和结果不公平导仍是普遍存在的,上一代人的处境对下一代人的影响非常大,这些都是与教育公平理念相违背的。虽然在每个社会都不可能做到绝对的教育公平,但是将差距控制在一定的范围之内,是政府应有的责任。

由于就业压力、家庭贫困、意识落后等原因,2009—2013 年全国有 300 万以上高中毕业生放弃了高考,近五年来高考"弃考率"维持在 10% 左右,这其中多数是农村家庭学生。中国社会科学院的调查报告显示,农村人改变现状越来越困难,以前农村的孩子可以通过当兵、高考实现"跃龙门",但现在农村孩子跃龙门的机会越来越少。农村学生放弃高考直接就业不仅与大学的直接成本有关,还与其家庭负担机会成本的能力息息相关。与其说是农村考生选择了放弃高考,不如说是高考放弃了那些贫困的农村考生,这一现象耐人寻味。

因此,在扩大教育规模的同时,如何保证教育公平应是政府关注的重点。义务教育阶段是最基本的教育阶段,应确保每个人都能均等接受,而不应有太大的不均衡。高等教育应确保机会均等,使每一个学生都能够得到适合其自身发展的教育,政府直接补贴和市场取向的贷款支持项目都非常重要。

教育公平与高考移民

在中国,高考被称为相对最为公平的考试,对人才选拔发挥了重要作用。高考对广大青年学子来说可谓是千军万马争抢通过的独木桥,牵动着亿万家长和考生的心。但是,在哪里出生、在哪里上学、在哪里参加高考等都可能对考生上大学的机会产生较大的影响。

2019年,又一批"高考移民"被取消高考报名的资格。5月13日,深圳教育局发布了《关于对深圳市富源学校"高考移民"调查处理进展情况的通报》。该校2019年高考报名考生中,有32名考生属"高考移民",弄虚作假获取广东省报考资格。对这32名考生,取消其高考报名资格,对深圳市富源学校予以行政处罚,核减该校2019年高中招生计划的50%;责成深圳市富源学校董事会作出深刻检查,责令深圳市富源学校对直接责任人及有关负责人进行严肃处理,认真整改存在问题,严格规范办学行为。

近年来,频频出现与"高考移民"相关的负面新闻,不仅让广大学子倍感寒心,更侵害了高考"洼地"的利益,造成了教育资源浪费,引发社会不公。

为了实现教育公平,尤其是针对某些地区因为地理位置、历史原因等因素长期落后,教育资源匮乏的问题,国家制定了种种政策进行补偿和扶持,旨在提高落后地区学子的受教育机会,维持少数民族地区稳定,促进落后地区经济增长等。可是"高考移民"恰恰无形中抢占了这些本来属于落后地区的资源,阻碍了国家对落后地区的政策性扶持。长远来看,不但不利于教育公平的实现,更是阻碍了落后地区的经济发展和社会安定。

"高考移民"实质是利用了教育政策的倾斜,导致教育资源的错配。少数来自考生数量庞大,整体教育水平比较高,招生计划相对较少、录取率低的高考移民的输出地的学生,投机取巧地移民至考生数量少,国家政策扶持,高考题目简单且录取分数也低的高考"洼地",并在当地参加高考。换言之,在教育水平高的省份读书,去落后的地区考试,利用教育资源优势和分数差让自己顺利进入心仪的大学。

最后,为遏制高考移民,让教育走向公平,需进一步完善户籍、学籍的管理制度,加大对"高考移民"的查处和打击力度。希望教育公平真正能够落到实处,保护每一位学子的切身利益。

二、教育支出的效率

仅关注教育支出的公平问题还是不够的,效率是教育支出的另一个重要问题。因为相对于需求,政府可以用于教育的资金毕竟是有限的。如何最大限度地发挥教育资金的效率,也是教育支出需要考虑的重要因素。教育支出的效率关注的是如何提高教育质量,使每个学生能够得到适合其自身发展的教育机会。

教育支出的公平与效率是对立统一的。一方面,在教育权利平等的前提下,要求在资源配置和教学过程中,公平地对待每一个学生,让他们能够享受平等的教育;另一方面,又要求承认学生的个体差异,能够给每个学生提供不同的教育,使其个性得到充分的发展。在现有的资源约束下,最大限度地提高教育效果。

教育效果的评估是政府教育管理和改革的棘手问题,往往会引起很大的争议。教育改革通常伴随着对教育支出需求的增加,如小班化教育改革,减少班级人数将增加对教育软件和硬件的需求,要求更多的教室和教师,这些都将增加教育费用;同时教育改革的成果又很难衡量,例如完全以考试成绩或升学率来考量就存在很大的争议。因此,如何科学地评估教育改革的效果成为了难点。

目前来看,在提高教育支出的效率方面,引入市场化的竞争机制,促进学校之间的竞争,是很多国家采用的做法。如在教育市场中,既有政府举办的公立教育,也允许市场举办的私立教育存在,让公立学校与私立学校进行竞争。通常认为,公立学校有助于教育公平,但是其管理具有浓厚的官僚体制色彩,运营效率往往比较低下;私立学校以营利为目标,收费高,能够采取与学习成绩挂钩的歧视性价格,往往比公立学校更有效率,然而在教育的公平性上比较欠缺。公立学校和私立学校为了争取优质生源,将努力提高本校的教学质量。私立学校一方面给予好学生奖学金,另一方面对高收入家庭的子女收取较高的学费。这样既有利于提高教学质量,同时也有助于提高低收入家庭子女获取优质教育资源的机会。

同时,公共教育并不一定意味着学校要由政府直接举办或运营,政府应该承担的是教育市场监管者的作用。为了提高教育支出的效率,加强学校之间的竞争,赋予家长对学校的选择权也是一个行之有效的方式。

20世纪90年代以来,特许学校(charter school)在美国获得了迅速发展。特许学校是美国基础教育改革的产物,目的是为了提高教学质量,改变公立学校效率低下的情况。特许学校是通过与州机构或当地学校委员会签订合同建立起来的新型公立学校。在合同期内,政府为学校提供公共经费,给予学校充分的自主权,同时要求学校对合同规定所要达到的目标负责。特许学校作为一种新型的公立学校同时具有公立学校和私立学校的优势。它既像公立学校一样不收学费,又像私立学校一样拥有相对高的自主权;它既像公立学校一样面向所有美国公民,又像私立学校一样具有小班教学的优势;它既具有公立学校公平、公正的特点,又有私立学校重视学生成绩和教学质量的特点。特许学校增加了家长的选择权,至今美国已经有四十多个州通过了特许学校法,一百多万学生在特许学校就读。然而,在特许学校制度下,对教育机构和教学质量的监管是政府教育管理的重点和难点。

还有一些国家直接将公立学校私有化,政府与私立学校签订协议,通过政府购买服务的方式,由私立学校培养学生,政府给予资助。还可以改变教育支出方式,引入教育券来加强学生和家长的自由选择权,我们将在下面阐述。

三、教育支出方式的改革:关于教育券的争论

教育券最早是美国著名经济学家米尔顿·弗里德曼(Milton Friedman,1912—2006)于1955年提出的,他在一篇论文中建议把竞争引入公立学校体系中,即把对公立学校的直接拨款改为由政府向学生家庭发放教育券(voucher),家长可以自由选择经政府认可的教育机构,用政府发放的教育券支付学费,不必考虑是公立学校还是私立学校。政府的作用是对教育市场进行监管,确保学校维持最低限度的办学水准。这样,在市场条件下,公立学校与私立学校处在相同的竞争位置,竞争将有助于提高教学

质量。教育券制度与弗里德曼一贯主张的自由市场思想是相一致的。教育券一经提出,就引起了激烈的争论。

教育券制度的支持者认为:教育券赋予了人们有选择教育的自由,其政策所依据的正是通过教育机会均等而追求社会正义的理念;教育券促进了公立学校间的竞争,也促进公立学校与私立学校之间开展竞争,有助于提高教育质量;教育券使得一些贫困家庭的孩子能够借助教育券进入私立学校,得到更好的教育;教育券使得一些家庭不富裕的少数族裔学生,有机会与较富裕的学生同读私立学校,增加了种族共处的机会,有利于缓解种族矛盾。

教育券制度的反对者认为:贫困家庭并没有因教育券而受益,教育券远不足以抵消私立学校的高额学费,根本不能解决实际问题,真正受益的是富裕家庭,因而它损害了教育公平;由于私立学校有权拒绝接收任何学生,所以有些私立学校人为地增加限制,把贫困家庭、少数民族的子女或那些有特殊需求的学生排除在外,加深了社会隔阂;教育券补贴数额低于公立学校生均开支,转读私立学校的学生缴付给私立学校教育券后,仍留下余额用于补贴继续就读公立学校的学生,公立学校学生所使用的资源反而增加了;教育券违反了美国宪法关于"政教分离"的原则,并削弱了宗教自由。

由于存在激烈争论,教育券在美国推广的情况并不理想。教师工会强烈反对,家长也持怀疑态度。此外,教育券制度是否违反美国宪法中关于"政教分离"原则的争论对教育券的实施影响很大。虽然美国政府资助的教育券实验早在20世纪60年代末开始实施,但是,目前全美只有很少的地方实施教育券制度。

"墙内开花墙外红",教育券在美国之外却得到了很多付诸实践的机会。受美国教育券制度的启发,2001年9月浙江省长兴县开始试点教育券制度,其后国内其他一些城市也陆续推出教育券制度。

专栏7-3

"教育券"制度的几点思考:切勿迷信

2003年,湖北监利开始实施弗里德曼式教育券的"义务教育卡"改革,监利当时把政府对教育仅有的投入——教师工资总额的30%拿出来,根据学生人数分摊给学校。方案实施后出现如下现象:

一是农村小学之间,公办教师工资经费向代课教师流动。因为前者的工资基数高,后者的基数低。二是正常配编学校的经费向缺编的学校流动,即师生比越高的学校教师工资就越高。三是长教龄和高职称的教师工资经费向短教龄、低职称的教师流动。四是村办小学教师工资经费向联村办中心校流动,因为很多村办小学学生少,联村办学因地理条件好、人口相对集中。结果引发了许多问题:严重挫伤了村小教师、高职称教师和长教龄教师的积极性;造成了学校间的恶性竞争。为了提高教师待遇,学校只好争夺生源,办超级大班,谎报生源等,导致相当一部分教师连起码的生活保证都没有,甚至上访、停课。

从监利的教育券实验中可以总结几点思考:

第一,在教育内部引入适度的市场机制,克服公有体制固有弊端,这对教育效率的提高具有促进作用。但是,完全基于市场选择机制的教育券,可能导致学校之间违背教育规律形成过度竞争,不利于我国现阶段基础教育的健康发展。

第二,我国现有教育资源的分配极不均衡,城市与城市之间、农村与城市之间、地区与地区之间存在巨大差别,推行教育券并不能改变这种差别。现有的师资和设施等也无法公平地体现在教育券的面值里。

第三,如何发放教育券是一个难题。监利县以县为单位统一发放,但在城镇与乡村、平原与山区、老学校和新学校之间都无法确保公平。从理论上看,一个农村孩子如得到了一份看似与城市孩子相等的教育券,但是要他去城里"择校"读书,他的实际支出可能要比他得到的那张教育券更多。

第四,教育券发放对象的数量难以确定。若按在校学生数发,由于教育券的有价性质,会刺激学校对学生数弄虚作假。若按学龄人口发放,则有可能造成教育投资流失,因为学校可能无意关心学生是否就学,而有可能更加关心与教育券持有者达成某种协议,只求将教育券弄到手以便向政府兑现。

参考文献:张晓冰.不要迷信"教育券"[N].中国青年报,2013-8-27.

复习与练习

● 主要概念

公共教育　全要素生产率　人力资本　义务教育　基础教育　中等教育　高等教育　教育支出总量　财政性教育经费　预算内教育经费　教育支出结构　教育效益　教育私人受益　教育社会受益　教育私人成本　教育社会成本　教育机会成本　教育直接成本　教育间接成本　明瑟收益率　高考移民　教育公平　有教无类　教育起点公平　教育过程公平　教育结果公平　教育效率　教育券　公立学校　私立学校　特许学校　义务教育均等化

● 思考题

1. 教育对经济社会发展的外部性主要体现在哪些方面?

2. 为什么市场提供教育会存在市场失灵?

3. 与国际水平相比,我国教育支出的总量和结构如何?

4. 如何对教育支出进行成本-收益分析?

5. 什么是教育公平? 教育公平的内涵是什么? 教育公平与效率的关系是什么?

6. 目前中国在教育公平方面还存在哪些不足? 应如何改进?

7. 在当前中国教育市场上,如何处理好公立教育和民办教育之间的关系?

8. 如何提高教育支出的效率,在我国推广教育券应注意哪些问题?

9. 如何解决我国进城务工人员子女教育问题?

10. 如何看待由于教育公平引起的高考教育移民问题?

11. 如何增强我国政府在各级教育中的作用?

12. 为推进我国教育事业持续进步,国家制定了《国家中长期教育改革和发展规划纲要(2010—2020)》,其主要内容是什么?

第八章

农　业

农业是国民经济的战略性基础产业,具有特殊地位。虽然很多国家已经实现了由传统农业社会向现代工业社会的转变,但是仍普遍对农业给予诸多政策支持,农业支出是政府财政支出的一个重要组成部分。我国是一个农业大国,农业、农村、农民问题关系经济社会发展全局,历来受到高度重视。本章主要分析政府为什么要干预农业生产、中国的"三农"问题以及政府农业支出。

第一节　政府干预农业的必要性

市场经济强调自由竞争,但一些发达的市场经济国家对农业的支持力度甚至比发展中国家还要大得多。在我国加入世贸组织的谈判中,对农业补贴政策的分歧是世界贸易组织(WTO)多哈回合谈判迟迟难以成功的最主要的因素。政府对农业的干预有扎实的理论依据和现实基础。总体来看,主要基于以下几个方面的原因。

一、农业的基础产业地位

"民以食为天",从农业的自身性质和特点来看,农业是人类的衣食之源,生存之本。人类的生存繁衍离不开农业,经济的发展离不开农业,社会的稳定离不开农业。因此,可以说农业是永恒的基础产业。在三次产业划分中,农业被作为第一产业;对于人类来说,农业是永远无法离弃的产业;对于人口大国而言,农业更是具有战略地位。

自工业革命以来,虽然人类生产水平得到了巨大的提高,粮食产量也大幅增加,但是粮食问题并没有得到根本解决。粮食价格上涨对一些粮食进口国家造成了严重冲击,导致严重的通货膨胀,使得低收入人群的生活更加困难,在一些国家甚至造成了社会骚乱和政治动荡,再次引发了人们对全球粮食危机的关注。据联合国粮农组织(FAO)估计,2020年由全球新冠疫情引发的连锁反应加剧了饥饿风险。27个国家和地区的粮食安全状况可能恶化,并将新增1.3亿饥饿人口,全球将有6.9亿人处于饥饿的状态。

目前,全球粮食总产量已经超过20亿吨。虽然从全球来看,粮食的供给和需求基本上可以达到均衡,但是粮食生产有两个特点:一是粮食生产地域不平衡,世界主要农产品出口国是美国和欧盟国家(以法国、荷兰、德国和英国为首),巴西、加拿大和澳大利亚也是农产品出口大国,世界农产品贸易的三分之二来源于富裕的经合组织国家(OECD)。而另一些国家(特别是非洲一些发展中国家)的粮食则主要依赖进口,甚至不得不依靠粮食援助。二是全球粮食与农业发展不稳定,受价格、气候等因素的影响,不同年份之间粮食产量波动较大,特别是日益受到关注的全球气候变暖问题可能对未来粮食生产带来严重影响。粮食生产的这两大特点使得一些粮食生产和出口大国可以利用粮食作为武器,左右国际市场,甚至影响和支配其他国家。虽然由于全球金融危机的影响,粮食价格有所回落,但是长期来看,一些专家认为生物燃料的发展、人类需求的增加、全球气候变暖对生产的影响以及农产品贸易壁垒等,将使全球进入高粮价时代。

对于人口大国而言,粮食安全问题显得更为重要。如果农业出了问题,不仅会危及国民经济的健康发展和社会稳定,而且会危及民族的生存。因此,粮食问题已经上升到国家经济安全问题,农业作为生产粮食的基础产业需要政府的政策支持。

二、农业对公共产品的依赖性

按照农业产品和服务的性质,可以分为农业公共产品、准公共产品和私人产品(如图 8.1 所示)。农业公共产品指的是与农业生产密切相关的公共事务,具有生产性、公共性、外部性和地域性。农业公共产品和准公共产品主要包括以下几个方面。

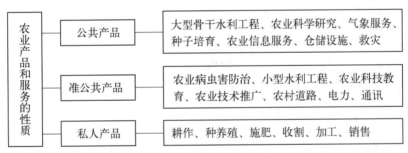

图 8.1　农业产品和服务的性质

一是农业基础设施,如大型农业水利工程、灌溉设施、仓储设施。这些设施对农业生产具有重要作用,但是通常这些工程投资大、建设周期长、投资回收难,具有较大的效益外溢性,靠单个农户是难以完成的,需要政府投资建设。

二是农业科研和技术的推广。农业发展的根本出路在科技进步,农业技术对提高农产品产量具有重要意义,如新品种的培育、病虫害的防治等。这些技术一旦成功,能产生巨大的经济和社会效益,但是需要政府通过大量的资金投入和强大的技术力量支撑。

三是农村公共服务,如农村气象服务、道路、通讯、电力、农民职业教育等。这些公共服务也具有公共产品或准公共产品的性质,对于农业生产具有重要的促进作用,需要政府提供。

根据公共产品相关理论,公共产品具有非竞争性和非排他性,如果完全由市场提供将产生效率损失。因此,从资源配置的效率角度考虑,农业公共产品应该主要由政府提供,一部分农业准公共产品也应该由政府提供。

在不同发展阶段,政府提供的农业公共产品的类型是不同的。如美国在 20 世纪 20~30 年代经济危机之前,由于农业尚不发达,政府主要投资于农业水利、灌溉、交通等生产领域的公共产品;此后,由于农产品大量过剩,政府投资的重点由生产领域转向流通领域,主要投资于农业科技、农产品储备、农产品质量检验检测、农产品信息等公共产品。因此,政府提供的农业公共产品需要跟上农业经济发展变化的要求。

三、农产品价格的蛛网特征

农产品的供给和需求有其自身的特点:从供给方面来看,农产品的种植具有自然的周期性生长规律。其生产和加工时间比较长,通常一年一季,而且生产规模一旦确定不能中途改变。短期内农民较难根据市场变化情况及时调整生产决策,供给弹性很小。但从长期来看,农产品的供给又是具有较大弹性的,农民可以根据当年市场价格的变化决定下一年的种植量;从需求来看,由于农产品是生活必需品,对农产品需求的价格弹性和收入弹性往往是小于 1 的。当农产品的价格和人们的收入发生变化时,农产品的需求往往是缺乏弹性的。在农产品市场上,价格仍然是由本期产量和市场需求决定的,但本期的产量取决于前期的价格,本期价格将影响下一周期的产量,由此循环反复,农产品的产量和价格波动呈现较强的周期性特征。

经济学家用蛛网模型(cobweb model)来分析农产品产量和价格的动态均衡变化。如图 8.2 所示,D 是农产品的需求曲线,S 是农产品的供给曲线。农产品均衡的产量是 Q_0,均衡的市场价格是 P_0。当产量是 Q_1 时,由于产量小于均衡产量,价格将为 P_1,价格高于均衡价格,农民得到较高的收益。但当期价格决定下一期的产量,下一期产量将达到 Q_2,导致供给大于需求,价格下跌到 P_2,如此循环反复。价格和产量呈现动态变化,像一个蜘蛛网一样。价格和产量的动态变化趋势取决于农产品的供给弹性和需求弹性。当需求弹性大于供给弹性时,经过若干个生产周期的调整,农产品的价格将向均衡价格靠近,农产品的价格是收敛的,如(a)图所示;当农产品的需求弹性小于供给

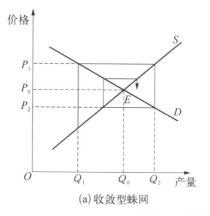

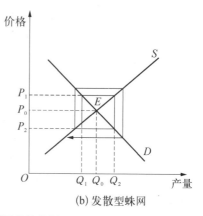

(a)收敛型蛛网　　　　　　　　(b)发散型蛛网

图 8.2　农产品的蛛网价格特征

弹性时,农产品的价格将离均衡价格越来越远,农产品的价格将是发散的,如(b)图所示。还有一种情况,即当农产品的供给弹性和需求弹性相同时,农产品的价格将围绕均衡价格上下波动,这里没有用图形表示出来。

通常,由于农产品需求弹性较低,而供给长期又富有弹性,即长期来看,农产品的供给弹性大于需求弹性,因而农产品价格总体上呈现出发散型蛛网的不稳定特征。

中国民间有句古话叫"谷贱伤农",很好地说明了农产品的这种特征。就是说,即使某年收成很好,粮食丰收了,但是由于供大于求,将使得粮食价格降低。由于对粮食的需求缺乏弹性,需求量不会有太大的增长,这就使得农民丰产不一定增收,农民的收入不但没有增加反而可能会下降。近年来,我国多次出现"猪贱伤农""果贱伤农""菜贱伤农"等现象。即使是有着"一果上市、百果让路"美誉的传统名贵水果荔枝,也曾由于种植面积过大,且大部分荔枝鲜果集中在6月上旬至7月中旬成熟上市,而出现过市场价格大跌的情况。这甚至导致一些种植户刨树毁园,造成很大的经济损失。

从市场失灵的角度来看,农产品价格的周期性波动主要是由于农业生产上的信息不对称。通常,在以家庭小规模生产为主体的农业经济组织形式下,农民在决定种植何种农作物以及种植产量时,不知道其他人种植的是何种作物以及种植量。因此,个体农户很难准确预知当年的市场价格会是多少,只能大致根据上年的价格来决定自己的生产。价格的滞后性使得农民在农产品的生产和供给上具有趋同性,从而导致农产品价格和产量剧烈波动。

四、农业部门的弱势特性

相对于工业部门和服务业部门,农业部门虽然是基础产业,但是农业却是典型的弱势产业。由于农业生产周期长、受自然灾害等外部因素影响大以及农产品价格的蛛网特征,即使当今科学技术有了很大的提高,农业部门靠天吃饭的特征也没有根本改变。因此,总体来看,农业部门投入高、收益低、风险大,农业生产者在市场竞争中处于劣势地位,导致农业生产者的收入总体偏低,城乡收入差距呈现扩大趋势。

在一些发展中国家,农业生产力低下,农村人口所占比重高。例如,2016年,孟加拉国的农业人口占比为74.5%、印度为71%、印度尼西亚为50.8%、巴基斯坦为64.7%,这几个人口大国的农业人口比重都在50%以上。此外,撒哈拉以南非洲农业人口比重为64.2%。这些地区的耕地资源十分紧张,人多地少矛盾突出,农民在国家政治、经济、社会事务中处于明显的弱势地位。根据世界银行《2018年世界发展指标》,2017年全球农村人口比例为48.1%左右,其中低收入国家农村人口比例为66.7%,世界上仍有近70%的贫困人口生活在农村,他们直接或间接地以农业为生。因此,从社会公平的角度考虑,政府也需要对农业生产给予支持。

基于以上原因,不管是发展中国家还是发达国家,各国政府都对农业生产给予了广泛的政策支持。特别是在美国、法国等发达国家,虽然农业人口所占比重不高,农业产值在经济中所占比重很低,但是政府对农业的支持力度非常大。

第二节 三 农 问 题

我国仍是一个农业大国,由于历史原因和制度原因,我国城乡二元结构特征明显,形成了特有的三农问题,即农业问题、农村问题和农民问题。三农问题的解决关系我国经济社会发展全局,党和政府对此一直十分重视。特别是党的十九大以来,党中央围绕打赢脱贫攻坚战、实施乡村振兴战略作出一系列重大部署,出台一系列政策举措,使农业农村的发展取得了巨大进步。但是从总体来看,我国三农问题的彻底解决仍然任重道远。

一、农业

改革开放以来,虽然第一产业在我国国民经济中所占的比重稳步下降,如表 8.1 所示,第一产业产值占国内生产总值(GDP)的比重从 1978 年的 28.2%下降到 2019 年的 7.1%,但是作为一个人口大国,农业仍是我国战略性的基础产业。

粮食是农业之本。提高农业综合生产力,保障粮食供给安全是我国农业改革的重中之重。我国人多地少,耕地面积不足世界的 10%,人口却占世界的 22%,粮食安全问题将面临长期挑战。1994 年,美国世界经济观察研究所的莱斯特·布朗(Lester Brown)曾经撰文《谁来养活中国?》(*Who Will Feed China?*),预测中国到 2003 年将出现 2.2 亿吨的粮食缺口,将导致全球性大饥荒,这篇文章曾经在国内外引起极大的反响。虽然布朗的预言并没有变为现实,但是中国的粮食安全问题时刻不能放松。如表 8.1 所示,2019 年我国粮食产量为(包括稻谷、小麦、玉米、薯类、豆类)66 384 万吨,已连续 8 年突破 6 000 亿公斤。尽管我国的粮食产量连续多年保持稳步增长,但是我国粮食产量并不能因此而过于乐观。

表 8.1 1978—2019 年我国三农问题主要指标变化

年 份	粮食产量 (万吨)	第一产业产值(亿元)	比重(%)	乡村人口 (万人)	比重(%)	农村居民 家庭人均 纯收入(元)	与城镇 差距
1978	30 477	1 028	28.2	79 014	82.1	134	1:2.6
1985	37 911	2 564	28.4	80 757	76.3	398	1:1.9
1990	44 624	5 062	27.1	84 138	73.6	686	1:2.2
1995	46 662	12 136	19.9	85 947	71.0	1 578	1:2.7
2000	46 218	14 945	15.1	80 837	63.8	2 253	1:2.8
2005	48 402	22 420	12.2	74 544	57.0	3 255	1:3.2
2010	55 911	38 431	9.3	67 113	50.1	5 919	1:3.2
2011	58 849	44 781	9.3	65 656	48.7	6 977	1:3.1

公共经济学

（续表）

年　份	粮食产量（万吨）	第一产业产值（亿元）	比重（%）	乡村人口（万人）	比重（%）	农村居民家庭人均纯收入（元）	与城镇差距
2012	61 223	49 085	9.1	64 222	47.4	7 917	1：3.1
2013	63 048	53 028	8.9	62 961	46.3	9 430	1：2.8
2014	63 965	55 626	8.7	61 866	45.2	10 489	1：2.8
2015	66 060	57 775	8.4	60 346	43.9	11 422	1：2.7
2016	66 044	60 139	8.1	58 973	42.7	12 363	1：2.7
2017	66 161	62 100	7.6	57 661	41.5	13 432	1：2.7
2018	65 789	64 734	7.2	56 401	40.4	14 617	1：2.7
2019	66 384	70 347	7.1	55 162	39.4	16 021	1：2.6

注：资料来源于历年《中国统计年鉴》和中华人民共和国2019年国民经济和社会发展统计公报。

受农业结构调整、生态退耕、自然灾害损毁和非农建设占用等影响，我国耕地资源逐年减少。水利部发布的《2018年全国水利发展统计公报》显示，2018年年底，全国耕地面积为13 465.9万公顷，相比上年减少耕地面积20.4万公顷。类似地，《中华人民共和国2019年国民经济和社会发展统计公报》显示，2019年全年粮食种植面积11 606万公顷，比上年减少97万公顷。在灌溉方面，2019年新增耕地灌溉面积27万公顷，新增高效节水灌溉面积146万公顷。《全国国土规划纲要（2016—2030年）》要求，到2030年我国耕地保有量要保持在18.3亿亩以上。这是一个约束性指标，即要严格执行、不能突破。但随着工业化和城镇化进程的加快，耕地仍将继续减少，宜耕后备土地资源日趋匮乏，今后扩大粮食播种面积的空间极为有限。

我国农业发展方式依然粗放，农业基础设施和技术装备相对落后。2019年，全国约9万座水库中，有3万多座存在安全隐患。截至2018年年底，全国灌溉面积7 454.2万公顷，其中耕地灌溉面积6 827.2万公顷，占全国耕地面积的50.7%。为此，水利部提出为了确保农业用水、促进节水，需要加大现代农田水利建设力度，到2020年使全国农田有效灌溉面积达到10亿亩，节水灌溉工程占有效灌溉面积的比例达到60%以上。农业生产经营组织化程度低，传统的以单个农户为主体的小农生产方式没有根本改变，生产效率不高。特别是近年来，由于化肥、农药、农用柴油等农业生产资料价格上涨和人工成本上升，农民种粮成本大幅增加，农业比较效益下降，种粮效益明显偏低。粮食主产区一半以上的青壮年劳动力外出打工，农业劳动力呈现结构性紧缺，一些地区粮食生产出现"副业化"的趋势。保护农民种粮积极性，保持粮食生产稳定发展的难度加大。

另外，随着人民生活水平的提高，对粮食的需求还将增加，粮食需求总量将继续增长。根据预测，未来几年中国人均粮食消费水平每年增加0.5%以上，若加入人口总量增长因素，中国粮食消费总量每年增长幅度在1%以上。同时，受全球气候变暖影响，我国旱涝灾害特别是干旱缺水状况呈加重趋势，可能会给农业生产带来诸多不利影响，将对我国中长期粮食安全构成极大威胁。因此，我国粮食供求将长期处于紧平衡状态。根据《国家粮食安全中长期规划纲要(2008—2020)》,为了保障国家粮食安全,我国要实现粮食自给率稳定在95%以上,到2020年达到5 400亿公斤以上,到2020年耕地保有量不低于18亿亩,因此我国农业的战略性基础地位是不可动摇的。

二、农村

长期以来,国家对广大农村地区的公共产品与服务处于缺位和失位状态。农村公共产品与服务采取以国家政策主导、乡村自筹资金的自主供给模式。乡村道路、农村义务教育、"五保"供应等公共产品与服务所需资金主要来自乡村自筹,政府几乎没有投入,即使有也明显不足。这导致我国城乡发展差距日益扩大,城乡二元结构特征十分明显。当前农村经济不发达,基础设施建设滞后。相对于城镇人口,农村人口在教育、医疗等方面享受到的公共服务水平明显偏低,这一点在中西部地区更为突出。

近年来,农村基础设施建设成效明显,但与城市相比仍有差距。党的十八大以来,国家高度重视农村工作。一系列强农惠农富农政策的实施,加快了农村基础设施建设步伐。大多数村庄通了公路,县一级基本上通了高速公路,物流配送大规模下了乡。国家统计局数据显示,近5年来全国新建改建了农村公路127.5万公里,99.2%的乡镇和98.3%的建制村通上了沥青路、水泥路,解决了2.5亿多农村人口饮水安全问题,90%以上的村通了宽带互联网。尽管如此,农村基础设施仍然薄弱。比如,部分农田缺乏有效灌溉设施,农业机械化总体水平有待提升;农产品物流设施相对落后;部分村庄没有污水、垃圾处理设施;农村人居环境质量仍需改善等。

从教育发展水平来看,2018年,农民平均受教育年限仅7.9年,与城市平均水平相差3年多;近5亿农村劳动力中,受过大专以上教育的不足1%,比城市低近13个百分点,高中以上文化程度的只占13.7%,小学及以下文化程度的占34.1%,不识字及识字很少的还占6.9%;全国仍有一定数量的文盲和半文盲,近3/4集中在落后地区。

从公共医疗卫生来看,农村人口公共卫生资源不足全国总量的30%,2017年,农村每千人口平均拥有不到1张病床(城市的平均床位约为3.9张);城市每张病床平均拥有8.8万元的医疗设备,农村仅有1.31万元;农村每千人口只拥有1名左右的卫生技术人员(城市则在5名以上),农村有近1亿人口得不到及时的医疗服务,近20%的县未达到人人享有初级卫生保健规划目标的基本标准。

由于我国城乡差距较大,以致一些人呼吁要给予农民国民待遇。提高农村的基本公共服务水平、实现城乡基本公共服务的均等化是我国乡村振兴的重要任务。

三、农民

由于户籍制度的阻隔,我国将人口人为分为城镇户口和农村户口。2019年,我国乡村人口为55 162万人,占全部人口的比重为39.4%,比1978年有较大幅度的下降,且首次跌破40%,已经有超过60%的人口生活在城市。但随着经济社会快速发展,农民总体收入低,增收难,城乡居民贫富差距仍呈扩大趋势。

改革开放以来,虽然农村居民家庭人均纯收入得到了持续增长,但是相对于城镇居民收入增速而言明显较为缓慢。2019 年农村居民家庭人均可支配收入是 1978 年的 121 倍,其增速低于城镇居民。与此同时,城乡收入差距仍较大。1985 年农村居民家庭人均纯收入与城镇居民家庭人均可支配收入之比为 1∶1.9,2019 年为 1∶2.6。若把城乡在教育、医疗、社会保障的等公共服务方面的差距考虑在内,城乡实际收入差距将更高。

由于农民总体受教育水平较低,广大农民在国家经济社会事务中话语权不足,很多情况下处于被动的受支配地位。虽然很多农民进城务工,但是无法享受到与城市居民同等的待遇,属于弱势群体。逐步消除户籍限制、提高农民收入水平、缩小城乡收入差距,是我国农民工作的核心问题。

因此,总体来看,我国农业基础仍然薄弱,最需要加强;农村发展仍然滞后,最需要扶持;农民增收仍然困难,最需要加快其收入增长速度;城乡发展失衡仍然是最大的社会结构性矛盾,最需要解决。

专栏8-1

三农工作新部署:乡村振兴战略

党的十九大报告指出,农业、农村、农民问题是关系国计民生的根本性问题,必须始终把解决好三农问题作为全党工作的重中之重,实施乡村振兴战略。

2018 年初,国务院发布了中央一号文件,即《中共中央国务院关于实施乡村振兴战略的意见》。3 月,《政府工作报告》明确要大力实施乡村振兴战略。5 月,中央政治局审议了《国家乡村振兴战略规划(2018—2022 年)》。9 月,中共中央、国务院印发了《乡村振兴战略规划(2018—2022 年)》,要求各地区、各部门结合实际认真贯彻落实。12 月,中央经济工作会议指出,打好脱贫攻坚战,重点解决好实现"两不愁三保障"面临的突出问题,加大"三区三州"等深度贫困地区和特殊贫困群体脱贫攻坚力度,减少和防止贫困人口返贫等。

实施乡村振兴战略"三步走"时间表

中央农村工作会议明确了实施乡村振兴战略的目标任务:

——到 2020 年,乡村振兴取得重要进展,制度框架和政策体系基本形成;

——到 2035 年,乡村振兴取得决定性进展,农业农村现代化基本实现;

——到 2050 年,乡村全面振兴,农业强、农村美、农民富全面实现。

中国特色社会主义乡村振兴道路怎么走?

必须重塑城乡关系,走城乡融合发展之路;必须巩固和完善农村基本经营制度,走共同富裕之路;必须深化农业供给侧结构性改革,走质量兴农之路;必须坚持人与自然和谐共生,走乡村绿色发展之路;必须传承发展提升农耕文明,走乡村文化兴盛之路;必须创新乡村治理体系,走乡村善治之路;必须打好精准脱贫攻坚战,走中国特色减贫之路。

坚持农业农村优先发展,按照产业兴旺、生态宜居、乡风文明、治理有效、生活富裕的总要求,建立健全城乡融合发展体制机制和政策体系,统筹推进农村经济建设、政治建设、文化建设、社会建设、生态文明建设和党务建设,加快推进乡村治理体系和治理能力现代化,加快推进农业农村现代化,走中国特色社会主义乡村振兴道路,让农业成为有奔头的产业,让农民成为有吸引力的职业,让农村成为安居乐业的美丽家园。

第三节 农业支出

对我国来说,农业是安天下、稳民心的战略产业。没有农业现代化就没有国家现代化,没有农村繁荣稳定就没有全国繁荣稳定,没有农民全面小康就没有全国人民全面小康。党和政府历来十分重视三农问题的解决,进入21世纪以来,先后提出了统筹城乡发展、建设社会主义新农村等一系列重大举措,着力推进工业反哺农业、城市支持农村、破除城乡二元结构、促进城乡经济社会一体化发展。2020年是全面建成小康社会目标实现之年,为实现全面小康,三农领域突出短板必须补上。因此,为了持续抓好农业稳产保供和农民增收,推进农业高质量发展,保持农村社会和谐稳定,提升农民群众获得感、幸福感、安全感,政府对三农的投入和支持力度也明显加大。

一、农业发展支出

为了支持农业发展,政府每年都投入大量的人力、物力、财力。我国财政用于支持农业发展的支出主要包括四个方面。

一是支援农村生产支出(简称支农支出),指国家财政支援农村集体(户)各项生产的支出,包括对农村举办的小型农田水利和打井、喷灌等的补助费,对农村水土保持措施的补助费,对农村建设的小水电站的补助费,特大抗旱的补助费,农村开荒补助费,支援农村合作生产组织资金、农村农技推广和植保补助费,农村造林和林木保护补助费,农村水产补助费,发展粮食生产专项资金。

二是农业基本建设支出,指按国家有关规定,属于农业基本建设范围内的基本建设有偿使用、拨款、资本金支出以及经国家批准对专项和政策性农业基建投资贷款,在部门的基建投资额中统筹支付的贴息支出,包括农田水利设施建设、天然林保护工程、风沙源治理工程、仓储设施建设等。

三是农业科技转化与推广支出,指国家财政用于农业科技成果转化、农业新品种、新机具、新技术引进、试验、示范、推广及服务等。

四是农村救济费,指国家财政用于农村自然灾害救济事业费、特大自然灾害灾后重建补助费以及扶贫支出等。

农业综合开发是我国提高农业综合生产能力,确保国家粮食安全,促进农民增收的一项重要举措。1988年开始,国家专门设立土地开发建设基金(后改为农业综合开发资金),专项用于农业综合开发。

目前农业综合开发项目分为两类:一是土地治理项目,具体包括高标准农田建设项目、生态综合治理项目(小流域治理、草原草场建设、土地沙漠化治理)、中型灌区节水配套改造项目;二是产业化经营项目,具体包括经济林及设施农业种植基地、养殖基地建设,农产品加工、农产品流通设施建设,农业社会化服务体系建设等。

二、对农民的补贴支出

农业补贴是农业公共政策的一个重要组成部分,在很多国家都得到了广泛运用。随着我国政府对三农问题的重视,除了支持农业发展外,国家财政还对农民实行补贴,在"少取"或"基本不取"的同时,"多予"成为政府农业政策新的着力点。近年来,财政对农民的补贴较以往发生了较大变化,主要有以下内容。

一是农业"三项补贴"。自 2004 年起,国家先后实施了农作物良种补贴、种粮农民直接补贴和农资综合补贴等三项补贴政策(以下简称农业"三项补贴")。农作物良种补贴是对农民选用农作物良种并配套使用良法技术进行的资金补贴,目的是支持农民积极使用优良作物种子,提高良种覆盖率。种粮农民直接补贴,是国家为了保护种粮农民利益、调动种粮积极性、提高粮食产量和促进农民增收,给种粮农民的一项政策性补贴,简称粮食直补。农资综合补贴是指政府对农民购买农业生产资料(包括化肥、柴油、种子、农机)实行的一种直接补贴制度。在综合考虑影响农民种粮成本、收益等变化因素,通过农资综合直补及各种补贴,来保证农民种粮收益的相对稳定,保障国家粮食安全。其资金来源于粮食风险基金,通过粮食风险基金专户下拨。

起初,农业"三项补贴"的实施对于促进粮食生产和农民增收、推动农业农村发展发挥了积极的作用。但随着农业农村发展形势发生深刻变化,农业"三项补贴"政策效应出现递减,政策效能逐步降低,迫切需要调整完善。为逐步完善农业补贴政策,改进农业补贴办法,提高农业补贴政策效能,财政部和农业农村部决定从 2015 年调整完善农业"三项补贴"政策。

在全国范围内调整 20% 的农资综合补贴资金用于支持粮食适度规模经营。根据农业生产资料价格下降的情况,各省、自治区、直辖市、计划单列市从中央财政提前下达的农资综合补贴中调整 20% 的资金,加上种粮大户补贴试点资金和农业"三项补贴"增量资金,统筹用于支持粮食适度规模经营。支持对象为主要粮食作物的适度规模生产经营者,重点向种粮大户、家庭农场、农民合作社、农业社会化服务组织等新型经营主体倾斜,体现"谁多种粮食,就优先支持谁"。

选择安徽、山东、湖南、四川和浙江等 5 省,并从省内选择一部分县市开展农业"三项补贴"改革试点。试点的主要内容是将农业"三项补贴"合并为"农业支持保护补贴",政策目标调整为支持耕地地力保护和粮食适度规模经营。在试点取得明显成效的基础上,2016 年农业"三项补贴"改革在全国推开。

二是农机购置补贴,即对农民和农业生产经营组织购买国家支持推广的先进适用的农业机械给予补贴。自 2004 年该补贴实施以来,我国农业生产急需的主要农机装备保有量保持快速增长,机械化作业面积持续扩大,为实现粮食生产和农民增收提供了有力的装备技术支撑。2018 年是新一轮农机购置补贴政策实施的启动年,全年共实施中央财政农机购置补贴资金 174 亿元,扶持 163 万农户购置机具 191 万台(套)。与以往相比,2018 年各省补贴范围均有所扩大,重点新增了支持农业绿色发展的机具,而且取消了申请补贴指标等门槛,只要符合资质条件的机具均予补贴兑付,稳定了农民购机预期。2020年,为加快老旧农业机械报废更新进度,进一步优化农机装备结构,促进农机安全生产和节能减排,农业农村部、财政部和商务部共同制定了《农业机械报废更新补贴实施指导意见》,由中央财政从农机购置补贴中安排资金,对农民报废老旧农机给予适当补助。

改革之后的农业"三项补贴"给予了从事粮食生产的种粮大户、家庭农场、农民合作社等新型经营主体得到了除自己承包耕地之外的补贴支持,调动了种粮积极性,有效发挥了促进粮食生产的作用。不断完善的农机购置补贴政策不仅稳定了农民的购机预期,满足了农业生产需要,还有效促进了农机产品技术创新和研发、生产、应用,满足乡村振兴战略对机械化的新需求。总之,现在农民种粮不但不用交税了,各方面享受的财政补贴力度也越来越大,农民与政府的"取""予"关系发生了根本性改变。我国其他与农业相关的补贴还包括退耕还林补贴、能繁母猪和后备奶牛饲养补贴等。

国家为了促进粮食生产稳定发展,消除粮食价格波动对农民收入以及种粮积极性的影响,还对小麦、稻谷等粮食实行最低收购价政策。当市场粮价低于国家确定的最低收购价时,国家委托符合一定资质条件的粮食企业,按国家确定的最低收购价敞开收购农民的粮食,所需资金主要由中央财政负担。我国还持续加大对玉米、棉花、大豆等农产品的中央财政补贴力度,建立了玉米生产者补贴制度,开展棉花、大豆目标价格改革试点,不断健全农业支持保护制度。近年来,国家逐年适当提高粮食最低收购价格,每年财政拿出专项资金用于粮食收购,消除农民卖粮的风险,对保护农民利益、保障市场供应稳定发挥了重要作用。

三、农村公共服务支出

为了缩小城乡差距,统筹城乡协调发展,近年来国家坚持公共财政向农村倾斜,加大了对农村公共产品与服务的投入力度,力求缩小城乡居民在分享政府公共服务方面的差距。2020年是全面建成小康社会目标实现之年,而"小康不小康,关键看老乡",小康成色如何,很大程度上要看"三农"工作成效,其中一个重点就是加快补齐农村基础设施和公共服务短板。

一是加大农村公共基础设施建设力度。推动"四好农村路"示范创建提质扩面,启动省域、市域范围内示范创建。在完成具备条件的建制村通硬化路和通客车任务基础上,有序推进较大人口规模自然村(组)等通硬化路建设。2019年,全国新建改建农村公路29万公里,具备条件的乡镇和建制村全部通上了硬化路;支持村内道路建设和改造;加大成品油税费改革转移支付对农村公路养护的支持力度;加快农村公路条例立法进程;加强农村道路交通安全管理;完成"三区三州"和抵边村寨电网升级改造攻坚计划;基本实现行政村光纤网络和第四代移动通信网络普遍覆盖;落实农村公共基础设施管护责任,应由政府承担的管护费用纳入政府预算;做好村庄规划工作。

二是提高农村供水保障水平,全面完成农村饮水安全巩固提升工程任务。统筹布局农村饮水基础设施建设,在人口相对集中的地区推进规模化供水工程建设。有条件的地区将城市管网向农村延伸,推进城乡供水一体化。中央财政加大支持力度,补助中西部地区、原中央苏区农村饮水安全工程维修养护。加强农村饮用水水源保护，做好水质监测。八成以上的农村人口喝上了自来水。

三是扎实搞好农村人居环境整治。分类推进农村厕所革命，东部地区、中西部城市近郊区等有基础、有条件的地区要基本完成农村户用厕所无害化改造，其他地区实事求是确定目标任务。各地要选择适宜的技术和改厕模式，先搞试点，证明切实可行后再推开。全面推进农村生活垃圾治理，开展就地分类、源头减量试点。梯次推进农村生活污水治理，优先解决乡镇所在地和中心村生活污水问题，开展农村黑臭水体整治。支持农民群众开展村庄清洁和绿化行动，推进"美丽家园"建设。鼓励有条件的地方对农村人居环境公共设施维修养护进行补助。

四是提高农村教育质量。加强乡镇寄宿制学校建设，统筹乡村小规模学校布局，改善办学条件，提高教学质量。加强乡村教师队伍建设，全面推行义务教育阶段教师"县管校聘"，有计划安排县城学校教师到乡村支教。落实中小学教师平均工资收入水平不低于或高于当地公务员平均工资收入水平政策，教师职称评聘向乡村学校教师倾斜，符合条件的乡村学校教师纳入当地政府住房保障体系。持续推进农村义务教育控辍保学专项行动，巩固义务教育普及成果。增加学位供给，有效解决农民工随迁子女上学问题。重视农村学前教育，多渠道增加普惠性学前教育资源供给。加强农村特殊教育。大力提升中西部地区乡村教师国家通用语言文字能力，加强贫困地区学前儿童普通话教育。扩大职业教育学校在农村招生规模，提高职业教育质量。

五是加强农村基层医疗卫生服务。办好县级医院，推进标准化乡镇卫生院建设，改造提升村卫生室，消除医疗服务空白点。稳步推进紧密型县域医疗卫生共同体建设。加强乡村医生队伍建设，适当简化本科及以上学历医学毕业生或经住院医师规范化培训合格的全科医生招聘程序。对应聘到中西部地区和艰苦边远地区乡村工作的应届高校医学毕业生，给予大学期间学费补偿、国家助学贷款代偿。允许各地盘活用好基层卫生机构现有编制资源，乡镇卫生院可优先聘用符合条件的村医。加强基层疾病预防控制队伍建设，做好重大疾病和传染病防控。将农村适龄妇女宫颈癌和乳腺癌检查纳入基本公共卫生服务范围。《"健康中国2030"规划纲要》明确对中西部贫困地区实施健康扶贫工程，加大医疗卫生机构建设支持力度，提升服务能力，保障贫困人口健康。

六是加强农村社会保障。适当提高城乡居民基本医疗保险财政补助和个人缴费标准。提高城乡居民基本医保、大病保险、医疗救助经办服务水平，地级市域范围内实现"一站式服务、一窗口办理、一单制结算"。加强农村低保对象动态精准管理，合理提高低保等社会救助水平。完善农村留守儿童和妇女、老年人关爱服务体系。发展农村互助式养老，多形式建设日间照料中心，改善失能老年人和重度残疾人护理服务。2018年8月的《打赢人力资源社会保障扶贫攻坚战三年行动方案》明确在贫困地区，推进贫困人口社会保险应保尽保，切实落实贫困人口各项参保优惠及代缴补贴政策，实现贫困人口基本养老保险全覆盖。同时，防范因工伤、失业致贫返贫，积极推进农民工参加失业保险，关注贫困人口就业后的参保情况，为包括贫困人口在内符合条件的失业人员提供基本生活保障。

七是改善乡村公共文化服务。推动基本公共文化服务向乡村延伸,扩大乡村文化惠民工程覆盖面。鼓励城市文艺团体和文艺工作者定期送文化下乡。实施乡村文化人才培养工程,支持乡土文艺团组发展,扶持农村非遗传承人、民间艺人收徒传艺,发展优秀戏曲曲艺、少数民族文化、民间文化。保护好历史文化名镇(村)、传统村落、民族村寨、传统建筑、农业文化遗产、古树名木等。以"庆丰收、迎小康"为主题办好中国农民丰收节。

八是治理农村生态环境突出问题。大力推进畜禽粪污资源化利用,基本完成大规模养殖场粪污治理设施建设。深入开展农药化肥减量行动,加强农膜污染治理,推进秸秆综合利用。在长江流域重点水域实行常年禁捕,做好渔民退捕工作。推广黑土地保护有效治理模式,推进侵蚀沟治理,启动实施东北黑土地保护性耕作行动计划。稳步推进农用地土壤污染管控和修复利用。继续实施华北地区地下水超采综合治理。启动农村水系综合整治试点。

总体来看,我国三农问题的彻底解决仍然面临艰巨任务。稳定粮食生产,加强现代农业设施建设,推动农业的规模化生产;发展富民乡村产业,打造农业全产业链,稳定农民工就业,促进农民增收;加大农村公共基础设施建设力度,实现城乡基本公共服务均等化,改变城乡二元结构,应是政府三农政策的着力点,这些都需要加大公共财政的支持力度。

复习与练习

● 主要概念

三农问题　农业公共产品　生物燃料　蛛网理论　发散型蛛网　收敛型蛛网　谷贱伤农　城乡二元结构　农业发展支出　支农支出　农业基本建设支出　农业科技三项费　农村救济费　农业综合开发　种粮直补　农资综合直补　良种补贴　农机具购置补贴　收入型补贴　支出型补贴　家电下乡　多予　少取　放活　农村税费改革　粮食最低收购价格　三农支出　多哈回合谈判　黄箱政策　绿箱政策　蓝箱政策　农产品特殊保障机制

● 思考题

1. 在市场经济下,为什么政府仍要干预农业生产?

2. 什么是农产品价格的蛛网特征?举例说明之。

3. 近几年全球粮食价格上涨的主要原因是什么?我国应如何应对?

4. 农业公共产品主要包括哪些?当前我国政府应该提供什么样的公共产品?

5. 什么是我国的三农问题?应如何加以解决?

6. 我国对农民的补贴支出主要包括哪些方面?

7. 2020年4月,面对突如其来的新冠疫情和复杂严峻的经济形势,中央提出要做好"保居民就业、保基本民生、保市场主体、保粮食能源安全、保产业链供应链稳定、保基层运转"的工作,即"六保",请问其中与三农发展密切相关的政策和措施主要有哪些?

8. 你认为应如何完善我国的农业公共政策和改善我国的农业支出?

第九章

基础设施

基础设施作为经济社会发展的"硬件",是生产和生活条件的重要决定因素,对一个国家和地区的经济社会发展具有重要意义。自古以来,参与基础设施建设始终是政府的一项重要职责。特别是对发展中国家而言,基础设施建设更是优先发展的重点之一。基础设施支出是政府公共支出的重要组成部分。本章主要介绍政府为什么要参与基础设施建设、政府在基础设施供给中的作用以及政府基础设施支出与管理等。

第一节 基础设施建设的必要性

两百多年前,古典经济学家亚当·斯密就把举办公共工程作为政府有限的职能之一。目前,虽然经济社会环境已经发生了很大的变化,但是参与基础设施建设仍是政府的重要职责。那么,为什么政府要参与基础设施建设呢?这与基础设施的自身特点是分不开的。

一、基础设施对经济发展的作用

基础设施是经济社会发展的基础性条件,是决定一个国家和地区国际竞争力的关键因素。基础设施的发展被认为是经济起飞的必备条件,是工业化必然经历的阶段。基础设施对经济发展的促进作用主要体现在长期和短期两方面。

一是在短期内,基础设施投资是社会投资的重要组成部分,可以有效扩大社会总需求,从而直接拉动经济增长。根据凯恩斯经济理论,投资具有乘数效应,能够有效带动社会总需求数倍的增长。因此,在经济萧条时期,基础设施投资经常被作为政府扩大社会有效需求、刺激经济增长的一个重要手段。

二是在长期内,基础设施建设能够降低社会生产成本,提高生产效率,改善产业结构,从而间接促进经济增长。阿肖尔采用柯布-道格拉斯生产函数(Cobb-Douglas production function),利用美国年度时间序列数据对美国公共部门基础设施投资和私人部门产出之间的关系进行了分析,发现二者之间存在高度相关性。基础设施存量每增加 1 个百分点,私人产出增加 0.4 个百分点。核心基础设施(包括高速公路、机场)的产出弹性达到 0.2。由此可见,公共基础设施不足将阻碍经济增长。

对发展中国家而言,基础设施对经济增长的促进作用更为明显。世界银行 1994 年世界发展报告《为发展提供基础设施》指出,发展中国家基础设施存量每增长 1%,GDP 就会增长 1%。基础设施即便不能成为牵动经济活动的火车头,也是促进其发展的车轮。该报告进一步指出,一些发展中国家由于基础设施投资不足,制约了经济的可持续发展。一些研究者还分析了单个基础设施对经济增长的作用。哈迪(Hardy,1980)基于 15 个发达国家和 30 个发展中国家 1963—1793 年的数据研究发现,发展中国家电信投资对经济增长的作用非常大,人均电话拥有量对促进 GDP 增长的作用明显。对交通基础设施建设与经济增长的关系的研究同样表明,交通基础设施与经济增长存在很高的正相关性,"要想富,先修路"生动地展现了交通基础设施建设与经济发展的关系。

从社会发展来看,基础设施的社会效用也不可低估。一是基础设施有助于提高国民的福利状况,水、电、煤、交通等公用事业与人民生活密切相关,加强这些基础设施的建设可以极大提高国民的生活质量;二是基础设施有助于减轻贫困,促进区域、城乡协调均衡发展。贫困在很大程度上是与缺乏清洁水源、生活环境和卫生条件恶劣以及与外界的交通、通讯联络闭塞等导致的。出于社会公平考虑,政府有必要提供相应基础设施以改善贫困地区的境况,助其尽快脱贫。政府通过扩大贫困地区的基础设施建设投资,可以长期而有效地改善一个地区的贫困面貌,这是市场难以做到的。因此,基础设施建设可以作为政府改善收入分配状况、促进社会公平的一个重要手段。

二、基础设施的公共性

基础设施对经济社会发展的重要促进作用并不足以成为政府参与基础设施建设的充分条件,政府提供基础设施的充分条件是一些基础设施具有公共产品或准公共产品的特性,从市场失灵的角度看需要政府公共提供。

通常认为,基础设施是指永久性的成套的工程构筑、设备、设施和它们所提供的为所有企业生产和居民生活共同需要的服务。基础设施是一切企业、单位和居民进行生产经营活动和生活的物质基础,既是物质生产的重要条件,也是劳动力再生产的重要条件。基础设施种类繁多,其中经济基础设施主要包括三大类:一是公共设施,包括电力、电信、自来水、卫生设备和排污、固体废弃物的收集和处理设施、管道煤气等;二是公共工程,包括公路、大坝和排灌渠道等水利设施;三是其他交通部门,包括铁路、市内交通、港口和航道、机场等。广义的基础设施还包括教育、文化、科学、卫生等无形的公共服务。

根据基础设施的竞争性和排他性,可以将基础设施划分为公共产品(如城市道路等)、私人产品(如电信等)以及准公共产品(如铁路、污水处理设施等),如图 9.1 所示,并不是所有的基础设施都需要政府提供。根据基础设施竞争性和排他性的不同,政府部门在基础设施建设中承担的作用大小是不同的。

具有私人产品性质的基础设施完全可以通过市场的方式来进行提供,如电信。电

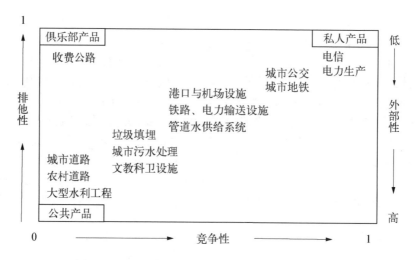

图 9.1　根据竞争性和排他性对基础设施进行的分类

信服务具有竞争性和排他性,很容易通过收费的形式来收回投资成本,政府只要负责市场监管就可以了,因此此类基础设施应该主要由市场来进行提供。

对于具有公共产品属性的基础设施来说,完全由市场提供将造成极大的效率损失,如城市道路、农村道路、大型水利工程等。这些基础设施具有明显的正外部性,但是由于其具有非排他性,完全由市场提供将导致供给不足,而由政府提供可以改进资源的配置效率,因此应该以政府提供为主。

对于介于公共产品和私人产品之间,具有准公共产品属性的基础设施,可以根据不同情况由政府和市场共同进行提供;一些正外部性较大且有助于社会公平的基础设施应以政府提供为主,如城市污水处理系统、垃圾掩埋设施等;一些排他性较强且对收入分配作用不强的基础设施应以市场提供为主,如高速公路、港口与机场设施。

政府参与基础设施建设的一个重要理由是市场失灵,是出于改进资源配置效率的考虑。当然,随着经济社会的发展以及技术条件的改进,基础设施服务的竞争性和排他性是在不断发生变化的,因此政府在基础设施建设中的作用也是变化的。

三、基础设施的建设成本

即使基础设施具有竞争性和排他性,也不一定意味着市场就能够有效率地进行提供。因为通常基础设施投资规模大、收益率低、回收期长,是单个企业难以完成的。特别是对发展中国家而言,由于其市场化程度不高,资本市场不完善,面临的不确定性大,很难通过市场筹集足够的资金,需要以政府投入带动社会资金的投入。以城市地铁建设为例,根据上海市城市轨道交通第三期建设规划(2018—2023 年),19 号线工程总长 44.5 公里,项目投资 605.2 亿元,每公里地铁造价约 13.6 亿元,如此庞大的投资是单个企业难以承担的。同时,出于缓解交通压力、防止垄断的考虑,地铁运营票价又是政府管制的,靠运营收入短时期内收回成本非常困难。虽然可以通过市场筹集一部分资金,但是通常政府都必须投入一定的资金。据统计,目前国内城市地铁建设资金基本上有一半来自政府投入。

四、基础设施与国家安全

基础设施的另一个特点是具有一定的自然垄断性,如电力、通讯、交通、自来水、煤气等。其前期投入成本大,退出成本高,具有规模效应,但是一旦进入占领市场,后进入的企业很难与其竞争,这些企业凭借垄断地位可能攫取超额垄断利润。政府出于抑制垄断产生的效率损失以及增强企业社会责任角度考虑,除了进行公共管制外,由政府进行投资建设和管理也是一个有效途径。

一些基础设施可能是国民经济的基础性命脉产业,对保障国家经济社会的平稳运行具有重要意义。出于维护国家经济安全考虑,也需主要由国家来进行投资。例如,能源储备基础设施、粮食储备基础设施、核电站、电力输送设施等,通常禁止外资投资,即使允许国内民间资本投入,政府也应该占据主导地位。再如,一些具有军事用途的基础设施,更是完全由政府投资。

因此,出于以上原因,政府必然要在基础设施建设中发挥相应的作用。特别是对发展中国家而言,政府的作用更大。当然,随着经济社会环境的变化以及政府职能的转变,政府在基础设施建设中的作用也是不断变化的。

第二节　基础设施的供给模式

由于政府财力有限,基础设施不可能全部由政府提供。当然也不能过分夸大市场的作用,将基础设施的供给全部推向市场。政府应根据每一类基础设施的自身特点,合理确定政府在基础设施建设中的作用。随着经济社会的发展,政府在基础设施供给中的作用也发生了很大的变化。总体来看,市场化取向的公共部门与私人部门合作供给模式是一个大趋势。

一、市场化供给及其评价指数

基础设施的市场化指数是指用于评判各项基础设施产品与服务能否通过市场提供的一个综合评价指标。这一指标的确定要综合考虑基础设施的市场竞争潜力、商品或服务的特点、向使用者收费来补偿成本的可能性、公共服务的责任(出于对社会收入分配公平的考虑)、环境外部性等五个方面,将每一个方面进行量化并分解成三个档次,按照适宜(高)、基本适宜(中间)、不适宜(低)依次给定3、2、1的分数。具体如下。

一是市场竞争潜力,是指有无潜在的竞争者。基础设施产品或服务的竞争潜力通常取决于三个因素:是否具有规模经济效应;是否存在"沉没成本",亦即后进入者的退出成本(损失)很高;是否有替代产品;依据这三个因素,市场竞争潜力高的得3分,市场竞争潜力低的得1分,介于二者之间的得2分。

二是产品或服务的特点,这是从基础设施产品或服务的竞争性方面来考察,看其是偏向于公共产品、私人产品还是介于二者之间。产品的性质偏向于公共产品的得1分,偏向于私人产品的得3分,介于二者之间的得2分。

三是向使用者收费来补偿成本的可能性,这是从基础设施产品或服务受益的排他性方面来考察,看其是否存在通过收费来补偿成本的可能性。不可能收费的得1分,完全能够通过收费收回成本的得3分,介于二者之间的得2分。

四是公共服务的责任,这是从基础设施产品或服务的公平责任来考察,看政府出于维护社会公平,要不要采取无偿或者低价标准来提供此类产品或服务。对于那些政府有责任实现公平的产品或服务得1分,对于那些可以不考虑公平的产品或服务得3分,介于二者之间的得2分。

五是环境外部性,这是从基础设施产品或服务对环境的影响来考察,看其可能带来的外部效益或外部成本。外部效益越大或者外部成本越小,得分越低。外部效益极高或者外部成本极小的得1分,外部效益极小或者外部成本极大的得3分,介于二者之间的得2分。

将每个基础设施这5个方面的得分加总,可以算出5个方面的简单平均数。这一简单平均数就是基础设施的市场化指数,表9.1是一些基础设施的市场化指数。

表 9.1　基础设施的市场化指数与供给方式

	部门和子部门	竞争潜力	商品或服务的特点	向使用者收费补偿成本的可能性	公共服务的责任(公平角度考虑)	环境外部性	市场化指数
电信	地方性服务	中等	私人产品	高	中等	低	2.6
	长途、增值服务	高	私人产品	高	很少	低	3.0
电力或天然气	热力发电站	高	私人产品	高	很少	高	2.6
	电力输送	低	俱乐部产品	高	很少	低	2.4
	电力分配	中等	私人产品	高	很多	低	2.4
	天然气生产、运输	高	私人产品	高	很少	低	3.0
运输	铁路路基与火车站	低	俱乐部产品	高	中等	中等	2.0
	铁路货运和客运服务	高	私人产品	高	中等	中等	2.6
	城市公交	高	私人产品	高	很多	中等	2.4
	城市地铁	高	私人产品	中等	中等	中等	2.4
	农村道路	低	公共产品	低	很多	高	1.0
	一级公路与二级公路	中等	俱乐部产品	中等	很少	低	2.4
	城市道路	低	公共产品	中等	中等	高	1.8
	港口与机场设施	低	俱乐部产品	高	很少	高	2.0
	港口与机场服务[a]	高	私人产品	高	很少	高	2.6
水	城市管道网络	中等	私人产品	高	很多	高	2.0
	非管道系统	高	私人产品	高	中等	高	2.4

（续表）

部门和子部门		竞争潜力	商品或服务的特点	向使用者收费补偿成本的可能性	公共服务的责任(公平角度考虑)	环境外部性	市场化指数
排污设施	管道排污与处理	低	俱乐部产品	中等	很少	高	1.8
	共管污水处理	中等	俱乐部产品	高	中等	高	2.0
	现场处理	高	私人产品	高	中等	高	2.4
水	收集	高	私人产品	中等	很少	低	2.8
	净化处理	中等	公共产品	中等	很少	高	2.0
灌溉	一级与二级网络	低	俱乐部产品	低	中等	高	1.4
	三级网络	中等	私人产品	高	中等	中等	2.4

注：[a]包括货物搬运、运输和航空公司服务。资料来源于 1994 年世界银行世界发展报告《为发展提供基础设施》第 25 页。

市场化指数为政府在基础设施供给中应该发挥何种作用提供了决策依据。得分越高,市场化指数越高,越适合于市场提供,3.0 表示最适宜在市场上出售;得分越低,市场化指数越低,越适合于政府提供,1.0 表示最不适宜在市场上出售;介于二者之间表示需要政府和市场共同承担责任。根据 1994 年世界银行提供的各类基础设施的市场化指数,农村道路、城市道路、管道排污与处理、一级与二级灌溉网络市场化指数得分低于 2,不适宜采用市场提供方式,仍需要政府提供;电信、电力生产、铁路客货运服务、港口与机场服务的市场化指数得分都超过 2.6,适合采用市场经营方式,应尽可能发挥市场的作用。

二、政府和社会资本合作供给模式

根据上面所分析的基础设施市场化指数,除了某些具有完全公共产品特征的基础设施需要政府全额投入外,大多数基础设施都可以由政府和市场共同提供。早期,政府在基础设施供给中承担的作用非常大,从建设到管理几乎全都由政府包办,市场参与程度很低。但是,基础设施不管是由政府投资直接管理还是由专门的国有公司经营管理,其效率低下问题一直难以有效解决。例如,一些国家的国有铁路亏损严重,使财政背上沉重的负担;而其所提供的产品与服务也满足不了社会的需要,社会要求改革的呼声很大。同时,经济社会的发展对基础设施的供给又提出了更高的要求。在政府财力有限的情况下,基础设施薄弱可能成为制约一国经济社会发展的"瓶颈"。

随着技术进步、市场管理手段的不断发展和完善,为了克服公共部门提供基础设施产品与服务过程中存在的缺乏竞争、低效率等困难,也为了解决公共部门基础设施建设资金短缺的问题,20 世纪 80 年代以来,在基础设施中引入竞争机制,使私营部门更多地在基础设施领域中发挥作用正成为一个大趋势。政府与私营部门的这种合作关系被称为公私伙伴关系或政府和社会资本合作模式(public-private partnerships, PPP),通过这种合作形式,合作各方可以达到与单独行动相比更为有利的结果。基础设施领域中的公私伙伴关系可以从以下五个层面来理解。

一是这种合作关系的目的在于克服基础设施由政府垄断供给所造成的低效率以及公共资金短缺问题。运用市场机制提高基础设施供给的效率,同时也可以为基础设施建设筹集更多的资金,提高社会资源配置的效率。

二是这种合作关系不是将基础设施的供给全部推向市场。并不是所有的基础设施都适合这种模式,一些具有公共产品特性和社会公平效应较强的基础设施的供给,仍应该以政府为主,要避免过度市场化倾向。

三是这是一种市场取向的制度安排,关键在于发挥政府与市场的各自优势。私营部门以市场化方式提高基础设施的效益,公共部门仍要追求公众的长远利益,使私营经济更加"社会化",更加注重长期目标。

四是在这种合作关系中,公共部门与私人部门是平等的。公共和私人部门在基础设施供给过程中相互协作、相互影响,共同投资,共同决策,共担风险,共享收益,是一个自然发展的过程,由此产生的结果不受任何个人或机构的完全控制,最终的结果应该是私人部门和公共部门实现双赢。

五是这种合作关系需要一个成熟的市场机制和完善的法制环境。基础设施巨额资金的筹集需要一个发达的资本市场,基础设施项目的管理、运营等也都需要以完善的市场机制和法制环境为保障,对公共部门和私人部门都有很高的要求。

基础设施领域中的公私伙伴关系(PPP)并没有一个严格统一的定义。从各国和国际组织对 PPP 的理解来看,PPP 有广义和狭义之分。广义的 PPP 泛指公共部门与私人部门为提供基础设施公共产品或准公共产品而建立的各种合作关系,而狭义的 PPP 指一系列项目融资模式的总称。根据一些国际组织的分类方式,可以把广义的 PPP 分为外包类、特许经营类和私有化三大类。

外包类 PPP 项目包括模块式外包和整体式外包,此类项目通常由政府规划、政府投资,但是政府并不是包揽一切,而是将整个项目中的一项或几项职能承包给私人部门。例如,将工程建设交由某私人建筑承包商建造等,或者通过政府付费购买服务形式,委托私人部门代为管理维护设施或提供部分公共服务。在外包类 PPP 项目中,私人部门承担的风险相对较小,因为其无须关注工程的整体设计、构思与经营,而只需要关注自己承包的这一部分项目的管理及效益。但是这种模式对政府的要求较高,作为总体规划方的政府必须用全局性的眼光来策划整个项目,才能保证整个项目的双效益。

特许经营类 PPP 项目包括转让-运营-转让(TOT)、建设-运营-转让(BOT)等形式,通常需要建立一定的合作机制,使私人部门与公共部门能够分担项目风险、共享项目收益。在特许经营类 PPP 项目中,为了兼顾公共部门和私人部门双方的利益,合作机制的制定非常复杂,私人部门的营利性和项目的公益性两者之间关系的协调与平衡需要政府妥善把握,因而特许经营类项目能否成功在很大程度上取决于政府相关部门的管理水平。前期,公共部门可能会向特许经营公司收取一定的特许经营费或给予一定的补偿,但是项目资产最终会归公共部门所有,因此在项目结束的时候,一般会有一个使用权和所有权的移交过程。

在私有化类 PPP 项目中,私人部门负责项目的全部投资,在政府的监管下,通过向用户收费以收回投资并实现利润。在私有化类 PPP 项目中,政府通常只负责监管,风险相对较小。由于私有化类 PPP 项目的所有权永久归私人拥有,并且不具备项目公司有限追索的特性,因此私人部门在这类 PPP 项目中承担的风险最大。

近年来,政府和社会资本合作模式在我国得到广泛应用。在具体实践中,我国对政府和社会资本合作模式进行了复合创新,在实施对象、实施主体和实施过程方面都有不同程度的突破与改进。作为党的十八大确定的落实"允许社会资本通过特许经营等方式参与城市基础设施投资和运营"改革举措的第一责任人,财政部从 2013 年底即已展开对 PPP 模式推广工作的全面部署。

2014 年 5 月,财政部成立政府和社会资本合作(PPP)中心,主要承担 PPP 工作的政策研究、咨询培训、信息统计和国际交流等职责;同年 9 月,财政部发文《关于推广运用政府和社会资本合作模式有关问题的通知》,提出拓宽城镇化建设融资渠道,促进政府职能加快转变,完善财政投入及管理方式,尽快形成有利于促进 PPP 发展的制度体系;同年 11 月,国务院发布《关于创新重点领域投融资机制鼓励社会投资的指导意见》,进一步鼓励社会投资特别是民间投资,盘活存量、用好增量,调结构、补短板,服务国家生产力布局,促进重点领域建设,增加公共产品有效供给;根据以上指导意见,财政部发布了《政府和社会资本合作模式操作指南(试行)》,为 PPP 的推广应用提供了规范;同年 12 月,国家发展改革委发文《关于开展政府和社会资本合作的指导意见》,鼓励和引导社会投资,增强公共产品供给能力,促进调结构、补短板、惠民生。

随着 PPP 的快速推进,其规范发展与立法进程也提上日程。2017 年,国务院法制办发布了《基础设施和公共服务领域政府和社会资本合作条例(征求意见稿)》,向社会公开征求意见。《征求意见稿》关于合作项目实施的规定体现了两个导向:一是落实简政放权、放管结合、优化服务的要求;二是强调守信践诺、严格履行合作项目协议,特别是严格约束政府行为,着力消除社会资本方,特别是民营资本的后顾之忧。2019 年3 月,财政部颁布了《关于推进政府和社会资本合作规范发展的实施意见》,提出要有效防控地方政府隐性债务风险,充分发挥 PPP 模式积极作用,坚决打好防范化解重大风险攻坚战,扎实推进 PPP 规范发展,推动经济高质量发展。

三、基础设施融资模式

基础设施项目融资指以基础设施项目自身预期现金流量和未来收益、自身财产与所有者权益承担和偿还债务的一种融资方式。项目融资是与企业融资相对应的,是一种无追索权或有限追索权的融资方式。债权人只能依靠项目资产或项目收入回收贷款本金和利息,对于项目主办方建设项目以外的资产和收入没有追索权,因此承担的风险要大得多。基础设施项目融资方式不同,政府的作用也是不一样的。

1. 政府融资模式

指政府以财政手段,把资金从其所有者手中筹集起来,再分配给需要资金的基础设施部门的融资模式,项目收益与风险全部由政府承担。在政府融资模式下,基础设施资金可以来源于财政预算内拨款(通常是税收收入)、国债专项资金、特种税费基金等,适合政府融资的一般是具有公共产品特性的基础设施项目。

2. BOT(build-operate-transfer)融资模式

即建设-运营-转让,指政府将特定基础设施项目授权由某个具有资格的投资主体负责投资建设。在一定确切的期限内,按照约定条件,该投资主体拥有项目产权并自主地负责项目的经营管理,期满后再将项目无偿地转交给政府。在 BOT 融资模式下,政府通常以公开招标的方式选择投资主体,这种做法有助于增加政府的透明度,能够有效利用社会资金扩大基础设施供给,减轻政府财务压力。通常,适于 BOT 融资方式的是具有准公共产品特性的基础设施项目,可以通过使用者付费方式收回投资成本。

3. TOT(transfer operate transfer)融资模式

即转让-运营-转让,实质上是 BOT 模式的一个变形,指政府把已经投产运营的基础项目在一定期限内的特许经营权移交给私人部门。在约定期限内,由私人部门经营管理,在特许经营期结束后,政府再将项目的所有权收回。在 TOT 融资模式下,政府只是将已建成的基础设施项目经营权转让给私人部门,不存在产权、股权的让渡。因此,操作相对简单,成功率高,不仅可以保证政府对公共基础设施的控制权,而且可以通过盘活现有的基础设施资产存量为新基础设施建设筹集更多的资金。

4. ABS(asset-backed securities)融资模式

即以资产为支持的证券化,指通过一定的结构安排,对资产中风险与收益要素进行分离与重组,进而转换成为在金融市场可以出售和流通的金融产品,通过发售相应的金融产品为基础设施项目筹集资金。在 ABS 融资模式下,资产通常先被出售给一个特设目的信托机构或中介机构,然后该机构通过向投资者发行资产支持债券以获取资金。ABS 模式具有灵活性强、融资成本低等特点,但是其对信用的要求较高。

5. PFI(private finance initiative)融资模式

即私人主动融资,是一种更高程度的市场化模式。政府通过购买私人部门提供的产品和服务,或给予私人部门以收费特许权,或与私营部门合伙共同营运等方式,来实现公共产品产出中的资源配置最优化。在 PFI 模式下,在整个过程中政府仅需进行项目的启动、保障和监管,私营部门负责项目的设计、开发、融资、建造和营运,并通过向政府或公众提供服务或产品来回收成本和实现利润,因此可有效地筹集资金和转移公共部门的风险。PFI 模式由英国政府于 1992 年首先提出,目前已成为发达国家广泛推行的一种对基础设施投资建设和运营管理的新模式。

6. REITs(Real Estate Investment Trusts)融资模式

最初主要用于房地产项目,我国将其用于基础设施融资,简称基础设施 REITs,指依法向社会投资者公开募集资金形成基金财产,通过基础设施资产支持证券等特殊目的载体持有基础设施项目,由基金管理人等主动管理运营上述基础设施项目,并将产生的绝大部分收益分配给投资者的标准化金融产品,可以为基础设施建设提供部分资金。

此外,基础设施项目融资模式还有 BT(build-transfer,建设-转让)、BOO(build-own-operate,建设-拥有-经营)、BOOT(build-own-operate-transfer,建设-拥有-经营-转让)、BLOT(build-lease-operate-transfer,建设-租赁-经营-转让)、DBTO(design-build-transfer-operate,设计-建造-转移-经营)等不同形式。

第三节　我国基础设施建设

改革开放以来,我国非常重视基础设施的建设,把基础设施作为推动经济社会发展的重要动力。国内基础设施建设取得了巨大成就,为发展国民经济和提高人民生活水平提供了强有力的支持。随着我国市场经济体制的完善和政府职能的转变,政府在基础设施供给中的作用也发生了很大变化。

一、我国基础设施建设概况

改革开放以来,通过40多年的大规模投资建设,我国基础设施建设成绩斐然。一大批重点项目建成并投入使用,有力支撑了经济社会的快速发展。曾经是国民经济"瓶颈"的基础设施服务水平有了大幅度提高,城乡面貌极大改善,人民生活质量显著提高,经济运行基础更加牢固,经济发展潜力不断增强。

以交通运输为例,如表9.2所示,我国铁路营业里程由1978年的5.2万公里增至2020年的14.1万公里(截至2020年7月底),增加了8.9万公里。这些新增里程大部分是采用先进技术和设备的电气化铁路营业里程,其中高铁3.6万公里,包括上海磁悬浮、广深高速铁路、京津高速铁路等工程。公路通车里程由1978年的89万公里增至2019年的501.3万公里,其中高速公路由1988年的不足1万公里增至2019年的14.96万公里,超过了美国。我国高速公路、高速铁路里程均居世界首位,"五纵七横"国道主干线基本形成,公路等级明显提高,路况明显改善。截至2019年底,全国颁证运输机场238个,2019年全年民航运输机场完成旅客吞吐量13.5亿人次,比上年增长6.9%。我国初步形成了以北京、上海、广州等国际枢纽机场为中心,省会城市和重点城市区域枢纽机场为骨干,以及其他干支线机场相互配合的航空运输格局。航线网络方面,2019年我国国内航线总数为4 568条(含港澳台航线),全行业运输航空公司完成运输起飞架次496.6万架次,比上年增长5.8%。航空运输总周转量连续15年位居世界第二。

表9.2　1978—2019年我国运输线路长度(单位:万公里)

年份	铁路营业里程	国家铁路电气化里程	公路里程	高速公路	民航航线里程	管道输油(气)里程
1978	5.2	0.1	89.0	—	14.9	0.8
1980	5.3	0.2	88.8	—	19.5	0.9
1985	5.5	0.4	94.2	—	27.7	1.2
1990	5.8	0.7	102.8	0.1	50.7	1.6
1995	6.2	1.0	115.7	0.2	112.9	1.7
2000	6.9	1.5	140.3	1.6	150.3	2.5
2005	7.5	1.9	334.5	4.1	199.9	4.4

（续表）

年份	铁路营业里程	国家铁路电气化里程	公路里程	高速公路	民航航线里程	管道输油（气）里程
2010	9.1	3.3	400.8	7.4	276.5	7.9
2011	9.3	3.4	410.6	8.5	349.1	8.3
2012	9.8	3.6	423.8	9.6	328.0	9.2
2013	10.3	3.6	435.6	10.4	410.6	9.9
2014	11.2	3.7	446.4	11.2	463.7	10.6
2015	12.1	7.5	457.7	12.4	531.7	10.9
2016	12.4	8.0	469.6	13.1	634.8	11.3
2017	12.7	8.7	477.4	13.6	748.3	11.9
2018	13.2	9.2	484.7	14.3	838.0	12.2
2019	14.1*	10.0	501.3	15.0	948.2	—

注：*表示截至 2020 年 7 月底，铁路营业里程为 14.14 万公里。资料来源于《2019 年中国统计年鉴》《中国国家铁路集团有限公司 2019 年统计公报》《2019 年民航行业发展统计公报》及交通运输部。

其他基础设施，如电力、通信、水利、能源、轨道交通等也取得了巨大进展。在电力方面，2020 年国网公司在积极推进多条特高压工程落实，例如，白鹤滩-浙江特高压工程、福州-厦门特高压工程将力争在年内开工。在通信方面，我国目前已建成了覆盖全国、通达世界、技术先进、业务全面的国家信息通信基础网络。在城市交通方面，2019 年我国新增城轨运营线路长度共计 968.8 公里，再创历史新高。截至 2019 年底，我国累计有 40 座城市开通城轨交通运营线路共 6 730.3 公里。其中，地铁 5 187.0 公里，占比 77.1%，其他还有轻轨、有轨电车、磁悬浮、市域速轨等。

二、国内基建的升级换代

新型基础设施建设（简称新基建），是以新发展理念为引领，以技术创新为驱动，以信息网络为基础，面向高质量发展需要，提供数字转型、智能升级、融合创新等服务的基础设施体系，涵盖 5G 基站建设、特高压、城际高速铁路和城市轨道交通、新能源汽车充电桩、大数据中心、人工智能、工业互联网七大领域。2018 年 12 月，中央经济工作会议首次提出"加快 5G 商用步伐，加强人工智能、工业互联网、物联网等新型基础设施建设"，新型基础设施建设的提法由此产生。2019 年 3 月，政府工作报告提出"加大城际交通、物流、市政、灾害防治、民用和通用航空等基础设施投资力度，加强新一代信息基础设施建设"。2020 年 1 月，国务院常务会议明确提出，要"大力发展先进制造业，出台信息网络等新型基础设施投资支持政策，推进智能、绿色制造"。2020 年 5 月，政府工作报告再次明确，要加强新型基础设施建设，发展新一代信息网络，拓展 5G 应用，建设充电桩，推广新能源汽车，激发新消费需求，助力产业升级。2020 年 6 月，国家发改委明确新基建范围，提出"以新发展理念为引领、以技术创新为驱动、以信息网络为基础，面向高质量发展的需要，打造产业的升级、融合、创新的基础设施体系"的目标。

新型基础设施建设对我国经济社会发展具有前所未有的重大意义。从短期来看，新基建将成为经济稳增长的关键。经济增长的"三驾马车"中，消费与出口均受到 2020 年突发的新冠疫情的影响，而投资因一季度淡季受冲击较小将成为稳增长的主要驱动力。基建投资是投资的重要组成部分，短期内预计将起到稳增长的作用。从中期来看，新基建能够助力"十四五"发展规划落地。新基建通过着力提升基础设施水平，改善国计民生，将大概率将成为"十四五"的重要发展方向。从长期来看，新基建助力经济转型，加速进入创新大时代。全国经济层面，中国经济将呈现由投资驱动转向创新驱动的发展趋势，5G、云计算、人工智能等新兴产业即将来到"大创新时代"的风口，对基站、数据中心、充电桩等新型基础设施的广阔需求也应运而生。区域经济层面，国家致力于建设多个城市群，推进城镇化进程，催生了对交通、水利、市政等传统基础设施的需求，并拓宽新型基础设施的应用范围。

三、基础设施运维的市场机制

在计划经济体制下，投资管理是政府计划经济体制的一个缩影。随着市场机制的完善和政府职能的转变，政府对基础设施的投资管理体制不断进行改革。其总体方向是：中央政府向地方政府下放权限，在基础设施投资管理中引入市场机制，鼓励和引导社会投资，增强公共产品供给能力，促进调结构、补短板、惠民生。自 2014 年开始，我国力推 PPP 项目，先后出台了多个相关政策，为其推广应用打开了广阔空间。开展政府和社会资本合作，有利于创新投融资机制，拓宽社会资本投资渠道，增强经济增长内生动力；有利于推动各类资本相互融合、优势互补，促进投资主体多元化，发展混合所有制经济；有利于理顺政府与市场关系，加快政府职能转变，充分发挥市场配置资源的作用。我国推进政府和社会资本合作进一步发展应做到以下三点。

一是要准确把握政府和社会资本合作的主要原则。① 转变职能，合理界定政府的职责定位。政府要牢固树立平等意识及合作观念，集中力量做好政策制定、发展规划、市场监管和指导服务，从公共产品的直接"提供者"转变为社会资本的"合作者"以及 PPP 项目的"监管者"。② 因地制宜，建立合理的投资回报机制。根据各地实际，通过授予特许经营权、核定价费标准、给予财政补贴、明确排他性约定等，稳定社会资本收益预期。③ 合理设计，构建有效的风险分担机制。按照风险收益对等原则，在政府和社会资本间合理分配项目风险。④ 诚信守约，保证合作双方的合法权益。在平等协商、依法合规的基础上，按照权责明确、规范高效的原则订立项目合同。⑤ 完善机制，营造公开透明的政策环境。从项目选择、方案审查、伙伴确定、价格管理、退出机制、绩效评价等方面，完善制度设计，营造良好政策环境，确保项目实施决策科学、程序规范、过程公开、责任明确、稳妥推进。

二是要建立健全政府和社会资本合作的工作机制。① 健全协调机制。与有关部门建立协调推进机制，推动规划、投资、价格、土地、金融等部门密切配合、形成合力。② 明确实施主体。明确相应的行业管理部门、事业单位、行业运营公司或其他相关机构，作为政府授权的项目实施机构，在授权范围内负责 PPP 项目的各项工作。③ 建立联审机制。会同相关部门建立 PPP 项目的联审机制，从项目建设的必要性及合规性、

PPP 模式的适用性、财政承受能力以及价格的合理性等方面,对项目实施方案进行可行性评估。④ 规范价格管理。加强投资成本和服务成本监测,加快理顺价格水平。加强价格行为监管,既要防止项目法人随意提价损害公共利益、不合理获利,又要规范政府价格行为,提高政府定价、调价的科学性和透明度。⑤ 提升专业能力。积极发挥各类专业中介机构在 PPP 项目的资产评估、成本核算、经济补偿、决策论证、合同管理、项目融资等方面的积极作用,提高项目决策的科学性、项目管理的专业性以及项目实施效率。

三是要强化政府和社会资本合作的政策保障。① 完善投资回报机制。深化价格管理体制改革,对于涉及中央定价的 PPP 项目,可适当向地方下放价格管理权限。依法依规配置经营资源。② 加强政府投资引导。优化政府投资方向,优先支持引入社会资本的项目。合理分配政府投资资金,优先保障配套投入,确保 PPP 项目如期、高效投产运营。③ 加快项目前期工作。联合有关部门建立并联审批机制,加快推进规划选址、用地预审、环评审批、审批核准等前期工作。协助项目单位解决前期工作中的问题和困难。④ 做好综合金融服务。鼓励金融机构提供各类综合金融服务,全程参与 PPP 项目的策划、融资、建设和运营。鼓励项目公司或合作伙伴通过成立私募基金、引入战略投资者、发行债券等方式拓宽融资渠道。

但是,目前基础设施供给中的"过度市场化"和"伪市场化"现象值得注意。过度市场化,指具有准公共产品特性的基础设施过多地通过市场方式来提供,如收费公路、桥梁、隧道等遍布全国,很多已经过了最初设定的收费期,但仍然继续收费,成为政府的第二财政,反而阻碍了经济社会的发展。伪市场化或者说虚假市场化,指名义上是市场化、公司化运作方式,但实际上是政府通过国有企业的间接融资,最终经营风险和债务负担仍然要由政府承担,如一些城市的政绩工程和形象工程。

专栏9-1

北京冬奥延庆场馆建设运营招募社会资本

2017 年,北京 2022 年冬奥会、冬残奥会延庆赛区政府和社会资本合作(PPP)项目推介会暨新闻发布会上主办方宣布,作为北京 2022 年冬奥会、冬残奥会重要赛区,延庆区政府将通过公开招标方式选择延庆赛区 PPP 项目的社会资本方,预计招标计划于年底启动。

延庆赛区 PPP 项目总投资估算约 28 亿元

延庆赛区项目分为 A、B 两部分实施,其中 A 部分包括高山滑雪中心、雪车雪橇中心及配套基础设施,由市政府全额投资。B 部分包括延庆奥运村、山地媒体中心及配套基础设施。此次 PPP 项目内容包括 B 部分的投资建设和运营,以及 A 部分的赛后改造运营。根据最新规划设计方案,延庆赛区 PPP 项目总投资估算约 28 亿元(不含土地费用),投资将用于工程建设、基础设施建设以及场馆赛后改造,投资将随着后续设计方案的深化同步调整。

社会资本方参与投标需具备四个条件

此次 PPP 项目社会资本方参与投标需要具备四个条件。第一,要具备良好的企业信用;第二,需具备相应的施工总承包资质;第三,要具备冰雪产业和体育场馆投资、建设、运营的经验和业绩,以满足赛区作为国际一流冰雪度假区的市场需求;第四,应拥有足够的资金实力和融资能力。投标的社会资本方不必是单个公司,可以为联合体。

合作期限 30 年　赛后运营期可对赛区改造

延庆赛区 PPP 项目采用 BOO(建设-拥有-运营)+ROT(改建-运营-移交)的运作方式,通过公开招标的方式择优选择社会资本方。中选的社会资本方将与北控置业联合出资成立项目公司,负责延庆奥运村、山地媒体中心的投资、建设及整个赛区的赛后改造和运营,独立承担相关的法律责任和义务。项目合作期限 30 年,其中建设期与奥运服务期限约5 年(2018—2022),赛后运营期 25 年(2023—2047),赛后运营期间项目公司可以在政府授权范围内对赛区进行改造。

复习与练习

● 主要概念

基础设施　基础设施的市场化指数　公私伙伴关系　外包类 PPP 项目　整体式外包　模块式外包　追索权　有限追索权　无限追索权　特许经营类 PPP 项目　私有化类 PPP 项目政府融资模式　BOT 融资模式　TOT 融资模式　ABS 融资模式　PFI 融资模式　REITs 融资式　BF 融资模式　BOOT 融资模式　BLOT 融资模式　BOO 融资模式　BTO 融资模式　基本建设　代建制　项目法人　新型基础设施　过度市场化　伪市场化

● 思考题

1. 政府为什么要参与基础设施建设?

2. 举例说明基础设施对经济社会的促进作用。

3. 举例说明哪些基础设施具有公共产品特性,哪些具有私人产品特性,哪些具有准公共产品特性?

4. 如何评价基础设施的市场化指数? 如何根据这一指数决定基础设施的供给方式?

5. 如何理解基础设施供给的政府与社会资本合作模式(PPP)?

6. 基础设施项目融资模式有哪些? 在每个模式中政府的作用是什么?

7. 目前我国对政府投资的基础设施项目是如何进行管理的?

8. 改革开放以来,我国财政资金用于基础设施的比重呈现何种变化?

9. 目前我国有几十座城市正在修建地铁,比较各地城市地铁项目是如何进行融资的?

10. 新型基础设施包括哪些,哪些新型基础设施需要政府投资,政府投资新型基础设施方式有哪些?

11. 举例说明,为什么我国基础设施供给中存在"过度市场化"和"伪市场化"现象? 应如何加以改进?

第十章

社会保障

社会保障(social security),是指政府出于社会公平、正义、人道的原则,向丧失劳动能力、失去就业机会、收入未能达到应有的水平以及由于其他原因而面临生活困难的公民,给予货币或实物形式的帮助,以保障社会成员能维持基本生活水平的活动。社会保障对于保障公民基本生活、维护社会稳定、促进社会公平以及推动经济发展都具有重要作用。社会保障是政府的一项基本职能,在政府支出中占有较高比重。本章主要介绍政府为什么要提供社会保障、社会保障制度的基本类型、社会保障政策的经济效应以及我国社会保障体系。

第一节 社会保障的作用与必要性

现代社会保障制度产生于 19 世纪末期的德国。随着经济社会的发展,政府的社会保障职能不断发展扩大,特别是 20 世纪 30 年代"大萧条"经济危机后,政府在养老、医疗、失业以及社会福利等方面承担的作用越来越大。在很多国家,社会保障支出已经成为政府最主要的支出项目之一。现代社会保障制度正深刻地影响并改变着人们的生活方式。政府提供社会保障主要基于以下几个方面的原因。

一、保障社会公平

孔子说:"丘也闻有国有家者,不患寡而患不均,不患贫而患不安。盖均无贫,和无寡,安无倾。"收入分配差距过大是市场失灵的重要表现之一,是很多国家社会动荡的根源。在市场经济下,市场是按照生产要素贡献的大小来分配收入的,在收入分配中,起点公平、过程公平和结果公平都是难以完全做到的。当社会成员遭遇失业、重病、天灾等无法预料或人力无法抗拒的灾难时,他们的生活可能陷入困境,甚至维持基本生计都可能面临困难。

生存权是一项基本人权,是人人应享有的生存下去的权利,包括不被剥夺的生命权和享受最低生活保障的权利,社会保障权是积极人权的主要内容。国家通过建立社会保障体系,对陷入困境的人提供必要的帮助,保障公民的基本生活,免除劳动者的后顾之忧,不仅是经济发展和社会稳定的需要,也是人权保障的重要内容,是符合社会公平正义人道原则的,是社会进步的体现。

社会保障还具有"社会安全网(social safety-net)"的作用。社会稳定是经济和社会发展的前提,社会保障制度通过为社会成员提供生活保障,有助于保持社会稳定。社会保障具有普遍性、强制性、公平性、互济性,要求所有符合资格条件的社会成员都被纳入社会保障范围,通过在全体社会成员之间的风险共担,运用税收-转移支付的方式,对社会高收入群体与低收入群体进行收入分配的调整,属于国民收入再分配范畴。因此,社会保障有助于调和社会阶层矛盾,缩小贫富差距,减少社会冲突,实现收入分配的公平,缓解收入分配差距过大所造成的社会矛盾,促进社会的和谐与稳定,保证经济和社会生活的正常运转。

享受社会保障权在很多国际法和国内法中都得到了确认。例如,1948年联合国通过的《世界人权宣言》第二十五条规定:"人人有权享受为维持他本人和家属的健康和福利所需的生活水准,包括食物、衣着、住房、医疗和必要的社会服务;在遭到失业、疾病、残废、鳏寡、衰老或在其他不能控制的情况下丧失谋生能力时,有权享受保障。"因此,在当代社会,提供社会保障已经成为政府的一项基本职能。

二、稳定经济运行

社会保障制度具有重要的经济效应。在市场经济下,一个国家的经济随经济周期的波动而出现萧条或过热是一种常态。而一个健全完善的社会保障体系在促进社会稳定的同时,还能够在一定程度上帮助政府调节经济,平抑经济周期波动。

在经济衰退时,失业率上升,人们收入水平下降,社会保障体系中的救助支出和失业保险支出将大幅度增加。为贫困、失业人口提供救助有助于提高社会购买力,拉动需求,促进经济早日复苏;在经济高涨时,人们收入水平提高,失业率下降,需要救助的人数减少,社会保障支出的缩减也相应减少了社会总需求,从而具有抑制经济过热的作用。因此,社会保障作为安全网,具有经济运行"内在稳定器(built-in stabilizers)"的作用,有助于宏观经济的稳定运行。

同时,通过社会保障制度还能够积累起巨额资金,有助于增加国民储蓄,为经济发展提供充足的资金。社会保障还为资本市场提供了长期、稳定的资金来源,有助于资本市场的发展和完善。

此外,社会保障还有助于人力资本的维持和提高。社会保障能够确保劳动者在丧失经济收入或者劳动能力的情况下,能够维持自身及其家庭成员的基本生活,保障劳动力的再生产进程不致因偶然情况受阻和中断。政府还可以通过建立生育、抚育子女、健康、教育培训等津贴制度对劳动力的再生产给予资助,提高劳动力资源的整体素质,为经济发展提供优质人力资本。

三、市场在社会保障中的低效性

由社会保障带来的经济社会稳定对于社会来说是一种公共产品,包括高收入群体和低收入群体在内的全体社会成员都将从中受益。但是高收入者可能受益更大,因此高收入群体愿意通过向穷人提供一定的帮助换取社会的稳定。实际上,不管出于何种目的,古往今来,各种各样的私人慈善组织向穷人提供了大量的援助。但是,由于公共产品的非竞争性和非排他性,靠私人部门的自愿捐赠可能导致对低收入群体的收入再分配供给不足,不能满足社会需要。

当前商业保险市场已经十分发达,商业保险市场确实可以为个人提供一定的保障。但是由于存在市场失灵,对于养老、医疗、失业等基本社会保险来说,完全由商业保险提供也将造成较大的福利损失。

信息不对称是市场失灵的重要体现之一。商业保险以盈利为首要目的,必须以投保人所面临的风险来确定保险费,否则可能发生的保险赔偿就会大于保险费收入。由于投保人与保险机构之间存在着信息不对称,对于一些难以识别的风险,如果保险机构要确切了解每个投保人的风险程度,其所投入的管理成本是巨大的。因此,通常保险机构很难确定不同消费者所面临风险的大小,在这种情况下,只能对不同的消费者收取相同的保险费。然而,消费者对自己的情况则比较清楚,相对于保险机构而言,他们能够比较准确地判断自己所面临风险的大小。在保险费给定的条件下,就会出现这样的情况:风险较小的投保人会认为自己的付出会比可能得到的利益大,因而不愿意投保,而愿意投保的大多是风险较大的个人,这种情况被称为逆向选择(adverse selection)。据此,以盈利为目的的商业保险机构被迫通过提高价格来减少经营风险,保险产品价格的提高反过来迫使只有风险很大的人才投保,保险机构可能面临更大的风险。由此造成恶性循环,因此商业保险机构无法满足或不愿提供这类保险。

由于信息不对称,商业保险市场提供保险产品还可能导致道德风险(moral hazard),即已经购买了保险的人会降低个人避免所投保事件发生的激励,从而使保险公司面临较大的风险,不得不提高保险产品的价格。

因此,如果由商业保险市场来提供失业、医疗等保险,保险产品的价格将较高,不能满足社会总体需要,并将那些最为需要保险产品的人排除在市场之外,从而产生福利损失。由政府通过强制力建立社会保障制度,可以把个人风险在全体社会成员中分散以均衡分担,确保个人不会因无法消化所遇到的风险而陷入生活困境,从而提高整体社会福利状况。此外,政府通过强制力统一提供社会保障,还可以降低社会保障制度的管理成本,减少交易费用。

即使商业保险市场运行良好,但是也不一定能实现社会福利的最大化。保险被认为是优值品(merit goods),即消费者对其效用评价过低的私人产品。因为存在短视行为,消费者可能低估、忽视甚至漠视今后由于年老、患病、失业等面临的生活风险,这时他的偏好被认为是不明智的。在市场环境下,是否参加保险完全取决于消费者的意愿。当消费者面临风险时,他可能会适当地评价这些风险,愿意投保以避免或降低风险;也可能抱侥幸心理,对未来可能遭遇的风险估计不足,在现在与未来的安排上选择不当,过于注重当前的消费而忽视了长远考虑,因而不愿意投保,这种行为被认为是短视的(short-sighted)。然而,未投保的人一旦真的遇到了不幸,生活发生困难,社会出于人道原则,又不得不为他们提供基本的生活救助。这样就会使能够适当评价风险的人去补贴对未来风险掉以轻心的人,并给社会造成负担,对那些积极投保的人是不公平的。为此,政府有必要强制性地要求社会成员将现在的一部分收入存入其个人账户或存入政府的社会保险账户,并为之管理这笔资金以供未来使用,这也是政府"家长主义"或"父爱主义(paternalism)"的表现。

因此,提供社会保障已成为政府的一项基本职能。据统计,目前世界上已经有170多个国家建立起社会保障制度。但是,社会保障特别是其中的社会福利项目具有很强的支出刚性,很容易形成众多既得利益集团。支出扩张容易,但削减的阻力非常大。社会保障支出也给政府带来了沉重的财政负担,在多数国家社会保障制度改革都是一个非常棘手的问题。

第二节　社会保障制度的基本类型

社会保障制度的实质是国家抵御社会风险的制度安排。社会保障制度的三个核心环节是资金筹集、资产管理和待遇支付,即社会保障所需的资金是如何筹集的,筹集上来的资金是如何管理的,支付标准是如何确定的。根据实施项目、政府责任、资金筹集、资产管理和待遇支付方式等的不同,可以将社会保障制度分为不同的类型。每个国家可以根据自己的政治、经济、社会情况,选择适合自身的社会保障制度模式。

一、社会保险与社会福利

社会保险(social insurance),指国家通过立法,由个人、企业、国家共同筹集资金,建立社会成员之间的风险共担机制,对参加社会保险的人在其符合条件时给予一定程度的收入补偿,使之维持基本生活水平的一种保障制度。不同国家社会保险制度的具体构成是有所不同的,但是一般来说,社会保险包括养老保险、医疗保险、失业保险、工伤保险、生育保险等。社会保险是一种缴费性的社会保障,具有强制性和普遍性,实行权利与义务相对应的原则。劳动者只有履行了缴费义务,并符合法律法规规定的条件时,才能获得相应的收入补偿权利。

社会福利(social welfare),在不同国家其内涵差异很大,广义的社会福利是对政府、社会组织和私人机构提供的各种社会服务的总合,包括社会保险、社会救助、社会优抚、房屋津贴、教育津贴、医疗保健以及文化教育娱乐等;狭义的社会福利仅指政府和社会向老人、儿童、残疾人等社会中特别需要关注的人群,提供必要的社会援助,以提高他们的生活水平和自立能力,主要包括老人福利、儿童福利、残疾人福利等。我们这里采用传统意义上较为中性的社会福利概念,指社会保障制度中除了社会保险以外的部分,其中对低收入者的社会救助是主要构成部分,其他还包括社会抚恤、社会优抚、老人福利、儿童福利、残疾人福利、妇女福利等。社会福利不仅是为了保障社会成员的最低生活需要,而且还要保证个人和社会有发展的可能,使社会成员在现有生产力发展水平上能够过上幸福的生活。

社会保险和社会福利的区别主要在于三点:① 资金来源不同。社会保险一般来自参加者、用人单位所缴纳的专项保险资金,政府给予补贴并承担最终责任;而社会福利通常来自政府一般性税收收入,没有专门的收入相对应,因此社会福利的收入再分配调节力度较大。② 支付条件不同。领取社会保险时不需要进行家计调查,即只要参加了相应的社会保险,履行了缴费义务,不管领取人家庭经济状况如何,符合事先设定的受益条件时都可以领取社会保险。换句话说,即使是像比尔·盖茨这样的亿万富翁也可以参加和享受社会保险;而获得社会福利,特别是社会救助时,通常需要考虑受益人的家庭经济状况,需要进行家计调查,只有经济情况满足政府规定的救助标准时,才可以获取政府提供的救助。③ 受益与缴费数额的对等性不同。参加人从社会保险中的受益与其缴费数额具有一定的对等性,通常缴费数额越多,可以领取的社会保险也相应越多。而获取社会福利的多少与个体的纳税多少不具有对等性。由于获取社会救助较多的往往是低收入家庭,纳税较多的高收入家庭获取社会救助的机会较少,因此通常获取救助的多少与纳税人的纳税多少是负相关的。

二、福利型、保障型、强制储蓄型与国家型社保制度

福利型社会保障制度,主要被瑞典和英国等北欧和西欧国家采用,其特点如下:① 保障范围广、保障程度高,按照"普遍性"原则,实行"收入均等化、就业充分化、福利普遍化、福利设施体系化"的社会保障制度,保障范围涵盖了"从摇篮到坟墓"的各种生活需要,全面实行高福利。② 全国保障,国家实行统一标准缴费,统一标准给付。福利水平与个人缴费多少直接联系不大,社会保障支出主要由国家税收负担。③ 政府是责任主体,社会保障制度的运行由政府负责,政府责任大,财政负担较重。例如,二战后瑞典政府在社会保障方面的作用全面加强,社会保障制度逐渐完善,社会福利体系涵盖养老保障、医疗保障、住房保障、失业保障、儿童保障、教育保障等。其保障水平高、范围广,是福利国家的典范,被称为"瑞典模式"。但是,20 世纪 70 年代后福利型社会保障制度遇到了挑战,高福利伴随的高税负增加了企业负担,影响了企业的竞争力。同时,高福利也使得劳动者的工作积极性受到影响,免费医疗、病假补贴政策导致了"泡病号"现象愈发普遍,高福利、高税收反而制约了社会经济的发展,形成了"瑞典病",迫使瑞典不得不进行社会保障制度的改革。

保障型社会保障制度,以德国、美国和日本为代表,传统社会保障制度指的就是这种制度,其特点如下:① 保障水平相对较低,保障的对象是有选择的,强调的是保障而非福利,以保障基本生活水平为原则。② 权利与义务相对应,待遇给付标准与劳动者的个人收入水平和缴费额度有一定联系,强调公平与效率兼顾,既保证国民能享受一定的社会保障待遇,又强调不能影响市场竞争活力。③ 政府、企业和个人都是责任主体,在社会保险中主要缴费(税)人为企业和个人,政府只是最后的责任人。在社会福利制度中,政府是最主要的责任人。如德国的社会保障体系的核心是养老保险等社会保险项目,同时辅之以社会救助等社会福利项目。社会保险费由个人、雇主和国家共同负担,国家财政大约只承担三分之一的社会保险资金。同时,多数社会保险的经办机构均不隶属于政府,社会保障管理实行行业组织管理与地区管理相结合、劳资双方共同参与的自治管理模式。

强制储蓄型社会保障制度,以智利和新加坡为代表,其特点如下:① 建立个人账户,雇主和雇员的缴费全部计入雇员的个人账户。② 个人账户资金投入资本市场运

营,以实现保值增值。③ 退休后的养老保险待遇完全取决于其个人账户积累额。储蓄型社会保障制度强调的重点是效率,而非公平。在社会保障制度筹资机制的选择上,这种制度实行的是完全基金积累制,而非现收现付制。如新加坡的中央公积金制度,强制雇员和雇主通过储蓄进行养老,雇员和雇主均需按规定比例缴纳公积金,其存款全部计入雇员个人账户,不得随意支取。政府成立中央公积金局,负责制定政策并管理和运营社会保障基金。政府确定社会保障基金的利率水平,承担中央公积金运行的全部风险。起初,征收公积金只是用于劳动者的退休养老,但目前中央公积金制度已经发展成为一项综合性的社会保障储蓄计划,适用范围扩大到住房、医疗保健、子女教育等。

国家型社会保障制度,以苏联和改革开放前的中国为代表,其特点如下:① 强调国家的作用,社会保障事务完全由国家(或通过国营企业等)包办。保险费主要由单位负担,个人不缴纳任何保险费。② 在保障目标上以追求社会公平为主,个人之间享受的保障水平几乎没有差异。③ 保障水平不均等,主要是政府机关、国有经济部门的雇员的社会保障水平较高,农业部门和私人部门从业者的保障水平要比前者低得多。

三、现收现付制、完全基金制和部分基金制社保制度

现收现付制(pay-as-you-go system),即是以横向平衡原则为依据,通过社会统筹,一个时期的社会保障收入全部用于当期支付社会保障支出的制度。现收现付制具有代际收入分配效应。如养老保险,在制定养老金计划时,按照“以支定收”的原则确定缴费收入,当前的缴费收入只能够满足当期的养老金支出,收支基本相抵,如果不足则由财政一般预算收入弥补。因此,现收现付制不会形成一笔很大数额的储备基金,也不存在通货膨胀导致社会保险资金贬值的压力,较为容易管理。在现收现付制下,实际上是下一代人养上一代人,是代际的再分配。在人口年龄结构年轻的情况下,当代人所缴纳的资金可以保证社会保障支出,财政压力不大;但是当人口老龄化较高时,就可能出现养老金给付过多导致资金紧张,政府被迫提高青年人的缴费比例的情况,财政负担将较为沉重。

完全基金制(fully funded system),也称之为基金积累制,是以纵向平衡原则为依据,通过建立个人账户,将私人和企业(所在机构)的缴费直接记入个人名下。待符合规定条件时,私人可以对该账户的资金进行支配。基金积累制会形成相当大规模的储备基金,有助于增加国民储蓄,促进资本市场的形成与发展。在完全基金制下,养老等社会保障实际上是自己养活自己,不具有代际再分配功能。在人口老龄化社会中,完全基金制可以减轻政府的财政负担。但是,完全基金制对社会保障资金的管理具有较高的要求,否则可能因为基金管理者的道德风险、投资风险或通货膨胀使保险资金遭到侵蚀。

部分基金制(partial funded system),也被称为混合制(mixed system),是介于现收现付制和完全基金制之间的一种养老计划的筹资模式。保险计划当期的缴费除了满足当期的支出需要以外,还留有一定的积累,以应付未来养老金支出的需要。其积累的规模远大于现收现付制保险计划下应急储备基金的规模,但是又不能满足未来向全部

缴费人支付养老金的资金需要。因此,部分基金制既具有部分代际间的收入再分配功能,又能通过积累部分资金,减轻现收现付制下当代人的负担以及完全基金制下资金运营管理的压力。

四、受益基准制、缴费基准制和混合制社保制度

受益基准制(on benefit basis),又被称为"待遇确定性(defined benefit)",指社会保障组织对受益人的给付数额和方式取决于预先规定的受益条件和标准。由于无法准确估计受益人对社会保障支出的实际需要,通常根据受益人在享受收益时的年龄、工作时间、健康状况、失业持续时间、抚养人口数量等容易识别的条件规定受益标准,而与实际的缴费额和缴费年限无关或关系不大。无论是短期性社会保险项目,如工伤保险等,还是长期性社会保险项目,如养老保险等,受益基准制都具有适用性。在受益基准制条件下,投资风险、伤残失业风险等各种风险主要由基金管理者承担,而不是由受益人承担。因此,受益人缺乏多缴费的积极性,也没有节约使用资源的动力。

缴费基准制(on contribution basis),又被称为"缴费确定型(defined contribution)",指社会保障计划为参加计划的成员建立个人账户,积累其缴费和利息,在成员符合支取要求时,把缴费形成的本金及其利息返还给账户持有人或其指定受益人。受益人社会保险津贴水平的高低取决于本人过去在社会保险体系中所缴纳资金的数量,而且是谁出资谁受益,受益与既往的资金贡献对等,有助于调动受益人多缴费的积极性。因此,这种方式意味着受益人的缴费在相当长的时期内是固定的,而其受益程度则根据缴费所形成的基金(受缴费时间长短、费率水平高低、收缴率等因素影响)及其投资运营所形成的投资收益(受投资管理水平以及资本市场运行等因素的影响)加以确定。因此,在受益基准制条件下,投资风险、伤残风险等各种风险主要由受益人承担,而不是基金管理者承担。通常,该缴费基准制一般只适用于长期性津贴项目,如养老保险等。

混合制(mixed system),是介于受益基准制和缴费基准制之间的一种制度,即在确定受益人的受益数额时,既考虑受益人对社会保险基金所做的贡献,又考虑其年龄、工龄、抚养人口等条件,将二者结合起来确定对受益人的给付水平,可以兼顾效率与公平。

五、根据存储方式,分为社会统筹式、个人账户式和混合式

社会统筹式(social overall account),指将筹集到的社会保障资金全部计入一个账户(社会统筹账户),在全体社会成员之间调剂使用。在社会统筹式下,个人缴费与其收益大小关联度较小,体现了社会保障的互济性和公平性特征。对于那些风险概率相对较小,但是一旦发生对个人将带来较大损失的社会风险来说,通常采用社会统筹模式,如失业保险、工伤保险。

个人账户式(individual account),指对每个缴费者单独设立一个账户,个人和单位社会保障缴费全部计入其个人账户,个人收益多少主要取决于账户积累额。该模式强调个人积累,通常以效率为优先考量因素,其收入再分配力度较小。对于那些风险大

小和损失都比较容易确定的社会风险来说,个人账户式具有激励作用。该模式多用于养老保险。

混合式,指将社会统筹和个人账户相结合的一种基金管理模式。个人和单位缴费一部分计入社会统筹账户,一部分计入个人账户,兼顾社会保障的公平与效率。

实践中,社会保障的筹资机制、给付标准和基金存储方式可有不同的组合。通常,现收现付制与社会统筹式、受益基准制相结合,基金积累制与个人账户式、缴费基准制相结合。以上模式还可以进行交叉组合,如将现收现付、社会统筹与缴费基准制结合起来,将社会统筹、现收现付与基金积累制、个人账户结合起来。如20世纪90年代,瑞典养老体系改革中引进了全新的养老模式,即名义缴费确定型个人账户(notional defined contribution,NDC)。这一账户采取"现收现付"的筹资方式,资金由政府统筹使用,用来支付收入型养老金(income pension),但是在待遇发放上,又根据个人对NDC账户贡献的大小确定。

专栏10-1

欧洲养老金制度改革:困兽之斗

2019年,欧洲多年来实行养老金制度改革引发的纷争愈演愈烈。2月,在罗马发生20万人参加的示威游行,要求意大利政府调整退休年限、缩短缴费年限、增加财政支持;9月,随着马克龙政府养老金制度改革的重新启动,法国的新一轮罢工再次开始了。一系列的喧嚣让人不禁思考,是什么牵住了欧洲养老金制度改革的步伐?欧洲养老金制度改革注定是一场"困兽之斗"?

欧洲大部分国家实行的是待遇确定模式(DB模式)和现收现付养老金制度。在这种制度下,退休金是一种基于员工收入历史、支付年限以及工龄的固定收益。当期的缴费收入全部用于支付当期的养老金支出开支。传统的DB型现收现付养老金制度具有较强的债务隐蔽性和较高的财务脆弱性,而老龄化趋势正在使这两个缺陷逐渐显露出来。

衡量一国养老金制度慷慨程度的指标之一,是养老金替代率。养老金替代率是指劳动者退休时的养老金领取水平与退休前工资收入水平之间的比率。它也是衡量劳动者退休前后生活保障水平差异的基本指标之一,又分为理论替代率(TRR)和实际替代率(ERR)。如果这两者之间差距过大,将影响养老金制度的财务状况。

一般认为,DB型现收现付养老金制度具有较好的再分配效果,但激励性较差。由于人为缩短法定缴费年限或提前退休并不能明显影响理论替代率,实际替代率与理论替代率依然十分接近,由此产生的道德风险导致了收支赤字不断扩大。此外,过高的替代率常常对老年人的劳动参与率产生负面影响,减少全社会的劳动供给,不利于经济增长。如果较高替代率的制度设计是在人口结构较为年轻时完成的,且在老龄化来临时依然维持不变,其他制度参数也不调整,DB型现收现付制将面临收不抵支的问题。

欧洲大陆主要福利国家养老金替代率平均水平已在60%以上,远高于美国。其中,希腊强制性养老保险的实际替代率更是高达95.7%,几乎全球之最,甚至出现倒挂现象。逆向的制度设计已超出了希腊经济发展水平所能承受的能力,反过来又进一步抑制了希腊的经济活力。可以说,养老金替代率过高已成为欧洲福利国家共同面临的一个难以彻底解决的财政风险。

此外,对于希腊等国而言,养老金之所以构成了沉重的财务负担,也是因为过高的待遇水平已严重脱离了其经济发展水平的现状,使得显性化和货币化之后的"老龄化"成本最终引发了债务危机。

第三节　社会保障政策的经济效应

社会保障政策对受助者的工作动机和储蓄行为等经济行为具有重要影响,由此可能产生扭曲效应,造成效率损失,使得政府的政策意图不能完全实现,这也是对政府社会保障政策存在争议的一个重要原因。理解社会保障政策的经济效应,有助于改进社会保障政策的设计。但是对社会保障政策的经济影响进行量化是困难的,不同的前提假定可能会得到完全不同的结论。

一、社会保障对工作动机的影响

社会保障政策能够从多个角度影响劳动者个人的劳动供给决策。从收入保障项目来看,当人们的收入低于某一水平时,可以获得政府的救助,使其达到最低水平。假定维持生计需要的最低生活保障为每月 600 元,企业普遍实行日工资制度,目前市场上日工资水平是每日 40 元,劳动者期望的日工资水平是每日 60 元。如果没有最低生活保障项目的话,则劳动者必须工作,劳动供给量是每月 15 日,正好可以维持基本生计。但是如果存在最低生活保障的话,由于市场工资水平低于其期望水平,则其宁愿选择失业,劳动供给量将为零。因此,收入保障项目降低了劳动供给。

如果收入保障项目制度设计是用其工作收入全额冲减救助金额,一旦工作收入超过 600 元,就不能再享受救助。假定劳动者在市场上找到了达到其期望工资水平的工作,则只有保证其一个月能够工作 10 日以上时(此时月收入大于 600 元),其才可能参加工作。否则,保持失业对其更为有利,其劳动供给将为零。

如果最低生活保障制度设计不是用其工作收入全额冲减救助金额,而是逐渐减少的话,如劳动者每工作一天减少救助 30 元,他每日净收入为 30 元(60 元-30 元),则这种制度模式将对劳动供给具有激励作用。劳动者即使一个月只能工作一日,他也愿意工作。其工作天数越多,其收入水平越高,在某一临界点(假定月收入达到 1 000 元),政府将不再给其救助。

因此,收入保障项目的设计对劳动供给的影响非常大。失业保险制度的设计也是如此。一个好的社会保障项目应该能够设法调动劳动者的积极性,而不应该滋养人们的懒惰行为。

养老保障制度意味着个人舍弃一部分当前收入用作退休之后消费,个人必须缴纳社会保障税(费),社会保障税将使得其获得的可支配收入下降,由此会产生替代效应和收入效应。替代效应使得工人的休闲成本下降,使其趋向于少工作多休息,减少了劳动供给;而收入效应使得工人获取同样多的税后收入必须多工作,从而增加了劳动供给,最终使劳动供给增加还是减少取决于替代效应和收入效应哪一个更大。

在弹性退休制度,即人们可选择退休年龄的情况下,社会保障还影响人们的退休决策。在完全资本市场、社会保障对私人储蓄完全替代、预期寿命已知的假设前提下,研究表明社会保障对退休决策没有影响。这是因为在增加的退休金对私人储蓄的替代率为100%的情况下,提供退休金并不改变消费者的消费能力。但是,当这些前提条件不存在的情况下(现实世界中正是如此),社会保障制度将对退休决策产生影响。

在现收现付制的社会保障制度下,对于缺乏远见或流动性受限制的个人来说,强制性的社会保障制度将使收入从工作年份转移到退休年份。如果社会保障制度的建立或扩张对在政策变动时的老年人提供了意外之财,增加了其退休之后的收入保障能力,这会强化收入效应,鼓励其提前退休。

在社会保障实行完全个人账户式的基金积累制模式下,个人养老金的多少完全取决于其个人缴费,这种制度模式有利于激励个人延迟退休。

个人预期寿命的高低也将对退休决策产生影响,预期寿命长的人可能推迟退休,预期寿命短的人可能提前退休。退休时机的选择还受个人对时间和闲暇不同偏好的影响,对时间和闲暇偏好高的人,倾向于早退休;对时间和闲暇偏好低的人,倾向于延迟退休。此外,收入水平的提高也对退休决策产生影响。收入水平的提高将使得人们对闲暇的需求增加,导致人们提前退休。

近一个世纪以来,随着社会保障制度的完善,社会保障似乎鼓励了提前退休。在没有社会保障的情况下,人们也许一直会工作到不能工作为止。在养老保障制度全面建立后,达到退休年龄后,人们基本上就不再工作了。当然,收入增加、预期寿命的延长、社会环境的变迁都可能是这一变化的原因。关于社会保障对劳动供给的影响,似乎很难有一个确切的定论,但是无论如何,社会保障被认为是影响劳动供给的一个关键因素。

二、社会保障对储蓄行为的影响

根据生命周期理论,个人的消费和储蓄决策是以其一生的收入为基础的,即使没有社会保障制度,个人也会将一部分收入储蓄起来留作退休时消费。这笔资金在使用前可以用于投资,从而增加了社会资本存量,有利于经济的发展。

社会保障制度改变了人们的预期,可以从三个方面影响到家庭或个人的储蓄行为。一是社会保障对储蓄的退休效应(retirement effect)。社会保障制度促使人们提前退休,人们的工作年限会减少,从而积累资金的时间也缩短了。但是,通常社会保障提供的资金并不足以维持类似于工作时的生活质量,而是只能维持基本生活。根据消费的棘轮效应(ratcheting effect),人们为了维持退休后的高质量的生活就必须在工作时有更多的储蓄,这种退休效应将使得储蓄增加。二是社会保障对储蓄的遗产效应

（heritage effect）。除了养老外，储蓄的另一个重要原因是人们想要为后代留下遗产的遗赠动机。因此，即使有社会保障制度，人们仍然会进行储蓄。人们也许认识到，社会保障实际上是把收入从年轻一代那里转移到老年一代。为了减少社会保障的对子女收入的影响，父母将倾向于在工作时储蓄更多，以便给子女留下更多的遗产，这种遗赠动机将使得储蓄增加。因此，社会保障对储蓄的退休效应和遗产效应都将增加家庭或个人的储蓄。三是社会保障的资产替代效应（asset-substitution effect）。人们在工作时缴纳社会保障税，虽然减少了当前收入，但是可以保障他们在生活出现意外及年老时有一个稳定的收入来源。如果社会保障税看作是取得这些未来收入保障的"储蓄手段"，那么他们就会减少传统意义上的储蓄。因此，他们会预支以后的支出来改善当前的生活，这种现象被称为资产替代效应，这将使得储蓄减少。

因此，社会保障对储蓄的总效应取决于退休效应和遗产效应所引起的储蓄的增加与资产替代效应所引起的储蓄的减少的综合影响。美国经济学家费尔德斯坦认为，在现收现付制下，资产替代效应对储蓄的影响大于其他两种效应。也就是说，社会保障降低了个人和家庭的储蓄动机，社会保障对私人储蓄有挤出效应，降低了社会储蓄率。但是他的结论受到了质疑，不同经济学者运用不同的数据和理论模型得出的结论是不同的。

上述结论是建立在人们具有远见（far-sighted）、能够做出理性决策这一假设基础上的。现实中人们的行为偏离这一假设是完全有可能的，这时会得出完全不同的结论。例如，人们可能是十分短视（short-sighted）的，在这种情况下，社会保障不会产生任何的退休效应、资产替代效应，因此不会改变个人储蓄习惯，甚至还会增加社会储蓄。还有一种可能是人们相信政府不会让他们年老时穷困潦倒，即使社会保障不存在时，人们仍然选择少储蓄。因此，政府通过强制性的社会保障将增加社会储蓄。由于影响储蓄的因素很多，关于社会保障对储蓄的影响并没有确切的答案。

三、实物补助与现金补助方式的政策选择

通常，社会保险支出采取货币支出方式，但是社会福利支出既可以采取实物支出形式，也可以采取现金支出的形式。在有些情况下，同等价值的实物支出和现金支出对受助者来说效用水平是一样的；但是在某些情况下，实物支出的效用水平要低于现金支出，也就是说二者的财政支出效率是存在差别的。政府该选择哪一种支出方式呢？

假定政府要对低收入家庭提供补助，有两种方式可供选择：一种方式是现金补助，另一种方式是实物补助，如提供一定价值的食品券，只能购买食品。在政府补助前，福利受益者月收入为 300 元，食品的价格为每单位 2 元。为了便于分析，假定所有其他物品的市场价格是每单位 1 元，在没有政府补助的情况下，初始的均衡点为 E_1，消费组合为 260 单位的其他物品和 20 单位的食品。

我们先来看看政府提供 60 单位的食品实物补助的情况。60 单位食品补助相当于价值 120 元的现金。如图 10.1 所示，AB 是补助前的预算约束线，ACD 是实物补助后的预算约束线。在实物补助下，他能够购买的食品的数量增加，但是能够购买的其他商

品的数量是不变的。

　　HD 是现金补助后的预算约束线。在现金补助下,受助者能够购买的食品和其他商品的数量都将增加。补助前的预算约束线 *AB* 与其效用无差异曲线相切于 E_1 点,食品的需求量为 20,其他物品的需求量为 260。发放实物补助后,受助者的预算约束线 *ACD* 与无差异曲线相切于 E_2,食品的消费量是 60,其他物品的消费量是 300。但是如果政府提供同等价值的现金补助,预算约束线 *HD* 将与无差异曲线相切于 E_3,其食品消费量是 40,其他物品的消费量是 340。因此,如果实物补助量超过同等价值现金补贴下受助人愿意消费的该物品数量,则实物补助的效率低

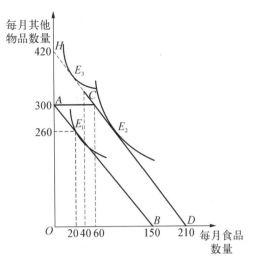

图 10.1　实物补助比现金补助产生的效用水平低

于现金补助,其效率损失就是两条无差异曲线 E_3 与 E_2 的效用水平的差。这一点很容易理解,在同等收入水平下,如果受助者只愿意消费 40 单位的食品,而政府为其提供了 60 单位的实物补助,理性的消费者仍然会将这 60 单位的食品消费完,但是其效用水平肯定低于同等价值货币为之带来的效用。

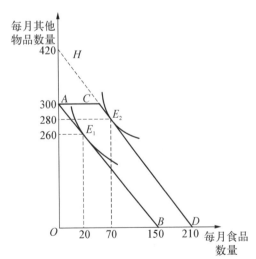

图 10.2　实物补助和现金补助产生的效用水平相同

　　我们再来看看另外一种情况。如图 10.2 所示,如果发放实物补助后,预算约束线与无差异曲线相切于 E_2 点,则实物补助和现金补助对受助者来说效用是一样的。因此,如果实物补助量小于同等价值现金补助下受助者愿意消费的量,则实物补助和现金补助的效果相同。也就是说,同等收入水平下,受助者本来就打算消费 70 单位的食品,而政府为其补助了 60 单位,这 60 单位的实物补助和现金补助对受助者的效用是一样的。如我国 2019 年猪肉价格上涨,政府向低收入家庭每月提供 10 元的猪肉价格补贴。如果低收入家庭本来每月用来购买猪肉的支出就超过 10 元,这 10 元的现金补助和实物补助对其来说效用是一样。如果一个家庭是素食主义者,从不吃肉,则该户人家会更倾向于选择现金补助。

　　因此,直接向贫困者支付货币能使被救助者保留选择符合自己要求的产品组合的权利,能使接受补助者达到较高的福利水平。实物补助可能产生扭曲效应,但是实物补助更

能体现政府的政策意图,防止受助者将货币资金挪作他用,更容易确定需要救助的对象,有助于实现特定政策目的,实物补助被认为体现了政府的"父爱主义(paternalism)"。

此外,从管理上看,实物补助的管理成本可能要远高于现金补助。实物补助的受助者容易被他人识别出来(如住在廉租住房中),这可能使受助者的个人尊严受到伤害。但是从实际操中看,实物补助更容易得到利益集团的支持,政府部门也比较偏爱针对特定目的的实物救助方式。

同时,救助水平的确定也是一个重要问题。救助水平过高,政府财力难以承受,也会变相奖懒罚勤,滋养懒汉,破坏整个社会的发展和进步;救助水平过低,又不能保障受助者的基本生活需要。因此,设计合理的补助水平和补助方式是社会保障,特别是社会福利制度的一个重要内容。

第四节　我国社会保障体系

我国社会保障制度共有三根支柱,第一支柱是国家提供的基本社会保障制度,第二支柱是单位提供的补充保障制度,第三支柱是以个人储蓄和商业保险为主要形式的自我保障制度。国家提供的基本社会保障制度是社会保障体系的核心,其基本方针是广覆盖、保基本、多层次、可持续,具体包括社会保险和社会福利两大类。

一、我国社会保障制度的建立和完善

我国社会保障制度的建立和完善经历了一个较为曲折的过程。新中国成立后,1951年政务院即公布实施了《中华人民共和国劳动保险条例(试行)》,1953年又对该条例作了修正,对劳动保险金的征集与保管以及工伤待遇、养老待遇等,都作出了明确规定。这一条例的颁布实施标志着新中国社会保障制度的诞生。此后,随着我国财政状况的好转和大规模经济建设的展开,国家陆续颁布了救灾救济、优抚安置等一系列社会保障政策,并根据社会发展需要不断对有关政策进行充实和调整,对于调动广大职工的劳动热情,促进国民经济发展发挥了重要作用。但是"文化大革命"期间,我国社会保障事业受到严重影响。国营企业一律停止提取劳动保险金,企业职工的退休金在营业外列支,劳动保障逐步演变成"企业保险"或"单位保障",导致用人单位负担沉重,不利于劳动力的合理流动,职工的基本生活也难以得到有效保障。

改革开放以后,我国对社会保障制度的改革进行了初步探索。社会保障改革首先是从城镇企业养老保险制度入手的。1984年,国家在全民和集体所有制企业开始了退休费用的社会统筹试点,对市、县一级的国有企业按照"以支定收、略有结余"的原则,实行保险费的统一收缴、养老金的统一发放。1991年,国务院颁布了《关于企业职工养老保险制度改革的决定》,规定实行基本养老保险、企业补充养老保险和职工个人储蓄性养老保险相结合的养老保险制度,费用由国家、企业、个人共同负担,并明确规定养老保险费实行社会统筹,先由市、县级统筹再逐步过渡到省级统筹。

在失业保险方面,1986年,为了配合国营企业实行劳动合同制,我国首次建立了企业职工待业保险制度。

1992年,党的十四大提出我国经济体制改革的目标是建立社会主义市场经济体制,我国经济发展进入新阶段。与之相适应,我国社会保障制度也进入全面改革阶段。1993年,党的十四届三中全会通过《中共中央关于建立社会主义市场经济体制若干问题的决定》,把社会保障制度作为社会主义市场经济基本框架的五个组成部分之一,提出了建立社会统筹和个人账户相结合的多层次养老保险和医疗保险制度,社会保障制度逐步建立和完善起来。1995年,国务院发布了《关于深化企业职工养老保险制度改革的通知》,决定建立社会统筹与个人账户相结合的制度模式,明确基本养老保险费用由企业和个人共同负担,并决定在全国进行社会统筹和个人账户相结合的制度模式的试点。在医疗保险方面,1995年,江苏省镇江市、江西省九江市开始进行医保改革试点,探索建立社会统筹与个人账户相结合的医疗保险制度,其后试点范围不断扩大。此外,还统一规范了工伤保险制度(1996年)、企业职工生育保险制度(1994年)。

1997年,党的十五大明确提出"建立社会保障体系,实行社会统筹和个人账户相结合的养老、医疗保险制度,完善失业保险和社会救济制度,提供最基本的保障"。随着对建立社会保障体系重大意义的认识不断深化,我国加快了社会保障改革的步伐。国家为了配合国有企业改革,提出了"两个确保"(确保国有企业下岗职工基本生活、确保企业离退休人员养老金足额及时发放),建立了"三条保障线"(下岗职工基本生活保障、失业保险和城市居民最低生活保障)。1997年,国务院发布了《关于建立统一的企业职工基本养老保险制度的决定》,统一了我国企业基本养老保险制度。1998年,国务院发布了《关于建立城镇职工基本医疗保险制度的决定》,明确了城镇职工基本医疗保险制度的模式和改革方向。1999年,国务院发布了《失业保险条例》,改"待业保险"为"失业保险",还颁布了《城市居民最低生活保障条例》和《社会保险费征缴暂行条例》,标志着我国社会保障体系框架初步形成。

党的十六大后,我国社会保障制度进一步完善。2002年,我国出台了《关于进一步加强农村卫生工作的决定》,明确指出要"逐步建立以大病统筹为主的新型农村合作医疗制度"。2003年4月国务院颁布了《工伤保险条例》,2004年正式实施。在辽宁省完善城镇社会保障体系试点的基础上,为促进实施振兴东北地区等老工业基地战略,国家将试点范围扩大到吉林和黑龙江两省。同年,国家还颁布了企业年金试行办法。2005年,国务院下发了《关于完善企业职工基本养老保险制度的决定》,统一了灵活就业人员的参保政策,调整了养老保险的计发办法和个人账户规模,逐步做实个人账户,进一步统一和完善了企业职工养老保险制度。2007年起,针对城镇非从业人员的城镇居民基本医疗保险逐渐推开。2009年,新型农村社会养老保险试点工作启动,新一轮医药卫生体制改革全面展开。2010年10月,国家颁布了《中华人民共和国社会保险法》,并于2018年12月进行了修订。该法有助于建立覆盖城乡居民的社会保障体系,更好地维护公民参加社会保险和享受社会保险待遇的合法权益。2011年,国务院发布了《国务院关于开展城镇居民社会养老保险试点的指导意见》,决定开展城镇居民社会养老保险试点,逐步解决城镇无养老保障居民的养老问题。2014 年,国务院发布了《国务院关于建立统一的城乡居民基本养老保险制度的意见》,在试点经验的基础上,国务院决定将新型农村社会养老保险和城镇居民社会养老保险两项制度合并,在全国范围内建立统一的城乡居民基本养老保险制度。2015 年 1 月,国务院发布了《关于机关事业单位工作人员养老保险制度改革的决定》,改革现行机关事业单位工作人员的退休制度,逐步建立起独立于机关事业单位之外、资金来源多渠道、保障方式多层次、管理服务社会化的养老保险体系。2016 年 1 月,国务院发布了《国务院关于整合城乡居民基本医疗保险制度的意见》,决定合并城镇居民基本医疗保险和新型农村合作医疗两项制度,建立统一的城乡居民基本医疗保险制度,推进医药卫生体制改革,确保城乡居民公平享受基本医疗保险权益。2019 年,国务院进一步发布了《降低社会保险费率综合方案》,决定从 2019 年 5 月 1 日起,降低城镇职工基本养老保险单位缴费比例,各地可从 20% 降到 16%,切实减轻企业社保缴费比例。

经过多年的努力,一套与我国经济发展水平相适应的分层次、广覆盖的社会保障体系正在逐步建立起来,如图 10.3 所示。

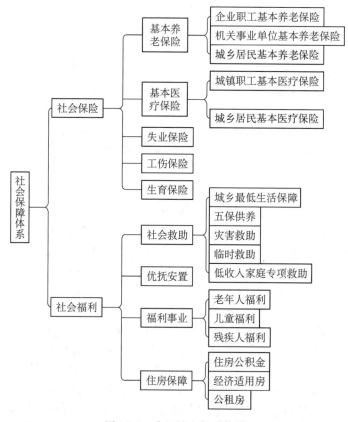

图 10.3　中国社会保障体系

中国人口老龄化程度持续加深

按国际通行的标准,60岁及以上的老年人口或65岁及以上的老年人口在总人口中的比例超过10%和7%,即可看作是进入了老龄社会。中国1999年即进入了老龄社会,并且老龄化发展迅速。根据2020年11月进行的第七次人口普查结果,我国60周岁及以上人口26 402万人,占总人口的18.7%,是目前世界上老年人口最多的国家,占全球老年人口总量的五分之一还多;65岁及以上人口19 064万人,占总人口的13.5%。与2010年相比,我国60岁及以上人口占总人口的比重都上升5.44个百分点,中国人口的老龄化程度正在加速加深,未来一段时间将持续面临人口长期均衡发展的压力。综观我国人口老龄化的发展趋势,呈现以下四个特征。

1. 我国老年人绝对数量大,发展态势迅猛。世界老年人口总数的20%都被我国老年人口所占据,人口老龄化年均增长率约为总人口增长率的5倍。

2. 地区间发展不均衡,城乡倒置。一方面,20世纪70年代,受“少生优生,晚婚晚育”的计划生育政策的影响,城镇生育率较农村生育率低;另一方面,农村大量年轻劳动力去往一线二线城市发展,农村老年人口增多,尤其空巢老人和独居老人居多,农村老龄化越来越严重。

3. 高龄化趋势加剧。高龄老人的病残率较其他老人更高,需要的关心照顾程度较其他老人也更多。高龄老人是老年人中最为脆弱的群体,是解决好养老问题的重难点。据估计,我国每年新增100万高龄老年人口,这种大幅度增长的态势将持续到2025年。

4. 独居老人和空巢老人增速加快,比重增高。随着我国城市化进程不断加快,家庭模式中传统三世同堂越来越少,越来越多的家庭趋于小型化,加之城市生活节奏的加快,年轻子女陪伴父母的时间变少,使得我国传统的家庭养老功能正在逐渐弱化。

二、社会保险

社会保险是我国社会保障体系的重要组成部分,包括养老保险、医疗保险、失业保险、工伤保险和生育保险,其中养老保险和医疗保险是社会保险制度的核心。

1. 养老保险

目前,我国城镇职工基本养老保险基金实行多渠道筹资模式,由单位和职工共同缴费。其中,单位缴费为缴费基数的16%,缴费基数为经有关部门核定的上年度职工工资总额,单位缴费计入社会统筹账户;职工个人按个人缴费基数的8%缴费,全部进入个人账户。个人缴费基数为经有关部门核定的上年度本人月平均工资,但最高不超过本地上年度职工月平均工资的300%,最低不低于本地上年度职工月平均工资的60%。具体模式如图10.4所示。

在该模式中,社会统筹账户采取现收现付制,用来发放基础养老金;个人账户采取基金积累制,用来发放个人账户养老金。因此,职工基本养老金由基础养老金和个人账户养老金两部分构成,基础养老金是由社会统筹账户支付的生存年金,个人账户养

公共经济学

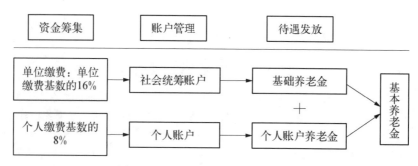

图 10.4 职工基本养老保险制度模式

老金由个人账户储存额与计发月数决定,基本养老金计发标准主要参照下面的公式:

$$基本养老金=[(当地上年度职工月平均工资+本人指数化月平均缴费工资)/$$
$$2]×(缴费年限×1\%)+个人账户储存额/计发月数$$

指数化月平均缴费工资,指职工本人的平均缴费工资指数乘以职工退休时上一年当地职工社会月平均工资。相对于当地职工社会平均工资,职工缴费基数越高,其平均缴费工资指数也越高。缴费年限,指履行缴费义务的具体期限,即个人的权益记录,缴费 12 个月为 1 个缴费年。计发月数,与员工退休年龄相对应,是个人账户养老金计发依据。计发月数通常根据城镇人口平均寿命等因素计算形成,退休时间越晚,计发月数越少,退休时间越早,计发月数越多,主要是为了鼓励晚退休,如表 10.1 所示。

表 10.1 个人账户养老金计发月数

退休年龄（岁）	计发月数（个）	退休年龄（岁）	计发月数（个）	退休年龄（岁）	计发月数（个）
40	233	51	190	62	125
41	230	52	185	63	117
42	226	53	180	64	109
43	223	54	175	65	101
44	220	55	170	66	93
45	216	56	164	67	84
46	212	57	158	68	75
47	208	58	152	69	65
48	204	59	145	70	56
49	199	60	139		
50	195	61	132		

参加基本养老保险的个人只有满足一定条件才可以领取基本养老金:一是按照国家规定缴纳基本养老保险费,且缴费已经达到国家规定年限的(15 年);二是已经达到国家规定领取基本养老金最低年龄的(男性年满 60 周岁,女干部年满 55 周岁,女工人

年满 50 周岁,特殊情况还可以提前)。

由于我国养老保险制度在 20 世纪 90 年代初期才开始建立,因此根据个人账户情况,可以将领取养老金的人群分为制度"老人"、制度"中人"和制度"新人"。制度"老人"指在养老保险制度建立前退休的人,没有个人账户积累;制度"中人"指在养老保险制度建立前参加工作,在新制度下退休的人,有个人账户,但是个人账户积累时间少于其工作时间;制度"新人"指在养老保险制度建立后参加工作的人,具有完全的个人账户积累。

在养老金领取标准上,采取老人老办法、中人中办法、新人新办法。制度"老人"在个人账户建立之前即已经退休了,因此上述养老金计发公式不适用于制度老人,其养老金按退休前工资的一定比例计发;对于制度"中人",由于其在个人账户建立之前已经工作了一段时间,这段时间被视为视同缴费年限,在计算基础养老金计发比例时,是予以承认的。同时,由于制度"中人"个人账户积累时间不完全,对制度"中人"增加一部分"过渡性养老金"。过渡性养老金通常根据参保人建立个人账户之前的视同缴费年限以及地方政府确定的年补偿数额来确定。因此,制度"中人"养老金由基础养老金、个人账户养老金以及过渡性养老金三部分构成;"制度"新人则完全按照新办法缴纳和领取养老金。相对于制度"中人"和"新人",制度"老人"的养老金水平较低。

符合条件的参保人可以按月领取基本养老金,直至死亡。个人账户的养老金不得提前支取,每年参考同期银行存款利率和物价指数确定记账利率,免征利息税。个人死亡的,个人账户的养老金余额可以继承。近年来,在上述养老金计发公式的基础上,国家连续多年提高职工养老金水平。2020 年,我国基本养老金水平继续在 2019 年的基础上提高 5%。

2014 年,在试点经验基础上,国务院决定将新型农村社会养老保险和城镇居民社会养老保险两项制度合并实施,在全国范围内建立统一的城乡居民基本养老保险制度。全面推进和不断完善覆盖全体城乡居民的基本养老保险制度,要坚持和完善社会统筹与个人账户相结合的制度模式,巩固和拓宽个人缴费、集体补助、政府补贴相结合的资金筹集渠道,完善基础养老金和个人账户养老金相结合的待遇支付政策,强化长缴多得、多缴多得等制度的激励机制,建立基础养老金正常调整机制,健全服务网络,提高管理水平,为参保居民提供方便快捷的服务。城乡居民养老保险制度不仅要与职工基本养老保险制度相衔接,还要与社会救助、社会福利等其他社会保障政策相配套,充分发挥家庭养老等传统保障方式的积极作用,更好保障参保城乡居民的老年基本生活。

城乡居民基本养老保险基金由个人缴费、集体补助、政府补贴构成。一是个人缴费,参加城乡居民养老保险的人员应当按规定缴纳养老保险费。缴费标准共设 12 个档次,省(区、市)人民政府可以根据实际情况增设缴费档次,最高缴费档次标准原则上不超过当地灵活就业人员参加职工基本养老保险的年缴费额。参保人自主选择档次缴费,多缴多得。二是集体补助,有条件的村集体经济组织应当对参保人缴费给予补助,鼓励有条件的社区将集体补助纳入社区公益事业资金筹集范围。鼓励其他社会经济组织、公益慈善组织、个人为参保人缴费提供资助。补助、资助金额不超过当地设定的最高缴费档次标准。三是政府补贴,政府对符合领取城乡居民养老保险待遇条件的参保人全额支付基础养老金。其中,中央财政对中西部地区按中央确定的基础养老金标准给予全额补助,对东部地区给予50%的补助;地方政府应当对参保人缴费给予补贴,具体标准和办法由省(区、市)人民政府确定。对重度残疾人等缴费困难群体,地方政府为其代缴部分或全部最低标准的养老保险费。城乡养老保障制度有效并轨后,城乡居民享受制度上无差别、水平大致相当的养老保障,在制度模式、筹资方式、待遇支付等将实现无差距对接。

2017年,党的十九大报告指出,完善城镇职工基本养老保险和城乡居民基本养老保险制度,尽快实现养老保险全国统筹。实现养老保险全国统筹是提高基金使用效率,均衡地区间和企业、个人负担,促进劳动力合理流动的重要举措。要进一步巩固省级统筹,从建立企业职工基本养老保险基金中央调剂制度起步,通过转移支付和中央调剂基金在全国范围内进行补助和调剂,在此基础上尽快实现全国统筹,逐步形成中央与省级政府责任明晰、分级负责的基金管理体制。

由于我国人口老龄化趋势明显,政府的社会养老保险负担沉重。通常衡量养老保险负担的指标具体如下。

老年人口抚养系数,指老年人口(65岁以上人口)与15~64岁人口的比例,也称之为老年人口抚养比,表明每100个劳动人口需要负担多少个老年人口的抚养费用。老年人口抚养系数越高,社会养老负担越重。根据全国人口普查资料,2018年老年人口抚养系数为16.8%,2000年为9.9%,1990年为8.4%,1980年为8.0%,负担系数呈不断上升趋势。

职工负担系数,指城镇在岗职工与离退休、退职人员的比例,表明多少个城镇在岗职工负担一个离退休、退职人员的保障成本,职工负担系数越低,表明社会养老负担越重。通常而言,职工负担系数在衡量养老负担方面比老年人口抚养系数更精确。老年人口抚养人数口径比较大,由于老年人口不一定都参加了养老保险,15~64岁人口也不一定都是工作人口,因此职工负担系数对于衡量社会养老负担更加准确一些。如果再精确一些的话,由于在岗职工也不一定都参加了社会养老保险,还必须考虑职工的参保率,这被称为参保职工负担系数。

赡养率,指离退休、退职人员与在岗职工的比例,表明100个在岗职工负担多少个离退休、退职人员的保障成本,其实就是职工负担系数的倒数,赡养率越高,表明社会养老负担越重。如果再精确一些的话,可以用领取养老金的人数与交纳养老保险费的人数之比来衡量,这被称为制度赡养率。制度赡养率越高,表明社会养老负担越重。

养老金目标替代率,指养老金水平与某一水平的收入的比例,表明养老金水平的高低,养老金替代率目标越高,社会养老负担相对就越重。根据中国企业职工基本养老金制度的设计,以60岁退休、缴费35年为例,目前基本养老金的目标替代率为59.2%,其中,基础养老金35%,个人账户养老金24.2%。

此外,社会养老保险的个人和企业筹资比率、养老金的收缴率、覆盖面、筹资模式、基金投资回报率、社会平均工资增长率等都将影响养老金的平衡。综合考虑各种因素,可以对我国社会养老保险的资金供给、资金需求、养老金赤字进行测算,根据不同的计算方法和前提假设,结果也大不相同,得出未来几十年我国养老金赤字在几万亿元到十几万亿元之间,并且在2030年前后养老金赤字可能达到高峰。由于社会养老保险是政府确保支付的第一支柱养老保障计划,因此养老金赤字将成为目前政府的隐性债务。不仅是中国如此,养老金负担也是美国等很多国家面临的问题。

我国养老保险面临较大的资金压力,因此,每年财政都必须拿出一部分资金,用于对基本养老保险基金的补助。2000年,国家还建立了战略储备型的全国社会保障基金,每年中央财政还拿出一部分资金用于充实全国社会保障基金。2013年,社会保险基金预算首次列入预算报告。2017年,国家启动了国资划转社保改革,将中央和地方国有及国有控股大中型企业和金融机构的10%国有股权,划转至社保基金会和地方相关承接主体以充实社保基金。2019年,国资划转社保改革进入"加速冲刺"阶段,明确了全面推开划转工作时间表。

2. 医疗保险

医疗保险是社会保障制度的重要组成部分,也是改革的难点。我国基本医疗保险体系由针对不同人群的城镇职工基本医疗保险和城乡居民基本医疗保险构成。

在先行试点的基础上,中国政府于1998年颁布了《关于建立城镇职工基本医疗保险制度的决定》,在全国推进城镇职工基本医疗保险制度改革。城镇职工基本医疗保险制度实行社会统筹与个人账户相结合,实行属地管理。城镇职工基本医疗保险覆盖城镇所有用人单位和职工,包括所有机关、事业单位、各种类型企业、社会团体和民办非企业单位的职工和退休人员。城镇灵活就业人员也可以参加基本医疗保险。

城镇职工基本医疗保险的资金来源主要为用人单位和个人共同缴纳医疗保险费:用人单位缴费比例一般为职工工资总额的6%左右;个人缴费为本人工资的2%;退休人员个人不缴费。个人缴费全部划入个人账户,2021年之前,单位缴费按30%左右划入个人账户,其余70%左右建立统筹基金,个人账户的本金和利息归个人所有,但只能用于支付本人的医疗费,其基本制度模式如图10.5所示。

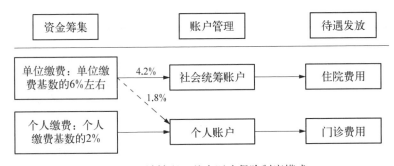

图 10.5　城镇职工基本医疗保险制度模式

根据国家医保局2021年4月发布的《关于建立健全职工基本医疗保险门诊共济保障机制的指导意见》,自2021年5月1日起,单位缴费部分将不再计入医保个人账,全部计入统筹基金,将逐步扩大由统筹基金支付的门诊慢特病病种范围、规范个人账户使用范围,可以用于支付参保人员本人及配偶、父母、子女符合规定的医疗费用。

需要注意的是,目前城镇职工基本医疗保险统筹层次较低(通常为地市级统筹),单位缴费比例和具体划入个人账户比例由各统筹地区确定,在资金使用的管理上也不完全一样,因此各地城镇职工基本医疗保险在保障水平上往往有所差异。

国家制定国家基本医疗保险药品、诊疗项目和医疗服务设施的目录,对提供服务的医疗机构和药店实行定点管理,简称"两定点、三目录"。符合两定点、三目录的医疗费以及急救、抢救费用由医疗保险基金和个人共同分担。门诊(小额)医疗费用主要由个人账户支付。住院(大额)医疗费用主要由统筹基金支付。统筹基金有明确的起付标准和最高支付限额,起付标准原则控制在当地职工年平均工资的10%左右,最高支付限额一般为当地职工年平均工资的6倍左右①。起付标准以上、最高支付限额以下的医疗费用,主要从统筹基金中支付,个人也要负担一定比例(一般三级甲等医院个人负担20%,社会医院个人负担10%)。超过最高限额以上的医疗费用,不再由统筹基金支付,而是通过企业补充医疗保险、商业医疗保险等途径解决,或者自己承担。职工退休时累计缴费达到国家规定年限的,退休后不缴纳基本医疗保险费,按照国家规定享受基本医疗保险待遇,退休人员个人负担医药费的比例适当低于在职职工。

2007年7月,为实现基本建立覆盖城乡全体居民的医疗保障体系的目标,国务院决定,从2007年起开展城镇居民基本医疗保险试点,2010年在全国全面推开,逐步覆盖全体城镇非从业居民。不属于城镇职工基本医疗保险制度覆盖范围的中小学阶段的学生(包括职业高中、中专、技校学生)、少年儿童和其他非从业城镇居民都可自愿参加城镇居民基本医疗保险。城镇居民基本医疗保险以家庭缴费为主,政府给予适当补助。城镇居民基本医疗保险基金重点用于参保居民的住院和门诊大病医疗支出,有条件的地区可以逐步试行门诊医疗费用统筹。此外,为保障农民的基本医疗需求,减轻农民因病带来的经济负担,缓解因病致贫、因病返贫问题,于2002年开始建立以大病统筹为主的新型农村合作医疗制度,由政府组织、引导、支持,农民自愿参加,政府、集体、个人多方筹资。

2016年1月,国务院印发《关于整合城乡居民基本医疗保险制度的意见》,明确要求整合城镇居民基本医疗保险和新型农村合作医疗两项制度,建立统一的城乡居民基本医疗保险制度。整合按照全覆盖、保基本、多层次、可持续的方针,加强统筹协调与顶层设计,遵循先易后难、循序渐进的原则,逐步在全国范围内建立起统一的城乡居民医保制度,促进全民医保体系持续健康发展。整合坚持遵循"六统一"的要求:一是统一覆盖范围。城乡居民医保制度覆盖除职工基本医疗保险应参保人员以外的其他所有城乡居民。二是统一筹资政策。坚持多渠道筹资,合理确定城乡统一的筹资标准,现有城镇居民医保和新农合个人缴费标准差距较大地区可采取差别缴费的办法逐步过渡。三是统一保障待遇。逐步统一保障范围和支付标准,政策范围内住院费用支付比例保持在75%左右,逐步提高门诊保障水平。四是统一医保目录。由各省(区、市)

① 最高支付限额原来是当地职工平均工资的4倍左右,为降低职工医疗负担,2009年提高到6倍左右,各地标准差异较大。

在现有城镇居民医保和新农合目录的基础上,适当考虑参保人员需求变化,制定统一的医保药品和医疗服务项目目录。五是统一定点管理。统一定点机构管理办法,强化定点服务协议管理,建立健全考核评价机制和动态的准入退出机制。六是统一基金管理。城乡居民医保执行国家统一的基金财务制度、会计制度和基金预决算管理制度。

3. 失业保险

促进就业是政府的一项重要职能。由于市场失灵,几乎没有私人部门提供失业保险的先例,失业保险主要是由政府主办。我国就业压力巨大,1999 年我国颁布了《失业保险条例》,规定城镇企业事业单位及其职工必须参加失业保险,包括国有企业、城镇集体企业、外商投资企业、城镇私营企业和城镇其他企业及其职工、事业单位及其职工。同时还规定,省、自治区、直辖市人民政府根据当地实际情况,可以决定将失业保险适用于社会团体及其专职人员、民办非企业单位及其职工、有雇工的城镇个体工商户及其雇主。

失业保险实行国家、用人单位和职工三方负担的筹资机制,用人单位按照本单位工资总额的 2%、职工按照本人工资的 1% 缴纳失业保险费;统筹地区的失业保险基金不敷使用时,由失业保险调剂金调剂、地方财政补贴。失业人员享受失业保险待遇需要具备三个条件:缴纳失业保险费满 1 年、非因本人意愿中断就业、已办理失业登记并有求职要求。关于失业保险金标准,省、自治区、直辖市人民政府按照低于当地最低工资标准、高于城市居民最低生活保障标准的水平,确定本地区失业保险金标准。享受期限的具体规定是:失业人员失业前所在单位和本人按照规定累计缴费时间满 1 年不足 5 年的,领取期限最长为 12 个月;满 5 年不足 10 年的,最长为 18 个月;10 年以上的,最长为 24 个月。2015 年,国务院确定将失业保险费率由现行条例规定的 3% 统一降至 2%。2016 年 5 月 1 日起,失业保险总费率在上年基础上可以阶段性降至 1%~1.5%,其中个人费率不超过 0.5%。

4. 工伤保险

2004 年 1 月,国家正式实施《工伤保险条例》,规定各类企业和有雇工的个体工商户均应参加工伤保险,为本单位全部职工或者雇工缴纳工伤保险费,劳动者个人不缴费。工伤保险实行以支定收、收支平衡的基金筹集模式,由地级以上城市建立统筹基金。政府根据不同行业的工伤风险程度确定行业差别费率,并根据工伤保险费使用、工伤发生率等情况在每个行业内确定若干费率档次。工伤保险实行"无过失补偿"的原则,待遇项目主要包括:工伤医疗费用,根据劳动能力丧失程度确定的伤残补助金、伤残津贴、伤残护理费,因工伤死亡的劳动者直系亲属领取的丧葬补助金、供养亲属抚恤金和一次性工亡补助金等。给付工伤保险待遇的主要条件是职工在工作时间、工作区域内,因工作原因发生意外事故伤害或患职业病。2015 年,国务院发布《关于调整工伤保险费率的通知》,调整现行工伤保险费率政策,明确将行业工伤风险类别划分为八类,明确了行业差别费率及其档次,明确了单位费率确定与浮动办法。此次调整目的是为了适应我国经济社会发展新常态,减轻企业负担,进一步完善工伤保险制度。

5. 生育保险

为了保障女职工在生育期间得到必要的经济补偿和医疗保健服务,国家于 1988 年开始在部分地区推行生育保险制度改革,1994 年颁布了企业职工生育保险试行办法。生育保险制度主要覆盖城镇企业及其职工,部分地区覆盖了国家机关、事业单位、社会团体、企业单位的女职工。生育保险费由参保单位按照不超过职工工资总额 1% 的比例缴纳,职工个人不缴费;没有参保的单位,仍由单位承担支付生育保险待遇的责任。职工生育依法享受不少于 90 日的生育津贴,晚婚者、生育双胞胎者等可以享受生育津贴的时间适当延长。女职工生育或流产后,其工资、劳动关系保留不变,按规定报销医疗费用。在前期试点基础上,2019 年国务院决定全面推进生育保险和职工基本医疗保险合并,遵循保留险种、保障待遇、统一管理、降低成本的总体思路,实现参保同步登记、基金合并运行、征缴管理一致、监督管理统一、经办服务一体化。

三、社会福利

除了社会保险制度外,社会福利也是社会保障制度的重要组成部分,我国的社会福利包括社会救助、福利事业、优抚安置和住房保障等,其中社会救助是社会福利的核心。

1. 社会救助

社会救助是指国家和社会对依靠自身努力难以满足其生存基本需求的公民给予的物质帮助和服务。我国社会救助体系由城乡居民最低生活保障、农村五保供养、低收入家庭专项救助、自然灾害救助、城市生活无着的流浪乞讨人员救助等组成,其中居民最低生活保障为基本内容。社会救助所需资金,由地方各级人民政府列入财政预算,专项管理,专款专用。对财政困难的地区和遭受特大自然灾害的地区,中央财政按照规定给予适当补助。

1999 年颁布的《城市居民最低生活保障条例》规定:对持有非农业户口的城市居民,凡共同生活的家庭成员人均收入低于当地城市居民最低生活标准的,均可从当地政府获得基本生活物质帮助;对无生活来源,无劳动能力,无法定赡养人、扶养人或者抚养人的城市居民,可按当地城市居民最低生活保障标准获得全额救助。保障标准的制定主要依据城市居民的人均收入和人均生活消费水平、上年物价水平、生活消费物价指数、维持当地最低生活水平所必需的费用、需要衔接的其他社会保障标准以及维持吃穿住等基本生存所需物品和未成年人义务教育费用等,同时还考虑当地经济社会发展水平、本地符合最低生活保障条件人数以及财政承受能力等情况。城市居民最低生活保障资金由地方政府列入财政预算,对财政确有困难的地区,中央财政给予支持。截至 2019 年底,城市居民最低生活保障对象为 524.9 万户,860.9 万人,城市低保平均保障标准为每人每月 624 元,基本实现了应保尽保,见表 10.2。

表 10.2 2015—2019 年我国社会救助相关情况

项　目	2015 年	2016 年	2017 年	2018 年	2019 年
城市居民最低生活保障人数/万人	1 701.1	1 480.2	1 261.0	1 007.0	860.9
城市居民最低生活保障户数/万户	957.4	855.3	741.5	605.1	524.9

（续表）

项　　目	2015 年	2016 年	2017 年	2018 年	2019 年
城市最低生活保障平均标准/（元/人·月）	451.1	494.6	540.6	579.7	624.0
农村居民最低生活保障人数/万人	4 903.6	4 586.5	4 045.2	3 519.1	3 455.4
农村居民最低生活保障户数/万户	2 846.2	2 635.3	2 249.3	1 901.7	1 892.3
农村最低生活保障平均标准/（元/人·年）	3 177.6	3 744.0	4 300.7	4 833.4	5 335.5
城市特困人员数/万人	—	—	25.4	27.7	29.5
城市特困人员救助供养资金/亿元	—	—	21.2	29.5	37.0
农村特困人员数/万人	516.7	496.9	466.9	455.0	439.1
农村特困人员救助供养资金/亿元	210.0	228.9	269.4	306.9	346.0
临时救助人数/万人次	655.4*	850.7	970.3	1 108.0	993.2
平均临时救助水平/（元/人次）	—	1 031.3	1 109.9	1 178.8	1 421.1

注：*指 2015 年临时救助人数的单位是万户次，2016 年开始该条目统计单位变为万人次。资料来源于民政部 2015—2019 年《民政事业发展统计公报》。

农村社会救助制度也逐步完善。长期以来，在党和政府的高度重视下，我国先后建立起农村五保供养、城市"三无"人员救济和福利院供养制度，使城乡特困人员基本生活得到了保障。2007 年，我国在全国农村建立了最低生活保障制度。截至 2019 年底，农村居民最低生活保障对象为 1 892.3 万户、3 455.4 万人，农村低保平均保障标准为每人每年 5 335.5 元。2014 年，国务院公布施行了《社会救助暂行办法》，将城乡"三无"人员保障制度统一为特困人员供养制度，我国城乡特困人员保障工作进入新的发展阶段。为解决城乡发展不平衡问题，切实保障特困人员基本生活，2016 年国务院进一步健全特困人员救助供养制度，将符合条件的特困人员全部纳入救助供养范围，切实维护他们的基本生活权益。截至 2019 年底，全国共有农村特困人员 439.1 万人，全年支出农村特困人员救助供养资金 346 亿元。

对共同生活的家庭成员人均收入低于当地居民最低生活保障标准 2 倍且家庭财产状况符合所在省、自治区、直辖市人民政府有关规定的家庭，由县级以上地方人民政府有关主管部门根据需要给予教育、医疗、住房、司法等专项救助。符合专项救助标准的家庭子女，在义务教育阶段，县级以上地方人民政府应当免费提供教科书，补助寄宿生生活费；在中等、高等教育阶段，按照国家有关规定提供助学金等救助，有关教育机构可以酌情减免学费。符合专项救助标准的家庭成员参加城镇居民基本医疗保险或者新型农村合作医疗支付参保费用有困难的，统筹地区人民政府应当给予帮助，对经城镇职工基本医疗保险、城镇居民基本医疗保险、新型农村合作医疗报销后个人负担医疗费用数额较大的，应给予适当补助。符合专项救助标准的家庭住房困难的，县级人民政府应当按照规定通过提供廉租住房、住房租赁补贴、经济适用住房等方式予以保障，在寒冷地区还应当给予冬季取暖补助。

国家还建立了针对突发性自然灾害的应急体系和社会救助制度，最大限度地减少灾害造成的人员伤亡和财产损失,确保受灾群众有饭吃、有衣穿、有房住、有病能医。各级政府在财政预算中安排救灾支出,用于救灾物资储备和转移救济灾民。

对因交通事故等意外事件或者其他特殊原因,导致基本生活暂时出现较大困难的家庭,由县级以上地方人民政府民政部门给予资金、物资、服务等临时救助。对生活无着的流浪乞讨人员实行临时救助,2003 年 8 月 1 日,国家正式实施《城市生活无着的流浪乞讨人员救助管理办法》。该办法按照"自愿受助、无偿援助"的原则,对在城市生活无着的流浪乞讨人员给予关爱性的救助管理,根据受助人员的不同情况和需求,给予食宿、医疗、通讯、返乡及接送等方面的救助服务。

2020 年,国家印发了《关于改革完善社会救助制度的意见》,明确要按照保基本、兜底线、救急难、可持续的总体思路,以统筹救助资源、增强兜底功能、提升服务能力为重点,完善法规制度,健全体制机制,强化政策落实,不断增强困难群众的获得感、幸福感、安全感。总体目标是用 2 年左右的时间,健全分层分类、城乡统筹的中国特色社会救助体系,完成夯实基本生活救助、健全专项社会救助、完善急难社会救助、促进社会力量参与以及深化"放管服"改革等重点任务。到 2035 年,实现社会救助事业高质量发展,改革发展成果更多更公平惠及困难群众,民生兜底保障安全网密实牢靠。

2. 优抚安置

优抚安置制度是对以军人及其家属为主体的优抚安置对象进行物质照顾和精神抚慰的一种制度。根据优抚对象的不同及其贡献大小,参照经济、社会发展水平,确立不同的优抚层次和标准。对于烈士遗属、牺牲和病故军人遗属、伤残军人等对象实行国家抚恤;对老复员军人等重点优抚对象实行定期定量生活补助;对义务兵家属普遍发放优待金;残疾军人等重点优抚对象享受医疗、住房、交通、教育、就业等方面的社会优待。

3. 福利事业

我国积极推进社会福利事业的发展,通过多种渠道筹集资金,为老年人、孤儿和残疾人等群体提供社会福利。《中华人民共和国老年人权益保障法》规定,国家和社会采取措施,改善老年人生活、健康以及参与社会发展的条件。各级政府将老年事业纳入国民经济和社会发展计划,逐步增加对老年事业的投入,并鼓励社会各方面投入,使老年事业与经济、社会协调发展。依据《中华人民共和国未成年人保护法》《中华人民共和国教育法》等法律法规,国家为儿童提供教育、计划免疫等社会福利,特别是为残疾儿童、孤儿和弃婴等处在特殊困境下的儿童提供福利项目、设施和服务,保障其生活、康复和教育。国家颁布实施《中华人民共和国残疾人保障法》,为残疾人康复、教育、劳动就业、文化生活、社会福利等提供法律保障。政府通过兴办福利企业、实施按比例就业和扶持残疾人个体从业等形式,帮助残疾人实现就业;采取临时救济和集中供养以及兴办残疾人福利安养机构等福利措施,对残疾人提供特别照顾。

4. 住房保障

我国还积极推进建立以住房公积金制度、经济适用住房制度、廉租房制度以及公租房制度为主要内容的城镇住房保障制度,以不断改善城镇居民的住房条件,不断增强群众的获得感、幸福感和安全感。住房公积金制度是为解决职工家庭住房问题的政策性融资渠道。住房公积金由国家机关、事业单位、各种类型企业、社会团体和民办非企业单位及其在职职工各按职工工资的一定比例(5%~12%)逐月缴存,归职工个人所有,专项用于职工购买、建造、大修自住住房,并可以向职工个人发放住房贷款,具有义务性、互助性和保障性的特点。经济适用房是由政府提供政策优惠,限定建设标准、供应对象和销售价格,具有保障性质的政策性商品住房,符合条件的家庭可以申请购买或承租一套经济适用住房。廉租住房制度是对低收入家庭的住房保障政策,以财政预算安排为主、多渠道筹措廉租房资金,实行以住房租赁补贴为主,实物配租、租金核减为辅的多种保障方式。随着我国房地产市场的发展,各级政府已将廉租房作为住房保障制度建设的一项主要内容。公租房制度主要解决的是城镇中低收入居民和新市民住房问题,以政府为主提供基本保障,分类合理确定准入门槛,坚持实物保障与租赁补贴并举。在做好城镇中等偏下及以下收入住房困难家庭的保障工作的同时,加大对新就业无房职工、城镇稳定就业外来务工人员的保障力度,加快完善主要由配租型的公租房和配售型的共有产权住房构成的城镇住房保障体系,进一步规范发展公租房。

可以预见,随着我国经济社会发展,政府提供的社会保障的范围和保障程度都将会进一步扩大。

专栏10-3

上海市廉租住房申请条件

2019年,上海市为规范本市廉租住房申请审核工作,根据建设部《廉租住房保障办法》和该市廉租住房保障有关规定,对《上海市廉租住房申请审核实施细则》进行了修订,并于2020年1月1日起施行。修订后的申请人员范围如下。

一、单身人士申请廉租住房的,本人为申请人;家庭申请廉租住房的,家庭成员为共同申请人。共同申请人应当共同居住生活,并且相互之间具有法定赡养、抚养或者扶养关系,主要包括具有下列关系的人员。

① 配偶(结婚需满1年);② 父母与子女;③ 父母、子女与祖父母或者外祖父母;④ 祖父母或者外祖父母与父母双亡的孙子女或者外孙子女;⑤ 兄、姐与父母双亡的未成年弟、妹。

二、下列人员的申请,应当按照以下规定。

① 配偶应当一同申请;② 未成年子女以及不得单独申请廉租住房的成年单身子女应当与其父母一同申请;③ 父母离婚后,与子女共同生活的一方死亡,另一方不愿与子女一同申请的,未成年子女以及不得单独申请廉租住房的成年单身子女应当与本条第一款规定的具有法定赡养、抚养或扶养关系的家庭成员一同申请;④ 父母双亡且不具有完全民事行为能力的子女,应当与本条第一款规定的具有法定赡养、抚养或扶养关系的家庭成员一同申请;⑤ 离婚人士,需离婚满3年,方可申请廉租住房。

廉租住房准入标准将动态调整。

四、财政社会保障支出

随着我国社会保障制度的完善,各类社会保险参保人数和保险基金收支规模也迅速增长。根据我国预算制度,我国社会保障中各项社会保险收支均纳入预算外专项资金管理,不足部分由财政给予补助。

预算内社会保障支出包括抚恤和社会福利救济费、社会保障补助支出、行政事业单位离退休支出。抚恤和社会福利救济费指国家预算用于抚恤和社会福利救济事业的经费,包括由民政部门发放的烈士家属和牺牲病残人员家属的一次性、定期抚恤金,革命伤残人员的抚恤金,各种伤残补助费,烈军属、复员退伍军人生活补助费,退伍军人安置费,优抚事业单位经费,烈士纪念建筑物管理、维修费,自然灾害救济事业费和特大自然灾害灾后重建补助费等,财政抚恤和社会福利救济费。此外,中央财政每年还拨出专项资金弥补基本养老保险金缺口,充实全国社会保障基金。

由于财政社会保障支出的统计口径并没有涵盖全部社会保障范围,如医疗保障、农村扶贫等,因此从财政支出看,全国预算内财政社会保障支出并不是很多。但是随着我国社会保障制度的完善以及财政支持力度的加大,社会保障支出在财政支出中的比重也明显上升,并且这种上升势头还将持续下去。

2019年,全国社会保障和就业支出29 379亿元,占当年财政支出的12.3%;其中,财政对基本养老保险基金的补助8 633亿元,财政对基本医疗保险基金的补助5 864亿元,行政事业单位离退休支出9 688亿元,企业改革补助159亿元,就业补助916亿元,抚恤支出1 067亿元,城乡居民最低生活保障支出1 453亿元,社会福利支出844亿元。此外,2019年,残疾人事业支出651亿元,红十字事业支出3 320亿元,公共卫生支出2 212亿元,医疗救助支出518亿元。如果将全部口径的社会保障支出都计算在内,占财政支出的比重应该更高。

五、改革和完善社会保障制度的思考

面对中国当前突出的收入分配差距过大问题,以及由此带来的种种社会矛盾,政府在社会保障方面应当承担起应有的职责。随着我国人口老龄化趋势的加剧,我国社会保障制度改革仍面临艰巨任务,社会保障制度亟待完善。一是社会保障资金压力大,特别是养老保险、医疗保险承载着巨大的支付压力;二是社会保障制度有失公平,城乡居民基本养老保险虽已并轨运行,但仍有许多后续执行问题亟待解决,不同社会群体之间在社会保障水平方面仍存在不合理的制度差距;三是覆盖面需进一步扩大,统筹层次有待提高,城镇个体劳动者和灵活就业人员、农民工、被征地农民、农村务农人员的社会保障问题依然突出,部分流动就业人员的保险关系难以转移;四是社会保障法制建设较为滞后、立法层次偏低,相关法律保障体系仍不健全。因此,我国社会保障体系改革任重道远。

但是,如何处理好社会保障制度的公平与效率之间的关系也是中国需要高度重视的。目前的条件还不允许我们实行高福利社会保障政策,应避免重蹈一些福利国家的覆辙。因此,把握好公平与效率的"度"是中国社会保障制度建设中需要解决好的问题。我国社会保障制度建立时间较晚,具有后发优势,应充分吸收其他国家在这方面的经验教训。作为第一支柱的社会保障体系,政府提供的社会保障应该避免过于"碎片化",应该以公平优先。2010 年颁布并于 2018 年修订的《中华人民共和国社会保险法》,提高了社会保障的立法层次,为社会保障制度的完善提供了法律保障。2020 年 9 月《中华人民共和国社会救助法(草案征求意见稿)》正式公布并征求社会各界意见,表明社会保障立法体系的进一步完善。

党的十九大报告指出,要加强社会保障体系建设。按照兜底线、织密网、建机制的要求,全面建成覆盖全民、城乡统筹、权责清晰、保障适度、可持续的多层次社会保障体系。保障项目上,坚持以社会保险为主体,社会救助保底层,积极完善社会福利、慈善事业、优抚安置等制度;组织方式上,坚持以政府为主体,积极发挥市场作用,促进社会保险与补充保险、商业保险相衔接。要积极构建基本养老保险、职业(企业)年金与个人储蓄性养老保险、商业保险相衔接的养老保险体系,协同推进基本医疗保险、大病保险、补充医疗保险、商业健康保险发展,在保基本的基础上满足人民群众多样化多层次的保障需求。

完善城镇职工基本养老保险和城乡居民基本养老保险制度,尽快实现养老保险全国统筹。进一步规范职工和城乡居民基本养老保险缴费政策,健全参保缴费激励约束机制。推进养老保险基金投资运营,努力实现基金保值增值。积极稳妥推进划转部分国有资本充实社保基金,进一步夯实制度可持续运行的物质基础。逐步建立待遇正常调整机制,统筹有序提高退休人员基本养老金和城乡居民基础养老金标准。加快发展职业(企业)年金,鼓励发展个人储蓄性养老保险和商业养老保险。针对人口老龄化加速发展的趋势,适时研究出台渐进式延迟退休年龄等应对措施。要进一步巩固省级统筹,从建立企业职工基本养老保险基金中央调剂制度起步,通过转移支付和中央调剂基金在全国范围内进行补助和调剂,在此基础上尽快实现全国统筹,逐步形成中央与省级政府责任明晰、分级负责的基金管理体制。

完善统一的城乡居民基本医疗保险制度和大病保险制度。为协同助推医改,促进全民健康,必须持续深化医保制度改革。全面统一城乡居民基本医保制度和管理体制,实现经办服务一体化。深化支付方式改革,建立完善适应不同人群、疾病、服务特点的多元复合支付方式。完善国家异地就医管理和费用结算平台。探索建立长期护理保险制度,减轻长期失能人员的家庭经济负担。鼓励发展补充医疗保险、商业健康保险,努力满足人民群众多样化医疗保障需求。全面实施城乡居民大病保险制度,夯实医保托底保障和精准扶贫的制度基础。不断巩固完善大病保险制度,对贫困人员通过降低起付线、提高报销比例和封顶线等倾斜政策,实行精准支付。通过加强基本医保、大病保险和医疗救助的有效衔接,实施综合保障,切实提高医疗保障水平,缓解困难人群的重特大疾病风险。

完善失业、工伤保险制度。党的十八大以来,预防、补偿、康复"三位一体"的工伤保险制度体系初步形成。今后要继续建立健全失业保险费率调整与经济社会发展的联动机制,完善失业保险金标准调整机制,放宽申领条件,落实稳岗补贴、技能提升补贴政策。积极实施工伤保险基金省级统筹,全面推开工伤预防工作,促进待遇调整机制科学化、规范化。

统筹城乡社会救助体系,完善最低生活保障制度,完善社会救助、社会福利、慈善事业、优抚安置等制度。完善最低生活保障制度,要推进城乡低保统筹发展,确保动态管理下的应保尽保。建立健全的残疾人基本福利制度,完善扶残助残服务体系,全面提升儿童福利服务水平。健全农村留守儿童和妇女、老年人关爱服务体系。激发慈善主体发展活力,规范慈善主体行为,完善监管体系。完善优待、抚恤、安置等基本制度。

同时,坚持男女平等基本国策,保障妇女儿童合法权益。坚持房子是用来住的、不是用来炒的定位,加快建立多主体供给、多渠道保障、租购并举的住房制度,让全体人民住有所居。积极实施健康中国战略,深化医药卫生体制改革,全面建立中国特色基本医疗卫生制度、医疗保障制度和优质高效的医疗卫生服务体系,健全现代医院管理制度。全面取消以药养医,健全药品供应保障制度。积极应对人口老龄化,构建养老、孝老、敬老政策体系和社会环境,推进医养结合,加快老龄事业和产业发展。

复习与练习

● 主要概念

社会保障　社会保险　社会福利　社会安全网　信息不对称　道德风险　优值品　短视行为　民主社会主义　新自由主义　第三条道路　福利型社会保障制度　保障型社会保障制度　强制储蓄型社会保障制度　国家型社会保障制度　中央公积金制度　现收现付制　完全基金制　缴费基准制　缴费确定型　受益基准制　受益确定型　社会统筹账户　个人账户　基本养老保险　基本养老金　基础养老金　个人账户养老金　制度老人　制度中人　制度新人　个人账户空账　做实个人账户　老年人口抚养系数　职工负担系数　制度赡养率　养老金赤字　养老金替代率　社会保障的收入效应　替代效应　退休效应　遗产效应　资产替代效应　实物救助　现金救助　社会救助　最低生活保障　灾害救助　住房保障　社会优抚　五保供养　福利事业　廉租房　碎片化的社会保障制度

● 思考题

1. 政府为什么要提供社会保障制度?

2. 你认为政府应该在社会保障制度中承担什么样的职能?

3. 在社会保障制度中,社会保险和社会福利有何不同?

4. 社会保障对储蓄与工作动机有什么影响?

5. 我国社会保障制度的基本框架是什么?

6. 如何认识社会救助中实物救助和现金救助方式的差异和利弊?

7. 十九大报告提出要尽快实现养老保险全国统筹,其必要性和可行性分别是什么? 具体应如何实现?

8. 当前我国城镇职工医疗保险制度是如何设计的? 应如何完善?

9. 全国社会保障基金理事会管理的全国社保基金来源渠道是什么? 其管理与基本养老保险基金有何不同?

10. 近年来,我国财政用于社会保障支出的规模如何?

11. 社会保障制度有哪些类型？瑞典、美国、德国、新加坡的社会保障制度各有何特点？

12. 你认为我国社会保障应该如何处理好公平与效率的关系？

13. 我国目前农村和城镇的社会保障制度有何异同？你对此有何看法？

14. 你对我国即将推行的延迟退休计划有何看法？

15. 我国"十四五"社会保障改革的内容是什么？

第三篇 **3**

【公共收入】

第 十一 章

公共收入概论

公共收入是公共部门经济活动的另一条主线。俗话说,巧妇难为无米之炊。对于政府而言也是这样,庞大的政府机构的运转,政府履行资源配置、收入分配和经济调节等职能都必须以一定的公共收入为保障。公共收入指公共部门参与社会产品分配所取得的收入,是实现国家职能的财力保证。近年来,我国公共收入增长迅速,这些收入来自哪里? 是如何取得的? 是多了还是少了? 其对经济的效应如何? 这些都是公共收入需要解决的问题。本章主要介绍公共收入的分类、税收要素及宏观和微观税收负担的衡量。

第一节 公共收入的分类

根据不同的标准,可以将公共收入分为不同种类,以反映公共收入的来源和性质。虽然各个国家的收入结构不完全相同,但对于大部分国家来说,税收都是主要收入来源。

一、按收入形式分类

按筹集收入的形式,公共收入可以划分为税收收入、非税收入以及债务收入,其中税收是政府获取公共收入的主要方式。

税收收入是政府最主要的收入来源。税收是作为公共部门的政府,为达到向社会成员提供公共产品和服务的目的,凭借政府行政权力,运用法律手段,按预定标准,向社会成员进行的强制征收。税收具有强制性、无偿性和规范性三个特征。强制性,指国家的征税活动是以国家的法律、法令为依据实施的,任何单位和个人都必须依法履行纳税义务,否则就会受到法律的制裁。无偿性,指就政府同具体纳税人而言,权利和义务关系是不对等的。政府不必承担任何必须将税款等额或差额直接返还给纳税人,或向纳税人支付任何报酬的义务。税收总体"取之于民,用之于民",是对于纳税人整体而言的,而非对某个具体纳税人而言的。规范性,指政府通过法律形式,按事先确定的标准实施征税,税法一旦公布实施,征纳双方都必须严格遵守,并且在一定时期内保持不变。

我国目前共有增值税、企业所得税、消费税、个人所得税等共计 18 个税种,各项税收是我国财政收入最重要的来源,占我国财政收入的比重在 80% 以上,表 11.1 是 2000—2019 年我国财政收入情况。

表 11.1 2000—2019 年我国财政收入

年 份	财政收入 (亿元)	各项税收 (亿元)	非税收入 (亿元)	税收收入占 财政收入比重(%)
2000	13 395	12 582	813	93.9
2001	16 386	15 301	1 085	93.4
2002	18 904	17 636	1 268	93.3
2003	21 715	20 017	1 698	92.2
2004	26 396	24 166	2 230	91.5
2005	31 649	28 779	2 870	90.9
2006	38 760	34 804	3 956	89.8
2007	51 322	45 622	5 700	88.9
2008	61 330	54 224	7 106	88.4
2009	68 518	59 522	8 996	86.9
2010	83 102	73 211	9 891	88.1
2011	103 874	89 738	14 136	86.4
2012	117 254	100 614	16 640	85.8
2013	129 210	110 531	18 679	85.5
2014	140 370	119 175	21 195	84.9
2015	152 269	124 922	27 347	82.0
2016	159 605	130 361	29 244	81.7
2017	172 593	144 370	28 223	83.6
2018	183 360	156 403	26 957	85.3
2019	190 382	157 992	32 390	83.0

数据来源:《2019 年中国统计年鉴》。

非税收入指除税收以外,由各级政府、国家机关、事业单位、代行政府职能的社会团体及其他组织依法利用政府权力、政府信誉、国家资源、国有资产或提供特定公共服务、准公共服务取得的财政性资金,是政府财政收入的重要组成部分。我国政府非税收入包括社会保险基金收入、政府性基金收入、专项收入、行政事业性收费收入、罚没收入、国有资本经营收入、国有资源(资产)有偿使用收入、捐赠收入、其他收入等。

目前,政府性基金收入包括农网还贷资金、铁路建设基金、民航发展基金、高等级公路车辆通行附加费、旅游发展基金、国家电影事业发展专项资金、国有土地收益基金、农业土地开发资金、国有土地使用权出让金收入、彩票公益金、城市基础设施配套费等 20 余项。

专项收入包括教育费附加收入、文化事业建设费收入、森林植被恢复费、水利建设专项收入等 10 余项。行政事业性收费收入包括公安行政事业性收费、法院行政事业性收费等 40 多项。罚没收入包括一般罚没收入、缉私罚没收入等。国有资源(资产)有偿使用收入包括海域使用金收入、场地和矿区使用费收入、石油特别收益金专项收入等。

国有资本经营收入包括利润收入、股利股息收入、产权转让收入等。

债务收入指政府向团体、公司、个人或别的政府以信用形式所筹措的资金。我国的债务收入分为一般债务收入和专项债务收入。与税收收入不同,债务收入遵循的是有借有还的信用原则,是一种有偿性的收入。债务收入是政府收入的一种重要补充,在现代国家是政府弥补政府收支缺口和调节经济的一个重要手段。但是由于债务收入是一种临时性收入,年度波动较大,通常在统计政府收入时,并不将债务收入计算在内,如表 11.1 中的我国财政收入就不包括债务收入。

专栏11-1

当前我国政府收入分类

政府收入分类主要反映政府收入的来源和性质,当前我国政府收入科目设置如下。

1. 税收收入,包括增值税、消费税、企业所得税、企业所得税退税、个人所得税、资源税、城市维护建设税、房产税、印花税、城镇土地使用税、土地增值税、车船税、船舶吨税、车辆购置税、关税、耕地占用税、契税、烟叶税、环境保护税、其他税收收入。

2. 社会保险基金收入,包括企业职工基本养老保险基金收入、失业保险基金收入、职工基本医疗保险基金收入、工伤保险基金收入、城乡居民基本养老保险基金收入、机关事业单位基本养老保险基金收入、城乡居民基本医疗保险基金收入、国库待划转社会保险费利息收入、其他社会保险基金收入。

3. 非税收入,包括政府性基金收入、专项收入、行政事业性收费收入、罚没收入、国有资本经营收入、国有资源(资产)有偿使用收入、捐赠收入、政府住房基金收入、专项债券对应项目专项收入、其他收入。

4. 贷款转贷回收本金收入,包括国内贷款回收本金收入、国外贷款回收本金收入、国内转贷回收本金收入、国外转贷回收本金收入。

5. 债务收入,包括中央政府债务收入、地方政府债务收入。

6. 转移性收入,包括返还性收入、一般性转移支付收入、专项转移支付收入、政府性基金转移收入、国有资本经营预算转移支付收入、上解收入、上年结余收入、调入资金、债务转贷收入、接受其他地区援助收入、社会保险基金上解下拨收入、动用预算稳定调节基金、社会保险基金转移收入、收回存量基金。

二、按收入用途分类

按照收入是否具有特定通途,公共收入可以划分为一般收入和专项收入。

一般收入指没有特定用途的收入,政府可以根据需要安排收入的使用。对于大部分政府收入来说,都是一般收入。如我国的绝大部分税收收入都是一般收入,政府可以统筹安排如何使用这些收入。

专项收入指在筹集收入时规定了具体用途的收入,政府只能将其用于特定目的,不能挪作他用。如社会保险基金收入,对于大部分国家来说,不管是以社会保险税或社会保险费形式筹集,其收入都具有特定的用途,即只能用于社会保险,即使有剩余也不能挪作他用。

三、按预算管理方式分类

按预算管理方式,我国政府性收入分为一般公共预算收入、社会保险基金收入、政府性基金收入和国有资本经营性收入。

一般公共预算是将以税收为主体的财政收入,安排用于保障和改善民生、推动经济社会发展、维护国家安全、维持国家机构正常运转等方面的收支预算。中央一般公共预算包括中央各部门(含直属单位,下同)的预算和中央对地方的税收返还、转移支付预算。中央一般公共预算收入包括中央本级收入和地方向中央的上解收入。

地方各级一般公共预算包括本级各部门(含直属单位,下同)的预算和税收返还、转移支付预算。地方各级一般公共预算收入包括地方本级收入、上级政府对本级政府的税收返还和转移支付、下级政府的上解收入。

社会保险基金预算是对社会保险缴款、一般公共预算安排和其他方式筹集的资金,专项用于社会保险的收支预算。社会保险基金预算应当按照统筹层次和社会保险项目分别编制,做到收支平衡。

政府性基金预算是对依照法律、行政法规的规定在一定期限内向特定对象征收、收取或者以其他方式筹集的资金,专项用于特定公共事业发展的收支预算。政府性基金预算应当根据基金项目收入情况和实际支出需要,按基金项目编制,做到以收定支。

国有资本经营预算是对国有资本收益作出支出安排的收支预算。国有资本经营预算应当按照收支平衡的原则编制,不列赤字,并安排资金调入一般公共预算。

现行政府收支分类科目体系包括收入分类、支出功能分类和支出经济分类三部分,其中:收入分类反映政府收入的来源和性质,支出功能分类反映政府各项职能活动,支出经济分类反映各项支出的经济性质和具体用途,对进一步深化各项财政改革,提高预算透明度和财政管理水平,具有十分重要的推动作用。

根据抗疫特别国债资金管理有关文件的规定,财政部修订了《2020年政府收支分类科目》,增设中央政府债务收入,反映中央政府取得的债务收入;增设抗疫特别国债收入,反映中央政府取得的抗疫特别国债收入;政府性基金补助收入修订为政府性基金转移支付收入,反映下级政府收到的上级政府除抗疫特别国债转移支付收入外的政府性基金转移支付收入;增设抗疫特别国债转移支付收入,反映下级政府收到的上级政府抗疫特别国债转移支付收入。

公共收入分类也从另一个侧面反映了一个国家的收入来源及发展阶段性特征。如从税收收入来看,发达国家以所得税为主要税收来源,而发展中国家则以商品税为主要税收来源。如同公共支出一样,不同国家的收入来源并不是完全一致的,收入的统计口径也是有所差异的。在进行国际比较时,也必须注意公共收入的统计口径问题。表 11.2 是 2000—2018 年度美国联邦财政收入构成情况。

表 11.2　2000—2018 财年[①] 美国联邦财政收入构成(单位:亿美元)

	个人所得税	公司所得税	社会保险税	消费税	其　他	合　计	占 GDP 比重
2000	10 044.6	2 072.9	6 528.5	688.7	917.2	20 254.6	20.0%
2001	9 943.4	1 510.8	6 939.7	662.3	854.7	19 914.3	18.9%
2002	8 583.5	1 480.4	7 007.6	670.0	790.0	18 533.9	17.1%
2003	7 937.0	1 317.8	7 130.0	675.2	763.4	17 825.3	15.8%
2004	8 090.0	1 893.7	7 334.1	698.6	785.2	18 802.8	15.6%
2005	9 072.2	2 782.8	7 941.0	730.9	808.9	21 538.6	16.8%
2006	10 439.1	3 539.2	8 378.2	739.7	972.6	24 072.5	17.6%
2007	11 634.7	3 453.4	8 696.1	650.7	995.9	25 682.4	18.0%
2008	11 457.5	3 043.5	9 001.6	673.3	1 064.1	25 243.3	17.1%
2009	9 153.1	1 382.3	8 909.2	624.8	980.5	21 049.9	14.6%
2010	8 985.5	1 914.4	8 648.1	669.1	1 410.0	21 627.1	14.6%
2011	10 914.7	1 810.9	8 187.9	723.8	1 397.4	23 034.7	15.0%
2012	11 322.1	2 422.9	8 453.1	790.6	1 511.2	24 499.9	15.3%
2013	13 164.1	2 735.1	9 478.2	840.1	1 533.7	27 751.1	16.7%
2014	13 945.7	3 207.3	10 234.6	933.7	1 893.7	30 214.9	17.4%
2015	15 408.0	3 438.0	10 652.6	982.8	2 017.5	32 498.9	18.0%
2016	15 460.8	2 995.7	11 150.7	950.3	2 122.2	32 679.6	17.6%
2017	15 871.2	2 970.5	11 619.0	838.2	1 862.9	33 161.8	17.2%
2018	16 835.4	2 047.3	11 707.0	949.9	1 759.5	33 299.0	16.5%

数据来源:美国联邦政府网站联邦预算历史数据,https://www.govinfo.gov/app/collection/budget/2020/BUDGET-2020-TAB。

从表 11.2 中可以看出,个人所得税是美国联邦政府主要财政收入来源,2018 年占联邦政府收入的 50.6%,社会保险税是联邦政府第二大收入来源,2018 年占联邦政府收入的 35.2%,公司所得税所占比重也较高,2018 年直接税收入(包括个人所得税、公司所得税和社会保险税)占联邦政府收入的 91.9%。

————————

① 美国以财政年度统计联邦政府财政收入,例如 2018 财年为 2017 年 10 月 1 日至 2018 年 9 月 30 日。

我国税收收入结构的变化

2019 年我国税收收入为 157 992 亿元,其中增值税为我国第一大税种,企业所得税为第二大税种,2019 年各税种收入见表 11.3。

表 11.3　2019 年我国各税种收入

项　　目	收入(亿元)	项　　目	收入(亿元)
国内增值税	62 346	车辆购置税	3 498
企业所得税	37 300	房产税	2 988
出口退税	16 503	关税	2 889
进口货物增值税、消费税	15 812	印花税 证券交易印花税	2 463 1 229
国内消费税	12 562	城镇土地使用税	2 195
个人所得税	10 388	资源税	1 822
土地增值税	6 465	耕地占用税	1 390
契税	6 213	环境保护税	221
城市维护建设税	4 821	车船税、船舶吨税、烟叶税等其他各项税收	1 121

资料来源:国家税务总局网站,www.chinatax.gov.cn。

　　从税种结构来看,流转税收入比重有所下降,所得税收入比重稳步提高。流转税(指增值税、消费税和关税)一直是我国税收收入的主要来源,但是总体来看,流转税收入占税收收入的比重呈下降趋势,由 1994 年的 72.9%下降到 2019 年的 51.3%左右。同时,所得税收入增长迅速。1994 年个人所得税收入仅为 73 亿元,是第六大税种。2018 年个人所得税收入已成为中国第四大税种,企业所得税成为第二大税种,所得税占税收收入的比重从 1994 年的 15.3%上升到 2018 年的 31.5%。

第二节　税　收　要　素

　　税收是政府最主要的收入来源,是历史上最早出现的财政范畴,具有悠久的历史。在现代社会中税收无处不在。西方有句谚语说,人的一生只有两件事情不可避免,即死亡和纳税。在了解税收理论和具体税收制度前,我们必须先熟悉税收要素和税收分类等基本概念。税收要素指的是构成税收制度的基本因素,它说明谁征税,向谁征,征多少以及如何征的问题。

一、纳税人

纳税人(tax payer)是税法规定的直接负有纳税义务的单位和个人,也称为纳税主体。一个税种必须明确向谁征税,因此每一种税都对纳税人作了具体规定。如果纳税人不履行纳税义务,将要受到法律制裁。纳税人与负税人、扣缴义务人是既有联系又有区别的概念,负税人指的是税收的实际负担者。在纳税人无法将税收转嫁给他人的情况下,纳税人就是负税人;如果纳税人可以将税收转嫁给他人,则纳税人与负税人就不是同一个人。扣缴义务人,指为了便于征管,税法规定在某些经营活动中负有代扣税款义务并向税务机关缴纳税款义务的单位和个人,扣缴义务人既不是纳税人,也不是负税人。

按照纳税人的不同,税收可分为对自然人的课税与对法人的课税。前者指以自然人为课税主体,向特定的个人征收,例如向个人课征的个人所得税等;后者指以法人为课税主体,向具有法人资格的、能独立承担责任、行使权利的经济实体课税,例如企业所得税等。大部分税收既对自然人课征,也对法人课征。根据纳税人在交易中所处的位置,还可分为卖方税和买方税,前者指纳税人在交易过程中处于出售方地位的税收,后者指在交易过程中纳税人处于购买方地位的税收,还有的税收对买卖双方都同时课征。

二、课税对象

课税对象(object of taxation)是指课税的标的物,它表明政府向什么征税,也称为税收客体。不同的税收有不同的课税对象,它是一个税种区别于另一个税种的主要标志。

根据课税对象的不同,可以将税收分为所得税、货物和劳务税、财产税三大类。所得税(income tax)是以所得为课税对象的税收。货物和劳务税(goods and service tax)是以销售的商品与劳务为课税对象的税收,也称为商品流转税(commodity tax)。财产税(property tax)是以财产为课税对象,根据财产的数量或价值课征的税收。根据课税对象的分类,税收还可以划分为直接税(direct tax)和间接税(indirect tax),通常前者包括所得税和财产税,后者则指商品流转税。

以一个国家课税对象的类型多少,可以将税制分为单一税制(single tax system)和复合税制(multiple taxes system)。前者指以某一类税收构成的税制结构,将其作为整个税收体系的基础,例如单一消费税、单一财产税或单一所得税;后者指多种税收并存的税制结构。在现代社会中,多数国家的税制结构都采用复合税制。按照主体税种的不同,世界各国的复合税制又可分为三种:一是以所得税为主体税的复合税制,二是以流转税为主体税的复合税制,三是以所得税和流转税并重的复合税制。

三、税率

税率(tax rate)是税额与课税对象的比例,是计算应征税额的标准,是税收制度的中心环节。在课税对象确定之后,税率的高低决定了纳税人应纳税额的大小,是衡量税负轻重的主要标志。纳税人、课税对象和税率被认为是税制的三个核心要素。税率有名义税率(nominal tax rate)和实际税率(effective tax rate)之分,前者指税法上所规定的税率,后者指纳税人实际缴纳的税额占课税对象的比例。在存在税收优惠的情况下,名义税率和实际税率是不一致的。

税率有比例税率、累进税率和定额税率三种主要类型。比例税率是对所有课税对象,不论数额大小,都按照同一比例课征的税率,其边际税率为常数。在实际运用中,比例税率又有单一比例税率、差别比例税率、幅度比例税率几种类型。单一税率指一个税种只规定一个征税比例的税率;差别比例税率指一个税种根据征税对象或纳税人的不同性质,规定不同比例的税率;幅度税率指由税法统一规定幅度,具体由各个地区在此幅度内确定征税比例的税率。累进税率是把课税对象按一定的标准划分为若干等级,从低到高分别规定逐级递增的税率。按照累进税率结构的不同,累进税率又可分为全额累进税率和超额累进税率两种。全额累进税率在对课税对象规定逐级递增的累进税率基础上,当课税对象由低税级升到高税级时,全部课税对象都按高税级的税率计征。超额累进税率同样规定逐级递增的税率,它与全额累进的区别在于计算应纳税额时,各个等级的课税对象分别按照该等级的适用税率来计算,换言之,当课税对象超过某一税级时,仅就其超过部分适用高一级税率。定额税率指对课税对象确定的计税单位(如体积、面积、质量等)直接规定一个固定的征税数额的税率。

四、计税单位

计税单位(tax unit)指课税对象的计量单位。课税对象的计量单位有两种:一是以货币单位为标准,二是以实物单位作为标准。因此,按照课税对象的计税单位,税收可分为从价税(ad valorem tax)和从量税(specific tax),前者指以货币为计税单位的税收,后者指以实物为计税单位的税收。在实际操作用中,有的税收先按数量课征一道从量税,然后再根据价格课征一道从价税,被称为复合计税。

五、课税环节

课税环节(impact points of taxation)是税法规定的纳税人履行纳税义务的环节,它规定了征纳行为在什么阶段(时候)发生。确定在哪个环节或哪几个环节课税是税收制度中一个十分重要的问题,它关系到税款能否及时入库和税收杠杆作用能否正确发挥。课税环节可以有多种选择,例如所得税的课征可以是在所得形成之时,也可以在所得分配之时;流转税可以在产制环节、批发环节以及零售环节中的任一环节课征。

根据课税环节的分布数量,税收又可划分为单一环节的税收和多环节的税收。其中,前者指在商品和收入的循环中只在某一个课税环节上进行课征的税收,后者指在商品流转或收入形成和分配过程中对 2 个或 2 个以上的环节进行课征的税收。多环节的税收易造成重复课税,即对同一课征对象课征 2 次或 2 次以上的税收,如何避免重复课税是税收政策设计的重要课题。

六、税收优惠

税收优惠指税法出于特定目的,对某些纳税人或课税对象给予鼓励和照顾的一种特殊性规定。它是税收严肃性和一定的灵活性的结合。税收优惠主要有税率优惠、税额优惠、税基优惠等几种形式。税率优惠指在计算应纳税额时,采取低于普通水平的税率。这种优惠方式比较常见,如我国企业所得税税率为25%,但是高新技术企业适用的税率为15%。税额优惠指在计算依法应纳税额的基础上,给予应纳税额一定的减免。如我国个人所得税对稿酬所得给予应纳税额30%的税收优惠。税基优惠指在确定计税依据时,对课税对象减少征收或免予征收的优惠规定。如起征点和免征额,起征点是征税对象达到征税数额开始计税的界限,免征额是征税对象全部数额中规定免于计税的税额。再如在计算企业所得税时,我国税法规定对于企业研发投入可以按照150%加计成本扣除,同时,对企业符合条件的技术转让所得,可以免征、减征企业所得税,这都减轻了纳税人的税收负担。

七、其他要素

税收要素还包括纳税期限、征收方法、纳税地点、违章处理等。纳税期限指税法规定的纳税人发生纳税义务后向国家缴纳税款的限期。它是税收强制性和规定性在时间上的体现,纳税人必须在纳税期限到来之前缴纳税款,否则可能要受到处罚。征收方法,指税法规定的组织税款征收和解缴入库的具体办法,如自行申报、查账征收、定期定额、委托代征、代扣代缴、汇算清缴等。纳税地点指纳税人应当缴纳税款的地点。一般来说,纳税地点和纳税义务的发生地应该是一致的,但在某些特殊情况下是不一致的。违章处理指税务机关对纳税人违反税法的行为所采取的处罚性措施,是税收强制性形式特征的体现。

专栏11-3

改革开放以来我国税制改革回顾与展望

改革开放以来,为了适应快速变化的经济环境,发挥税收政策对经济的调节作用和财政收入功能,我国不断改革和完善税制。我国自改革开放以来的税制改革大致可以划分为4个阶段。

1978—1992:对计划经济下的税制进行改造

改革开放以后,我国经济发展战略发生了重大变化,一些新的经济成分如外商投资企业、个体经济等相继出现。为了适应这一新的变化,从20世纪80年代初,我国开始对计划经济下的税收制度不断进行补充和修订完善。

一是逐步建立了涉外企业税收体系。1980年和1981年,国家先后颁布了《中外合资经营企业所得税法》和《外国企业所得税法》。同时,在流转税制方面,还决定对外商投资企业、外国企业从事生产经营活动征收工商统一税。二是建立了针对国内不同所有制企业的所得税收体系,1984年,我国制定了《国营企业所得税条例》,对国营企业实行利改税;同年还制定了《集体企业所得税条例》;1988年制定了《私营企业所得税条例》。三是全面改革了商品税制,1984年,国家把原有的工商税分解为产品税、增值税和营业税3个税种。同时,开征了资源税,恢复了房产税、土地使用税、车船使用牌照税和城市维护建设税。四是建立了个人所得税制,1980年我国通过了针对外籍个人的个人所得税法;1986年制定了针对中国居民的《个人收入调节税暂行条例》;同年,还制订了《个体工商户所得税条例》。此外,针对新的经济形势的变化,还对其他工商税制进行了改革,税收的职能作用得以全面加强。

1993—2001:确立适合社会主义市场经济的税制

随着1992年我国社会主义市场经济目标的提出和确立,原有的计划经济下的税制已明显不能适应市场经济的要求了。针对这种情况,1994年我国进行了新中国成立以来规模最大、范围最广泛、内容最深刻的一次税制改革。

一是实施了新的统一适用于内外资企业的增值税、营业税、消费税政策,普遍实行了与国际接轨的增值税制度,新开征了消费税,改革了营业税。二是统一了内资企业所得税制(外资企业所得税1990年已经先行实现了统一),对国营、集体、私营企业生产经营所得和其他所得统一适用新的企业所得税法。三是统一了个人所得税,对本国公民和外国公民统一适用新的个人所得税法,个体工商户所得作为个人所得税的一个税目。同时,还改革和完善了其他一些原有税种,如扩大了资源税的征税范围,开征了土地增值税等。经过这次税制改革,税种减少到22个,初步建立了适应社会主义市场经济体制需要的税收制度。

2002—2013:建立适应全球化的税制

2002年,我国正式提出了"简税制、宽税基、低税率、严征管"的12字税制改革原则,这次税收改革采取的是分时、分步的渐进式改革方法,逐步改革和完善现行税收制度。

一是改革了个人所得税,提高了工资薪金所得费用减除标准,并对高收入者实行自主纳税申报制度,调整了居民储蓄存款利息所得税。二是逐步取消了农业税,已经征收2 600多年的农业税退出了历史舞台。三是对消费税进行了重大调整,扩大了消费税征收范围。四是实现了内外资企业所得税的并轨。五是实现了增值税转型,在东北地区和中部地区试点的基础上,在全国实现了增值税的转型。六是实施了成品油税费改革,取消了公路养路费等6项收费,提高成品油消费税单位税额。七是改革和完善了其他税种,提高了部分资源税率,实施了新车船税,修改了城镇土地使用税条例和耕地占用税,取消了城市房地产税,降低了小排量汽车的车辆购置税等。

2013年至今:建立现代财政制度

2013年全面深化改革为现代财政制度建设拉开序幕,国家因而提出了改革税制,稳定税负的要求,并取得了一系列重要进展。

一是完善货物和劳务税制,进行营业税改征增值税试点,调整了增值税的税率、征收率,统一了小规模纳税人的标准。二是完善所得税制,修改了个人所得税法以及企业所得税法的个别条款。三是开征环境保护税,改革了资源税等。四是完成了烟叶税、船舶吨税、耕地占用税、车辆购置税、资源税等税种的立法,实现了税收法定。因此,回顾40余年来的我国税制改革,总体呈现由内外分立向内外统一的变化趋势,适应了改革开放形势的变化以及国家经济发展的需要。目前我国税制由18个税种构成,分别是增值税、消费税、车辆购置税、关税、企业所得税、个人所得税、土地增值税、房产税、城镇土地使用税、耕地占用税、契税、资源税、车船税、船舶吨税、印花税、城市维护建设税、烟叶税和环境保护税。

第三节　宏观和微观税收负担的衡量

与公共支出一样,随着经济水平的发展,各国公共收入的绝对规模和相对规模总体也是在不断增长的。税收负担衡量的是整个社会或者单个纳税人承受的税负水平的高低。根据考察的层次不同,可以分为宏观税收负担和微观税收负担。税收负担高低对经济主体的行为有重要影响,不同国家税收负担相差较大。

一、宏观税收负担

宏观税收负担是指一个国家的总体税负水平,通常用一个国家一定时期政府所取得的各种收入的总和占同期国内生产总值(GDP)的比重来表示。因此,政府收入指标的选取在计算宏观税负中非常重要。

我国财政管理通常有三个不同口径的宏观税负衡量指标:一是税收收入占 GDP 的比重,也称之为小口径的宏观税负;二是财政收入占 GDP 的比重,也称之为中口径的宏观税负,也就是通常所说的财政负担率;三是政府收入占 GDP 的比重,也称之为大口径的宏观税负,这里的政府收入包括一般公共预算收入、政府性基金收入、社会保险基金收入以及国有资本经营预算收入。表 11.4 是 2010—2019 年我国不同类型的政府收入规模。

表 11.4　2010—2019 年我国不同类型的政府收入(单位:亿元)

年　份	税收收入	一般公共预算收入	政府性基金收入	社会保险基金收入	国有资本经营收入
2010	73 211	83 102	35 782	19 276	—
2011	89 738	103 874	41 360	25 153	—
2012	100 614	117 254	37 517	30 739	1 573
2013	110 531	129 210	52 239	35 253	1 714
2014	119 175	140 370	54 093	39 827	2 008
2015	124 922	152 269	42 330	46 012	2 551
2016	130 361	159 605	46 619	53 563	2 608
2017	144 370	172 593	61 462	67 155	2 580
2018	156 403	183 360	75 405	79 255	2 906
2019	157 992	190 382	84 516	83 550	3 792

数据来源:《2019 年中国统计年鉴》。

从不同口径的宏观税收负担率的高低来看,小口径的宏观税收负担率(税收收入占 GDP 的比重)与中口径的税收收入负担率(一般公共预算收入占 GDP 的比重)相差不大,但是大口径的宏观税收负担率(政府性收入占 GDP 的比重)要高得多①。

因此,政府收入口径不同,宏观税收负担高低相差很大,比较准确的应该是大口径的宏观税收负担率。从小口径的宏观税收负担率来看,2018 年我国不到 20%,低于一般发展中国家 25%的水平,更是低于发达国家 35%左右的水平,如表 11.5 所示,从小口径的宏观税收负担率来看,我国降税成效显著。

表 11.5　部分国家税收收入占 GDP 的比重(单位: %)

国　家	总排名	总得分	公司所得税排名	个人所得税排名	消费税排名	财产税排名	国际税规则排名
爱沙尼亚	1	100	2	1	9	1	11
新西兰	2	86.3	24	4	6	2	9
拉脱维亚	3	86	1	6	29	6	7
立陶宛	4	81.5	3	3	24	7	17
瑞　士	5	79.3	8	10	1	34	1
卢森堡	6	77	23	16	4	19	5
澳大利亚	7	76.4	28	15	8	3	12
瑞　典	8	75.5	6	19	16	5	14
荷　兰	9	72.5	19	21	12	12	3
捷　克	10	72.2	9	5	34	13	6
斯洛伐克	11	71.4	14	2	33	4	31
奥地利	12	71.4	17	29	11	10	4
土耳其	13	69	18	7	20	18	16
匈牙利	14	68.6	4	8	35	25	2
加拿大	15	67	20	25	7	20	18
德　国	16	66.9	26	26	10	16	8
爱尔兰	17	66.9	5	33	23	11	13
芬　兰	18	66.8	7	27	15	14	23
挪　威	19	66.2	12	13	18	24	20
斯洛文尼亚	20	65.1	10	17	30	22	15
美　国	21	63.7	21	24	5	29	28
冰　岛	22	61.8	11	28	19	23	22
西班牙	23	60.3	22	14	14	32	19

① 社会保障基金收入有一部分来自财政补助,如 2018 年各级财政补贴社会养老保险基金 19 392.6 亿元,因此,有一定的重复计算,但对结果影响不大。

国　　家	总排名	总得分	公司所得税排名	个人所得税排名	消费税排名	财产税排名	国际税规则排名
丹　麦	24	60.1	16	34	17	8	29
英　国	25	60.1	15	22	22	31	10
韩　国	26	59.5	33	20	2	26	34
比利时	27	57.2	25	11	26	27	25
日　本	28	57.1	36	32	3	30	21
墨西哥	29	54.2	32	12	25	9	35
希　腊	30	52.9	29	18	31	28	26
以色列	31	51.9	27	36	13	15	33
智　利	32	49.1	30	23	28	17	36
葡萄牙	33	46.6	34	30	32	21	30
意大利	34	44	31	31	27	35	27
波　兰	35	43.5	13	9	36	33	32
法　国	36	42.7	35	35	21	36	24

数据来源：OECD 政府统计资料，https：//data. oecd. org/tax/tax-revenue. htm。

二、微观税收负担

微观税收负担指纳税人（包括企业纳税人和个人纳税人）所承受的税收负担，既可以用综合税收负担衡量，也可以用个别税种税率的高低来衡量。如企业的综合税收负担率为企业当期所缴纳的各种税的总额占其同期销售收入或营业收入的比重，个人的综合税收负担率为个人当期所缴纳的各税种的总额占其同期收入的比重。用单个税种的税率高低来衡量微观税收负担时，应注意名义税率和实际税率的区别。由于存在税收优惠减免等，通常实际税率低于名义税率，实际税率更加准确。

微观税收负担针对企业与个人有积极性的调节作用。美国税收基金会发布了"2019 年度国际税收竞争力指数"，对 35 个经济合作与发展组织（OECD）成员国的国际税收竞争力进行了评估。国际税收竞争力指数（International Tax Competitiveness Index，ITCI）旨在衡量一个国家的税收体系在多大程度上坚持税收政策的两个重要方面：竞争性和中立性。

竞争性税法是一种使边际税率保持较低的方法。在全球化的世界中，资本是高度流动的。企业可以选择在全球任何国家进行投资，以获得最高的回报率。这意味着企业将寻找投资税率较低的国家，以最大化其税后收益率。如果一个国家的税率太高，它将带动其他地方的投资，从而导致自身经济增长放缓。此外，高边际税率可能导致避税。根据经合组织的研究，公司税对经济增长最有害，而个人所得税和消费税的危害较小。不动产税对增长的影响最小。

中立性税法只是试图以最少的经济扭曲来增加最多的收入的一种税法。与投资税和财富税一样,不赞成消费优先于储蓄。这也意味着针对企业或个人进行的特定活动很少或没有针对性的税收减免。具有竞争力和中立性的税法可促进可持续的经济增长和投资,同时为政府优先事项增加足够的收入。许多与税收无关的因素都会影响一个国家的经济表现。尽管如此,税收在国家经济健康中仍发挥着重要作用。

为了衡量一个国家的税收制度是否中立和具有竞争力,ITCI 研究了 40 多个税收政策变量。这些变量不仅衡量税收水平,还衡量税收的结构。该指数着眼于一国的公司税、个人所得税、消费税、财产税以及在海外赚取的利润。

表 11.6　2019 年国际税收竞争力指数部分排名

国　家	总排名	总得分	公司所得税排名	个人所得税排名	消费税排名	财产税排名	国际税规则排名
新西兰	2	86.3	24	4	6	2	9
瑞　士	5	79.3	8	10	1	34	1
澳大利亚	7	76.4	28	15	8	3	12
瑞　典	8	75.5	6	19	16	5	14
荷　兰	9	72.5	19	21	12	12	3
捷　克	10	72.2	9	5	34	13	6
奥地利	12	71.4	17	29	11	10	4
土耳其	13	69	18	7	20	18	16
匈牙利	14	68.6	4	8	35	25	2
加拿大	15	67	20	25	7	20	18
德　国	16	66.9	26	26	10	16	8
爱尔兰	17	66.9	5	33	23	11	13
芬　兰	18	66.8	7	27	15	14	23
挪　威	19	66.2	12	13	18	24	20
美　国	21	63.7	21	24	5	29	28
冰　岛	22	61.8	11	28	19	23	22
西班牙	23	60.3	22	14	14	32	19
丹　麦	24	60.1	16	34	17	8	29
英　国	25	60.1	15	22	22	31	10
韩　国	26	59.5	33	20	2	26	34
比利时	27	57.2	25	11	26	27	25
日　本	28	57.1	36	32	3	30	21
墨西哥	29	54.2	32	12	25	9	35

（续表）

国　家	总排名	总得分	公司所得税排名	个人所得税排名	消费税排名	财产税排名	国际税规则排名
希　腊	30	52.9	29	18	31	28	26
以色列	31	51.9	27	36	13	15	33
智　利	32	49.1	30	23	28	17	36
葡萄牙	33	46.6	34	30	32	21	30
意大利	34	44	31	31	27	35	27
波　兰	35	43.5	13	9	36	33	32
法　国	36	42.7	35	35	21	36	24

资料来源：https://files. taxfoundation. org/20190930115625/2019-International-Tax-Competitiveness-Index. pdf。

"国际竞争力"反映的是一个国家的税制中国际税收因素在国际税收竞争的背景下对资本、人员、技术、服务等跨境流动性生产要素的影响。如果我们沿用该基金会的方法把中国纳入排行榜，中国在整个排行榜中处于中游，中国的增值税和个人所得税的边际税率偏高，公司所得税税率处于中高水平。

三、税收负担评价

从市场交易的角度看，税收实际上是政府向纳税人提供公共产品与服务而收取的价格。因此，税收负担高低只是一个方面。相对于税收负担水平，社会公众可能更关注的是政府向社会提供了什么样的公共产品与服务。也就是说，对税收负担也要辩证地看待。

如果政府提供的服务水平很高，即使税收负担很重，社会公众也认为是值得的，愿意接受高税负，那么纳税人纳税未必真的会感到多么痛苦。在一些高税收、高福利国家，如瑞典宏观税收负担达50%左右，个人所得税最高边际税率达到61%，但是社会公众对高税负还是相当接受的。相反，如果社会认为财政收入都被政府浪费掉了，即使税收负担很低，社会公众也可能会不满意。

专栏11-4

当前国际税制改革的动向和趋势

经济合作与发展组织（Organization for Economic Cooperation and Development, OECD）近期发布了《2018年税制政策改革》分析了该组织35个成员国以及包括阿根廷、印度和南非在内的38个经济体的最新的税制改革措施，从中可以发现国际上的重要税制改革措施和共同的税收政策趋势。

削减个人所得税税率。大多数国家通过降低个人所得税税率来促进经济增长，例如美国、荷兰和法国等国家为支持储蓄、投资并降低小额储蓄者的税收负担而引入了各种减免税措施。有关社会保险税方面也已经有类似的改革，税率方面的增减大致五五分，税基变动方面也是拓宽和缩小的占比各半。

降低公司所得税。2000—2011 年间,OECD 成员国的公司所得税税率从 32.6% 降到了 25.4%。美国联邦公司所得税税率下调了 14%,成为减税最多的国家。这些年,已有 31 个国家削减了本国的公司所得税税率,使之成为一种全球现象。但也有少数国家采取了与这种措施背道而驰的做法,如土耳其、加拿大、韩国等增加了公司所得税。

防范税基侵蚀和利润转移。目前,近 130 个国家和地区已经加入了 Base Erosion and Profit Shifting(BEPS)的包容性框架,正在和 OECD 合作防范税基侵蚀和利润转移,落实 15 项行动计划的成果,并增加来自不同税种收入的比例。

聚焦对高度数字化企业的征税。2018 年 OECD 发布的《2018 年源于经济数字化的税收挑战的中期报告》指出,不同的数字化商业模式高度依赖无形资产,特别是知识产权。数据和用户参与的重要性以及与知识产权的协同。对此,OECD 提出要在 2020 年底完成一份全球性的基于共识的数字税收解决方案。

提高增值税税率,拓宽增值税税基。部分国家提高了本国增值税的税率,或降低了低税率适用范围,从而维持了本国增值税的宽税基。例如,作为从直接税转向间接税的税制结构再平衡的一项措施,荷兰政府提出了将增值税的低税率从 6% 提高到 9% 的方案。

对低价货物进口征收增值税。作为增加本国税收收入的措施,有些国家已经废除了增值税减免措施并开始对低价货物进口征收增值税,为国内外的公司创造公平的竞争环境。

特别消费税税率不断提高。提高特别消费税税率不仅是为了实现筹集收入的目的,而是作为抑制那些产生外部性产品消费的校正性工具,并影响消费者行为决策。例如,各国对酒类和烟草产品征收的特别消费税税率呈现上升的趋势。

环境相关的税种普遍没有得到广泛使用。各国都面临日益严重的环境问题的挑战。虽然引入税收政策有助于应对这些挑战,但环境相关的税种普遍未得到充分使用,相关税种的税率要比有害行为造成的社会成本低,税基一直比较狭窄。

复习与练习

● **主要概念**

公共收入 税收收入 非税收入 债务收入 一般收入 专项收入 预算内收入 预算外收入 政府性基金收入 税制要素 纳税人 负税人 扣缴义务人 课税对象 直接税 间接税 货物和劳务税 所得税 财产税 单一税制 复合税制 税率 比例税率 累进税率 固定税率 全额累进税率 超额累进税率 定额税率 从价税 从量税 课税环节 税收优惠 税率优惠 税额优惠 税基优惠 名义税率 实际税率 起征点 免征额 税收负担 宏观税收负担 微观税收负担

● **思考题**

1. 按照收入形式,我国公共收入的主要来源形式是什么?我国非税收入具体包括哪些项目?

2. 按照预算管理方式,我国一般公共预算、社会保险基金预算、政府性基金预算和国有资本经营预算分别对应的收入是哪些?

3. 与发达国家相比,我国目前税制结构有何特点? 收入排在前五位的税种是哪些?

4. 税收要素由哪些构成? 根据纳税人、征税对象、税率、计税单位如何对税收进行分类?

5. 税收的特点是什么? 我国目前有哪些税种?

6. 当前我国不同口径的宏观税收负担是怎么样的? 如何客观看待当前我国宏观税收负担?

7. 当前国际税制改革的趋势是什么?

第十二章

税收理论

税收是政府最主要的收入来源,也是政府调节经济的重要手段。税收也是一种艺术,有人将政府向公民征税比作拔鹅毛,应该既拔掉最多的鹅毛而尽可能少听鹅叫。坏的税收可能导致官逼民反,而好的税收既能够为政府筹集足够的收入,同时又能促进经济社会的良性发展。如何来评判税制的好坏,分析税收的经济效应,这些都是我们在设计税制时需要考虑的重要问题。对此,经济学家已经形成了一套完善的税收理论。本章主要介绍税收原则、税收转嫁与税负归宿、税收效率与超额负担、最优税收等税收基本理论。

第一节 税 收 原 则

在设计税收制度时,如何最大限度地发挥税收的积极作用,克服税收的消极影响,需要有一种指导思想。根据这种指导思想来制定税收政策,健全税收制度,这种指导思想就是税收原则。因此,税收原则对设计税制至关重要。随着经济社会的发展以及经济理论的完善,税收原则也是不断发展变化的。

18 世纪末期,古典经济学(也是现代财政学)创始人亚当·斯密在其著名的《国富论》一书中提出了税收四原则,即平等、确实、便利与最少征收费用。平等原则,是指一国国民都必须在可能的范围内,按照各自能力的比例,即按照各自在国家保护下获得的收入的比例,向国家缴纳税收,以供维持政府的正常运转之需。确实原则,指各个国民应当完纳的税收必须是确定的。纳税时间、方法、数额都要明确规定,不得随意变更,以便纳税人在事前做出决策。便利原则,指各个税种缴纳的日期及完纳的方法、地点须给纳税者以最大的便利。最少征收费用原则,指税收的征收费用应当尽可能少。总体来看,斯密的税收四原则与其反对政府干预、自由市场经济思想是一致的。

19 世纪下半叶,德国经济学家瓦格纳在亚当·斯密的基础上,提出了新的税收四原则,即财政收入原则、国民经济原则、社会公正原则、税务行政原则。财政收入原则,包括充足原则和弹性原则两方面,即税收应能取得充分收入以满足国家财政的需要,同时应随财政支出需要的变动而进行调整。国民经济原则,包括税源的选择和税种的选择两个方面,即税源的选择应有利于保护税本。税源应该以所得税为主,尽量避免对财产和资本的课税;税种的选择应考虑税负转嫁问题,尽量选择难以转嫁的税收。社会公正原则,包括普遍原则和平等原则,即税收负担应遍及社会上的每个成员,每个公民都有纳税义务,同时税收负担在公民之间的分配应力求公平合理。税务行政原则,包括确实、便利、节约三个方面,要求纳税的时间、地点、方式及数量应事先规定清楚,纳税手续尽量简便,征收费用尽量节省。因此,瓦格纳的税收原则比斯密的内容更加丰富,这与资本主义经济的发展阶段是相关的。瓦格纳生活在资本主义从自由竞争向垄断发展的时期,瓦格纳的税收原则体现了政府职能变化的要求,适应了当时政府从消极的"守夜人"到社会政策执行者职能转变的需要。

在凯恩斯主义经济学产生之后,随着宏观经济理论的发展,现代经济理论在斯密、瓦格纳等税收原则的基础上,强调税收的财政原则、公平原则、效率原则和稳定原则,也即根据市场失灵理论,在为政府筹集足够财政收入的同时,税收应服务于市场经济下的政府资源配置、收入分配和经济稳定职能。

一、税收的财政原则

税收是财政收入最主要的来源。税收的核心是保证财政收入,为国家机器的运转及政府职能的履行提供财力保障。税收的财政原则包括税收的充分性和弹性两个方面。

税收的充分性,指税收应能为政府活动提供充裕的资金,保证政府实现其职能的需要。假定政府履行职能需要 70 000 亿元的财政资金,如果某种税收制度不能为政府实现其职能提供必需的资金,那么政府提供的公共产品量将低于效率要求,这时税收就是不充分的。充分性原则不能理解为税收能提供的收入越多越好,过多的税收可能会损害市场效率。税收的目的在于为公共产品供给筹集资金,税收的充分与否取决于它是否能满足政府提供适当规模的公共产品的需要。换言之,取决于它是否能最大限度地提升公共产品与私人产品之间的配置效率。

税收的弹性,指税收应能使所筹集的收入随着国民经济的增长而增长,以满足政府职能不断扩张的需要。在现有的资源和技术状况下,社会公共产品和私人产品的效率组合比例是一定的。但随着生产的发展,社会对公共产品的需求是富于弹性的。以前一定比例的公共产品不能满足社会需要了,对公共产品的总量和相对比例都会上升。税收弹性要求税收不仅能满足目前政府提供公共产品的需要,而且能够在给定的税收制度条件下,满足未来实现公共产品与私人产品之间组合效率的需要。

因此,依据税收的财政原则,在税收政策上应当选择轻税、严管、重罚,在税收制度上应当选择宽税基、低税率、弹性税制。

二、税收的效率原则

由于存在资源配置的市场失灵,提高资源配置效率是政府的一项重要职能。税收的效率原则要求税收符合市场效率的要求,尽可能减少对市场效率的损害。税收的效率原则包括以下 3 个方面。

1. 中性原则

市场经济下,价格是资源配置的主要手段。在竞争的市场上,反映生产的相对成本以及消费者偏好的价格会自发地产生资源配置的效率状态。税收若改变相对价格,就会在取得财政收入的同时,改变消费者和生产者的选择,使已经处在效率状态的资源配置变得无效率。因此,在市场有效的情况下,应最大限度地发挥市场配置资源的基础作用,减少征税带来的影响。这要求税收应该具有中性,即对不同的产品或服务、不同的生产要素收入、不同性质的生产者的课征,应采取不偏不倚、一视同仁的税收政策,使不同产品或服务、生产要素的相对价格能反映其原来的相对成本,从而避免税收造成价格的扭曲,影响市场效率的发挥。在这种情况下,税收就仅仅起到了为政府筹集收入的作用,它不会使有的产品或要素因税收而处在相对有利或不利的境况,使产品或要素的均衡组合因税收而发生变化。因此,税收的中性原则(neutral principle)要求在市场有效率的情况下,尽量减少因征税所造成的效率损失。

2. 校正性原则

由于存在市场失灵,市场在资源配置方面并不总是有效的。与中性税收的一视同仁相反,税收的校正性要求在市场无效的情况下,通过差异化征税来校正市场失灵,从而提高资源配置效率。例如应对有负外部性的产品课征额外的税收,以使负外部性内部化,或对具有外部效益的产品给予税收优惠或补贴,使外部效益内部化,从而使价格反映社会成本或收益。税收一视同仁与区别对待是对立统一的,二者并不矛盾,反映了现实市场条件下实现效率的客观要求。不能用税收中性原则去否定税收的校正性原则,否则就忽视了现实市场中某些私人产品存在着市场失灵这一事实,将现实中的市场误认为是理想的市场。也不能用税收的校正性原则去否定中性原则,否则会彻底否认市场机制的有效性,使资源配置完全听从于政府政策的安排。要使税收有助于实现效率目标,关键问题在于合理地划定中性原则与校正性原则(corrective principle)的适当范围。

3. 高效原则

这也是自亚当·斯密以来所强调的便利与节约原则,税收的行政效率可以通过一定时期直接的征税成本与入库的税收收入之比来衡量,比率越高,税收的行政效率越低。税收是通过强制性手段将一部分资源从私人部门转移到政府部门,这种转移是需要成本的,不可避免地会造成社会资源的耗费。因课税而造成的资源耗费主要包括两个方面:从政府方面来说,税收的课征需要设立一定机构,如税务部门,需要耗费一定的人力、物力和财力,这部分资源耗费称为征管成本,"节约"就是要求税收尽可能地减少征管成本;从纳税人方面看,为履行其纳税义务,需要保持一定的簿记和凭证,需要进行法律和税务方面的咨询,需要花费一定的精力按时足额地交税,这部分资源耗费称为缴纳成本,"便利"要求税收制度能方便纳税人,尽可能地减少缴纳成本。因此,税收效率原则还要求尽量减少政府的征管成本和纳税人的缴纳成本。

三、税收的公平原则

收入分配是政府的一项重要职能,税收的公平原则需要解决的是应根据什么原则将税收分担到每个社会成员身上,促进社会收入分配的公平合理。税收的公平原则包括横向公平和纵向公平两个方面,横向公平是指税收应使境况相同的人交纳相同的税;纵向公平是指税收应使境况不同的人交纳不同的税。税收应具有的公平原则是人们普遍接受的,但是对用什么标准去衡量境况的好坏,却是存在分歧的。因此,税收的公平原则又有受益原则和能力原则之说。

1. 受益原则

受益原则是基于市场经济所确立的等价交换原则,把个人向政府交纳税收看作是他从政府公共服务活动中获得的利益的价格,因此个人的税负应根据个人的受益大小来确定。根据受益原则,征税多少和纳税人的受益大小是对等的。横向公平可解释为从政府公共服务活动中获益相同的人应承担相同的税负,纵向公平可解释为受益多的人应承担较多的税负。

受益原则作为政府征税的依据以及解释税收存在的原因有其理论意义,税收就好像是政府所提供的服务的价格,每个人根据自己的偏好来评价政府提供的服务,并按边际效用付款购买。如果每个人对政府提供的服务的偏好能被知晓,政府就能根据这一服务的提供水平认定每个人的边际效用,然后根据边际效用的大小向个人收税。这样,不仅可以确定政府提供服务的有效规模,同时也将使每一个人的福利都得到改进,确保资源配置是有效率的。但是如我们前面分析的那样,由于政府提供的很多服务具有公共产品的性质,具有非竞争性和非排他性,每个人从政府提供的服务中所获得的利益的大小很难确定,因此以上设想在实践中很难施行。

但是在某些特定场合,例如在政府所提供的产品或服务具有排他性,或者当消费者的受益能客观地表现出来的情况下,受益原则仍具有一定的指导意义。如征收养路费时,可以把耗用汽油的多少作为受益依据,按照纳税人耗用汽油量征税。

2. 能力原则

能力原则就是根据个人纳税能力的大小来确定各人应承担的税额多少。根据能力原则,横向公平可解释为具有相同纳税能力的人应交纳同等的税,纵向公平可解释为具有不同纳税能力的人应交纳不同的税,能力大的人多交税。然而,对于用什么来衡量不同个人的纳税能力呢,人们又有不同看法,主要分为客观说和主观说两种。

(1) 客观说。

客观说认为应以某种能客观地观察并衡量的指标来作为衡量纳税能力的依据。由于这些指标具有可观察和可衡量的性质,因此在实践中较为可行。但是,应用什么指标来衡量各个人的纳税能力,又存在三种观点。

一是主张以个人收入为衡量纳税能力的指标,收入多的人多纳税,收入少的人少纳税。个人收入作为衡量个人纳税能力的指标,具有资料面广、基础广泛、易于掌握的特点,但是收入统计口径的不同对公平的影响也是不同的,操作难度也不一样。

首先,是以货币收入还是以经济收入为衡量标准影响不同。如甲是靠替别人打工谋生,每月取得是货币性工资 1 000 元;而乙是为自己干活,能够保持和甲一样的生活水平,也就是说二人的经济收入是相同的。但是乙的收入主要是以产品或劳务形式存在的,货币收入远低于甲。如果以货币收入为计税标准,容易操作,但显然对甲是不利的。如果以经济收入为计税标准,更为符合公平原则,但是如何核定乙的收入在实践上具有一定的难度。

其次,是以总收入还是以扣除某些支出后的净收入为衡量标准影响不同。仍以上例为例,即使可以做到以经济收入为衡量标准,但是甲体弱多病,一部分收入要用来支付医疗费,而乙身体健康,也就是两人获得同等收入所花费的成本是不一样的,因而净收入也不相同。两人的纳税能力也不相同。显然,以净收入为衡量标准更为公平,但是同样存在操作上的复杂性。

最后,是以个人收入还是以家庭平均收入为衡量标准影响不同。再以上例为例,假定可以做到以净收入征税,甲、乙二人的净收入一样,但是甲家庭负担沉重,上有老,下有小,而乙是单身,一人吃饱,全家不饿,二人的纳税能力显然也是不同的。因此,以家庭收入为衡量标准可以将甲乙的具体情况纳入考量,也更为公平,但是操作上更为复杂。以上几种情况都是以收入为衡量纳税能力标准所要解决的问题。

二是主张以个人消费作为衡量纳税能力的指标,消费支出多的人多纳税,消费支出少的人少纳税。这种观点基于这样一种理念,即收入是个人对社会的贡献,以收入来衡量纳税能力不利于社会财富的积累;而消费是一个人对社会的索取,索取越多就应交纳更多的税。个人消费支出也反映了个人的纳税能力,因此以个人消费作为衡量纳税能力具有一定的合理性。但是因为边际消费是递减的,所以以消费作为衡量纳税能力标准可能是具有累退性的。如甲的月收入是 2 000 元,他可能消费 1 600 元,储蓄400 元;乙的月收入是 1 000 元,仅能够满足其基本生活需要,几乎没有储蓄。如果以消费作为衡量纳税能力的依据,显然对低收入者是不利的,低收入者税收负担较重,与其纳税能力是不一致的,也是相对不公平的。

三是主张以个人财产作为衡量纳税能力的指标,财产越多的人纳税越多,财产越少的纳税越少。这种观点认为,个人财产是财富的象征,财产越多就表示越富有,支付能力也就越强。但是这种衡量标准可能会抑制储蓄和投资,不利于社会财富的积累。如甲、乙两人的收入都是 5 000 元,甲是"月光族",收入全部都用来消费掉了。乙是吝啬鬼,省吃俭用,每月储蓄 3 000 元,这样就会形成 3 000 元的财产。如果以财产作为衡量纳税能力的标准,甲不用纳税,而乙需要纳税,并且乙积累得越多、时间越长,其税收负担就越重。这将助长社会消费倾向,不利于经济的长远发展。

实际上,在很难以一种指标为税收衡量标准的情况下,现代社会各个国家实行的以所得税、商品税、财产税为主的复合税制综合考虑了个人纳税能力的这三个客观衡量依据。个人所得税是很多国家特别是发达国家的主要收入来源,并且各国多实行综合个人所得税制,对收入的规定非常宽泛,并考虑个人家庭负担情况,尽量做到公平。在商品税的课征上对生活必需品多免税或实行低税率,对奢侈品实行较高的税率,既考虑了纳税人的消费能力,也有助于实现社会公平。大部分国家也都课征财产税,并且规定了较高的宽免额,作为调节收入分配的一种手段,同时也将其作为国家财政收入的一个重要来源。

(2) 主观说。

主观说认为应以个人主观感受的福利效用水平来作为衡量支付能力的标准。这种观点是基于这样一种理念,即取得同等收入的人其主观感受的福利水平未必相同。换言之,他们的幸福指数未必一样。如甲、乙两人的收入都为 5 000 元,但甲有充裕的空闲时间,生活得很潇洒,幸福指数达到 100;而乙则整天忙忙碌碌,十分疲惫,幸福指数只有 60。以上情况也可能是二人对收入的效用评价不同,导致二者的福利水平相差悬殊。因此,如果以收入作为纳税能力的依据,对乙来讲是不公平的。因此,在主观说看来,个人的纳税能力不仅取决于客观上可以衡量的某些指标,还取决于个人主观上的效用评价。根据功利主义理论,如果假定社会上所有个人对收入具有相同的偏好,具有相同的收入边际效用曲线,主观说还可以解决客观说无法解决的一个问题,即不同境况的人所交纳的税应如何不同,即纵向公平的税收累进程度应该是多少。对于这一问题,主观说还有三种不同的观点。

一是均等牺牲说,即每个人因税收而造成的福利效用损失应该相等。如图 12.1,AB 是收入的边际效用曲线,假定每个人的效用曲线都一样,甲是高收入者,收入水平为 Y_1,乙是低收入者,收入水平为 Y_2。如果政府要向甲、乙征收一定量的税,那么税收应如何在甲、乙之间进行分配呢?假设税后甲、乙的收入水平分别为 Y_1' 和 Y_2',根据均等牺牲说,征税后甲的福利损失应该与乙的福利损失相等,从图中来说就是 $S_1 = S_2$。由于甲的边际效用低于乙,为了使 $S_1 = S_2$,因此,应对高收入者征收更高的税,对低收入者征收较少的税,也就是说均等牺牲是主张采用累进税率的。

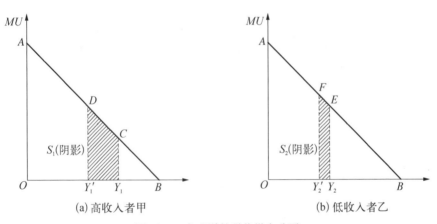

图 12.1　主观说的税收纵向公平

二是比例牺牲说,即每个人因税收造成的福利效用损失应与其税前的福利效用水平成同一比例。仍以图 12.1 为例,甲的税前福利效用为 $OACY_1$,乙的税前福利效用为 $OAEY_2$。根据比例牺牲说,就不是 $S_1 = S_2$,而是 $S_1/OACY_1$ 应该与 $S_2/OAEY_2$ 相等。由于 $OACY_1$ 大于 $OAEY_2$,所以是 S_1 也应大于 S_2,即比例牺牲说也主张采取累进税率,并且累进程度高于均等牺牲说。

三是边际牺牲说,即个人因税收而造成的福利损失之和应该最小。仍以图 12.1 为例,边际牺牲说就是要求 S_1 与 S_2 之和最小,很显然,要满足这一条件,只要甲的边际效用水平高于乙,就应该先对甲征税,直到甲的税后收入与乙相等才对乙征税,各人的税后收入应该是相等。因此,边际牺牲说具有极强的税收累进程度,实际结果将是收入的绝对平均,这是与我们第二章所讨论的功利主义的公平观点一致的。

总体来看,主观说解决了税收的累进程度问题。但是在如何衡量个人的福利水平和效用损失上,主观说以个人主观感受为依据,并且高收入者和低收入者是否具有相同的效用曲线也是存在分歧的。因此,在目前技术条件下,主观说几乎不具有可操作性。

四、税收的稳定原则

稳定经济也是政府的一项重要职能。税收对劳动力就业、企业投资、家庭消费、外贸进出口等都具有重要影响,可以影响社会总供给和总需求的均衡,从而影响经济的稳定和增长。税收稳定原则指税收作为政府履行宏观经济调节职能的主要政策工具,应服务于实现政府在经济增长、充分就业、物价稳定和国际收支平衡等方面的宏观经济政策目标,并以此作为制定、设计税收政策和制度的指导性原则。

税收稳定原则的实施是通过两个方面来实现的。一是税收的自动稳定机制,即税收制度本身所具有的稳定经济的能力。这是税收制度对经济的一种内在自动反应能力,主要是通过累进的个人所得税的制度设计实现的。在经济高涨时,个人收入将上升,对应更高的税率,税收将自动增加,从而减少社会总需求。在经济衰退时,个人收入将下降,对应更低的税率,税收将自动减少,从而增加社会总需求。这种机制使税收具有自动反应能力,能够避免政策决策时所遇到的时滞因素对决策的不利影响,使作用目标准确,作用效果比较快。二是税收的相机抉择机制,即政府根据经济形势的变化,作出的税收政策变动。税收的自动稳定机制力度是有限的,在经济波动较大的情况下,政府应适时根据宏观经济形势的要求,及时选择作出开征或停征税种,扩大或减少税基,增加或减少税收优惠,提高或降低税率等措施,以实现经济的稳定。

专栏12-1

中国古代思想家们的税收思想

税收具有悠久的历史,贡、助、彻、役、银、钱、课、赋、租、捐等都是我国税收的别称。中国古代思想家们对怎么征税、征什么税、征多少税等税收问题也有自己的看法,这里主要介绍几个有代表性人物的税收思想。

管仲(? —前645,春秋前期大政治家)的税收思想:统治者征收赋税要懂得"将欲取之,必先予之"的道理,强调发展经济是增加税收收入的基础。发展经济,国家富裕了,政权才能稳固,而国富必先使民富。管仲强调税收纵向公平,实行差别税率,对工商业免税,对农业按年成分为上、中、下三等,不同的年成依不同的税率征收,最坏的年成不征税。同时,主张国家对人民的征收应该适度,认为"取于民有度,用之有止,国虽小必安;取于民无度,用之不止,国虽大必危"。

孔子(前551—前479,)的税收思想:孔子是儒家学派的创始人,其税收思想是其以仁为本的儒家政治思想的延伸,主张"政在节用",实行轻税,强调惠民,坚决反对重税。他认为轻税有利于争取民心,使统治者长治久安,指出"财聚则民散,财散则民聚"。孔子还主张培养税源,要求国家赋税建立在百姓富足的基础上,孔子的弟子有若曾说过"百姓足,君孰与不足;百姓不足,君孰与足"。

孟子(约前372—前289)的税收思想:孟子的税收思想主要是省刑罚、薄赋敛,认为薄赋敛既能富民,又有利于发展生产。他指出"薄其税敛,民可使富也"。孟子还第一次提出"恒产"概念,认为要达到仁政的目的,必须使百姓拥有可靠的财产,即"有恒产者有恒心,无恒产者无恒心",而实行轻税政策,可以使老百姓在纳税之后,还拥有一份恒产。在税收负担上,孟子认为要"取于民有制",主张采用什一税率。

由于儒家思想在中国封建社会长期居于主导地位,因此,轻徭薄赋是中国古代思想家们税收思想的核心。

第二节 税收转嫁与税负归宿

政府课征税收必然使纳税人收入减少、成本增加,对其来说是一种损失,这种损失对纳税人来讲就是税收负担。作为理性的经济人,纳税人总是有尽量减轻或规避税收负担的倾向。因此,在市场经济中,纳税人与负税人二者既可能是统一的,也可能是分离的。在纳税人能够通过各种方式把税款转嫁给别人的情况下,纳税人就不是负税人。例如向商品生产者征收商品税,生产者可以通过提高商品售价将税负转嫁给消费者。这时纳税人是生产者,而负税人则是消费者。只有当纳税人不能将所纳税款转嫁给他人时,纳税人与负税人才是同一个人。在市场经济下,商品供求弹性、市场垄断程度等都是影响税收转嫁的因素。

一、税收转嫁与税负归宿概述

所谓税收转嫁(tax shifting)就是各经济实体通过各种手段将税收负担全部或部分转移给他人的活动。按照纳税人和负税人是否一致,税收负担可分为直接负担和间接负担。如果纳税人所纳税款不能转嫁于他人,而由自己直接承受税收负担,这种税收负担对纳税人来说就是直接负担。如果纳税人可以将税负转嫁给他人,由他人(负税人)承担税收负担,这种税收负担对纳税人来说就是间接负担。如果同一税款有一部分可以转嫁,一部分不可以转嫁,则可以转嫁的部分就是纳税人的间接负担,不可以转嫁的部分就是纳税人的直接负担。所谓税负归宿(tax incidence),就是税收运动的终点或税负的最终归着点,即税收最终是由谁来承担的。税收转嫁主要有以下几种类型。

1. 前转

指卖方通过提高所出售的产品、服务或要素价格,将一部分或全部税收负担转移给买方的活动。这种转嫁方式与商品流动的方向是一致的,因此也称为顺转。例如:当政府向汽车生产企业每辆车征收 10 000 元的消费税时,企业可以将汽车价格提高 10 000 元,由消费者来承担这 10 000 元的税收,汽车生产企业的实际收入并不变。因此,虽然该税的法定纳税人是生产企业,但真正承担税收负担的则是消费者。

2. 后转

指买方通过降低购买产品、服务或要素的价格,将一部分或全部税收负担转移给卖方的活动。这种转嫁方式与商品流动的方向是相反的,因此也称为逆转。仍假定政府向汽车生产企业每辆车征收 10 000 元的消费税,汽车生产企业不是提高汽车销售价格,而是通过压低原材料、零配件的购进价格,由供货方来承担这 10 000 元的税收,真正承担税收负担的是供货商。

3. 混转

指对一个纳税人而言,前转和后转同时使用,即将一部分税款向前转嫁给商品购买者,另一部分向后转嫁给商品供应者,也被称为散转。仍假定政府向汽车生产企业每辆车征收 10 000 元的消费税,汽车生产企业可以提高汽车销售价格 6 000 元,同时通过压低原材料、零配件的购进价格,由供货方来承担 4 000 元,同时使用前转和后转两种方式。

4. 税收资本化

指在特定的商品交易中,买方将购入商品在以后年度所必须支付的税额,在购入商品的价格中预先一次性扣除,从而降低商品的成交价格。这种由买方在以后年度所必须支付的税额转由卖方承担,并在商品成交价格中扣除的税负转嫁方式称为税收资本化。因此,从税收转嫁的方向上看,税收资本化是后转的一种特例。例如,在政府不向某种资产(如土地、房屋)的收益征税时,其价值可以表示为:

$$PV = \sum_{i=1}^{n} \frac{R_i}{(1+r)^n}$$

在上式中,r 是贴现率,R_n 是各期收益,n 是资产使用年限。

假定政府出台新的政策,对此项资产以后各年征收固定数额为 T 的收益税,则此项资产的价值就会因此而降低,可以表示为:

$$PV' = \sum_{i=1}^{n} \frac{R_i - T}{(1+r)^n}$$

也就是说由于征税,买方会将该项资产的价格从 PV 降低至 PV',这样买主价格降低的额度正好等于以后各年他所应纳税收的累积贴现值,税收总额为:

$$PV - PV' = \sum_{i=1}^{n} \frac{T}{(1+r)^n}$$

因此,在税收资本化的情况下,虽然名义上由买方按期纳税,但由于税款已从价格中扣除,实际上是由卖方负担的。如我国正在酝酿开征物业税,物业税的开征将使得房产的收益率下降,从而也有助于抑制房价的过快上涨。

此外,还存在所谓消转,即纳税人用降低课税品成本的办法使税负从新增利润中得到抵补,通过提高劳动生产率等措施降低成本,增加利润,消化税收负担。但这严格意义上并没有发生税收转嫁行为。

总体来看,前转和后转是税收转嫁的两种基本形式,其他形式都是这两种形式的变通形式。尽管存在诸多税收转嫁方式,但是纳税人转嫁税负并不是随心所欲的,能否转嫁、转嫁多少取决于市场竞争状况、课税对象的供给和需求弹性、税收的具体形式等多种因素。

二、完全竞争市场下的税收转嫁与税负归宿

完全竞争市场下税收的转嫁与归宿问题可以用局部均衡分析法来研究。假定某种商品的价格不受其他商品的价格和供求状况的影响,仅由自身供求状况决定的均衡。在完全竞争市场下,供给方和需求方都是价格的接受者,市场均衡由生产者的供给曲线和消费者的需求曲线的交点决定。因此,税收转嫁的程度取决于征税前后产品的价格变动状况。而税收前后的价格变动与产品供给曲线和需求曲线的弹性是密切相关的。如图 12.2 所示,假定在一个完全竞争市场中,D_0 是需求曲线,用公式表示为 $P = -aQ + b$,a 是需求曲线的斜率,a 越小表示需求弹性越大;S_0 是税前的供给曲线,用公式表示为 $P = cQ + d$,c 是供给曲线的斜率,c 越大表示供给弹性越小,税前的均衡产量和价格分别为 P_0、Q_0。为了便于分析,假定政府对企业销售的产品征收定额税,每单位产品税额为 T,则税后的供给曲线将变为 S_1,用公式表示为 $P + T = cQ + d$,即 S_0 向上移动 T 单位的距

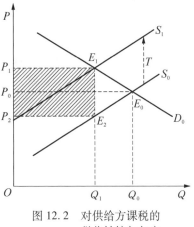

图 12.2　对供给方课税的
税收转嫁与归宿

离,则税后的均衡产量和价格分别为 P_1、Q_1。对需求方来说,其支付的价格从 P_0 上升到 P_1,对供给方来说,其得到的价格从 P_0 下降到 P_2,政府所筹集到的税收总额为 $T * Q_1$,即图中的阴影面积,需求方(消费者)和供给方(生产者)承担的比例为 $(P_1 - P_0)/(P_0 - P_2)$。

可以通过供给曲线和需求曲线分别计算出征税前后的均衡产量和价格,征税前的均衡产量 Q_0 和价格 P_0 分别为:

$$Q_0 = \frac{b - d}{a + c} \quad P_0 = \frac{ad + cb}{a + c}$$

征税后的均衡产量 Q_1 和价格 P_1 分别为:

$$Q_1 = \frac{b - d - T}{a + c} \quad P_1 = \frac{a(d + T) + cb}{a + c}$$

税收使消费者支付的价格的增量 ΔP 为:

$$\Delta P = P_1 - P_0 = \frac{aT}{a+c}$$

生产者每单位产品减少的收入为：

$$P_0 - P_2 = T - \Delta P = \frac{cT}{a+c}$$

消费者与生产者各自承担的税负比例为：

$$\frac{P_1 - P_0}{P_0 - P_2} = \frac{\Delta P}{T - \Delta P} = \frac{a}{c}$$

因此，在完全竞争市场下，需求方和供给方所承担的税收负担的比例为需求曲线斜率与供给曲线斜率之比。由于供给和需求曲线的斜率与其弹性是呈反比的，所以需求方和供给方所承担的税负的比例与需求和供给弹性是呈负相关的。由此，从需求方来看，需求弹性越大（a 越小），供给方将越难转嫁税负；需求弹性小（a 越大），供给方越容易将税负转嫁给购买方。从供给方来看，供给弹性大（c 越小），买方难以将税负转嫁给供给方；供给弹性越小（c 越大），买方越容易将税负转嫁给供给方。当供求斜率相等时，买方和卖方所承担税负相等。

专栏12-2

几种极端情况下的税收转嫁与税负归宿

一是供给完全无弹性。此时供给曲线的斜率无穷大，在图 12.3（a）中表现为是垂直于横轴，征税前的均衡价格和产量分别为 P_0、Q_0。假定政府对需求方征税，使需求曲线向左下方移动到 D_1，则征税后的均衡价格和产量分别为 P_1、Q_1，$Q_0 = Q_1$，即产量不变，价格下降的幅度正好等于政府的税收。在这种情况下，供给将承担全部税收。

二是需求完全无弹性。此时需求曲线的斜率无穷大，在图 12.3（b）中表现为垂直于横轴，征税前的均衡价格和产量分别为 P_0、Q_0。假定政府对供给方征税，使供给曲线向上移动到 S_1，则征税后的均衡价格和产量分别为 P_1、Q_1，$Q_0 = Q_1$，即产量不变，价格上升的幅度正好等于政府的税收。在这种情况下，需求方将承担全部税收。

三是供给完全弹性。此时供给曲线的斜率为零，在图 12.3（c）中表现为与横轴平行，征税前的均衡价格和产量分别为 P_0、Q_0。假定政府对供给方征税，使供给曲线向上移动到 S_1，则征税后的均衡价格和产量分别为 P_1、Q_1，即产量减少，价格上升的幅度正好等于政府的税收。在这种情况下，需求方承担全部税收。

四是需求完全弹性。此时需求曲线的斜率为零，在图 12.3（d）中表现为与横轴平行，征税前的均衡价格和产量分别为 P_0、Q_0。假定政府对供给方征税，使供给曲线向上方移动到 S_1，则征税后的均衡价格和产量分别为 P_1、Q_1，即产量下降，价格不变，在这种情况下，供给方完全承担税收。

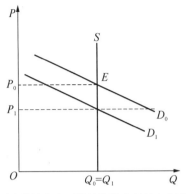

(a) 供给完全无弹性的税负转嫁与归宿

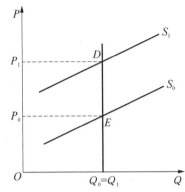

(b) 需求完全无弹性的税负转嫁与归宿

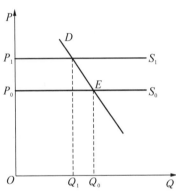

(c) 供给完全弹性的税负转嫁与归宿

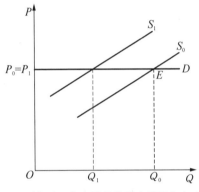

(d) 需求完全弹性的税负转嫁与归宿

图 12.3 几种极端情况下的税负转嫁与归宿

　　因此,总体来看,在征税后,供求双方哪一方如果能对产量或需求量做出充分调整,则其应对价格变化的能力越大,所承担的税收将较小。如果政府不是对供给方征税,而是对需求方征税,在完全竞争市场下,税收的转嫁与归宿同样取决于供给和需求曲线的弹性,也就是说对供给方还是对需求方征税,对税收归宿的影响是一样的。如果政府征收的不是定额税,而是征收从价税,税收转嫁的程度也是由供求曲线的弹性决定的,只不过供给或需求曲线移动的方式有所不同而已。

　　影响供给和需求除了商品自身的特点外,还有课税范围。课税范围决定消费者和生产者的替代选择余地的大小,因此对税收归宿也具有重要影响。对需求方课税范围大,消费者选择余地小,供给方易转嫁,消费者多负担税收。对需求方课税范围小,消费者选择余地大,供给方难转嫁,供给方多负担税收。相反,对供给方课税范围小,供给方转换余地大,供给弹性大,供给方易于转嫁,消费者多负担税收。对供给方课税范围大,供给方转圜余地小,供给弹性小,税负不易转嫁,供给方多负担税收。

三、垄断市场下的税收转嫁与税负归宿

在垄断市场下,垄断方具有控制价格的能力,商品或服务的产量取决于生产的边际成本与垄断方边际收入的关系,价格由这一产出水平上的边际效用来决定。垄断条件下税收对价格的影响以及税负归宿相对来说较完全竞争市场更为复杂。如图 12.4 所示,假定 D 是垄断条件下的需求曲线,用公式表示为 $P = -aQ + b$;S_0 是供给曲线,用公式表示为 $P = cQ + d$;则税前生产者的总收入(TR)与产量之间的关系为 $TR = P * Q = (-aQ + b) * Q = -aQ^2 + bQ$,生产者的边际收益曲线为 $MR = -2aQ + b$。 对于生产者来说,在 MR 与供给曲线 S_0 相交这一点的总收益最大,税前的均衡产量为 Q_0,此时的均衡价格为 P_0。即:

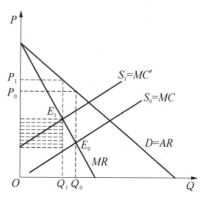

图 12.4　垄断市场下的税收
转嫁与税负归宿

$$MR = -2aQ + b = MC = cQ + d$$

$$P_0 = \frac{ad + ab + bc}{2a + c} \quad Q_0 = \frac{b - d}{2a + c}$$

假定政府对企业生产的每单位产品征收定额税,税额为 T,则征税后的边际成本曲线为:

$$P = cQ + d + T$$

征税后的均衡产出 Q_1 和 P_1 分别为:

$$P_1 = \frac{a(d + T) + ab + bc}{2a + c} \quad Q_1 = \frac{b - d - T}{2a + c}$$

税收使消费者支付的价格增量为:

$$\Delta P = P_1 - P_0 = \frac{aT}{2a + c}$$

生产者承担的税收数量为:

$$T - \Delta P = \frac{T(a + c)}{2a + c}$$

消费者和生产者分担的比例为:

$$\frac{\Delta P}{T - \Delta P} = \frac{a}{a + c}$$

因此,在垄断市场下,政府征收定额税,生产者和需求者分担的税收比例同样由供给曲线和需求曲线的斜率决定,不过分担比例与完全竞争市场是不同的。如果供给和需求曲线的斜率相等,即 $a = c$ 时,需求方和供给方承担的税收比率为 1:2,即需求方承

担 1/3 的税收,供给方承担 2/3 的税收。如果 MC 为常数,即 $c=0$,边际成本曲线为水平时,则生产者和需求者各承担一半的税收。也就是说在垄断条件下,垄断供给方并不能因其垄断地位将税负完全转嫁给需求方。相反,与完全竞争市场相比,垄断方承担的税负比例还可能高于需求方。

此外,在垄断市场下,征税形式对税收转嫁与税负归宿的影响也是不同的。相较而言,定额税比从价税更容易转嫁。

第三节　税收效率与超额负担

我们前面讲到税收效率时,要求在市场配置资源有效率的情况下,税收应保持中性,不改变要素相对于价格的关系。但是实际上,完全中性的税收几乎是不存在的。通常来看,征税会产生两种效应,其一是收入效应,其二是替代效应。这两种效应都将影响个人福利水平,从而也影响税收的效率原则。

一、税收的收入效应

无论何种税收,都会使纳税人的个人收入有所减少,在相对价格不变的情况下降低纳税人的税后福利水平,这就是税收的收入效应(income effect)。只产生收入效应而不产生替代效应的税收被称为总额税(lump sum tax),它的一个明显特点是不论纳税人如何改变其经济行为都无法改变其纳税义务。总额税的典型的例子是人头税,即只要人活着就要缴税。理论上,人们将只产生收入效应的税收称为中性税收(neutral taxation),把产生替代效应的税收称为扭曲性税收(distortionary taxation)。在图 12.5 中,假定 AB 是税前个人预算约束线,其收入水平为 R,有两种产品 X、Y,其价格分别为 P_X、P_Y,则预算约束线用公式可以表示为:

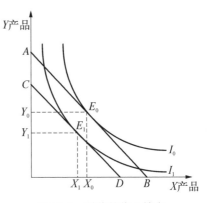

图 12.5　税收的收入效应

$$P_X X + P_Y Y = R$$

因此,AB 的斜率表示 X、Y 两种产品的相对价格。个人如用税前收入全部购买 X 产品可购得的数量为 OA,如全部购买 Y 产品可购得的数量为 OB。假定税前预算约束线与个人效用无差异曲线 I_0 切于 E_0 点,也就是说,他将选择 E_0 点所代表的产品消费组合。此时其 X、Y 产品的消费量分别为 X_0、Y_0,其福利水平为 I_0。

假定政府征收总额税,税额为 T,即从纳税人手中将一部分收入转移到政府手中,税后的预算约束线用公式可以表示为:

$$P_X X + P_Y Y = R - T$$

总额税不改变 X、Y 两种产品的相对价格,因而税后的预算线 CD 平行于税前预算线 AB,但是由于纳税人的收入减少了,因此预算约束线向左平移,平移的距离即相当于总额税税额。假定税后预算线 CD 与无差异曲线 I_1 切于 E_1 点,其新的产品消费组合为 X_1、Y_1,在征收总额税之后,个人对 X、Y 两种产品的消费都将有所减少,其税后福利水平为 I_1,总额税使个人的福利水平由 I_0 下降到 I_1。这种福利水平的变化是单纯由个人的收入水平变化而引起的,与产品的价格变化无关,它表现为税收的收入效应。税收的收入效应本身并不会造成经济的无效率,它只是将资源从纳税人手中转移到政府手中,政府得到的就是纳税人所减少的,社会福利的总额并未发生变化。

二、税收的替代效应

当某种税收影响不同产品的相对价格,而使人们选择一种产品来代替另一种产品时,这时税收不但产生收入效应,还将替代效应。所谓替代效应(substitution effect)是指在个人收入水平不变的情况下,因相对价格变化而产生的对个人福利水平的影响。

仍以上例为例,假定政府征收的不是总额税,而是对 X 产品征定额税 T,则税后预算约束线变为:

$$(P_X + T)X + P_Y Y = R$$

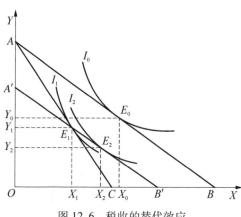

图 12.6　税收的替代效应

如图 12.6 所示,AC 即征税后的消费者预算约束线,假定税后消费者的最优选择为 $(P_X + T)X_1 + P_Y Y_1 = R$,从图中看就是税收预算约束线与无差异曲线 I_1 相切于 E_1 点,此时其对 X、Y 产品的消费量分别为 X_1、Y_1,则政府可以筹集到的税收 $T^* = T X_1$。

在同样的税收情况下,如果改征总额税,则征收总额税的预算约束线为:

$$P_X X + P_Y Y = R - T^* = R - T X_1$$

总额税的预算约束线与税前预算约束线是平行的,将 X_1、Y_1 代入上式成立,所以总额税的预算约束线也通过(X_1、Y_1)这一点。总额税的预算约束线与无差异曲线 I_1 相交,由于每一个预算约束线只能与一个无差异曲线相切,无差异曲线不能相交,故总额税的预算约束线将与一个更高的无差异曲线 I_2 相切于 E_2。此时,消费者对 X、Y 两种产品的消费量分别为 X_2、Y_2。消费组合从 E_0 到 E_2 的变化就是收入效应,税收减少了个人可自由支配的收入,消费者对两种产品的消费都将减少。消费组合从 E_2 到 E_1 的变化就是替代效应,在收入水平不变的情况下,由于税收改变了商品的相对价格,影响消费者对可供替代的经济行为之间的选择发生了改变。人们总是选择相对"便宜的"商品,即减少对 X 产品的消费,增加对 Y 产品的消费,以减轻或逃避税收。

三、税收的超额负担

仍以上例为例,从无差异曲线来看,$I_0 > I_1 > I_2$。在同等税收情况下,对纳税人来说,征收总额税后的福利水平高于仅对 X 产品征收定额税后的福利水平。这种由税收引起的相对价格的变化而产生的福利损失,就是税收的超额负担(excess burden of taxation)。虽然税收数额相同,但是人们的税后福利不一样,这就产生了税收的超额负担。超额负担即为效用无差异曲线 I_2 与 I_1 之间效用水平的差距。即当政府从负税人口袋里拿去 100 元税款时,负税人损失的不仅是 100 元钱,而且还会因为税收的替代效应而造成额外的福利损失,这种额外的福利损失就是税收的超额负担。

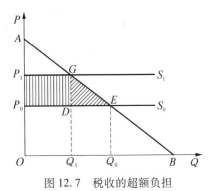

税收的超额负担还可以用补偿性需求曲线来衡量,补偿性需求曲线是只考虑替代效应而扣除收入效应,通过补贴将税收使个人收入下降的水平弥补上的需求曲线。如图 12.7 所示,假定 AB 是补偿性需求曲线,其斜率为 r,税前的供给曲线是 S_0,均衡产量和价格分别是 Q_0、P_0。

假定政府对每单位产品征收定额税,税后的供给曲线是 S_1,均衡产量和价格分别是 Q_1、P_1,则征税后,P_0GDP_1 为税收总额,AP_1G 为消费者剩余,三角形 GDE 的面积就是超额负担,是社会效用

图 12.7 税收的超额负担

的损失。这个三角形相当于在消费者和供给者之间打下一个楔子,因此税收负担也被称为税收楔子(tax wedge)(在图 12.2 中,$E_0E_1E_2$ 所围成的三角形面积也是税收的超额负担,即对消费者剩余和生产者剩余所造成的额外损失)。税收的超额负担计算如下:

$$S = 1/2(T \cdot \Delta Q)$$

其中:

$$T/\Delta Q = r$$

则

$$S = T^2/2r$$

因此,税收超额负担主要由两个因素决定:一是取决于补偿性需求曲线的弹性,弹性越大,r 越小,则税收的超额负担就大;二是取决于税率 T,税率越大,税收的超额负担就越大。

专栏12-3

税 收 趣 闻

中国财政部前部长金人庆曾经说过,对于一个财政部部长来说,再多的财政收入都是不够用的。事实确是如此,多数情况下,相对于支出需求来说,政府的财政收入总是不足

的。因此,一些国家出于筹集更多的财政收入以及其他目的,巧立名目,开征了一些看起来非常有趣的税种。在具体税种设计上,由于公平和效率难以兼顾,其带来的后果往往是出乎政策制定者意料之外的。

俄罗斯沙皇彼得一世(1672—1725年)要求每个留胡须的人捐出10~30卢比,诚实的缴纳者得到类似账单的凭据,这样他在接受检查时就不会被立刻剪掉胡须了。当时的宗教条文禁止刮胡子,因为刮胡子会被认为是"对上帝赐予人的礼物的蔑视"。这实在给纳税人在税收和信仰之间出了一个选择难题。

1696年,英格兰以合法程序决定开征了"窗户税",谁家的窗户越多,谁家的税赋将越重。其理由是谁家有钱,谁家的住房面积一定大,窗户也必然多。所以窗户数量和大小可以作为判定收入高低的依据,开征窗户税是公平的。但是这项税收的实施后果是灾难性的,各家都将窗户堵上以避税,由于英国气候潮湿,没有窗户导致空气流通不畅,病菌和疾疫也随之而来。政府不但没有收到预期税款,人们的生活质量也因房间缺少阳光而下降。1751年窗户税被废止。

人头税(poll tax或head tax),是向每一个人课相同定额的税种,不管其所得或财产多少。人头税具有悠久的历史,由于易于征收,在19世纪前曾为许多国家的重要税收来源,但是由于不公平,进入20世纪逐渐被废除。1988年,在撒切尔保守党政府执政期间,通过了《地方财政法》,废止对住宅征收的财产税,调整为地方政府征收人头税[在英国其正式名称为社区费(community charge)],即凡是18岁以上的具有投票权的公民都必须缴纳同等数额的人头税。有关人头税方面的法律规定于1990年开始正式实施,但这次财政体制改革招致了英国民众的强烈不满,并因此导致了撒切尔政府的倒台。接替撒切尔政府的梅杰保守党政府在1991年3月21日宣布将取消人头税,把人头税调整为具有财产税性质的市政税(council tax)。1993年4月该项税制改革的正式实施,取代了实施不足3年的人头税。

进入21世纪,在德国施罗德总理执政期间,由于不断加税,也引起了社会的不满,一位歌手演唱的《税歌》讽刺地唱道:"我们可以征收天气恶劣或地面使用税,呼吸税,牙齿咀嚼税……生物消化税,不再有免税的东西。"据说其销量曾经一度占据排行榜首位。

在韩国,为了解决少子、结婚率低的问题,2015年1月,韩国政府开始向未婚劳动者征税,也就是我们所说的"单身税"。但是由于社会的强烈反对,经过一段时间,韩国政府停止征收"单身税",将重点放在鼓励结婚和生育、提高养老金缴纳比例上。虽然政府停止征收"单身税",但是却加大了对已婚人群的福利补贴力度,除了提高单身人士标准免税额度以外,还恢复了此前中止的生育、领养免税额度等,单身的劳动者还是在无形中成为"纳税人"。

德国雷根斯堡经济学家沃尔夫冈·威加德教授说:"总的来说,过去5 000年以来对一切都征过税,有些税只有在你作为财政部部长必须填满统治者或君主的钱箱时才会想到。"

第四节　最优税收

效率与公平是税收的基本原则,但是二者并不总是内在统一的,有时可能是对立冲突的。如总额税没有效率损失,但是最不公平;税收累进程度过高有助于公平,但是所造成的效率损失可能非常大。在税收制度的设计上,如何兼顾税收的公平与效率,这是最优税收理论所要解决的问题。

一、最优商品税

最优商品税理论,是论证如果政府收入全部通过商品税筹集,在既定收入下,如何确定不同商品的税率,以使得税收的超额负担(excess burden)最小。

假定消费者大卫只消费两种商品,X 和 Y,还有闲暇 L,其价格分别为 P_X、P_Y,则闲暇的价格可以用工资率 W 来表示。大卫的时间禀赋,即一年中除睡眠以外的时间总量为 T^*,则他的工作时间为 $(T^* - L)$,工作收入为 $W(T^* - L)$ 再假定大卫把他的全部收入都用来购买商品 X 和 Y,没有储蓄,则其预算约束线为:

$$W(T^* - L) = P_X X + P_Y Y$$

将上式转换一下得到:

$$WT^* = P_X X + P_Y Y + WL$$

上式左边是时间禀赋的价值,表示大卫只要没睡觉就在工作能够取得的收入;右边是这些收入的用途,可以用来购买商品 X、Y 和闲暇 L。

如果可以对闲暇征商品税,假定税率是比例税率,都是 t,则 X、Y、W 的有效价格都将提高 $(1+t)$,大卫的税后预算约束线为:

$$WT^* = (1 + t)P_X X + (1 + t)P_Y Y + (1 + t)WL$$

上式两边都除以 $(1+t)$,得:

$$WT^*/(1 + t) = P_X X + P_Y Y + WL$$

从上式可以看出,如果对包括闲暇在内的所有商品按相同的比例税率 t 征税,相当于大卫的时间禀赋的价值从 WT^* 减少到 $WT^*/(1+t)$。由于 W 和 T^* 是固定的,个人的时间禀赋价值也是固定的。因此,对包括闲暇在内的所有商品按相同的比例税率征税,就是对时间禀赋课征的一种比例税。这实际上是一种一次总额税,将不会产生超额负担。

但是,在现实中对闲暇课税是不可能的,只能对商品征税。因此,某些超额负担是不可避免的。最优商品税的课税的目标是确定不同商品的税率,以使得税收收入总的超额负担尽可能地小。要满足这一条件,从每种商品筹措到的最后一单位收入的边际超额负担必须相同,也可以通过提高边际超额负担较小商品的税率,降低边际超额负担较大商品的税率,来降低总体超额负担。

1927 年,英国数学家弗兰克·拉姆齐(Frank Ramsey, 1903—1930)提出了一个最优税收分析的框架。他分析了一个只有一个家庭的社会中政府的课税问题。假定社会上只有两种商品 X、Y,两种商品在消费上不相关,其价格分别为 P_X、P_Y,政府要开征商品税,税率为比例税率,分别为 t_X、t_Y,R 为财政总收入,则:

$$R = P_x X_t t_x + P_y Y_t t_y$$

拉姆齐通过数学推导指出,在 R 一定的情况下,使超额负担最小的条件是使对每种商品的补偿需求均以税前状态的同等比例下降为标准,即:

$$\frac{\Delta X}{X} = \frac{\Delta Y}{Y}$$

设 e_x、e_y 分别是 X、Y 商品的补偿性价格需求弹性,则 $e_x = \dfrac{\Delta X}{X} \Big/ \dfrac{\Delta P_X}{P_X}$, $e_Y = \dfrac{\Delta Y}{Y} \Big/ \dfrac{\Delta P_Y}{P_Y}$, $\dfrac{\Delta P_X}{P_X}$ 就是征收比例税引起的 X 商品价格的变化,t_X;$\dfrac{\Delta P_Y}{P_Y}$ 就是征收比例税引起的 Y 商品价格的变化,即 t_X,则拉姆齐的最优商品税条件可以改写为:

$$e_x t_x = e_y t_y$$

将上式变换一下形式,得:

$$\frac{t_x}{t_y} = \frac{e_y}{e_x}$$

上式表明,政府在取得收入 R 的同时使税收的额外负担最小的条件是:税率 t_x 和 t_y 必须与商品的需求弹性 e_x 和 e_y 成反比。这被称为拉姆齐法则,也被称为反弹性法则。按照这一法则,由于生活必需品需求弹性较小,因此应该实行高税率;奢侈品需求弹性较大,应该实行低税率。由于拉姆齐考虑的只是一个家庭问题,因此他的分析不存在公平问题。

但是,当反弹性法则扩展到两个或两个以上家庭时,其所隐含的公平问题就随之而来了。通常,生活必需品在低收入家庭消费中占有较高比重,奢侈品多为高收入家庭消费。对生活必需品实行高税率,对奢侈品实行低税率,这显然是不符合公平原则的。

家庭商品税不对劳动所得课征,对劳动供给的直接影响不大。但是,如果将闲暇视作一种特殊商品,由于闲暇与其他商品具有替代性,因此课征商品税会扭曲人们在闲暇和一般商品消费之间的选择,鼓励人们多消费闲暇,从而减少劳动供给。因此,为了纠正商品课税对劳动供给的扭曲效应,应该对闲暇征税。但由于实践中很难对闲暇征税,所以完全中性的税收几乎是不存在的。科利特和黑格证明了拉姆齐法则所具有的一个令人感兴趣的含义,即在对闲暇无法直接征税的情况下,效率课税要求对与闲暇互补的商品课征高税率,如对人们的高级娱乐休闲活动征高额的消费税,这被称为科利特-黑格法则。

为了解决拉姆齐反弹性法则忽视公平性的问题,戴蒙德和米尔利斯在最优商品税率决定中引入了公平方面的考量,并且将拉姆齐法则中的单个家庭经济扩展至多个家庭经济中,根据商品的需求价格弹性和需求收入弹性,从效率与公平两个角度来决定商品的最优税率。他们指出,在需求独立的情况下,效率课税要求一种商品的最优税率与其需求价格的弹性呈反比;公平课税要求税率与这种商品的收入弹性呈正比。因此,对许多价格弹性和收入弹性都较低的商品(如生活必需品)来说,应当将实行高税率带来的分配不公问题和实行低税率造成的效率损失问题进行比较。基于公平的考虑,对于高收入阶层尤其偏好的商品即使其价格弹性很高也应确定一个较高的税率;而对低收入阶层尤其偏好的商品即便其价格弹性很低也应确定一个较低的税率。对于对那些既非富人也非穷人特别偏好的商品,仍可以遵循拉姆齐法则行事。对于那些收入弹性高而价格弹性低的商品(如钻石、名画、豪宅等),课以高税率既可以减少效率损失,也有利于公平。

二、最优所得税

与最优商品税假定不存在公平问题相反,最优所得税最初的研究对效率采取了完全忽略的态度。19 世纪末,英国经济学家弗朗西斯·埃奇沃斯(Francis Edgeworth,1845—1926)用一个简单的模型考察了最优所得税问题。该模型的假设条件与我们在第二章中所讨论的功利主义社会福利函数的假定条件是一样的。

(1) 社会福利函数为:$W = U_1 + U_2 + , \cdots + U_N$,在取得必要税收收入的前提下,目标是尽可能使个人效用之和最大,即社会福利最大化。

(2) 不论是穷人还是富人,每个人的边际效用函数都相同,都取决于个人的收入水平,并且随收入水平的增加,个人的边际效用递减。

(3) 可得的总收入是不变的,为一固定常数。

在这些假定条件下,社会福利最大化要求每个人的收入的边际效用相同。因为,如果效用函数相同,只有当个人收入相等时,收入的边际效用才相同。这对税收政策的含义是清楚的,税率的设置应当使每个人的税后收入分配尽可能地平等。因此,埃奇沃斯模型暗示的是一种累进程度很高的税制,要削减最高收入者的收入,直到每个人收入完全相等为止,这与功利主义的公平标准也是一致的。

埃奇沃斯最优所得税只考虑公平问题,完全置效率于不顾,但是这种激进的税收分配方式对效率的影响是非常大的。当收入达到某个等级时,(纳税人)所增加的收入可能都被政府征税征走了,这很可能导致高收入者放弃工作,选择闲暇。由于损失了效率,政府的收入可能反而低于课征低税率的收入。

最优所得税如何兼顾效率与公平?斯特恩通过对税收与劳动供给的研究,认为最优所得税率应与劳动供给的弹性负相关。当劳动供给弹性很小,即劳动者对工资率的变动不敏感时,即使较高的工资所得税率使得劳动者的实际工资率大幅下降,也不会对劳动供给决策产生较大的影响,进而对生产效率的影响也不大。反之,若劳动供给弹性很大,较高的工资所得税率将导致劳动者的实际工资率明显下降,进而对劳动供给决策和生产效率产生较大影响。

1971 年,詹姆斯·米尔利斯(James Mirrlees, 1996—2018)对激励条件下最优所得税问题作出了经典性的研究。他在考虑了劳动能力分布状态、政府最大化收益、劳动者最大化效用以及无不定性、无外部性等一系列严格假定的情况下,得出了一系列引人注目的结论:对最高收入所得和最低收入所得的个人的边际税率都应该为零,对中等收入者的边际税率应该较高,即税率应该呈倒"U"型,并且应保持低税率。因此,应该降低所得税累进税率表最高所得部分的税率,以此来减少对所得最高者工作积极性的抑制性效应。也就是说,最优税收函数不应该是累进性的。这一结论促使人们重新审视利用累进所得税制来实现收入再分配的观念,关注低收入者的社会福利,并不一定意味着要对高收入者课重税。由于对劳动积极性的抑制作用,让高收入者承担过重的税负,可能使得总的社会福利水平下降。

综上,最优税收理论经历了一个单纯注重效率或公平到效率与公平兼顾的转变。该理论通过引入社会福利函数,运用数学方法,从理论上探讨效率和公平的协调问题。理想中的最优税制是建立在政府具有完全信息和无限征管能力的假设基础上的,但是在现实中这些前提条件都是不存在的。也就是说,在大多数情况下,理想的最优税收是不可能实现的,一定程度的税收扭曲总是存在的。最优税制理论就是在正视这些问题的基础上发展的,即在存在信息不对称、外部性等"次优"条件下,在满足政府一定收入规模的前提下,如何设计税制使得课税所导致的效率损失或超额负担最小。最优税收理论对税收制度和税收政策的制定具有重要的指导意义。

三、单一税

由于税制设计既要注重效率,又要兼顾公平,还要考虑对财政收入的影响,导致现代税制设计越来越复杂。这既增加了征收机构的征税成本,又增加纳税人的纳税成本,更不用说其他隐性的社会成本,如扭曲效应造成的效率损失。

特别是对个人所得税而言,虽然富人适用的税率表面上很高,但通过大量的税收扣除和合法避税,其实际税负要远远低于名义税率;而穷人请不起律师和会计师,也缺乏避税的手段,税收扣除又很少,其实际税负并不低。因此,所得税在理论上具有公平、效率的优点,在税收实践中没有体现出来。

正所谓最简单的反而是最好的,税制也经历了从简单到复杂再向简单的回归。1962 年,诺贝尔经济学奖得主弗里德曼就提出了单一税(flat tax)。其后,单一税制思想得到迅速发展。这里所说的单一税,不是说一个国家的税收体系只有一个税种或一类税种构成,而是主要指对各类所得(包括个人所得、企业所得、资本利得等)实行单一低税率,同时基本不再考虑税收扣除额。1981 年,斯坦福大学的经济学家罗伯特·霍尔(Robert E. Hall, 1943—)和阿尔文·拉布什卡(Alvin Rabushka, 1940—)提出"单一税"的税改方案,建议美国实行单一低税率的联邦所得税制度,为个人所得设立统一的高豁免额,同时基本取消其他逐项减免和特例豁免。

20 世纪 90 年代后,单一税在一些东欧国家付诸实践。1994 年,爱沙尼亚首推单一税,是当代全球第一个颁布实施单一税的国家,税率为 26%,该税率适用于所有的个人和公司,没有任何扣除额。不久,该国克服了苏联解体所引发的严重财政危机,所取得的良好效果使得单一税受到了人们的青睐。随后,拉脱维亚、立陶宛颁布实施了 25% 左右的单一税。2001 年俄罗斯实行了 13% 的个人所得税单一税。2003 年塞尔维亚实施了 14% 的单一税,2004 年斯洛伐克实施了 19% 的单一税,2005 年罗马尼亚实行了 16% 的单一税。格鲁吉亚、马其顿、阿尔巴尼亚、保加利亚、捷克也先后实施了单一税。

从实践来看,这些国家实行单一税后,无论是对财政收入来说,还是对经济发展来说,都取得了良好效果,简化税制的思想越来越得到肯定。其他一些国家也对单一税制表现出强烈的兴趣,其对中国个人所得税改革也具有一定的启示和借鉴意义。

·· **复习与练习** ··

● **主要概念**

税收 税收原则 平等原则 确实原则 便利原则 最少征收费用 税收弹性 税收充分性 税收效率 税收中性 税收校正性 税收公平 能力原则 主观说 客观说 比例牺牲说 均等牺牲说 边际牺牲说 受益原则 税收负担 税收转嫁 税负归宿 前转 后转 混转 税收资本化 税收效应 收入效应 替代效应 超额负担 总额税 税收楔子 最优税收 拉姆齐法则 科利特-黑格法则 最优商品税 最优所得税 单一税

● **主要概念**

1. 从亚当·斯密、瓦格纳的年代到现代,税收原则是如何发展变化的?

2. 现代税收的原则是什么? 如何理解税收的中性和校正性?

3. 你认为税收的公平原则应该以什么为标准来衡量?

4. 税收转嫁有哪些方式? 在完全竞争市场下影响税收转嫁的因素有哪些?

5. 举出现实生活中完全竞争市场条件下,几种极端的税收转嫁的情况。

6. 在垄断市场下,垄断方可以将税收负担完全转嫁给需求方吗? 为什么?

7. 用图形解释税收的收入效应和替代效应,说明税收的效率损失。

8. 什么是拉姆齐法则? 最优商品税如何兼顾公平与效率?

9. 埃奇沃斯最优所得税如何征收? 最优所得税如何兼顾公平与效率?

10. 如何看待人头税?

11. 什么是单一税? 其在国际上的发展趋势如何? 对我国个人所得税改革有何借鉴?

第 **十二** 章

货物和劳务税

货物和劳务税是对贸易品和劳务所课征的税收的统称,简称货劳税。货劳税历史悠久,征收对象广泛,既具有重要的经济调节作用,也是现代国家特别是发展中国家财政收入的一个重要组成部分。由于货劳税是以贸易和劳务的流转额为课税对象,因此也可以称之为流转税。各国货物和劳务税制在具体税种构成上是有所不同的。本章主要介绍货劳税基本概念以及我国增值税、消费税以及关税等货劳税制具体构成。

第一节　货物和劳务税概述

货劳税是一种对消费支出征收的税。对贸易和服务的消费耗费了社会资源,同时也阻止了其他人享用这些资源。因为消费支出反映了个人的支付能力,所以征收货物和劳务税既可以调节消费结构,也具有一定的公平性。

一、货物和劳务税的特点

货物和劳务税、所得税、财产税共同构成了现代税收制度的主体框架,相对于其他税制,货物和劳务税的特点主要体现在以下几个方面:

一是税收负担具有间接性。货物和劳务税的纳税人可以分为生产经营的厂商和消费者个人,在现行税制中,除个人消费支出税以消费者为纳税人,一般均以生产经营厂商为纳税人,但是生产经营者通常通过商品价格变动将税负转嫁给消费者。因此,对于消费者个人来说,税收负担具有间接性。也就是说,货物和劳务税的纳税人经常与负税人相分离。虽然一般由厂商作为纳税人履行纳税义务,但是实际往往是消费者承担全部或部分税收,即货物和劳务税易转嫁,这也使得货物和劳务税的征收具有隐蔽性。

二是税收分配具有累退性。货物和劳务税虽然名义上一般实行比例税率,但是纳税人的税负往往随着个人收入的增加而下降。这是因为随着个人收入的增加,个人边际消费倾向下降,个人边际储蓄倾向提高,个人消费支出占收入的比例下降。如果按消费支出比例征税,货物和劳务税占个人收入比例必然下降。如对生活必需品的征税,穷人生活必需品消费支出占其收入比重高,而富人生活必需品消费支出占其收入比重低;穷人负担的税收占其收入的比重相对较高,富人相对较低。因此,货物和劳务税的实际税负具有累退性特点。

三是税收管理具有便利性。从纳税人的数量上看,货物和劳务税主要是对生产经营的企业课征的。相对于对个人征税而言,生产厂商规模较大,税源较为集中,征收管理比较方便。同时,货物和劳务税主要是对货物和劳务销售征税,征税的主要依据是货物和劳务销售额。相对于所得税而言,较少需要或不需要核算成本、利润、费用,不需要考虑通货膨胀因素,在核算和管理上比较简单,易于推行。因此,在经济相对落后、管理基础相对薄弱的国家或地区,比较重视货物和劳务税。当前,在大部分发展中国家,货物和劳务税仍占有重要地位。

四是税收收入具有稳定性。货物和劳务税以货物和劳务销售为征税依据,以货物和劳务流转额为课税对象,只要有货物和劳务销售收入,不管纳税人是否盈利,都可以按确定的税率征税。相比之下,所得税只有在市场交易行为之后有净收入才能课税,一旦亏损就不用纳税;而货物和劳务税不受或较少受生产经营成本、费用和利润的直接影响,受价格变动的影响也不大。因此,相对于所得税,货物和劳务税收入比较稳定,从而也有利于保证财政收入的稳定。

二、货物和劳务税的分类

货物和劳务税的分类依据主要有课税对象、范围、纳税环节和计税方式四种,具体如下。

1. 周转税、销售税和增值税

周转税是以商品流通过程中的每一环节的交易额为计税依据课征的税收。商品的交易额包括该产品所承担的固定资产折旧、中间产品(原材料与零部件)的成本、一般管理成本、工资以及利润等。由于产品通常要经过一系列的产制和销售过程,每一个销售过程都是周转税的课税环节。因此,周转税是一种多环节的商品流转税。周转税征收方便,但会引起重复征税,不利于产品间和企业间税负平衡,不利于生产的专业化分工,目前很少有国家开征周转税。

销售税是只对商品单一环节的流转总额为计税依据课征的税收。按课税环节可把销售税分为产制销售税、批发销售税和零售销售税三类。销售税与周转税的区别是课征环节单一,而不是多环节征收,能够相对克服周转税多环节重复征税问题。目前,美国的销售税就只是在零售环节征收的。

增值税是对每一环节销售货物和劳务所取得的增值额为计税依据课征的税收。增值税也是一种多环节的商品流转税,它与周转税的区别在于以商品的增值额为计税依据,在多环节的商品流转税情况下,可以避免重复征税,缺点是征收管理相对比较复杂。目前,世界上有一百多个国家开征了增值税。

2. 一般商品税和特定商品税

一般商品税是指对所有商品课征的商品流转税。商品可分为消费品和资本品,一般商品税的征税范围既包括资本品,也包括消费品。一般商品税有利于增加税收收入,但不利于发挥税收的调节作用。

特定商品税是只选择少数货物和劳务为课税对象课征的商品税,也被称为特殊商品税、消费税。特定商品税有利于发挥税收的特定调节作用。

3. 多环节税收和单一环节税收

多环节税收是对商品在生产、批发、零售每个环节普遍征收的货物和劳务税,也就是说商品每经过一道流转环节,就征一次税。多环节征税有利于扩大征税面,加强货物和劳务税对生产流通过程的调节,保证税收收入,但是会造成重复征税,不利于发挥价格对经济的有效调节作用。

单一环节税收是只选择在生产、批发、零售中的某一个环节课征一次性的货物和劳务税,可以避免重复征税。如可以选择在产制环节征税,由于产制环节是每个商品必须经过的环节,因此可以简化征收手续,保证税收收入。也可以选择在批发或零售环节征税,可以减少税收对生产的干扰和因税收导致的价格扭曲,但容易造成税收流失。

4. 从量税和从价税

从量税是以课税对象的数量为计税依据来计算应纳税额,数量可以是课税对象的数目,也可以是质量、体积、面积,直接用计税数量乘以单位税额便可得到税收总额。由于从量税以商品数量为依据征收,商品价格变化不影响税额变化,同种商品也不会因价格差异而导致税收负担不同。因此从量税虽然易于征管,但是在商品价格不断上涨的情况下,税收的调节作用相对较差。

从价税是以课税对象的价格为计税依据来计算应纳税额。因此,商品价格的变化会影响商品税收负担。从价税按照计税价格按照是否包含所征纳的税收,又可分为价外税和价内税。价内税是计税价格包含税金在内,价格由成本、利润和税金组成。价外税是计税价格不包含税金,价格由成本、利润组成。

三、我国的货物和劳务税制

货物和劳务税制是我国税收制度的重要组成部分,在我国财政收入中占据主要地位。自新中国成立以后,随着政治经济形势的发展,我国货物和劳务税制也经历了一个建立、发展、改革和完善的过程。1950 年 1 月,中央人民政府政务院颁布了《全国税政实施要则》,建立了全国统一的新的税收制度,其中货物和劳务税制由货物税、营业税、交易税等税种组成。1953 年我国对货物和劳务税制进行了修正,试行工商流通税;1958 年简化货物和劳务税制,把原来的工商流通税、货物税、营业税、印花税 4 个税种合并为工商统一税;1973 年进一步简化货物和劳务税制,把企业缴纳的工商统一税同城市房地产税、车船使用牌照税、屠宰税合并改为工商税;1984 年适应改革开放新形势需要,对货物和劳务税制进行了全面改革,把原有的工商税分解为产品税、增值税和营业税。

1994 年新税制改革中实行了新的增值税、营业税法,新开征了消费税,停止征收产品税,增值税、营业税、消费税统一适用于内外资企业。其后,我国对增值税、营业税、消费税多次进行了改革和完善,2016 年废除了营业税,全面实施营业税改征增值税。

目前我国的货物和劳务税制主要由增值税、消费税以及关税三种税组成,2019 年货物和劳务税收入在我国税收收入中所占比重约 60%。

第二节 增 值 税

增值税(value-added tax,简称 VAT),是商品税的一种主要形式,其课税对象是课税商品和劳务在产销每一阶段新增的价值,即增值额,因此称之为增值税。虽然增值税正式实施的时间并不长,但是近几十年来得到了迅速推广。

一、增值税基本概念

1. 增值税的优点

增值税的概念最早于1917年由美国耶鲁大学的亚当斯首先提出,当时称为营业毛利税。1921年法国的西蒙斯正式提出增值税这一名称。增值税最早于1954年在法国实施。由于相对于周转税,增值税有效消除了重复征税,所以得到迅速推广。目前已经有一百四十多个国家实施了增值税。

通过一个例子可以看出增值税与周转税的区别。假定一个商品 M 从最初的开采到销售到消费者手中经过5个环节,增值税或周转税的税率均为10%,其每一阶段的增值税和周转税的税收负担如表13.1所示。同样的商品,同样的流转环节,周转税的税收负担是增值税的3倍,流转环节越多,周转税负担越重,而增值税只与最后一道环节的最终销售额相关。

表 13.1 增值税和周转税的税收负担比较(单位:元)

生产流通环节	购进金额	销售金额	增值额	周转税税额	增值税税额
开 采	0	500	500	50	50
冶 炼	500	1 000	500	100	50
制 造	1 000	2 000	1 000	200	100
批 发	2 000	2 500	500	250	50
零 售	2 500	3 000	500	300	50
总 计	6 000	9 000	3 000	900	300

因此,实行周转税,商品的税负较重。而企业为了减少税负,必须减少商品的流通环节,尽可能地将商品的生产、批发、零售都控制在一个企业手中。由此导致企业生产趋向于"大而全",这与市场经济下要求企业的专业化分工合作是相违背的,降低了资源配置的效率。我国1994年之前实行的产品税就是一种周转税。相比而言,增值税具有明显的优点:

一是消除重复征税,有利于专业化分工协作。增值税按增值额征税,把多个环节征税的普遍性与按增值额征税的合理性有机地结合起来,消除了周转税重复征税的弊病,并且不会因为商品周转环节多少而影响税负的变化。这使得专业化协作企业和非专业化协作企业同等纳税,从而为生产经营的专业化协作发展消除了税收上的障碍,有利于生产向专业化协作方向发展,具有中性税的特征。

二是强化税收制约,有利于保证国家财政收入。增值税通常实行抵扣法,一个纳税人的扣除税额就是上一环节的纳税人向他供应商品或劳务时已经缴纳的税额。这就使具有购销关系的两个纳税人之间形成了一种互相牵制、互相监督的关系,有利于堵塞偷税漏洞。同时,增值税在征收上是随销售额的实现而征收的,只要经营收入一实现,应征税收即可入库,有利于国家及时、稳定地取得财政收入。

三便于核算退税,有利于鼓励扩大出口。按照国际惯例,各国在出口商品时通常将出口产品从最初流转环节到出口环节所累计缴纳的流转税退给经营出口的企业。实行周转税时,难以搞清楚一件商品在出口前到底经过了多少流转环节,累计缴纳了多少税款,因此出口时无法做到按实际已纳税额全额退税。而实行增值税时,各环节已纳税额等同于按最终销售额计算的总税额,因而可以在商品出口时把各环节已纳税款全部退还给出口企业,使出口商品实行彻底退税,实现零税率,从而对扩大出口贸易起到强有力的促进作用。

2. 增值税的类型

根据马克思的劳动价值理论,增值额即是商品价值 $c+v+m$ 中的 $v+m$ 部分(c 是消耗掉的生产资料,v 是劳动者创造的价值,m 是剩余价值,$v+m$ 即国民收入)。因此,国民收入就是理论上作为增值税征税对象的增值额。实际上,增值税的征税对象与理论概念是有差别的,在征收增值税时通常实行法定增值额。

在计算增值额时,对于企业生产产品所消耗的生产资料中的非固定资产项目,如外购原材料、燃料,通常都是允许扣除的。但是,对于企业购入的固定资产,如机器设备、厂房,是否允许扣除、如何扣除,各国规定是不同的。按照企业购买固定资产所承担的增值税金能否扣除以及如何扣除,增值税可分为 3 种不同的类型。

一是生产型增值税,即在征收增值税时,只能扣除属于非固定资产的那部分生产资料的税款,不允许扣除固定资产的价值或已纳税款。对整个社会来说,课税对象既包括消费资料也包括生产资料,相当于生产的固定资产和各种消费品的生产总值,课税范围与国民生产总值相一致,故称之为生产型增值税。生产型增值税课税范围广,有利于保证财政收入,但是由于扣除范围中不包括固定资产,仍在一定程度上带有按全额征收的流转税造成的各种弊端,并且人为地提高了新投资的成本,影响纳税人的投资积极性。同时,在计税时也会遇到划分上的麻烦。生产型增值税增值额如下:

$$增值额 = 销售收入 - 外购中间产品及劳务支出$$
$$= 工资、薪金 + 租金 + 利息 + 利润 + 同期固定资产折旧$$
$$= 消费 + 投资$$

二是消费型增值税,即在征收增值税时,允许将购置的固定资产的价值或已纳税款一次性全部扣除。也就是说,纳税企业用于生产的全部外购生产资料都不在课税范围之列。对整个社会来说,课税对象实际上只限于消费资料,故称之为消费型增值税。与生产型增值税相比,消费型增值税征税范围较小,彻底消除了重复征税,减轻了企业

的税收负担,有利于鼓励企业投资,加速设备更新。消费型增值税增值额如下:

$$增值额=销售收入-外购中间产品及劳务支出-同期购入的资本品价值$$
$$=消费$$

三是收入型增值税,即在征收增值税时,只允许扣除固定资产的当期折旧部分的价值或已纳税款。对整个社会来说,课税的依据相当于国民收入,故称之为收入型增值税。收入型增值税征税范围介于生产型增值税和消费型增值税之间,也允许对生产用的固定资产进行扣除,但是扣除的时间和方法不同,企业的税收负担比生产型增值税低,比消费型增值税高。收入型增值税增值额如下:

$$增值额=销售收入-外购中间产品及劳务支出-同期固定资产折旧$$
$$=工资、薪金+租金+利息+利润$$
$$=消费+净投资$$

3. 增值税的计算方法

增值税的征税方法有直接和间接之分。

直接征税法是先计算出增值额,再乘以税率,求出应纳税额。计算增值额的方法又有加法和减法两种。加法是将构成增值额的各要素如工资、利润、租金等加总起来计算增值额。但是这些属于增值额的项目,表面上看很明确,实际上这些数字的核算非常复杂,征收管理难度相当大。减法是以产品销售额减去外购的原材料、固定资产、燃料、包装物等法定扣除额的余额作为增值额。相对于加法,减法在征收管理上要容易一些,但是操作难度也很大。实际执行中很少有国家采取直接征税法。

间接征税法是企业就本期销售收入乘以税率,得出应纳销项税额;再从中减去同期各项购进货物已纳税额,得出应纳税净额。这种征税法也称为抵免法、扣税法。通常,外购项目的已纳税款在购货发票中有专栏列明,扣除的税款十分明确,并且有统一的扣税凭证。因此,这种方法在不必计算出每个环节的增值额是多少的情况下,既能够达到避免重复征税的效果,又可以避开直接计算增值额的麻烦,具有简便易行的优点,是国际上通行的规范化的增值税做法。

二、我国增值税改革

作为第一大税种,增值税在我国税收制度中具有重要地位,增值税改革是我国税制改革的重要一环。

1994 年,我国颁布新的增值税条例。增值税征税范围由原先的工业生产领域扩大到商业流通各环节以及加工、修理修配劳务领域。当时,我国实行的是生产型增值税,即在计算当期应缴增值税时,不允许企业扣除任何外购固定资产的已纳税金。实施生产型增值税有利于保证财政收入,也有国家出于抑制固定资产投资膨胀的考虑。但是,随着我国经济形势进一步发展,生产型增值税暴露出对扩大投资、设备更新和技术进步的抑制作用。

2003 年,国家"十一五规划"明确提出:"2006—2010 年,将在全国范围内实现增值税由生产型转为消费型",这标志着我国开始探索增值税转型改革。自 2004 年 7 月 1 日起,我国开始在东北地区的部分行业进行扩大增值税抵扣范围的改革试点,为今后在全国范围内推行做好铺垫。自 2007 年 7 月 1 日起,试点范围进一步扩大。同时,抵扣方式也逐步由增量抵扣改为全额抵扣。2008 年 7 月 1 日,我国又将试点范围进一步大到内蒙古自治区东部 5 个盟(市)和四川汶川地震受灾严重地区,同年修订通过的《中华人民共和国增值税暂行条例》及《实施细则》,自 2009 年 1 月 1 日起实施。这标志着我国增值税彻底实现了由生产型向消费型的转变。

为消除对货物和劳务分别征收增值税与营业税所产生的重复征税问题,优化税制结构和减轻税收负担,促进经济发展方式转变和经济结构调整,自 2012 年 1 月 1 日起,我国交通运输业和部分现代服务业首先在上海市开展营业税改征增值税试点,继而于 2013 年 8 月 1 日起在全国范围内实行"营改增"。此后,铁路运输和邮政业(2014 年 1 月 1 日)及电信业(2014 年 6 月 1 日)"营改增"试点相继在全国范围内开展。"营改增"试点范围最终扩大到建筑业、房地产业、金融业、生活服务业。至 2016 年 5 月 1 日起,我国全面实施营业税改征增值税。其后,国家为降低企业负担,又多次下调和优化增值税率及征收管理办法。

三、现行增值税制度

1. 增值税的纳税人

增值税的纳税义务人是在中华人民共和国境内发生应税交易且销售额达到增值税起征点的单位和个人,以及进口货物的收货人。

为了便于增值税的推行,简化征管手续,节约征税成本,我国将增值税纳税人分为一般纳税人和小规模纳税人,对小规模纳税人采取简易征税办法,自 2018 年 5 月 1 日起,小规模纳税人标准为年应征增值税销售额 500 万元及以下。

2. 增值税的征税范围

增值税是指在境内发生增值税应税交易,以及进口货物。

应税交易是指:

(1)销售货物的,货物的起运地或者所在地在境内;

(2)销售服务、无形资产(自然资源使用权除外)的,销售方为境内单位和个人,或者服务、无形资产在境内消费;

(3)销售不动产、转让自然资源使用权的,不动产、自然资源所在地在境内;

(4)销售金融商品的,销售方为境内单位和个人,或者金融商品在境内发行。

(进口货物,是指货物的起运地在境外,目的地在境内。)

下列情形视同应税交易,应当依照本法规定缴纳增值税:

(1)单位和个体工商户将自产或者委托加工的货物用于集体福利或者个人消费;

(2)单位和个体工商户无偿赠送货物,但用于公益事业的除外;

(3)单位和个人无偿赠送无形资产、不动产或者金融商品,但用于公益事业的除外;

(4)国务院财政、税务主管部门规定的其他情形。

非应税交易不征收增值税,主要有:员工为受雇单位或者雇主提供取得工资薪金的服务;行政单位收缴的行政事业性收费、政府性基金;因征收征用而取得补偿;存款利息收入;国务院财政、税务主管部门规定的其他情形。

3. 增值税的税率

一般纳税人增值税税率具体分为以下几种情况:

(1)纳税人销售加工修理修配、有形动产租赁服务,进口货物,除本条第二项、第四项、第五项规定外,税率为13%;

(2)纳税人销售交通运输、邮政、基础电信、建筑、不动产租赁服务,销售不动产,转让土地使用权,销售或者进口下列货物,除本条第四项、第五项规定外,税率为9%;

(3)纳税人销售服务、无形资产、金融服务、收派服务和电信增值服务,除本条第一项、第二项、第五项规定外,税率为6%;

(4)纳税人出口货物,税率为零;国务院另有规定的除外;

(5)境内单位和个人跨境销售国务院规定范围内的服务、无形资产,税率为零。

小规模增值税征收率为3%。

一般纳税人一些特定业务可以选择简易计税方法,适用3%或5%的征收率。

4. 增值税应纳税额的计算

销售额,是指纳税人发生应税交易取得的与之相关的对价,包括全部货币或者非货币形式的经济利益,不包括按照一般计税方法计算的销项税额和按照简易计税方法计算的应纳税额。

国务院规定可以差额计算销售额的,从其规定。

视同发生应税交易以及销售额为非货币形式的,按照市场公允价格确定销售额。

销售额以人民币计算。纳税人以人民币以外的货币结算销售额的,应当折合成人民币计算。

纳税人销售额明显偏低或者偏高且不具有合理商业目的的,税务机关有权按照合理的方法核定其销售额。

销项税额,是指纳税人发生应税交易,按照销售额乘以本法规定的税率计算的增值税额。销项税额计算公式:

$$销项税额＝销售额×税率$$

进项税额,是指纳税人购进的与应税交易相关的货物、服务、无形资产、不动产和金融商品支付或者负担的增值税额。

一般计税方法的应纳税额,是指当期销项税额抵扣当期进项税额后的余额。应纳税额计算公式:

$$应纳税额＝当期销项税额－当期进项税额$$

当期进项税额大于当期销项税额的,差额部分可以结转下期继续抵扣;或者予以退还,具体办法由国务院财政、税务主管部门制定。

进项税额应当凭合法有效凭证抵扣。

下列进项税额不得从销项税额中抵扣：

（1）用于简易计税方法计税项目、免征增值税项目、集体福利或者个人消费的购进货物、服务、无形资产、不动产和金融商品对应的进项税额，其中涉及的固定资产、无形资产和不动产，仅指专用于上述项目的固定资产、无形资产和不动产；

（2）非正常损失项目对应的进项税额；

（3）购进并直接用于消费的餐饮服务、居民日常服务和娱乐服务对应的进项税额；

（4）购进贷款服务对应的进项税额；

（5）国务院规定的其他进项税额。

简易计税方法的应纳税额，是指按照当期销售额和征收率计算的增值税额，不得抵扣进项税额。应纳税额计算公式：

$$应纳税额 = 当期销售额 \times 征收率$$

纳税人进口货物，按照组成计税价格和本法规定的税率计算应纳税额。组成计税价格和应纳税额计算公式：

$$组成计税价格 = 关税计税价格 + 关税 + 消费税$$

$$应纳税额 = 组成计税价格 \times 税率$$

关税计税价格中不包括服务贸易相关的对价。

纳税人按照国务院规定可以选择简易计税方法的，计税方法一经选择，三十六个月内不得变更。

纳税人发生适用不同税率或者征收率的应税交易，应当分别核算适用不同税率或者征收率的销售额；未分别核算的，从高适用税率。

纳税人一项应税交易涉及两个以上税率或者征收率的，从主适用税率或者征收率。

扣缴义务人依照本法第七条规定扣缴税款的，应按照销售额乘以税率计算应扣缴税额。应扣缴税额计算公式：

$$应扣缴税额 = 销售额 \times 税率$$

专栏13-1

我国出口退税政策的调整

为了避免重复征税，对出口商品实行零税率是国际上通用的做法。根据我国增值税税法规定，纳税人出口货物，税率为零。也就是说，应该在出口环节向出口商退还先前征收的增值税；但同时又规定，国务院另有规定的除外。因此，出口退税率成为我国调节商品出口、优化外贸结构一个非常有用的政策工具。在亚洲金融危机期间，为了鼓励出口，我国多次上调出口退税率，对我国扩大出口发挥了积极作用。

2007 年,随着我国外贸盈余的迅速增长,能源、资源、环境约束性加大。为控制外贸出口的过快增长,缓解我国外贸顺差过大带来的突出矛盾,抑制"高耗能、高污染、资源性"产品的出口,优化出口商品结构,促进外贸增长方式的转变,减少贸易摩擦,国家多次下调甚至取消部分出口商品的退税率。

2008 年下半年及 2009 年,由于全球金融危机,我国出口面临严峻形势,为了促进出口,我国又多次提高部分商品的出口退税率。

为进一步控制外贸出口的过快增长,缓解我国外贸顺差过大带来的突出矛盾,优化出口商品结构,抑制"高耗能、高污染、资源性"产品的出口,促进外贸增长方式的转变和进出口贸易的平衡,减少贸易摩擦,促进经济增长方式转变和经济社会可持续发展,我国自 2016 年起调整部分商品的出口退税政策。政策调整主要包括三个方面:一是进一步取消了 553 项"高耗能、高污染、资源性"产品的出口退税,主要包括濒危动植物及其制品、盐和水泥等矿产品、肥料、染料等化工产品、金属碳化物和活性炭产品、皮革、部分木板和一次性木制品、一般普碳焊管产品、非合金铝制条杆等简单有色金属加工产品,以及分段船舶和非机动船舶;二是降低了 2 268 项容易引起贸易摩擦的商品的出口退税率,主要包括服装、鞋帽、箱包、玩具、纸制品、植物油、塑料和橡胶及其制品、部分石料和陶瓷及其制品、部分钢铁制品、焦炉和摩托车等低附加值机电产品、家具以及粘胶纤维;三是将10 项商品的出口退税改为出口免税政策,主要包括花生果仁、油画、雕饰板、邮票和印花税票等。

但同时,出口退税红利以更大力度向新业态延伸。为支持跨境电商新业态发展,推动外贸模式创新,2018 年 9 月,财政部、税务总局、商务部、海关总署联合发布《关于跨境电子商务综合试验区零售出口货物税收政策的通知》,对跨境电子商务综合试验区内的跨境电子商务零售出口企业未取得有效进货凭证的货物,凡符合规定条件的,出口免征增值税和消费税。这项政策简称为"无票免税"。

我国还将继续利用出口退税政策调整优化外贸结构,一方面是降低限制出口商品的退税率,另一方面是提高国家支持和鼓励出口商品的退税率。

第三节 消 费 税

消费税具有特定调节目的,与普遍征收、税率较为相对单一、体现税收中性的增值税相比,消费税的针对性更强,征收范围具有选择性,税率设计更加灵活,体现了商品税的校正性特点,对于引导消费、优化资源配置、促进收入分配等都具有较强的调节作用。消费税通常由中央政府征收。

一、消费税基本概念及类型

1. 消费税概念及征收目的

消费税是对特定消费品或消费行为征收的一种税,为世界各国普遍征收。消费税有广义消费税和狭义消费税之分。广义的消费税是指一切以消费品或消费行为作为课税对象而征收的税收统称,因此更具有一般商品税的特征,也称为销售税。狭义的消费税,即国家为体现既定的消费政策,对生产和进口的个别消费品征收的一种税。这里讨论的是狭义的消费税。

与其他流转税尤其是增值税相比,消费税具有以下几个方面的特点:一是征税范围的选择性,即消费税只对特殊消费品或消费行为征收;二是征税环节的单一性,消费税主要采取在产品出厂销售或从国外进口应税消费品时进行征收;三是征收方法的灵活性,消费税采取从价、从量或复合计征三种方法进行征税;四是适用税率的差别性,消费税通常根据不同消费品的种类、档次以及调节需要,实行差别税率。

消费税作为政府调节生产消费和社会财富再分配的重要手段,被世界各国广泛采用,而且征收力度在逐年加大,消费税的征收目的主要表现在:

一是引导消费。对某些劣值品以及具有较大外部成本的商品课征消费税,可以对这些不良行为加以限制,体现了寓禁于征的精神。如烟、酒过度消费不利于人类健康,国家对其征收高额消费税,可以促使消费者改变原有的消费行为,从而达到限制人们对这类商品的消费的目的。

二是调节分配。个人生活水平或贫富状况在很大程度上体现为其支付能力。一般的流转税名义上按比例税率征收,但由于个人边际消费倾向会随着收入增加而下降,所以随着个人收入的增加,个人消费支出占收入的比重反而下降。因此,如果按消费支出比例征税,流转税占个人收入的比例必然下降,从而使其具有累退的特点,不符合公平税收原则。而消费税选择贵重首饰等高收入者消费更多的奢侈品征税,并实行差别税率,从而具有累进的特点。与其他流转税相比,有利于收入的公平分配。

三是保护环境。一些产品的过度消费会消耗资源和危害生态环境,或者在生产过程中产生了严重的负外部成本,通过对其征收高额消费税提高产品价格,将减少这些产品的使用,直接或间接地起到保护环境的作用。如汽油消费导致环境污染,同时购买汽车从国家建造的公路中受益,征收相应的汽油税、汽车税,既体现了谁污染谁付费、谁使用谁付费的原则,也有利于促进环境保护。

四是筹集收入。虽然不是主要目的,但是消费税仍然具较强有财政功能,并且通常由中央政府征收,是中央财政收入的重要来源之一。

2. 消费税类型

按照荷兰国际财政文献局的分类标准,消费税的课征范围大体上可分为有限型、中间型和延伸型 3 种类型。

有限型消费税的征税范围较窄,主要限于传统的货物品目,再加上有限的一些日用品,如烟草制品、石油制品、酒精饮料以及机动车辆和各种形式的娱乐活动等。总体上看,有限型消费税的课征品目范围通常不会超过 10~15 种。国际上实行有限型消费税的有美国、英国等六十多个国家,约占整个实行消费税国家的半数。

中间型消费税的征税范围较有限型消费税宽一些,除了有限型消费税所涉及的消费品目之外,一些消费广泛的消费品,如食物制品、电子产品、家用电器也包括在内,应税的货物品目为 15~30 种。采用中间型消费税的有法国等三十多个国家。

延伸型消费税的征税范围比前两种都大，除中间型消费税包括的品目外，还包括更多的消费品和生产资料，如家用电器、摄影器材、钢材、塑料、橡胶制品、木材制品以及机器设备等，货物品目一般超过了 30 种货物类别。实行延伸型消费税的有印度、日本、韩国等 20 个国家。

二、我国消费税改革

建国初期，我国曾经对电影戏剧及娱乐、舞场、筵席、冷食、旅馆开征过特征消费行为税，后来很快调整废止。20 世纪 80 年代末，对汽车和彩电开征过特种消费税，实行不久就停止征收了。

1994 年我国新税制改革时全面开征了消费税，当时消费税的征税范围主要是奢侈品，非生产必需品，一些过度消费会对人类健康、社会秩序、生态环境等方面造成危害的特殊消费品以及不可再生的稀缺资源消费品等，包括：烟、酒及酒精、化妆品、护肤护发品、贵重首饰及珠宝玉石、鞭炮和焰火、汽油、柴油、汽车轮胎、摩托车、小汽车等 11 类产品。随着我国经济的快速发展，1994 年制定的消费税制存在的一些问题愈加突出：一是征税范围只限于 11 个应税品目，范围偏窄；二是原来确定的某些属于高档消费品的产品，如护肤护发品，已逐渐具有大众消费的特征；三是有些应税品目的税率结构与国内产业结构、消费水平和消费结构的变化不相适应；四是消费税促进节约资源和环境保护的作用有待加强。

2006 年 3 月，我国对消费税进行了重大改革，改革的主要内容包括：一是扩大了消费税的征收范围。为了鼓励节约使用石油资源，对航空煤油、石脑油、溶剂油、润滑油、燃料油开始征收消费税；为了鼓励节约使用木材资源，保护生态环境，将木制一次性筷子、实木地板纳入征税范围；为了调节高消费行为，对属于只有少部分高消费群体才能消费的高档消费品——游艇、高尔夫球及球具、高档手表征收消费税。二是取消了护肤护发品税目。护肤护发品的消费已经逐渐具有了大众消费的特征，为使消费税政策更加适应消费结构变化的要求，不再对护肤护发品征收消费税。三是调整了其他税目。调整小汽车税率结构，提高大排量汽车的税率，体现出对生产和使用小排量汽车的鼓励政策，对混合动力汽车等具有节能、环保特点的汽车将实行一定的税收优惠，体现国家产业政策导向。同时，还调整了摩托车、汽车轮胎、白酒等产品的税率。

2008 年，国家修订了消费税条例，将 1994 年以来出台的政策调整内容，更新到新修订的消费税条例中。同时，为了与增值税条例相衔接，将纳税申报期限从 10 日延长至 15 日，对消费税的纳税地点等规定进行了调整。2009 年 1 月 1 日起，国家为了实施成品油税费改革，提高了成品油的税率。2009 年 5 月和 8 月，国家先后提高了烟类和白酒类商品的消费税税率，并完善了计税依据。

2014 年，国家取消了汽车轮胎、酒精、气缸容量 250 mL（不含）以下的小排量摩托车及车用含铅汽油税目。2015 年消费税有了三大变化，第一，提高汽油、石脑油、溶剂油、润滑油、柴油、航空煤油和燃料油税额；第二，增加对电池和涂料的消费税；第三，提高卷烟税率。2016 年,国家对超豪华小汽车加征消费税,将"化妆品"税目更名为"高档化妆品"。从目前的情况看,消费税还有进一步改革的必要性和余地。如为了调节消费,改善收入分配,还应该扩大消费税的征收范围,将一些高档消费、奢侈品纳入消费税的征收范围。同时对于一些资源性产品,消费税的调节力度还不够,如对于一次性筷子,5%的税率仅是象征性的,对于促进不可再生资源的保护作用有限。因此,有必要继续深化消费税改革,适当扩大消费税征税范围,调整消费税税率,以充分发挥消费税在促进节能减排和调节收入分配方面的作用。

三、现行消费税制度

1. 消费税的纳税人

消费税的纳税人是在中华人民共和国境内生产、委托加工和进口消费税条例规定的消费品的单位和个人。

2. 消费税的税目和税率

我国现行消费税设置 15 个税目,这 15 个税目大致可以分为 3 类,一是奢侈品类消费品,如高尔夫球及球具、游艇、高档手表、高档化妆品、贵重首饰及珠宝玉石等;二是影响生态环境和消耗资源的消费品,如鞭炮焰火、小汽车、摩托车、成品油、木制一次性筷子、实木地板、电池等;三是危害人们身体健康的消费品,如烟、酒等。每个税目下又设置了不同子目,消费税税率采用比例税率和定额税率相结合的办法。具体见表 13.2。

表 13.2　我国消费税税目和税率

税　　目	税　　率		
	生产(进口)环节	批发环节	零售环节
一、烟			
1. 卷烟			
（1）甲类卷烟	56%加 0.003 元/支	11%加 0.005 元/支	
（2）乙类卷烟	36%加 0.003 元/支		
2. 雪茄烟	36%		
3. 烟丝	30%		
二、酒			
1. 白酒	20%加 0.5 元/500 g（或者 500 mL）		
2. 黄酒	240 元/吨		
3. 啤酒			
（1）甲类啤酒	250 元/吨		
（2）乙类啤酒	220 元/吨		
4. 其他酒	10%		

税　目	税　率		
	生产（进口）环节	批发环节	零售环节
三、高档化妆品	15%		
四、贵重首饰及珠宝玉石			
1. 金银首饰、铂金首饰和钻石及钻石饰品			5%
2. 其他贵重首饰和珠宝玉石	10%		
五、鞭炮焰火	15%		
六、成品油			
1. 汽油	1.52 元/L		
2. 柴油	1.2 元/L		
3. 航空煤油	1.2 元/L		
4. 石脑油	1.52 元/L		
5. 溶剂油	1.52 元/L		
6. 润滑油	1.52 元/L		
7. 燃料油	1.2 元/L		
七、摩托车			
1. 气缸容量 250 mL	3%		
2. 气缸容量在 250 mL（不含）以上的	10%		
八、小汽车			
1. 乘用车			
（1）气缸容量（排气量，下同）在 1.0 L（含 1.0 L）以下的	1%		
（2）气缸容量在 1.0 L 以上至 1.5 L（含 1.5 L）的	3%		
（3）气缸容量在 1.5 L 以上至 2.0 L（含 2.0 L）的	5%		
（4）气缸容量在 2.0 L 以上至 2.5 L（含 2.5 L）的	9%		
（5）气缸容量在 2.5 L 以上至 3.0 L（含 3.0 L）的	12%		
（6）气缸容量在 3.0 L 以上至 4.0 L（含 4.0 L）的	25%		
（7）气缸容量在 4.0 L 以上的	40%		
2. 中轻型商用客车	5%		

（续表）

税　目	税　率		
	生产（进口）环节	批发环节	零售环节
3. 超豪华小汽车（每辆零售价格130万元及以上的乘用车和中轻型商用客车）	按子税目1和子税目2的规定征收		10%
九、高尔夫球及球具	10%		
十、高档手表	20%		
十一、游艇	10%		
十二、木制一次性筷子	5%		
十三、实木地板	5%		
十四、电池	4%		
十五、涂料	4%		

注：1 吨＝1 000 kg。

3. 应纳税额的计算

消费税实行从价计税、从量计税或者从价和从量复合计税（以下简称复合计税）的办法计算应纳税额。应纳税额计算公式：

实行从价计税办法计算的应纳税额＝销售额×比例税率

实行从量计税办法计算的应纳税额＝销售数量×定额税率

实行复合计税办法计算的应纳税额＝销售额×比例税率＋销售数量×定额税率消费税

按照从价定率法、从量定额法和从价、从量复合计税法 3 种方法计算应纳税额。对一些供求基本平衡、价格差异不大、计量单位规范的应税消费品实行从量定额法征税，如汽油、柴油等；对一些供求矛盾突出、价格差异较大、计量单位不规范的应税消费品实行从价定率法，如贵重首饰、高档化妆品等；对一些价格和利润差别大、容易采用转让定价法来规避纳税的应税消费品，采用从量和从价相结合的复合计税方法，如烟、酒。实行从量定额办法应纳税额的计算比较简单，其计算公式为：应纳税额＝销售数量×单位税额；实行从价定率办法计算应纳税额相对复杂一些，其计算公式为：应纳税额＝销售额×税率，其中，对销售额的核定是关键。

消费税是价内税，以含消费税的价格作为计税价格，但是不含增值税，与增值税的计税价格相同。因此，如果销售额中含有增值税，必须将含增值税销售额换算成不含税销售额。如果只知道成本和利润，还必须换算成包含消费税的销售金额。如纳税人自产自用应税消费品，应按照纳税人生产的同类消费品的销售价格计算纳税；没有同类消费品销售价格的，按照组成计税价格计算纳税。组成计税价格计算公式：

组成计税价格＝（成本＋利润）÷（1－消费税税率）

委托加工的应税消费品，按照受托方的同类消费品的销售价格计算纳税；没有同

类消费品销售价格的,按照组成计税价格计算纳税。组成计税价格计算公式:

$$组成计税价格 = (材料成本 + 加工费) \div (1 - 消费税税率)$$

进口的应税消费品,实行从价定率办法计算应纳税额的,按照组成计税价格计算纳税。组成计税价格计算公式:

$$组成计税价格 = (关税完税价格 + 关税) \div (1 - 消费税税率)$$

第四节 关 税

关税是商品税制的重要组成部分,是保护国家主权和经济利益的重要手段。在历史上,关税曾经是很多国家财政收入的主要来源之一。目前,虽然关税的财政功能和贸易保护作用有所下降,但是仍然是政府取得财政收入、调节贸易结构的重要手段。

一、关税的基本概念

关税是主权国家根据其政治、经济需要,由海关机关对进出国境(或关境)的货物和物品征收的一种税。国境和关境是两个既有联系又不完全相同的概念。国境是指一个主权国家行使行政权力的领域范围,而关境是一个主权国家行使关税权力的领域范围。在通常情况下,一国国境与关境是一致的,但有时又是不一致的。当一国在国境内设立了自由港、自由贸易区、保税区等时,由于这些区域就进出口关税而言是处在关境之外,这时关境是小于国境的。当几个国家结成关税同盟,组成一个共同的关境,实施统一的关税法令和对外税则时,此时关境是大于国境的。按不同的标准,关税有不同的分类。

按商品流动方向,关税分为进口关税、出口关税和过境关税。进口关税是对国外输入本国国境(关境)的货物和物品征收的一种税,它是最主要的关税。出口关税是对本国输出商品征收的一种税,大部分国家对多数出口商品是免税的,仅对少数商品征收出口关税。过境关税是对外国经过本国国境(关境)运往另一国的商品征收的一种税,目前绝大多数国家都不征收过境关税。

按照征收目的,关税分为财政关税和保护关税。财政关税是以保证国家财政收入为主要目的而征收的关税。通常把进口数量多、消费量大的货物或物品列入征税范围。保护关税是以保护本国工农业生产或经济长期稳定增长为目的而征收的关税,也称关税壁垒。主要体现在通过对进口货物征收高额关税,提高进口商品成本,从而削弱进口商品在本国市场的竞争力,以达到保护本国经济的目的。

按照差别待遇,关税分为优惠关税和歧视关税。优惠关税是对某些国家的进口货物按照较一般税率更低的税率征收的关税。优惠关税又分为互惠关税、特惠关税、最惠国待遇和普惠制。互惠关税是两国间协商签订协定,对进出口商品相互提供较低的关税税率,甚至免税。特惠关税是一个国家或某一经济体对某些特定国家的全部进口商品或部分进口商品单方面给予低关税或免税待遇的特殊优惠。最惠国待遇是缔约国一方给予第三国的一切特权、优惠和豁免,缔约国另一方可以享受同样的待遇。普惠制是发达国家对来自发展中国家的某些进口货物,特别是工业制成品和半制成品给予一种普遍的关税优惠,而不要求发展中国家给予回报。歧视关税是一国对其他某些国家的进口商品按照较一般税率更高的税率征收的关税。它可以是正税,也可以是附加税。正税指正常关税,依据公布的税率征收。附加税是在正常进口税以外额外征收的关税,是一种临时性的特定措施。

歧视关税可分为反补贴关税、反倾销关税、报复性关税、保障性关税。反补贴关税是出口国政府间接或直接给予出口产品津贴或补贴,进口国在进口该产品时就津贴或补贴部分征收的附加关税。反倾销关税是对于特别出口的特定产品,进口国专门征收的一种附加关税。报复性关税是因对方国家对本国商品、船舶、企业实行歧视性税收对待,而在对方国商品、船舶或企业产品进口时征收的关税。保障性关税是对国外进口货物剧增并对本国产业造成损害的情况下,采取临时保障措施而需提高的关税。

二、我国现行关税制度

1. 关税的纳税人

关税纳税人,也被称为海关债务人。进出口货物的关税纳税人是进出口货物的收、发货人,即依法取得对外贸易经营权,并进口或出口货物的法人或其他社会团体,包括外贸专业进出口总公司及其子公司、信托投资公司、外商投资企业等。进出境物品的关税纳税人是进出境物品的所有人,包括该物品的所有人和推定为所有人的人。

2. 关税的税则和税率

关税税则是根据国家关税政策,通过一定的国家立法程序制定、公布、实施的,对进出口的应税和免税商品加以系统分类的一览表。关税税则一般包括国家实施税则法令、税则的归类总规则、税目表等一些内容,其中税目表包括商品分类目录和税率栏两部分。

我国进口关税设有最惠国税率、协定税率、特惠税率、普通税率四类。最惠国税率适用原产于共同适用最惠国待遇条款的世界贸易组织成员的进口货物、原产于与我国签订含有相互给予最惠国待遇条款的双边贸易协定的国家或者地区的进口货物以及原产于我国境内的进口货物。协定税率适用原产于与我国签订含有关税优惠条款的区域性贸易协定的国家或者地区的进口货物。特惠税率适用原产于与我国签订含有特殊关税优惠条款的贸易协定的国家或者地区的进口货物。普通税率适用原产于上述以外国家或者地区的进口货物以及原产地不明的进口货物。

此外,根据国家对外经济贸易政策的需要,我国还制定了关税暂定税率,即在海关进出口税则规定的进口优惠税率和出口税率的基础上,对某些进口货物(但只限于从与我国订有关税互惠协议的国家和地区进口的货物)和出口货物实施更为优惠的关税政策。暂定税率优先适用于优惠税率和最惠国税率,按照普通税率征收的进口货物不适用暂定税率。

3. 关税完税价格和应纳税额的计算

进出口货物的完税价格是海关凭以从价计征关税的价格,由海关以该货物的成交价格为基础,审查确定。

进口货物的完税价格由海关以成交价格以及该货物运抵我国境内输入地点起卸前的运输及其相关费用、保险费为基础审查确定,其中成交价格是指卖方向我国境内销售该货物时买方为进口该货物向卖方应付、实付的价款总额,包括直接支付的价款和间接支付的价款。出口货物的完税价格由海关以该货物的成交价格以及该货物运至我国境内输出地点装载前的运输及其相关费用、保险费为基础审查确定,其中成交价格是指该货物出口时卖方为出口该货物应当向买方直接收取和间接收取的价款总额。进出口关税均不计入完税价格,也就是说,进出口关税实行的均是价外税。

如果是从价计征,关税税额 = 应税进(出)口货物数量 × 单位完税价格 × 税率

如果是从量计征,关税税额 = 应税进(出)口货物数量 × 单位税额

专栏13-2

中美贸易摩擦与关税政策

截至 2019 年 10 月,中美双方共经历了 4 轮加征关税。第一轮:2018 年 6 月相互对 500 亿商品加征 25% 关税;第二轮:2018 年 9 月美国对中国 2 000 亿商品加征 10%,中国对美国 600 亿商品加征 5%、10% 关税;第三轮:2019 年 5 月美国对中国 2 000 亿商品的加征关税从 10% 提高到 25%,中国对美国 600 亿商品加征关税提高到 10%、20%、25%;第四轮:2019 年 8 月美国对中国 3 000 亿商品分两批加征 15% 关税,中国对美国 750 亿美元加征 5%、10% 关税。2019 年 10 月 10—11 日,中美第十三轮高级别经贸磋商初步达成"第一阶段"贸易协议,中美经贸摩擦出现阶段性的缓和,加征关税按下"暂停键",但双方已经实施的加征关税没有取消。双方加征关税情况呈现规模逐渐加大、对抗愈加剧烈的趋势,并且双方都慎重选择加征关税商品,加大对手压力、减少国内影响,具有典型的多重目标性,特别是对己方优势产业、对方依赖产业都有多重考量。总体而言,随着双方加征关税水平逐步提高、规模逐步扩大,对两国物价产生的影响具有差异性、潜在性和长期性等特点,十分复杂。

由于双方贸易的很多商品并不是最终消费品,出口当中又有进口的因素,加上产业链和规模的关系,美国更多商品只能从中国进口,所以对中国物价的实际影响会小一些,对美国物价的实际影响会大一些。例如,美国对从中国进口的机电类产品依赖程度很高,是我国对美出口的第一大类商品,且该类产品有一定技术含量,短期内较难被替代,再考虑到加征关税由贸易链的不同环节承担,相当一部分由美国消费者承受,对中国出口和物价的影响要比美国小一些。2018 年中国出口总额 2.5 万亿美元,增长 9.9%。其中,对美出口 4 784.2 亿美元,增长 11.3%;自美进口 1 551 亿美元,增长 0.7%。从 2018 年双方贸易的实际情况看,对美出口增速不及 2017 年,自美进口增速大幅下降,说明经贸摩擦已经对贸易产生明显影响。

复习与练习

● **主要概念**

商品税 周转税 销售税 增值税 一般商品税 特定商品税 增值税 生产型增值税 消费型增值税 收入型增值税 小规模纳税人 一般纳税人 征收率 含税销售额 不含税销售额 销项税额 进项税额 消费税 有限型消费税 中间型消费税 延伸型消费税 计税价格 组成计税价格 进口关税 出口关税 过境关税 财政关税 保护关税 优惠关税 互惠关税 特惠关税 最惠国待遇 普惠制 歧视关税 反补贴关税 反倾销关税 报复性关税 保障性关税 暂定关税

● **思考题**

1. 货物和劳务税的特点是什么？按照不同标准,可以分为哪些类型？

2. 增值税的优点是什么？增值税有哪几种类型？我国为什么要推进"营改增"改革？

3. 消费税的特点是什么？我国现行消费税的征收范围是什么？

4. 某企业进口一批汽车,关税完税价格是1 000万元,关税税率是20%,汽车消费税税率是12%,问该企业应该缴纳的关税、消费税、增值税分别是多少？

5. 按不同标准划分,关税有哪些类型？我国如何运用关税政策优化外贸结构？

6. 随着经济形势的变化,我国近期如何发挥增值税、消费税等货物和劳务税制对经济的调节作用的？

7. 为应对中美贸易摩擦,中国增值税退税政策、关税政策近期作了哪些调整？

8. 什么是增值税留抵退税？近年来我国如何通过增值税留抵退税政策减轻企业负担？

第十四章

所得税

所得税是对企业和个人，因从事劳动、经营和投资而取得的各种所得所课征的税种统称，或者说是以所得额为课税对象而课征的税收统称。按照纳税人的不同，所得税可以分为个人所得税和企业所得税。所得税收入是国家财政收入的重要组成部分，特别是在很多发达国家，个人所得税是第一大税种。本章主要介绍所得税基本概念以及我国个人所得税、企业所得税等所得税制具体构成。

第一节 所得税概述

随着经济社会发展水平的提高以及税收征管制度的改进，所得税在税收制度中的作用显著提高，很多国家实现了从商品税为主向所得税为主的转变。在税收制度设计中，为了增强本国商品的国际竞争力，减少商品税的扭曲效应，很多国家商品税实行中性、低税率，更多通过所得税筹集财政收入，加强对收入分配的调节。

一、所得的概念

确定所得额是课征所得税的关键，但是从不同角度对所得的认识却是不同的。从经济学的角度看待，所得是指人们在两个时点之间以货币表示的经济能力的净增加值，包括工资、利润、租金、利息等要素所得和赠与、遗产、财产增值所得。从会计学家的角度来看，所得必须以实现的交易为基础，即在某一时期内，一起交易所实现的收入减去为实现收入而消耗的成本、费用后的余额，所得只包括工资、利润、租金、利息等要素所得和资本利得，不包括不经过交易的财产增值以及遗产与赠与所得。从税收实务的角度看，所得是应税所得，是在会计所得基础上，经过必要调整而计算的所得，即按会计所得减去法定不予计列项目、加上法定不予扣除项目后的余额，通常应税所得小于会计所得。

二、所得税的特点

相较于商品税，所得税具有以下几个方面的特点。

一是税收负担的直接性。与商品税易于转嫁相反，所得税一般由企业或个人作为纳税人履行纳税义务,并且通常这些企业和个人就是税收的最终承担者,纳税人就是负税人,税负不易转嫁,因而也被称为直接税。

二是税收分配的累进性。这一点主要针对个人所得税而言,个人所得税一般实行累进征收,税率随收入增加而递增,低收入者适用低边际税率,高收入者适用高边际税率,体现了税收的公平原则。

三是税收管理的复杂性。对个人所得税而言,个人纳税户多、税额小、税源分散,要计算个人收入、免税额、扣除额、应税所得;对企业所得税而言,要核算企业的收入、成本、费用、利润,计算企业应税所得,因此,征收管理的成本高、难度大。

四是税收收入的弹性。由于所得随经济形势变化而变化,也将影响所得税收入随之变化,从而起到对经济的逆向调节作用。如在经济高涨时期,个人收入增加,所适用的超额累进所得税税率也将上升,其税收收入相对下降,有利于抑制需求,实现供需平衡。

三、所得税的类型

根据纳税人的不同特点,所得税可划分为企业所得税和个人所得税。企业所得税是以企业所得为课税对象征收的所得税,个人所得税是以个人所得为课税对象征收的所得税。在一般情况下,企业所得税和个人所得税具有不同的纳税人和课税对象,因而互不交叉。但在有些情况下,虽然纳税人不同但可能具有相同的课税对象,从而导致重复征税。例如对个人投资所得,在企业利润分配之前先要征收一道企业所得税,在企业利润分配之后还要征收个人所得税,对同一所得就涉及企业所得税和个人所得税的重复征税问题。如何减少重复征税,是所得税改革的一个重要内容。

第二节 个人所得税

个人所得税是典型的直接税,随着收入水平的提高以及社会收入分配差距的扩大,个人所得税的财政功能和收入分配调节功能越来越强。个人所得税是很多发达国家的第一大税种,在中国税收制度中的地位也越来越重要。

一、个人所得税的类型

依据个人所得税课税对象的规定,个人所得税主要有以下几种类型。

一是分类所得税。指针对各种不同性质的所得,如对工资和薪金、财产转让、利息和股息等,分别规定不同的税率进行课征,即计税依据的基础是法律所确定的各项所得,而不是个人的总所得。这类所得税的税率,多为比例税率或较低的超额累进税率。其优点是可以按照不同性质的所得分别课征,实行区别对待,政府政策意图的贯彻较为直接和明显。缺点是不能按照纳税人真正的纳税能力课征,无法有效地贯彻税收公平原则的要求。

二是综合所得税,指将纳税人的各项不同性质的所得加以合并,综合计征所得税。

即将纳税人的综合所得,按其家庭情况准予扣除不同项目的免税额,再以其应纳税所得额按超额累进税率课税。优点是较为公平,缺点是征收手续复杂,征管难度较大。

三是分类综合所得税,也称混合所得税。指对纳税人具有连续性的所得,如工资、薪金、租金收入,采取综合所得税制,合并征收个人所得税,适用超额累进税率;对纳税人不具有连续性的所得,如偶然性所得、财产转让所得等,仍采用分类所得税制,分别适用比例税率,兼顾分类所得和综合所得的优点。

从历史上看,个人所得税的演变过程呈现出从临时税向永久税转变、从比例税向累进税转变、从分类所得税向综合所得税转变的 3 个特点。

专栏14-1

美国的综合个人所得税制

美国联邦个人所得税采取综合课征方法,个人所得税的计算,先是将所得加总,再作一些扣除,然后得到应税所得或税基。其计算公式为:

总所得-不予计列项目=毛所得,其中,不予计列项目(exclusions)包括:州和地方公债利息收入、社会保险收入、年金和退休账户收入、馈赠和继承、奖学金和研究补助、慈善捐款。

毛所得-事业费用=调整毛所得,其中,事业费用(business deductions)包括:培训支出,研究支出,搬迁支出,交通、服务招待等工作支出,这些被看作是取得收入的业务成本。

调整毛所得-扣除项目=净所得,其中,扣除项目(deductions)包括:个人不能控制的支出,如偶然事故、灾害和盗窃损失,医疗和牙科费用超过调整毛所得 7.5% 的部分,州与地方个人所得税和财产税,教育贷款利息,住房贷款利息,这些支出降低了纳税人的付税能力。

净所得-个人宽免=应税所得,其中,个人宽免(exemptions)是指给予每个纳税人及所抚养的家庭成员的免税额,每年会做调整,对盲人、65 岁以上老人还给予另外免税额。

表 14.1　2019 年美国联邦个人所得税税率

级数	税率(%)	单身申报(美元)	夫妻联合申报或寡妇、鳏夫(美元)	夫妻单独申报(美元)	户主申报(美元)
1	10	0～9 700	0～13 850	0～19 400	0～19 700
2	12	9 701～39 475	13 851～52 850	19 401～78 950	9 701～39 475
3	22	39 476～84 200	52 851～84 200	78 951～168 400	39 476～84 200
4	24	84 201～160 725	84 201～160 700	168 401～321 450	84 201～160 725
5	32	160 726～204 100	160 701～204 100	321 451～408 200	160 726～204 100
6	35	204 101～510 300	204 101～510 300	408 201～612 350	204 101～306 175
7	37	510 301+	510 301+	612 351+	306 176+

资料来源:美国财政部网站 www.treasury.gov.com。

二、我国个人所得税改革

1. 20 世纪 50 年代：个税税种设立

1950 年 1 月,政务院颁布的《全国税政实施要则》中列有"薪给报酬所得税"和"存款利息所得税"。前者是对个人工资、薪金、劳务报酬所得征收,不过改革开放前一直未开征。后者是对在我国境内取得利息的单位和个人征收,其征税范围包括存款利息所得、公债、公司债及其他有价证券之利息所得,股东、职工对本业户垫款的利息所得。利息所得税按 5% 的单一比例征收。1950 年 12 月政务院颁布《利息所得税暂行条例》,1959 年停征。

2. 20 世纪 80 年代：个税税制设立

1970 年代末我国实行改革开放后,随着对外经济、文化、技术等各方面交流的扩大,来华的外籍人员日益增加,他们的收入一般都比较高。按照国际惯例,为了维护我国的合法权益,必须向他们征收个人所得税。1980 年 9 月 1 日,第五届人大第 3 次会议通过并公布了《中华人民共和国个人所得税法》,同年 12 月 14 日,财政部公布了《中华人民共和国个人所得税法实施细则》,对从我国取得个人所得的外籍人员和其他人,采用 5%~45% 的 7 级超额累进税率,征收个人所得税。1986 年 9 月,针对我国经济体制改革后国内个人收入发生很大变化的情况,国务院发布了《中华人民共和国个人收入调节税暂行条例》,对中国居民工资、薪金、承包、转包、财产租赁、劳务报酬的综合收入实行 20%~60% 的 5 级超倍累进税率,其他所得实行比例税率。这样就形成了对内、对外两套个人所得税制,这是由当时的客观经济情况决定的。

3. 1994 年的个人所得税改革

1980 年代个人所得税制的建立,虽然顺应了当时改革和开放的客观需要,但是随着社会主义市场经济体制的建立,内外有别的个人所得税不符合税收公平的原则。1994 年我国实行新的个人所得税法,由原来对本国公民和外国公民分别征收个人收入调节税和个人所得税,改为统一征收个人所得税。对于个体工商业户按国际规范征改征个体工商户所得税,作为个人所得税的一个税目。个人所得税实行分类分率课征制度,对不同性质的所得分别采取累进税率和比例税率。其中对工资薪金所得实行 5%~45% 的 9 级超额累进税率,实行定额扣除标准,中国居民每月扣除标准为 800 元,外国居民扣除标准为 4 800 元。

4. 2005 年的个人所得税改革

随着经济的发展,1994 年我国实行的分类个人所得税制度其不足之处愈发突出:一是与综合各项所得按年汇总计算征税的制度相比,不能充分发挥个人所得税调节个人收入分配的作用,难以完全体现公平税负、合理负担的原则。二是随着经济的发展,纳税人取得多项所得或从多处取得所得的现象越来越多,分类所得税制度容易造成纳税人分解收入、享受多次费用扣除,从而逃漏税收。三是工薪所得边际税率偏高,税率级距过多,税负不够公平。四是工薪所得费用扣除标准长时间未做调整,使综合费用每月 800 元扣除额与城镇居民实际生计支出水平有一定差距。

2005 年,全国人大对个人所得税法进行了修订,并且首次举行了立法听证会,听取社会公众意见,对个人所得税进行了改革。改革内容主要有两点:一是提高了扣除标准,由 800 元提高到 1 600 元,按照这个扣除标准,预计工薪阶层纳税面从原来的 60% 将降至 26% 左右;二是进一步扩大纳税人自行申报范围,年所得 12 万元以上的及从中国境内两处或者两处以上取得工资、薪金所得的都要自行申报。新的个人所得税法于 2006 年 1 月 1 日起正式实施。

5. 2007 年的个人所得税改革

为了加强对经济的宏观调控,2007 年 6 月,全国人大常委会对个人所得税法进行了修订,主要是授权国务院可以对储蓄存款利息所得开征、减征、停征个人所得税。国务院根据全国人大的授权,修改了对储蓄存款利息所得征收个人所得税的实施办法,具体为:储蓄存款在 1999 年 10 月 31 日前孳生的利息所得,不征收个人所得税;储蓄存款在 1999 年 11 月 1 日至 2007 年 8 月 14 日孳生的利息所得,按照 20% 的比例税率征收个人所得税;储蓄存款在 2007 年 8 月 15 日后孳生的利息所得,按照 5% 的比例税率征收个人所得税。为了适应居民基本生活消费支出不断增长的新情况,减轻中低收入者的纳税负担,2007 年 12 月 29 日全国人大常委会再次通过了关于修改个人所得税法的决定,个人所得税工资薪金所得费用减除标准自 2008 年 3 月 1 日起由每月 1 600 元提高到 2 000 元。

6. 2011 年的个人所得税改革

为解决对个人所得税的所有纳税人实行"一刀切",而不考虑纳税人家庭负担的轻重、家庭支出的多少的问题以及对个人所得税扣除标准动态管理缺失,与物价指数、平均工资水平的上升实行挂钩机制缺失问题,此次改革对工资、薪金所得的费用扣除标准提高至 3 500 元,税率结构由九级减少为七级,取消 15% 和 40% 两档税率,最低税率由 5% 降为 3%,扩大 3% 和 10% 税率的适用范围;对个体工商户生产经营所得和企业承包承租经营所得,扩大了税率级距,对扣缴义务人、纳税申报人申报缴税款的时限作出调整。

7. 2018 年的个人所得税改革

中共十九大报告指出,要加快建立现代财政制度,深化税收制度改革。2018 年政府工作报告中进一步提出,要改革个人所得税,"提高个人所得税起征点,增加子女教育、大病医疗等专项费用扣除,合理减负,鼓励人民群众通过劳动增加收入、迈向富裕"。2018 年免征额提高至 5 000 元;新的个人所得税体系中取消了"其他所得",应税个人所得项目的构成从原来的 11 项减至 9 项,其中工资薪金、劳务报酬、稿酬和特许权使用费 4 项所得作为综合所得在计税时予以合并,新设综合所得;扩大了 3%、10%、20% 三档低税率的级距,缩小 25% 税率的级距,30%、35%、45% 三档较高税率级距不变。另外,2018 年这次个人所得税法修订的一项重大制度创新就是增加专项附加扣除,即子女教育、继续教育、大病医疗、赡养老人、住房贷款利息或者住房租金等支出一同作为专项扣除项予以税前扣除。这是自 1980 年个人所得税开征以来的最大变动。值得一提的是,虽然国家早在 1996 年就提出了"建立覆盖全部个人收入的分类与综合相结合的个人所得税制",但此后多次改革都主要是调整基本费用扣除标准,直到 2018 年的这次调整标志着我国个人所得税开始从分类税制向综合税制转变。

三、现行个人所得税制度

1. 个人所得税的纳税人

个人所得税的纳税人指中国公民、个体工商户和在中国有所得的外籍人员以及中国香港、澳门、台湾同胞。所得税的纳税人分为居民纳税人和非居民纳税人。居民纳税人是在中国境内有住所,或者无住所而在境内居住满 183 日的个人。非居民纳税人是在中国境内无住所又不居住或者无住所而在境内居住累计不满 183 日的个人。居民纳税人负有无限纳税义务,其从中国境内和境外取得的全部所得都要缴纳个人所得税。非居民纳税人负有有限纳税义务,仅就其从中国境内取得的所得缴纳个人所得税。个人所得税以所得人为纳税义务人,以支付所得的单位或者个人为扣缴义务人。在两处以上取得工资、薪金所得和没有扣缴义务人的,纳税义务人应当自行申报纳税。

2. 征税对象

下列各项个人所得,应纳个人所得税,主要有 9 项。

一是工资、薪金所得,是指个人因任职或者受雇而取得的工资、薪金、奖金、年终加薪、劳动分红、津贴、补贴以及与任职或者受雇有关的其他所得。其中一些补贴、津贴是不在征税范围之内的,如独生子女补贴、托儿补助费、执行公务员工资制度未纳入基本工资总额的补贴、津贴差额和家属成员的副食品补贴、差旅费津贴、误餐补助、远洋运输船员的伙食费补贴等是不征税的。此外,个人因公务用车和通信制度改革而按月取得的公务用车、通信补贴收入,扣除一定标准的公务费用后,剩余部分并入当月工资、薪金所得计税。企业以现金形式发给个人的住房补贴、医疗补助费,应全额计入领取人的当期工资、薪金收入计征个人所得税;单位和个人超过规定比例提取并向指定金融机构实际缴付的住房公积金、医疗保险金、基本养老金的超标准缴付部分,应计入工资、薪金所得计税。

二是劳务报酬所得,是指个人从事设计、装潢、安装、制图、化验、测试、医疗、法律、会计、咨询、讲学、新闻、广播、翻译、审稿、书画、雕刻、影视、录音、录像、演出、表演、广告、展览、技术服务、介绍服务、经济服务、代办服务以及其他劳务取得的所得。

三是稿酬所得,是指个人因其作品以图书、报刊形式出版、发表而取得的所得,包括文学作品、书画作品、摄影作品等出版、发表取得的所得,以及财产继承人取得的遗作稿酬。

四是特许权使用费所得,是指个人提供专利权、商标权、著作权、非专利技术以及其他特许权的使用权取得的所得。此处所指的提供著作权的使用权取得的所得不包括稿酬所得。

五是经营所得。包括个体工商户的生产、经营所得和对企业事业单位的承包经营、承租经营所得。包括经工商行政管理部门批准开业并领取营业执照的城乡个体工商户,从事工业、手工业、建筑业、交通运输业、商业、饮食业、服务业、修理业及其他行业的生产、经营取得的所得;个人经政府有关部门批准,取得营业执照,从事办学、医疗、咨询以及其他有偿服务活动取得的所得;其他个人从事个体工商业生产、经营取得的所得,即个人临时从事生产、经营活动取得的所得;上述个体工商户和个人取得的生产、经营有关的各项应税所得。对企事业单位的承包经营、承租经营所得,是指个人承包经营、承租经营以及转包、转租取得的所得，包括个人按月或者按次取得的工资、薪金性质的所得。

六是利息、股息、红利所得，是指个人拥有债权、股权而取得的利息、股息、红利所得。利息是指个人拥有债权而取得的利息，包括存款利息、贷款利息和各种债券利息，但不包括国债和国家发行的金融债券的利息。股息是指个人因拥有股份而取得的公司、企业按一定的比率派发的每股息金。红利是指个人因拥有股权而取得的公司、企业按每股派发的超过股息部分的利润。

七是财产租赁所得，是指个人出租建筑物、土地使用权、机器设备、车船以及其他财产取得的所得。

八是财产转让所得，是指个人转让有价证券、股权、建筑物、土地使用权、机器设备、车船以及其他财产取得的所得。

九是偶然所得。

居民个人取得前款第一项至第四项所得（以下称综合所得），按纳税年度合并计算个人所得税；非居民个人取得前款第一项至第四项所得，按月或者按次分项计算个人所得税。纳税人取得前款第五项至第九项所得，依照本法规定分别计算个人所得税。

3. 个人所得税的税率和税目

（1）综合所得，适用3%~45%的超额累进税率，见表14.2。

表14.2　个人所得税税率（综合所得适用）

级　数	全年应纳税所得额	税率/%	速算扣除数/元
1	不超过36 000元的	3	0
2	超过36 000元至144 000元的部分	10	1 080
3	超过144 000元至300 000元的部分	20	1 400
4	超过300 000元至420 000元的部分	25	60 000
5	超过420 000元至660 000元的部分	30	105 000
6	超过660 000元至960 000元的部分	35	198 000
7	超过960 000元的部分	45	336 000

注1：本表所称全年应纳税所得额是指依照《中华人民共和国个人所得税法》第六条规定，居民个人取得综合所得以每一纳税年度收入额减除费用6万元以及专项扣除、转向附加扣除和依法确定的其他扣除后的余额。
注2：非居民个人取得工资、薪金所得，劳务报酬所得，稿酬所得和特许权使用费所得，依照本表按月换算后计算应纳税额。

（2）经营所得，适用5%~35%的超额累进税率，见表14.3。

表14.3　经营所得个人所得税税率

级　数	全年应纳税所得额	税率（%）	速算扣除数/元
1	不超过30 000元的	5	0
2	超过30 000元至90 000元的部分	10	1 500

（续表）

级　数	全年应纳税所得额	税率（%）	速算扣除数/元
3	超过 90 000 元至 300 000 元的部分	20	10 500
4	超过 300 000 元至 500 000 元的部分	30	40 500
5	超过 500 000 元的部分	35	65 500

注：本表所称全年应纳税所得额是指依照《中华人民共和国个人所得税法》第六条的规定，以每一纳税年度的收入总额，减除成本、费用以及损失后的余额。

速算扣除数是运用超额累进所得税率计算所得税时所采用的一种简便计算方法。速算扣除数是按照全额累进税率计算的应纳税额减去按超额累进税率计算的应纳税额之后的余额，每一级都是一常数。因此，在计算适用超额累进税率的应纳税额时，可以直接用全部应纳税所得额乘以所对应的累进税率，减去速算扣除数，即是应纳所得税额。

（3）利息、股息、红利所得，财产租赁所得，财产转让所得和偶然所得，适用比例税率，税率为20%。

专栏14-2

个人所得税与房地产市场调控

个人所得税也是我国房地产市场调控的一个重要手段。虽然 1994 年我国个人所得税改革已经明确对财产转让所得要征收个人所得税，但是对于个人转让住房所得并没有严格执行。随着我国房地产市场的发展，为了促进房地产市场的健康发展，国家加强了运用个人所得税调控房地产市场的力度。

2005 年 5 月 18 日，《国家税务总局关于进一步加强房地产税收管理的通知》强调，房地产转让环节要开征个人所得税。2005 年 10 月 7 日，国家税务总局发布《关于实施房地产税收征收一体化管理若干具体问题的通知》，重申二手房交易必须缴纳个税，一时间二手房征收个人所得税对房地产市场的影响引起广泛关注。

2006 年 7 月 24 日，国税总局发布《征收个人二手房转让所得税通知》，规定自 2006 年 8 月 1 日，开征个人二手房转让个人所得税。个人转让住房，以其转让收入额减除财产原值和合理费用后的余额为应纳税所得额，按照"财产转让所得"项目缴纳个人所得税。对住房转让所得征收个人所得税时，以实际成交价格为转让收入。纳税人申报的住房成交价格明显低于市场价格且无正当理由的，征收机关依法有权根据有关信息核定其转让收入，但必须保证各税种计税价格一致。对转让住房收入计算个人所得税应纳税所得额时，纳税人可凭原购房合同、发票等有效凭证，经税务机关审核后，允许从其转让收入中减除房屋原值、转让住房过程中缴纳的税金及有关合理费用。纳税人未提供完整、准确的房屋原值凭证，不能正确计算房屋原值和应纳税额的，对其实行核定征税，即按纳税人住房转让收入的一定比例核定应纳个人所得税额。具体比例由省级地方税务局或者省级地方税务局授权的地市级地方税务局根据纳税人出售住房的所处区域、地理位置、建造时间、房屋类型、住房平均价格水平等因素,在住房转让收入 1%~3% 的幅度内确定。

为加强房地产交易中个人无偿赠与不动产行为的税收管理,2006 年 9 月 14 日,《国家税务总局关于加强房地产交易个人无偿赠与不动产税收管理有关问题的通知》规定,受赠人取得赠与人无偿赠与的不动产后,再次转让该项不动产的,在缴纳个人所得税时,以财产转让收入减除受赠、转让住房过程中缴纳的税金及有关合理费用后的余额为应纳税所得额,按 20% 的适用税率计算缴纳个人所得税。在计征个人受赠不动产个人所得税时,不得核定征收,必须严格按照税法规定据实征收。

为了加强个人所得税收征管,堵塞税收漏洞,2009 年 8 月,财政部和国税总局联合下发了《关于个人无偿受赠房屋有关个人所得税问题的通知》,规定除了直系亲属等三种情况之外,房屋产权所有人将房屋产权无偿赠与他人的,受赠人因无偿受赠房屋取得的受赠所得,按照"经国务院财政部门确定征税的其他所得"项目缴纳个人所得税,税率为 20%。同时规定,受赠人转让受赠房屋的,以其转让受赠房屋的收入减除原捐赠人取得该房屋的实际购置成本以及赠与和转让过程中受赠人支付的相关税费后的余额,为受赠人的应纳税所得额。

4. 个人所得税减税和免税规定

下列各项个人所得,免征个人所得税。

(1) 省级人民政府、国务院部委和中国人民解放军军以上单位,以及外国组织、国际组织颁发的科学、教育、技术、文化、卫生、体育、环境保护等方面的奖金;

(2) 国债和国家发行的金融债券利息;

(3) 按照国家统一规定发给的补贴、津贴;

(4) 福利费、抚恤金、救济金;

(5) 保险赔款;

(6) 军人的转业费、复员费、退役金;

(7) 按照国家统一规定发给干部、职工的安家费、退职费、基本养老金或者退休费、离休费、离休生活补助费;

(8) 依照有关法律规定应予免税的各国驻华使馆、领事馆的外交代表、领事官员和其他人员的所得;

(9) 中国政府参加的国际公约、签订的协议中规定免税的所得;

(10) 国务院规定的其他免税所得。

前款第十项免税规定,由国务院报全国人民代表大会常务委员会备案。

有下列情形之一的,可以减征个人所得税,具体幅度和期限,由省、自治区、直辖市人民政府规定,并报同级人民代表大会常务委员会备案:残疾、孤老人员和烈属的所得;因自然灾害遭受重大损失的。

国务院可以规定其他减税情形,报全国人民代表大会常务委员会备案。

个人所得税专项扣除包括居民个人按照国家规定的范围和标准缴纳的基本养老保险、基本医疗保险、失业保险等社会保险费和住房公积金等;专项附加扣除,包括子女教育、继续教育、大病医疗、住房贷款利息或者住房租金、赡养老人等支出,具体范围、标准和实施步骤由国务院确定,并报全国人民代表大会常务委员会备案。

5. 个人应纳税所得额的计算

个人应纳所得税额的计算关键是确定应纳税所得额,各类应纳税所得额的核定如下:

(1)居民个人的综合所得,以每一纳税年度的收入额减除费用6万元以及专项扣除、专项附加扣除和依法确定的其他扣除后的余额,为应纳税所得额;

(2)非居民个人的工资、薪金所得,以每月收入额减除费用5 000元后的余额为应纳税所得额;劳务报酬所得、稿酬所得、特许权使用费所得,以每次收入额为应纳税所得额;

(3)经营所得,以每一纳税年度的收入总额减除成本、费用以及损失后的余额,为应纳税所得额;

(4)财产租赁所得,每次收入不超过4 000元的,减除费用800元;4 000元以上的,减除20%的费用,其余额为应纳税所得额;

(5)财产转让所得,以转让财产的收入额减除财产原值和合理费用后的余额,为应纳税所得额;

(6)利息、股息、红利所得和偶然所得,以每次收入额为应纳税所得额。

劳务报酬所得、稿酬所得、特许权使用费所得以收入减除20%的费用后的余额为收入额。稿酬所得的收入额减按70%计算。

个人将其所得对教育、扶贫、济困等公益慈善事业进行捐赠,捐赠额未超过纳税人申报的应纳税所得额30%的部分,可以从其应纳税所得额中扣除;国务院规定对公益慈善事业捐赠实行全额税前扣除的,从其规定。

专栏14-3

个人所得税预扣预缴方法进一步简便优化

国家税务总局于2020年12月4日发布了《关于进一步简便优化部分纳税人个人所得税预扣预缴方法的公告》,主要优化了两类纳税人的个人所得税预扣预缴方法。公告原文具体如下。

国家税务总局关于进一步简便优化部分纳税人个人所得税预扣预缴方法的公告
国家税务总局公告2020年第19号

为进一步支持稳就业、保就业、促消费,助力构建新发展格局,按照《中华人民共和国个人所得税法》及其实施条例有关规定,现就进一步简便优化部分纳税人个人所得税预扣预缴方法有关事项公告如下:

一、对上一完整纳税年度内每月均在同一单位预扣预缴工资、薪金所得个人所得税且全年工资、薪金收入不超过6万元的居民个人,扣缴义务人在预扣预缴本年度工资、薪金所得个人所得税时,累计减除费用自1月份起直接按照全年6万元计算扣除。即,在纳税人累计收入不超过6万元的月份,暂不预扣预缴个人所得税;在其累计收入超过6万元的当月及年内后续月份,再预扣预缴个人所得税。

扣缴义务人应当按规定办理全员全额扣缴申报,并在《个人所得税扣缴申报表》相应纳税人的备注栏注明"上年各月均有申报且全年收入不超过6万元"字样。

二、对按照累计预扣法预扣预缴劳务报酬所得个人所得税的居民个人,扣缴义务人比照上述规定执行。

本公告自2021年1月1日起施行。

特此公告。

第三节　企业所得税

与个人所得税针对自然人征收不同,企业所得税主要是对非自然人所得征收的,是各国所得税制度的一个重要组成部分。对企业所得和个人所得同时征税可能会导致重复征税问题,同时也会影响企业投资地选择。因此,降低企业所得税税负成为国际税制改革的一个重要趋势。

一、企业所得税的类型

企业所得税是对企业所得按照一定税率征收的所得税。由于企业组织形式的不同,因而也形成不同类型的企业所得税。根据企业组织形式的特点,可以将企业分为独资企业、合伙企业、公司(法人主体)三种组织形式。独资企业是由一人投资,企业归个人所有,规模较小,不具有法人资格,业主对企业债务负有无限清偿责任。合伙企业是由两人或两人以上共同投资,通过合同协定的方式来确定投资者的权利和义务,也不具有法人资格,合伙人对企业债务也要承担连带无限责任。公司是由两个或两人以上共同投资,按公司法组建,是独立的法人,股东只对公司债务负有限责任,以股东出资额或公司资本额为限。

根据课税范围的不同,企业所得税可以分为企业所得税、公司所得税。企业所得税是以企业所得为课税对象征收所得税,即不分企业的性质和组织形式,把各种类型的企业都纳入企业所得税的课税范围。这种类型的所得税有利于企业之间的公平竞争,但是独资企业和合伙企业的个人财产和企业财产难以分清楚,给税收征管带来了困难。公司所得税是以公司所得为课税对象征收的所得税,即区别企业的性质和组织形式,仅对公司所得征收公司所得税;对合伙企业和独资企业不征收公司所得税,只征收个人所得税;对自然人企业不征所得税。这样有利于税收管理,同时又照顾了小企业发展。但对公司型企业既征收公司所得税,对个人所取得的股息又征收个人所得税,造成双重征税,增加了税收负担。

二、我国企业所得税改革

1. 20世纪50年代的工商所得税

1950年1月,政务院公布《工商业税暂行条例》,把工商业税分为营业税和所得税两类:其中所得税是对企业生产经营所得征税,适用于资本主义经济、国家资本主义经济、合作经济、个体经济性质的工商企业,实行21级全额累进税率,税率为3%~30%。对国营企业实行利润上缴,不征所得税。

1958年9月,工商营业税中的营业税独立出来,改为工商统一税,所得税也改为工商所得税,成为一个独立税种,适用于集体经济、个体经济、供销合作社、预算外国营企业和事业单位以及外国人在中国境内经营的工商企业和交通运输企业。对不同经济性质的企业,区别对待,实行全额累进税率、超额累进税率和比例累进税率三种税率形式:对个体经济实行14级全额累进税率,税率为7%~62%,并可加成征收4成;对合作商店实行9级超额累进税率,税率为7%~60%,并可加成征收4成;对手工业合作社、交通运输合作社实行8级超额累进税率,税率为7%~55%;对供销合作社实行39%的比例税率。

2. 20世纪80年代的企业所得税改革

随着我国实行改革开放、经济发展政策的重大转变。20世纪80年代,国家对企业所得税改革进行了重大改革,开征了外商投资企业所得税,改革了国家与企业的分配关系,形成了针对不同性质企业的多种企业所得税制度。

(1)外商投资企业所得税。为了适应改革开放后外资企业不断增多这一新形势,我国首先建立了针对不同类型外商投资企业的企业所得税制度。1980年全国人大颁布了中外合资经营企业所得税法,规定中外合资经营企业适用30%的比例税率,另征3%的地方所得税,并且从开始获利年度起,实行2年免税、3年减半征收的优惠,即所谓"两免、三减半"。1981年,全国人大颁布了外国企业所得税法。

(2)国营企业所得税。改革开放以前,国家对国营企业普遍实行利润上缴制度,不征收企业所得税。改革开放以后,为了规范国家和国营企业的分配关系,发挥税收的调节作用,国家分别于1983年、1984年进行了两步"利改税"改革,即把对国营企业实行上缴利润改为征收企业所得税,突破了先前对国营企业不能征收所得税的界限,通过税收将国家同国营企业的利润分配关系固定下来。这一改革是我国税收制度的重大发展。1984年9月,国务院发布了《国营企业所得税条例(草案)》,对盈利的国营大中型企业按55%的比例税率征收所得税,其税后利润再征收调节税。核定调节税率时,以1983年实现利润为准;对盈利的国营小型企业,实行10%~55%新的八级超额累进税率;对国家机关、行政事业单位等所属宾馆、招待所、饭店暂按15%的比例税率征收所得税。随着"利改税"的实施,1985年我国税收收入占财政收入的比重显著提高。

(3)集体企业所得税。1985年4月,国务院发布了《集体企业所得税暂行条例》,对实行独立核算的城乡集体所有制企业的生产经营所得和其他所得征收,实行10%~55%的8级超额累进税率。

（4）城乡个体工商户的所得税政策。1986 年,国务院发布了《城乡个体工商业户所得税暂行条例》,实行 10 级超额累进税率,税率为 7%～60%,并允许地方政府最高可加征 4 成。

（5）私营企业所得税。针对改革开放后大量新出现的私营企业,国务院于 1988 年 6 月发布《私营企业所得税暂行条例》,对私营企业的生产经营所得和其他所得,实行 35% 的固定比例税率。至此,中国对国内不同所有制性质的企业分别制定了不同的所得税政策。

3. 20 世纪 90 年代的企业所得税改革

20 世纪 80 年代多种企业所得税并存的格局,带有浓厚的计划经济痕迹,不符合社会主义市场经济发展的要求,既不利于不同企业的公平竞争,也不利于规范税制。20 世纪 90 年代,我国继续推进企业所得税改革,企业所得税制改革主要是统一税制、扩大税基、降低税率、控制减免优惠。根据中国当时的经济情况和利用外资的需要,没有一步到位统一内外资企业所得税,而是仍分设两套税制。

先是统一外资企业所得税。由原来对中外合资经营企业、其他外商投资企业、外国企业生产经营所得和其他所得,分别征收中外合资经营企业所得税和外国企业所得税,改为统一征收外商投资企业和外国企业所得税,1991 年 4 月,全国人民代表大会通过了新的《外商投资企业和外国企业所得税法》。

其后,在 1994 年的新税制改革中统一了内资企业所得税。为了解决我国所得税制存在的税种多、税基窄、税率高、优惠多、政策差异大及收入少等问题,由原来对国营、集体、私营企业生产经营所得和其他所得,分别征收国营企业所得税、调节税、集体企业所得税、私营企业所得税,改为统一征收企业所得税,1993 年 12 月国务院通过了新的《企业所得税暂行条例》。

4. 2008 年内外资企业所得税的统一

经过几年的讨论和酝酿,在 2007 年 3 月 16 日的全国十届人大五次会议上,《中华人民共和国企业所得税法》以高票获得通过,内外资企业所得税实现了并轨。2007 年 12 月 6 日,国务院公布了《中华人民共和国企业所得税法实施条例》,新企业所得税法和实施条例于 2008 年 1 月 1 日起正式实施。1991 年 4 月 9 日第七届全国人民代表大会第四次会议通过的《中华人民共和国外商投资企业和外国企业所得税法》和 1993 年 12 月 13 日国务院发布的《中华人民共和国企业所得税暂行条例》同时废止。

5. 2010 年之后的改革

2017 年 2 月 24 日,十二届全国人大常委会第二十六次会议对企业所得税法进行了修订。为鼓励企业公益性捐赠,企业发生的公益性捐赠支出,在年度利润总额 12% 以内的部分,准予在计算应纳税所得额时扣除;超过年度利润总额 12% 的部分,准予结转以后 3 年内在计算应纳税所得额时扣除。为减轻小微企业税收负担,多次放宽小型微利企业认定标准,提高税收优惠力度。为加大对高新技术企业支持力度,提高了研发费用支出加计扣除比例。

海南自由贸易港的低税率

2020年6月1日,中共中央、国务院印发《海南自由贸易港建设总体方案》,海南自贸港建设由此正式启航,海南自贸港将拥有一套与中国内地不一样的税制。这套税制的零关税、低税率和简税制特征尤其引人注目。

海南自由贸易港的企业所得税税率为15%,相对于内地一般企业所得税率25%而言,这是低税率。从《总体方案》发布之日起至2025年之前,"对注册在海南自由贸易港并实质性运营的鼓励类产业企业,减按15%征收企业所得税"。适用15%的税率的企业,是鼓励类产业的企业。这将有利于鼓励类产业的发展,旅游业、现代服务业等将率先受益。而且,企业必须在海南岛注册并实质性运营,这可以有效地吸收霍尔果斯空壳企业逃避税收的教训,而强调实实在在的发展。

《总体方案》在企业所得税上的规定还有利于海南岛的企业走出去,更彰显中国对外开放的决心,属于实实在在推动经济全球化的举措。《总体方案》规定:"对在海南自由贸易港设立的旅游业、现代服务业、高新技术产业企业,其2025年前新增境外直接投资取得的所得,免征企业所得税。"同时,《总体方案》还对企业有税基式优惠的规定:"对企业符合条件的资本性支出,允许在支出发生当期一次性税前扣除或加速折旧和摊销。"这一点对于基础比较薄弱的海南来说,难能可贵,将有利于投资者降低成本,加大投资力度,缩短经济发展的差距。

2035年之前,企业所得税15%税率适用的范围将进一步扩大,适用对象为"注册在海南自由贸易港并实质性运营的企业(负面清单行业除外)"。《总体方案》涉税内容较多,为让优惠的税收政策更好地服务于海南自贸港建设,应创造条件在海南岛的局部地区实施新税制试点,并尽快实施封关后的税收政策,让《总体方案》所规定的"2035年之前"的税制尽可能早实施。总之,让税收政策红利更早地惠及更多参与自贸港建设的企业,以激励企业,加快推进自贸港建设。展望未来,只要在营商环境上再下狠功夫,进一步改善旅游等各种环境条件,努力塑造以公平竞争为中心的创业氛围,税收在海南自贸港建设中的作用将得到更充分的发挥。海南自由贸易港的新型税收政策在促进国际旅游消费中心的建设上将发挥其他政策难以替代的作用。

三、现行企业所得税制度

1. 纳税人和纳税义务

新企业所得税制度将纳税人的范围确定为企业和其他取得收入的组织。按照国际上的通行做法,采用了规范的"居民企业"和"非居民企业"的概念。居民企业,是指依法在中国境内成立,或者依照外国(地区)法律成立但实际管理机构在中国境内的企业。非居民企业,是指依照外国(地区)法律成立且实际管理机构不在中国境内,但在中国境内设立机构、场所的,或者在中国境内未设立机构、场所,但有来源于中国境内所得的企业。

在国际上,居民企业的判定标准有"登记注册地标准""实际管理机构地标准"和"总机构所在地标准"等,大多数国家都采用了多个标准相结合的办法。结合国内的实际情况,我国采用了"登记注册地标准"和"实际管理机构地标准"相结合的办法,对居民企业和非居民企业做了明确界定。实际管理机构指对企业的生产经营、人员、账务、财产等实施实质性全面管理和控制的机构。非居民企业在中国境内设立机构、场所的,指在中国境内从事生产经营活动的机构、场所,包括管理机构、营业机构、办事机构;工厂、农场、开采自然资源的场所;提供劳务的场所;从事建筑、安装、装配、修理、勘探等工程作业的场所;其他从事生产经营活动的机构、场所。

居民企业承担全面纳税义务,就其境内外全部所得纳税;非居民企业承担有限纳税义务,一般只就其来源于我国境内的所得纳税。

为避免重复征税,个人独资企业和合伙企业不适用本法。

2. 税收优惠规定

企业所得税法的所得税率为25%。非居民企业取得《中华人民共和国企业所得税法》第三条第三款规定的所得,适用税率为20%。

企业所得税法在促进技术创新和科技进步、鼓励基础设施建设、鼓励农业发展及环境保护与节能、支持安全生产、促进公益事业和照顾弱势群体,以及自然灾害专项减免税等方面规定了许多优惠措施。

第一,关于小型微利企业的税收优惠。为支持小型企业的发展,对符合条件的小型微利企业(需经认定)实行20%的优惠税率。小型微利企业指从事非国有非限制和禁止行业,且同时符合年度应纳税所得额不超过300万元、从业人数不超过300人、资产总额不超过5 000万元三个条件的企业。对小型微利企业年应纳税所得额不超过100万元的部分,减按25%计入应纳税所得额,按20%的税率缴纳企业所得税;对年应纳税所得额超过100万元但不超过300万元的部分,减按50%计入应纳税所得额,按20%的税率缴纳企业所得税。

第二,关于促进技术创新和科技进步的税收优惠。为促进技术创新和科技进步,对国家需要重点扶持的高新技术企业(需经认定),减按15%的税率征收企业所得税。对企业符合条件的技术转让所得,可以免征、减征企业所得税,一个纳税年度内,居民企业技术转让所得不超过500万元的部分,免征企业所得税;超过500万元的部分,减半征收企业所得税。企业开发新技术、新产品、新工艺发生的研究开发费用,可以在计算应纳税所得额时实行175%加计扣除,其中制造业企业加计扣除比例为100%。企业的固定资产由于技术进步等原因,确需加速折旧的,可以缩短折旧年限或者采取加速折旧的方法,可以享受这一优惠的固定资产包括由于技术进步,产品更新换代较快的固定资产和常年处于强震动、高腐蚀状态的固定资产。创业投资企业采取股权投资方式投资于未上市的中小高新技术企业2年以上的,可以按照其投资额的70%在股权持有满2年的当年抵扣该创业投资企业的应纳税所得额;当年不足抵扣的,可以在以后纳税年度结转抵扣。

第三,关于支持环境保护、节能节水、资源综合利用、安全生产的税收优惠。企业从事公共污水处理、公共垃圾处理、沼气综合开发利用、节能减排技术改造、海水淡化等项目的所得,自项目取得第一笔生产经营收入所属纳税年度起,给予"三免三减半"的优惠。企业以《资源综合利用企业所得税优惠目录》规定的资源作为主要原材料并符合规定比例,生产国家非限制和禁止并符合国家和行业相关标准的产品取得的收入,减按 90% 计入收入总额。企业购置并实际使用《环境保护专用设备企业所得税优惠目录》《节能节水专用设备企业所得税优惠目录》和《安全生产专用设备企业所得税优惠目录》规定的环境保护、节能节水、安全生产等专用设备的,该专用设备的投资额的 10% 可以从企业当年的应纳税额中抵免;当年不足抵免的,可以在以后 5 个纳税年度结转抵免。

第四,关于鼓励基础设施建设的税收优惠。企业从事国家重点扶持的港口码头、机场、铁路、公路、城市公共交通、电力、水利等基础设施项目投资经营所得,自项目取得第一笔生产经营收入所属纳税年度起,给予"三免三减半"的优惠,即第一年至第三年免征企业所得税,第四年至第六年减半征收企业所得税。

第五,关于扶持农、林、牧、渔业发展的税收优惠。企业从事下列项目的所得免征企业所得税:蔬菜、谷物、薯类、油料、豆类、棉花、麻类、糖料、水果、坚果的种植;农作物新品种的选育;中药材的种植;林木的培育和种植;牲畜、家禽的饲养;林产品的采集;灌溉、农产品初加工、兽医、农技推广、农机作业和维修等农、林、牧、渔服务业项目;远洋捕捞。企业从事下列项目的所得减半征收企业所得税:花卉、茶以及其他饮料作物和香料作物的种植;海水养殖、内陆养殖。

第六,关于促进公益事业及照顾弱势群体的税收优惠。企业安置残疾人员的,在按照支付给残疾职工工资据实扣除的基础上,按照支付给残疾职工工资的 100% 加计扣除。并对单位安置残疾人取得的增值税退税或营业税减税收入,暂免征收企业所得税。

第七,关于符合条件的非营利组织的收入的税收优惠。符合条件的非营利组织的收入,为免税收入。但对非营利组织的营利性活动取得的收入,不予免税。

3. 应纳税所得额

企业每一纳税年度的收入总额,减除不征税收入、免税收入、各项扣除以及允许弥补的以前年度亏损后的余额,为应纳税所得额。企业应纳税所得额的计算,以权责发生制为原则,属于当期的收入和费用,不论款项是否收付,均作为当期的收入和费用;不属于当期的收入和费用,即使款项已经在当期收付,均不作为当期的收入和费用。

企业以货币形式和非货币形式从各种来源取得的收入,为收入总额。包括:① 销售货物收入,指企业销售商品、产品、原材料、包装物、低值易耗品以及其他存货取得的收入。② 提供劳务收入,指企业从事建筑安装、修理修配、交通运输、仓储租赁、金融保险、邮电通信、咨询经纪、文化体育、科学研究、技术服务、教育培训、餐饮住宿、中介代理、卫生保健、社区服务、旅游、娱乐、加工以及其他劳务服务活动取得的收入。③ 转让财产收入,指企业转让固定资产、生物资产、无形资产、股权、债权等财产取得的收入。④ 股息、红利等权益性投资收益,指企业因权益性投资从被投资方取得的收入。⑤ 利息收入,指企业将资金提供他人使用但不构成权益性投资,或者因他人占用本企业资金取得的收入,包括存款利息、贷款利息、债券利息、欠款利息等收入。⑥ 租金收入,指企业提供固定资产、包装物或者其他有形资产的使用权取得的收入。⑦ 特许权使用费收入,指企业提供专利权、非专利技术、商标权、著作权以及其他特许权的使用权取得的收入。⑧ 接受捐赠收入,指企业接受的来自其他企业、组织或者个人无偿给予的货币性资产、非货币性资产。⑨ 其他收入,指除上述各项收入之外的一切收入,包括企业资产溢余收入、逾期未退包装物押金收入、确实无法偿付的应付款项、已作坏账损失处理后又收回的应收款项、债务重组收入、补贴收入、违约金收入、汇兑收益等。

收入总额中的下列收入为不征税收入:财政拨款、依法收取并纳入财政管理的行政事业性收费、政府性基金以及国务院规定的其他不征税收入。

企业的下列收入为免税收入:国债利息收入;符合条件的居民企业之间的股息、红利等权益性投资收益;在中国境内设立机构、场所的非居民企业从居民企业取得与该机构、场所有实际联系的股息、红利等权益性投资收益;符合条件的非营利组织的收入。

新企业所得税法统一了税前扣除办法和标准。企业实际发生的与取得收入有关的、合理的支出,包括成本、费用、税金、损失和其他支出,准予在计算应纳税所得额时扣除。企业发生的合理的工资薪金支出,准予扣除。企业的职工福利费、工会经费、职工教育经费支出分别按照工资薪金总额的14%、2%、8%计算扣除,企业发生的职工教育经费支出超过8%部分,准予在以后纳税年度结转扣除。企业发生的与生产经营活动有关的业务招待费支出,按照发生额的60%扣除,但最高不得超过当年销售(营业)收入的5‰。广告费和业务宣传费支出不超过当年销售(营业)收入15%的部分,准予扣除;超过部分,准予在以后纳税年度结转扣除。企业发生的公益性捐赠支出,在年度利润总额12%以内的部分,准予在计算应纳税所得额时扣除,超过年度利润总额12%的部分,准予结转以后3年内在计算应纳税所得额时扣除,特定捐赠扣除比例为30%或100%。

在计算应纳税所得额时,下列支出不得扣除:向投资者支付的股息、红利等权益性投资收益款项;企业所得税税款;税收滞纳金;罚金、罚款和被没收财物的损失;税法规定以外的捐赠支出;赞助支出;未经核定的准备金支出;与取得收入无关的其他支出。

在计算应纳税所得额时,企业按照规定计算的固定资产折旧,准予扣除。但下列固定资产不得计算折旧扣除:房屋、建筑物以外未投入使用的固定资产;以经营租赁方式租入的固定资产;以融资租赁方式租出的固定资产;已足额提取折旧仍继续使用的固定资产;与经营活动无关的固定资产;单独估价作为固定资产入账的土地;其他不得计算折旧扣除的固定资产。

在计算应纳税所得额时,企业按照规定计算的无形资产摊销费用,准予扣除。但下列无形资产不得计算摊销费用扣除:自行开发的支出已在计算应纳税所得额时扣除的无形资产;自创商誉;与经营活动无关的无形资产;其他不得计算摊销费用扣除的无形资产。

企业纳税年度发生的亏损,准予向以后年度结转,用以后年度的所得弥补,但结转年限最长不得超过5年,特殊情况可延长结转年限,如2020年受疫情影响较大企业本年度亏损结转年限更长至8年。

企业的应纳税所得额乘以适用税率,减除依法关于税收优惠的规定减免和抵免的税额后的余额,为应纳税额。

$$应纳税额 = 应纳税所得额 × 适用税率 - 减免税额 - 抵免税额$$

居民企业来源于中国境外的应税所得、非居民企业在中国境内设立机构、场所,取得发生在中国境外但与该机构、场所有实际联系的应税所得已在境外缴纳的所得税税额,可以从其当期应纳税额中抵免,抵免限额为该项所得依法规定计算的应纳税额;超过抵免限额的部分,可以在以后 5 个年度内,用每年度抵免限额抵免当年应抵税额后的余额进行抵补。

4. 征收管理

特别纳税调整。企业与其关联方之间的业务往来,不符合独立交易原则而减少企业或者其关联方应纳税收入或者所得额的,税务机关有权按照合理方法调整。企业与其关联方共同开发、受让无形资产,或者共同提供、接受劳务发生的成本,在计算应纳税所得额时应当按照独立交易原则进行分摊。企业不提供与其关联方之间业务往来资料,或者提供虚假、不完整资料,未能真实反映其关联业务往来情况的,税务机关有权依法核定其应纳税所得额。

纳税地点居民企业以企业登记注册地为纳税地点;但登记注册地在境外的,以实际管理机构所在地为纳税地点。对在中国境内设立不具有法人资格营业机构的居民企业,应当汇总计算、缴纳企业所得税。非居民企业在中国境内设立两个或者两个以上机构、场所的,经税务机关审核批准,可以选择由其主要机构、场所汇总纳税。

企业所得税分月或者分季预缴。企业应当自月份或者季度终了之日起 15 日内,向税务机关报送预缴企业所得税纳税申报表,预缴税款。企业应当自年度终了之日起 5 个月内,向税务机关报送年度企业所得税纳税申报表,并汇算清缴,结清应缴应退税款。

复习与练习

● 主要概念

所得　会计所得　税收所得　个人所得税　分类所得税　综合所得税　分类综合所得税　自行纳税申报免税所得　应税所得　工资薪金所得　个体工商户生产经营所得　对企事业单位的承包经营承租经营所得　劳务报酬所得　稿酬所得　财产租赁所得　财产转让所得　特许权使用费所得　偶然所得　股息利息红利所得　居民纳税人　非居民纳税人　企业所得税　两税并轨　企业应纳税所得额　应纳所得税额　企业所得税　公司所得税　居民企业　非居民企业　登记注册地标准　实际管理机构地标准　总机构所在地标准

● 思考题

1. 所得税的特点是什么? 个人所得税有哪几种类型? 其各自的优缺点是什么? 个人所得税的发展演变过程是什么?

2. 建国以后,我国个人所得税是如何建立、发展和完善的?

3. 我国个人所得税的征税项目是什么？其税率、扣除标准是如何规定？

4. 我国个人所得税有哪些税收优惠减免规定？

5. 建国以后,我国企业所得税是如何建立、发展和完善的？

6. 我国企业所得税法有哪些优惠减免规定？体现了什么样的政策意图？

7. 为了支持高新技术企业的发展,我国目前对高新技术企业有哪些税收优惠措施？

第 十五 章

公 债

公债即政府债务的简称,是国家为维持其存在和满足其履行职能的需要,以国家或政府为主体,向金融机构、企业、个人或别国政府按照信用原则所借的债务。公债是一种特殊的财政范畴,是一种信用性质的财政收入。公债对弥补政府财政收入不足、调节经济、促进经济发展等都具有非常重要的作用。本章主要介绍公债基本概念、关于公债效应的争论、公债风险以及我国债务政策。

第一节　公债概述

作为弥补政府财政收入的一项重要手段,公债具有悠久的历史。虽然对公债的认识一直具有很大的争议,但是在现代社会很少有国家能够完全杜绝公债,公债的地位没有减弱反而在增强,已成为现代经济生活的一个重要组成部分。

一、公债特征

在公元前4世纪左右的古希腊和古罗马,就开始出现国家向商人、高利贷者和寺院借债的情况。当时的公债只是作为一种偶然出现的经济现象,并且一般是以高利贷形式出现的。西方现代公债的产生和发展,则是伴随着资本主义生产方式和市场经济体制的产生和发展出现的,是建立在资本主义和市场经济的信用关系基础上的。现代公债具有财政性、金融性和经济性三个方面的特点。

（1）财政性。公债是一种特殊的财政收入形式,是财政收入的一个重要补充,是弥补财政赤字的主要手段,因此公债具有财政性。与税收收入所具有的强制性、无偿性和固定性特点相反,公债收入具有自愿性、有偿性和灵活性的特点。自愿性,指在市场经济下,公债的发行和购买都是遵循自愿性原则的,政府很少通过强制性手段推销公债。有偿性,指公债是以到期还本付息为条件的,政府取得公债收入是需要付出一定成本的,是有偿的。灵活性,指公债的发行规模、发行方式可以根据经济情况的需要及时加以调整。

（2）金融性。公债是以国家或政府为信用主体的债务,是以政府的未来税收为偿还保证的,信用高,风险低,在债券市场被称为"金边债券",是一种重要的投资工具。

公债利率往往成为市场基准利率,并成为其他金融资产定价的依据。公债对整个金融市场的培育和发展也具有重要作用,是中央银行通过公开市场业务调节货币供应量的重要手段。公债已成为金融市场上不可或缺的金融工具,公债的金融性特征也日益突出。

（3）经济性。保持经济稳定是政府的一项重要职能。自凯恩斯主义经济理论产生以来,公债已成为宏观调控的一个重要经济杠杆。公债发行量的多少对投资、储蓄、市场利率等经济变量都具有重要影响。在经济萧条时,通过发行国债扩大政府支出,可以促进社会总需求的增加;在经济高涨时,通过减少国债压缩政府支出,可以减少社会的总需求,促进经济稳定。

二、公债种类

根据不同的划分标准,公债可以有不同的分类。

（1）按照公债发行地域,可以分为国内公债与国外公债。国内公债(简称内债)是指国家对本国的企业、组织(团体)和居民个人发行并在国内流通和偿还的公债。内债不影响国际收支,也不影响国内资源总量。国外公债(简称外债)是指国家向其他国家政府、银行、国际金融组织的借款和在国外发行的债券。国内公债和国外公债之间的区别是相对的,在人口和资本可以比较自由流动的情况下,国内公债和国外公债的购买者既可能是本国公民,也可能是外国公民,国内公债和国外公债的界线已经不是那么清楚了。

（2）按照公债发行主体,可以分为中央公债与地方公债。中央公债是以中央政府作为债务主体的公债。地方公债是由地方政府发行的债务。中央政府和地方政府的债务统称为公债,通常将中央政府发行的公债称为国债。

（3）按照债务存续期限,可以分为短期公债、中期公债与长期公债。短期公债是指债务期限在 1 年以内的公债,也称为流动性公债。中期公债是债务期限在 1 年以上、10 年以下的公债。长期公债是债务期限在 10 年以上的公债。公债期限越短,流动性越强,风险相对越小,利率也越低;相反,期限越长,流动性越差,风险相对较大,利率也越高。18 世纪,英国还发行过一种统一公债(consol),又称永久公债或无期公债,这种公债不规定到期时间,所有人无权要求清偿,但可按期获得利息。政府在财力允许和愿意偿还公债的时候,可以按市场价格购回公债,以清偿债务。

（4）按照公债价值计量的标的物,可以分为实物公债和货币公债。实物公债是以一种或几种实物的价格作为公债价值的计量标准,通常在价格变动较大、通货膨胀较为严重、货币公债发行较为困难的情况下采用。如我国建国后发行的人民胜利折实公债即是实物公债。货币公债是以货币为计量单位的公债。目前各国发行的公债基本上都是货币公债。

人民胜利折实公债

中华人民共和国建立之初,为了巩固全国解放的胜利成果,恢复和发展百废待兴的国民经济,国家于1950年发行了人民胜利折实公债。该公债的募集和还本付息,均以实物为计算基础。该公债以"分"为计算单位,原定发行总额为2亿分,分2期发行。第一期于1950年1月5日开始发行,总额为1亿分,面值有1分、10分、100分和500分4种,年息5%。从1951年起,分5年5次抽签偿还。第一年偿还总额的10%,第二年15%,第三年20%,第四年25%,第五年30%。其后因国家财政经济状况好转,第二期折实公债停止发行。

有关每分值的规定:① 每分所含的实物为大米(天津为小米)6市斤(1市斤=500 g),面粉1市斤,白细布4市尺,煤炭16市斤。② 实物价格以上海、天津、汉口、西安、广州、重庆六大城市的批发价,按加权平均法计算。加权比重为上海45%、天津20%、汉口10%、广州10%、西安5%、重庆10%。③ 每分分值应折的金额,每旬公布一次,并以上旬平均每分的折合金额为本旬收债款的标准。

人民胜利折实公债的发行数量不大,但对稳定物价、回笼货币、弥补赤字等起到了很好的作用,这也是我国建国后唯一一次发行实物型公债。

(5) 按照是否被允许上市流通,可以分为自由流通公债和非自由流通公债。自由流通公债是指可以在金融市场买卖或转让的公债。非自由流通公债是指按规定不允许在市场上公开买卖、转让的公债。可以自由流通的公债变现能力强,风险相对较低,利率也较低;相反,非自由流通公债变现能力差,收益也高一些。

(6) 按照利率是否变化,可以分为浮动利率公债和固定利率公债。浮动利率公债在公债发行时不固定利率,利率每年根据市场利率和通货膨胀率进行调整。通常只有在价格波动较大情况下,才发行浮动利率公债。固定利率公债在发行时即明确利率,以后不管市场利率如何变化,公债利率都保持不变。

(7) 按照债务用途和偿债资金来源,可以分为一般债务和专项债务。一般债务是指列入一般公共预算用于公益性事业发展的一般债券。专项债务是指引入政府性基金预算用于有收益的公益性事业发展的专项债券。

(8) 按照财政风险和责任承担形式,可以分为显性公债和隐性公债、直接公债和或有公债。显性公债是指由特定法律或合同确认的公共部门公债,包括对内和对外的主权借款(签订合同的政府借款和政府发行的债券)、预算法规定的支出、具有法律约束力的长期预算支出。隐性公债是指政府负有"道义上"的偿付责任、可能发生的债务,主要反映了公众预期以及利益集团的压力。隐性公债通常产生于中期公共支出政策,而非产生于法律和合同,因此具有一定的不确定性。直接债务是指纳入政府预算,政府承担支付责任的债务,其规模、期限、偿还方式具有确定性,是可测的。或有债务是指有可能发生,也有可能不发生的债务,债务的发生与特定的事件相联系。一般所说的公债指直接显性公债,广义的公债还包括其他类型的公债,如表 15.1 所示。

表 15.1 广义的公债构成

负　债	直　接　的	或　有　的
显性的	对内和对外的政府借款 预算法规定的支出 具有法律约束力的长期预算支出(如公务员工资和公务员养老金)	中央政府为非政府借款、地方政府以及公共部门为私人部门实体的责任提供的担保 为各种类型的贷款提供的一揽子政府担保 为贸易、外汇、外国政府借款和私人投资提供担保 国家保险体系
隐性的	公共投资项目的未来经常性费用 法律没有规定的未来公共养老金 法律没有规定的社会保障体系 法律没有规定的未来医疗融资	不享有中央政府担保的地方政府、公共或私人实体的无法偿付的债务或其他负债 清偿私有化了的企业的负债 银行破产 不享有担保的养老金、社会保障基金的投资失败 中央银行无法履行的责任 现有环境的破坏、灾害救助等

三、公债发行

公债的发行,指政府通过何种方式销售公债,实现债权与债务收入的转移。不同时期,公债的发行形式也是不一样的,目前,主要有 4 种发行方式。

(1)直接发行法。又称直接公募法,是指财政部门直接面向潜在的购买者,募集和销售公债,发行成本全部由财政部门承担的方法。这种发行方式又包含 3 种情况:一是各级财政部门直接面向公众销售公债,单位和个人自行认购。这种国债发行方式成本高,目前我国已不采用。二是财政部采取行政手段强行摊派公债。在国债销售比较困难的情况下,我国 20 世纪 80 年代曾多次采取这种方式发行国债。三是财政部直接对银行、保险公司、养老保险基金等特定投资者,定向发行特种公债、专项公债等,也被称为私募定向方式。这种方式,我国目前仍在采用,如 2007 年财政部发行特别国债,用于购买央行外汇储备,然后交由外汇投资公司运作,部分特别国债就是定向向商业银行发行的。

(2)间接发行法。又称间接公募法,是指由政府委托银行或其他金融机构承担发行责任,通过金融系统向社会公开募集公债的方法。在间接发行法下,金融机构只是代理公债的发行权和发行事务,最终向政府负责,并受政府的指导和监督。如果在特定期限内,公债没有销售完,代理销售机构没有包销责任。我国曾经在 20 世纪 80 年代后期和 90 年代初期运用过这种方式发行国债,目前已很少采用。

(3)包销法。又称承受法,是指政府将发行的债券统一售于金融机构,再由金融机构自行发售的方法。包销法有由中央银行、商业银行和金融集团承受 3 种具体方法。包销法与间接公募法既有共同点,也有区别。二者的共同点都是由金融机构负责销售,不同点在于,包销法是公债发行权的转让。在通常情况下,政府不再干预,金融机构可以自主执行发行权和发行事务。如果公债没有销售完,承销机构负有包销责任。自 20 世纪 90 年代中后期,承购包销成为我国国债发行的主要方式,世界上很多国家也采用这种方式。

（4）招标法。又称公卖法、公募法,是指政府在证券市场以公开招标拍卖的方式发行公债,公债的价格、利率是事先不确定的,而由认购者的投标竞价决定。根据发行对象的不同,招标发行又可分为缴款期招标、价格招标、收益率招标 3 种形式。缴款期招标,是指在国债的票面利率和发行价格已经确定的条件下,按照承销机构向财政部缴款的先后顺序获得中标权利,直至满足预定发行额为止。价格招标主要用于贴现国债的发行,按照投标人所报买价自高向低的顺序中标,直至满足预定发行额为止。收益率招标主要用于付息国债的发行,按照投标人所报的利率自低向高的顺序中标,直至满足预定发行额为止。收益率招标的另一种形式是利差招标。在确定发行价格和发行利率的方式上,又有"荷兰式"招标和"美国式"招标两种规则。如果中标规则为"荷兰式",那么中标的承销机构都以相同价格或利率(所有中标价格中的最低价格或中标利率中的最高利率)来认购中标的国债数额,也称之为单一价格招标。如果中标规则为"美国式",那么承销机构分别以其各自出价或利率来认购中标数额。招标法也是我国目前国债发行的一种重要方法,也称之为多种价格招标。

四、公债偿还

公债的偿还,指政府如何清偿债务本金和利息,从而注销债务。按照公债偿还方式,主要有以下偿还几种。

（1）按照公债偿还渠道,有直接偿还法和买销法。直接偿还法,指债务到期后,政府按照公债票面价格,直接或通过金融机构向债权人偿还公债本金和支付利息。对于政府发行的不可上市流通的公债,多采用这种偿还方法,如我国的凭证式国债即采用这种偿还方式。买销法也称市场偿还法,是由政府委托证券公司或其他有关机构,按照市场价格在证券市场上买进政府所发行的公债,此时政府公债的偿还就通过市场交易得以完成。买销法对政府来说,操作简单,成本较低,同时也可以起到调节货币供给的目的,体现政府的经济政策。但买销法只适用于可以在债券市场上自由流通的公债,同时要求证券市场比较健全。我国目前记账式国债即采用这种偿还方式。

（2）按照公债偿还次数,有一次偿还法和多次偿还法。一次性偿还,指国家定期发行公债,在公债到期后,一次还清本息。按期偿还公债体现了政府的信用,通常国家多采用这种偿还方法。我国目前国债都是采用一次偿还法。但是,在国家财政比较困难的情况下,也可能采取分次、分批偿还,如按比例偿还,或抽签偿还。比例偿还法,指政府将公债总额分为若干份,按照公债的份额,分期按比例偿还。偿还比例的确定包括平均比例偿还,逐年递增比例偿还,逐年递减比例偿还等具体方法。抽签偿还法,指政府通过定期抽签确定应清偿的公债的方法,一般以公债的号码为抽签依据。我国 1981—1984 年发行的国库券,就是采用抽签比例偿还法的。

（3）按照公债偿债资金来源,有借新还旧法、偿债基金法、预算盈余法。借新还旧法,即用新发行的债务所取得的收入,去偿还到期债务。偿债基金法,即每年从财政收入中拨出一笔资金用来设立偿债基金,专门用于偿还债务。预算盈余法,即通过使增加政府收入,控制政府支出,创造财政盈余偿还公债。在现代市场经济国家,多数国家很少出现财政盈余,也不允许债务的货币化,借新还旧是偿债资金最主要的来源渠道。

五、公债市场

公债市场是公债进行发行和交易的场所。公债市场由政府、投资人和中介人构成。按照功能的不同,公债市场可以划分为一级市场和二级市场。一级市场,即债券的发行市场,它具体决定公债的发行时间、发行金额和发行条件,并引导投资者认购、办理认购手续及缴纳款项。公债二级市场是已发行但尚未到期的公债进行交易、流通或转让的市场,它为公债所有权的转移创造了条件。二级市场一般是具有明确交易场所的有形市场。

一级市场和二级市场相互依存、相互作用。一级市场是二级市场的基础和前提,二级市场的流动性及形成的债券价格(利率),是决定一级市场新发行债券的发行规模、条件等的重要因素。我国目前国债二级市场既有银行间的国债交易市场,也有上海、深圳两大交易所的国债交易市场,当然前者的规模要大得多。

第二节 关于公债效应的争论

自公债产生以来,关于公债利弊和公债效应的争论就没有停止过。公债理论作为西方经济理论的一个重要组成部分,对于公债的认识是与西方经济理论和经济发展实践密切相关的。经济学家对公债的认识经历了一个由完全否定到逐渐肯定再到否定的复杂的反复过程,不同的认识也为不同时期的公债政策提供了理论指导。

一、公债有害论

公债有悠久的历史,但是早期的学者一般都对公债持反对态度,认为财政赤字和公债不利于经济发展,进而反对公债发行。13 世纪意大利神学家、经院哲学家托马斯·阿奎那、早期法国财政学者吉恩·博丹均反对政府举债,认为公债影响国民经济发展,是王侯经济崩溃的原因。18 世纪英国哲学家、历史学家、经济学家休谟认为,公债必然会引起粮食和劳动价格的上升,增加劳动者的负担,鼓励无所作为的寄生生活,并提出了"公债亡国论",即"国家如果不消灭公债,公债必然消灭国家"。

在法国,重农学派代表人物魁奈主张国家应当避免借债,认为公债是把财富从农业中抽出来的行为,会导致农业失去生产和改良土地的资本的后果。同时举借公债需要支付利息,也会加重国民负担,这些都不利于经济发展。

在自由资本主义时期,古典经济学派也持公债有害论观点。亚当·斯密认为,公债将使国民蒙受损失,从而反对政府举债。他认为,公债支出是非生产性的,政府举债就是将一国生产性的私人资本抽出来,用于非生产性的财政支出,由此将对经济发展造成不利影响。同时,国家发行公债,会使政府形成不负责任的奢侈风气,另一方面也造成一批食利阶层,鼓励人们将资金投入非生产性领域。斯密还认为,举债是延迟的税赋,会给子孙后代造成还债负担,大规模举债还会导致通货膨胀,引发经济危机和国家破产等。

古典经济学的另一个代表人物李嘉图也对公债也持否定态度,将英国公债比喻成一个"空前无比的灾祸"。李嘉图认为,公债的重要负担不在于利息的转移,而在于原有资本被公债本金抽走所产生的损害,公债抽走了私人的生产资本,用于政府消费性支出,从而阻碍了经济增长。除此之外,公债还掩盖了真实情况,使人民不知节俭。李嘉图还认为,政府选用征收一次性总赋税还是发行政府公债为政府支出筹措资金,对居民的消费和资本生成的影响是一样,这被称为李嘉图等价原理。

法国经济学家萨伊也坚决反对公债与财政赤字,认为政府举债不但由于资本被消费而不利于生产,而且因为以后每年还要付息,结果造成很大的负担。

二、公债两重论

随着资本主义经济的发展,社会财富不断积累和分散,对公债利弊的认识也有了新的改变。部分学者认为对公债的效应不能一概而论,对公债持一定肯定作用的观点开始出现。19 世纪,英国经济学家穆勒和德国经济学家瓦格纳等提出了公债两重性的理论,即他们认为公债利弊兼具,应从公债的资金来源和使用方向等方面做客观具体的分析。

穆勒认为,如果公债是将生产性资本从私人企业转移出来用于政府消费性支出,则这种公债对经济发展是有害的。在这一点上,穆勒与亚当·斯密和李嘉图的公债有害论是一致的。但是,穆勒认为,如果政府举借的是国外资金,或虽是本国资金,但该资本所有人原本并不拟用于储蓄,或虽拟用于储蓄但并不用于生产,或虽用于生产但投资于国外,在这些情况下,政府所借债务对本国资本及生产并无损害。同样,即使公债资金来源于生产性私人资本,但如果政府用于形成生产领域的公共资本,那也不会产生危害。穆勒还提议以市场利率的升降与否来衡量公债的危害程度。如果公债的发行导致市场利率的上涨,则证明民间生产资本被政府吸收,那么公债是有害的;反之,若市场利率不被刺激,则公债危害甚微。因此,穆勒对公债效应的认识较之前全面否定更进一步。

瓦格纳着重从公债资金来源来分析公债利弊,他根据构成公债资金来源的资本种类的不同,将公债分为 3 类:一是来自国民经济中现实处于自由资金状态的资本公债;二是来自外国国民经济资本的公债(外债);三是来自国内资本的公债。瓦格纳指出,如果政府筹资是为了满足临时性需要,那么从发展国民经济的角度看,以第一项和第二项为资本来源筹集公债的方式,显然比采用赋税的方式筹资要好。至于第三项,即用国内资本筹资,则应该尽量避免,要用课税来取代。

新古典经济学家庇古把用于经济支出的公债分成三种情况:第一种是用于生产有利可图的生产企业的公债,这种公债的还本付息可以用其生产成果来负担,国家不必为此担心。第二种公债是用于生产无利可图的生产企业的公债,这种企业虽然无利可图,但往往是国民经济中必不可少的企业,必须由政府投资,应该有专项基金保证其还本付息。第三种公债是在经济不景气时用于兴建公共工程的公债,这种公债可以有效地扩大就业,防止失业率的提高。因此,庇古对公债效应的认识更加具体,更加肯定公债的积极效应。

三、公债无害论

20世纪30年代的资本主义经济危机导致了凯恩斯宏观经济理论的诞生,对公债的认识也发生了重大改变,公债无害论占据主导地位。

凯恩斯认为,公债对于一国的经济总体是有益的,有利于刺激经济增长,推动经济复苏,扩大就业。凯恩斯的公债理论与其扩大政府支出,提高有效需求的政策主张是紧密联系在一起的。在存在有效需求不足的情况下,可以通过扩张性财政政策来扩大需求,由此产生的财政赤字可以通过发行公债来弥补。在萧条期间且存在闲置资源的情况下,国债的发行不会减少私人资本,公债资金由于公共工程形成公共资本,其本身也是生产性的,可以增加社会总资本,因此公债有益无害。关于公债的代际负担,凯恩斯认为,公债是税收的预征,后代人虽承担了还债义务,但他们同时也承受了债权,因此不会产生代际负担。关于政府的债务负担问题,凯恩斯认为,作为政府干预经济的工具,公债无须真正偿还,只需借新还旧即可。因此,从长期看,国家并无公债负担。关于公债可能导致通货膨胀问题,凯恩斯认为,尽管存在这种可能性,但公债发行并不一定就要增大货币供应量,即使增大货币供应量也并不一定超过经济增长的需要,或带来货币需求量的增加。因此,凯恩斯否定了古典经济学中公债有害论的观点,在公债利弊上,更加肯定公债的积极作用。

另一位凯恩斯经济学家汉森的观点更为明确。他认为,在国家财政支出日益庞大的情况下,如果只依靠税收必然造成通货紧缩和失业,所以必须依靠借债来保证一部分财政支出。有2类支出可以使用公债来融资:一类是国家用于非生产性公共项目的支出,如国家公园和公共建筑等。这类项目虽然不具生产能力,但能带来一定的社会效益;另一类是国家用于能够直接或间接增加社会生产力的支出,如公共工程和公共企业,这类支出本身能增加社会生产力。

四、关于李嘉图等价定理的争论

在凯恩斯主义之后,20世纪70年代,随着资本主义"滞胀"等问题的出现,以理性预期学派、货币主义学派、公共选择学派等为代表的现代新古典经济学派(也被称为新自由主义经济学派),反对政府对经济的过多干预。新古典经济学派的学者对公债效应的认识与凯恩斯主义经济学派也产生很大的分歧,其中关于李嘉图等价定理是最具影响的争论之一。

李嘉图在其《政治经济学及赋税原理》第17章中论述了政府举债和征税的关系。他说:"如果为了一年的战费支出而以发行公债的办法征集2 000万英镑,这就是从国家的生产资本中取去了2 000万英镑。每年为偿付这种公债利息而课征的100万英镑,只不过是由付这100万英镑的人手中转移到收这100万英镑的人手中,也就是由纳税人手中转移到公债债权人手中。实际的开支是那2 000万英镑,而不是为那2 000万英镑必须支付的利息。付不付利息都不会使国家增富或变穷。政府可以通过赋税的方式一次征收 2 000 万英镑,在这种情形下,就不必每年课征 100 万英镑。但这样做并不会改变这一问题的性质。一个人虽无须每年支付一百英镑,却可能必须一次付清 2 000 英镑。对他说来,与其从自己资金中一次付清 2 000 英镑,倒不如向别人借 2 000 英镑,然后每年给债主付息 100 英镑为方便。"也就是说,在政府支出不变的情况下,举债和增税对私人经济活动的影响无差别,这被称为李嘉图等价定理。

20 世纪 70 年代美国经济学家巴罗对李嘉图的国债和税收理论进行了重新解释,并用公式进行了表述。在跨时期预算约束下,李嘉图等价用公式可以表示为:

$$C_1 + \frac{C_2}{1+i} = Q_1 + \frac{Q_2}{1+i} - \left[T_1 + \frac{T_2}{1+i} \right]$$

式中 C、Q 和 T 分别表示家庭消费、收入和税收,i 为贴现率。上式表明,在税收现值不变的情况下,税收时间路径的变化对家庭预算约束没有影响。也就是说,如果政府税收现值不变,政府通过公债或税收弥补赤字不会改变家庭的消费路径。当政府因减税导致赤字而通过增发国债来弥补时,因为居民预计政府将来要靠增税来偿还公债,其储蓄将增加,而不会因为当前收入的增加而增加消费。居民储蓄的增加量与财政赤字(即公债的增加量)在数量上是相等的。因此,李嘉图等价定理也被称为李嘉图-巴罗等价定理。

李嘉图等价面临的一个难题是:每个人的寿命总是有限的,如果一部分消费者在公债偿还前去世,那么他们就会享受到由政府以公债代替征税而产生的减税的好处,从而增加了自己的消费支出。巴罗通过居民的利他主义和遗产动机来解释这一问题,认为当代人不仅关心本代人的福利,也关心子孙后代的福利。当代人的效用函数为当代人的消费水平和子孙后代消费水平之和,用公式可表示为:

$$V_t = U(C_t) + \beta U(C_{t+1}) + \beta^2 U(C_{t+2}) + \beta^3 U(C_{t+3}) + \cdots$$

上式中 V_t 为当代人的效用,β 是贴现参数。等式表明,V_t 不仅取决于自己当前的消费效用,也取决于其将来所有子孙后代的消费。因此,对于具有利他主义的当代人来说,他们不会以牺牲子孙后代的福利为代价增加当前消费,而且会把增加的收入储蓄起来,并将其作为遗产留给下一代。

但是,李嘉图等价自被提出以来就受到了传统经济学家的批评和质疑,指出许多严格的假设条件使得李嘉图等价难以成立。

第一,传统观点认为,代际再分配可能影响李嘉图等价的成立。政府通过发行国债弥补赤字代表了不同代纳税人之间的资源的再分配。当政府当前减税并发行国债时,预算约束使得将来要增税,但是增税负担可能落在当前还没出生的那些纳税人身上。因此,税收和公债融资对当前纳税人的影响是不一样的。

第二,传统观点认为,资本市场的不完善也影响李嘉图等价的成立。李嘉图等价要求,当家庭收入大于消费或小于消费时,家庭应该能够在资本市场上进行借贷以调剂收入。但是,这样的资本市场对存在借贷约束的家庭来说也许是不存在的。

第三,传统观点认为,将来收入的不确定性也影响李嘉图等价的成立。李嘉图等价要求家庭将来的收入是确定的。但是由于收入受多种因素影响,家庭将来的收入具有很大的不确定性。因此,李嘉图等价在现实中难以成立。

第四,传统观点认为,家庭的"短视(short-sight)"也影响李嘉图等价的成立。李嘉图等价要求家庭是理性的、追求效用最大化的,并且具有前瞻性,但是家庭的视界一般比政府要短。当政府几十年后再通过征税偿还债务或债务的偿还被无限推迟时,家庭也许认为当前的收入确实增加了,而不会考虑将来可能增加的税收负担。

第五,传统观点认为,扭曲性税收使得李嘉图等价无法成立。李嘉图等价要求税收是一次性的总付税,是没有扭曲性的税收,但是现实中这种税无法实行。

同时,许多经济学家也从实证方面证明李嘉图等价是不成立的。无论如何,李嘉图-巴罗等价定理给我们提供了一个认识公债效应的研究视角。

因此,随着时代的发展、经济形势的变化以及经济理论的完善,对公债的认识是反复的。总体来看,对公债的效应不能一概而论,既不能全面肯定,也不能全面否定,应具体分析。但是无论如何,目前世界多数国家都将公债作为弥补财政收入不足、调节经济的重要手段。

第三节　公债风险

公债政策作为政府弥补财政赤字、调节经济的一个重要手段,对促进经济发展发挥了重要作用。但是运用不慎,公债也可能成为经济不稳定的根源。特别是对发展中国家而言,由于市场经济体制和财政管理体制不完善,在运用公共债务政策时,必须高度重视由此可能带来的债务风险。

一、财政赤字的融资机制

公共部门如同私人部门一样,在某一时期之内当其支出大于收入时,必须通过某种方式为其赤字融资,财政赤字的融资方式如下:

$$财政赤字 = 货币发行 + 出售资产 + 举借外债 + 举借内债$$

因此,政府财政赤字主要有4种融资方式:一是发行货币,包括政府直接通过货币发行来为赤字融资,或中央银行间接持有政府债务;二是举借内债,包括向国内商业银行和国内公众举债;三是举借外债,包括向国外商业银行贷款和向国外公众发行国债;四是出售政府资产,包括出售政府公共部门的国有企业、土地或者是中央银行的外汇储备等。有些财政学者将利用上年财政节余作为弥补财政赤字的一种方式,其实质上就相当于政府资产的出售。货币发行和外汇储备融资法统称为信用融资法,举借外债和内债统称为债务融资法。其中,前二者又可统称为财政赤字的内部融资法,而后二者可统称为财政赤字的外部融资法。

财政赤字的不同融资方式所产生的效应是不同的。当政府不得不通过货币发行来为财政赤字融资时,通常会造成货币的超额供给,从而导致通货膨胀。因此,多数国家都禁止财政赤字的货币化融资方式。当政府通过出售资产(包括外汇储备)来弥补财政赤字时,可能会使公共部门的资产存量减少,降低公共部门资产净值,这将影响公共部门进一步举债的能力。当政府通过向国内外举债来弥补财政赤字时,可以避免或推迟通货膨胀的发生,在市场资金比较充裕、借贷条件较为有利的情况下,有利于推动经济的发展。但是如果过于依赖债务融资方式,很可能形成债务风险。

二、公债负担的衡量

公债负担可以从债务人负担、纳税人负担和代际负担3个角度衡量。债务人负担,即政府负担,指公债到期还本付息所形成的财政负担。纳税人负担指政府公债还本付息资金来源对纳税人造成的税收负担。代际负担指当代人的债务负担转移给后代人从而对后代人造成的负担。分析政府公债负担,通常采用债务负担率、债务率、债务依存度和偿债率等指标。

债务负担率(liability ratio),指年末债务余额占当年国内生产总值的比重,反映国民经济承受债务的压力程度。警戒线一般是60%,用公式表示为:

$$债务负担率 = 年末公债余额 / 当年国内生产总值 × 100\%$$

债务率指年末债务余额与当年政府综合财力的比率,是衡量政府债务规模大小的指标。政府综合财力包括一般公共预算收入,政府性基金收入,以及转移性收入等。用公式表示为:

$$债务率 = 年末债务余额 / 当年政府综合财力 × 100\%$$

债务依存度(debt ratio),指当年债务收入额占当年政府支出的比重,反映一个政府当年花出的钱有多少是借的。用公式表示为:

$$债务依存度 = 当年债务收入 / 政府支出 × 100\%$$

偿债率(debt service ratio),指当年公债还本付息额占当年政府综合财力的比重,反映一个政府以政府收入作为偿债保证的能力大小。警戒线一般是20%用公式表示为:

$$偿债率 = 当年公债还本付息额 / 当年政府综合财力 × 100\%$$

用债务负担衡量政府债务风险只是相对的。如欧盟《马斯特里赫特条约》规定,加入欧洲货币一体化的国家债务负担率不能超过60%,国际上通常将这一比例作为衡量债务风险的警戒线(见表15.2)。但是对于债务风险不能一概而论,在经济形势稳定趋好的情况下,有些国家债务负担率超过100%也没发生多大的风险;在经济形势预期恶化的情况下,有些国家即使债务负担率只有30%也照样产生了较大的债务风险。

表 15.2　部分国家债务负担率(%)

国　　家	2015	2016	2017	2018	2019	2020	2021
澳大利亚	-2.8	-2.5	-1.7	-0.9	-3.7	-9.7	-7.3
奥地利	-1.1	-1.6	-0.7	0.2	0.4	-7.1	-1.6

（续表）

国　家	2015	2016	2017	2018	2019	2020	2021
比利时	-2.4	-2.4	-0.7	-0.7	-1.7	-8.9	-6.1
加拿大	-0.1	-0.5	-0.1	-0.4	-0.4	-11.8	-3.8
中　国	-2.8	-3.7	-3.8	-4.7	-6.4	-11.2	-9.6
丹　麦	-1.3	-0.1	1.5	0.5	2.5	-7.0	-0.3
芬　兰	-2.4	-1.7	-0.7	-0.8	-1.4	-6.7	-3.8
法　国	-3.6	-3.5	-2.8	-2.3	-3.0	-9.2	-6.2
德　国	0.9	1.2	1.2	1.9	1.5	-5.5	-1.2
希　腊	-2.8	0.6	1.1	0.9	0.4	-9.0	-7.9
匈牙利	-2.0	-1.8	-2.5	-2.2	-2.1	-3.0	-1.6
意大利	-2.6	-2.4	-2.5	-2.2	-1.6	-8.3	-3.5
日　本	-3.8	-3.7	-3.1	-2.4	-2.8	-7.1	-2.1
韩　国	0.5	1.7	2.2	2.6	0.9	-1.8	-1.6
瑞　典	0.0	1.0	1.4	0.8	0.4	-5.3	-1.6
瑞　士	0.7	0.3	1.2	1.4	0.9	-5.1	-1.9
英　国	-4.6	-3.4	-2.5	-2.2	-2.1	-8.3	-5.5
美　国	-3.6	-4.3	-4.5	-5.7	-5.8	-15.5	-8.6

数据来源：IMF 统计资料，https://www.imf.org/external/pubs/ft/weo/2020/01/weodata/index.aspx。

此外，不同的债务结构，如债务利率结构、债务期限结构、债务持有人结构、债务币种结构等，对债务负担和债务风险的影响也是不同的。但是，无论如何，从稳健性原则出发，对公债加强管理、减少债务风险都是必要的。

三、显性公债风险

显性公债风险以 20 世纪 80 年代爆发的拉美债务危机最具代表性。战后，拉美国家在民族主义情绪的支配下，为了追求经济增长的高速度，制定了雄心勃勃的庞大的发展计划。如此扩张性的政策是这些国家的政府财力所不能承受的。随着政府支出规模的扩大，公共部门出现了巨额预算赤字。在举借内债困难的情况下，公共部门赤字主要是通过举借外债来弥补的，部分财政赤字不得不通过超额发行货币来弥补。以墨西哥为例，1978 年未偿还外债占 GDP 的比重为 25.5%，最终导致了债务危机的爆发。表 15.3 为 1972—1982 年间墨西哥中央政府支出和预算赤字。

表 15.3 1972—1982 年间墨西哥中央政府支出和预算赤字(单位:十亿比索)

年份	GDP	中央政府支出	预算赤字	支出占 GDP 比重(%)	赤字占 GDP 比重(%)	公共部门预算赤字占 GDP 比重(%)[a]	通货膨胀(%)
1972	565	75.5	-17.0	13.3	-3.0	—	5.0
1973	691	97.3	-27.5	14.1	-4.0	—	12.0
1974	900	129.8	-34.3	14.4	-3.8	—	23.8
1975	1 100	187.4	-53.6	17.0	-4.9	-10.5	15.2
1976	1 371	233	-64.0	17.0	-4.7	-11.7	15.8
1977	1 849	302.2	-61.1	16.3	-3.3	-8.4	29.0
1978	2 337	385.9	-62.7	16.5	-2.7	-6.1	17.5
1979	3 068	541.0	-101.9	17.6	-3.3	-7.5	18.2
1980	4 276	808.9	-133.6	18.9	-3.1	-7.7	26.4
1981	5 874	1 287.1	-392.3	21.9	-6.7	-14.4	27.9
1982	9 417	2 973.8	-1 453.6	31.6	-15.4	-18.8	

注: a. 此处中央政府不包括公共非金融企业和金融机构;此处公共部门指有借贷需求的公共部门。

资料来源:魏陆,《开放经济下的财政政策风险研究》,第 41 页,上海财经大学出版社,2003 年。

在拉美国家的债务危机中,一个突出现象就是在政府的国外借款收入持续流入的同时,私人资本却在不断流出,也就是人们通常所说的资本不断外逃。资本外逃降低了政府的外汇储备水平,抵消了政府通过举借外债发展经济的努力,增大了政府的债务风险。

为什么会出现资本外逃呢? 这主要是由于随着政府债务负担的增加,国内债权人和国外债权人不对称的债务风险所导致的。

在政府因为财政赤字债务负担不断增加的情况下,如果政府宣布对所负的外债不予偿还,将使政府在国际上的信誉扫地,会对本国经济造成沉重打击。因此,除非迫不得已,一般政府是不会这样做的,这就使得外债享有较高的保障程度。但是对政府所负的内债除名义价值外全部不予偿还却非常容易,只要政府通过发行货币、物价水平的提高,使内债的实际价值遭受侵蚀就能降低自身的内债清偿压力。因此,政府对内债和外债这两种不同的态度将使国内债权人和国外债权人承受着不对称的风险。国内债权人面临的风险明显要大得多,使他们有"二等"债权人的感觉。

再者,如果对国内资产可以征税,那么公共部门的国外借款可能助长私人资本的外逃。因为人们可能认为,政府将来要靠从国内资产征税得来的收入来偿还其增加的外债。并且,近乎荒谬的是,一个国家越是做出偿还外债的承诺,可能越容易引发资本外逃,因为国内债权人的理性预期会觉得政府只有通过向国内资产征税才能保证外债的偿还。

政府的内债和外债共同加剧了债务风险。内债更多表现为通货膨胀或通货膨胀压力,而外债又加剧了这种通货膨胀或通货膨胀压力。二者共同作用导致本国资本外逃,外汇储备减少,最终造成本国的偿付困难。公债从最初经济发展的"引擎",转变为束缚其发展的"桎梏",给经济社会发展带来了严重的后果。

以墨西哥为例,从 1980 年开始,公众对政府的财政赤字能否得到维持开始表现出明显的不信任迹象。私人资本外逃加剧,1981 年和 1982 年私人资本继续加速外逃。据世界银行数据,1979—1982 年间,墨西哥私人资本外逃占资本流入总量的 47.8%。大量的资本外逃消耗了其有限的外汇储备,加大了其外债风险。1982 年 8 月 13 日,墨西哥政府首先宣称无力按时偿还外债,由此拉开了拉美国家债务危机的序幕,拉美经济进入了痛苦的调整时期。

四、隐性公债风险

政府的隐性债务也会带来债务风险。隐性债务是指不以明确的契约形式存在、数额和期限都不固定,由政府隐性担保而产生的债务。政府隐性债务有三大特征:一是基于政府的道义责任性,即这些债务虽然不构成政府的现实债务,但一旦出现,由于公众利益或利益集团压力最终需要或主要由政府负担;二是财政的兜底性,即这些债务虽未纳入财政预算管理,但最终要由政府财政全部承担或承担一部分偿债责任;三是债务负担的不确定性,即指债务风险产生时间的不确定性、债务规模的不确定性、债务风险大小的不确定性。政府隐性债务主要包括政府对公共和非公共金融机构或企业提供隐性担保而产生的债务以及隐性社会保障负债等。

1997 年爆发的亚洲金融危机主要就是由政府对金融机构和企业提供隐性担保而产生的隐性债务引起的。也许是 20 世纪 80 年代拉美国家债务危机的发生给东亚国家留下了太多的警示,90 年代以来东亚国家的宏观财政政策基本上是平衡的。因此,很难将亚洲金融危机的发生归咎于各国政府过度扩张性的财政政策或财政失衡。但是,东亚危机的发生却与政府的另一种财政活动相关。东亚国家实行的是政府主导的发展模式,政府除了利用财政收支直接进行资源配置以外,还利用利率优惠、指导性信贷以及为私人借贷提供隐性担保等准财政政策间接进行资源配置。这种政策实质上是另一种扩张性的财政政策,只不过这种扩张是隐性的,不反映在政府的财政预算中。政府的这种准财政活动所产生的"准财政赤字"和负债就是政府的隐性债务。

政府的这种准财政政策使得东亚国家的政府、银行和企业形成了紧密的联系,"裙带资本主义"现象严重。在韩国,政府官僚和大企业财阀形成了相互依赖的关系,政府需要依靠大企业财阀来发展经济和获取政治资金,而财阀需要从政府那儿获取资金和支持。在马来西亚,几个重要的政府官员一手参与政府决策,一手又经营本党派的企业或自己的企业。在泰国,银行和财务证券公司两类主要金融机构与政界有着密切的关系和政治往来,并且许多政界高层人物本身就是一些财务证券公司的股东。在印尼,一些商人因为与总统苏哈托的个人关系,获得了政府颁发的特许经营权,从而垄断了印尼许多行业,并且苏哈托的子女也拥有和控制印尼的许多行业。这种政府、企业和银行之间的紧密关系是东亚模式的主要特征之一,人们也称之为"东亚文化"或"东亚价值"。

政府、银行和企业之间的密切关系,一方面推动了东亚地区的经济增长,因为这种关系有利于三者之间的信息交流和相互信任,政府也可以动用社会资源进行大规模的投资,以投资来促进经济的增长,这也是东亚国家高速增长的主要源泉;但是另一方面,这种紧密的关系也要为东亚危机负责。政府和银行与企业之间虽然没有明确以契约形式存在的担保,但是政府、银行和企业之间的这种紧密关系,使得部分企业和银行能够或者人们相信其能够获得政府的特别对待。这使得这些企业和银行享受着政府事实上的隐性担保,从而使得其具有某种程度的"准国有企业"的性质。正是由于这种隐性担保使得它们很容易以较低的利率从国际市场上借入资金,而放款人也愿意贷款给它们。而一旦这些企业和银行出现了问题,由于其在国家经济中所具有的重要地位和与政府的密切联系,政府往往不会坐视不管。如韩国,每当银行资产发生了严重的问题,面临倒闭的危险时,政府就通过央行以低息或无偿注入一笔资金进行援助。在泰国,当财务证券公司 1997 年受危机影响濒临倒闭时,由于其和政界的密切联系以及其在泰国金融体系中的重要地位,政府宁愿出资救助也不愿让其倒闭。

政府对银行和企业提供的这种隐性担保极大地影响了财政的平衡,因为这种担保的成本实际上就是一个隐性的财政赤字,给政府增加了一种隐性债务。虽然这种隐性债务到危机爆发时才显现出来,但是当这种债务的规模非常大时,足以影响经济的稳定。根据有关研究机构的估计,泰国、马来西亚、印度尼西亚在金融危机后由于银行不良资产导致的财政隐性债务成本占 GDP 的比重分别高达 31%、17% 和 31%。当政府对金融机构进行救助时,政府的这种隐性债务就成为显性债务。政府对企业和银行的救助耗费政府大量的外汇储备,使本国货币遭到国际投机者进行投机性攻击的可能性大大增加,从而使得固定汇率政策难以维持,导致货币危机。

因此,公债具有两面性,利用得好可以促进经济发展,如果得不好,可能成为经济不稳定的根源。特别是对于发展中国家而言,在利用公债政策促进经济发展时,应坚持审慎原则,注重防范债务风险,避免对公债的过度依赖。

专栏15-2

中央连续施策化解地方政府债务风险

地方政府债务风险指政府财政收支总量不平衡,地方政府拥有的公共资源不足以履行其承担的法定责任,并且公共资源与公共责任的非对称性有可能带来重大经济损失、妨碍社会经济发展稳定的可能性。为打好防范和化解金融风险攻坚战,2018 年 4 月,中央财经委员会第一次会议提出,"要以结构性去杠杆为基本思路,分部门、分债务类型提出不同要求,地方政府和企业特别是国有企业要尽快把杠杆降下来,努力实现宏观杠杆率稳定和逐步下降"。截至 2019 年 12 月末,全国地方政府债务余额 21.3 万亿元,地方债务风险不可低估,是威胁我国经济安全的重大挑战之一。近年来,中央连续施策化解地方政府债务风险,具体措施如下。

信贷紧缩政策。财政部、发改委等部委在 2012 年 12 月 24 日发布《关于制止地方政府违法违规融资行为的通知》,遏制地方政府通过融资平台获取信贷。2018 年 3 月,财政部

《关于规范金融企业对地方政府和国有企业投融资行为有关问题的通知》规定：不得违规新增地方政府融资平台公司贷款；不得要求地方政府违法违规提供担保或承担偿债责任；不得提供债务性资金作为地方建设项目、政府投资基金或政府和社会资本合作（Public-Private Partnership，PPP）项目资本金。

延期付款和紧急救助。2017年12月，财政部发布了《关于坚决制止地方政府违法违规举债遏制隐性债务增量情况的报告》。中央政府已要求银行延长对地方政府提供贷款的期限，以实现地方政府贷款的延期付款，从而避免违约浪潮。

替代性融资和债券发行。央行的数据显示，2019年我国债券市场共发行各类债券45.3万亿元。2015年1月《预算法》允许地方政府发行"公益性资本支出"债券，为地方政府债券发行提供了法律依据。

市政破产与违约。《中华人民共和国企业破产法》只适用于企业法人，不适用于市政破产。中央政府也不允许大量地方政府支持下的融资平台违约，完全执行市场规则可能导致反弹。允许违约可以在固定资产投资增速放缓时提高产量、减缓借贷，增加资本效率且能够减少救助的道德风险问题。

地方债置换计划。债务置换计划允许地方政府逐步将高息到期债务转换为低息地方政府债券。债务置换计划有利于降低地方政府债务的融资成本，但本身并不解决债务问题，只是应急性、阶段性选择和财政风险金融化的产物，还有可能导致大量剩余的未置换债务形成巨大的风险敞口。

终身问责制。中央对于非法举债行为启用终身问责制。2017年7月召开的第五次全国金融工作会议明确提出，各级地方党委和政府要树立正确政绩观，严控地方政府债务增量，终身问责，倒查责任。

第四节　我国债务政策

从新中国成立以来，特别是改革开放以后，由于对公债认识和经济形势的变化，我国债务政策发生了重大转变。目前债务收入已成为我国财政收入的一个重要补充，对弥补我国财政收入不足、促进经济发展、调节经济发挥了重要作用。

一、债务政策的演变

建国以后，我国即发行国债。1950年，国家发行了人民胜利折实公债。1954年，为了加速国家经济建设，逐步提高人民物质和文化生活水平的需要，我国从1954—1958年，连续五次发行"国家经济建设公债"，共发行35.4亿元。除1954年为8年期，分8次偿清外，其余四次都是10年期，分10次偿清。国家经济建设公债的发行对于实现社会主义改造，巩固和加强社会主义经济的物质基础，起了良好的作用。从1958年后直到改革开放，我国长期坚持财政"收支平衡、略有节余"的原则，财政赤字很少，也没有再发行过公债。因此，曾经有一段时期，我国既没有内债也没有外债，并将此作为社会主义优越性的一个重要体现。

改革开放以后,由于我国经济政策和对公债认识的变化,我国又开始恢复国债发行,国债规模增长迅速。总体来看,改革开放后我国债务政策可以划分为3个阶段。

1. 1978—1997:弥补财政赤字和偿还本息

改革开放以后很长一段时间,虽然我国经济环境发生了很大的变化,但是也一直坚持财政收支基本平衡的原则。政府的财政赤字控制在很低水平,甚至在1985年还实现了些微财政盈余,因此债务收入规模也很小,这种情况一直持续到1997年。在1997年之前,我国财政赤字主要是由于经济形势的变化被动地增加的,债务收入政策是比较保守的。债务收入主要是被动地为了弥补当年财政赤字和偿还到期债务,债务收入和债务政策还没有作为国家对经济进行调节的一个重要手段。因此,尽管1994年税制改革后财政赤字和国债收入有较大幅度的增加,但是总体仍保持在很低水平。1980—1997年间,年均财政赤字只有210亿元,年均债务收入只有605亿元,如表15.4(见后页)所示。

2. 1998—2014:成为调控经济的重要手段

1998年,由于亚洲金融危机爆发,我国政府决定改变已实行数年的适度从紧的财政政策,转而实施积极的财政政策。主要措施就是扩大财政支出,实行赤字财政政策,同时增加国债发行规模。1998年我国债务收入规模达到3 311亿元,比上年增长33.7%。1998—2004年我国连续7年实施积极的财政政策,增加财政赤字,扩大国债发行规模。1998—2004年间,年均财政赤字为2 264亿元,年均债务收入为4 932亿元,分别比1980—1997年均水平增长10倍和22倍。我国自2005年开始实行稳健的财政政策,但是债务政策仍是稳健财政政策的一项重要内容。2009年,我国再次开始实行积极的财政政策,中央财政赤字达到7 500亿元,同时,中央还代地方政府发行2 000亿元地方债,债务发行规模大幅度提高。因此,1998年之后,我国债务政策已经从被动地作为弥补财政赤字的手段发展到主动地作为政府调控宏观经济的一个重要政策工具。

3. 2014年至今:规范地方政府债务预算

自2015年1月1日起实行的新预算法规定,地方政府只能通过发行地方政府债券方式举债。《国务院关于加强地方政府性债务管理的意见》国发〔2014〕43号文件依据法律法规和现行财政管理有关规定,从债务限额确定、预算编制和批复、预算执行和决算、非债券形式债务纳入预算、监督管理等方面,提出了规范地方政府债务预算管理的工作要求。该政策将一般债务纳入一般公共预算管理,专项债务纳入政府性基金预算管理。

一是确定地方政府债务限额。明确地方各级政府债务限额的确定依据和程序,要求地方做好限额管理与预算管理的衔接,保障地方政府债务余额不超过法定的"天花板"上限。二是规范预算编制和批复的流程。细化了债务收支列入预算草案或者预算调整方案的编制内容、审批程序、科目使用等,推动政府举借债务和使用债券资金的规范化、制度化。三是严格预算执行。细化了债券发行、转贷、使用,还本付息和发行费用支付的处理方法,保障偿债资金来源,维护政府信用。四是非政府债券形式存量债务纳入预算管理。明确存量债务纳入预算的程序、总预算会计账务处理、转化为政府债券的程序、或有债务转化为政府债务的程序等,提高存量债务管理透明度和规范性。五是强化监督管理。强调债务公开有关要求,强化人大和社会监督,发挥地方财政部门和专员办的监督作用,形成依法监管合力。

地方债务置换是我国的一项创新举措。地方债务置换是指在财政部甄别存量债务的基础上,将原来政府融资平台的理财产品、银行贷款等期限短、利率高的债务,置换成期限长、利率低的债券。存量债务中属于政府直接债务的部分,将从短期、高息中解脱出来,变成长期、低成本的政府直接债务。

此外,从债务收入结构看,20 世纪 80 年代初期,国外借款是我国债务收入的主要来源,如 1979 年、1980 年的债务收入分别为 35 亿元、43 亿元,全部是向国外借款。1981 年我国开始发行国内短期国债。1993 年之前,国外借款一直是我国债务收入的一个重要来源。1980—1993 年间,我国债务收入规模为 3 733 亿元,其中国外债务收入为 1 648 亿元,占债务收入的比重为 44%。1994 年之后,我国债务收入转向主要依靠国内债务为主,当年债务收入为 1 175 亿元,其中国内债务收入为 1 029 亿元,占全部债务收入的比重达 87.6%。最近几年,相比国内债务,国外债务规模几乎可以忽略不计。

二、债务规模

随着我国债务政策的转变,我国债务规模也发生了重大变化。改革开放以后,我国每年债务收入和债务支出规模变化如表 15.4 所示。

表 15.4　改革开放以后全国财政赤字、债务发行额和债务余额情况(单位:亿元)

年份	财政赤字			债务发行额			债务余额			
	中央	地方	合计	中央	地方	合计	中央	地方		合计
								一般	专项	
1985	30	28	0.57							
1990	−111	−40	−146							
1995	−664	43	−582							
2000	−2 598	99	−5 491							
2005	−3 000	919	−2 281				32 614			
2006	−2 750	767	−2 163				35 015			
2007	−2 000	2 707	1 540				52 075			
2008	−1 800	1 598	−1 263				53 272			
2009	−8 500	−2 000	−7 782	16 281		16 281	60 238			
2010	−8 000	−2 000	−6 772	17 850		17 850	67 548			
2011	−6 500	−2 000	−5 374	15 610		15 610	72 045			

（续表）

年份	财政赤字			债务发行额			债务余额			
	中央	地方	合计	中央	地方	合计	中央	地方		合计
								一般	专项	
2012	−5 500	−2 500	−8 699	14 527		14 527	77 566			
2013	−8 500	−3 500	−11 002	16 949		16 949	86 747			
2014	−9 500	−4 000	−11 416	17 877		17 877	95 655	94 272	59 801	154 073
2015	−11 200	−5 000	−23 609	21 285	38 351	59 636	106 600	99 272	60 802	160 074
2016	−14 000	−7 800	−28 150	30 869	60 614	91 483	120 067	97 868	55 296	153 164
2017	−15 500	−8 300	−23 800	40 096	43 731	83 827	134 770	103 322	61 384	164 706
2018	−15 500	−8 300	−23 800	27 092	41 780	68 872	149 607	109 939	73 923	183 862
2019	−18 300	−9 300	−27 600	42 737	43 624	86 361	168 038	118 694	94 378	213 072

资料来源：《2019 年中国统计年鉴》。

国债规模与财政赤字存在密切关系,我国财政赤字弥补方式及计算口径的变化,也直接影响我国每年国债规模。新中国成立以后,我国财政赤字或盈余曾经有 3 种计算口径。

一是把所有的公债收入都计入财政收入之中。相应地,所有公债支出(包括还本和付息)都计入财政支出中。财政赤字或盈余=(经常收入+公债收入)-(经常支出+投资支出+公债还本付息支出)。在 1993 年之前,我国一直使用这一财政平衡公式,这种财政赤字也被称为"硬赤字"。此时,如果还出现财政赤字,只能通过向中央银行透支或直接借款来弥补,这种赤字口径被人为地压缩了。相反,如果将公债收入剔除出财政收入,则除了向银行透支和借款外,还可以通过发行公债来弥补,这种赤字被称为"软赤字"。1993 年之前,我国允许通过向中央银行借款来弥补"硬赤字"。

二是财政收支口径中不包括所有的公债收支(包括公债利息支出),财政赤字或盈余=经常收入-(经常支出+投资支出)。从 1994 年开始,随着《预算法》的通过,我国对财政赤字统计口径进行了相应的改革,将全部公债收支都剔除出财政收支,并且不允许中央财政向人民银行借款弥补赤字,所有赤字都必须通过发行债务弥补。这种财政赤字统计口径与以前相比有了很大进步,但是由于没有将公债利息支出包括在财政支出中,赤字口径仍然被低估了。1994—1999 年,我国即采用这种赤字统计口径,国债发行量由当年财政赤字加上当年到期债务还本付息额之和决定。

三是财政支出口径中仅包括公债付息支出,即当年国债收入和还本支出都不列入财政收支,但当年发生的国债付息支出列入财政支出中。这种口径是市场经济国家通行的做法和国际惯例,财政赤字或盈余=经常收入-(经常支出+投资支出+公债付息支出)。2000 年后,为了完全与国际惯例接轨,准确反映赤字规模,我国开始实行这一口径的赤字计算口径。因此我国国债发行量主要由当年财政赤字加上当年到期债务本金之和决定。

从债务负担来看,2019 年末我国公债余额占 GDP 的比重约为 38.6%,2020 年末约为 45.8%。目前我国国债负担率处于低位。宏观经济形势要求政府适度扩大国债发行来刺激经济发展,促进经济繁荣,但政府国债筹资的能力或政府信誉可能因债台高筑而受到制约。同时,经济的发展、体制改革的深化也趋向于逐步使隐性国债和或有国债显性化,需要谨慎对待和处理债务负担、债务规模及风险防范问题。

三、国债品种

我国每年几千亿的国债主要是通过什么方式发行的呢? 我国目前的国债品种主要有三种类型,一是凭证式国债,二是记账式国债,三是储蓄国债(电子式)。

凭证式国债是财政部通过承办商业银行营业网点柜台,面向全社会发行的以"中华人民共和国凭证式国债收款凭证"的方式记录债权的国债。凭证式国债的发行利率由财政部参照同期银行存款利率及市场供求关系等因素确定,投资者可持现金直接购买,通过到商业银行营业网点填制"中华人民共和国凭证式国债收款凭证"的方式记录债权。凭证式国债为记名国债,可以挂失,可以质押贷款,可以提前兑取,但是不能更名,不能流通转让。

记账式国债是财政部将国债售给金融机构包销团,由金融机构通过债券市场将国债售给投资者,投资者需开设投资账户。记账式国债的发行利率是由国债承购包销团成员投标确定的,记账式国债可以上市流通,需要资金时可以按照市场价格卖出。由于记账式国债具有较强的变现能力,因此,其利率比凭证式国债要低一些。

储蓄国债(电子式)。2004 年,为了解决凭证式国债发售进度透明度不高,发行任务在不同银行、不同地区间难以调剂这一弊端。财政部利用计算机网络系统,通过承办银行营业网点柜台,首次向城乡居民直接发行了以电子记账方式记录债权的凭证式国债(电子记账)。电子式国债在性质上仍是凭证式国债,但是结合了凭证式国债和记账式国债的优点。投资者购买电子式国债品种,需在承办银行网点开立债券账户和资金账户后购买,债券利率也是财政部参照同期银行存款利率及市场供求关系等因素确定的。电子式国债品种到期后,承办银行自动将投资者应得本金和利息转入其资金账户,转入资金账户的本息资金作为居民存款由承办银行按活期存款利率计付利息。电子式国债实行实名制,不可以流通转让,但可以按照相关规定提前兑取、质押贷款和非交易过户。由于电子式国债具有类似储蓄的功能,也被称为储蓄国债。

四、债务管理模式

自 20 世纪 80 年代初恢复发行国债以来,我国一直采取逐年审批年度发行额的方式管理国债,当年债务发行规模由当年财政赤字和到期债务本金决定。这种方式不能全面反映国债规模及其变化情况,也不利于合理安排国债期限结构,降低债务成本,防范债务风险。

我国借鉴国际通行做法,自 2006 年起实行国债余额管理制度。在国债余额管理制度下,立法部门每年只审查年度预算赤字和年末国债余额,年内发行年内到期的短期债务将不算在额度内。财政部将不再以年内国债发行总量为控制目标,可以在年内滚动发行一年以下的短期国债品种,只要保证当年期末国债余额不超过年末国债余额限额即可。

我国特别国债的发行

1998年,为了补充国有银行资本金,财政部定向对工、农、中、建发行2700亿元特别国债。当时,央行下调存款准备金率5个百分点。四大行利用降准释放的2400亿元资金,加上央行300亿元超储资金,认购了这2700亿元特别国债。财政部利用这2700亿元增加了对四大行的注资,四大行的资产规模相应增加。

2007年,为了丰富外汇储备投资渠道,财政部发行1.5万亿元特别国债,从央行购入2000亿美元外汇资金,作为中投公司的资本金。这批特别国债采用"定向+公开"相结合的方式,1.35万亿元对国有银行定向发行,2000亿元对市场公开发行。当时,为了不违背《中国人民银行法》的规定,选择"借道"国有商业银行,央行随后买断了这部分特别国债。在央行资产负债表上,减少的1.5万亿元(即2000亿美元)外汇资产,变成了新增的1.5万亿元"对政府债权"。

2020年,我国的财政赤字规模比去年增加1万亿元,同时发行1万亿元抗疫特别国债。这2万亿元将全部转给地方,主要用于保就业、保基本民生、保市场主体,包括支持减税降费、减租降息、扩大消费和投资等,尤其是支持地方落实帮扶受疫情冲击最大的中小微企业、个体工商户和困难群众的措施,加强公共卫生等基础设施建设和用于抗疫相关支出等。

复习与练习

● **主要概念**

公债 国内公债 国外公债 中央公债 地方公债 实物公债 货币公债 短期公债 中期公债 长期公债 自由流通公债 非自由流通公债 浮动利率公债 固定利率公债 直接公债 或有公债 显性公债 隐性公债 直接发行法 间接发行法 包销法 招标法 缴款期招标 收益率招标 价格招标 直接偿还法 买销偿还法 一次偿还法 多次偿还法 借新还旧法 偿债基金法 预算盈余法 公债一级市场 公债二级市场 李嘉图等价 硬赤字 软赤字 拉美债务危机 亚洲金融危机 裙带资本主义 债务负担率 债务依存度 偿债率 记账式国债 凭证式国债 储蓄国债 国债余额管理制度 特别国债

● **思考题**

1. 公债的特征是什么? 公债有哪些种类?

2. 公债的发行方式有哪些? 如何衡量一个国家的债务负担和债务风险?

3. 我国目前的国债品种有哪些? 各有什么特点? 其发行和偿还方式是什么?

4. 关于公债效应有哪些观点? 其产生的背景是什么?

5. 20世纪80年代初期拉美债务危机发生的原因是什么?

6. 从债务角度解释 1997 年亚洲金融危机发生的原因是什么？

7. 改革开放以后,我国债务政策发生了哪些变化？

8. 我国当前的债务管理模式是什么？ 相比以前有何优点？

9. 你认为我国目前有公共债务风险吗？

10. 2020 年我国发行了 1 万亿元抗疫特别国债,其是如何发行、管理和使用的？

公共经济学

第四篇 4

【公共企业与规制】

第 十六 章

公共企业

公共企业(public enterprises)是指国家或政府拥有全部或部分资本、生产或者提供准公共产品的企业。公共企业是公共部门的重要组成部分,是公共产品的生产和提供主体之一。因此,公共企业的活动及其规律也是公共经济学的研究重点之一。目前,对于公共企业的研究主要是围绕如何改革公共企业内部治理结构和外部环境以及公共企业的所有权,从而提高公共企业的运营效率。本章主要介绍公共企业的基本概念、公共企业的内部治理结构与外部环境、公共企业的民营化改革。

第一节 公共企业概述

为了便于读者理解公共企业的概念,可以从所有权的属性和产品或服务的属性对公共企业进行界定。从公共性和企业性两个方面对公共企业的特征进行概括,还可以根据不同的标准对公共企业进行分类。

一、公共企业的界定标准

公共企业主要是根据所有权和所生产或提供产品的属性来界定的。从所有权的属性来看,国家或地方政府拥有公共企业的全部或部分资本;从所生产或提供的产品属性来看,公共企业生产或者提供的主要是准公共产品。

1. 所有权性质

第一层含义是指国家或地方政府拥有公共企业的全部资本,也就是说国家或地方政府独资的企业自然是公共企业。国家拥有全部资本的是国有公共企业,地方政府拥有全部资本的是地方公共企业。国有公共企业的人事、资产出资等权力都由中央政府决定;地方公共企业的人事安排、资产出资等权力由地方政府自主决定。

从这个角度来看,国有公共企业(state-owned public enterprises)和国有企业(state-owned enterprises)在概念上有相互重叠的部分。国有企业和国有公共企业是包含与被包含的关系,也就是说,国有公共企业是国有企业的一部分,国有公共企业肯定是国有企业。但是,并不是所有的国有企业都是国有公共企业。那么,如何区分国有企业和国有公共企业呢? 这主要依据两者生产或提供的产品进行区分。国有企业生产或提供的产品包括准公共产品和私人产品,但是国有公共企业只生产或提供准公共产品。我们通常说的国有企业更多的是指那些生产或提供私人产品而不是准公共产品的国有企业,国有公共企业接近于我们通常所说的公用事业单位。

第二层含义是指国家或地方政府只拥有公共企业的部分资本。这里,主要涉及对"部分资本"中的"部分"如何理解。从广义角度上说,国家或地方政府部门只是其中的一个股东,即使没有控股权,甚至只占有1%的股份,这类企业也是公共企业。也就是说,政府是否拥有对企业的控股权不是判断企业是不是公共企业的标准,只要是国家或地方政府部门出资的企业,都是公共企业。从中义的角度上讲,政府出资占一定比例并拥有控股地位的企业才是公共企业,这就要求政府在公共企业中拥有控股权。但是,拥有多少股份才能够拥有控股权,也要视具体情况而定。如果公共企业只存在两个出资者,那么要求国家或地方政府拥有51%以上的资本才能拥有控股权。如果公共企业的出资者有很多,而且其他股东都拥有很小的出资份额,那即使国家或地方政府拥有的股权不足51%,也可能仍然拥有绝对的控股权。从狭义角度上说,国家或地方政府独资,即占有100%股份的企业才是公共企业。本章主要讨论的是国家或地方政府出资并拥有绝对控股权的公共企业。

2. 产品或服务的属性

第一类准公共产品是指在消费上具有非排他性和竞争性特征,通常被称为"公共资源"类的准公共产品,例如免费公园里的长椅、公海里的鱼等。在现实生活中,"免费公园里的长椅"之类的准公共产品多采用私人企业生产、政府采购的形式提供。"公海里的鱼"这样的准公共产品是自然生产物,不是人类劳动的凝结物。一般来说,公共企业不生产或提供这类准公共产品。第二类准公共产品是指在消费上具有排他性和非竞争性特征的公共产品,例如自来水、电、煤气、有线电视、桥梁、道路等。这类准公共产品主要由公共企业生产或者提供,但是也可以由私人企业等其他主体生产或提供。也就是说,公共企业主要生产或提供在消费上具有排他性和非竞争性的准公共产品,但是提供这类准公共产品的不一定就是公共企业。

为什么在消费上具有排他性和非竞争性的准公共产品要由公共企业来提供呢?主要有以下几点原因:一是如果这类产品采取免费提供的方式,会造成过度使用,导致资源的浪费;如果采用纯粹的私人产品那样的提供方式,有可能会出现价格过高的现象,导致消费不足,而且出现低收入者消费不起的现象,有失社会公平,因此通常采取收费的形式但又不完全按照市场定价的方式提供。二是这类准公共产品在生产领域具有初期投资规模大,成本回收周期长的特点。从这个角度来看,私人企业一般不愿意投资,需要由公共企业投资并向社会提供必要的准公共产品。三是这类准公共产品在生产领域具有规模收益递增的性质,属于自然垄断行业。如果由私人企业提供,私人企业可能会倾向于采取提供量少、但是价格却高于边际成本并获得垄断利润的行为,由此导致社会福利遭受损失。因此,政府倾向于通过公共企业来生产或提供这类准公共产品。

但是,改革开放以来,随着经济规制的放松、信贷业的发展以及技术的进步,越来越多的私人企业开始热心于投资公共企业。这是因为这类准公共产品除了具有上述特征外,还具有消费者群和消费量稳定、经营收入受经济周期波动的影响小、收益稳定等特征。因此会吸引私人企业的投资。

二、公共企业的特征

从"公共企业"的字面上看,公共企业所具有的"公共性"和"企业性"是其最基本的两个特征。

公共企业的公共性主要表现在以下五个方面:一是所有的公共性,这主要是指国家或地方政府作为出资者和代理人,代表国民享有公共企业的所有权、收益权、处置权和分配权等权力,因此公共企业生产什么、生产多少、如何生产都必须符合政府的计划,而且在人事管理、经营决策、产品定价等方面都要受政府的监督和管理;二是主体的公共性,公共企业的资金主要来源于政府和(或)民间渠道,其中政府出资是主渠道,而政府出资又主要来源自国民,因此公共企业的最终级所有权主体是全体国民;三是目标的公共性,正因为公共企业的最终级所有权主体是全体国民,公共企业的行为目标应是提高全体国民的福利,满足社会的公共需要;四是用途的公共性,这主要是指由公共企业生产或提供的公共设施的用途具有公共性,虽然公共企业生产或提供的准公共产品具有排他性,但是这类准公共产品的价格通常会低于私人产品的价格,因此其排他的程度较私人产品低;五是管制的公共性,这主要是指国民是公共企业的最终级所有者主体,因此对于公共企业的管制是以国民参加为前提的公共管制。

公共企业的企业性主要是指公共企业与私人企业一样具有企业法人的地位。作为企业法人,必须以获取利润为目的从事商品或劳务的生产和经营活动。通常,公共企业的设立必须经立法机构批准,并符合《公共企业法》《公营资产法》等法律的规定;资本金主要由政府出资、每个公共企业都有确定的名称、场所和组织机构;对于自己的行为所产生的后果可以承担民事责任;主要依靠生产经营活动以维持其正常的运营,其销售额至少能补偿其一半以上的生产成本,不足的部分由政府补贴。所以,公共企业是按照企业的组织形式设立并按企业的性质经营的经济实体①。由于公共企业提供的准公共产品具有排他性的特征,而排他性主要是通过收取产品的使用费来实现的,所以公共企业可以通过提供准公共产品来获得可以量化的事业性收入,并抵补其全部或部分成本。但是,必须指出,公共企业具有的企业特征与私人企业的不完全相同。也就是说,公共企业追求利润目标的同时,也追求社会目标。当利润目标与社会目标相互冲突时,公共企业必须侧重其社会目标。因此,可以说公共企业具有特殊的企业法人地位。

公共企业所具有的企业性特征要求公共企业在生产经营上也要遵循市场规律,这突出表现在公共企业在生产和经营上要具有一定程度的自主性以及努力提高效率。一方面,公共企业在原材料采购、财务处理、人事配置、生产销售、产品定价等方面都要和市场发生关系,也要遵循市场规律。这要求公共企业具有独立法人的性质,拥有一

① 朱柏铭.公共经济学理论与应用[M].北京:高等教育出版社,2007.

定程度的经营自主权;另一方面,公共企业作为事业体,要承担一定的国有资产保值增值的责任,因此必须履行实现企业内部组织的效率化(经营管理组织及生产、销售体制的效率化),以及提高生产率的义务①。

三、公共企业的类型

目前,关于公共企业的分类,无论在理论上还是在各国实践中,都没有达成一致的共识。但是,以下对于公共企业的3种分类,有助于我们加深对公共企业的全面理解。

1. 按照公共企业所处的生产和经营领域分类

适宜生产或提供准公共产品的行业应建立公共企业,根据公共产品理论和世界各国的实践,可以把公共企业划分为以下3类②。

(1)公用事业,如能源、通讯和交通等行业,具体包括以下几个方面:① 电力、煤气、水;② 电话、邮政;③ 广播、电视;④ 航空、铁路、城市交通、收费的桥梁;⑤ 垃圾处理、废物回收。从事这些行业的在大多数国家都是公共企业。但在美国,这些行业或属于受管制的私人企业。

(2)基本品行业,如生产煤炭、石油、原子能和钢铁的行业。在欧洲,这些领域基本上属于国有企业,但国有企业的比例在各国并不完全相同。

(3)教育和保健行业。在大多数国家,这两类行业既有公共企业,也有受管制的民间部门举办的私人企业。

2. 按照公共企业投资主体的行政层级分类

按此标准,可以将公共企业划分为2类:一类是国家公共企业,主要指由中央政府出资的公共企业;另一类是地方公共企业,主要指地方政府出资的公共企业。中央政府与地方政府的目标并不完全一致,这样通常会导致中央直属公共企业和地方所属的公共企业之间发生矛盾甚至是冲突。公共企业的主管部门与地方政府之间也会出现一些矛盾,这对有效管理公共企业提出了挑战③。

3. 按照公共企业所属行业的性质分类

(1)自然垄断性公共企业。电力、电信、铁路、天然气、自来水、燃气等被认为是典型的自然垄断行业,这类企业之所以采取公共企业的形式进行生产和经营,至少有3个原因。

一是具有规模经济和范围经济效应。规模经济是指生产和经销单一产品的单一经营单位因规模扩大而减少了生产或经销的单位成本时产生的经济效应④。它主要是指随着企业生产规模的扩大,单位产品的成本下降使边际成本小于平均成本,从而使收益上升。对于公共企业来说,其前期的固定资本巨大,尤其是其生产和经营赖以存在的网络建设更是耗资甚巨,但是一旦生产和服务性网络建立完毕,再增加客户的边

① 郭庆旺等.公共经济学大辞典[M].北京:经济科学出版社,1999.
② 郭庆旺,鲁昕,赵志耘.公共经济学大辞典[M].北京:经济科学出版社,1999.
③ 韩丽华,潘明星.政府经济学[M].北京:中国人民大学出版社,2003.
④ 小艾尔弗雷德·D.钱德勒.企业规模经济与范围经济[M].北京:中国社会科学出版社,1999.

际成本很小,并低于其平均成本,因此具有明显的规模经济效应。

图 16.1 证明了在规模经济的效应下,由一家企业从事生产比 2 家以上企业同时从事生产更能节约成本。因为市场对准公共产品的需求数量是一定的,假设为图中 Q^*。如果由一家企业垄断生产,总的成本为 C_1Q^*;由两家企业平均生产的总成本为 $C_2 \times Q^*/2 \times 2$,即为 C_2Q^*;由四家企业平均生产的总成本为 $C_3 \times Q^*/4 \times 4$,即为 C_3Q^*。由于公共企业存在规模经济效应即边际成本递减,所以 $C_3 > C_2 > C_1$,由此可知 $C_3Q^* > C_2Q^* > C_1Q^*$。这表明由一家企业从事生产,比由 2 家以上企业从事生产的总成本小。因此,从规模经济效应可知自然垄断的市场结构有利于社会资源的有效配置。

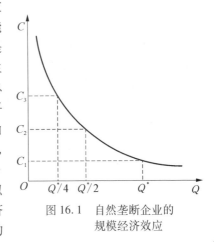

图 16.1　自然垄断企业的规模经济效应

范围经济是指利用单一经营单位内原有的生产和销售过程来生产或销售多于一种产品而产生的经济[①]。例如,自来水企业中的原水输入、制水、送水、排水、污水处理等各个环节具有高的垂直相关性,这些环节由一家企业来完成要比 2 家以上企业来完成的成本低,能够达到提高资源配置效率的目的。因此,维持这类企业自然垄断的市场结构有利于社会资源的合理配置。

对于存在规模经济和范围经济的企业来说,自然垄断的市场结构更能增加社会资源配置的效率。但是,如果由私人企业垄断经营,以利润最大化为追求目标的私人企业必然按照边际收益等于边际成本的均衡条件来决定产品的数量,按照需求者的边际效用来决定产品的价格,从而导致产品的数量太少,价格太高,消费者剩余减少,从而影响到配置效率。解决这一问题通常采取 2 种方案:一是由私人企业垄断生产和经营,由政府对其产品的数量和价格进行管制;二是由公共企业进行垄断生产和经营。对于第一种方案来说,存在政府部门因信息不对称在管制中容易处于劣势的问题,因此政府部门倾向于采取由公共企业垄断生产和经营的方式[②]。

二是具有沉淀成本高的性质。所谓沉淀成本高,是指这类企业的固定成本很高,而且固定成本的专用性很强,因而转移并在其他行业中使用的可能性很小。如果该企业在竞争中失败,就会导致前期投入的固定成本很难收回,从而造成巨大的资源浪费。公共企业具有网络性,即必须借助有形或无形的网络系统,才能将产品或服务从生产领域转移到消费领域,因此这类企业又称为网络性产业,例如电网、铁路网、高速公路网、自来水管网、燃气管网、航线、邮路等等。这些网络的建设,需要巨额的固定资本,而且这些网络一旦建成,很难转为其他用途,一旦退出容易造成巨额的沉淀成本。因此,为了避免沉淀成本的浪费,通常采取自然垄断的方式,限制其他企业进入,从而避

---

① 夏大慰.产业经济学[M].上海:复旦大学出版社,1994.
② 庄序莹.公共管理的经济学基础分析[M].上海:复旦大学出版社,2005.

免由于竞争失败而导致的资源浪费。

三是服务覆盖全区域。对于公共企业来说，如果是国家公共企业，其生产和提供的准公共产品的范围应该覆盖全国；地方公共企业，其生产和提供的准公共产品的范围应该覆盖整个地方政府所属的行政区。也就是说，公共企业输送准公共产品的网络和所提供的服务要覆盖到各个角落，无论是人口集中程度较高的城市，还是人口密度较小的偏远的山村，都应该不计成本、一视同仁。但是，在人口密度较小的偏远地区建设网络是不经济的。对于私人企业来说，其追求的目标是利润最大化和成本最小化。因此，私人企业对于人口较少、成本较高的偏远地区，倾向于不提供或者提供较少的产品和服务，从而导致这些地区居民的福利损失。这不仅会加剧社会不公平现象，而且会导致整个社会福利的下降。因此，国家为了使所生产和提供的准公共产品覆盖整个区域，多采用公共企业自然垄断的形式。

（2）竞争性公共企业。公共企业除了存在于自然垄断领域之外，在竞争性领域也广泛存在。例如有些国家的银行、保险、证券、信托投资等金融行业，以及军事装备制造、监狱、石油化工等行业，都采取由公共企业生产的方式。其主要原因有2个：一是在金融行业，存在信息不对称和外部性问题，容易带来金融风险从而不利于社会经济的稳定发展，而金融业如果是公共企业，可以借助国家信用有效地规避由此导致的风险。二是为了保护国家安全，防止私人企业垄断，许多国家在军事装备制造、监狱、石油化工等行业都采取公共企业直接生产的方式。

（3）社会公益性公共企业。这里所称的公益性企业，是指自然垄断特征和竞争性特征都不明显，但是具有正外部性、社会迫切需要的企业，像航空运输、铁路运输、水路运输、城市公交、邮政、垃圾处理、环境保护、教育、保健等。这类企业如果由私人企业提供，容易出现提供数量不足、价格过高以及私人企业不愿意或者不能够提供的现象，即存在市场失灵。由公共企业提供这些产品，不仅可以弥补市场失灵，降低产品的价格、扩大产品供给的数量，而且可以为国民提供享受这些产品的公平机会，有利于社会的稳定发展。

以教育为例，如果由私人企业提供，例如中国封建社会的私塾和现代社会的私立学校，在追求利润最大化的目标下，其产品的价格过高，会排除一部分低收入者接受教育，从而加剧社会的不公平。我们前面在第七章已经分析过，教育是一种典型的具有正外部性的产品。国民接受教育程度越高，越有利于社会经济的发展。如果采取公共企业形式即设立公立学校，则可以降低产品的价格，使接受教育的人群数量扩大，为国民在接受教育方面提供更加平等的机会，从而促进教育的正外部性的扩大，促进全社会更快的进步。另外，公立学校还担负着意识形态和国情教育的重任。因此，各个国家在教育等社会公益领域倾向于采取公共企业的形式从事生产和经营。

另外，社会公益性公共企业在促进社会公平方面起着积极的作用。以邮政业为例，如果由私人企业来提供邮政服务，他们倾向于只向收益高的城市地区提供服务，而不对收益低的乡村地区提供服务，从而会加剧社会的不公平。国有邮政事业所提供的服务覆盖整个国家，并且向所需成本较高、收益率较低甚至为负的偏远乡村地区提供同样的服务。因此，国家倾向于采用公共企业的形式提供该类产品。

当然在第三种分类法中,有些值得商榷的地方。如自然垄断性公共企业和公益性公共企业有时很难区分,一些行业既带有自然垄断企业的特征,又带有公益性企业的特征,像自来水、电力、煤气、天然气等企业。但是,我们可以在这种分类方法中加深对公共企业特征的理解和把握。

第二节 影响公共企业效率的因素

如何解决效率问题是公共企业治理的难点。影响公共企业效率的因素与公共企业的内部治理结构和外部环境存在密切关系。公共企业的内部治理结构是指公共企业的所有者为了实现对经营者的激励和监督,在所有者与经营者权利和责任关系方面的一种制度安排,它主要涉及公共企业在组织方式、控制机制、利益分配等方面的法律、机构、文化和制度。公共企业的外部环境包括公共企业面临的市场环境和政府治理环境。具体来看,影响公共企业效率的因素有以下 3 种。

一、公共企业经营目标的多元化

公共企业的经营目标具有多元化的特征,是导致其效率低下的重要原因。

首先,私人企业的委托人和代理人在经营目标上的不一致问题在公共企业中同样存在,而且更加复杂。公共企业的最终所有者是全体国民,并由国家或者地方政府代表国民对公共企业行使管理的权利。但是国家或地方政府并不直接经营公共企业,而是委托公共企业的管理人员代理其行使经营公共企业的权利,即在公共企业的所有权和经营权相分离的情况下,国家、地方政府和企业的管理人员就形成了委托-代理关系。这样的委托-代理关系决定和制约着公共企业的内部治理结构,使其内部治理结构表现出不同于私人企业的特征,而这些特征与公共企业的效率性问题密切相关。

私人企业的委托-代理问题主要表现在委托人和代理人追求的目标可能不一致。委托人作为股东,追求企业长远利益的最大化,而代理人追求自身利益的最大化。在监督机制不健全的情况下,代理人可能会为了满足自身利益而损害股东的利益。委托人为了规避这类风险,通常会花费一定的成本对代理人进行监督。这种监督代理人的成本以及为保证代理人的目标不发生偏差而造成的福利损失被称为代理成本。但是,通常情况下,代理人比委托人拥有更全面的信息,委托人在信息获取方面会处于劣势并使代理成本增加,最终导致企业效率的低下。

第一,私人企业的委托-代理问题在公共企业中同样存在,并且表现得更为复杂。公共企业存在多层的委托-代理关系。如果公共企业是国家所有的,其最终所有权是全体国民,全体国民委托中央政府代理公共企业的管理事务;如果公共企业属于地方政府所有,那么其最终所有权属于地方公民,地方公民委托地方政府代理其管理地方公共企业,这就形成了第一层的委托-代理关系。通常情况下,中央政府还会委托国有资产管理委员会来代理其对公共企业进行管理,这就形成了第二层的委托-代理关系。

国有资产管理委员会再作为委托人,委托公共企业的管理人员代理其来经营公共企业,这就形成了第三层的委托-代理关系。由于公共企业的委托-代理关系的层次比私人企业多,委托人和代理人之间信息不对称的问题也比私人企业严重。而且如果各个层次的委托人和代理人目标都不一致的话,其效率损失的程度就会大于私人企业。

第二,由于公共企业具有"公共性"和"企业性"2个特征,因此在经营上也同样具有2个目标:追求公共利益和企业利益。如果这2个目标发生冲突,一般来说要把追求公共利益为首要目标,把追求企业利益作为次要目标。在公共企业这种不以利润最大化为主要目标的情况下,就缺乏足够的刺激去追求成本最小化,进而可能导致生产成本膨胀。

第三,公共企业所追求的企业利益(即利润最大化)通常是一个比较具体的概念,而"公共利益"目标本身是由多个目标构成的。其中既包括经济增长、物价稳定、充分就业、国际收支平衡等经济目标,也包括社会稳定等政治目标。例如,财政部门要求公共企业最大限度地贡献公共收入、减少公共支出,劳动部门要求公共企业在实现充分就业方面做出贡献,物价部门要求公共企业提供的准公共产品的价格有利于物价稳定等等。如何对这些目标按照重要性进行排序或者权衡取舍,本身就需要一定知识和技术。要求公共企业同时统筹兼顾并达到多个目标,确实需要代理人具有很高的才能。

第四,公共企业在某一时期具体要实现哪一个目标,通常由出资人即国家或者地方政府来决定。同时,公共企业的投资、价格等重大决策也都由政府决定。这就意味着公共企业不是真正的决策者,而只是决策的执行者。这样不仅容易造成公共企业市场主体地位的缺失,也容易导致公共企业养成不承担市场风险、依赖政府财政补贴的习惯,进而导致经营上的低效率。

二、公共企业缺乏有效的激励机制

由于政府直接或间接地决定公共企业管理人员的选拔和经营决策,使公共企业缺乏有效的激励机制,也是公共企业效率低下的一个重要原因。

一方面,政府决定公共企业的决策。在政府控股的公共企业中,政府的意志左右着股东会的决策,即政府可以通过股东会间接地控制公共企业的决策。在政府独资的公共企业中,公共企业的决策可以由政府直接决定。公共企业生产什么、生产多少和为谁生产都由政府决定。在这种情况下,公共企业的管理人员在决策方面所起的作用类似于官僚制度中的官僚,即在政府制定决策之前提供信息甚至决策的备选方案,在决策制定之后执行决策。因此不承担决策是否失败以及所提供的准公共产品能否满足需要的责任。

另一方面,公共企业的管理人员的任命及其工资标准由政府决定,与公共企业的经营绩效关系不大。因此公共企业缺乏追求利润最大化、成本最小化以及科技创新的动力,导致其经营效率低下。公共企业的董事长通常由政府任命,而不是由董事会选举产生,因而董事长主要对政府负责。甚至董事长和董事由政府官员兼任,并从政府获得薪金,而不是从公共企业中获取报酬,因而他们的收入和公共企业的经营效率关系不大。公共企业的经理层人员是专职在公共企业里工作的公务员,虽然他们的工资由公共企业支付,但是工资标准与公务员的级别工资相对应,不与公共企业的经营绩效挂钩。公共企业中的其他员工虽然工资由企业支付,但是工资标准大多参照政府公务员的工资①。因此,公共企业员工的工资水平不以企业的经营绩效作为主要的衡量标准,企业的盈利或亏损不影响企业员工的福利待遇,从而导致企业上下缺乏提高效率、追求科技创新的动力。

三、公共企业面临的外部环境

1. 公共企业面临的市场环境

公共企业和私人企业面临相同的市场环境,但是由于公共企业与一般的私人企业性质不同,所面临的市场压力也不尽相同,导致公共企业缺乏竞争。从供给方面来看,由于公共企业多是自然垄断行业,在一定区域内不存在同类企业的竞争,缺乏产品销售方面的竞争压力。公共企业生产的产品多是居民离不开的基本生活消费品,例如自来水、电、煤气、公共交通、邮政等等。此类产品的消费者数量相对稳定,受经济周期波动的影响较小,因此产品的产量和销售量也相对稳定。从需求方面来看,消费者虽然可以通过"用脚投票"的方式显示自己的偏好,但是这样的方式成本较高。由于消费者对公共企业提供的产品具有需求刚性,而且对于公共企业所提供产品的成本、收益等信息的收集中经常处于劣势,因此在博弈中经常处于不利的地位。

2. 公共企业面临的政府治理环境

一方面,政府是公共企业的决策者,对公共企业的经营承担责任。正如匈牙利经济学家科尔奈假设的那样,"父爱主义"使政府与企业之间的经济关系具有类似家庭中父子关系的特征。政府对企业就像慈父对待自己的儿子一样,把企业的生产经营等全部事务包揽下来,对于公共企业更是如此。公共企业不仅可以获得政府的优先投资或者贷款,而且在经营亏损的情况下还可以获得税收减免、财政补贴以及延期还贷,因此即使在竞争的环境中,公共企业也会获得优势,不担心企业的倒闭和破产。同时,政府部门可以实施行业的进入管制,以确保公共企业的垄断地位或者获得垄断利润。另一方面,政府要求公共企业实现多元目标,会使公共企业在追求企业利润方面不如私人企业那样有竞争力。

第三节　公共企业的民营化改革

为了解决公共企业的低效率问题,20 世纪 70 年代后,英国掀起了公共企业民营化的浪潮,接着蔓延到全世界。在每个国家,公共企业的民营化有其特定的历史背景,不同国家公共企业民营化的具体方式也是不同的,民营化改革的效果也有所差异。

---

① 朱柏铭.公共经济学理论与应用[M].高等教育出版社,2007.

一、公共企业的民营化浪潮

在西方,民营化的建议首先在 1969 年由彼得·德鲁克提出,他当时使用的是"reprivatize"一词,即"重新民营化"的意思。20 世纪 70 年代以来,美国的萨瓦斯、普尔、斯潘、罗斯巴德、菲斯克等对民营化的理论进行了系统的研究。

但是,到目前为止,关于"民营化"并没有一个统一的定义。例如,萨瓦斯认为,民营化是指公共服务的签约外包。他认为,民营化与"非国有化(denationalization)"以及"商业化(commercialization)"不是同义词。因为"非国有化"排除了美国的"非州有化"及"非市有化"的内容;而"商业化"是指解除商品生产补助的行为。而在美国之外,尤其是在欧洲,则普遍认为民营化与"非国有化"是同义词。肯特认为,民营化就是指原本完全由政府以低于或接近于完全成本价格(full-cost price)所承担的功能转移给私人部门,私人部门以市场或完全价格来生产。派恩认为广义的民营化包括经济自由化(liberalization)及放松规制(deregulation)。

对于公共企业而言,广义上的民营化包括国家或地方政府将公共企业的资产或股权转让给私人组织,允许私人组织进入由政府垄断的行业,允许私人部门经营政府所属的企业等。狭义的民营化包括 2 种情况:一是政府把公共企业的大部分或全部资产所有权出售给私人部门;二是政府把公共企业中持有的股份比重降低,放弃控股地位或者干脆将全部股份转让给私人部门。

第二次世界大战之后,世界上很多国家兴起了国有化的浪潮,建立了大量的公共企业。但是,与此同时,公共企业的低效率、日益膨胀的公共支出问题逐渐显现。20 世纪 70 年代的经济危机所导致的高失业率、高通货膨胀率和低经济增长率,使人们在意识形态上对政府干预理论发生了很大的转变。这些因素共同促进了公共企业的民营化改革。

1979 年,玛格丽特·撒切尔当选英国首相,开始在国内推行公共企业民营化。当时,公共企业效率低下使英国的财政不堪重负。为了减少财政压力,英国对以下公司进行了民营化改革:英国燃油公司(1979)、英国飞机制造公司(1981)、英国石油公司(1982)、国家货运公司(1982)、有线无线公司(1983)、美洲豹公司(1984)、英国电信公司(1984)、英国飞机制造公司(1985)、英国天然气公司(1986)、英国航空公司(1987)、罗尔斯·罗伊斯公司(1987)、英国机场管理局(1987)①。接着,民营化的浪潮迅速席卷美国、法国、日本、加拿大、联邦德国、意大利、荷兰、比利时、奥地利、葡萄牙、西班牙、澳大利亚等西方工业化国家。

20 世纪 80 年代末期以来,迫于西方援助国和国际机构的压力,墨西哥、巴西、智利和阿根廷等许多发展中国家陆续推行了民营化改革。

与此同时,在社会主义国家中也推行了民营化的改革。萨瓦斯认为,中国是社会主义国家中民营化的先驱,1978 年开始出现的农村家庭联产承包制的实质就是以私营

---

① BISHOP M, KAY J. Does Privatization Work? [M]. London: London Business School, 1988: 5 - 6.

农业取代国有和集体农场的民营化改革①。伴随着 1989 年社会主义阵营在东欧的解体以及 1991 年苏联的解体,匈牙利、波兰、捷克斯洛伐克、保加利亚、罗马尼亚、斯洛文尼亚、苏联原来的加盟共和国等都实施了民营化改革。

二、委托授权的民营化方式

民营化的主要方式通常可以分为 3 类:委托授权、政府撤资和政府淡出。每一类又包括几种具体的方式,如表 16.1 所示。

表 16.1　民营化的方式

委托授权	合同承包	部分服务
		全部管理
	特许经营	公共空间的特许使用
		租赁
	补助	
	消费券制度	
	法令委托	
政府撤资	出售	给合资企业
		给私营业主
		给公众
		给管理者或雇员
		给使用者或消费者
	无偿赠与	给合资企业
		给公众
		给雇员
		给使用者或消费者
		给原来的所有者(归还)
		给特定的群体
	清算	
政府淡出	民间补缺	
	政府撤退	
	放松规制	

资料来源:E.S. 萨瓦斯. 民营化与公私部门的伙伴关系[M]. 北京:中国人民大学出版社,2002:128.

委托授权是指政府通过招标方式将公共企业的经营权委托给民营企业。它不改变国家或地方政府对公共企业的所有权,改变的只是公共企业的经营权。委托授权的

---

① E.S. 萨瓦斯. 民营化与公私部门的伙伴关系[M]. 北京:中国人民大学出版社,2002:15.

形式又可以分为合同承包、特许经营、补助、消费券制度、法令委托等具体的方式。

（1）合同承包。政府通过与民间组织或企业签订承包合同，由民间组织或企业直接向政府或者市民提供公共服务，政府向民间组织或者企业付费购买这种公共服务。这种民营化的方式常见于美国和英国。例如，美国各级政府部门通过合同承包方式获取诸如数据处理、贷款处理、建筑和工程、培训、视听服务、食品服务、雇员体检、图书馆、洗衣店、运输、车辆维修等等服务。而地方政府运用合同承包方式，由私人企业或组织向市民提供诸如垃圾收集、城市绿化、街道清扫、路面维护等服务。

（2）特许经营。政府授予私人组织直接向公众出售其服务或产品的权力，这种权力通常具有排他性，而私人组织为了获得该权力通常要向政府付费。特许经营又可以分为2种方式：第一种，政府授权私人组织使用公共领域从事商业活动，例如，授权私人组织使用机场、候车亭、广播电视、地下空间、街道等公共空间从事商业活动。第二种形式是租赁，即私营企业租用政府的有形资产从事商业活动。这两种方式的主要区别在于，第一种方式使用权获得者承担资本投资的责任，而第二种方式是所有者（政府）承担资本投资的责任。

（3）补助。政府委托私人部门从事提供某种产品或者服务，同时向消费者或者生产者提供补助。例如，政府委托私人部门从事房地产开发，同时以低于市场的价格向社会出租，实际上就是给住房者提供补助。

（4）消费券制度。政府委托私人部门提供先前由政府提供的产品或服务，同时向具有某些资质的消费者发放消费券，该消费者在接受私人部门提供服务时，可以使用消费券来弥补资金的不足。消费券制度可以被用于教育、食品、房屋、医疗、保健、日托及运输等公共服务的提供。

（5）法令委托。政府通过颁布法令的形式要求私营部门必须提供某一公共服务并承担相关成本。例如在美国，政府通过颁布法令要求私人雇主为雇员提供失业保险，就可以称为民营化。

三、政府撤资的民营化方式

撤资是指政府从公共企业中撤出资本，意味着放弃一个企业。它包括3个具体的方式：出售、无偿赠与和清算。

（1）出售。政府部门通过出售将公共企业的股权进行转让。按照出售的对象不同，出售方式又可以分为5种具体情况，即政府将公共企业出售给合资公司、私营业主、公众、管理者或雇员、使用者或顾客。在这里，出售的可以是公共企业的全部、大部分、一半或者小部分，但是政府必须放弃对公共企业的控制，否则应视为集资行为而非民营化。同时，政府出售公共企业可以是一次性出售，也可以是分期逐步地出售，即在一段时间内售出一部分股份。

（2）无偿赠与。政府对公共企业资产进行价值评估，确定无偿赠予的比例，再以此为基础确定私有化证券的发行总额，最后将这些证券无偿地赠送给他人。赠送的对象可以是合资公司、公众、雇员、原来的所有者以及符合资格的特定群体。这些对象获得这些证券之后，可以代替货币进行投资。

（3）清算。如果公共企业在出售过程中难以找到买主，或者扭亏增盈无望，可以通过清算的方式关闭该企业。

四、政府淡出的民营化方式

政府淡出是指政府以消极的或间接的方式逐渐从公共企业中退出，并逐渐被民营部门所取代。淡出可以通过民间补缺、政府撤退和放松管制等形式来实现，同时可以通过向政府提供的服务或者产品收取费用的方法加速谈出的速度。

（1）民间补缺。当公众感到政府提供的服务或者产品无法满足其需要，而私营部门能够采取措施满足公众的需要并弥补政府提供公共产品的不足时，这个过程可以被认为是民间补缺式的政府淡出。近年来，私立幼儿园、私立学校的发展，以及从事邮递行业、公共交通运输业的私人公司的发展属于民间补缺的民营化方式。

（2）政府撤退。政府通过限制公共企业的增长或缩小其规模并让私营部门进入相关领域的方式实现民营化。和民间补缺方式不同的是，民间补缺对政府来说可能是一种无意识的行为，而政府撤退是政府有意识的行为。政府撤退通常采取的方法是停止向公共企业提供补贴，听任其开工不足，资源闲置，从而限制其扩大再生产，最终使公共企业完全退出市场。政府撤退往往伴随着民间补缺。

（3）放松规制。政府通过允许私人部门进入市场，并参与公共企业的竞争，削弱公共企业的垄断地位，以刺激公共企业提高效率并促使其民营化。

公共企业民营化的每一种方式都有其优点和缺点。一般来说，民营化需要综合运用多种方式实施。表16.2对各种形式的主要特点进行了对比。

表 16.2　公共企业各种民营化方式的特点

方　式	优　点	缺　点
合同承包	提高生产率，节约成本，透明	可能招致工人的反对
公共空间的特许使用	利于吸引民间知识、技术和资本，节约成本	可能招致工人的反对
租赁式特许	利于吸引民间知识和技术，节约成本	可能招致工人的反对
补助	比直接由政府供应成本低	需要政府持续投入，过程不够透明
消费券制度	给接受者更多选择自由，节约资金，没有腐败	需要政府持续投入
法令委托	把所有成本强加给民营部门	把所有成本强加给民营部门，掩盖了政府的角色
出售给合资企业	利于吸引民间知识、技术和投资，政府可获取一些收入并可保留部分所有权	不够透明
出售给私营业主	利于吸引民间知识、技术和投资，政府可获取一些收入	可能招致工人的反对，可能找不到买主，透明度较低
出售给公众	受公众欢迎，透明，增加政府收入	只适用于低风险情境，企业不能获得新投资

（续表）

方　式	优　点	缺　点
出售给管理者或雇员	可保留运营经验,受雇员欢迎	企业不能获得新投资、新知识和新技术
出售给使用者或消费者	受公众欢迎,利于解决存在的问题,可消除公共资金的浪费,政府可获取收入,过程透明	
无偿赠给合资企业	利于吸引民间知识、技术和投资,政府保留部分所有权	政府不能从中获取收入
无偿赠给公众	受公众欢迎	政府保留经营管理权,政府不能获取收入,无法吸引民间投资和知识
无偿赠给雇员	受雇员欢迎	政府不能从中获取收入,无法吸引民间投资和知识
无偿赠给原来的所有者	公平	政府不能从中获取收入,公众不欢迎
清算	利于解决问题,获得一些收入	会招致工人的反对
民间补缺	一种精妙的实施办法	会招致短期内的公众抱怨
政府撤退	可以渐进实施	会招致公众抱怨
放松规制	好政策	操作复杂,容易遭到既得利益集团的反对

资料来源: E.S.萨瓦斯.民营化与公私部门的伙伴关系[M].北京:中国人民大学出版社,2002:138-139.

专栏16-1

日本公共企业民营化改革原因

　　日本公共企业的民营化在总体上并非是将国有企业转为私人所有,而是对其实行公司制或股份制以及市场化的改革。日本的民营化,是伴随着国家从某些经济领域退出,同时鼓励民间企业渗入到原国有企业垄断经营的领域。联系当时的国际经济形势与日本的财政政策,公共企业民营化及其制度改革的宏观原因主要包括两方面。

　　第一,社会经济状况发生了变化。1973年和1979年的石油危机导致日本经济发展迟缓,在此严峻形势下,企业界提出希望减少政府干预、提高企业经营效率的要求。20世纪80年代,伴随着产业与经济结构的调整,技术手段的革新以及民营企业的发展,日本的城市化、人口老龄化、国际化水平等不断提高,国民生活质量整体提高,价值观念也发生重要的变化。在此背景下,公共企业有必要运用市场原理、导入竞争机制以寻求经营的高效率。而此时的日本公共企业因长期低效率的经营而陷入赤字累累的窘境,政府财政不堪重负,也引起了社会公众的不满。

　　第二,财政情况恶化。第一次石油危机之后,日本曾实行过抑制总需求的紧缩性财政政策,但为了应对国内严重的经济萧条状况,在1975年之后日本转而采取了积极的财政政策。然而,由于税收增长缓慢以及赤字公债发行的增加,财政形势迅速恶化。为此,重建财政成为当务之急,这就迫切要求政府认真修改和减少支出。以此为契机,日本开始了以国有铁路为代表的公共企业改革。

公共企业效益低下的原因主要包括几方面的因素:① 僵化的预算和决算制度;② 因受规制而使企业独立自主性受到限制;③ 多头监管且监管责任不明确;④ 监管的政治性;⑤ 公共企业受保护性;⑥ 重视安全性;⑦ 垄断。这其中,导致日本公共企业效益低下的最根本原因,还在于政府的过度控制和干涉。日本政府设立公共企业体的初衷是为了实现政企分离,以更好地发挥企业自治性,提高企业效率。但是,公共企业体(公社)作为国家全额出资的公共企业,仍然受到与早期官营企业几乎相似程度的政府规制。其经营方式、财务预算、人事任免等制度须受到国会及政府的控制,从而难免容易受到政治的干涉。而政治力量的干涉致使经营职责不明,妨碍企业做出合理适当的决策,公共企业体无法保持经营的自主权,从而导致墨守成规和传统的、僵硬的经营方式。

另外,公共企业与私有企业的不同之处在于,私有企业如果不努力经营就会面临利润下降甚至破产的风险,而公共企业背后有政府做靠山,完全不存在破产的担忧,这在日本被称为“唯我独尊”的轻松心态。因此,公共企业的经营者不具备企业经营的紧迫性,责任意识淡薄,这种产权关系必然导致日本公共企业在经营上的低效率,最终导致经营日益恶化。

因此,日本的公共企业体面临着公权力强制与经营自主权的两难选择,无法协调好二者之间的关系。在此背景下,日本进入了公共企业的民营化改革时代。

参考文献:陈美颖.日本公共企业经营治理的制度改革及其启示[J].现代日本经济,2019(5):83-94.

五、我国国有企业改革

1. 国有企业分类及改革思路

我国于 2015 年颁布的《关于深化国有企业改革的指导意见》把国有企业明确划分为商业类和公益类,其中商业类国有企业实行股份制改革,而公益类国有企业则一般采取国有独资形式。地方政府也出台了具体的分类改革思路。比如上海市 2013 年颁布了《关于进一步深化上海国资改革促进企业发展的意见》,重新把国有企业划分为竞争类、功能类和公共服务类三大类企业,其中竞争类采取市场化导向的改革模式,功能性和公共服务类企业则发挥国有资本的主要作用。竞争性、非竞争性之间的划分标准与公益类、商业类之间的划分标准并没有本质性的不同,只是侧重点有些差别。

综合上述两种分类标准,可以根据国有企业所提供产品的性质及国有企业所处行业的特征,即产品性质及行业特征两个

图 16.2 我国国有企业的分类图

维度形成功能导向的分类方法,来对不同的国有企业选择不同的改革模式。

(1)国有国营企业的改革思路。

在这一象限内,又分为提供纯公共产品、准公共产品与公益类产品这三种不同类型的企业。

提供纯公共产品的企业:纯公共产品是既不具有竞争性也不具有排他性的物品,例如国防。从全球范围看,各个国家和地区的纯公共产品基本上都是由政府来提供的。由于纯公共产品难以通过私人部门供给,由政府提供公共产品时能够准确地匹配社会对公共产品的需求。这样一来,提供纯公共产品的国有企业就可以以社会福利最大化为运营目标,由其提供产品对于全社会来说是有效率的。这个领域并非完全排斥市场元素。国有国营不等于和市场化完全对立。部分产品和服务可以通过市场采购的方式来实现。

提供准公共产品的企业:准公共产品介于私人物品和纯公共产品之间,包含的范围十分广泛。准公共产品通常分为两种类型:一类是具有非排他性和不充分的非竞争性的公共产品。地下水流域与水体资源、海洋资源、牧区、森林、灌溉渠道等就属于这一类。这类产品在消费上具有一定的竞争性,但很难排他,这就有可能造成所谓"公地的悲剧"。另一类是非竞争性、但非排他性不充分的公共产品。公共道路和桥梁、广播电视、农林技术推广,以及包括城市的水电供应和公共交通在内的实行企业核算的公共产品都属于这一类。这类准公共产品不充分的排他性可能带来"拥挤效应"和"过度使用"的问题,从而导致市场失灵。

提供公益类产品的企业:除了准公共品领域,还有很多领域具有很强的正外部性,其产品的技术特征可能是竞争性和排他性的,但正外部性的存在使得其具有公益特征,因而可以视为"公益品",比如医疗、教育、社保等。从产品的技术特征来看,这些产品与纯私人物品类似,因而可以通过私人部门提供。但从这些产品的正外部性角度来看,对整个社会来说,单纯由私人部门供给可能出现供给不足,达不到社会最优,因而同样需要国有部门供给以弥补私人部门供给的不足。所以,通常可以看到公益品的供给在绝大多数国家和地区都是混合供给的,私人部门和公共部门并存,很难看到纯私人供给的情形。

(2)国有国控企业的改革思路。

具有规模报酬递增特征的自然垄断行业一般指基础产业,它包括基础工业和基础设施两部分。尽管该领域的产品在消费上具有排他性,但仍具有一定的外部性。其自然垄断特性是由生产技术的性质所决定的,与产权结构没有内在联系。即使由国有转变为民营仍然存在垄断。如果因为垄断而导致效率损失和福利损失的话,那么国有部门所带来的效率损失未必就比私人部门大。因此,对于处在自然垄断行业的国有企业需要通过股份制改造引入多元化投资主体,明晰产权关系,确立法人财产权,尤其需要排除行政性垄断,规范政府与企业之间的关系,完善公司治理结构,优化激励机制,强化市场对公司的约束与激励,提高其经营效率。

(3)适合市场竞争的国有企业改革思路。

竞争性国有企业必须通过产权制度改革成为自主经营、自负盈亏的市场竞争主体,为此必须解决政企分开与所有权可转让性的问题。最彻底的解决方案就是国有资本从竞争性领域退出。

对于那些不存在行政性垄断但尚有较强市场竞争力的国有企业宜进行产权多元化的股份制改造,使之成为政企分开、产权明晰化、产权主体多元化、管理科学的市场竞争主体,并以利润最大化为经营目标参与市场竞争,以法人资产承担责任。对于那些效率低下、规模较小、市场竞争度高、市场需求变化快、产业重要性和关联度小、国家对其承担的风险大于其上缴收益的竞争性国有企业适宜采用民营化的方式实现国有资本的退出①。

2. 国有企业混合改革

(1) 混合所有制改革的历程。

自新中国成立以来,国企改革始终是经济体制改革的中心环节。在国企改革过程中,混合所有制改革(简称"混改")日益成为国企改革的重要举措。20 世纪 80 年代后期,混合所有制因国有企业股份制的探索而初现雏形。1997 年,党的十五大报告首次提出了"混合所有制"概念,指出公有制经济不仅包括国有经济和集体经济,还包括混合所有制经济中的国有成分和集体成分。自此,混合所有制的概念逐渐稳定下来,并日益成为国企改革的重要手段。1999 年,党的十五届四中全会通过的《中共中央关于国有企业改革和发展若干重大问题的决定》,进一步明确了国企改革的方向,将混合所有制改革这一重要手段归入国企改革的实现途径中。2002 年,党的十六大报告要求"除极少数必须由国家独资经营的企业外,积极推行股份制,发展混合所有制经济。"2003 年,党的十六届三中全会通过的《中共中央关于完善社会主义市场经济体制若干问题的决定》提出,大力发展国有资本、集体资本和非公有资本等参股的混合所有制经济。2007 年,党的十七大报告指出,以现代产权制度为基础,发展混合所有制经济。2012 年,党的十八大报告指出,要全面深化经济体制改革,毫不动摇地巩固和发展公有制经济,推行公有制多种实现形式,鼓励、支持、引导非公有制发展,保证各种所有制经济公平参与市场竞争。

2013 年,党的十八届三中全会通过的《中共中央关于全面深化改革若干重大问题的决定》指出,要允许更多国有经济和其他所有制经济发展成为混合所有制经济。国有资本投资项目允许非国有资本参股,允许混合所有制经济实行企业员工持股,形成资本所有者和劳动者利益共同体。这标志着混合所有制改革在我国的全面启动。此后,国企混合所有制改革进程大大加速,甚至部分地区出现混改乱象。因此,出于对国有资产流失的担忧,后续有关混改的政策出现了收紧。

《2015 年国务院政府工作报告》将混合所有制经济由此前的"加快发展"改成了"有序实施"。2015 年 9 月,国务院发布的《关于国有企业发展混合所有制经济的意见》提出"政府引导,市场运作""完善制度,保护产权""严格程序,规范操作""宜改则改,稳妥推进"四项基本原则;国家发展和改革委员会(简称"发改委")颁布的《关于鼓

---

① 毛新述.国有企业混合所有制改革:现状与理论探讨[J].北京工商大学学报(社会科学版),2020,35(3):21-28.

励和规范国有企业投资项目引入非国有资本的指导意见》指出,在国有企业投资项目引入非国有资本时,要完善引资方式,规范决策程序,防止暗箱操作和国有资产流失。这一转折,使得我国国企混改的步伐更加规范稳健。

2016年出台的《关于国有控股混合所有制企业开展员工持股试点的意见》提出了员工持股的混合所有制形式,为国企混改提供了新的思路。

《2017年国务院政府工作报告》提出,要深化混合所有制改革,在电力、石油、天然气、铁路、民航、电信、军工等领域迈出实质性步伐。同样是2017年,党的十九大报告指出,要深化国有企业改革,发展混合所有制经济,培育具有全球竞争力的世界一流企业。

2019年,国资委印发的《中央企业混合所有制改革操作指引》指出,混合所有制改革要按照完善治理、强化激励、突出主业、提高效率的要求推进。混合所有制改革不是单纯的为混而混,而是产业链中产业节点混合、市场化经营机制的混合、不同资源禀赋的混合,切忌一窝蜂、定比例。要发挥市场配置资源的作用,绝不能用行政手段取代市场。随着《国企改革"双百行动"工作方案》的发布,我国国企混改在继续向更大更广方向发展的基础上,由广入深,由"怎么混"向"怎么改"转变,同时混改机制进一步突破,与之相配套的参与机制、经营机制、退出机制、分配机制也不断完善。①

(2)国有企业混合所有制改革的现状。

国有企业混合所有制改革在央企和地方国企有序推进。根据中央企业产权登记数据显示,近年来混合所有制企业户数呈上升趋势。2013—2016年,中央企业及各级子企业中混合所有制企业户数占比由65.7%提高至68.9%。2017年增加超700户后,占比为69%。同年省属企业为56%。不过,中央企业、省属企业等的集团公司几乎都是国有独资企业(整体上市的除外)。而国有上市公司均属于混合所有制企业,只是混合程度不同而已。因此目前开展的混合所有制改革试点主要是在国有集团公司以外的国有非上市公司进行。2016—2019年,发改委一共公布了四批试点企业名单,总计210家。

··· 复习与练习 ···

● **主要概念**

公共企业 国有企业 公共性 企业性 公用事业 基本品行业 国家公共企业 地方公共企业 自然垄断性公共企业 竞争性公共企业 社会公益性公共企业 规模效应 区域效应 内部治理结构 委托-代理关系 外部环境 市场环境 政府治理环境 公共企业民营化 委托授权 政府撤资 政府淡出 合同承包 特许经营补助 法令委托 消费券制度 出售 无偿赠与 清算 民间补缺 放松规制 政府撤退 混合所有制

---

① 毛新述. 国有企业混合所有制改革:现状与理论探讨[J]. 北京工商大学学报(社会科学版),2020,35(03):21-28.

● **思考题**

1. 公共企业是如何界定的？其特征是什么？

2. 公共企业与国有企业之间的区别和联系是什么？

3. 公共企业的特征与公共企业的效率性之间的关系是什么？

4. 从公共企业治理结构的角度,谈谈如何提高公共企业的效率。

5. 公共企业与一般私人企业的外部环境有什么不同？并从外部环境的角度谈谈如何提高公共企业的效率。

6. 公共企业民营化的方式有哪些？这些方式分别有什么样的特点？

7. 委托授权的民营化方式有什么特点？试举例说明。

8. 政府撤资的民营化又可以分为哪些具体的方式？试比较各种方式的优劣？

9. 政府淡出的方式与政府撤资的方式有什么不同？试举实例说明。

10. 中国国有企业的混合所有制改革都采取了哪些方式？

第十七章

公共规制

近年来,世界各国的公共规制①出现了两个趋势:一方面,通过经济性规制干预经济的趋势在逐渐减弱;另一方面,通过社会性规制干预经济的趋势却在不断地加强。究其原因,主要是人类所受到的来自环境、卫生、食品安全等方面的负面影响越来越多。与此相对应,公共规制理论也经历了从公众利益理论向规制俘虏理论、规制经济理论、激励型规制理论发展的过程,公共规制理论在公共经济学中的地位也日显重要。本章主要介绍公共规制概述、经济性规制和社会性规制。

第一节 公共规制概述

公共规制的定义、分类和理论演进是公共规制三个最基本的内容。这些内容尤其是公共规制理论是随着公共规制实践的不断深化而发展起来的,并已经成为公共规制政策制定的理论基础。

一、公共规制的定义

规制(regulation)是指遵循一定规律,对构成特定社会的个人和构成特定经济的经济主体的行动进行限制的行为。

按照规制的主体不同可以划分为个人规制和公共规制两类。个人规制是指对个人活动进行规制的行为,例如父母对子女行动的限制行为。公共规制(public regulation)是指以公共部门为主体对经济主体的活动进行限制的行为,主要包括三种形式:立法机关(议会、人民代表大会)对行政机构和经济主体的活动(例如预算的执行)进行限制的行为;司法机关(法院)根据民法、刑法对经济主体的活动进行限制的行为;行政机关(中央政府、地方政府)依据垄断法、劳动法等对经济主体的活动进行限制的行为。另外,规制的主体除了上述的立法、行政、司法部门之外,还应该包括具有相应规制强度

---

① 规制一词的英文是"regulation",日文翻译为"规制",相当于中文的管制、监管、调整、调节的意思。由于中国最初的规制经济学的研究受到了日本规制经济学家,尤其是植草益的影响,因此在翻译中也直接借用了日文中的"规制"一词,后来"规制经济学"的名称也被传用了下来。

的各国政府规制执行部门(独立的规制执行机构)、国际组织、区域性组织和行业自律性组织,但是政府规制机构(立法、司法、行政机关)是最主要的规制主体。

狭义上的公共规制主要是指公共部门根据一定的法律,对企业活动进行限制的行为。广义的公共规制类似于国家干预,不仅包括公共部门对企业行动的限制,还包括政府为了实现经济稳定增长、充分就业、价格稳定、国际收支平衡的目标,制定财政、金融、公债等宏观政策干预经济的行为,以及各个部门对产业实施保护和调整的行为,等等。

公共规制产生的主要原因在于存在市场失灵。市场机制本身不具有解决市场失灵的机能,这就需要政府制定相应的政策对企业的活动进行规制。另外,分配结果的不公平、经济发展的不稳定问题,以及从伦理、道德上应该全面禁止生产和贩卖的像毒品、军火等劣值品①的存在,也需要公共部门通过制度设计来对微观主体的活动进行限制。

二、公共规制的分类

日本规制经济学家植草益(2000)把公共规制分为四类。一是针对不完全竞争而制定的政策:如根据反垄断法、商法、民法对企业活动进行的规制。二是针对信息不对称而采取的规制:如保护消费者,信息公开,广告规制,赋予知情权等。三是针对劣值品和外部性而采取的规制:如为了减轻或防止在经济活动中发生的社会问题进行的规制。四是针对自然垄断而制定的政策:如对企业进入或者退出市场的行为以及价格、投资等方面进行的规制。

其中,第一类和第二类规制主要是依据反垄断法和消费者保护法、广告法等对经济主体的行为进行的规制,它们是在保障企业和消费者在市场活动中具有基本自由的基础上,对有可能发生的有损于市场机能的行为进行的规制。其目的是为了形成和维持市场竞争秩序,而不是直接介入经济主体的生产经营,因此可以称为"间接性规制(indirect regulation)"。也就是说,间接规制就是依据反垄断法、商法、民法等对不公平竞争行为的规制。第三类和第四类规制与自然垄断、外部不经济、劣值品有关,是为了防止经济、社会的问题的发生,由政府通过许可制度等直接影响经济主体决策的规制,因此称为"直接性规制(direct regulation)"。

美国把针对信息不对称和自然垄断采取的规制称为"经济性规制",把针对外部不经济和劣值品的规制称为"社会性规制"。

具体来说,经济性规制(economic regulations)主要是为了防止由于自然垄断和信息不对称而引起的资源分配低效率以及确保人们公平地利用资源,通过许可制度对企业的进入和退出、价格、服务的质和量、投资、财务和会计等行动进行规制。受到经济性规制的企业,通常在生产和配送方面具有规模经济、网络经济、范围经济、沉淀成本大、资源稀缺等特征。因此,在授予特定企业垄断权和确保经济效率的同时,需要对垄断

---

① 劣值品是指:在竞争的市场机制下资源分配是有效率的,但是却不符合社会的道德的、伦理的规范的产品。例如海洛因等毒品、军火等。因此,应该全面地禁止该类产品的生产和贩卖。

企业的产品价格进行限制,从而保证消费者可以公平地利用企业提供的服务。另外,运输业和金融业虽然是竞争性产业,但是为了保证消费者可以对各种服务和不同的价格进行充分的选择,就必须确保消费者具有充分的信息。同时这些产业(尤其是金融业)一旦倒闭会有"多米诺骨牌效应",对消费者、整个产业甚至国民经济带来巨大的灾难,因此要对企业进入市场的行为和产品的价格进行规制。

社会性规制(social regulation)是为了保证劳动者和消费者拥有安全、健康和卫生的环境,防止灾害的发生而进行的规制,其规制的内容主要包括制定企业产品、服务的质和量的标准,对某些特定的行为进行禁止和限制。具体包括:依据药品法、医疗法等确保消费者的健康和卫生;依据劳动安全环境卫生法、消费者保护法、道路交通法、建设基准法、消防法等确保国民的安全;依据公害防治法、大气污染防治法、噪声防治法、自然环境保护法、国土规划法等等,保护环境、防止公害的发生。

各类公共规制及其内容如表 17.1 所示。

表 17.1　广义的公共规制及其分类

分　类	项　目	主要目的	主要政府活动
间接性规制	针对不公平竞争的规制	解决不完全竞争的对策	对垄断行为等导致的不公平竞争行为,通过反垄断法、民法、商法等进行规制
直接性规制(狭义的公共规制)	经济性规制	解决自然垄断的对策	对进入和退出市场以及产品价格、投资行为的规制
	社会性规制	解决外部性、劣值品的对策	防止公害,环境保护,确保健康和安全、取缔毒品等

资料来源:植草益. 公的规制の经济学[M]. 东京:NTT 出版株式会社,2000.

三、公共规制理论的演进

20 世纪 70 年代以来,规制经济学理论在产业组织理论基础上逐步发展起来,其研究的内容涉及经济学、政治学、法学(特别是行政法学)、行政管理学等领域,并最终成为一门独立的学科。其中,卡恩的《管制经济学:原理与制度》反映了政府对公用事业实施管制的研究成果。1971 年,乔治·斯蒂格勒发表了《经济管制论》,首次采用经济学的范式对规制的起源等问题进行了深入的分析,从而确立了其规制经济学创始人的地位。此后,斯蒂格勒对经济法规产生过程中各个利益集团的分析,为规制经济学的发展做出了杰出贡献,并于 1982 年获得了诺贝尔经济学奖。至此,规制经济学的研究被广泛地重视和传播,并依次形成了以下四个方面的基本理论。

1. 公众利益理论(public interest theory of regulation,PIT)

公众利益理论又被称为"实证理论的规范分析(normative analysis as a positive theory,NPT)",它假设规制产生的目的在于校正市场失灵造成的资源配置的低效问题,进而提高资源配置效率,增进社会福利。该理论认为,自然垄断、外部性、信息不对称、劣值品等的存在会导致市场失灵,而市场本身不具备消除市场失灵的功能,因此需要政府对微观经济主体的行为进行规制,从而达到校正市场失灵、提高资源配置效率、保护公众利益的目的。

以自然垄断为例,如前所述,由于公共企业(电话、电力、铁路、自来水行业等)为消费者提供产品或服务必须依赖网络(例如电话线网、电力输送网、铁路网、自来水企业的上水和下水管网等),因此这些企业在配送阶段和生产阶段具有网络型产业的特征。这些网络的修建需要大量的投资,又具有规模经济的特征。规模经济意味着由一家厂商提供某一种或多种产品和服务(垄断)比两家以上的厂商提供更有效率;或者由少数几家厂商提供某一个或多个产品和服务(寡头垄断)比多家厂商提供更有效率。因此,需要对厂商进入该市场的行为进行规制。同时,由于技术方面的原因或者经济方面的原因形成的自然垄断或者自然寡头垄断,其厂商倾向于把价格定在高于其成本的位置,以实现利润最大化目标,但是这将导致资源配置效率下降。为此,需要对自然垄断或者自然寡头垄断厂商的价格进行规制,以使价格趋近于社会最优价格。

公共利益理论侧重于从校正市场失灵的角度阐述规制,并假设规制机构能够为社会谋福利而没有自己的私利。这导致该理论对规制产生的机制缺乏充分有效的说明,难以解释诸如被规制的产业积极支持甚至要求对其进行价格或进入规制等现象,并且对既非自然垄断也不存在外部性的产业为什么要进行规制难以给出令人信服的解释。因此,公共利益理论受到了理论界的批评。

2. 规制俘获理论(capture theory of regulation, CT)

现实中,规制并不是总为了校正市场失灵,而且规制的结果并不总是为了公众利益,而是为了生产者的利益,并且往往是在生产者的要求下而产生的,这为规制俘获理论(capture theory of regulation, CT)的发展奠定了现实的基础。规制俘获理论认为,公共规制与其说是为了符合公共利益,不如说是为了符合生产者的利益。也就是说,规制是立法者和规制机构被产业所俘获的结果,而不是为了满足公众的利益。例如在出租车这一竞争性行业,要求实施准入规制和价格规制的往往是已经进入出租车行业中的司机。为了避免过度竞争从而实现收益最大化,他们会通过寻租行为谋求立法机构出台法律,限制潜在竞争对手进入该行业,阻碍充分竞争和利润平均化。其结果是已经进入该行业的出租车司机能够在定价方面占有优势并获得超额利润。

但是,规制俘获理论也同样受到了来自理论界的批评,如没有坚实的理论基础、忽视了立法过程的复杂性、忽视了司法的作用等。同时,它也受到了规制实践的质疑。例如,对于石油、天然气等产业的价格规制和关于环境保护、产品安全、工人安全的社会性规制等并不是有利于产业的规制。这说明规制俘获理论难以解释为什么许多产业曾经被加以规制以及后来又被放松规制的内在原因。

3. 规制经济理论(economic theory of regulation, ETR)

从规制的实践来看,规制并不都是出于校正市场失灵的目的,也不都是为了满足生产者的利润追求,这说明公众利益理论和规制俘获理论都有待完善,而规制经济理论弥补了公共利益理论和俘房理论在理论基础方面的不足,回答了规制产生的机制问题、为什么会出现放松经济规制的问题以及为什么同时会不断加强社会性规制等问题。1971 年,斯蒂格勒的《经济管制论》从一套假设前提出发,揭示了规制活动产生的过程,并开创了规制经济理论。之后,佩尔茨曼和贝克等人对该理论进行了完善。

（1）施蒂格勒模型。

施蒂格勒把规制作为经济系统中一个内生变量,通过对国家和规制机构的行为假设、前提假设以及规制的需求与供给的模型,分析了规制产生的机制。

斯蒂格勒的前提假设有两个：第一,国家的主要资源是其强制力。利益集团通过说服国家采取强制力来增加其福利。第二,政策的制定者也是追求个人利益最大化的理性经济人,政治家追求获得选票的最大化、官僚追求预算结余的最大化,因此在其制定政策时会选择对某个利益集团有利而能够获取选票和金钱的决策。

在这两个前提假设下,规制的需求者主要是利益集团,规制的供给者是规制机构。规制机构提供规制是为了追求政治支持的最大化和获得个人收益,利益集团对规制的需求在于将福利从社会其他部分再分配给该利益集团从而增加其收入。规的供给制者通过满足利益集团追求利益最大化的需求从而获得选票和金钱,利益集团通过提供政治支持的方式,使国家通过有利于自己集团的规制政策。

至于哪个利益集团会从规制中获益或受损,则取决于该利益集团在提供政治支持和财富方面的有效性。通常来说,规制很可能有利于组织得最好(因而在提供政治支持时最有效)、从规制获益最多(从而更愿意投入资源以获取政治支持)的利益集团。更具体来说,很多规制政策有利于生产者利益集团,这是因为生产者利益集团的显示偏好更稳定,更能够有效地组织起来,为自身争取更多利益。

（2）佩尔茨曼模型。

佩尔茨曼认为：第一,规制立法具有导致社会福利在社会成员之间再分配的性质。第二,立法者受留任动机的驱使,对规制的设计主要是围绕使其政治支持最大化而展开的,并会在利益集团之间(例如消费者和生产者)分配利益以使政治支持最大化。第三,利益集团争相提供政治支持以换取对自身有利的立法,但是没有任何一个利益集团能完全俘虏规制者。

佩尔茨曼将社会分为大集团和小集团。大集团,如消费者集团,存在偏好显示不明显和"搭便车"效应。"搭便车"行为越明显,每个利益个体越不愿意承担对政治的捐献责任。尽管规制可能会对消费者造成较大损失,但分摊在每个消费者身上的损失却很小。因此,他们没有动力去对立法产生影响。小集团,如生产者,数量远比消费者数量少。越是垄断者,这种集团内部的协调行为越强,"搭便车"行为越少,规制所产生的利益越明显,因此他们愿意对立法产生影响。这最终导致规制倾向于组织更为完善(偏好明显)的集团的利益。

佩尔茨曼通过边际分析得到最优均衡模型,并利用此模型说明均衡的规制价格介于完全竞争价格和垄断价格之间。这表明规制往往出现在接近完全竞争的行业(如农产品、出租车行业等,其价格接近竞争价格),或者相对垄断行业(如电力、铁路、电话、自来水行业等,其价格接近垄断价格)。在这两种情况下,被规制的利益集团都能够获得丰厚的利润。佩尔茨曼还发现,在任何时期,价格结构都会以牺牲其他利益集团的利益来补偿相对高成本的一方。例如,政府规制在需求高涨时偏向保护消费者,在需求低落时偏向保护生产者。

（3）贝克模型。

贝克认为各个利益集团通过政治家、政治党派和选民等不同方式竞相对政府政策制定者施加压力以谋取福利，因此规制就变成各个利益集团在施加压力方面的竞争。所有利益集团都存在"搭便车"现象，但这并不重要，重要的是对手"搭便车"与本集团"搭便车"程度的比较。相对而言，大集团比小集团"搭便车"的现象更为严重，因此在施加压力方面要付出更多的成本，从而在施加压力的竞争方面会处于劣势。

贝克模型还强调，对自然垄断产业实施规制比对充分竞争产业实施规制造成的社会净福利损失要小，而给其他利益集团带来的收益较多。这是因为，这样的规制给自然垄断产业带来的损失较小，因此没有动力去影响或反对规制，得到利益的集团会有积极性去影响规制。因此，在市场失灵的地方，要求管制的压力就相对较大，而反对的呼声较小。

由此可见，贝克模型实际上支持了公共利益理论。但是，贝克模型并不认为只有市场失灵的地方才有规制，也不认为规制的目的是为了公共利益，而是认为规制是各个利益集团施加政治影响力的结果。这种影响力不仅取决于规制带来的社会净福利损失的大小，还取决于利益集团对立法者和管制者施加影响时的组织效率。

4. 激励性规制理论（Incentive Theory of Regulation，IT）

在公共规制中，委托-代理问题、信息不对称和逆向选择、激励不足等问题的存在，往往使规制的效果并不理想。为此，旨在激励企业提高内部生产效率和经营效率的激励性规制（incentive theory of regulation，IT）模式应运而生。

激励性规制假设管制机构与被规制企业之间存在着信息不对称，即管制机构缺乏企业生产成本、服务质量、技术水平、努力水平等方面的完全信息。为此，选择一个能促使企业技术创新、减少生产和经营成本并提供优质产品或服务的规制方案十分困难。而且在委托-代理制下，由于信息不对称，会产生逆向选择、道德风险和寻租等问题。例如，企业（尤其是自然垄断部门）为了获得信息租金会隐瞒自己的真实成本，高报企业的成本，企图抬高政府对价格上限的规定，从而产生逆向选择问题。而在规制机构和企业签订规制合同之后，规制机构对企业以社会最低成本提供服务的努力程度不具有完全信息，即规制机构面临着来自企业的道德风险问题。同时，被管制机构可以通过对管制机构进行寻租，使有利于自己的规制法律或者方案的通过。

为了解决上述问题，激励性规制理论提出通过给予企业一定的自由裁量权或者给予企业竞争等方式，鼓励企业提高生产和经营效率，同时减少由于信息不对称带来的逆向选择、道德风险和寻租行为等问题。具体的规制方案主要有4种。

（1）最高限价。

20世纪80年代初，英国的李特查尔德把规制价格和零售价格指数与生产效率结合起来，设计了最高限价规制模型，即（RPI - X）定价模型，RPI 表示零售价格指数（retail price index），即通货膨胀率，它是一揽子产品和服务价格的加权增长率；X 则表示一定时期内生产效率的增长率，它是规制机构根据科学进步等因素制定出来的可以周期性调整的比率。该模型表明，企业的最高价格不能超过某个特定价格指数的增长率（如零售价格指数），再减去 X。减去这个百分比的目的是为了充分考虑技术进步因素。例如，如果某年通货膨胀率为7%，生产效率增长比率为3%，说明零售价格指数上升幅度超过了企业被要求的效率提高幅度,那么企业可以提价,其最高幅度为4%;如果通货膨胀率为1%,生产效率增长比率为3%,说明企业应该达到的效率提高的幅度要大于零售价格指数上升的幅度,那么企业就要降价2%。也就是说,企业每年制定的价格取决于通货膨胀率和生产效率的绝对值。因此,如果本期价格为 P_t,则下期的规制价格为 P_{t+1},则 $P_{t+1} = P_t(1 + RPI - X)$。该模型在一定时期内限制了价格的上涨幅度,强化了被规制企业的价格和通货膨胀率、生产率之间的联系,激励企业通过优化要素组合、技术创新等手段降低成本,所以具有很强的激励作用。

(2)特许投标制度。

特许投标制度旨在通过引进竞争的方式促使企业降低成本,它通过特许权拍卖的方式,让多家企业竞争某个产业领域中的特许经营权。在保证一定质量的前提下,让提供最低报价的企业获取特许经营权。而获得特许经营权的企业只能获得正常利润,同时在追求利润的驱动下会努力减少生产和经营成本。但是,特许投标制度在招投标阶段要有比较充分的竞争,参与投标者越多竞争就越充分,而且必须要防止投标者之间串通合谋。

(3)区域间比较竞争。

选取经济发展水平相当的其他区域内的企业,与本区域内经营条件相近的企业进行比较。以其中效率较高的企业作为参照系,衡量本区域内同类企业的经营绩效,并以此设计出提高本区域内企业内部绩效的方案。本地区企业可以在其他地区企业绩效的刺激下,提高企业的内部绩效。

(4)社会契约制度。

规制机构与被规制者之间签订合同,就设备运转率、热效率、燃料费、外购电力价格、建设费等方面做出具体规定,如果被规制者实现比合同规定的更好成绩则给予报酬,否则给予惩罚。①

专栏17-1

新经济下规制经济学的挑战

近十年来,平台型企业对世界经济的发展产生了日渐巨大的影响,如亚马逊、阿里巴巴等传统平台企业和 Facebook 等新型信息平台企业已经在行业中占据了主导地位。而新经济的特点就在于平台企业可以凭借其完整的生态系统将市场支配地位传导到其他市场之中。目前,这些平台企业也发展出了垄断性的结构并表现出一些显著破坏竞争的行为。在不破坏效率的前提下,是采用反垄断法还是规制政策去规范这些平台型企业的行为,是规制理论和实践需要解决的新问题。一方面,由于技术进步的不可预知性,平台企业的市场优势可能被颠覆性的创新彻底摧毁。在这种形势下,即便是拥有显著市场优势的大型企业,内部的创新活动也在不断加强,而不是像理论预期那样企业随着市场势力的增加而减少创新。另一方面,平台企业通过生态系统的建设不断巩固其市场势力,其表现形式为消费

---

① 王俊豪.管制经济学原理[M].北京:高等教育出版社,2007.

者的转换成本不断增加、平台企业对平台上厂商的纵向约束行为更加显著等。如何建立一种既能提高社会福利又能保证动态效率的规制政策,这是对理论界和规制机构的重大挑战。

同时,对于数据驱动型企业如何有效规制的研究有待深入。数据经济的发展让越来越多的企业转变成为数据驱动型企业,如微软、苹果、谷歌、百度等企业在竞争中依靠数据获取市场优势。数据驱动型企业的本质是依靠独特的算法在竞争中获得优势,而当市场中算法相对普及时,企业通过算法默契合谋的可能性增加。举例而言,目前大型网上销售平台正通过算法实现其价格策略。在大数据的基础上,计算机可以自动搜寻竞争对手的价格,并根据所掌握的消费者需求信息和市场供给信息确定能够使企业利益最大化的价格。当市场中的企业都掌握了预算能力相同的算法时,由于垄断利润大于竞争利润,那么以利润最大化为目标的算法将自发计算出合谋定价并开始实施。在这种情况下,规制机构很难对算法自动产生的合谋进行反垄断定性。即便不存在算法合谋,仅是数据企业通过获得消费者私人信息而精准地进行价格歧视,是否要规制和如何规制这种行为也是对规制机构的新挑战。对数据驱动型企业是否需要规制的分析是建立在对数据算法等具体技术理解的基础之上的,这需要规制理论和技术理论相互结合。

参考文献:乔岳,魏建.波斯纳与佩尔兹曼对规制经济学的贡献[J].经济学动态,2019(8):148-160.

第二节　经济性规制

自然垄断、过度竞争、信息不对称、外部性等问题的存在是导致市场失灵的重要原因,也是经济性规制存在的理论基础。经济性规制就是为了解决这些问题,校正市场失灵,其内容也是围绕着如何解决上述问题而展开的。

一、经济性规制的理论依据

关于经济性规制的理论依据主要涉及自然垄断理论、过度竞争理论、信息不对称理论、外部性理论等等。自然垄断前面已经介绍过,在这里主要介绍过度竞争理论,信息不对称理论和外部性理论在后面的章节中将做重点介绍。

运输(尤其是道路运输)、金融(银行、证券、保险)、建筑业、部分制造业和部分流通业是竞争性产业。为了避免这些产业出现过度竞争现象,需要规制机构对这些产业的进入、价格进行规制。其理论依据如下。

首先,传统理论认为,运输业和金融业的进入壁垒较低。在经济繁荣时期,此类行业容易吸引企业过度进入,从而引起产业内的平均利润低于正常水平,并导致一部分企业破产。这就导致"生活必需"的运输、金融服务不能满足国民的需要、国民财产被侵害(尤其是金融业)、社会动乱[①]。

---

① 植草益.公的规制の经济学[M].东京:NTT出版株式会社,2000.

其次,现代理论认为,金融业存在着信息不对称的问题。在这些产业中存在着大量的企业,这些企业提供多种服务、每种服务对应着多种价格,消费者很难充分了解其信息。其中的企业一旦倒闭,会给消费者带来损害。因此需要规制机构收集和公布这些产业的经营和财务信息,以帮助消费者能够选择合适的企业并避免风险。

最后,现代理论还从"外部性"视角对经济性规制的理由进行了分析。概括地说,垄断性产业的许多活动具有正外部性,会给社会带来积极影响,使社会收益增加,并使他人的成本减少,部分活动具有负外部性,会给社会带来消极的影响,造成社会负担增加,收益减少。例如,自来水、电力、燃气、铁路运输、电信、邮政等产业的发展,不仅会相互促进,而且会促进整个国民经济的发展,因而具有正外部性。这要求规制机构采取一定的措施鼓励这些产业的发展。但是,这些产业的某些活动也会带来负外部性。例如,如果自来水企业提供的自来水未能达到卫生标准,就会影响消费者的身体健康。将未经完全处理的污水排入江河湖海则会污染环境。为了控制这些外部性,也需要规制机构通过补贴、罚款、收费等措施进行规制,使企业承担相应的社会成本,从而增进社会的福利。

二、经济性规制的主要内容

如上一节所述,经济性规制是公共机构为了防止资源配置的低效化,依据法律对自然垄断行业和信息不对称行业中企业进入和退出市场的行为,以及企业提供的产品或服务的价格、质和量、投资行为、财务和会计行为等进行限制、许可、授权等的行为。

经济性规制中,规制者主要是公共机构。被规制者主要是自然垄断行业和信息不对称行业中的企业。如果被规制的企业不是公共企业,对其实施规制的公共机构通常是企业所属产业的行政管理机构;如果被规制的企业是公共企业,对其实施规制的公共机构通常是立法机关(如中国的全国人民代表大会、地方人民代表大会)和行政机构。

1. 对于企业进入市场的规制

由于自然垄断行业具有规模经济、范围经济、网络型经济的特征,且投入的固定成本专用性强、沉淀成本高,因此在一定区域内,一家企业生产比两家以上的企业从事生产更具有效率,所以要对企业进入市场的行为进行限制。另外,在竞争性产业中,为了防止过度竞争,也需要对企业进入市场的行为进行规制。准入规制通过对申请进入者的资格进行审批,以严格控制在特定产业中拥有执业权的企业数量。例如,对某一区域自来水企业数量的限定以及对出租车行业实施牌照数量限定的行为,都是对企业进入市场的规制。进入规制的主要手段是对申请者进行资格审查,合格者由政府颁发许可证和工商营业执照。

2. 对于企业退出市场的规制

像电力、煤气、自来水等自然垄断产业中的企业关系国计民生,一旦退出市场,会对该产品供给的质和量以及价格产生很大的影响。因此政府需要对其退出市场的行为进行规制。例如,对于农村地区或者偏远地区提供的邮政服务、自来水输送、电力和电信服务来说,由于居民人数少导致其消费量较小,远离城市导致其运输成本高,因此在价格规制的基础上,相对于城市的消费者而言,其经营的成本高、收益低。但是,一旦这些行业不向农村或偏远地区提供服务,即退出该市场,必然会对农村或偏远地区的消费者造成福利的损失,加剧城乡之间的差距,所以要对企业退出市场的行为进行规制。退出规制一般通过签订长期合同或给予补贴的方式进行。

3. 对于产品或服务价格的规制

此类规制主要是为了防止自然垄断产业凭借其垄断地位,通过制定垄断价格获得垄断利润,从而导致消费者剩余减少、资源配置的效率下降而开展的规制。另外,对于竞争性产业实施价格规制,目的是为了提高资源分配效率和公平供给。公共定价的方式主要有:规定最高价格、最低价格、价格涨跌空间、按边际成本进行定价、按平均成本进行定价等等。以交通运输业为例,修建铁路的主要成本是路基、铁轨和车站,建成之后的运输成本并不高。如果铁路运输通过降低价格的方式,就能够在与公路、航空运输、水运的竞争中获得优势,从而导致每个竞争者的利润减少,进而导致企业倒闭和兼并,从而形成垄断企业。垄断企业会凭借垄断地位制定垄断价格,从而导致消费者剩余的减少、社会福利的下降。而且,过度竞争也会导致企业之间的相互串谋,或者服务质量下降。因此,制定最低价格就成为解决该类问题的一个方法。

4. 对企业投资行为的规制

此类规制的目的在于防止因为投资过大引起价格的变动。尤其是竞争性产业,过度投资会引起过度的竞争。这类规制的主要手段包括建立投资决策和审批程序,规定单个企业最低或最高固定资产投资数量等。

5. 对于产品或服务质和量的规制

此类规制主要是为了防止自然垄断产业因为没有竞争而提供质量低下的产品和服务,以及防止竞争型产业为了节约成本而提供质量低下的产品和服务,从而导致消费者的福利损失。其主要方式包括:第一,制定质量标准制度。建立公开的质量标准体系和质量规范制度,规定有关产品和服务所必须达到的最低质量标准。如食品和药品质量标准、安全生产质量标准等。第二,建立定期检查、监督和消费者投诉制度。规制机构可以直接向消费者提供信息,也可以要求企业提供真实的产品标识向消费者提供质量信息,并定期颁布准许生产的有关产品和服务的目录,定期进行检查和监督,对达不到质量标准的企业实施责任追究和必要的处罚,甚至取消其执业资格。

另外,针对公共企业而言,除了上述的规制内容外,还要对公共企业的资金使用情况进行管理和监督,主要是通过议会(人民代表大会)对公共企业的预算、预算执行、决算、人事、劳务等进行规制[①]。

在中国,国家电力监管委员会、中国证券监督管理委员会、中国银行保险监督管理委员会等都是负责经济性规制的规制机构,并依据不同的规制法,对企业进入市场的行为以及价格进行规制。

① 植草益.公的规制の经济学[M].东京:NTT出版株式会社,2000.

第三节　社会性规制

社会性规制是以保障劳动者和消费者的安全、健康、卫生、保护环境和防止灾害为目的,对产品和服务的质和量以及随之而产生的各种活动制定一定的标准,并禁止、限制特定行为的规制①。对社会性规制的专门研究始于 20 世纪 70 年代,与经济性规制相比较,其行政干预的范围要广泛得多,几乎涉及所有的行业。

一、社会性规制的理论依据

社会性规制产生的理论基础主要是外部性理论和信息不对称理论,关于外部性的理论以及针对外部性的公共治理,将在第十九章中详细论述,这里仅对由于信息不对称而采取的社会性规制及其理论进行论述。

信息不对称主要是指相互对应的经济主体之间对于某些事物掌握的知识或信息是不对称的,也称之为信息失灵。由于信息不对称的存在,占有信息较多的一方在交易中会处于信息优势的地位,而信息占有较少的一方会处于信息劣势地位,并很可能在交易中导致信息劣势群体福利的损失。例如,在信贷市场上,资金的需求者比供给者更了解自己的偿还能力,而供给者比需求者更了解货币市场和资本市场的信息。由于双方所掌握的信息不对称,会导致供给者承担较大的贷款风险和损失,或者需求者支付过多的利息。产生信息不对称的原因主要有 4 个。

一是社会劳动分工和专业化大生产的存在。在社会劳动分工和专业化大生产下,劳动者必须专注于自己所在领域内的信息,而获取其他领域的信息就变得相对较困难,从而出现对自己所在领域内的信息比较了解而对于其他领域的信息了解不足的现象,即出现信息不对称问题。随着社会化大分工的深入发展,新的领域层出不穷,各个领域内的分工越来越细致,信息不对称问题也随之加深,并导致市场失灵。这种信息不对称通常表现为,在市场交易中,产品的生产者或者卖方总是拥有比消费者或买方更多的信息。

二是信息具有公共产品的性质。当产品的信息被提供出来以后,它就会以近乎于零的边际成本在需求者之间传递,表现出信息在"消费"上具有非排他性和非竞争性的公共产品的特征。在"消费"上的非排他性使人们可以通过"免费搭便车"的形式无偿获得信息,从而使信息提供者的收益下降,退出信息提供市场,从而造成信息搜寻成本的提高,最终导致信息不对称问题。

三是信息搜寻成本的存在。由于价格在所有市场上都以不同的频率发生着变化,产品的供给者(或需求者)必须和各种各样的需求者(或者供给者)进行多次的信息接触和探讨,才能确定对自己有利的价格,这种现象称之为信息的"搜寻"。但是搜寻信息需要付出成本(包括时间、金钱或者精力等等)。当搜寻成本接近于其预期收益时,

---

① 植草益. 公的規制の経済学[M]. 東京：NTT 出版株式会社,2000.

就会得到最佳的搜寻信息的次数。当搜集信息的成本小于其在交易中所获得的收益时,市场的主体会倾向于继续搜寻信息。反之,当搜集信息的成本大于其在交易中所获得的收益时,市场的主体会倾向停止搜寻信息,在信息不对称的条件下采取交易行为。其结果很可能会导致处于信息劣势的人的福利损失。

四是拥有信息的交易者对信息的垄断。在市场交易中,处于信息优势的市场主体在交易中容易处于有利的地位,从而有助于实现自身利益最大化,因此,他们倾向于垄断信息或者提供虚假的信息,使信息搜寻者获得信息的成本增大,甚至趋向于无穷,导致信息不对称问题的加深。

如我们在第三章"市场失灵"中所说的,信息不对称会导致逆向选择(adverse selection)和道德风险(moral hazard),从而降低市场配置资源的效率并导致市场失灵。阿克罗夫①通过旧车市场模型,研究了逆向选择问题。他认为,逆向选择问题产生的根源在于信息不对称。在旧车市场上,每个卖主都知道旧车的真实质量,但是买主只知道旧车的平均质量,而不知道每辆旧车的具体真实质量如何,因此只愿意以平均的价格购买旧车。高于平均质量的旧车卖主就会因为其所获得的收益低于其成本而退出旧车市场。这样一来,旧车市场上的旧车平均质量就会下降,买主所愿意支付的平均价格也随之下降,进一步导致高于平均质量的旧车退出市场。结果在旧车市场上只有不高于平均质量的旧车被交易,但是购买低于平均质量旧车的买主也会认为自己的收益低于成本。在极端的情况下,旧车市场可能会消失。其结论是:旧车卖主的构成随着价格的下降而发生"逆向"变化,具体表现为价格越低,高质量旧车的卖主就越少。

道德风险是指交易双方在达成一项合同或契约后,交易的一方在追求自己利益最大化的目标下会做出对另一方不利的行动。道德风险经常发生在保险业中。假设一个人购买了某项保险后就会降低防范风险的努力程度,从而提高了风险发生的概率,使保险公司的利益受损。例如,一个人购买了火险,他会对防范火灾的努力程度下降。对于保险公司来说,要搞清楚每个投保人在防范火灾方面所做出的努力程度等信息是非常困难的,因此倾向于以投保者的平均行为作为确定保险费的基础。而这会引起逆向选择问题,即保险费越高,投保的人就越少,只有发生火灾可能性大的人才愿意投保。其结果导致保险公司难以存在。

信息不对称会导致市场失灵,而市场机制本身能够部分地解决信息不对称问题。例如厂商可以通过做广告等方式来缓解信息不对称的问题,但是它会增加厂商的成本。而且如果这种成本转嫁给消费者,也会造成消费者的福利损失。另外,厂商一旦提供的是虚假的广告,也会导致消费者的福利损失。消费者对这些广告的真实性进行甄别也是有成本的。换言之,市场机制在解决信息不对称问题的同时也可能会导致新的市场失灵,因此需要政府采取公共规制的方式缓解信息不对称问题。

---

① AKERLOF G. *The Market for Lemons: Quality Uncertainty and Market Mechanism* [J]. Quarterly Journal of Economics,1970(84):488-500.

二、社会性规制的主要内容

关于社会性规制的主要内容,主要包括对消费者保护、健康与卫生、生命安全、一般环境规制和公害防治,其规制的主要方法包括实施注册制度、合格证制度、特许经营许可制度、设立标准、审批、收费等等。

针对信息不对称的公共规制,其首要任务就是要促使信息充分交流,消除信息壁垒。因此需要通过规范自然垄断企业的信息行为并通过某种规制程序和规则促进信息交流、建立信息公开制度和提高信息流通过程中的透明度。它通常采取两种方式:第一,当消费者缺乏评价产品信息的能力时,规制部门向企业发放生产经营许可证,对进入市场者的自身条件进行必要审查,禁止不合格的企业进入行业;同时还应颁布和实施产品质量标准,防止欺诈行为的发生。第二,当消费者评价产品信息没有多大困难时,规制机构发布有关信息或者要求经营者提供这些信息。如规制部门要求企业对产品做出确切的标识,禁止误导性的陈述与广告。针对外部性的公共规制,主要鼓励企业给社会带来正外部性的影响,消除企业给社会带来的负外部性的影响。此类规制采取的措施通常有税收、收费、法律制裁等等。以下以食品和药品的规制为例,说明社会性规制的主要方式和内容。

三、食品和药品规制

本部分主要针对存在明显的信息不对称问题的食品和药品规制的内容进行分析。在食品、药品的生产和销售领域,存在着信息不对称问题,主要表现在厂商和销售商对于食品和药品的质量具有充分的信息,但是消费者要了解这些信息相对来说非常困难。

1. 食品和药品的分类

根据消费者获取产品质量信息的难易程度,可以把食品和药品划分为以下三类:搜寻品、经验品和信用品。根据该分类,可以区分不同类型的信息和相应的市场均衡。

第一类,搜寻品,即消费者在购买前就容易获得信息的食品和药品,诸如食品和药品的颜色、品牌、商标、包装、价格、生产厂商、产地、生产日期、使用期限、保质期等等。另外,食品的光泽、大小、肥瘦以及药品的重量、服用量、服用时间等等信息业是在购买之前就可以获得的信息。对于搜寻品,竞争性市场一般能够发挥作用并使供给与需求平衡,规制机构需要做的主要是对食品和药品广告、商标等的规制,防止假冒商品的出现。

第二类,经验品,即消费者在购买前不容易获得质量信息的食品和药品,但是在购买后可以认识到食品和药品的质量,诸如食品的口感、新鲜度和味道等等,药品的有效性等等。对于经验品,在信誉机制下,厂商可以通过诱导消费者重复购买的方式建立商品的信誉,消费者也可以在反复使用的过程中逐渐了解其质量,从而达到信息市场的均衡。

第三类,信用品,即消费者食用后仍然无法了解部分信息的食品和药品,诸如食品是否还有抗生素和激素、各种营养元素的含量是否达标、农药兽药残留指标、菌类总数、重金属含量指标等等,药品的安全性、毒副作用等等。这些信息在食品食用和药品服用后对身体的影响不容易立刻发现,甚至有可能在若干年之后才能察觉,因此对于信用品来说,消费者处于信息劣势地位,无法区分优质品和劣质品,更多的是听任厂商和销售商的广告、介绍和宣传。另外,对于信用品质量的考察可能需要较长的时间,因此厂商可以在信用品质量没有被发现的时间里以次充好,从而出现"劣币驱除良币"的现象。

从上述的分类来看,由于信息不对称,消费者在消费食品和药品(尤其是消费经验品和信用品)时,更多的处于信息劣势的地位,因此需要对食品和药品进行规制,以解决由于信息不对称带来的市场失灵问题。

2. 对食品、药品市场的规制方式

(1)事前规制。为了确保食品、药品的安全,一方面,要在食品和药品被生产和销售之前,对厂商的行为进行规制;另一方面,要对消费者的购买和使用行为进行规制。具体包括以下几个方面。

一是对进入市场行为的规制。在食品、药品企业进入市场之前,要有规制机构对企业是否拥有生产和加工食品和药品的资质进行审查。具体包括企业的原材料选择、生产设备、生产环境、产品标准、产品检验能力、从业人员健康状况、生产技术等方面是否具备保证产品质量的生产条件,只有达到政府规定的基本条件才能获得食品和药品生产的许可,对不符合食品、药品质量生产标准的企业坚决制止其进入市场。对企业生产和加工过程是否符合标准进行监督,一旦发现没有按照标准生产,则应该立刻停止其生产和销售活动,并严格执行产品召回制度。对于新药品进入市场实施药品注册管理制度,以确保新药的安全可靠。对国外进口的食品和药品进入国内市场,同样要进行严格的进入规制,主要体现在首次进口的药品,进口单位必须提供该药品的说明书、质量标准、检验方法等有关资料和样品以及出口国(地区)批准生产的证明文件,经国务院卫生行政部门批准,方可签订进口合同等等。

二是制定食品和药品标准。对于食品和药品制定明确的统一化标准,不仅有利于规制机构依法进行严格的规制,也有利于生产者依据标准进行产品生产以及消费者依据标准进行选择。对于食品质量标准的制定,主要包括对粮食和蔬菜的种植和加工过程以及鱼类、海产品、畜类、禽类等的养殖、屠宰和加工过程设定质量标准。诸如农药残留限量标准、兽药残留限量标准、添加剂限量标准、污染物限量标准、有害微生物与生物激素限量标准等等。对于药品质量标准的制定,主要围绕制定药品规格及检查方法的技术规范以及药品的技术参数和技术指标展开。

三是对消费者行为的规制。主要包括对消费者食用食品和服用药品时的安全教育和行为规制。例如,教育消费者不食用腐烂变质或者过期的食品,适时适量服用药品或在医师指导下服用药品等等,从而在使用方法上确保此类商品使用的安全。

四是对食品和药品质量信息的规制。为了尊重消费者的知情权和消费者的选择权,要求企业将食品和药品的性能、成本、可能的副作用、危险警告等与安全健康有关的信息在产品上明确表示出来。主要包括四个方面的内容:第一,对食品、药品包装标识的规制。要求厂商必须在包装标识或说明书中向消费者提供食品或者药品的名称、生产企业的名称、产地、规格、产品批号、生产日期、有效期、批准文号、成分、食用或者服用方法、保存方法和注意事项等等。第二,及时向消费者发布关于食品和药品质量的信息。规制机构通过建立统一协调的食品和药品安全信息检测、通报、发布的网络运行体系,向消费者及时有效地提供关于食品和药品安全的信息,确保消费者具有知情权,缓解食品和药品市场上的信息不对称现象。第三,加强食品和药品安全信息的国际合作。一方面,通过与国际组织的合作获取第三方国家食品和药品的信息;另一方面,通过扩大与第三方国家信息沟通的方式,使其他国家和地区也能立即获得相关信息。

(2)事中规制。事中规制主要是指对企业在销售产品的过程中采取的规制,又称为信号显示规制。主要包括广告规制和品牌规制。

一是对食品、药品广告的规制。此类规制主要针对食品、药品的虚假广告进行规制。首先,它要求从事广告活动的主体必须提供食品和药品的真实信息,而且不得在广告活动中进行任何形式的不正当竞争。其次,广告的内容必须合法、真实,不能对产品的质量、性能、用途、成本、生产者、产地、生产日期、有效期等信息作虚假的宣传,不能提供与食品或者药品的真实作用或者功效不符的信息,也不能掩盖食品或者药品可能存在的安全隐患。投放虚假广告将受到惩罚。另外,中国的《药品管理法》和《广告法》规定,药品的广告管理分为三级。一级主要是精神药品、放射性药品、麻醉药品、毒性药品等等,该级别药品严禁做广告;二级主要是处方药,该级别是限制做广告的药品,只能在医学、药学专业刊物上介绍;三级主要是非处方药,该级别是一般无特殊广告要求的药品,可以通过大众传播媒介或者其他方式向公众作广告宣传。

二是品牌规制。主要对于那些假冒名牌食品和药品的生产企业进行规制。通过对名牌产品的知识产权保护,尤其是对商品注册商标的保护,防止假冒产品侵害消费者的利益。

(3)事后规制。主要是针对食品和药品的售后服务的规制。规制机构不仅要加强对那些已经承诺售后服务的企业履行合同情况的监督,还有针对某些产品强制规定售后服务的标准,以此达到传递质量信息,淘汰伪劣产品的目的。同时,事后规制要包括建立食品安全信息可追溯系统和药品的召回制度。食品安全信息可追溯系统主要是包括建立对在食品和饲料生产、加工、流通各个阶段中所使用的家畜以及其他相关物品的信息可追溯的系统,以便能查找到食品安全问题的源头。药品的召回制度主要是指生产药品的企业通过某些渠道将已经出售的问题药品以出售价格收回的制度。目前中国现行的药品规制制度中尚没有药品召回的制度,"药品召回"多是企业自发的行为。

专栏17-2

日本食品安全风险规制模式的机制创新

日本食品安全风险规制模式主要建立在风险评估机制、风险管理机制、风险交流机制的基础上,其背后是运用风险规制的"授权型策略""组织性规制策略""程序性规制策略""信息型规制策略""协商型规制策略"等推动食品安全规制结构转型、主体多元、机制优化、体制创新和制度重构,探索一种基于反思型法理的食品安全风险规制模式。

(一)日本食品安全风险评估机制

日本为破解食品安全风险规制中科学性与民主性的困境,专门成立了超脱于行政规制部门的风险评估机构,提升日本食品安全风险规制的权威性、专业性、中立性、民主性和参与性。依据《食品安全基本法》，日本于 2003 年 7 月正式组建食品安全委员会，目标定位为：立足客观公正的风险分析机构，直属于内阁。该委员会的基本职责包括三项：其一，实施食品安全风险评估；其二，对其他风险管理部门进行政策指导和业务监督；其三，开展重大食品安全事件的风险信息沟通与公开。日本食品安全委员会的最高决策机构有 7 名民间专家组成，经国会批准首相任命，具有法律上的权威性、专业上的科学性、地位上的中立性。另外，日本食品安全委员会还承担促进国际食品安全交流合作，开展与澳大利亚和新西兰食品标准局、欧洲食品安全局等关于食品安全新型风险的沟通、交流和合作的责任。风险评估是食品安全风险规制的前提，日本食品安全风险评估制机具有很强的层次性和多样性。自 2003 年日本在《食品安全基本法》中确立食品安全风险评估制度以来，该法规定在开展食品安全规制时，应引入"食品健康评价制度"，在对食品潜在危害进行识别监测的基础上实施针对性的食品安全风险评估，从国家层面、职能部门层面以及消费者层面形成独特的食品安全风险规制机制。其一，在国家层面(授权型策略)，建立以食品安全委员会为主要机构的风险评估机构，负责全国食品安全风险的评估和分析，对重大食品安全事件进行调查，开展食品安全政策、科技、法律等专题研究。同时，日本食品安全委员会还承担促进国际食品安全交流合作，包括食品安全风险评估、食品安全危机应对等方面具体经验和措施的沟通，建立权威、独立、专业、公正的风险评估主体，避免因"部门利益"和"权力俘获"导致的食品安全风险评估制度失灵。其二，在消费者层面，加强对食品安全规制部门的监管，增强监管部门与消费者之间以及食品经营者之间的食品安全信息沟通和风险交流，宣传食品安全法规政策。为此，日本专门成立保护消费者权益设的机构——消费者厅。消费者厅成立于 2009 年 9 月 1 日，重点是在消费者厅内部成立消费者安全调查委员会，由该委员会专门负责消费者食品纠纷的维权调查，并及时发布调查结果；根据调查情况向负责具体监管的部门提出意见和要求，监督监管部门履行食品安全监管责任。作为消费者食品维权的专门机构，消费者安全调查委员会作为桥梁纽带，促进政府监管决策机构与消费者之间的互动交流，完善食品安全监管的政策法规，并就政府相关的食品安全法律、法规以及相关食品安全政策对消费者进行教育、宣传和普及。消费者对食品安全的监督既是权利，更是消费者的义务和责任，日本消费者厅和消费者安全调查委员会保障消费者积极参与食品安全维权，支持消费者食品安全诉讼，鼓励消费者以私法主体的身份积极参与食品安全监督和诉讼，激发日本食品安全规制的原动力。其三，法治化保障机制。日本在《食品安全基本法》中建立了"消费者至上"的价值取向和"科学风险评估"的基本原则，并对食品安全委员会在食品安全风险规制中的地位、功能、职权、职责进行了明确，从立法上强调了风险规制的科学性、中立性、权威性、民主性、开放性以及参与性，为日本食品安全风险规制奠定了法律基础和基本导向。

（二）日本食品安全风险管理机制

组织性规制、信息性规制和程序性规制策略是风险规制重要工具和方式，它分别通过规制部门组织结构的创新、优化和变革，信息公开、信息共享和信息披露等机制以及建构针对食品企业的程序机制，以此提升食品安全风险规制的整体绩效。日本食品安全的规制行政部门是厚生劳动省和农林水产省，负责食品安全的政策制定和执法监管。随着风险评估职能的剥离，厚生劳动省和农林水产省分别专门成立风险管理机构。其中，厚生劳动省将原食品保健部升级为食品安全部，增设食品风险信息官和食品药品健康影响对策官等职位;农林水产省成立消费安全局并设立消费者信息官,强化对食品安全风险规制的组织性规制、信息性规制和程序性规制。

日本食品安全风险管理主要通过厚生劳动省、农林水产省和消费者厅分别在各自的职责范围内开展食品安全风险管理事宜。其一,推动风险管理的组织创新(组织性规制)。日本厚生劳动省和农林水产省建立专门的风险管理机构,通过组织机构的创新提升风险管理的地位和功能,把厚生劳动省原医药局升级为医药食品局,把其下辖的食品保健部升级为食品安全部;增设食品风险信息官和食品药品健康影响对策官等职位,强化对食品安全风险规制职能的拓展和职责的细化;尤其是专设风险信息官,专职负责食品安全风险信息的监测、预警、防控,强化对食品风险即时感知、迅速响应和疏导引导,从组织上保障食品安全风险管理制度的实施。其二,强化食品安全风险信息性规制。强化食品企业的信息公开、信息披露和信息共享,推动食品安全规制部门之间、规制部门与食品企业之间以及规制部门与消费者组织、社会机构之间的信息沟通和共享,打破因食品安全信息不对称导致的"市场失灵"和"规制失灵",针对不同的食品安全风险,实施分级管理和分类管理。如日本消费技术服务中心与地方农业服务机构建立良好的合作关系,地方农业服务机构搜集有关情报并接受消费技术服务中心的监督指导,形成了从农田到餐桌全过程的农产品质量安全检测监督体系。随着新兴信息技术的发展,日本强化运用信息技术推动食品安全风险规制的能力,以大数据、云计算、物联网和人工智能为依托的新兴信息技术为日本食品安全风险信息性规制提供了新的技术支持和工具保障。其三,加大食品安全风险的程序型规制。为强化食品安全风险管理,日本先后引入 HACCP 体系、可追溯技术、食品流通身份证制度、实施良好农业规范(GAP)。因为食品安全风险具有不确定性、突发性和复杂性,规制部门很难掌控充分、完备和及时的规制信息,直接通过监管很难预防食品全产业链过程的风险,需要建构完善的程序性规则,将食品安全社会责任、国家法律、法规内化为食品企业的内部行为规范,推动食品安全风险的源头管理、动态管理和体系管理,构建一种基于反身法原理的抽象的、宏观的、整体的程序性规制机制。

(三) 日本食品安全风险沟通机制

基于协商规制理论,日本建立了独特的食品安全风险沟通机制,该机制兼顾"教育型"和"参与型"风险沟通机制的优点,既注重与专家、企业、消费者、媒体的直接交流,也强化多主体的双向互动。强调通过提升公众的食品安全风险素养来实现消费者食品安全风险识别能力的提升,对完善企业的食品安全风险规制体系提供隐性激励;双向沟通机制则打破传统的单向信息传播或宣传为主的食品安全风险交流机制,更加偏重食品安全风险评估机构与企业、消费者、媒体的互动交流,促进消费者和媒体能够更加直观和快速地共享食品安全风险信息,不再单纯依靠政府或者媒体宣传,避免因"以讹传讹"引起的大规模食品安全恐慌。

其一,强化对食品企业的风险沟通(沟通型策略)。通过风险评估机构、风险管理机构与食品企业的风险沟通和交流,推动多元主体的协商、合作、互动,建构一种基于反思结构的风险规制机制,加强彼此对食品安全风险的理解和认同,促进食品安全风险规制的"重叠共识"和"合作善治",推动食品企业与政府的合作治理,促进食品企业的自我规制,降低食品安全风险规制信息成本、行政成本、制度成本和社会成本,构建食品安全风险规制的共治格局。其二,重视对公众食品安全风险素养的培养。日本依据《食育基本法》实施"食育推进基本计划",加强对学校、社会组织、消费者在内的多层次的食品安全风险教育,基于食品安全风险沟通机制,让公众能够比较全面地掌握食品安全风险技能,树立食品安全风险意识,提高食品安全风险识别能力。其三,注重与媒体开展食品安全风险沟通。强化对规制部门应对媒体的能力训练,避免因媒体过度宣传或应急机制的缺失引发的大规模恐慌;尊重媒体、善用媒体和引导媒体,让媒体理解、认同、支持和参与食品安全风险规制和危机应对,发挥媒体在食品安全风险规制中的独特作用,避免过度报道引发群体性事件。

参考文献:张锋.日本食品安全风险规制模式研究[J].兰州学刊,2019(11):10.

······················ **复习与练习** ······················

● **主要概念**

公共规制　经济性规制　社会性规制　劣值品　部门利益理论　规制的俘虏理论　规制经济理论　激励性规制理论　施蒂格勒模型　佩尔茨曼模型　贝克模型　质和量的规制　投资行为进行规制　最高限价　特许投标竞争　区域间比较竞争　社会契约制度　自然垄断　过度竞争　信息不对称　逆向选择　道德风险　食品规制　药品规制

● **思考题**

1. 试述公共规制的含义及种类。
2. 简述公共规制理论的演进。
3. 试分析公众利益理论的合理之处与不足。
4. 规制的俘虏理论的基本思想是什么?
5. 激励性规制产生的原因是什么?与其他规制模型相比有何异同?
6. 激励性规制的具体方案有哪些?请举例说明其具体方案的实施。
7. 为什么要采取经济性规制?以自来水行业为例具体说明。
8. 为什么要采取社会性规制?以食品药品安全规制为例具体说明。

第十八章

公共定价

在完全竞争市场中,经济运行主要由价格来调节,由供求关系决定的价格可以引导资源实现最优配置,而无须政府决定市场价格。但是,在不完全竞争市场中以及存在公共企业时,需要公共部门介入到价格机制中,决定商品和服务的价格,即形成公共定价。科学的公共定价方式不仅关系到资源的合理配置,而且关系到收入分配公平等重要问题。本章主要介绍公共定价功能、公共定价方式和公共定价体系等。

第一节 公共定价功能

公共定价主要是在流通领域对商品和服务的价格进行规制,以此达到改善配置资源、稳定市场和调节收入分配的目的。从大的方面讲,公共定价是公共规制活动在价格方面的具体体现,因此也具有校正市场失灵的功能。

一、公共定价的含义

从定价政策来看,公共定价主要包括两种情况:一是纯公共定价,即政府直接制定公共企业和自然垄断行业的产品和服务的价格;二是价格规制,即政府规定竞争性企业的产品和服务的价格。

无论是纯公共定价还是价格规制,都涉及定价水平和定价体系。定价水平是指政府所规定的每一单位产品或服务的价格高低,它的确定方式主要有边际成本定价法、平均成本定价法、利润最大化定价法三种。在规制行业中,定价水平依据正常成本加合理报酬得到的总成本计算。因此,研究定价水平实质上是研究如何确定总成本。定价体系是指把费用结构(固定费用和可变费用的比率等)和需求结构(家庭用、企业用和产业用等不同主体的需求、少量需求和大量需求等不同种类的需求、高峰负荷和非高峰负荷等不同负荷的需求)考虑进来的各种定价组合。

二、公共定价的功能

政府对公共企业的产品和服务进行公共定价,对私人企业所提供的准公共产品进行价格规制,具有改善配置资源、稳定市场和调节收入分配三大功能。

1. 改善资源配置

在自然垄断行业,由于垄断者通常将价格确定在边际成本水平之上,因而会破坏资源的最优配置。为此,政府通过对自然垄断行业进行价格规制,或者在自然垄断行业建立公共企业并实施公共定价的方式实现资源的有效配置。

在自然垄断情况下,企业的平均成本会随着产量的增加而持续下降。如图18.1所示,纵、横轴分别表示产品的价格和产量,由于自然垄断行业一般都具有初始投资规模大的特点,在边际成本递减的阶段上,平均成本(AC)总是高于边际成本(MC)。如果由企业自主定价,垄断者为了追求利润最大化,必然按照边际成本等于边际收益的原则确定产品的价格和产量,即按照边际成本曲线(MC)和边际收益曲线(MR)的交点B确定产品或服务的价格为P_0,此时的产量为Q_0,由此导致的效率损失为图形ABC的面积。

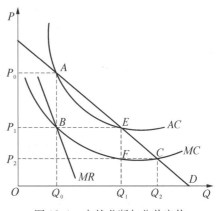

图 18.1　自然垄断与公共定价

为了减少或消除效率损失,政府可以依据平均成本定价法,按照平均成本曲线AC与需求曲线D的交点E确定其产品的价格为P_1,此时的产量是Q_1,效率损失为EFC的面积,EFC的面积小于原来的效率损失ABC的面积,从而改善了资源配置状况。同时,政府也可以依据边际成本定价法,按照边际成本曲线MC与需求曲线D的交点C确定其产品或服务的价格为P_2,此时的产量Q_2,效率损失为零,远远小于原来的效率损失ABC的面积,再次改善了资源配置状况。

不过,由于垄断企业的边际成本低于平均成本,如果政府按照边际成本定价,企业会发生亏损。政府要予以补贴,就需要用税收筹措资金,而征税本身也会造成效率损失。因此,对于自然垄断行业,政府的公共定价要在平均成本定价与边际成本定价之间权衡。

2. 稳定市场

在农产品等市场,当期的产品价格对下期产品的产量起着决定性的作用。因此,为了使下期产品的数量不至于有剧烈的波动,政府需要对产品的当期价格进行定价,从而起到稳定市场产量的作用。

某些行业当期产量决定当期价格,当期价格又决定下期产量。如果当期产品的价格过高,就会引起下期生产的产量过高;如果当期产品的价格过低,就会引起下期生产的产量不足。如果当期和下期的时间间隔较长的话,例如农业的生产周期需要几个月甚至一年,就会导致产品市场的不稳定。例如,农产品从开始生产到生产出产品需要一段较长的时间,而且在此期间生产规模很难改变;同时,当期产量决定当期价格,而当期价格又决定下期产量。在供给弹性和需求弹性一定的情况下,就会形成特定的蛛网市场。为了稳定市场,政府就要采取公共定价或价格规制政策。关于此点,请参阅本书第八章第一节"农产品价格的蛛网特征"相关内容。

3. 调节收入分配

如果企业垄断地确定价格或者制定差别价格,就会使消费者剩余的一部分成为企业利润,使低收入者的实际收入相对更低。政府通过公共定价或者价格规制,可以扭转这种不合理的收入再分配方式。

在公共定价时,政府通常采取价格歧视的方法来促使公平收入分配目标的实现。所谓价格歧视是指在同一时期,具有同一单位平均成本的同一类商品对不同的买主采取不同的价格。例如,政府尽可能对低收入者消费较多的必需品规定较低的价格,使其以同等的收入能够购买到更多的商品与服务,从而提高他们的实际收入水平;对高收入者消费较多的奢侈品规定较高的价格,使其以同等的收入购买到较少的商品与服务,从而降低他们的实际收入水平,从而在一定程度上有助于实现收入再分配。

如图 18.2 所示,纵、横轴分别表示的是奢侈品和必需品,图 18.2(a)说明的是高收入者的情况,图 18.2(b)说明的是低收入者的情况。在图 18.2(a)中 AB 为初始时高收入者的预算约束线,E_0 为均衡点,表示高收入者在这两种产品的价格处于均衡时选择的产品消费组合。如果政府通过公共定价把奢侈品的价格提高一倍,则高收入者最多只能购买原来数量的一半,即从 OA 降至 OA_1;但适当降低必需品的价格,使其能够最多购买的必需品数量从 OB 增加至 OB_1,则新的预算线变为 A_1B_1,它与无差异曲线 I_1 相切于 E_1 点,其奢侈品消费数量减少,必需品消费数量增加了。公共定价使高收入者的实际收入减少了,如果政府以征收所得税的方式取代公共定价,使高收入者能够消费与公共定价下相同数量的奢侈品和必需品,则征税后的预算约束线为 CD,CD 通过 E_1 点与 AB 平行,它与无差异曲线 I_2 相切于 E_2 点。I_2 在 I_1 之上,可以看出,在使高收入者的实际收入减少相同数量的情况下,公共定价要比所得税造成的福利损失大。

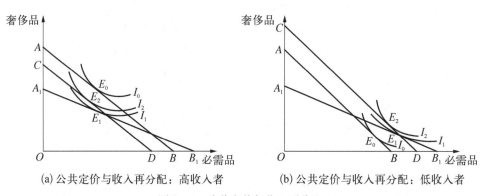

(a) 公共定价与收入再分配:高收入者   (b) 公共定价与收入再分配:低收入者

图 18.2   公共定价与收入再分配

图 18.2(b)中,AB 为低收入者在市场均衡价格时初始的预算约束线,E_0 为均衡点,表示低收入者在这两种产品的价格处于均衡时选择的产品消费组合。如果政府通过公共定价把奢侈品的价格提高一倍,但适当降低必需品的价格,使低收入者的预算线改变为 A_1B_1,它与无差异曲线 I_1 相切于 E_1 点,其奢侈品的消费量减少,必需品的消费量增加了。公共定价使低收入者的实际收入增加了,如果政府以价格补贴的方式取代公共定价,使低收入者能够消费与公共定价下相同数量的奢侈品和必需品,则补贴

后的预算约束线为 CD，CD 通过 E_1 点与 AB 平行，它与无差异曲线 I_2 相切于 E_2 点。I_2 在 I_1 之上，可以看出，在使低收入者的实际收入增加相同数量的情况下，公共定价要比补贴所带来的福利增量小。

从上述分析中可以看出，与征税和补贴手段相比，公共定价在收入再分配领域所起的作用有限，没有财政政策的效率高。

专栏18-1

公租房租金的弹性定价机制

如何对公租房租金进行定价成了社会各界广泛关注的焦点问题。2010 年 7 月 29 日北京市公布的公租房成本租金价格因"没比市场价低多少，有的甚至比市场价还高"而备受争议；而 2011 年 3 月 15 日发布的《天津市公共租赁住房管理办法（试行）》规定，天津公租房最低租金为每月 1 元/m²，也被质疑租金过低而会影响公租房的后续建设。定价合理与否直接决定了中低收入人群对公租房的接受程度，也决定了公租房制度实施的成败。我国公租房定价机制应考虑到以下两点。

1. 引入平均负担法，注重社会再分配公平性平均负担法的思想源于《尚书·禹贡》对课税体系的相关论述。这里指的是在确定公租房租金标准过程中，以房租收入比作为影响因子，计算承租人可以承受的租金水平，并以此作为公租房租金标准。需要注意的是，这里的收入是指除去生活必需品支出的净收入。在社会平均负担法的应用过程中，需要考虑家庭年收入、生活必需用品支出水平、房租收入比等因素。家庭年收入包括工资收入、自谋职业收入、社会保障收入、现有资产以及财产所得等；生活必需品支出水平需要参考统计部门发布的年鉴或相关分析报告；房租收入比是衡量承租人支付能力的主要指标，新加坡和美国要求房租收入比要小于 30%，国内可以此标准作为参考。社会平均负担的难点是如何确定家庭收入问题，因此，住房保障和房产管理部门需要会同民政部门对承租人的收入水平进行动态审核，以准确地掌握其租金支付能力。社会平均负担法更能体现公租房的保障性质，更有利于公平、和谐社会的建设，也有利于公租房的合理使用和运转，对公租房退出机制的完善也有重要意义。

2. 建立差别化租金定价模式。差别化定价模式，指在兼顾保本微利和社会公平原则的基础上，针对城市不同区位的公租房、不同承租对象收取不同租金的定价模式。差别化定价应从承租人支付能力和公租房自身条件两个方面着手：① 基于公租房潜在承租人的实际收入水平和支付能力确定租金范围。同一地区的中低收入阶层经济实力和支付能力存在一定差别，租金需根据不同层次需求群体的经济收入水平、支付能力等因素实现差别化。② 公租房租金水平应体现区位差别化。公租房所在的区域位置、交通条件和户型等决定了承租人的生活成本、生活环境质量，因而租金水平应体现一定程度的区位差别化。同时辅以租金补贴，以解决低收入群体的住房困难，具体实施方法可借鉴德国和厦门市。差别化定价模式主要有两个优点：一方面，考虑了公租房的总成本和投资者的合理收益率，有利于通过市场来融资、减轻地方政府财政压力；另一方面，以社会公平负担法为基本原则，充分考虑了承租人支付能力的差异性，体现了公租房的保障性特点。

第二节 公共定价方式

为了解决完全市场定价所造成的资源配置效率损失,公共定价水平有三种决定方式,即边际成本定价、平均成本定价和利润最大化定价。这三种方式所带来的资源配置效率是不同的,对政府的要求也不同。

一、边际成本定价

根据微观经济理论,为了在资源配置中实现帕累托效率,价格必须以边际成本方式确定。

假定 P 表示某种产品或服务的价格,也可以称之为社会边际收益,即需求曲线。Q 表示产量,如果需求曲线是 $f(Q)$,则 $P=f(Q)$。如果 $f(Q)$ 用逆需求函数 $P(Q)$ 来表示,则逆需求函数为:

$$P = P(Q)$$

如果 C 表示企业的成本,则成本函数为:

$$C = C(Q)$$

假定这种产品或服务社会认可的支付总额(即社会总收益)为 TSB,社会为提供这种产品或服务所需要的总费用(即社会总成本)为 TSC,则

$$TSB = \int P(Q)\mathrm{d}Q$$
$$TSC = C(Q)$$

福利经济学通常以社会总收益与社会总成本的差表示经济福利(用 W 表示),包括消费者剩余和生产者剩余。这里,为简化起见,仅以消费者剩余来分析经济福利,则:

$$W = TSB - TSC = \int P(Q)\mathrm{d}Q - C(Q)$$

在帕累托效率的资源配置状态下,W 将实现最大化;而 W 最大时的定价是帕累托效率资源配置的定价。因此,求上式对 Q 的微分,得到:

$$\mathrm{d}W/\mathrm{d}Q = P(Q) - C'(Q) = P - C'(Q) = 0$$

因此可以得到:

$$P = C'(Q)$$

在上式中,$C'(Q)$ 是边际社会成本,它与私人边际成本一致(简称为边际成本)。因此,经济福利(W)最大化的定价(P)是一种边际成本定价,能够实现帕累托效率的资

源配置。这种定价方式就称为边际成本定价方式。

一般来说,在成本递减行业(自然垄断行业),由于规模经济的存在,成本曲线都是向右下方倾斜的。如图 18.3 所示,纵、横轴分别代表价格和产量,DD' 是需求曲线,AC 和 MC 分别表示平均成本曲线和边际成本曲线。边际成本定价方式确定的价格是 P_M,即由需求曲线和边际成本曲线的交点 M 所决定。

在成本递减的情况下,令 X 代表产量水平,TC、AC 和 MC 分别代表总成本、平均成本和边际成本。于是:

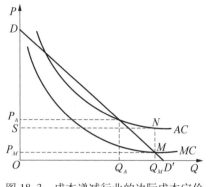

图 18.3 成本递减行业的边际成本定价

$$AC = TC/Q$$

$$MC = \partial TC/\partial Q = \partial(Q \cdot AC)/\partial Q = AC + \partial AC/\partial Q$$

如果 AC 是下降的,那么 $\partial AC/\partial Q < 0$,则 $MC < AC$,即平均成本曲线(AC)总是高于边际成本曲线。

那么,边际成本定价 P_M 就会使企业出现每单位平均为 MN、总额为 $P_M SNM$ 的亏损。因此,自然垄断行业如果采用边际成本定价方式,企业就会发生亏损,威胁到企业财务的稳定性。如果政府以实现资源配置效率为首要目标,坚持按边际成本定价,为了弥补企业亏损,必须采取补贴方式,并以税收作为筹措补贴的资金来源。

二、平均成本定价

边际成本定价虽然是最理想的定价方式,但是对于边际成本递减的行业来说,会使企业产生亏损。为了减少企业的亏损,又为了使社会福利尽量最大化,政府可以在保持企业收支平衡的情况下,按照平均成本定价。

假定 P 为价格,Q 为产量,C 代表成本,企业的总收入为 PQ,成本函数为 $C(Q)$,则收支平衡式为:

$$PQ - C(Q) = 0$$

由于这种定价方式是以收支平衡为条件使经济福利最大化,故借用拉格朗日乘数 λ,经济福利 W 最大化的目标函数就成为:

$$W = \int P(Q)\mathrm{d}Q - C(Q) + \lambda[PQ - C(Q)]$$

求上式对 Q 的微分,得到:

$$\mathrm{d}W/\mathrm{d}Q = P - C'(Q) + \lambda[P + Q \cdot \mathrm{d}P/\mathrm{d}Q - C'(Q)] = 0$$

由于 $C'(Q)$ 表明的是边际成本,所以,$C'(Q) = MC$。将其代入上式且将上式除以 P,变换得到:

$$(P - MC)/P = -\lambda(P - MC)/P - \lambda(Q/P)(dP/dQ)$$

移项得到:

$$(P - MC)/P = -[\lambda/(1 + \lambda)][(Q/P)(dP/dQ)]$$

令 $R = \lambda/(1 + \lambda)$,称之为拉姆齐指数,指对边际成本定价打一定折扣或给予一定加成的指数。一般来说,拉姆齐指数与需求弹性成反比,也就是说对需求弹性大的消费者,价格偏离边际成本的程度小一些;对于需求弹性小的消费者,价格偏离边际成本的程度大一些。令 $\varepsilon = -(P/Q) \cdot (dQ/dP)$,这是需求的价格弹性,由于它表示价格的上升导致需求下降,故 ε 为负值。用符号 R 和 ε 来表示上式,则可得:

$$(P - MC)/P = R/\varepsilon \text{ 或者 } P = MC/(1 - R/\varepsilon)$$

上式指在边际成本递减的行业,为了使企业保持收支平衡,公共定价或价格规制应该高于边际成本定价。在图 18.3 中,这种平均成本定价方法所确定的价格就是 P_A。

三、利润最大化定价

在自然垄断行业,如果垄断企业追求的目标是利润最大化,而且可以自行定价,那么,企业是如何确定价格的呢? 如上所述,假定 P、Q 分别表示价格和产量,C 表示成本,利润为 $\prod$,总收入为 PQ,成本函数为 $C(Q)$,则利润函数为:

$$\prod = PQ - C(Q)$$

因为企业追求的是利润最大化,所以求上式对 Q 的微分,得到:

$$d\Pi/dQ = P + Q(dP/dQ) - C'(Q) = 0$$

即:

$$P[(1 + Q/P)(dP/dQ)] - C'(Q) = 0$$

用表示 ε 表示价格的需求弹性,则:

$$P(1 - 1/\varepsilon) - MC = 0$$

根据上式,可得:

$$P = MC/(1 - 1/\varepsilon)$$

可以看出,自然垄断企业按照利润最大化为目标所确定的价格,比按照边际成本定价和平均成本定价所确定的价格都高。

四、三种定价方式的比较

从上述的分析可以看出,如果用 P_M 代表边际成本定价,P_A 代表平均成本定价,P_R 代表利润最大化定价,则这三种价格分别为:

$$P_M = MC$$

$$P_A = MC/(1 - R/\varepsilon)$$

$$P_R = MC/(1 - 1/\varepsilon)$$

从中可以看出,在自然垄断行业,边际成本定价小于平均成本定价,而平均成本定价又小于利润最大化定价,即:

$$P_M < P_A < P_R$$

通常,用消费者剩余的大小来衡量经济福利 W,那么,W_M、W_A 和 W_R 就可以分别表示这三种价格水平下所形成的消费者剩余的大小,即可以表示这三种价格水平下所形成的经济福利的大小。如图 18.4 所示,边际成本定价下的消费者剩余即经济福利是:$W_M = DMP_M$,平均成本定价下的消费者剩余即经济福利是:$W_A = DNP_A$,利润最大化定价下的消费者剩余即经济福利是:$W_R = DJP_R$。可见,边际成本定价的经济福利大于平均成本定价的

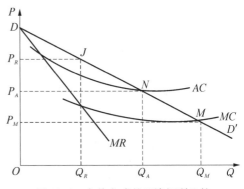

图 18.4 定价方式的经济福利比较

经济福利,而平均成本定价的经济福利又大于利润最大化定价的经济福利,即:

$$W_M > W_A > W_R$$

由此可以看出,在自然垄断行业,边际成本定价是最优的定价方式,但会使企业出现亏损。而平均成本定价是次优的,因为它带来的消费者剩余比边际成本定价下的消费者剩余小。而利润最大化定价是最次的定价政策,因为它带来的消费者剩余最小。因此,究竟选择哪一种价格水平确实需要公共部门的权衡取舍。

专栏18-2

完善公用事业价格监管方式

对供水、供电、燃气供应等公用事业进行价格监管是世界范围内的普遍做法。近年来,中国价格监管不断深入,价格听证和公示制度广泛实施,政府价格决策的民主性、科学性和法制化程度明显提高,但是公用事业价格监管方式仍然需要创新。比如,配合教育投入体制和教育成本分摊机制的改革,在公平分配教育资源的同时,加强教育成本监审,合理测定收费标准,加大教育收费的监管力度,规范教育收费行为。又比如,配合医疗卫生、医疗保险、药品生产流通体制改革,切实加强和改进药品价格监管,完善相关政策体系,调整不合理的药品价格,规范医疗服务价格行为,理顺医疗服务比价关系。

完善的价格形成机制,有利于发挥经济杠杆的作用,驱动投资者研发新技术,提高资源利用效率。因此,要制定和完善有利于环保的价格政策,推进污染治理市场化,全面实施城

市污水、生活垃圾处理收费制度,加大垃圾处理和排污收费的征收和监管力度,提高征收和监管效率。要使公用事业价格反映生产消费过程中对资源破坏的成本和环境污染治理的成本,把外部成本内部化,向生产领域及时发出价格激励信号。

对于经济垄断,要通过加强立法、规范企业行为等方式,防止其利用垄断地位操纵市场价格和侵害消费者权益。对于自然垄断,要综合考虑不同行业的技术、成本、供求和社会承受能力等因素,区分垄断环节和可竞争环节:在垄断环节,要强化成本监审,制止垄断环节成本不合理上涨;在可竞争环节,要打破垄断,引入竞争,促使企业降低成本。对于行政垄断,除加强定价成本监审外,还应通过组织价格听证会、论证会等方式审查该行业的"霸王条款",保护消费者合法权益。

此外,还要进一步研究确定科学的定价方法。目前影响较大的定价模型有美国的投资回报率价格规制模型和英国的最高限价规制模型。美国的价格规制模型是通过对投资回报率的直接控制而间接规制价格的。其中的一个理论依据是,绝大多数公用事业需要足够的投资,用投资回报率价格规制模型有利于鼓励企业投资。但这种模型也存在明显的缺陷,比如,由于投资回报率的基数是企业所用的成本,这就会刺激企业通过增加资本投入而取得更多的利润。英国的最高限价规制模型在一定程度上可克服美国投资回报率模型的不足,但其难点是,基期价格必须确定合理,否则下期价格难以做到准确。这两个模型各有利弊,需要我们根据我国的实际和不同行业的特点予以参考,借鉴其有益的成分。要注意的是,确定企业成本控制参数时,要参考企业生产经营费用的社会平均增长率、行业技术进步率、实际生产效率和国内外同行业生产率等因素。只有这样,才有可能达到既促进企业效率又增加社会效益的目的。

节选自:侯明.完善公用事业价格监管方式[N].光明日报,2006-7-28.

第三节　公共定价体系

公共定价方式指的是总体价格水平的确定方式,公共定价体系解决的主要问题是对每一个需求者如何确定收费水平。公共定价体系分为线性定价和非线性定价,其中,线性定价是非线性定价的理论基础。在现实生活中,非线性定价方法被更加普遍地使用。

一、公共定价体系的概念和类型

公共定价体系是指在提供单一服务的产业中,根据其费用结构(固定费用和变动费用的比例等)和需求结构(家庭用、业务用、产业用等不同主体的需求,少量需求和大量需求等不同种类的需求,高峰负荷和非高峰负荷等不同时段的需求)制定的各种价格,或者在使用不同的生产和供给设备提供不同服务的产业中,根据其每种服务的费用构成以及需求结构制定的各种价格。公共定价体系可以分为两大类:一是线性定价,二是非线性定价。

线性定价是指同一单位产品都以同一价格出售,即总成本除以总使用量,这是最简单的平均成本定价法。线性定价也可以称为同一从量价格或者定额价格,即不考虑需求量的多少,每一个需求量收取相同的价格。用 P 表示每一个需求量的价格,用 Q 表示使用量,则同一从量价格如图 18.5(a)所示,其价格是同一的。这时,其收入函数 R 可以表示为 $R=PQ$,如图 18.5(b)的收入线所示,其中收入线的斜率 α 表示每单位的价格(P)。

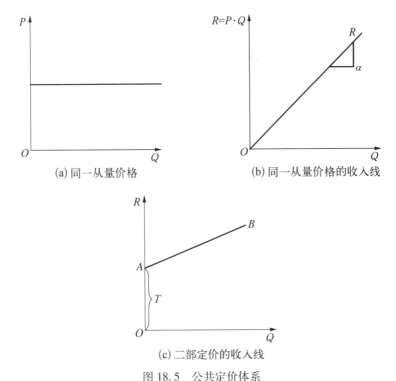

(a) 同一从量价格　　　　　(b) 同一从量价格的收入线

(c) 二部定价的收入线

图 18.5　公共定价体系

资料来源:植草益. 公的规制の经济学[M]. 东京: NTT 出版株式会社,2000.

非线性价格则是指单位产品的价格随着购买量的变化而变化。当购买量变化时,顾客的平均支出不是固定不变的,如二部定价和高峰负荷定价。二部定价是定额价格和从量价格相组合形成的价格体系,也就是说,每个月不仅收取一定的基本量(即使不使用也要收取的费用),而且按照使用量收取一定的费用。如果用 T 表示每个月收取的基本费用,用 P 表示从量费用,Q 表示使用量,R 表示二部定价下的收入函数,则 $R=T+PQ$,其收入线为 OAB,即非线性的定价体系,如图 18.5(c)所示。

表 18.1 对定价体系进行了分类,并标出了相关产业一般所使用的定价体系。其中,E 表示电力企业,G 表示城市燃气事业,W 表示自来水事业,P 表示邮政事业,T 表示电信事业。

表 18.1　公共定价体系

线性定价(linear rate)	相关产业
1. 每一使用量单位价格相同的价格(linear meter rate)	E, T
2. 定额价格(flat rate)	E, T

（续表）

非线性定价（non-linear rate）	相关产业
3. 递减、递增收费（declining or increasing rate）	
（1）根据使用量的不同，制定在某一使用量的区间内，使用量越多单位价格越低的阶段差别递减从量收费（declining step meter rate）	E
（2）区域差别递减从量收费（declining block meter rate）	E
（3）最低使用量的价格、最低费用和不同区域制定的使用量越多单位价格越低的递减从量价格（declining block meter rate with minimum charge）	G
（4）使用量越多单位价格越高的递增从量价格（increasing or inverted meter rate, or life line rate）	E
4. 二部定价、三部定价（two-part tariff and three-part tariff）	
（1）单一二部定价（Simple Two-Part Tariff）	E
（2）单一三部定价（Simple Three-Part Tariff）	E
（3）最低使用量的二部定价（Two-Part Tariff with Minimum Use-Volume）	T
（4）复数二部定价（Multiple Two-Part Tariff）	
① 递减复数二部定价	G, W
② 递增复数二部定价	E
5. 高峰负荷定价（Peak Load Rate）	
（1）根据季节不同制定不同的价格（Seasonal Rate）	E
（2）根据时间段不同而制定的价格（Time-of-Day Rate）	E, T
（3）针对周末或者节日制定的价格（Weekend Rate）	T
	相关产业
（4）根据生产和设备负荷的高低制定的价格（Load Adjustment Rate）	E, G
（5）间断费用（Interruptible Rate）	E
6. 根据距离的不同制定的价格（geographic rate, or transportation fare）	P, T

资料来源：植草益. 公的规制の经济学［M］. 东京：NTT 出版株式会社，2000. 有修改。

二、二部定价法

在现实中，非线性定价的使用范围更广，其中的二部定价和高峰负荷定价更为常用。

根据公共定价水平的理论分析可知，边际成本定价方式所带来的消费者剩余最大，即实现的社会福利最大。但是，对于成本递减的自然垄断行业来说，由于前期所投入的固定资本巨大，如果按照边际成本定价会导致企业没有办法收回前期投入的固定资本，从而会导致企业亏损。为了解决上述问题，各国对定价方法进行了修改。其中，多部定价方法（二部定价、三部定价等）是使用较多的方法，而二部定价法是多部定价法的基础。

二部定价是由两种要素构成的定价体系：一是与使用量无关的按月或按年支付的

"基本费",二是按使用量支付的"从量费"。因此,二部定价是定额定价与从量定价二者合一的定价体系,也是反映固定成本与变动成本结构的定价体系。由于二部定价法中的"基本费"是不管使用量的多少而收取的固定费,所以有助于企业补偿其固定成本;而"从量费"与使用量有关,有助于企业补偿其变动成本。因此,电力、城市煤气、自来水、电话等自然垄断行业普遍采用这种定价方法。

如图 18.6 所示,如果在成本递减行业采用边际成本定价方法,价格就是 P_M,供给量为 Q_M,由此而产生的亏损是 $CFMP_M$。由于该亏损额超过了边际成本总额,所以这一亏损可以视为固定费用总额。如果这一亏损如果能够向使用者收取的话,就可以使企业继续存在下去,并为使用者继续提供服务,避免企业的经营风险。假定用户的总数为 N,固定费用总额为 K,则每一用户所分摊的平均固定费用额为 K/N,即为二部定价中的基本费(用 T 表示)。与边际成本水平相适应的 P_M 称为从量费,用 a 表示。假定用户的使用量为 Q,则二部定价(用 P_{TP} 表示)的公式是:

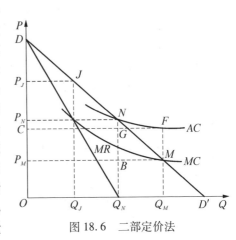

图 18.6 二部定价法

$$P_{TP} = K/N + P_M(Q) = T + \alpha(Q)$$

由上式可以看出,二部定价由两部分构成:一部分是固定费用总额 T,另一部分是边际成本总额 $\alpha(Q)$。因此,如果企业能够实现预期销售量,二部定价就可以使企业实现收支平衡。

从图 18.6 中可以看出,二部定价法可以改进资源配置的效率。由于平均成本曲线(AC)与需求曲线 DD' 相交于 N 点,所形成的平均成本价格为 P_N,供给量为 Q_N,费用总额为 $P_N N Q_N O$。其中,$P_N N B P_M$ 是固定费用总额,$P_M B Q_N O$ 是变动费用总额。而在边际成本定价中,价格是 P_M,供给量是 Q_N,变动费总额是 $P_M M Q_M O$,固定费用总额(等于亏损总额)是 $CFMP_M$。实际上,在生产设备既定的情况下,无论是采用平均成本定价还是采用边际成本定价,其固定费用总额都是相同的,即:

$$P_N N B P_M = CFMP_M$$

可以看出,边际成本定价情况下的消费者剩余是 DMP_M,平均成本定价情况下的消费者剩余是 DNP_N,前者比后者大 $P_N N M P_M$。而在二部定价法情况下,企业收取的基本费是 $CFMP_M = P_N N B P_M$,收取的从量费用是 $P_M M Q_M O$,获取的总收入是 $P_N N B M Q_M O$,因此消费者剩余是 $DNP_N + NMB$。虽然二部定价情况下的消费剩余比边际成本定价情况下小 $P_N N B P_M$,但比平均成本定价的消费者剩余大 NMB。因此,从经济福利的角度来看,二部定价情况下的经济福利虽然比边际成本定价的经济福利小,但是比平均成本定价的经济福利大,而且解决了边际成本定价情况下的企业亏损问题。

三、高峰负荷定价法

很多被规制的产业(特别是公益事业,电力、通信和运输业),其需求量在一定期间内上下波动。例如电力产业,其使用量在不同区域内有所变化,在时间上也有所不同。以电力使用量在时间上的变化为例,一般而言,在 1 年之中,夏季 6、7、8 月,冬季 12、1 月是用电高峰。一天之内,8~17 点是用电高峰,而 0~5 点是用电低谷。在电力使用量处于高峰时段,所有的电力设备处于高负荷状态;而电力使用量处于低谷阶段,有些电力设备会处于低负荷、甚至停止使用的状态。如果电力的使用量不断地增加,且企业提供的产品受技术条件的限制不能储存,有可能会使电力设备不能满足需求而被迫增加并导致生产成本的增加,而这些设备在使用量处于低谷时段会停止运转,从而导致设备闲置和浪费。因此,为了尽量避免这种情况的发生,电力系统会依据使用量的高峰和非高峰的不同需求规定不同的价格,这种定价方法被称为高峰负荷定价。高峰负荷定价的作用在于:① 降低高峰时期(时段)的使用量;② 提高非高峰时期(时段)的使用量;③ 调整其他能源的高峰和非高峰的使用量。

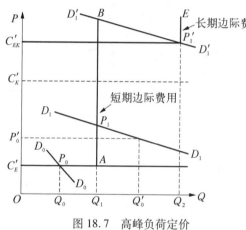

图 18.7　高峰负荷定价

图 18.7 中,纵、横轴分别表示价格和产量,图中需求曲线 D_0 和 D_1 分别表示非高峰需求曲线和高峰需求曲线。OC'_E表示边界操作费用,OC'_K表示边际设备费,$OC'_{E.K}$表示边界作业费和边际设备费之和, 即 $OC'_{E.K} = OC'_E + OC'_K$。 如果需求量一定,则没有必要追加投资,其生产能力为 Q_0,价格仅仅为边际作业费,也就是短期边际费用。为了简化,用 OQ_1 表示短期边际费用。当生产量超过 Q_1 时,短期边际费用会急剧上升,并成为一条垂线。这是因为自然垄断行业虽然有规模经济的特征,但是在短期内生产能力是固定不变的。一旦到了设备的设计能力上限,不论投入多少可变要素,都不能增加任何产量。但是当需求量不断地增大的情况下,即高峰需求曲线 D_1 向 D'_1 移动的情况下,企业就必须追加投资。因此,长期边际费用如图中的 $C'_{E.K}P'_1E$ 所示。假定其追加投资的费用(等于边际设备费)为 OC'_K。当需求量超过 OQ_2 时,企业又会因为生产能力固定不变的原因,使边际作业费成为一条垂直线。

在需求量一定即生产设备一定的情况下,高峰时的价格即高峰需求曲线 D_1 和短期边际费用(C'_EAB)的交点为 P_1,非高峰需求曲线时的价格是 D_0 和短期边际费用曲线的交点为 P_0。假如不区分高峰需求和非高峰需求,统一定价为 P'_0,那么生产能力必须等于 Q'_0时才能满足高峰时的需求。但 Q'_0的生产能力在非高峰需求时会造成生产设备的闲置。换言之,P'_0的统一定价在高峰需求时显得过低,在非高峰需求时又显得过高。

一种比较好的办法是按不同的需求量确定不同的价格,即在高峰需求时的价格为 P_1,在非高峰需求时的价格为 P_0。这样,既可满足高峰期的需求,又可减少生产设备的闲置。另外,在需求量的扩张等于企业追加投资的情况下,非高峰时的价格和以前一样,即为 P_0,高峰时的价格是高峰需求曲线 D_1' 和长期边际费用($C_{E,K}'P_1'E$)的交点 P_1。也就是说,伴随着设备扩张,长期边际费用全部由需求者负担,非高峰时的需求者只负担设备的作业费。这就是以边际成本定价为基础的高峰负荷定价法。

专栏18-3

日本自来水价格的二部定价法

从历史发展的脉络看,日本的自来水价格体系经历了从定额水价制到计量水价制(水表制)再到二部水价制的变迁。明治时代,日本的自来水价格体系主要以定额水价制为主。定额水价制是以一家的人数和牛马的头数以及使用用途等为基准,对相同用途的水龙头征收相同的固定金额的水费,与水的使用量多少无关。在定额水价制下,使用者的数目是确定的,企业的支出可以比较容易地分摊给每一个消费者,使其收支平衡。但是,由于消费者的支出是固定的,与用水量无关,所以很容易导致水资源的浪费。在节水方面,定额水价制存在着很大的弊端。从大正时代到昭和时代初期,用水表来计量用水量,并以此计收水费的计量制被采用。从节水的角度看,它可以有效地抑制浪费的发生。但是计量水价制度,从定价体系上看,每 $1\,\mathrm{m}^3$ 水的使用价格是实际的总支出除以预计的总水量得来的。预计的总水量是水龙头数和每个水龙头可能用水量的乘积。如果预计的用水量多于实际的用水量,一部分支出就得不到补偿,从而会导致赤字出现。从经营的角度来看,这种制度很难保证收支平衡。

1955 年开始出现的二部水价制被逐渐推广。二部水价制又分为按照自来水用途(如横滨市)和按照水表口径(如东京都)来计费的两种形式。以东京都为例,其收费标准是以水表口径的大小来制定的。首先是基本价格部分,水表的口径按照大小分为小、中、大、特大种,每一种口径再细分为若干等级。口径越大缴纳的费用就越高,由此形成一个由上到下纵向递增的阶梯式水价。其次是计量水费部分,对同一种口径的水表按照实际用水量来收费。可以看出,在相同口径下,用水量越大缴纳的水费也越高,计量水价形成一个横向递增的阶梯式水价。另外,在不同口径下即使用水量相同,大口径也比小口径的价格高。这就在计量水价部分,也形成了一个从上到下纵向递增的阶梯式水价。

资料来源:吕守军.日本两部分水价制度对我国的借鉴意义研究[J].现代日本经济,2005(3):57-61.

第四节 我国价格改革实践

我国的价格改革始于《价格法》的实施。《价格法》于 1997 年 12 月 29 日经第八届全国人大常委会第二十九次会议审议通过,并于 1998 年 5 月 1 日起施行。《价格法》首次以法律的形式确立了我国的价格制度。《价格法》的内容主要包括五方面,即价格形成市场化、价格决策民主化、价格宏观调控间接化、价格竞争有序化和价格监督管理法治化。《价格法》将我国价格改革的成果上升为法律,不仅规范了企业等经营者的微观价格行为,同时也从国民经济全局出发,规定了运用价格手段进行宏观调控。既维护了广大消费者和经营者的合法权益,也保持了全社会经济总量和经济结构的基本平衡,实现了国家调节社会经济的职能。可以说,《价格法》是适应社会主义市场经济发展客观要求制定的价格领域的基本法律,是我国价格法制逐步走上规范化轨道的里程碑,是社会主义市场经济法制化的一个重要体现。《价格法》既具有市场规制法属性,又具有宏观调控法属性,是兼具微观和宏观两方面属性的价格基本法。

20年来,特别是党的十八大以来,各级价格主管部门认真贯彻落实《价格法》的基本精神,加强顶层设计和系统谋划,统筹推动"立改废释",加快建立健全重要商品和服务的定价成本监审办法、价格管理办法、价格调控预案,全面建立目录清单制度,全面清理价格规章规范性文件,有序推进价格管理职权清单化、政府定价程序规范化、价格行政行为透明化,进一步确立了政府定价制度的"四梁八柱",为巩固价格改革、强化价格监管提供了强大法制保障,取得了显著成效。

1. 价格改革的具体措施

紧紧围绕价格工作中心任务,坚持统筹推进、与时俱进,紧扣政府职能转变和机关定位转型,强化价格法制顶层设计,应时而变、顺势而为、有破有立,深入巩固改革成果,推进依法治价。

(1)加强顶层设计。

成立《价格法》修订工作小组,经过深入研究,反复征求各部门意见,起草《价格法》(修订稿)。2015年10月出台的《中共中央、国务院关于推进价格机制改革的若干意见》(中发〔2015〕28号,以下简称中发28号文件),对健全价格法制提出明确要求:"紧密结合价格改革、调控和监管工作实际,加快修订价格法等相关法律法规,完善以价格法、反垄断法为核心的价格法律法规,及时制定或修订政府定价行为规则以及成本监审、价格监测、价格听证、规范市场价格行为等规章制度,全面推进依法治价"。各地均认真贯彻落实中发28号文件精神,出台了相应的实施意见,对价格法制建设作出具体规定。

(2)统筹推动"立改废释"。

结合价格改革最新进展,进一步加快建章立制步伐,将价格改革成果以法律法规形式巩固下来。

在中央层面,系统梳理相关法律法规中与改革要求不相适应的条款,推动完成了对《药品管理法》《烟草专卖法》《铁路法》《邮政法》《民航法》《义务教育法》《公证法》《全国人大常委会关于司法鉴定管理问题的决定》《民办教育促进法》9部法律及5部行政法规的修订。修订了《价格违法行为行政处罚规定》等行政法规和《中央定价目录》《政府制定价格行为规则》《政府制定价格成本监审办法》等规章,修订了《农产品成本调查管理办法》,《价格认定规定》《政府制定价格听证办法》《行政事业性收费标准管理暂行办法》《价格认定复核办法》的修订也取得重大进展。出台《关于进一步加强垄断行业价格监管的意见》,按照"准确核定成本、科学确定利润、严格进行监管"的思路,建立健全以"准许成本+合理收益"为核心的约束与激励相结合的垄断行业定价制度。此外,还先后出台《商业银行服务政府指导价政府定价目录》《商业银行服务价格管理办法》《天然气管道运输价格管理办法(试行)》《省级电网输配电价定价办法》《国家发展改革委定价成本监审目录》《输配电定价成本监审办法(试行)》《天然气管道运输定价成本监审办法(试行)》《铁路普通旅客列车运输定价成本监审办法(试行)》等一批具体定价或成本监审办法,将政府定价科学化、规范化、机制化水平提升到新的高度。

在地方层面,各地普遍建立健全政府定价程序制度,结合价格改革进程修订听证目录和成本监审目录,有的省份还将合法性审查、公平竞争审查、政务公开、事后评估等程序纳入价格行政行为全过程。江苏、浙江、安徽等9省制定修订了价格管理条例,河北等4省修订了价格监督检查条例,福建、湖南等6省修订了行政事业性收费管理条例,重庆、西藏、海南等地方出台了涉案物品价格鉴定、旅游价格管理等地方性法规。同时,各省还出台或修订省政府规章25部。截至目前,全国共有价格管理类的地方性法规55部,其中价格管理条例15部,价格监督检查条例7部,行政事业性收费管理条例12部,涉案物品价格鉴定条例17部,其他条例4部;价格管理类的政府规章81部,内容涉及价格监督检查、监测、鉴定、成本监审、行政事业性收费以及部分商品服务价格管理等方面。

(3)全面建立目录清单制度。

在价格法修订方面先后完成了定价目录、权责清单、行政审批目录和收费目录的制定修订工作并对外公布,显著提高透明度,接受社会监督。

定价目录:2015年底,全部完成中央定价目录和31个省(区、市)地方定价目录的修订工作,并对外公布。中央、地方定价具体项目分别缩减到20项、45项左右,实现权力清单化。2017年,新一轮地方定价目录修订工作已再度启动。

权责清单:结合简政放权、职权法定要求,国家发展改革委全面梳理价格调控与监管类别的行政权力和责任事项,编制权责清单。对保留的行政职权,以清单形式全面公开职权名称、权责依据、权责实施内容和程序以及追责情形,同时编制各事项工作流程图。地方价格主管部门也出台了相应权力责任清单。

行政审批目录:全面梳理价格主管部门行政审批事项,取消价格评估人员执业资格认定、价格评估机构资质认定、价格鉴证师注册核准等多项行政许可,清理非行政许可审批事项,并编制行政审批事项目录、政府内部审批目录和审查工作细则,所有审批事项由国家发改委政务大厅统一接收申请、在线审批、全程监控。

收费目录:制定并公布了中央涉企、进出口环节经营服务收费目录清单(分别仅为6项、3项),中央层面行政审批前置中介服务收费全部取消。编制全国和各省的经营服务性收费目录清单,于2017年底对外公布。

(4)全面清理价格规章规范性文件。

为更好地适应价格改革全面深化、政府职能加快转变的新形势,深入推进简政放权和放管结合,优化法制环境,我国先后多次清理1978年以来发布的价格法规规章和规范性文件。2015—2016年,全国价格主管部门共废止约1.6万件价格规章规范性文件,明确现行有效的重要价格规章规范性文件约2 600件,并对外公布相关文件目录,便于社会公众查阅和监督。2017年,我国再次清理中央层面价格规章规范性文件,于

2017 年 7 月废止 133 件,后续拟废止修订 170 余件,力争将中央层面现行有效的价格规章规范性文件数量压缩至 500 件左右,2000 年以前印发的文件全面废止或修订。全面清理价格规章规范性文件,既是对价格改革成果的再一次巩固,也进一步夯实了价格管理的法制基础,还实现了政策法规的信息互通、资源共享。

2. 价格改革的现实意义

伴随价格改革的纵深推进,价格法制建设紧紧围绕中心工作,按照简政放权的要求,放权市场、放权企业、自我约束、接受监督,有力地促进了市场决定价格机制的建立和完善。同时,坚持放管结合,沿着建立科学、规范、公开、透明的政府定价制度的目标奋力前行。分行业、分领域的价格管理办法和成本监审办法陆续出台,为规范政府行政行为和企业市场行为,维护各方权益发挥了重要作用。

(1)有力地巩固了价格领域简政放权的成果。

全面修订中央定价目录和地方定价目录,大幅缩小政府定价范围,中央层面缩小约 80%,地方层面缩小约 55%。编制政府定价的收费目录清单,在实现政府定价项目清单化的同时,将价格改革和简政放权的成果以目录形式固定下来,确保目录之外无定价权。以具体项目清单的方式进一步促进了市场决定机制的建立和完善,有利于发挥市场配置资源的决定性作用,进一步改善营商环境,激发市场活力。

(2)有力地推进了价格监管制度的科学化规范化。

在大幅缩小政府定价范围的同时,着眼于强化事中事后监管,进一步完善监管制度、健全完善价格法律体系,逐步形成了由法律、法规和规章构成的比较完整的中国特色社会主义价格法律规范体系:以《价格法》为核心,以《反垄断法》《反不正当竞争法》《消费者权益保护法》以及其他法律相关价格条款为重要支撑,以《价格违法行为行政处罚规定》《制止牟取暴利的暂行规定》等行政法规,《价格管理条例》等百余部地方性法规、部门规章和地方政府规章为配套,内容涉及政府定价行为规则、听证、成本监审、行政处罚、价格举报、反价格垄断等。近年来,价格主管部门认真贯彻落实党的各项方针政策,对绝大多数的价格规章、规范性文件进行了重新梳理、修订完善,进一步完善了中国特色社会主义价格法律体系。

(3)有力地维护了社会公众合法价格权益。

《价格法》为规范政府和经营者价格行为,强化市场价格监管执法,维护良好的价格秩序,保持价格总水平基本稳定,切实保护消费者和经营者价格权益,促进经济社会持续健康发展发挥了积极作用。根据《价格法》有关规定,修订《政府制定价格行为规则》《政府制定价格成本监审办法》,研究完善价格听证制度、修订听证目录,制定分行业、分领域的价格管理办法和成本监审办法等,通过规范政府制定定价机制、完善定价依据、健全定价程序、强化后评估和动态调整,强化公众参与决策和社会监督,有利于发挥市场配置资源的决定性作用,有利于促进价格调整的机制化、透明化、动态化,有利于更广泛汇聚民意,对保障各方面价格权益发挥了重要作用。①

① 韦大乐. 沿着法治化轨道推进价格改革——《价格法》实施 20 周年回顾与思考[J]. 价格理论与实践, 2018(4):30-33.

复习与练习

● **主要概念**

公共定价　定价水平　定价体系　自然垄断　边际成本定价　平均成本定价　利润最大化定价　线性定价　同一从量价格　定额定价　非线性定价　二部定价　从量费　基本费　三步定价　高峰负荷定价　边际作业费　消费者剩余　生产者剩余

● **思考题**

1. 在市场经济下,为什么还需要公共定价?

2. 公共定价的功能有哪些? 请举例说明。

3. 公共定价如何能够起到收入再分配的作用? 请举例说明。

4. 近几年公用事业价格上涨的主要原因是什么? 我国应如何应对?

5. 什么是公共定价水平? 主要包括哪些?

6. 边际成本定价的优缺点是什么?

7. 什么是公共定价体系? 包括哪些内容?

8. 二部定价的含义是什么? 如何评价其效率性?

9. 了解我国部分公共企业的定价方式,你认为应如何完善我国的公共定价体系?

10. 我国汽油、柴油等成品油价格是如何决定的?

第 十九 章

外部效应的治理

如前所述,外部效应也是市场失灵的重要体现之一。有些外部效应可以忽略不计,但是有些外部效应却可能危及人类社会的生存环境。如何通过市场机制和公共规制相结合的办法,有效地降低甚至消除负外部效应,激励和扩大正外部效应,对于人类经济社会的发展意义重大。本章主要介绍外部效应的定义与分类、外部效应与资源配置效率以及外部效应的治理方式。

第一节 外部效应的定义与分类

外部效应(externality),又称为外部性、外部经济,自马歇尔于 1890 年在《经济学原理》中首次对其进行讨论以来一直是经济理论的一个组成部分。之后,在庇古等经济学家的深入研究下,外部效应的理论自 20 世纪 20 年代起逐步扩展,并被广泛地应用于经济分析中。

一、外部效应的定义

自马歇尔对外部效应的概念进行阐述之后,许多著名经济学家都对外部效应的概念进行了探讨。马歇尔在《经济学原理》中对由于企业外部的各种因素所导致的生产费用增加(或减少)的现象进行了分析。他指出,如果一家企业购买一种资源,会抬高其他所有使用者利用这种资源的价格。那么,这种资源的实际边际成本仅仅是这家企业支付的市场价格还是应当包括其他所有使用者多付的成本呢?可以看出,马歇尔探讨的这种外部效应是发生在市场体制之内的,是通过价格体系反映出来的外部效应,并被后人称之为金融外部效应,它与我们现在探讨的外部效应有本质的不同。我们现在探讨的外部效应是发生在市场机制之外的,而且不能通过价格体系反映其供给与需求的一种现象。之后,庇古从"公共产品"入手,认为外部效应具有不可分割性,并对边际私人成本(收益)与边际社会成本(收益)不一致的问题进行了探讨。

20 世纪 60 年代,科斯对技术性的外部效应进行了研究。技术性外部效应是指某种消费活动或生产活动的间接性影响不通过价格体系起作用。之所以称之为"技术"外部效应,是因为假定这种外部效应影响到人们的生产和消费的技术方式。

布坎南和斯塔布尔宾在《外部效应》的论文中认为,只要某一个人的效用函数(或者某一个厂商的生产函数)所包含的变量是在另一个人(或厂商)的控制之下的,即存在外部效应。设 U^A 为个人 A 的效用,则:

$$U^A = U^A(x_1, x_2, x_3, \cdots, x_n, y_1)$$

其中的 $x_1, x_2, x_3, \cdots, x_n$ 表示由个人 A 所控制的活动,y_1 表示个人 B 控制的活动,此处活动的定义包括:"任何可以计量的人类行为,如吃面包、喝牛奶、向空气中喷烟、在公路上洒水、进行救济活动等"。库利斯在《公共财政与公共选择》一书中使用了同样的函数表达式来说明外部效应的特征。他指出,当某个人的效用不仅取决于他购买的和消费的商品与服务,而且还取决于其他某些人的活动时,就存在着外部效应。他利用效用函数对外部效应进行了解释:个人 A 的福利不仅取决于他消费的一系列商品和服务($x_1, x_2, x_3, \cdots, x_n$),同时还取决于另一个人 B 从事的某种活动 y_1。由此可见,外部效应的明显特征是一个人的福利受到其他人的某种影响,但是这种影响却不能通过价格体系来解决。

诺思等人在《西方世界的崛起》一书中认为,当一个行为个体的行为不是通过影响价格而是通过其他方式来影响另一个行为个体的环境时,我们称这种现象为"外部效应"。同时,他还认为"个人收益(成本)与社会收益(成本)之间的差异,意味着第三方(或更多方)在没有他们许可的情况下,获得或承受一个收益或成本"。但是,如果产权不清晰,成本或者收益便无法衡量。因此,成本和收益的界定是以产权制度为基础的。

斯蒂格利茨在其《经济学》教科书中先后给出三个似乎不同的定义:① 只要一个人或一个企业的行为直接影响到他人,而对此或没有赔偿或没有得到补偿,就出现了外部效应。② 未被市场交易包括在内的额外成本和额外收益称之为外部效应。③ 个人或企业没有承担其行为的全部成本(消极的外部效应)或没有享受其全部利益(积极的外部效应)时所出现的一种现象。

综上所述,外部效应的概念可以归纳为一个行为主体的行为对另一个行为主体造成影响,但是这种影响不是通过价格体系而是通过其他方式来影响的,从而造成个人的边际成本(MPC)与社会边际成本(MSC)、个人边际收益(MPB)与社会边际收益(MSB)不相等,并导致资源配置的效率降低,进而导致市场失灵。

应该注意的是,正外部效应类似于公共产品,负外部效应类似于公共害品(public bads),突出地表现在它们在消费上都具有一定的非排他性和非竞争性的特征。外部效应具有一定的强制性,这种强制性表现在不管生产者还是消费者是否愿意接受,它都会强加给受影响者,这类似于消费上的非排他性和非竞争性的特征。例如,爱迪生发明和创造的技术已经被千千万万的企业所使用,众多企业在使用这些技术时具有非排他性和非竞争性的特征,因此这种正外部效应类似于公共产品。再例如由于污染而导致的地球臭氧层被破坏、南极上空出现臭氧空洞、地球温度逐渐变高并形成暖冬等现象,是一种负外部效应,无论受影响者是否愿意接受,它都会强制性地影响到每个人的生活,类似于公共害品,而且这种强制性不能通过市场机制来解决。

还应该注意的是,外部效应不可能完全消除。正如交通噪声一样,汽车在行驶过程中发出的声音不可能完全消除,只要汽车在地面上行驶,它总会有摩擦力,而且行驶的汽车越多,这种由摩擦而造成的声音就越大,最终形成噪声。政府的规制和科技的进步,会使这种由摩擦而造成的声音变小,但却不可能完全消除。因此,类似的外部效应会广泛地存在于生产和消费领域,且不可能完全消除。

二、外部效应的分类

根据不同的特征标准,可以对外部效应进行不同的分类。外部效应的分类主要有两种方式:一是按照外部效应对受影响方的利弊进行分类,二是按照外部效应的引起者和承受进行分类。将这两种分类方式组合在一起,可以得出不同类型的外部效应。

1. 按照外部效应对受影响者的利弊进行分类

一是正外部效应。当一个行为主体对另一个行为主体带来了有益的影响,而且这种影响不能通过价格体系来解决,这种外部效应就是正外部效应,也称之为外部收益。例如,花园的主人在自己的花园中种植花草,并使附近居民、过路人可以观赏到鲜花并享受到花香,但是居民并不为此支付费用,这种外部效应就是正外部效应。在正外部效应下,个人(花园的主人)的收益小于整个社会(花园的主人、附近邻居、过路人等)所得到的收益。

二是负外部效应。当一个行为主体对另一个行为主体带来了有害的影响,而且这种影响不能通过价格体系来解决,这种外部效应就是负外部效应,也称之为外部成本。例如,企业排出的废气污染了空气,并导致附近居民得了疾病,而企业并不承担居民为此付出的医疗费用或者其他费用,这就是一种负外部效应。在负外部效应下,社会成本(企业员工、居民为空气污染承担的成本等)大于私人成本(企业为空气污染承担的成本)。

2. 按照外部效应的引起者和承受者进行分类

一方面,外部效应可能是生产行为也可能是消费行为引起的,由生产者行为引起的外部效应叫作生产行为外部效应,由消费者行为引起的外部效应叫作消费行为外部效应。值得注意的是,无论是有生产者行为还是由消费者行为引起的外部效应,都未必是引起者的主观愿望造成的,也不受价格体系的支配。

另一方面,外部效应的受影响者可能是生产者也可能是消费者。由此可以把外部效应划分为对生产者的外部效应和对消费者的外部效应。

3. 外部效应的具体类型

外部效应对受影响者可能产生有利的影响,也可能产生不利的影响,根据此可以把外部效应划分为正外部效应和负外部效应。因此,按照生产、消费分类,对外部效应进行排列组合,可以把外部效应划分为8类。

一是生产行为引起的正的生产外部效应,即某一企业从其他企业的生产行为中受益。例如,养蜂人在苹果园附近养蜂,会给苹果园的主人带来正的外部效应。同时,苹果树的种植也给养蜂人带来了正的外部效应。再例如,如果A企业培训其劳动力,后来其中部分劳动力受雇于B企业,B企业从中受益,这也是生产行为引起的正的生产外部效应。

二是生产行为引起的负的生产外部效应,即某一企业从其他企业的生产行为中受损。例如,如果河流上游的企业(例如造纸厂)向河流中排污,就会严重影响下游企业(例如养鱼场)利用该河水从事生产。

三是生产者行为引起的正的消费外部效应,即某一居民或家庭因某一企业的生产行为而受益。例如,苗圃公司的建立会使附近居民和家庭享受更加清洁的空气。企业采用新技术降低污染,也会使附近居民和家庭从中受益。

四是生产者行为引起的负的消费外部效应,即某一居民或家庭因某一企业的生产行为而受损。例如,太湖周围的企业向太湖排污,导致太湖水质下降甚至产生大面积的蓝藻,从而造成太湖附近的居民饮用水质的下降。

五是消费者行为引起的正的生产外部效应,即某一企业因为某一居民或家庭的消费行为而受益。例如,随着国民生产总值的增加,居民的消费偏好逐渐向高档消费品转变,会引致汽车、新型家电、高档化妆品等产品销售数量的增加,并使这些企业从中获益。

六是消费者行为引起的负的生产外部效应,即某一企业因为某一居民或家庭的消费行为而受损。例如,随着居民生活水平的提高和收入的增加,低端产品逐渐不再受到消费者的青睐,生产这些产品的企业会随之受损。

七是消费者行为引起的正的消费外部效应,即某一居民或家庭在其他居民或家庭的消费行为中受益。例如,居民扫去自家门前人行道上的积雪会使其他居民或家庭从中受益。

八是消费者行为引起的负的消费外部效应,即某一居民或家庭在其他居民或家庭的消费行为中受损。例如,一个人吸烟有损于他人的健康。

值得注意的是,在很多情况下,外部效应的引起者和受影响者并不是单一的而是综合的,因此很难把它划归在某一类中。例如,关于地球变暖的原因,除了企业排放的二氧化碳之外,家庭在使用汽车、家电等的过程中,也会排放二氧化碳,因此它不仅是生产者行为和消费者行为共同引起的,而且对居民、家庭和企业都有影响。再例如,关于教育的外部效应,一般认为,受过良好教育的个人拥有更多的劳动技能、更高的文明素质,会对工作单位和社会做出更大的贡献。在这里,它既是消费行为引起的正的生产外部效应,又是消费行为引起的正的消费外部效应。

专栏19-1

国际合作应对气候变化

国际气候是一个全球性公共产品,需要国际社会的共同努力。2015年达成的《巴黎协定》凝聚了广泛共识,明确了全球应对气候变化的长期目标,建立了"自下而上"的以"国家自主贡献+全球盘点"为核心的不断提高力度机制,为2020年后全球应对气候变化国际合作奠定了法律基础。《巴黎协定》已于2016年11月4日正式生效。截至2018年,《联合国气候变化框架公约》（以下简称《公约》）的 197 个缔约方均签署或批准了《巴黎协定》。其中，184 个缔约方批准或接受了《巴黎协定》，占全球温室气体排放的 89.3%（不包含美国为 71.4%）。193 个缔约方递交了 165 份预期国家自主贡献（Intended Nationally Determined Contributions, INDC），覆盖全球接近 90%的温室气体排放。

随着《巴黎协定》实施细则的达成，全球气候治理也进入了以保持足够政治推动力和有效落实《巴黎协定》为主要特征的"后巴黎"时代。应对气候变化是项长期的任务，并不是一蹴而就的，未来国际局势也仍会有跌宕起伏，有效落实《巴黎协定》尚面临众多不确定性和挑战。中国在这个进程中有自己的利益诉求和主张，希望能推动和引导建立公平合理、合作共赢的全球气候治理体系，彰显负责任大国的形象，推动构建人类命运共同体，这也需要几代人的奋斗和努力。从近十年来的多双边进程看，全球气候治理新时代的大趋势正在逐步显现。

一是应对气候变化议题将长期占据全球和大国关系的主要议事日程。因其道义性、全球性和长期性，气候变化已经成为自二战以来国际社会最普遍关注的话题，并广泛吸引了从科学界到政治、经济、人文、法律等各界人士的参与。近年来有关应对气候变化国际合作的国家领导人联合声明、高级别活动的数量不断增长，气候议题成了国际贸易、区域安全等国际事务中相对最容易形成共识的领域。大国在谈，小国也在谈，领导人在谈，普通老百姓也在谈，这种参与度是空前的，而且是最体现现代价值的。从更长的历史周期来看，人类社会致力于可持续发展的努力不会白费，增进人类福祉的事业不会被遏制，追求更高文明的脚步不会停歇。

二是提高行动和支持力度将成为未来应对气候变化国际合作的主要命题。从 2009 年、2014 年的联合国气候峰会来看，按照《巴黎协定》实施细则中全球盘点达成的共识，未来每 10 年中逢 4、逢 9 的年份联合国秘书长都将可能召集各国领导人举行气候峰会，接通最高决策的"天线"，通过持续的进程展现提高应对气候变化行动和支持力度的政治意愿。

三是考虑不同国情的共同制度框架将最终替代发达国家和发展中国家的区分。尽管从政治上，保留"南北之分"短期内对包括中国在内的发展中国家有利，但从应对气候变化这项"人类共同的事业"出发、立足于"构建人类命运共同体"的宽广格局，合作共赢的开放思维比"零和博弈"的对抗思维更为重要。随着谈判和实践的推进，应对气候变化的"故事逻辑"正在从传统的"责任和义务分担"转向"机遇和效益分享"，用更积极、正面、可持续的发展转型替代增加约束、提高成本和制约发展的"历史还债"，用技术创新、市场创新、制度创新来推动高质量低排放发展，用优良实践、强化合作来面对挑战和困难。这样的变化客观上会给发展中国家带来更大的履约压力，但同时也为发展和改革带来契机。

节选自：柴麒敏，傅莎，祁悦，樊星.《巴黎协定》实施细则评估与全球气候治理展望[J].气候变化研究进展，2020，16（2）：232－242.

第二节　外部效应与资源配置效率

当存在外部效应时，私人的边际收益和边际成本与社会的边际收益和边际成本发生偏离。由于企业或居民是按照私人边际收益和边际成本决策的,而不是按照社会边际收益和边际成本决策的,所以这样的决策很可能导致资源配置的低效率。对于负外部效应来说,通常表现为产量过剩,对于正外部效应而言,通常表现为产量不足。

一、负外部效应与产量过剩

当负外部效应存在时,无论是由生产者还是由消费者行为引起的,都会增加其他消费者或者生产者的成本。因此,为了对外部效应进行全面考察,必须把第三方(消费者或其他生产者)所增加的成本计算进来。这里以生产者行为引起的负外部效应为例进行说明。

1. 外部边际成本的变化趋势

外部边际成本(marginal external cost, MEC)是指生产者多生产一个单位的产品或服务给第三方(消费者或其他生产者)造成的额外成本。一般来说,外部边际成本不反映在该产品的价格中,但却是边际社会成本的一部分。例如,假定河流的上游有一家造纸厂,河流的下游有一家养鱼场,造纸厂在生产的过程中会向河流中排污,导致水资源的污染并会增加养鱼场的额外生产成本。但是,造纸厂在生产、交换、分配的过程中不会考虑给养鱼场造成的额外成本。纸张的购买者自然也不会考虑养鱼场的额外成本。因此,外部边际成本并不反映在价格体系中,并会导致资源配置的扭曲。外部边际成本有三种变化的趋势。

一是外部边际成本可能是固定不变的,也就是说随着产量的增加而等比例地增加。在图 19.1(a)中,假定外部边际成本是固定不变的。在这种情况下,MEC 是水平线,表明总外部成本按每吨纸 10 元的不变比率增加。如果某一厂家每年的总产量是

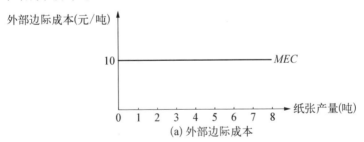

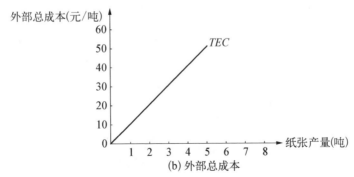

图 19.1 外部边际成本与总外部成本:MEC 不变的情况

50 吨纸,则总外部成本(total external cost, TEC)是 500 元。*TEC* 是一条斜率为 10 的直线,即其斜率是 $\Delta TEC/\Delta Q = MEC = 10$($\Delta TEC$ 是总外部成本的增量,ΔQ 是纸张产量的增量),如图 19.1(b)所示。

二是外部边际成本递增,即外部边际成本增加的比例快于产量增加的比例。图 19.2 描述了外部边际成本随着年产量增加而递增的情况。一方面,它意味着单位产量对第三者造成的边际损害随着产量的增加而增加,也意味着较高的年产量水平比较低的年产量水平带来的边际损害更大。所以在图 19.2(a)中,*MEC* 是一条向右上方倾斜的直线。另一方面,它还意味着外部总成本以递增的比率增大,纸张产量增加的越多,对第三方造成的污染损害越严重。因此,图 19.2(b)显示的 *TEC* 是一条向右上方倾斜的曲线,它的斜率随着年产量的增加而增大。

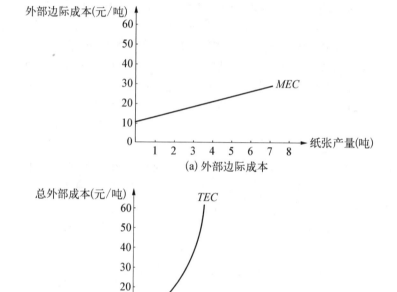

图 19.2 外部边际成本与总外部成本:*MEC* 递增的情况

三是外部边际成本递减,即外部边际成本增加的比例低于产量增加的比例。它意味着随着造纸厂产量的增加,造纸厂造成的总损害将按照一个递减的比率增加,而在某一点之后,追加的污染不会对第三方带来进一步的损害。显而易见,这种情况在理论上是存在的,但是在现实生活中发生的可能性很小。

2. 负外部效应与资源配置效率

仍然假定一条河流上游有两家企业,一家造纸厂位于河流的上游,另一家养鱼场位于河流的下游。假设造纸厂把大量的没有经过处理的废弃物直接排放到河流中,而养鱼场为了养鱼,必须对污染了的水进行净化后才能使用,因此增加了养鱼场的成本,

即造纸厂对养鱼场造成了负外部
效应。

如图 19.3 所示,需求曲线 D 是
以社会边际收益 MSB 为基础的,供
给曲线 S 是以私人边际成本 MPC 为
基础的。需求曲线 D 和供给曲线 S
相交于 A 点,这一点决定的均衡价格
和均衡产量分别是 P_1 和 Q_1。问题在
于,A 点并非效率要求的均衡点,因
为 S 线所代表的边际成本仅仅是私
人边际成本,即 $S=MPC$,而未将边际
成本 MEC 计算在内。

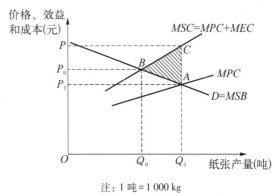

注: 1 吨 = 1 000 kg

图 19.3　负外部效应对其制造者的影响

可以看出,需求曲线 D 表示购买者可以从纸张的消费中得到的私人边际收益,它
与社会边际收益相等,即 $D=MPB=MSB$。由于造纸厂只考虑自己的私人边际成本,而
不考虑由于造纸而导致的外部边际成本 MEC,故此处的供给曲线 S 仅仅代表造纸厂为
生产每一单位纸张所付出的成本,即 $S=MPC$。但是,为了得到社会边际成本 MSC,私
人边际成本 MPC 必须加上外部边际成本 MEC,即:

$$MSC = MPC + MEC$$

这表明,在存在负的外部效应的情况下,该种物品或服务的私人边际成本小于其
社会边际成本。而且假定 MEC 随着产量的增加而增加,并与需求曲线相交于 B 点。B
点的均衡价格和均衡产量分别是 P_0 和 Q_0,它所包括的私人边际成本和外部边际成本
在内的社会边际成本恰好同社会边际收益相等,即:

$$MSC = MPC + MEC = MSB$$

很显然,此处的价格 P_0 高于价格 P,而产量 Q_0 却小于 Q,这说明负外部效应的存
在会导致该种物品(或服务)的生产和销售过多。其中,从 Q_0 到 Q_1,每生产 1 个单位的
纸张,社会福利都会下降。纸张的过度生产所造成的社会福利损失的总价值等于阴影
三角形 ABC 的面积。要使社会福利最大化,纸张的生产应该在生产水平为 Q_0,价格为
P_0 的时候停止。

同时,造纸厂会对养鱼场造成
负的外部效应,并使资源配置发生
扭曲,如图 19.4 所示。供给曲线 S
(或 MPC 曲线)反映了养鱼场所承
担的成本。对于每一单位的产出,
MSC 都小于 MPC,这是因为养鱼场
不但要承担养鱼的成本 MSC,而且
要承担对造纸厂造成的污染的水进
行净化的成本。当需求曲线 D 与供

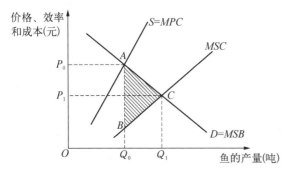

图 19.4　负的外部效应对承受者的影响

给曲线相交于点 A 处时的均衡价格和均衡产量分别是 P_0 和 Q_0，但是由于 A 点处的社会边际收益 MSB 大于社会边际成本 MSC，因此 A 点并不是社会福利最大化的均衡点。因此，如果养鱼场的产量从 Q_0 提高到 Q_1 的水平，社会福利就会提高。但是，养鱼场必须承担由于外部效应存在而增加的成本，所以养鱼场有降低生产规模的动机。由于养鱼场减少了生产数量而造成的福利损失等于阴影三角形 ABC 的面积。

由此可知，在负外部效应存在的情况下，受影响的厂商倾向于降低他们的产量，由此导致产品供给数量的减少。

总之，由于负外部效应的存在，无论是它的引起者还是受影响者，在市场动机的影响下都选择了次优的生产规划，他们生产的数量和价格都不是社会福利最大化的资源配置。对于负外部效应的引起者而言，生产成本被人为地降低了，因此倾向于过度生产。相反，对于负的外部效应的承受者而言，生产成本被人为地提高了，因此倾向于降低产量。

二、正外部效应与需求量不足

当正外部效应存在的情况下，某种产品或服务的价格反映的仍然是交易双方的私人边际收益，而不能反映交易双方给第三者所带来的收益，即不能完全地反映外部边际收益（marginal external benefit，MEB），从而导致交易双方的交易量低于外部边际收益的交易量，而价格高于外部边际收益的价格，最终导致资源配置的扭曲，进而导致市场失灵。

如我们前面的分析，教育和接种传染病疫苗具有正外部效应。在存在正的外部效应的情况下，市场自发作用会导致资源配置的扭曲，这里以需求者行为引起的正外部效应为例来考察。

如图 19.5 所示，将疫苗接种置于完全竞争的市场上来考察。纵、横轴分别表示接受疫苗的价格和疫苗接种人数（即产品或服务的产量），S 线是以社会边际收益 MSC 为基础的供给曲线，并假定社会边际成本与私人边际成本相等，即 $MSC=MPC$，D 线是以私人边际收益 MPB 为基础的需求曲线。假定消费者决策所依据的边际收益是边际私人收益，市场均衡发生在 A 点，在该点上，分别形成价格 25 元和 10 万人次的接种数量。但是，因为曲线 D 所反映的边际收益仅仅是私人边际收益，即 $D=MPB$，并没有反映接受疫苗接种的人给其他人带来的收益，因此 A 点并不是有效率的均衡点。假定在 A 点上，接种疫苗的人带来的外部边际收益（MEB）是 20 元，由此可以得出社会边际收益曲线 $MSB=MPB+MEB=25$ 元$+20$ 元$=45$ 元，由此将 $D=MPB$ 线向右上方平移相当于 20 元的垂直距离，可以得出社会边际收益曲线 MSB。MSB 线与 S 线相交于 B 点，由此决定接种疫苗的人数为 12 万人次。可以看出，B 点是最佳的产量水平，因为它满足社会边际收益等于社会边际成本的条件，即：

$$MPB + MEB = MSB = MSC$$

随着接种疫苗的人数由 10 万增加到 12 万人次，社会将因此而获得了相当于三角形 ABC 面积大小的净收益。同时，在需求曲线 D 上 12 万人次的消费者对应的点 E 的价格是 10 元,也就意味着向消费者收取的接种价格应由原来的 25 元降为 10 元。

从中可以看出,在没有考虑外部边际收益的情况下,均衡点 A 所决定的价格和接受预防接种的人数分别是 25 元和 10 万人次。而考虑了外部收益情况下,均衡点 E 所决定的价格和接受预防接种的人数分别是 10 元和 12 万人次。由此可知,在存在正的外部效应的情况下,产品或服务的生产和销售的数量呈现不足的状态。

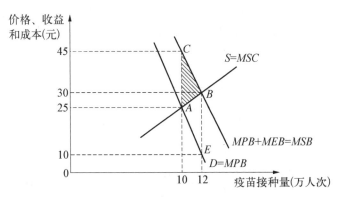

图 19.5　正的外部效应与需求量不足

实际上,许多外部边际收益会随着消费量的增多而递减。例如,随着接受接种疫苗服务的人数的增加,疾病传播的可能性不断地降低,给外部带来的外部边际收益会不断地下降。并且当足够多的人都接受了接种疫苗时,接种疫苗所带来的外部边际收益最终将会是零。如图 19.6 所示,纵、横轴分别表示接受疫苗接种的价格和人次。假如外部边际收益逐渐下降,在产量达到每年 16 万人次接种疫苗服务之前,外部边际收益不为零,所以需求曲线有两条,一条是 MPB 曲线,一条是 MSB 曲线,$MSB = MPB + MEB$,因此 $MSB > MPB$。由于 MEB 随着产量的增加而递减,MSB 曲线与 MPB 曲线之间的距离逐渐缩小。这种正的外部效应说明了市场失灵的存在。例如,假定社会边际成本曲线是 S_1,它也是完全竞争条件下的供给曲线。当市场均衡点对应于 A 点时,在该点上,价格是单位接种疫苗服务为 25 元,年消费量为 10 万人次的接种疫苗服务。这一产量是低效率的,因为在该接种量上,单位接种疫苗服务的社会边际收益高于其社会边际成本。效率产量应当对应于 B 点,在该点上,$MSC = MSB = MPB + MEB$,接种量应为 12 万人次。

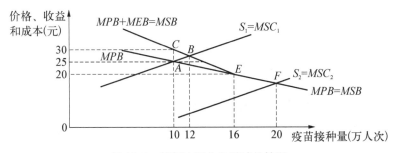

图 19.6　外部边际收益递减的情况

当产量达到 16 万人次以上时，$MEB = 0$，$MPB = MSB$。倘若假定 $S_2 = MSC_2$，在这种情况下，市场均衡是 F 点。在该点上，单位接种疫苗服务的价格是 20 元，年消费量是 20 万人次的接种疫苗服务。在这种情况下，市场均衡点 F 对应的接种量和价格都是有效率的，因为在接种量为 20 万人次的情况下，$MEB = 0$，边际社会成本等于边际社会收益。由此可见，如果存在外部边际收益递减的正的外部效应时，市场机制作用下的产量在某一点以下（例如例子中的年 16 万人次以下），也就是说 $MEB > 0$ 的情况下，会存在资源配置的非最优化。当产量提高到使 $MEB = 0$ 之后，也就是说社会边际成本等于社会边际收益之后，资源配置才会是有效率的。

专栏19-2

我国的环境保护税征收政策

环境保护税是中国以税收的手段促进生态环境保护而开征的一个全新税种，是以环境保护为目的而对环境污染征收的一种税，是中国特色社会主义生态文明建设的重要的税收手段。

我国于 1979 年开始排污收费试点。排污收费制度实施近 40 年来，对防治污染、保护环境起到了重要作用，但是在实际执行中也存在如执法刚性不足等问题，影响了该制度功能的正常发挥。党的十九大提出，我国社会主要矛盾已经变化，人们对物质文化精神层面的需求日益增长，特别是对环境保护方面提出了较高的要求。因此，开征环境保护税以加强税收对生态环境保护的调控具有必要性与紧迫性。十八届三中全会通过的《中共中央关于全面深化改革若干重大问题的决定》明确提出"推动环境保护费改税"。为落实决定精神，构建绿色税制体系，强化税收调控作用，提高全社会环保意识，推进生态文明建设和绿色发展，环境保护税立法进程加快。《中华人民共和国环境保护税法》于 2016 年 12 月 25 日通过，自 2018 年 1 月 1 日起实施。环境保护税立法有利于解决排污费制度存在的执法刚性不足等问题，有利于提高纳税人环保意识和强化企业治污减排责任。《中华人民共和国环境保护税法》的实施彻底改变了中国没有生态税和绿色税的历史，在实际绿色税种建设上具有开创性和示范性意义。

环境保护税有利于解决排污费制度存在的执法刚性不足、地方政府干预等问题；有利于提高纳税人的环保意识和税法遵从度，强化企业治污减排的责任；有利于构建促进经济结构调整、发展方式转变的绿色税制。通过"多排多征、少排少征、不排不征"，在让高污染、高排放企业"死亡"的同时，让清洁生产企业走向"重生"，税收调控作用将更为显著，形成有效约束激励机制。通过"清费立税"，有利于规范政府分配秩序，优化财政收入结构，强化预算约束。通过"税费平移"，使规定更为精致和严谨，税收更具法律刚性，使得纳税人可以根据需要重新审视其合规性安排，并对未来排污的税务成本做好合理预期，是健全中国环境税收体系的迫切需要。

第三节　外部效应的治理方式

对外部效应的校正，就是指对产品或服务的私人边际成本或私人边际收益进行调整,使之与社会边际成本或社会边际收益一致,实现外部效应的内在化(internalization of externality)。对于外部效应的校正,有的要依靠私人部门(市场机制)来校正,有的要依靠公共部门(政府干预)来校正,有的需要将市场机制与政府干预这两者相结合。为了考察对外部效应校正的机制,这里把对外部效应的校正划分为两类:一类是依靠公共部门进行的校正;另一类是依靠私人部门进行的校正。

一、公共部门对外部效应的校正

公共部门的校正大致可分为两大类:一是公共部门对引起外部效应的行为征收校正性税收(庇古税)或者给予校正性补贴(庇古补贴);二是在交易成本很高的情况下,由公共部门采取直接规制的措施。

1. 校正性税收与负外部效应的内化

20世纪20年代初,英国的经济学家庇古首先提出了通过征税来解决环境污染的问题。其操作方法是:对带有负外部效应的物品或服务征收相当于其外部边际成本的税收,以此将征税物品或服务的私人边际成本提高到社会边际成本相一致的水平,实现负的外部效应的内化。人们把这种实现负外部效应内化而开征的校正性税收(如环境污染税)称之为"庇古税"。最常见的抑制负外部效应的税收是消费税:此类税收主要对烟、酒、石油产品这三种货物征税,因为它们对居民、企业和社会有一定的负的外部效应。

图19.7描述了产生外部边际成本(即污染)的竞争性企业(行业)的供求曲线。如果不考虑污染造成的外部边际成本,该企业只按照私人边际成本从事生产,其供给曲线就是 $S_1 = MPC$,它与需求曲线 D 相交于 C 点,其产品的价格为 P_1,产量为 Q_1。

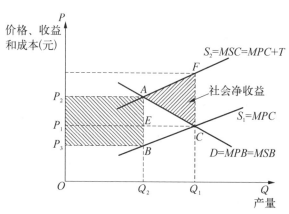

图19.7 庇古税与外部效应

若要对该企业行为所造成的负的外部效应进行校正,除了使该企业承担私人成本外,还要承担外部边际成本。政府就需要依据企业的产量(假设污染量与其产量成正比)对其课征污染税 T,即每单位产量收取定额的校正性税收。校正性税收 T 的数额应该等于企业污染的外部边际成本(MEC),即:

$$T = MEC$$

因此，图 19.7 中的 S_2 就是生产者所面临的私人边际成本加上外部边际成本，即：

$$S_2 = MSC = MPC + MEC = MPC + T$$

它表明该企业的边际社会成本、边际私人成本和所应缴纳的污染税应等于污染的外部边际成本，在图中表现为两条供给曲线 S_1 与 S_2 之间的垂直距离。

该企业（行业）在被课税之后，其生产成本将提高 T，供给曲线上移至 S_2，S_2 与需求曲线 D 相交于点 A，市场价格提高到 P_2，产量减少至 Q_2。而产量 Q_2 就是具有效率的产量水平。在 Q_2 的产量水平下，政府可以征收的税收总额为 T 乘以 Q_2，即图 19.7 中 P_3P_2AB 的面积。

可以看出，由于价格上涨，消费者的境况出现劣化，其程度为 P_1P_2AC 的面积，但政府从中所得到的收入仅为 P_1P_2AE 面积所示的数量，则消费者剩余的净损失为 AEC 的面积（$P_1P_2AC-P_1P_2AE$）。同理，生产者剩余的净损失为 EBC 的面积。至此，校正性税收的效果可以归纳为：一是污染税使污染者的边际私人成本等于边际社会成本，使其面临了真实的社会成本和社会收益。二是污染税使污染者的生产量减少了（Q_1-Q_2），污染量也相应地减少了。这就是说，政府通过征收等于污染的外部边际成本的税，迫使污染者抑制其产量，实现了资源的有效配置。但伴随着企业生产量的下降，也可能会导致该企业产生劳动力转移及暂时失业的现象。三是课征污染税后，污染减少了，其数量等于图 19.7 中 $ABCF$ 的面积。但由于消费者对这种产品要支付较高的价格，消费者的负担，即消费者剩余的总损失为 P_1P_2AC 的面积。如果政府用这笔收入即 P_1P_2AE 的面积，以补贴的形式发放给那些遭受负的外部效应的企业和居民，则这种收入就可视以为社会收益。若不考虑生产者剩余损失及从中得到的政府收入，则社会收益为 P_1P_2AFC 的面积，损失为 P_1P_2AC 的面积。所以，污染税带来的社会净收益，至少等于 AFC 的面积。

2. 校正性财政补贴与正外部效应的内化

校正性财政补贴也称为"庇古补贴"，是政府向某种产品的购买者或销售者支付的补贴，以便使消费者支付的价格减少，进而使消费量扩大，最终实现有效率的资源配置。

仍以接种疫苗为例，图 19.8 说明了政府如何通过对接种疫苗者发放财政性补贴来引导疫苗接种量达到有效率的产量，实现接种疫苗带来的正外部效应的内化的。纵、横轴分别表示接种疫苗的价格和数量，在竞争性市场中，需求曲线 D_1 和供给曲线 S 的交点 U 决定的均衡产量是每年 10 万人次接种疫苗，其价格是 25 元。但是这一数量是低效率的，因为在这一消费水平上，社会边际收益（私人边际收益加上外部边际收益 $=MPB+MEB$）超过社会边际成本。

庇古补贴 W 的额度取决于外部边际收益（MEB）的大小，即：

$$W = MEB$$

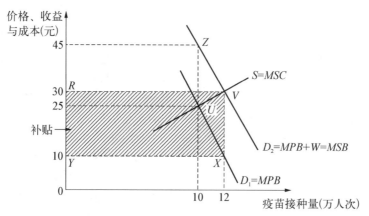

图 19.8　庇古补贴与外部效应

就本例来说,单位接种疫苗服务的边际外部收益是 20 元,即政府应该对每一位接受接种疫苗的人补贴 20 元,这将使接种疫苗服务的需求曲线从 $D_1(=MPB)$ 上移至 $D_2(=MPB+$补贴 $W=MPB+20$ 元$)$。此时,需求曲线 D_2 与供给曲线相交于 V 点,在 V 点上,接种疫苗服务的市场价格增至 30 元,恰好弥补了增加的边际生产成本。然而,对消费者来说,得到补贴之后的净价格下降为 10 元$(=30$ 元-20 元$)$。由于消费者支付的净价格的降低,使接种疫苗服务的需求量提高到 12 万单位接种疫苗服务,从而达到了效率产量。而政府向接种疫苗服务的补贴总额为 $RVXY$ 的面积。

运用庇古补贴达到校正具有正外部效应产品或服务的产量和价格的例子还有很多。例如,地方政府可以对垃圾清理的价格定得大大低于边际成本,然后对其差额给予庇古补贴;对义务教育实施公费的制度,以及对在校学生提供补贴;对花园式住宅的所有者予以补贴等等。但是,很多补贴并不是为了使正外部效应内化,而是在于实现其他的目标,例如减轻贫困。

3. 对负外部效应的政府规制

对于负的外部效应的政府规制,主要通过政府机关立法,并制定产品和服务的质和量的标准,依据法规、禁令和许可制度对企事业单位和居民的特定行为进行限制,以期避免或限制有害行为。例如我国政府通过制定《环境保护法》等法律限制或禁止污染,并对违法者依法制裁。

一般来说,对于企业的规制可以分为两类:第一类是明确规定企业的生产方法或投入要素必须符合的某种最低标准,否则禁止生产和销售。例如政府制定环境质量标准,规定厂商排污的最大限额,限期安装防污设备或改进生产工艺等;第二种是直接规定企业产出的最高数量,禁止超量生产。

4. 校正性税收、财政补贴与政府规制的比较

与庇古税或庇古补贴相比,由于政府规制所通过的立法具有强制执行的性质,因此规制缺乏灵活性,甚至会导致社会和企业的福利下降。

首先,课征污染税可使污染者自由选择低廉且适合于自己的方法,以减少排污量。直接规制制定的标准多是统一的且具有刚性而不能随意改变,但是各个企业的情况不

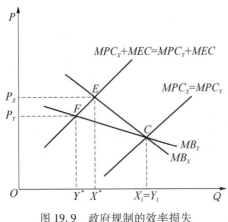

图 19.9　政府规制的效率损失

同,因此规制的结果可能会导致资源配置的低效化。例如图 19.9 中,假定有两家企业 X 和 Y,它们的边际收益曲线分别是 MB_X 和 MB_Y,但是假定 MB_X 和 MB_Y 的斜率不同,并假定它们的边际成本曲线 MPC 相同,最大利润的产量也相同,即 $X_1 = Y_1$。同时假定两家企业的外部边际成本 MEC 相同,那么,$MPC_X + MEC = MPC_Y + MEC$。如图 19.9 所示,因为符合效率要求的产出量应该是私人边际收益曲线与社会边际成本曲线的交点 E 和 F 点所决定的量,因此两个企业的效率的价格和产量应该分别为 P_X、P_Y 和 X^*、Y^*,

且 $P_X > P_Y$、$X^* > Y^*$。也就是说,效率的价格和产量都各不相同,要求 Y 企业削减的产量多于 X 企业。

实际上,由于现实中的企业数量很多,要准确地分析每一家企业边际收益曲线的形状,需要付出巨大的成本,如果各个企业的边际收益曲线是动态变化的就需要付出更大的成本。一般而言,政府会选取一个平均的企业边际收益曲线作为规制的标准,也就时说政府通常会选择一个中间的产量作为企业统一的产量标准,这就意味着与中间产量不相符合的企业都会面临着资源配置低下的问题。

其次,庇古税可以激励企业减少剩余的污染。因为污染者具有追求利润最大化的动机,为了少交税,污染者会研究与开发污染治理的新方法、新技术,并努力地减少剩余的污染。但是,直接规制不存在激励企业减少剩余污染的效果。也就是说,如果污染者达到了规定的排污量标准,他们就不会再继续努力地从事污染治理,因为这样做会增加企业的生产成本。

最后,在信息不对称的情况下,规制者在估计负的外部效应的成本与收益时,具有很大的不确定性。而企业通常被认为具有某种程度的信息优势,比政府更了解污染治理技术的开发状况,并可以利用这一优势欺骗或误导规制者。而且信息不对称使得只有当规制者制定的目标与污染者的目标一致时,污染者才会遵守规制政策的约束,否则污染者会通过操纵信息欺骗或误导规制者以获利。

二、私人部门对外部效应的校正

1. 外部效应的内化与科斯定理

科斯在《社会成本问题》一文中认为,在交易费用为零的条件下,无论初始的权利如何分配,最终资源都会得到最有价值的使用。理性的主体总会将外溢成本和收益考虑在内,社会成本问题从而不复存在。科斯把解决外部效应的问题转化为产权问题。他认为,外部效应问题产生的根本原因并不是市场制度的必然结果,而是由于产权没有界定清晰。只要明确地界定并保护产权,便可以降低甚至消除外部效应。虽然产权归属于哪一方会影响财富的分配结果,但"科斯第一定理"认为,在产权明确的情况下,如果交易成本为零或小得可以忽略不计,无论产权如何界定,都可以通过市场交易活动或者产权的交易者之间签订契约而达到资源的最佳配置。"科斯第二定理"认为,在产权明确的情况下,如果交易成本不为零,或者不是小得可以忽略不计,那么合理的制度选择就可以减少交易成本,使外部效应内化,进而使资源达到最佳配置。其中,交易成本是指进行交易所增加的(购买价格之外的)成本,包括时间、努力和现金支出。产权是经济当事人对其财产(物品或资源)的法定权利,具体包括某种资源的所有权、使用权、自由处置权等。产权具有排他性,可以自由地转让和永久地拥有。

科斯通过对"走失的牛闯进了没有栅栏的土地,并损坏了邻近土地的谷物生长"的案例分析,提出了解决外部效应的主要观点。第一,外部效应具有相互性,解决问题要以社会福利最大化为目的。人们一般将该问题视为养牛人给农民造成了损害,因而所要决定的问题是如何制止养牛人损害农民的利益。但要知道,避免对农民的损害将会使养牛人遭受损害。所以,是决定允许养牛人损害农民,还是允许农民损害养牛人的利益,关键在于避免较严重的损害,要以社会产值的最大化为出发点。第二,通过市场自由交易可以使权利得到重新安排而达到产值的最大化。但市场交易的前提是产权的初始界定,权利的初始界定是指"不是由谁做什么,而是谁有权做什么",即重要的是权利界定,而不在于把权利界定给谁。

例如,如果土地是公共的,则养牛人的牛踩坏的邻居的谷物并造成了负外部效应,但是农民却无法让牛的主人来赔偿。原因在于土地是公有的,不属于农民所有。如果把土地的所有权赋予受害者,即假定农民拥有土地的产权,则养牛人就必须给农民以补偿。这样谷物的损害就成了养牛人的内部成本,从而促使养牛人看管好自己的牛,以避免成本的增加。这种方式实际上是使边际私人成本等于边际社会成本(即养牛人发生的直接成本加上谷物毁坏的价值)的方式使外部效应内化。如果把土地的所有权赋予侵害者,即假定养牛人拥有土地的产权,农民就应该向养牛人支付一定的经济补偿,希望养牛人不要放出牛来损害自己的谷物,从而消除外部效应。

2. 排污权交易

解决环境外部效应的另一个办法是建立排污权交易制度。它是指政府制定一个排污总量的指标,并向企业发放固定数量的排污许可证,许可向大气或水中排放一定数量特定废弃物,并允许拥有排污权的企业在市场上自由交易。一般的做法是先由政府部门确定一定区域的环境质量目标,并据此评估该区域的环境容量,然后推算出污染物的最大允许排放量,并将最大允许排放量分割成若干规定的排放量,即若干排放权。政府选择不同的方式分配这些权利,如无偿分配、公开竞拍和定价出售等,并通过建立排污权交易市场使这种权利能够自由地合法地买卖。在排污权交易市场上,排污者从自身利益出发,根据其污染程度买进或者卖出排污权。

排污权交易的优点在于:第一,管理当局可以有效地控制排污总量。通过发放固定数量的许可证,可以严格控制污染物的排放总量。管理当局既可以定期增加许可证的数量,也可以从市场上购买多余的许可证,使其退出流通,从而控制流通中的污染权数量,达到严格控制污染数量的目的。第二,排污权能够更充分地发挥市场机制配置资源的作用。第三,成本较小,并可以激励企业积极地参与到污染控制的活动中。但是,污染权交易也有其自身的缺点:第一,企业获得污染权之后,就认为排污是理所当然的事情,有时候会造成社会问题,反而不利于污染治理。第二,在一定意义上,排污权的获得就等于生产权的获得,对于那些没有钱购买排污权或者购买不到排污权的企业来说,是一种福利的损失。

专栏19-3

我国排污权交易面临的问题

2014年,国务院办公厅发布《关于进一步推进排污权有偿使用和交易试点工作的指导意见》,标志着排污权交易制度成为我国一项重要的环境经济政策。至2019年,全国已有28个省(市、自治区)开展了排污权交易试点工作。现阶段我国排污权交易主要存在以下几方面问题:

一是配套政策法规不完善,各地管理尺度不统一。因地域差异,不同区域交易政策差别较大,各试点省市交易基价、交易范围及污染物标的等标准不统一。比如,化学需氧量、氨氮、二氧化硫及氮氧化物四项指标的交易指导价,湖北省分别为8 790元/吨、3 990元/吨、1.4万元/吨、4 000元/吨;湖南省分别为2万元/吨、1.5万元/吨、4万元/吨、2.5万元/吨。"一地一制度"导致不同省市之间排污权交易成本相差甚远,企业对此颇有怨言。

二是初始排污权核定口径较多,分配方法有失公允。以湖北省为例,现有排污单位初始排污权核定方法包括排放绩效法等,总量核定结果大于环评批复总量指标的,按环评文件确定;新(改、扩)建项目的排污权根据环评文件核定。因核定口径较多,导致现有排污单位初始排污权核定不确定性较大,核定结果可能与实际情况不相符。按照排污权有偿使用制度,排污单位须通过缴纳使用费或通过市场交易获得排污权。以湖北省为例,2008年10月27日后通过省级及以上生态环境部门环评批复的,化学需氧量、二氧化硫初始排污权需通过交易获得;2012年8月21日后通过市(州)及以上生态环境部门环评批复的,四项指标排污权需通过交易获得。目前,因缴纳排污权使用费的有关制度尚未出台,采取定额出让方式的企业其排污权均无偿获得,而通过市场交易获得排污权的企业须承担较高的经济成本,两种分配方法显然有失公允。

三是初始排污权核定与排污许可制度尚未有效衔接。企业排污许可证核定总量理论上应等于此企业排污权交易公开出让与定额出让获得的排污权总量之和。实际工作中,因计算方法不同往往导致二者核定结果不一致。同时,二者管理的污染物指标不统一,排污许可证核定指标在排污权交易四项指标的基础上增加了总磷、烟粉尘等指标;排污许可证核定总量为污染物纳管总量,排污权核定总量为污染物排入外环境总量,二者也不尽相同。

四是排污权交易市场发育程度不充分,市场交易缺乏活力。排污权交易市场分为一级市场和二级市场,一级市场在政府和企业间进行,采取排污权初始分配、政府回购等交易方式;二级市场是企业之间的配额买卖。有的地方一级交易市场尚不规范,企业主导的二级市场发育更为不充分,配套制度不健全。同时,因各地之间尚未打通政策制度障碍,导致排污权无法在省际交易,全国排污权交易市场尚未形成。

五是未考虑环境质量底线的硬约束。初始排污权核定与分配主要是基于企业实际排放量与各地污染物控制总量确定,并未考虑"三线一单"大气、水、土壤环境质量底线对污染物排放总量分区管理的要求,缺少对环境质量超标区域排污现状的系统分析。这可能导致污染物空间分配超量,不利于环境质量的改善。

参考文献:李静,陈安.排污权交易应加强与相关制度有效融合[N].中国环境报,2019-8-13.

复习与练习

● 主要概念

外部效应 正外部效应 负外部效应 外部效益 外部成本 公共害品 生产的外部效应 消费的外部效应 外部效应的内部化 边际外部成本 边际外部效益 边际私人成本 边际社会成本 边际私人效益 边际社会效益 庇古税 庇古补贴 科斯定理 污染权交易

● 思考题

1. 什么是外部效应? 根据不同的分类标准,可以把外部效应分为几类? 请举例说明。

2. 举例说明负外部效应对资源配置的影响。

3. 举例说明正外部效应对资源配置的影响。

4. 市场解决外部效应的方法主要有哪些? 请结合实例进行说明。

5. 公共部门解决外部效应的方法主要有哪些? 请结合实例进行说明。

6. 阐述科斯定理的含义,科斯定理在解决外部效应方面的意义及局限性。

7. 阐述庇古税、庇古补贴的原理,结合实际说明庇古税在解决外部效应方面的意义及其局限性。

8. 根据本章的内容,结合我国目前的"碳排放权交易"等事例,分析解决外部性的方案。

9. 为应对全球气候变暖这一外部性问题,国际社会都采取了哪些措施?

10. 我国提出 2030 年实现碳达峰、2060 年实现碳中和的"双碳"目标,为此我国采取了哪些措施?

公共经济学

第五篇

5

【公共收支管理】

第 二十 章

政府间财政关系

计划经济下再集权的中央政府也不可能完全代替地方政府行使职能,市场经济下再分权的地方政府也要接受中央政府的统一领导。中央政府与地方政府总是各自行使一定的职能,各级政府之间的经济行为既有一致性,有时也有不同的利益诉求。政府间财政关系,即指同一国家内不同层次政府以及同层次政府之间财权和事权的划分以及财政转移支付制度的安排。市场经济要求各级政府之间按一定的标准进行职能分工和收入划分,政府间财政关系也是公共经济学的一个重要研究内容。本章主要介绍财政分权理论、政府间事权和财权的划分、政府间转移支付以及我国政府间财政关系。

第一节　财政分权理论

除了少数小国家之外,当前世界多数国家的政府都是多层级的。一国政府可以划分为两个层次,即中央政府(联邦政府)和地方政府,地方政府又分为省政府(州政府)、市(县)政府等。有的国家政府层次比较多,有的国家政府层次比较少,目前采取三级政府管理层次的国家较多。通常要求一级政府、一级财政,那么为什么要实行多级政府管理体制呢?

一、财政分权与地方公共产品的效率供给

根据公共产品的受益范围,可以将公共产品划分为全国性的公共产品和地方性的公共产品。全国性的公共产品的受益范围是整个国家,应该由中央政府提供,如国防、外交等。地方性公共产品的受益范围具有地域性,根据谁受益、谁付费的原则,应该由地方政府提供,如地方社会治安、基础设施等。

信息是决定政府资源配置效率的决定性要素,相对于上级政府,地方政府更能了解地方居民对公共产品的偏好,具有天然的信息优势。如果由中央政府提供所有公共产品,在经济、地理、民族、文化传统多样化的大国中,中央政府很难对每个地方的需求加以区别,倾向于对各个辖区提供水平、标准和类型大致相同的公共产品。

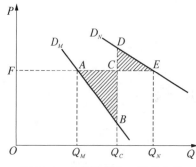

图 20.1　上级政府统一提供公共产品的福利损失

在多级政府下，如果由上级政府统一提供地方公共产品将可能造成效率损失。假定某级政府有 M、N 两个辖区，对某公共产品的需求曲线不同，分别为 D_1、D_2，如图 20.1 所示，假定公共产品成本的人均负担额不变，税收价格为 OF，则 M 辖区居民的需求量为 Q_1，N 辖区居民的需求量为 Q_2。如果由上级政府统一提供，则提供量为 Q_c，对 M 辖区居民来说，超过了需求，对 N 辖区居民来说，供给量又不足，分别造成了三角形 ABC 和 CDE 面积大小的福利损失。因此，地方性公共产品由地方政府提供效率更高。

二、地方政府竞争与经济效率的提高

在多级政府管理体制下，如同市场经济下的企业一样，地方政府之间是存在一定竞争的，这种竞争将有助于提升经济效率。美国经济学家蒂伯特用"用脚投票（voting by feet）模型"来解释辖区间的竞争对社会福利的影响。

蒂伯特假定：① 有足够多的可供居民选择的辖区，每个人都能够找到满足其需求的社区；② 居民有迁徙的完全自由，每个人都可以无代价地迁移到一个最能满足其偏好的辖区；③ 人员的流动性不受任何就业机会的约束和限制；④ 人们完全了解各辖区之间公共产品和税收的差别，不存在信息失灵；⑤ 人们对辖区的偏好仅考虑公共产品和税收问题，不考虑其他因素；⑥ 公共产品和税收在各辖区之间不存在外部效应；⑦ 公共服务的单位成本不变，各辖区都以最低的平均成本提公共产品；⑧ 辖区可以颁布排他性的区域规划法——限制土地用于某些用途的法律。

在这一系列假定下，蒂伯特认为，居民出于追求自身效应最大化的动机，会选择从公共产品供给成本较高的辖区向公共产品供给成本较低的辖区迁移，在全国范围内寻找地方政府所提供的公共产品与所征收的税收之间的最佳组合，选择他们最喜欢的社区，并接受和维护该辖区地方政府的管理，这个过程就是所谓的"用脚投票"。

蒂伯特认为，个人的"用脚投票"给地方政府很大的约束力，将引导和激励地方政府在服务和税收方面进行竞争，互相模仿和学习对方的优点，迫使各地政府最大限度地提高财政收支效率，在课征尽可能少的税收条件下提供最优的公共服务。同时，人员的自由迁徙还可以使具有相同或者类似偏好的人们聚集在一起，有利于地方政府以较低的成本来提供公共产品。因此，"用脚投票"将有助于提高公共产品的供给效率，也有助于实现社会公平，从而增进社会福利。

蒂伯特模型（Tiebout model）的这些假设与完全市场经济理论的假设具有极大的相似性，同样也是一种理想状况。但是在现实生活中，这些假设条件同样是难以完全成立的，如人员的流动不可能没有成本，人们不可能对各辖区间公共产品和税收情况掌握完整的信息。因此，蒂伯特模型的理论被人们视为关于地方公共产品的完全竞争市场理论。

尽管如此，蒂伯特模型仍有巨大的理论意义和现实意义。它告诉我们，人员的流动性有助于促进地方公共产品供给效率的提高。因此,政府应尽量减少对人员流动不必要的限制。

三、俱乐部理论与最适辖区规模

如同企业一样,政府的规模既不是越大越好,也不是越小越好,而是有最优规模要求的。地方辖区好比一个俱乐部,地方政府的公共产品就像俱乐部产品,具有一定的排他性,成员愿意为享受服务支付相应的费用。假定居民的偏好都是相同的,辖区规模是由居民数量和公共产品的数量共同决定的,居民数量与公共产品的数量是正相关的,这时需要做出两个决策:一是提供的公共产品的数量应该是多少;二是辖区内的居民数量应该是多少,也就是什么样的辖区规模是最优的。

先来看地方政府提供的公共产品数量既定的情况下,什么样的居民数量是最优的。随着新成员的加入,会使辖区逐渐变得拥挤,但是公共产品的成本也将由更多的成员分担,辖区内的最优居民数量应是在这一点上:因新成员加入而减少的边际成本与其所带来的边际拥挤成本相等。因此,每一个既定的公共产品数量都对应着一个最优的居民数量,由于公共产品的数量与居民的数量是正相关的,可以用图 20.2 中的 M 曲线表示。在 M 曲线上,新增加居民所带来的边际拥挤成本与个人费用的边际减少是相等

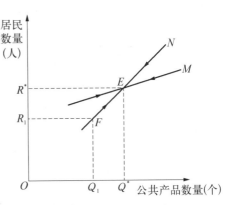

图 20.2　最适辖区规模

的。在 M 曲线的下方,表示居民数量偏少,新增加居民所带来的边际拥挤成本小于个人费用的边际减少,应继续增加居民数量。在 M 曲线的上方,表示居民数量偏多,新增加居民所带来的边际拥挤成本高于个人费用的边际减少,应减少居民数量。

再来看居民数量既定的情况下,什么样的公共产品数量是最优的。提供公共产品是需要成本的,公共产品的最优数量应是在这一点上:因公共产品增加带来的人均边际收益与人均边际成本相等。因此,每一个既定的居民数量都对应着一个最优的公共产品数量,由于公共产品的数量与居民的数量是正相关的,可以用图 20.2 中的 N 曲线所示。在 N 曲线上,新增加公共产品的人均边际成本与人均增加的边际收益是相等的。在 N 曲线的下方,表示公共产品数量偏多,新增加公共产品的人均边际成本高于人均收益,应减少公共产品的数量。在 N 曲线的上方,表示公共产品数量偏少,新增加公共产品人均边际成本低于人均效益,应继续增加公共产品的数量。

如果综合考虑居民数量和公共产品数量,最优的辖区规模是多大呢?诚然,居民数量和公共产品数量应同时满足使边际成本等于相应的边际效益这一条件。假定初始点是图 20.2 中的 F 点,在居民数量为 R_1 的情况下,最优公共产品数量是 Q_1,由于此时的居民数量较小,再增加一个居民,其所带来的边际拥挤成本小于个人费用的边际减少。因此,应增加居民数量。但是当增加居民数量时,在每一个既定的居民数量下,新增加公共产品人均边际成本低于人均效益,又应继续增加公共产品的数量,最终的均衡点

应是图 20.2 中的 E 点。此时最优的居民数量是 R^*,最优的公共产品数量是 Q^*。

最适辖区模型虽然比较简单,但是向我们解释了辖区规模的许多决定因素,如公共产品的类型、公共产品的拥挤程度以及获得这些公共产品的成本等。

四、财政分权的缺点

如我们前面所述,财政分权有很多理论支撑,如地方政府具有信息优势,可以更有效地提供地方公共产品,地方政府之间的竞争有利于经济效率的提高,促进经济发展。此外,财政分权还有助于增强政府的责任性,有助于政府服务的实验和创新。

但是,必须看到,财政分权并不总是正面效应的,财政分权也有很多弊端。如果政府层级过多、规模过小,不利于形成公共产品提供的规模经济效应,还可能会造成重复建设,行政支出的扩张,导致资源的浪费。

地方政府之间的竞争也可能会损害资源配置的效率。奥茨指出,各地政府为了吸引资本,有可能竞相降低相应的税收,使得地方支出处于边际收益等于边际成本的最优水平之下,从而政府无法为最优的公共服务产出筹集足够的资金。

此外,政府分权也可能损害公平。一些地方为了防止低收入人口大量流入,影响原有人口的福利,可能会对人员的流动或者本地的福利待遇设置一些限制条件,这将不利于实现社会公平。因此,对财政分权应辩证地看待。

专栏20-1

我国行政区划和政府机构设置

政府间财政关系和一国的行政区划与政府机构设置有密切关系。我国是由多个行政区划和多级政府构成的单一制国家,全国分为省、自治区、直辖市、特别行政区;省、自治区分为自治州、县、自治县、市;县、自治县分为乡、民族乡、镇。直辖市和较大的市分为区、县。自治州分为县、自治县、市。省、自治区、直辖市、市、县、市辖区、乡、民族乡、镇设立人民代表大会和人民政府。因此,如果加上中央政府,我国是五级政府设置、四级政府设置和三级政府设置并存,其中以五级政府设置最为常见,见图 20.3。

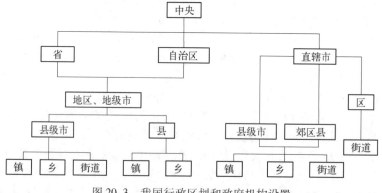

图 20.3 我国行政区划和政府机构设置

　　截至 2019 年底,不包括港澳台地区,我国有 31 个省、自治区、直辖市,333 个地级区划(其中地级市 293 个),2 846 个县级区划(其中县级市 387 个、市辖区 965 个),38 755 个乡镇级区划(其中街道办事处 8 519 个、镇 21 013 个、乡 9 221 个)。在具体操作中,又有副省级城市、计划单列市、县级市等,行政区划较为复杂。

　　世界上多数国家都是三级政府体制,行政层级过多是影响我国行政效率的一个重要因素。近年来,我国通过省管县、乡镇撤并等措施,逐渐减少行政层级,积极推进行政体制改革。

第二节　政府间事权和财权的划分

　　事权和财权的划分是政府间财政关系的重要内容。事权指各级政府的主要职责是什么,财权指各级政府的收入来源是什么,事权和财权的划分有其各自的标准和依据。在实践中,各个国家事权和财权的划分既有共同的地方,也有各自的特点。

一、政府间财政体制

　　政府间财政体制是指关于财政层次、各级政府的权限和责任、收入划分及其相互关系的原则和制度安排。财政体制是财政管理的基础。为了更好地履行政府职能,政府间财政体制主要包括以下几个方面的内容:一是财政管理的层次,这通常与政府层次和结构相一致,要求一级政府,一级财政;二是各级政府的职责划分,以保证政府职能的发挥更有效率;三是各级政府的收入划分,要求各级政府行使职能要有一定的财力保障;四是各级政府之间的转移支付制度安排,以弥补政府的财力缺口。

　　政府间财政体制具有以下几个方面的特点:一是分级性,通过分级、分层的制度安排,界定各级政府的职责、权限;二是整体性,通过事权和财权的划分,使各级政府具有相对的独立性,保证各级政府和财政活动的效率。另一方面,作为一个统一的国家和统一的政治经济实体,各级政府和财政又必须相互协调;三是规范性,对各级政府和财政的责、权、利关系的正式安排,通常以法律的形式加以确定;四是相对稳定性,政府间财政体制一经确定,应在一定时间内保持稳定,以使各级政府可以在一个相对较长的时间内合理安排收支。

　　财政体制的类型主要有财政联邦制和财政单一制两种模式。财政联邦制(fiscal federalism),也称之为财政联邦主义,与联邦制的国家政治体制相对应,既有联系又有区别。在财政联邦制模式下,中央政府和地方政府之间的财权和事权都具有较强的独立性,通常以法律形式明确规定,联邦以下各级政府拥有较大的财政决策权,如税收立法权。财政单一制(fiscal unitary system),是非联邦制国家所采用的财政体制。在单一制模式下,地方财政接受中央财政的统一领导,根据中央财政的授权进行财政活动,财政决策权相对较小。

二、政府间的事权划分

市场经济下,政府在市场经济中的职能主要是资源配置职能、收入分配职能和经济调节职能。仅仅明确了现代政府在市场经济中的职能是远远不够的,实现这些职能还必须依赖于政府之间职能的合理分工。有的职能适合于中央政府行使,有的职能适合于地方政府行使,因此必须在各级政府间进行合理的职责分工。

中央和地方政府职责的划分必须符合市场经济发展的要求和一个国家的社会历史传统。实践证明,过于集权和过于分权的中央与地方政府之间的关系都不利于国家经济的发展。过于分权,会造成中央政府制定的经济政策无法在全国范围内实施,使得经济的发展缺少协调统一,甚至会造成国家分裂。另外,如果权力过于集中在中央政府手中,会大大损害地方的积极性和主动性,使得国家的经济和政治体制缺乏活力。中央政府和地方政府的职责分工不应该在乎谁多一点,谁少一点,重要的是这种职责的划分要符合事物发展的内在规律,有利于履行政府作为一个整体应该发挥的职能。

1. 政府间职责的分工标准

从公平和效率角度考虑,有的政府职责由中央政府承担较为合适,有的政府职责由地方政府承担较为合适,而有的政府职责由中央政府和地方政府共同承担较为合适。通常认为,政府间的职责分工应该符合两个标准。

一是政府职能分工层次标准。即根据政府在市场经济中的职能来划分各级政府的职责,这种事权的划分是合理划分财权的出发点。政府在市场经济中的职能是资源配置、收入分配和经济调节。根据这一标准,凡是具有调控性、具有全国性意义的职能都应该由中央政府负责,地方性的事务应该由地方政府负责。因此,国防、货币、海关等事务由中央政府或联邦政府承担较为合适。

二是公共产品受益范围标准。即根据公共产品的受益空间来确定公共产品的提供主体,谁受益谁提供。奥尔森在 1969 年提出了著名的对等原则(equivalence principle),即当一类公共产品的受益范围恰好等于提供它的政府疆界时最有效率。因此,公共产品由哪一级政府提供较为合适,应主要根据其受益范围而定。

这两个标准既互相独立,又互相补充。前一个标准按政府职能来划分中央与地方政府的职责,而后一个标准主要是侧重于政府职能中资源配置职能在中央与地方之间的划分。

2. 政府间职责的具体划分

(1)资源配置职能的分工。

根据政府职能分工层次,资源配置职责在中央与地方政府之间的划分应主要根据第二个标准,即公共产品的受益范围。公共产品具有非排他性与非竞争性,必须由政府提供。但是公共产品的受益范围又有地域性,因此又可分为全国性的公共产品、地方性的公共产品以及跨区域性的公共产品。

全国性的公共产品的受益范围是整个国家,由于效益的外溢性,地方政府没有积极性提供全国性的公共产品,或者即使提供其数量也是不足的。所以全国性的公共产品应该由中央政府提供,如国防、外交、国际贸易、全国性的交通、金融与货币政策等。地方性公共产品的受益范围具有地域性,应该由地方政府提供,如地方社会治安、地方基础设施(供水、下水道、垃圾处理、市政道路)、公园、消防、警察、卫生、公共住宅等。对于跨区域性的公共产品,即应由地方政府提供的公共产品但是又具有辖区间外部效应的,应该由中央政府牵头协调负责提供,或者由中央政府通过政府转移,影响地方政府的供应量,如大型水利工程、污染治理、环境保护、教育、跨区域性交通设施、科技等。

一般来讲,资源配置的地域性较强,为更好地体现因地制宜、因事制宜,所以地方政府应多行使资源配置职能方面的职能。因此,资源配置的主角应是地方政府,当地方政府能力不足,不能满足居民需求时,中央政府就需要参与。

(2)收入分配职能的分工。

关于收入分配职能,应主要由中央政府行使。因为如果允许地方政府行使再分配的权力,则会在全国范围内出现地方间差别税收、差别社会保障等情况,从而导致生产要素的不合理流动。如某一地方政府实施较高的所得税率,同时给予低收入者较大补助,其本意是为了促进本地区的公平,减少贫富差距,但是在社会成员在全国范围内可以自由流动的情况下,就会出现居民"用脚投票"的情况。高收入者会迁出本地,低收入者大量涌入,政策实施的结果可能与制定的初衷正好相反,没有缩小本地区的贫富差距,反而加剧了本地区的贫困。这对那些收入再分配性较强的地方政府是不公平的。因此,为了克服地方政府收入再分配的低效,使收入再分配政策出台动机与效果相统一,收入再分配功能应以中央政府履行为主。对于社会保险,应由中央政府制定统一的政策,在具体实施上也应以中央政府为主;对于社会福利,地方政府可以在中央的指导下承担一定的责任。当然,如果社会成员在全国范围内不能自由流动,或者迁移成本较大,地方政府可以实施一定的再分配职能。

(3)经济调节职能的分工。

关于政府经济调节职能,也应主要由中央政府履行。因为要实现经济调节,政府必须运用财政、货币政策进行调控,在经济衰退或萧条时刺激需求,在经济繁荣时抑制需求。首先,经济调节需要全国统一协调行动,这只有中央政府才能做到。如由地方政府来设计和执行反周期政策,没有其他地方的配合,其效果将大大减弱。其次,地方政府执行宏观经济调控职能具有很大的效益外溢性,同时成本较大。如某一地方政府采取扩张性的财政政策扩大本地方的需求,也会增加当地对其他地方产品的需求。本地方财政负担增加但所得到的好处并不大,将影响地方的积极性。最后,地方政府不能控制货币供给和掌握利率杠杆,也难以有效地控制物价和对外贸易,其宏观调控的效果肯定要大打折扣。同地方政府相比,中央政府在宏观经济调控方面处于有利地位,作用效果也强得多,所以宏观经济调控的职能理应由中央政府承担。

三、政府间的财权划分

政府之间的职责也就是事权划分清楚以后,还要划分中央与地方之间的收入,也就是划分财权。事权划分是财权划分的基础,因为中央和地方政府履行其职能都需要相应的财力,也就是一级事权就需要一级财权。但是如事权的划分一样,中央与地方之间收入的划分也必须根据其内在规律的要求。任意划分中央与地方的收入,会不利于政府对经济的调节,不利于政府财政收入的筹集,不利于政府在市场经济中职能的发挥。

1. 政府间收入的划分原则

(1)效率性原则。

效率性原则就是以征税效率高低为划分标准,看某些税款由哪一级政府征收更有效率。例如,所得税的征收对象为各类所得,但是所得税的纳税人和征税对象都具有流动性,所得的所在地点会随纳税人的流动而难以固定。这样如果由地方政府来进行征收所得税,由于税收管辖权的不同,势必造成税收征管上的困难,导致税收征收效率低下,并且纳税人也容易偷漏税。如果由中央政府征收,税收的征管就更具有效率。再如财产税,财产税税源分散,核查困难。如果由中央政府进行征收,由于中央政府对地方情况不熟悉,需要耗费大量人力、物力和财力进行核查,这也不符合税收征管的效率原则,所以财产税一般由地方征收。

(2)公平性原则。

公平性原则就是以税负分配的公平性为划分标准。有的税收具有很强的调节收入分配的功能,收入分配职能应该主要由中央政府行使,因此这些税也应该由中央政府征收。例如,所得税在西方国家就是为了使全国居民公平负担赋税而设立的。如果这种税由地方政府来征收,就难以达到上述目标,所以所得税应为中央税。再如社会保险税,社会保险税也具有很强的收入再分配功能,如果由地方政府征收,可能会加大地方收入差距,因此也应由中央政府征收。商品销售税的收入分配功能较弱,所以可以由地方政府征收。

(3)适应性原则。

适应性原则就是以税基广狭、收入多少为划分标准。通常为了保证中央政府的政令能够在全国推行,维护国家的统一,中央政府应该掌握充足的财力,能够通过转移支付对地方政府形成制约。因此,税基较广、收入较多的税种应该归中央政府;税基较窄、收入较少的税种归地方政府。如个人所得税,税基广泛、收入较高,应由中央政府征收;房产税,其税基在于房屋所在区域,较为狭窄,应为地方税。

(4)经济性原则。

经济性原则就是以税收的调控能力为划分标准。那些宏观调控能力强的税种应划为中央税,如关税,其对国家的进出口具有很强的调控能力,且关系到国家的主权,所以应划为中央税。所得税也具有较强的宏观调控能力,如果由地方征收,国家利用所得税调控经济的能力必将削弱,所以所得税应划为中央收入。消费税体现了国家的政策导向,也应该由中央政府征收。营业税宏观调控能力较弱,所以应由地方政府进行征收。因此,属于中央政府的税收应该是那些税源广泛、对宏观经济调控能力较强、具有公平税负和再分配性质的税种。其他税收应该划为地方税或中央与地方共享税。

2. 政府间收入的具体划分

关税。包括进口关税、出口关税以及进口环节的商品税，对国家的进出口具有较强的调控能力，是保护国家经济利益的主要政策工具，应该由中央政府进行征收。

个人所得税。个人所得税是一种再分配性质的税收，具有较强的宏观调控能力，而且它的课税对象是流动的，所以应该由中央政府征收，或者主要由中央政府征收。地方政府可以以税收附加的形式也课征一部分，作为对它们从地方公共服务中受益的一种补偿。

公司所得税。公司所得税的征收对象也具有流动性，如果由中央政府征收，将更具有效率性，或者主要由中央政府征收，地方政府以附加的形式进行征收。

社会保障税。社会保障属于收入再分配范畴，其课税对象与所得税具有一定的相似性。社会保障政策通常由中央政府制定，由中央政府和地方政府共同实施。因此，社会保障税主要由中央政府征收，或者以中央政府为主，中央与地方政府共同征收。

消费税。对烟、酒等特定商品课征的消费税具有较强的调节作用，应该由中央政府征收。

财产税。财产税的征收对象如房屋具有不可流动性，且税源分散，核查困难，由地方政府征收更符合效率要求。

销售税。单一环节的销售税可以由任意一级政府来征收，因此批发、零售和产制环节的销售税适合于各级政府征收。增值税是多环节征收的，如果让各级地方政府来征收这种税，那么由于征收对象的流动性，在征管上具有很大的难度。如果各地区税率或税基不同，那么征收管理将更加困难，因此由中央政府来征收是可取的，地方政府可以参与分成。

营业税。营业税税源分散，宏观调控能力弱，所以应该划为地方收入。

土地税。土地资源不可流动，土地价值受地方基础设施建设情况的影响。因此，土地税通常由地方政府征收。

自然资源税。自然资源具有不可流动性，因而由地方政府来征收是符合效率原则的。但是，由于资源在各地方辖区之间分布不均匀，所以让各地区政府来征税会使地区不平衡永久化，加大地方贫富的差距。而且，它还可能会助长因财政因素而引致的向资源富饶地区的移居，使得资源配置效率低下。另外，由于自然资源收入具有不稳定性和非持久性，所以自然资源收入不应该作为地方政府的一种持久的收入来源。因此，自然资源税可以由中央政府征收，或者中央与地方政府共同征收。

遗产税。遗产税也具有再分配性质，通常由中央政府征收。

车船税、博彩税等。此类收入比较零星、针对地方经济特色的税收收入通常由地方政府征收。

当然，在具体实践中，由于历史、文化、政治、经济等国情的不同，各个国家事权和财权的划分并不完全相同,财政联邦制和财政单一制国家在财权划分方面的差别较大。

第三节　政府间转移支付

明确了各级政府之间的事权和财权还是不够的。由于财权和事权划分各有自己的标准,通常财权主要集中在上级政府特别是中央政府手中,而具体事务主要是由地方政府来承担的,各地方政府之间的收入情况也差别较大。因此,对一级政府来说,其财权和事权往往是不对等的,为了使各级政府的事权和其所拥有的财力相适应,还必须进行政府间的转移支付。

一、政府间转移支付的必要性

政府间转移支付即上级政府为了实现一定目的,将一部分财政资金无偿从一级财政向另一级财政转移的制度安排。转移支付是各国调节地区间财政收入差距、协调地区发展、实现特定调控目标普遍采用的一个重要制度。从转移支付的层级上看,有纵向转移支付和横向转移支付两种。纵向转移支付(vertical transfer payments),即上级政府为促进纵向财政平衡向下级政府转移支付。这种转移支付较为常见,也称"父子资助式"。横向转移支付(horizontal transfer payments),即比较富裕的地方政府向比较穷的地方进行转移支付,促进横向财政平衡,也称"兄弟互助式"。有的国家还实行纵横交叉的转移支付制度,也被称为混合型转移支付。政府间进行转移支付主要出于以下几个方面的原因。

1. 地区之间财政收入差距过大

各地方由于所拥有的自然资源、地理位置不同以及经济发展水平的差异,造成地方财力往往差别很大。同时由于人口规模、结构等因素影响,对政府财政支出的需求也相差很大,政府间财政收入供给和需求可能存在较大的缺口。经济发达的地区财力充足,可以提供质量较高的公共服务,而经济不发达的地区由于财力匮乏,可能连基本的公共服务都无法提供。这对于居住在经济不发达地区的公民来说是不公平的,可能会造成人口向经济发达地区的过度迁移,影响高收入地区居民享受这类公共服务的水平。一方面,地方政府不愿意投入充足财力提供充分满足需求的公共物品,另一方面,拥有相对财力优势的地方政府可能会采取措施限制其他地区的人们涌入,不利于劳动力、资本和商品的自由流动。所以,从公平与效率考虑,为了避免地方收入分配差距过大,需要通过政府间转移支付弥补地方政府财政收支缺口,保证地方政府达到所规定的最低支出标准,实现财政均等化,促进基本公共服务均等化。

表20.1是2018年全国各省市财政收支基本情况。从表中可以看出,上海、浙江、北京、广东、江苏等经济发达地区对中央财政转移支付和税收返还的依赖程度较小,而西藏、新疆、青海、甘肃、贵州等中西部地区对中央财政转移支付和税收返还的依赖程度较高。

表 20.1 2018 年全国各地财政收支情况

	一般预算收入（亿元）	一般预算支出（亿元）	收入自给率（%）	对中央财政转移支付和税收返还依赖程度（%）
地方合计	97 903.4	188 196.3	52.0	48.0
北　京	5 785.9	7 471.4	77.4	22.6
天　津	2 106.2	3 103.2	67.9	32.1
河　北	3 513.9	7 726.2	45.5	54.5
山　西	2 292.7	4 283.9	53.5	46.5
内蒙古	1 857.7	4 831.5	38.4	61.6
辽　宁	2 616.1	5 337.7	49.0	51.0
吉　林	1 240.9	3 789.6	32.7	67.3
黑龙江	1 282.6	4 676.8	27.4	72.6
上　海	7 108.2	8 351.5	85.1	14.9
江　苏	8 630.2	11 657.4	74.0	26.0
浙　江	6 598.2	8 629.5	76.5	23.5
安　徽	3 048.7	6 572.2	46.4	53.6
福　建	3 007.4	4 832.7	62.2	37.8
江　西	2 373.0	5 667.5	41.9	58.1
山　东	6 485.4	10 101.0	64.2	35.8
河　南	3 766.0	9 217.7	40.9	59.1
湖　北	3 307.1	7 258.3	45.6	54.4
湖　南	2 860.8	7 479.6	38.2	61.8
广　东	12 105.3	15 729.3	77.0	23.0
广　西	1 681.5	5 310.7	31.7	68.3
海　南	752.7	1 691.3	44.5	55.5
重　庆	2 265.5	4 541.0	49.9	50.1
四　川	3 911.0	9 707.5	40.3	59.7
贵　州	1 126.9	5 029.7	22.4	77.6
云　南	1 994.4	6 075.0	32.8	67.2
西　藏	230.4	1 970.7	11.7	88.3
陕　西	2 243.1	5 302.4	42.3	57.7
甘　肃	871.1	3 772.2	23.1	76.9
青　海	272.9	1 647.4	16.6	83.4

（续表）

	一般预算 收入（亿元）	一般预算 支出（亿元）	收入 自给率（%）	对中央财政转移支付和 税收返还依赖程度（%）
宁 夏	436.5	1 419.1	30.8	69.2
新 疆	1 531.4	5 012.5	30.6	69.4

数据来源：《2019 年中国统计年鉴》。

2. 公共产品辖区间效益的外溢性

一些地方性公共产品辖区间效益的外溢性使得其由地方政府提供达不到效率数量标准。效益的外溢性是指一个地方的财政活动不但使本地方的居民受益，还使本辖区之外的居民受益。如果公共产品的受益空间能够严格界定，这时地方政府对公共产品提供的数量是有效率的。但是有些公共产品的受益范围往往是跨行政区间的，也就是辖区间存在效益外溢性。而地方政府在考虑公共产品的提供数量时，往往只考虑地方利益，此时它对公共产品的提供从全国范围内看是低于效率水平的，这不符合资源配置的效率要求。例如，水利建设，修建一条防洪大坝不但可以使本辖区的居民免受洪涝之灾，也可以使下游其他省份受益。但是由于要花费巨额财政资金，地方政府往往不愿意出钱，或者出很少的钱修建一条防洪能力较弱的大坝。这时，地方财政活动从全国范围内看是低于效率规模的。这需要上级政府直接进行投资，或给予一部分补助鼓励下级政府进行投资。

3. 加强对下级政府的控制和引导

转移支付还是上级政府控制和引导下级政府的一种方法，从而有利于上级政府特定政策意图的实施。在多级政府下，地方政府固然要保持一定的独立性，但是如果完全不受上级政府的约束，也不利于中央政府从全国角度加强政府间的政策协调。如在地方优值品（如社会安全）的提供上，中央向地方进行专项转移支付可以增加地方政府对地方优值品的提供量。地方优值品与具有辖区间外溢性的公共产品既有共同点，又有区别。共同点是如果靠地方政府自己提供，其提供量是不足的，从全社会来看会造成效率损失。增加具有辖区间外溢性的公共产品的提供量既增加了本地方的效益，也增加了其他地方的效益。而地方优值品提供量不足所造成的效率损失只局限于本地方，增加地方优值品的供给量只增加了本地方的效率，其供给量的不足是因为地方政府没有意识到，或者偏好不合理。中央向地方进行特定目的的转移支付，可以增加地方政府地方优值品的供给量，从而增加地方效率水平。

4. 有助于促进宏观稳定的经济

中央对地方进行财政干预还可以促进宏观经济的稳定。在经济萧条时期，中央政府希望扩大政府支出，刺激需求，但是如果地方政府反其道而行之，或者因为缺乏财力无法与中央政府在政策上进行协调，这就削弱或抵消了中央政府对宏观经济调控的力度。这时候中央政府可以增加对地方的转移支付，充实地方财力。在实行转移支付时还可以附加一定的条件，如要求地方在使用中央转移支付资金时提供一定比例的配套资金，这样中央政府支出的扩张作用将更加明显。在经济高涨时期，中央政府可以通过减少对地方财政的拨款或转移支付,以此来减少政府支出,减少需求。所以出于稳定宏观经济的目的,中央对地方财政也应该进行干预。如我国在亚洲金融危机期间,在实施积极的财政政策时,一方面代地方发行长期建设国债,另一方面还要求地方拿出配套资金用于中央国债的重点项目建设。

二、政府间转移支付的类型

政府间转移支付(inter-governmental transfer payments)的方式也有许多种,见图20.4。按照上级政府转移支付时,是否指定该项资金的用途分为无条件转移支付(unconditional transfer payments)和有条件转移支付(conditional transfer payments)。无条件转移支付是指上级政府转移支付时,不规定该项资金的用途,地方政府可以自主决定如何使用这些资金,也被称为一般性转移支付(general transfer payments)或者收入分享(revenue sharing)。有条件转移支付是指上级政府转移支付时,附加一定的限制条件,或者要求地方政府提供配套资金,或者指定了这笔资金的用途。地方政府只有满足这些条件,才可以获得这笔转移支付资金。

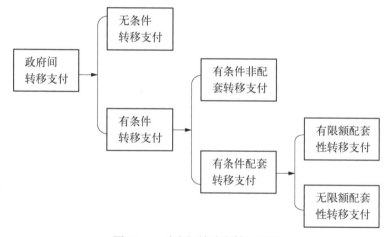

图 20.4 政府间转移支付的类型

有条件的转移支付又分为有条件非配套性转移支付(non-matching transfer payment)和有条件配套性转移支付(matching transfer payments)。有条件非配套性转移支付是指上级政府进行转移支付时,只指定资金用途,不需要地方政府出资。有条件配套性转移支付指上级政府进行转移支付时,不但指定资金用途,还要求地方必须提供相应比例或数额的配套资金。

根据配套转移支付是否有最高限额,又分为有限额配套性转移支付(close-ended matching transfer payment)和无限额配套性转移支付(open-ended matching transfer payment)。有限额配套性转移支付指上级政府对配套性转移支付资金有一个最高限额,该项目开支超出该限额,将不再拨付资金。无限额配套性转移支付是指上级政府对配套性转移支付资金没有规定最高限额,该项目实际开支多少,将按照实际比例或规定拨款。

三、政府间转移支付的效应

政府间转移支付类型的不同所产生的效应也是不同的,对地方财政的约束力也不一样。政府间转移支付会产生收入效应和替代效应,这与政府对个人提供实物补助和现金补助的效应是非常相似的。所谓转移支付的收入效应是指,上级政府给予下级政府的补助,会使下级政府可支配收入增加,接受资金的下级政府会因为得到了拨款而放松开辟自身财源的努力,从而使本身的财政收入来源减少。政府间转移支付的这种收入效应,主要是来自对地方政府课税努力的影响。所谓转移支付的替代效应是指,由于得到了上级政府的拨款,下级政府供给公共产品的成本就大为降低了,这会使下级政府倾向于扩大公共产品的供给,从而也扩大来自本身财政收入的那一部分公共支出。充分认识这些效应,对发挥转移支付制度的优点,克服转移支付的缺点,提高转移支付资金的使用效率是有重要意义的。

1. 无条件转移支付的效应

无条件转移支付不必用于某项特定开支,主要是弥合地方财政缺口与均等地方财力,只产生收入效应。假定地方政府只提供两种公共产品,一种是 M 公共产品,一种是 N 公共产品。中央对地方进行转移支付前,地方政府的预算约束线是 AB,社会对两种公共产品的社会效用无差异曲线为 I_0,社会效用无差异曲线与地方财政的预算约束线的切点是 E_0,地方政府提供 M 公共产品的数量是 G_0,提供 N 公共产品的数量是 H_0。如图20.5所示。如果中央政府对地方政府进行无条件转移支付,并不指定该资金是用于生产 M 公共产品还是生产 N 公共产品,进行转移支付后,地方政府的预算约束线为

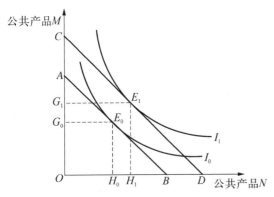

图20.5 无条件转移支付的效应

CD,地方政府的预算约束线向上平移的距离就是转移支付数额,即 AC 或 BD,社会效用无差异曲线是 I_1,社会效用无差异曲线与地方财政预算约束线的切点为 E_1,这时地方政府提供的 M 公共产品的数量为 G_1,N 公共产品的数量为 H_1,从图中可以看出,两种公共产品的供给数量都增加了。

2. 有条件非配套转移支付的效应

有条件非配套性转移支付指定资金的用途,比如说只能用于提供公共产品 N,不能用于生产公共产品 M。假定转移支付数额不变,转移支付前地方政府的预算约束线为 AB。有条件非配套性转移支付后,地方政府的预算约束线变为 ACD,地方政府可以提供 M 公共产品的最大数量不变,但可以提供的最大数量的 N 公共产品的数量增加了。一般情况下,有条件非配套性转移支付的效应与无条件转移支付的效应相似,地方政府提供的两种公共产品数量都将增加,如图20.6。

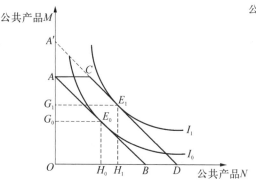 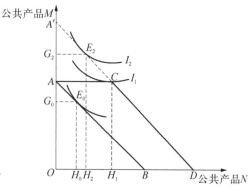

图 20.6　有条件非配套性转移支付的效应（1）　　图 20.7　有条件非配套转移支付的效应（2）

但是当有条件非配套性转移支付的数额过大时,会造成地方政府对 N 公共产品提供的数量过多,而对 M 公共产品提供的数量过少,这时会造成效率损失。如图 20.7 所示,进行转移支付后的社会无差异曲线 I_1 与 ACD 相交于 C 点,而不是与 CD 相切。如果是无条件转移支付,社会无差异曲线 I_2 与预算约束线 $A'D$ 相切于 E_2,则同样数额的有条件非配套性转移支付所增加的效用小于无条件转移支付,前者将造成效率损失。

3. 无限额配套性转移支付的效应

上级政府在对地方政府进行无限额配套性转移支付时,不但指定了该项资金的用途,而且还要求地方政府配备相应的资金,但是上级政府的转移支付数额不封顶。假定转移支付的资金只能用于生产 N 公共产品,并且规定地方政府应该拿出与中央政府一样的钱,即匹配比例为 1∶1,用于生产该公共产品。

无限额配套性转移支付产生了两种效应,一方面是替代效应,配套性转移支付使得地方生产 N 公共产品的成本相对更加便宜,地方政府将愿意生产更多的 N 公共产品;另一方面还产生了收入效应,地方政府拥有更多的资源,可以把节省下来资金用于生产更多 M 公共产品,所以两种公共产品的供给数量都将增加。如图 20.8,转移支付前的预算约束线、社会无差异曲线分别

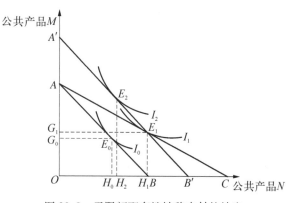

图 20.8　无限额配套性转移支付的效应

为 AB、I_0,均衡点 E_0。转移支付后,地方政府的预算约束线变为 AC,$OB=BC$,地方政府可以生产的 N 公共产品的数量将增加 1 倍,社会无差异曲线为 I_1,新的均衡点为 E_1,两种公共产品的供给数量都增加了。

但是无限额配套性转移支付与无条件转移支付的效率有所差别,进行无限额配套性转移支付后,地方政府提供 N 公共产品的数量为 H_1,中央政府补助的数额为 H_1 的一

半。在中央政府转移支付数额相等的情况下，如果采用无条件转移支付，这时的预算约束线为 $A'B'$，$A'B'$ 与 I_2 相切，也就是说 $A'B'$ 可以与更高的社会无差异曲线相切，无限额配套性转移支付与无条件转移支付相比，前者会带来一定的效率损失。

4. 有限额配套性转移支付的效应

上级政府在对地方政府进行有限额配套性转移支付时，不但指定了该项资金的用途，而且还要求地方政府配备相应的资金，并且上级政府的转移支付限额是封顶的，即当公共产品的数量超过某一水平时，上级政府对超过的部分将不再给予补助。假定转移支付的资金只能用于生产 N 公共产品，并且规定地方政府应该拿出与中央政府一样的钱，即匹配比例为 $1:1$，用于生产该公共产品。但是当 N 公共产品的数量超过 H_1 时，上级政府将不再给予配套转移补助。

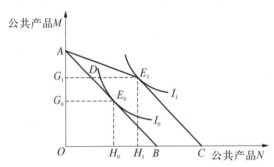

图 20.9　有限额配套性转移支付的效应（1）

有限额配套性转移支付也将产生替代效应和收入效应，配套性转移支付使得地方生产 N 公共产品的成本相对更加便宜，地方政府将愿意生产更多的 N 公共产品。同时，地方政府拥有更多的资源，可以把节省下来的资金用于生产更多 M 公共产品，所以两种公共产品的供给数量都将增加。如图 20.9，转移支付前的预算约束线、社会无差异曲线分别为 AB、I_0，均衡点为 E_0。转移支付后，地方政府的预算约束线变为 AE_1C，$G_1D = E_1D$。在 N 公共产品的数量没有达到 H_1 之前，同等规模的财政支出，地方政府可以生产的 N 公共产品的数量可以增加一倍。但是当 N 公共产品的数量达到 H_1 时，对于超过此数量的 N 公共产品，上级政府将不再提供配套补助。

提供有限额配套性转移支付后，如果预算约束线新的预算约束线 AE_1C 与社会无差异曲线 I_1 相切于 E_1 点，或者相切于 E_1C 之间的一点上，由于收入效应和替代效应，两种公共产品的供给数量都将增加了。但是，由于 N 公共产品超过 H_1 后，上级政府将不再给予配套性转移支付。因此，有限额配套性转移支付对地方政府提供 N 公共产品的激励效应小于无限额配套性转移支付。也就是说，有限额配套性转移支付下，N 公共产品的数量小于无限额配套性转移支付下 N 公共产品的数量。

但是，在某些情况下，有限额配套性转移支付和无限额配套性转移支付对 N 公共产品供给数量的影响可能不大。如图 20.10 所示，如果地方政府对 N 公共产品本来就没什么

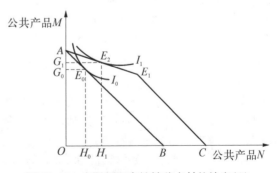

图 20.10　有限额配套性转移支付的效应（2）

兴趣,愿意提供的数量很小,提供有限额配套性转移支付后,新的预算约束线 AE_1C 与社会无差异曲线不是相切于 E_1C 之间,而是相切于 AE_1 之间。那么,此时有限额配套性转移支付与无限额配套性转移支付对地方政府提供 N 公共产品的数量的效应都是一样的,N 公共产品的数量都会增加,并且增加的数量是相同的。

地方政府和上级政府对无条件转移支付和有条件转移支付的偏好是不同的。一般说来,地方政府更偏好于无条件的转移支付。因为在这种情况下,地方政府既可以增加他们的收入,在使用上又有享有充分的自由,不影响地方本身的支出结构,能使地方的福利最大化。上级政府偏好于有条件的转移支付,因为这样可以保证资金用于上级政府所希望的用途,增进全社会的利益。

第四节　我国政府间财政关系

政府间的财政关系,特别是中央与地方的财政关系是我国财政管理体制的一个重要内容。由于涉及地方政府的切身利益,政府间事权和财权的划分涉及面广,影响大,政府间财政管理体制的改革在我国是一个十分敏感和棘手的问题。

一、政府间财政体制的演变

与我国行政管理体制相适应,我国政府间财政体制也遵循"统一领导,分级管理"的基本原则。但是在具体操作上,适应不同时期的发展需要,也是不断探索和进行调整的。总体来看,建国后我国政府间财政管理体制大致可以划分为三个阶段。

1. 1950—1979 年的统收统支阶段

1950 年,新中国刚建立不久,为了适应当时的政治、经济和社会环境,1950 年 3 月政务院发布了《关于统一国家财政经济工作的决定》《关于统一管理 1950 年财政收支的决定》等文件,实行"高度集中、统收统支"的财政管理体制,将财政管理权限和财力基本都集中在中央手中。各项财政收支,除地方附加外,全部纳入统一的国家预算。

随着全国财政经济情况的好转,这种高度集中的财政管理体制的缺点开始显现。为了调动地方的积极性,从 1951 年开始,我国不断探索对财政管理体制进行调整和改革,其核心是确定中央和地方财政收入的划分方法、财政支出的职责范围、地方财政收支关系、中央对地方财政的补助方式等。如 1951 实行"划分收支、分级管理"的财政管理体制;1958 年实行"以收定支、五年不变"的财政管理体制;1959 年实行"总额分成、一年一变"财政管理体制;1971 年实行收支包干财政管理体制;1974 年实行"收入按固定比例留成、超收另定分成比例、支出按指标包干"财政管理体制;1976 实行"收支挂钩、总额分成"和"收支挂钩、增收分成"的财政管理体制。

总体来看,改革开放前,虽然我国存在的财政体制是多种多样的,但是实质上都是统收统支的。这种性质的财政体制,是与我国高度集中的计划经济体制相适应的。

2. 1980—1993 年的分级包干阶段

改革开放以后,为进一步调动地方的积极性,改变中央高度集权的管理体制,遵循"放权让利"的思路,我国从 1980 年开始实行"划分收支、分级包干"的财政体制,也被称为"分灶吃饭"。划分收支,就是按照行政隶属关系划分中央和地方的收支范围,把收入分为固定收入、固定比例分成收入和调剂收入,实行分类分成;财政支出主要按照企业和事业单位的隶属关系进行划分,形成中央级财政支出和地方财政支出。分级包干,就是按照划分的收支范围,地方财政在划定的收支范围内收入大于支出的,多余部分按比例上缴;地方支出大于收入的,不足部分由中央从调剂收入中确定一定比例进行调剂。分成比例和补助数额确定后,五年不变,地方多收可多支,少收则少支,自求平衡。20 世纪 80 年代初期的财政包干体制改革短期内有效增强了中央的财力,提高了中央财政收入占全国财政收入的比重。

1983 年和 1984 年我国对国有企业进行了两步"利改税"改革,国家财政收入由利税并重转向以税为主,国家与企业以及中央与地方之间的分配关系也发生了较大变化。为了适应这种变化,1985 年财政体制也相应调整为"划分税种、核定收支、分级包干",即按"利改税"后的税种,将收入划分为中央财政固定收入、地方财政固定收入以及中央地方共享收入,中央和地方支出范围仍按行政隶属关系划分。

1987 年承包经营责任制开始在全国范围内推行,根据财政经济生活中出现的新情况,1988 年开始全方位实行财政承包制,但是对不同地区分别实行不同形式的包干办法,如收入递增包干、总额分成、定额上解、上解递增包干、定额补助等。财政包干体制使地方政府成为相对独立的利益主体,虽然从本质上看,这一体制仍未摆脱集权型的财政分配模式,没有从根本上解决中央与地方政府之间财力分配的约束机制与激励机制问题,造成中央财政收入相对财力下降。但是,它与我国当时经济体制改革的方向是吻合的,为后来分税制财政体制的改革奠定了基础。

3. 1994 年分税制改革

财政包干体制调动了地方政府的积极性,但是收入的划分缺乏合理依据。中央与地方财政分配关系多种体制形式同时并存,一对一讨价还价的财政包干体制也缺乏必要的公开性,是政府间财政分配关系不稳定的重要原因之一。同时,财政包干体制包死了地方上交中央的数额,导致中央财政在新增收入中的份额逐步下降,宏观调控能力弱化,影响了中央通过财政转移支付协调地方发展的调控能力。为了进一步理顺中央与地方的财政分配关系,增强中央的宏观调控能力,作为 1994 年中国税制改革的一项重要内容,从 1994 年开始改革财政包干体制,参照发达国家经验,实行中央和地方分税制财政管理体制,即按税种划分中央和地方的收入,分设中央和地方两套税务征收机构,规范中央对地方的转移支付方式。

4. 2013 年构建现代财政制度。

2013 年 11 月党的十八届三中全会通过的《中共中央关于全面深化改革若干重大问题的决定》明确提出财政是国家治理的基础和重要支柱,必须完善立法、明确事权、改革税制、稳定税负、透明预算、提高效率,建立现代财政制度、发挥中央和地方两个积极性。其后我国财政管理体制改革进入快车道,围绕建立事权和支出责任相适应的制度,从中央和地方财权与事权划、中央对地方的转移支付制度等方面做出了一系列改革。

二、中央与地方政府间事权的划分

改革开放前,虽然中央和地方经历了几次集权与放权的反复,但是经济社会的管理权限总体上高度集中在中央,地方缺乏必要的自主权和独立性。从财政支出看,中央财政支出占全国财政支出的比重很高,这也是我国高度集中的计划经济体制和生产资料的公有制所要求的。特别是在新中国成立初期,为了集中财力进行经济建设,1953—1958 年中央财政支出占全国财政支出的比重达到 74.1%。1971—1975 年中央财政支出占全国财政支出比重达到 54.2%。1980 年,全国财政支出总额为 1 229 亿元。其中,中央财政本级支出 667 亿元,比重为 54.3%,仍超过一半。

改革开放以来,我国不断探索如何理顺中央与地方政府关系,合理界定中央与地方府职能。中央政府为了充分调动地方发展经济的积极性,通过经济性分权和行政性分权相结合,赋予了地方政府更多的经济社会管理职能。随着社会主义市场经济体制的提出以及 1994 年分税制改革,中央和地方政府财权与事权的划分步入规范化的轨道。按照政府职能分工和公共产品受益范围原理,中央将更多的经济社会管理职能逐渐下放给地方,实现了从中央高度集权向中央和地方合理分权的管理模式的转变。2013 年之后随着现代财政制度的构建,我国政府间财政管理体制改革再次加快,2016年 8 月国务院出台了《关于推进中央与地方财政事权和支出责任划分改革的指导意见》,其后对基本公共服务领域、医疗卫生、教育、科技、交通运输、生态环境等具体领域中央与地方财政事权和支出责任的划分作了进一步明确。

总体来看,在全国财政支出中,中央财政支出比重不断降低,见图 20.11。2018 年,我国财政支出 220 904 亿元,其中中央财政本级支出 32 708 亿元,占全国财政支出的14.8%,比 1980 年下降近 40 个百分点。2012 年起该比例保持低位,而地方财政支出比重上升到 85.2%,多数职责都是由地方政府具体完成的。同时中央政府通过政策协调、财政转移支付等经济手段,也加强了对地方经济发展的宏观调控,中央政府统筹协调全国经济社会发展的能力并没有削弱。

资料来源:根据《2019 年中国统计年鉴》相关数据绘制。

图 20.11　1980—2018 年中央财政本级支出比重变化

中央与地方财政事权划分改革

2016年8月,国务院发布了《关于推进中央与地方财政事权和支出责任划分改革的指导意见》,是指导我国财政管理体制改革的一个纲领性文件。关于中央与地方财政事权划分改革,主要包括以下四个方面的内容。

1. 适度加强中央的财政事权。坚持基本公共服务的普惠性、保基本、均等化方向,加强中央在保障国家安全、维护全国统一市场、体现社会公平正义、推动区域协调发展等方面的财政事权。强化中央的财政事权履行责任,中央的财政事权原则上由中央直接行使。中央的财政事权确需委托地方行使的,报经党中央、国务院批准后,由有关职能部门委托地方行使,并制定相应的法律法规予以明确。对中央委托地方行使的财政事权,受委托地方在委托范围内,以委托单位的名义行使职权,承担相应的法律责任,并接受委托单位的监督。要逐步将国防、外交、国家安全、出入境管理、国防公路、国界河湖治理、全国性重大传染病防治、全国性大通道、全国战略性自然资源使用和保护等基本公共服务确定或上划为中央的财政事权。

2. 保障地方履行财政事权。加强地方政府公共服务、社会管理等职责。将直接面向基层、量大面广、与当地居民密切相关、由地方提供更方便有效的基本公共服务确定为地方的财政事权,赋予地方政府充分自主权,依法保障地方的财政事权履行,更好地满足地方基本公共服务需求。地方的财政事权由地方行使,中央对地方的财政事权履行提出规范性要求,并通过法律法规的形式予以明确。要逐步将社会治安、市政交通、农村公路、城乡社区事务等受益范围地域性强、信息较为复杂且主要与当地居民密切相关的基本公共服务确定为地方的财政事权。

3. 减少并规范中央与地方共同财政事权。考虑到我国人口和民族众多、幅员辽阔、发展不平衡的国情和经济社会发展的阶段性要求,需要更多发挥中央在保障公民基本权利、提供基本公共服务方面的作用,因此应保有比成熟市场经济国家相对多一些的中央与地方共同财政事权。但在现阶段,针对中央与地方共同财政事权过多且不规范的情况,必须逐步减少并规范中央与地方共同财政事权,并根据基本公共服务的受益范围、影响程度,按事权构成要素、实施环节,分解细化各级政府承担的职责,避免由于职责不清造成互相推诿。要逐步将义务教育、高等教育、科技研发、公共文化、基本养老保险、基本医疗和公共卫生、城乡居民基本医疗保险、就业、粮食安全、跨省(区、市)重大基础设施项目建设和环境保护与治理等体现中央战略意图、跨省(区、市)且具有地域管理信息优势的基本公共服务确定为中央与地方共同财政事权,并明确各承担主体的职责。

4. 建立财政事权划分动态调整机制。财政事权划分要根据客观条件变化进行动态调整。在条件成熟时,将全国范围内环境质量监测和对全国生态具有基础性、战略性作用的生态环境保护等基本公共服务,逐步上划为中央的财政事权。对新增及尚未明确划分的基本公共服务,要根据社会主义市场经济体制改革进程、经济社会发展需求以及各级政府财力增长情况,将应由市场或社会承担的事务交由市场主体或社会力量承担,将应由政府提供的基本公共服务统筹研究划分为中央财政事权、地方财政事权或中央与地方共同财政事权。

三、中央与地方政府间财权的划分

我国1994年实行了分税制改革,即按税种划分收入,明确中央与地方的收入范围,同时分设中央和地方两套税收征管机构,国家税务机关负责中央税和共享税的征收,地方税务机关负责地方税的征收。

我国1994年中央和地方税种划分的原则是,将收入大、辐射影响范围广、维护国家权益、宏观调控强、宜于中央征收的税种划为中央税;将税源分散、辐射影响范围小、不宜统一征收管理、便于因地制宜、发挥地方优势的税种划为地方税;将征收面宽、收入弹性大、涉及中央和地方共同利益的税种划为中央与地方共享税。

随着社会主义市场经济的发展以及税制的改革,1994年后我国对中央与地方收入划分方法进行了调整。例如,为了适应证券市场的发展,1997年1月起,国家将证券交易印花税分享比例调整为中央80%,地方20%;2000年10月起,调整为中央91%,地方9%,并确定分3年把该税分享比例调整为中央占97%,地方占3%。1999年11月1日开征利息税后,将利息税全部作为中央税。2000年开征车辆购置税后,将车辆购置税也全部作为中央税。

1994年分税制在所得税收入的划分上,按企业隶属关系划分中央和地方所得税收入的弊端日益显现,制约了国有企业改革的逐步深化和现代企业制度的建立,客观上助长了地方重复建设和地区封锁,妨碍了市场公平竞争和全国统一市场的形成,不利于促进区域经济协调发展和实现共同富裕。同时,作为财政收入的重要来源和调节收入分配的重要手段,个人所得税划为地方财政收入也削弱了中央财政的调控能力,与国际通行的做法不相符。为此,在分税制实施8年后,即2002年,中央对分税制财政体制进行了较大的调整完善,改革按企业隶属关系划分所得税收入的办法,除铁路、邮政、银行等少数中央企业所得税仍归属中央外,对企业所得税实行中央与地方按比例分享,个人所得税收入也由地方税划为中央和地方按比例分享。2002年中央与地方分享比例为50%,自2003年起,中央分成比例为60%,地方分成比例为40%。2016年1月1日起,证券交易印花税全部调整为中央收入;2016年5月1日起,"营改增"完成后,增值税合成比例改为中央50%,地方50%;2018年1月1日起,环境保护税开征后,税收全部归地方。2018年国税和地税征管机构实现合并。

因此,按照我国当前的税收体系,中央财政固定收入包括:关税、消费税、海关代征的消费税和增值税、车辆购置税、未纳入共享范围的中央企业所得税、船舶吨税、证券交易印花税等。

地方财政固定收入包括:城镇土地使用税、房产税、车船税、印花税(证券交易印花税除外)、烟叶税、耕地占用税、契税、土地增值税,环境保护税等。

中央和地方共享收入包括:增值税,中央分享50%,地方分享50%;资源税,按不同资源品种划分,海洋石油资源税作为中央收入,水资源税中央10%,地方90%;其他资源税收入划为地方收入;企业所得税和个人所得税,中央60%,地方40%。

此外,在出口退税上中央财政也作了调整。在2003年之前,出口退税全部由中央财政负担,2004年改为中央承担75%,地方承担25%,这种分担比例对外贸型企业较多的地区形成了一定的财政负担。2005年改为中央承担92.5%,地方承担7.5%。

分税制体制改变了我国原来多种体制形式并存的现象,使政府间财政分配关系相对规范化。通过"存量不动、增量调整"的原则,既保证了中央财力不断增强,又有利于实现对现存关系的逐步平稳调整。分税制改革后,中央财政收入占全国财政收入的比重明显上升,并稳定保持在50%左右,形成了较为合理的纵向财力分配机制。

专栏20—3

中央财政收入占全国财政收入的比重的变化

改革开放以来,由于我国中央和地方财政收入体制的变化,中央财政收入占全国财政收入的比重呈现先上升、后下降、再上升到基本保持平稳这一变化特征,见图20.12。1980—1984年中央财政收入比重持续回升,从1980年的24.5%上升到1984年的40.5%。1985年后,中央财政收入比重出现了将近10年的持续下降。到1993年,中央财政收入占全国财政收入的比重下降到只有22%,已经影响到中央财政的调控能力。"两个比重"偏低(财政收入相当于国内生产总值的比例和中央财政收入占全国财政收入的比重)成为中国财税改革必须解决的两个问题。1994年我国进行了新税制改革,中央财政收入比重显著回升,1994年即上升到55.7%,其后又有所回落,但是基本保持在50%以上。2008年中央财政本级收入为32 680亿元(不包括地方对中央的体制上解收入,也不含债务收入),占全国财政收入的比重为54.8%。中央财政实力显著提高极大增强了中央向地方进行转移支付、协调区域发展的能力。2018年,中央财政总支出为36 335亿元,其中中央财政本级支出为13 344亿元,向地方税收返还和转移支付额为22 991亿元,占中央财政总支出的比重为63.3%,占全国财政总支出的比重为36.7%。

资料来源:根据《2019年中国统计年鉴》相关数据绘制。

图20.12　1980—2018年中国中央财政本级收入比重变化

四、中央与地方政府间转移支付体系

1994年实行分税制后,我国的政府间转移支付体系也发生了很大变化。政府间转移支付体系由中央对地方的税收返还、中央对地方财政的财力性转移支付和专项转移支付以及中央对地方的体制补助、地方对中央的体制上解、中央与地方财政年终结算补助、其他补助等多种形式构成的。

1. 中央对地方的税收返还

税收返还,指 1994 年分税制改革、2002 年所得税收入分享改革以及 2009 年成品油税费改革以及 2016 年"营改增"后,为保证地方既得利益,对原属于地方的收入划为中央收入部分,给予地方的补偿。包括所得税基数返还、成品油和税费改革税收返还、增值税税收返还、消费税税收返还以及增值税"五五分享"税收返还收入等。

2. 中央对地方的一般性转移支付

一般性转移支付,指中央政府对有财力缺口的地方政府(主要是中西部地区),按照规范的办法给予的补助,地方政府可以按照相关规定统筹安排和使用。现行一般性转移支付主要包括:均衡性转移支付、民族地区转移支付、县乡基本财力保障机制奖补资金、成品油税费改革转移支付补助、重点生态功能区、革命老区转移支付、贫困地区转移支付等四十多项构成。一般性转移支付属于无条件转移支付,地方可以按照相关规定统筹安排和使用上述资金。

3. 中央对地方的专项转移支付

专项转移支付,指中央政府对承担委托事务、共同事务的地方政府给予的具有指定用途的资金补助,以及对应由下级政府承担的事务给予的具有指定用途的奖励或补助,主要用于教育、科学技术、社会保障和就业、医疗卫生、环境保护、农林水事务等方面,目前有 20 多项构成。

中央对地方各种专项转移支付数额的确定都有其特定的计算标准。表 20.2 是2018 年中央财政平衡关系,反映了中央财政的收支情况。

表 20.2 2018 年中央财政平衡关系

中央财政收入	亿 元	中央财政支出	亿 元
一、税收收入	80 448.1	一、中央本级支出	
国内增值税	30 753.3	二、中央对地方转移支付	18 708.6
国内消费税	10 631.8	(一)一般性转移支付	8 746.2
进口货物增值税、消费税	16 879.0	1. 均衡性转移支付	3 510.5
出口货物退增值税、消费税	−15 913.9	2. 民族地区转移支付	275.8
资源税	45.2	3. 县乡基本财力保障机制奖补资金	438.2
企业所得税	22 242.1	4. 调整工资转移支付	2 451.2
个人所得税	8 324.4	5. 农村税费改革转移支付	762.5
城市维护建设税	159.3	6. 义务教育转移支付	269.4
印花税(证券交易印花税)	976.9	7. 定额补助(原体制补助)	136.1
船舶吨税	49.8	8. 企事业单位划转补助	331.6
车辆购置税	3 452.5	9. 结算财力补助	348.9

（续表）

中央财政收入	亿 元	中央财政支出	亿 元
关税	2 847.8	（二）专项转移支付	9 962.4
其他税收收入		其中：教育	692.7
二、非税收入	5 008.4	科学技术	85.9
专项收入	325.9	社会保障和就业	2 399.3
行政事业性收费	404.6	医疗卫生	780.0
罚没收入	167	环境保护	974.1
其他收入	103.8	农林水事务	1 513.1
中央本级收入（一+二）	32 680.6	三、中央对地方税收返还	4 282.2
三、地方上解收入	946.4	"两税"返还	3 372.0
		所得税基数返还	910.2
中央财政收入（一+二+三）	33 626.9	中央财政支出（一+二+三）	36 334.9
四、调入中央预算稳定调节基金	1 100.0	四、安排中央预算稳定调节基金	192
收入总量（一+二+三+四）	34 726.9	支出总量（一+二+三+四）	36 526.9
支出大于收入的差额（赤字）	1 800.0		

数据来源：《2018 年中央财政决算报告》。

表 20.3 是 2018 年我国地方财政平衡关系，反映了地方财政的收支情况。从中可以看出我国具体财政支出多是由地方财政完成的，地方财政对中央财政的税收返还和转移支付依赖程度较大。因此，如何设计一个合理的转移支付制度对中央和地方政府来说都非常重要。

表 20.3 2018 年地方财政平衡关系

地方财政收入	亿 元	地方财政支出	亿 元
一、税收收入	75 954.8	一般公共服务	16 871.0
国内增值税	30 777.5	#国内外债务付息	
环境保护税	151.4	外交	3.0
企业所得税	13 081.6	国防	210.8
个人所得税	5 547.6	公共安全	11 740.0
资源税	1 584.8	国土海洋气象等	1 919.9
城市维护建设税	4 680.7	教育	30 438.2
房产税	2 888.6	住房保障	6 299.9
印花税	1 222.5	科学技术	5 206.4
# 证券交易印花税		文化体育与传媒	3 256.7

（续表）

地方财政收入	亿 元	地方财政支出	亿 元
城镇土地使用税	2 387.6	社会保障和就业	25 927.5
土地增值税	5 641.4	援助其他地区	442.2
车船税	831.2	医疗卫生	15 412.9
耕地占用税	1 318.9	节能环保	5 870.1
契税	5 729.9	城乡社区事务	22 037.8
烟叶税	111.4	农林水事务	20 493.3
其他税收收入	0.0	#农业	
二、非税收入	21 948.6	交通运输	9 969.1
专项收入	7 197.4	商业服务业等	1 533.7
行政事业性收费	3 520.9	金融	534.0
罚没收入	2 492.2	其他支出	1 486.0
		住房保障	6 299.9
		粮油物资储备	685.1
		债务付息	3 241.1
		债务发行费用	23.0
地方本级收入（一+二）	1 412.6	地方本级支出（一）	49 248.5
中央税收返还和转移支付（三）	28 649.8	上解中央支出（二）	946.4
地方财政收入（一+二+三）	22 990.8	地方财政支出（一+二）	50 194.9
	51 640.6	收入大于支出的差额	1 445.7

数据来源：《2018 年中央财政决算报告》。

　　总体来看，我国各级政府间财政关系仍存在许多有待完善的地方，如政府职能"缺位"和"越位"现象仍较突出，中央、省和地方政府的职责存在许多交叉模糊的地方；在中央财力得到加强的同时，地方财力相对下降，地方主体税种收入贡献相对不高，特别是乡镇财政比较困难；转移支付制度形式过于繁杂，不够规范，规范的省级以下政府间转移支付制度尚未建立，地方财力不均、部分地方政府财力紧张的状况较突出。因此，需要进一步改革完善政府间财政关系。

·········· **复习与练习** ··········

● **主要概念**

　　政府间财政关系　用脚投票　蒂伯特模型　俱乐部理论　财政单一制　财政联邦制　财权　事权　转移支付　横向转移支付　纵向转移支付　无条件转移支付　有条件转移支付　有条件非配套性转移支付　有限额配套性转移支付　无限额配套性转移支付　转移支付的收

入效应 转移支付的替代效应 统收统支 分级包干 分税制 中央税 地方税 共享税 中央财政本级收入 中央财政本级支出 省直管县 乡财县管

● **思考题**

1. 为什么说财政分权有利于地方公共产品的效率供给?

2. 为什么说地方政府竞争有利于经济效率的提高?

3. 如何辩证地看待政府财政分权的利弊?

4. 根据俱乐部理论,最优辖区规模应该是多大?

5. 政府间财政关系的内容是什么? 有何特点?

6. 政府间事权划分的标准是什么? 具体职责是如何划分的?

7. 政府间财权划分的标准是什么? 具体税种是如何划分的?

8. 转移支付的类型有哪些? 不同类型的效应如何?

9. 我国当前中央和地方之间的转移支付关系是如何构成的?

10. 我国当前中央和地方财权是如何划分的? 分税制改革对提高中央财政收入效果如何?

11. 我国当前中央和地方教育、医疗卫生、交通等具体领域的支出责任和事权是如何划分的?

12. 如何进一步完善我国当前省以下政府间财政关系?

第二十一章

公共预算

为了提高公共收支管理水平,除了实行分级管理之外,对于每一级政府来说,如何管理巨额的公共收支以确保各项政策意图的实现也是一个重要问题。其中,公共预算是一个重要手段。公共预算反映了政府活动的范围、内容、政策导向,以及是如何对政府收支进行管理的。公共预算也是立法部门和社会公众对政府进行监督和制约的重要工具,是公共财政运作的控制和组织系统,在各国政治经济生活中都占据重要地位。本章主要介绍公共预算基本概念、公共预算过程以及我国公共预算改革。

第一节 公共预算概述

预算(budget)最初是指 18 世纪末英国财政大臣在议会发表有关财政计划的演说时,随身携带的装有政府财政收支账目的大皮包,于是人们就将政府的财政收支计划称为预算。公共预算应该包括公共部门的全部收支,也被称为国家预算或政府预算。

一、预算制度的产生

现代政府预算产生于英国。英国预算制度的起源可以追溯到 1215 年的《大宪章》,在英国国王约翰被迫与贵族议会签署的这份文件中明确规定,"除非得到普遍的赞同,否则在王国中既不应征收兵役税,也不应征收协助税"。《大宪章》首次以法律形式确认了"非赞同毋纳税"的原则。其后在 15 世纪之前,批准赋税成为议会的主要职能,对防止国王滥用租税权力形成了强有力的制约。这标志着英国从王权财政向议会财政的转变,为现代政府预算制度的建立奠定了基础。

在 1688 年的"光荣革命"后,1689 年英国国王威廉与其妻玛丽二世签署了《权利法案》,确立了君主立宪制体制,设立了以资产阶级为主的下议院,明确未经议会同意,不得征税,政府设立预算,只有议会同意才能执行,由此议会获得了税收和预算权。在控制政府支出方面,英国议会除了压低王室岁入以减少王室支出和控制军事支出外,还形成了"拨款制度"以对政府支出进行控制。通过各种方式,议会逐渐将政府收支权力置于其控制之下。此后,议会进一步要求政府详细报告支出的用途以及开征税收的理由,对具体财政日常活动进行审查,最终使得议会掌握了对整个财政的根本控制权。

1852 年,以公共账户委员会的成立为开端,当时的英国财政大臣格莱斯顿开始了一系列财政改革,将政府向议会递交部门预算及审计后的账户进行制度化,现代意义上的政府预算制度就逐步形成了。

经过不断完善和发展,英国议会对预算的审查监督形成了一整套具有约束力的行为规范:政府必须预先编制年度收支计划,经议会批准才能执行,预算变动必须遵循追加追减程序;所有的政府收支,除某些特例外,都必须纳入政府预算;议会通过的预算具有法律效力,任何人违反都将受到法律的制裁。

因此,英国政府预算制度是英国社会公众与君主之间争夺经济利益的产物,是以封建君主为代表的没落封建势力和以议会为代表的新兴资本势力之间,经过长达数百年的政治角逐较量的结果,对市场经济体制和资本主义制度的形成和发展产生了积极作用。

此后,预算制度在世界各国得到迅速普及,并且在各国政治生活中占有越来越高的地位。美国著名预算专家威尔达夫斯基曾经说过:预算——即企图通过政治过程配置稀缺的金融资源,以实现各种美好生活——是政治过程的中心。

二、公共预算的功能

公共预算是体现政府政策导向、规范政府收支管理、加强对政府监督制约的重要工具,在各国政治经济生活中都处于重要地位。

首先,公共预算具有分配和导向功能。通过编制和公开预算可以使公众了解政府的政策信息,有助于政府合理配置资源、实现经济调节等政策目标。

其次,公共预算还具有管理和控制功能。通过编制年度公共收支计划并立法确认,可以为政府公共部门提供服务、从事财政活动建立明确的管理和控制框架,对政府部门起到约束作用。

再次,公共预算还有助于增进公共服务效率。通过预算编制和审批过程,可以鼓励各公共部门和机构对财政活动的成本与效率进行科学分析,达到提高公共服务效率的目的。

最后,公共预算还是立法部门和社会公众对政府进行监督和制约的有力工具。预算过程也是个政治过程,很多学者还从政治学角度研究公共预算。

因此,公共预算也可以说是经济学、管理学和政治学的一个交叉学科,可以从不同视角进行研究。

三、公共预算的原则

公共预算在国家政治、经济活动中具有重要作用。通过编制预算可以加强对政府活动的管理和控制,增进公共服务效率,可以使公众了解政府政策信息,合理做出决策。为了实现这些目的,现代公共预算的编制应遵循以下一些原则。

(1)年度性原则:预算的起讫时间通常以一年为标准。预算年度是各级政府编制和执行预算所依据的法定期限。不同国家预算年度的起讫时间是不同的,有的国家以日历年度为预算年度,从公历 1 月 1 日起至 12 月 31 日止,如中国;有的国家以跨年制为预算年度,如英国、日本和加拿大的预算年度是从当年的 4 月 1 日至次年的 3 月 31 日,瑞典、澳大利亚的预算年度是从当年 7 月 1 日至次年的 6 月 30 日,美国的预算年度是从当年的 10 月 1 日起至次年 9 月 30 日。为了合理安排财政收支,也有些国家编制中长期的跨年度预算。

(2)可靠性原则:预算是事先制定的下一年度政府财政收支安排计划,因此具有预测性。在编制预算时,必须对下一财政年度的经济形势、政府收入情况做出尽可能准确的预测。同时根据政府收入安排支出,合理配置资源。预算实际执行情况不可能与预算计划完全一致,但如果预算实际执行情况与预测相差过大,将使得政府处于被动地位。因此,各个国家也都非常重视提高预测的准确性,使得政府预算切实可靠。

(3)全面性原则:预算是政府的收支计划,为了全面反映政府收支活动,政府的所有收入、支出以及债务,除了某些特例外,都必须纳入公共预算。这体现了预算的完整性,也便于政府预算接受立法部门和社会公众的监督,即使有部分预算外收支,其有关信息也必须在有关预算附录中加以说明。

(4)公开性原则:政府预算应该公开透明,政府收支活动的全过程,包括预算的编制、执行和决算,除了某些特例外,都必须向立法机构和社会公众公开。公开性一方面是为了加强立法部门和社会公众对预算的监督与控制,防止公共资源的浪费,另一方面预算具有重要的政策导向,也有利于社会公众了解政府政策,引导其合理作出决策。

(5)法治性原则:预算必须经过立法机构的审查和批准,才能够执行,没有立法机构的批准,政府不能任意动用预算资金。同时,公共预算一旦经过立法机构通过就具有法律效力,是一项法律性文件,具有严肃性和权威性,必须严格执行。未经法定程序,任何部门、个人都不得擅自改变已经通过的预算。

四、公共预算的种类

根据不同的标准,公共预算有不同分类。常见分类标准包括预算结构模式、编制方法、收支管理范围和预算层级。各标准对应的分类具体如下。

1. 单式预算和复式预算

单式预算,是传统的预算组织形式。在预算年度内,不区分各项财政收支的经济性质,将全部公共收入和支出编入一个预算。单式预算能够从整体上反映年度内政府总的财政收支情况,便于立法机关审议和社会公众了解,但不利于政府根据资金的不同性质合理安排资金。

复式预算,从单一预算组织形式演变而来。在预算年度内,将全部预算收支按经济性质汇集、归类,分别汇编成两个或两个以上的预算,以特定的预算收入来源保证特定的预算支出,并使两者具有相对稳定的对应关系。如经常预算和资本预算,经常预算收入主要是税收收入以及行政性收费,支出主要用于行政事业项目等经常性支出,如国防、行政、教育等支出;资本预算收入主要来自经常性预算节余、国有资产收入以及公债收入,支出主要用于经济建设等资本性支出。复式预算便于政府根据支出性质合理安排资金,以满足政府不同职能的需要。目前,很多国家编制复式预算。

我国公共预算改革四十年

四十年来,在不同的发展阶段,我国公共预算改革呈现出不同的特点,其改革历程可划分为三个阶段。

第一阶段:恢复预算编制(1978—1998年)

改革开放伊始,我国就开始从内容和程序上恢复预算编制。按照法定程序,国家预算报告向全国人大提交并经审议批准后予以执行。为了适应改革开放的新形势,我国开始对传统的预算制度进行改革。主要进展有探索复式预算体系、实施《预算法》、探索零基预算、探索预算外资金的管理、改革预算会计制度。相较于计划经济时期,这一时期预算改革的特点是逐渐恢复预算,但并没有从根本上触动计划经济时期预算制度的本质,预算约束软化、透明度不高、资金使用效率低等问题依然存在,总体上滞后于经济体制改革。

第二阶段:逐步调整时期(1999—2012年)

1998年12月15日,全国财政工作会议在北京召开,此次会议确立了我国财税改革的目标是构建公共财政基本框架。在此背景下,新一轮政府预算改革随之启动。这一时期主要从以下几个方面进行了改革:部门预算改革、政府收支分类改革、"收支两条线"改革、政府采购制度改革、国库集中收付制度改革、"金财工程"建设。这一时期的预算改革呈现出两个特点:一是这一时期的改革主要在预算的理论和实践方面显现出良好效果,例如对财政资金的范围界定、预算编制和执行的规定;二是与市场经济相适应,力求按照公共财政的要求重新构造预算编制和执行过程。

第三阶段:深化和完善时期(2013年至今)

在我国加快转变经济发展方式的攻坚时期,党的十八大于2012年11月召开。自此,我国预算制度改革开启新的篇章。这一时期我国预算改革的重要标志性文献,一是2013年党的十八届三中全会通过的《中共中央关于全面深化改革若干重大问题的决定》(以下简称《决定》);二是2015年1月1日开始实施的新《预算法》;三是2017年党的十九大报告。党的十八大报告、党的十八届三中全会的《决定》、新《预算法》以及党的十九大报告都成为这一时期深化和完善我国政府预算改革的政策导向,为进一步深化我国财税改革引领了方向。该阶段的主要改革举措有:完善预算立法、构建全口径预算体系、推进预算的公开透明、建立跨年度预算平衡机制、硬化预算支出约束。这一时期预算改革的特点是,按照建立现代预算制度的要求深化和完善政府预算,推进了国家治理体系现代化和现代政府预算制度的步伐。

2. 增量预算、计划项目预算、零基预算和绩效预算

增量预算(incremental budgeting),也被称为调整预算法,指在确定下一年度财政收支计划指标时,考虑上一年度情况,在以前财政年度的基础上,按新的财政年度的经济发展情况、政府政策重点等因素加以调整来确定当年指标。这是比较常用的预算编制方法。增量预算的编制由于充分考虑既得利益,遇到的阻力较小,工作量也不大,但是由于对原有不合理的因素无法加以调整,不利于提高资源的利用效率。

计划项目预算(program planning and budgeting,PPB),是一种以项目为中心,试图把政府的所有支出都纳入项目方式管理,按项目成本确定预算的模式。通常,先由部门提出项目的名称和项目的支出计划,以及项目实施所要达到的绩效目标,然后政府通过项目的成本-收益考核,确定项目的顺序,对于那些社会急需的成本-收益评价较高的项目,财政优先安排;最后对于那些已经通过立法机构审查,纳入当年拨款计划的项目,政府进行拨款,并进行跟踪管理。这种预算编制方法于 1961 年由美国国防部首先尝试,1965 年推广到联邦政府部门和机构,但是后来由于种种问题,联邦政府于 1971 年终止计划项目预算的运用。不过,在美国仍有一些州和城市继续运用这一方法编制预算。

零基预算(zero-based budgeting, ZBB),与增量预算相对应,指在确定下一年度财政收支计划指标时,对所有的政府收支,完全不考虑以前的水平,重新以零为起点来确定预算指标。零基预算不受原有因素的约束,可以有效提高资源的利用效率,但是编制工作量较大,遇到的阻力也较大。这一预算方法于 1962 年由美国农业部尝试采用,1977 卡特当选为总统后,极力倡导在联邦政府内推行零基预算。1981 年里根政府上台后,联邦政府不再推行零基预算,但仍有一些州和城市继续运用这一方法编制预算。

绩效预算(performance budgeting, PB),是一种以目标为导向,以项目成本为衡量标准,以业绩评价为核心的一种预算管理方法。绩效预算注重预算资金的使用效益,实行绩效预算先要确定业绩目标和达到这一业绩所需的拨款额,将预算与绩效相挂钩,然后根据业绩考核情况确定拨款数额。绩效预算于 20 世纪 50 年代由美国提出,但是不久就放弃了绩效预算。20 世纪 80 年代,美国、英国等国家推行了政府绩效管理,绩效预算再次被提出。围绕提高预算资金的使用效益,很多国家都进行了绩效预算改革。

3. 总预算、本级预算、部门预算和单位预算

总预算是汇总本级政府预算和下一级总预算编制而成的,反映本行政区域内政府收支活动全貌。如全国财政总预算是由中央政府本级预算和各省、自治区、直辖市总预算汇总编制而成的,省级总预算是由省政府本级预算和下属各地市总预算汇总编制而成的。本级预算是由本级政府各部门预算汇总编制而成的,反映本级政府收支活动,不包括下级政府部门预算。如中央本级预算由中央政府各部门预算构成,省本级预算由省政府各部门预算构成。部门预算指政府各个部门编制的收支预算,反映部门收支活动,是编制本级预算的基础。如教育部预算、国防部预算,部门预算又由本部门所属的各个单位预算组成。单位预算是预算构成的基本单位,是行政事业单位根据事业发展计划和行政业务编制的年度财务收支计划,反映单位与财政之间的领拨缴销关系、工作任务和方向。

4. 中央预算和地方预算

一个国家的政府是由不同层级的政府有机构成的,如中央政府、省政府、县政府等,通常要求有一级政府就有一级预算。一般将中央政府以下的各级政府都称为地方政府,政府预算也可根据预算层级分为中央预算和地方预算。中央预算就是中央政府(联邦政府)的预算,反映中央政府的财政收支活动,在政府预算管理体系中处于核心

地位。地方预算是地方各级政府财政收支计划,反映地方政府的财政收支活动,按照地方政府级次,又可以分为省级(州)政府预算、县(市)级政府预算等。

此外,预算还有很多其他分类,如按时间跨度,可以分年度预算和多年度预算,按预算编制的程序,可以分为临时预算、正式预算和追加预算等。

第二节　公共预算过程

一个完整的公共预算过程包括预算编制、预算审批、预算执行以及执行决算四个阶段,不同国家由于政治体制的不同,预算过程的参与主体及其作用是不同的。

一、预算编制

预算编制是整个预算周期的开始。预算的编制通常是由政府部门负责的,不同国家主持具体编制工作的政府机构是不同的,主要有两种类型。

一是由财政部门主持预算编制工作,如中国、英国、德国和日本等。财政部根据各种统计资料和对经济形势的预测,编制收入预算草案。同时,根据政府政策的侧重点,指导和协调政府各部门编制支出预算草案,在汇总政府收入及各部门支出预算的基础上,形成政府预算草案,由政府提交立法机关审议。

二是由政府特设的专门预算机关主持预算编制工作,如美国。美国管理与预算办公室(OMB)①是主持联邦政府预算的专门机构,是总统办事机构之一。该机构直接向总统负责,根据总统提出的预算方针负责准备联邦预算,指导各部门起草预算方案并对预算执行过程进行管理,而财政部门只负责编制收入预算。

各个国家预算编制工作开始的时间也不完全一样,有的国家预算编制工作历时一年多,有的国家可能只有几个月。各国预算编制的程序也有差异,通常政府预算编制程序都包括三个步骤。首先,政府最高行政机关根据下一年的施政纲领,制定预算编制的方针政策,确定政府支出的优先原则。然后,各部门在这一预算原则的指导下编制部门预算。最后,预算主管机关对各部门和单位的预算进行汇总、审核和协调,形成政府预算草案,然后报立法部门审查。为了协调各部门支出,政府预算过程有时可能要经过上下几次反复。

如美国联邦预算,启动时间早,预算周期长,一般在新的财政年度开始前的 18 个月就开始启动。以 2020 财政年度(2019 年 10 月 1 日—2020 年 9 月 30 日)的预算为例,政府预算过程如下:① 2018 年 3 月,管理与预算办公室(OMB)就根据总统确定的预算政策,向联邦政府各部门发出预算通知,对于联邦各部门的预算编制工作提供一般性指导和要求。② 2018 年 4—6 月"一上",即各部门作初步估计和概算,对当前支

---

① 管理与预算办公室(Office of Management and Budget, OMB)的前身是根据 1921 年《预算和审计法案》设立的预算局,1970 年重新命名为管理与预算办公室,并从财政部独立出来,成为向总统负责的一个办事机构。

出水平和服务状况进行评估,并假定保持当前服务水平或有所提高时,初步选择所需要的主要项目和基本支出水平。OMB 同各部门讨论年度预算的主要问题,协商优先选择项目。③ 2018 年 7 月"一下",即 OMB 在与总统、总统经济顾问委员会、财政部的协商合作下,确定具体的预算编制方案,向联邦各部门发出详细预算指导文件,各部门编制正式预算书。④ 2018 年 9 月初"二上",即所有政府部门和独立的预算机构,都应当向 OMB 提交本部门、本机构的预算。⑤ 2018 年 10—11 月,OMB 工作人员根据总统的优先政策以及项目绩效、预算限制等,分析各个部门和机构提出的预算申请和建议,并向 OMB 主管和 OMB 内的相关政策负责人报告审查意见和结论,OMB 起草联邦预算文件。⑥ 2018 年 11 月末"二下",即 OMB 向总统提交一份完整的预算建议,总统审核并提出修改意见,OMB 将预算决定通知各部门。⑦ 2018 年 12 月,OMB 完成联邦预算草案编制,各部门可以向 OMB 和总统提出修改某些预算决定的要求,OMB 与各部门磋商并予解决,OMB 不能解决的问题提交总统决断。⑧ 2018 年 2 月,总统通常在国会发表国情咨文讲话后一周内,向国会提交联邦预算文件。至此,历时 9 个月,联邦政府预算编制过程完成,联邦预算草案将提交国会审查批准,进入国会预算程序。

虽然我国中央政府预算编制程序启动时间已经大为提前,但编制时间仍相对较短。以 2020 年财政年度的预算为例,我国中央政府预算编制过程如下:① 2019 年 6 月初财政部向中央部门下达关于编制 2020 年中央部门预算的通知,明确 2020 年中央部门预算编制的指导思想、预算编制的工作重点、预算的编报时间以及编报要求。② 2019 年 8 月 10 日前"一上",即各中央部门结合本部门的具体情况,布置所属各单位编制预算草案,汇编形成部门预算建议数,报财政部审核。③ 2019 年 10 月 31 日前"一下",即对各部门上报的预算建议数,由财政部各业务主管机构进行初审,由预算司审核、平衡,汇总成中央本级预算初步方案报国务院。国务院向省、自治区、直辖市政府和中央各部门下达编制下一年度预算草案的指示,财政部根据国务院审定的中央预算(草案)确定分部门的预算分配方案,向各中央部门下达预算控制数。④ 2019 年 12 月 10 日前"二上",即各部门根据财政部门下达的预算控制限额,编制部门正式预算草案上报财政部。⑤ 2019 年 12 月 28 日前,财政部在对各部门上报的预算草案审核后,汇总成按功能编制的本级财政预算草案和部门预算,报国务院审批,准备提交全国人大预算工作委员会预审。

二、预算审批

政府预算过程完成后,将进入立法部门对预算的审查和批准过程,政府预算必须经过立法机关的审查和批准才能够生效。立法部门和行政部门围绕预算资源配置权力的争夺是一个政治过程,立法部门内各党派围绕预算的斗争也是十分激烈的。由于各个国家政治体制不同,立法部门审查预算的机制和权力大小也是不同的。

有的国家立法机关对政府提交的预算修改权力非常大,几乎没有约束。立法机关可以增加或减少每个政府支出项目或者政府收入,而不需要得到政府部门的同意,政府的每一项支出都必须得到立法机关的授权才能获得预算资金。美国等实行总统制的国家多采用这种模式。但总统也可以否决立法机关的决议,因此行政部门和立法部门围绕预算的斗争是十分激烈的。威尔达夫斯基认为,美国政治思想的真实内涵是:钱包的权力是立法机关授权的核心,也是对行政部门进行检查的基本内容。自 20 世纪 80 年代以来,由于美国总统和立法部门围绕预算难以达成一致意见,多次发生联邦政府关门事件。

有的国家立法机关对政府提交的预算的修改权力进行了约束,对最多可增加多少支出或减少多少收入有一定的限制。如英国、法国,立法机关不能提议增加支出。德国虽然允许立法机关提议修改支出,但必须得到行政部门的同意。还有的国家虽然可以提议修改收入或支出,但是必须采取相应措施维持预算平衡。有的国家立法机关对政府预算没有提议修改权,对预算的审查更重要的是在完成法定程序,使预算合法化。在内阁制下,内阁由议会多数党组成,议会在审议行政部门提交的预算草案时,如果否决或对预算草案提出大幅修改,将被视为对政府投下不信任票,国会的预算审批权所具有的形式意义大于实质意义。

为了更好地对政府预算进行审查,立法机关往往设立专门委员会,建立专门机构为立法机关审查预算提供服务。如美国国会参议院和众议院分别设立了预算委员会、拨款委员会,预算委员会的职责是对政府服务现状进行评估,审议和修正总统代表行政部门提出的预算草案,达成一致性预算决议。预算委员会将预算支出按功能分类,将支出的具体审议权交给两院的拨款委员会。拨款委员会下设了 13 个专门委员会,由其研究和提出具体的拨款议案。为了加强国会对预算的审查,根据 1974 年的《国会预算法案》,建立了国会预算办公室(CBO)。国会预算办公室是一个永久性的、非党派的、无偏袒的技术机构,有工作人员 300 多人,其职责是从整体角度研究预算问题,帮助国会建立预算计划、考虑预算政策、阻止不合理的预算方案。

仍以 2020 财政年度联邦预算为例,美国国会对预算的审查程序如下: ① 2019 年 1 月,国会启动预算程序,国会预算办公室(CBO)向国会报告对经济形势和预算问题所作的研究及基本看法。② 2019 年 2 月,CBO 根据自己的经济与技术假设,对总统提交的联邦预算文件进行分析,国会开始对联邦预算进行审议。③ 2019 年 3 月,在总统提交预算后的 6 周内,国会两院各专业委员会同时对总统预算进行审议,召开听证会,最后向两院预算委员会提交"观点与估计"的报告,报告预算审议情况并对联邦预算调整提出总体看法。④ 2019 年 4 月,在审议的基础上,国会两院起草并通过关于预算的"共同决议",确定国会认同的总支出和总收入水平,以及按功能分类的预算授权和支出额。⑤ 2019 年 5 月,根据共同决议,国会众议院拨款委员会下属各专业分委员会起草年度拨款法案,并经修正后在众议院通过。⑥ 2019 年 6 月,众议院将拨款法案交参议院审议通过。如两院意见不统一,国会两院组成预算拨款协调委员会,就有关问题进行协调。在 6 月 30 日前参、众两院都应通过拨款法案,提交总统签署。如果拨款法案与总统意见不一致时,总统与国会进行协调。⑦ 2019 年 7 月,总统根据原预算和国会审议、协调的情况以及经济形势的变化,向国会提交有关预算修订的最新结果的报告。⑧ 2019 年 9 月,国会将经参众两院最终通过的预算法案提交总统签署。国会对预算的审批时间也历时近 9 个月,总统签署后,预算法案将正式生效。

美国联邦政府因预算斗争关门事件

在美国,国会和总统围绕预算权力的斗争是非常激烈的,特别是在总统所属党派在国会不占多数时更是如此。但是,国会仍牢牢控制着最终的预算决定权,任何财政收支都必须经过国会批准才能执行。理论上,在每年10月1日进入一个新的财政年度时,预算法案应该已由国会通过、总统签署。如果拨款法届时还没有全部签署,或者国会内部还没有达成一致,国会可提出临时拨款联合决议案(continuing resolution,简称CR),规定在一定时间内某些未获得拨款的部门或项目参照上一年度的拨款继续运作,由总统签署后生效。CR到期后,相关的拨款法若还没有出笼,国会可以提出新的CR。

如果总统对国会通过的某些拨款法不满而拒签,而国会又不愿妥协,国会可以不提CR,总统也无计可施;如果国会提出CR,总统希望加大压力迫使国会让步,也可以拒签CR。如果出现以上两种情形,有关部门只能关门。根据法律规定,如果政府部门因拨款而关门,该部门不得行使日常职能、提供例行服务,不能开支,不得新签合同,不得作出任何承诺。但要害部门或出现紧急状态除外——停止运作将立即导致对人身或财产安全的威胁,如国防、公共卫生与安全等部门。总统任命的官员、国会议员、正规军人,仍然照常上班,也有工资。被列为"要害部门"的联邦政府工作人员必须上班,但得不到补偿。其余的"非必要工作人员"既不用上班,也没有工资。

从历史上看,自1974年《预算与会计法案》实施至今,美国政府一共停摆21次。其中,福特政府1次,卡特政府5次,里根政府8次,布什总统1次,克林顿政府2次,奥巴马政府1次,特朗普政府3次。因每届政府停摆的次数不同,持续时间长短不一,所产生的影响也不一而论。例如,克林顿政府长达21天的停摆曾经成为有效制约国会的"紧箍咒",为联邦政府带来了长达17年不再停摆的平静岁月。奥巴马政府果断让非核心部门彻底停摆了16天,却因政府关门严重影响百姓的正常生活而饱受争议。但特朗普政府在与国会的博弈中貌似更加巧妙。2018年初的两次停摆巧妙利用了周末和日/夜的时间差,基本没有对政府工作产生影响。本次长达35天的"关门"刷新了美国政府停摆的历史纪录,但其影响范围和程度仍然可控。因为按照总统和管理与预算办公室的指导,大部分联邦机构使用了本部门的结转资金(Carry-forward Funds),基本保证了政府关门期间的正常运行,特别是涉及保护国家和国民生命与安全的服务和工作都没有真正停摆。

总体来看,美国因预算斗争导致的政府关门事件,一方面反映了立法部门对政府预算审查监督权力的权威性,突出了预算的法治性,另一方面当预算沦为党派斗争的工具时,也使得政府的效率大打折扣。

我国人大对预算的审查和监督权力也不断增强。在改革开放后所制定的第一部宪法——1982年宪法中,即明确规定全国人民代表大会负责"审查、批准国家预算和预算执行情况的报告",在全国人民代表大会闭会期间,全国人大常委会负责"审查和批准国家预算在执行过程中所必须作的部分调整方案"。根据宪法规定,1994年3月22日,八届全国人大二次会议通过了《中华人民共和国预算法》,于1995年1月1日起正式施行,我国公共预算的法治化迈上新台阶。1999年12月25日,九届全国人大常委会第十三次会议通过了《全国人大常委会关于加强中央预算审查监督的决定》,进一步细化了人大对预算的审查监督职责。由于预算审查监督工作专业性强,工作量大,而全国人大财经委工作范围涉及面较广,加之专业人员缺乏,因此往往难以集中主要力量进行预算的审查监督。为了改变这一状况,更好地发挥人大对预算的审查和监督职能,1998 年 12 月,全国人大常委会成立了预算工作委员会,成为全国人大常委会下设的为数不多的几个专门工作委员会之一。预算工作委员会为正部级单位,编制为 20 人,下设预算室、法规室和研究室,主要职能是协助全国人大财经委员会审查预算、决算、预算调整方案和监督预算执行。仍以 2020 年我国中央预算为例,我国人大对预算的审查批准程序为: ① 2020 年 1 月 15 日前,财政部须将国务院批准的中央预算(草案)报全国人大常委会预算工作委员会,由预算工作委员会进行初审。② 2020 年 2 月 15 日前,财政部须将中央预算(草案)提交全国人大财政经济委员会,由财经委员会进行预先审查。③ 正常情况下全国人大会议 3 月初召开,2020 年因疫情全国人大会议推迟到 5 月下旬召开,在全国人代会开会期间,财政部受国务院委托向全国人大报告 2019 年中央和地方预算执行情况及 2020 年中央和地方预算草案,由全国人大进行审议,并通过关于审查和批准中央预算的决议。

三、预算执行

预算经过立法机关审查批准生效后,随着预算年度的开始,就进入预算执行阶段。预算执行包括预算收入执行、支出执行、预算调整以及预算监督。收入执行,即根据政府预算收入计划组织收入,一切有预算收入上缴任务的部门和单位,应依据法律、法规和规章,将应当上缴资金上缴国库,不得截留、占用、挪用和拖欠。支出执行,即根据年度支出计划,把财政资金拨付给用款单位,保证国家各项计划的完成,加强预算支出管理,提高预算资金的使用效果。预算调整是在预算执行中,由于外部环境发生较大变化,使得政府预算的某些部分的收支超过或达不到原定计划,需要通过改变预算收入来源、支出规模和用途,以实现新的预算平衡。预算调整通常必须经立法机关审查和批准。预算执行中的另一个重要问题是预算监督,通常在政府部门内部和立法部门都对预算执行情况进行监督和审查,通过内部监督和外部监督来保证预算的执行。

如美国,仍以 2020 财政年度为例,从 2019 年 10 月 1 日开始进入预算执行阶段。联邦预算执行管理主要由 OMB 和各政府部门负责。在拨款前,各部门应向 OMB 提交详细的支出计划和拨款申请,OMB 和审计部门将拨款申请与部门预算对照,确认支出授权和相应的资金后才进行拨款。在收入方面,联邦预算收入和现金管理由财政部负责,美国国内税务局具体负责税收的征收和管理。在财政年度的中期,OMB 负责审查各部门的预算执行状况,并在每年发布中期审查报告。除了 OMB 的中期审查外,联邦政府还在各部门内部建立了经常性的监督机制,如设置监察长和财务长。其中,监察长由总统任命,职责是实施定期的经常性审计并调查可能存在的欺诈、浪费和滥用政府资源的行为,财务长的职责是实施定期的会计监督和绩效审核。国会对预算的监督主要是立法调查,如果国会认为某一部门在预算执行中有非法行为,可以通过提案、安排专项调查和举行公开听证会来审查该部门的行为。如果政府需要追加预算,OMB 负责向国会集中提出各部门所提出的补充拨款要求,任何补充拨款要求都必须经国会批准授权。

我国中央预算执行的具体工作由财政部门负责。财政部根据全国人民代表大会批准的中央预算,在 30 日内批复各中央部门预算。各中央部门自财政部批复本部门预算之日起 15 日内,批复所属各单位预算,即"二下"。由于我国预算年度是从 1 月 1 日起开始的,因此各部门及所属单位在获得预算批复时,往往预算年度已经过了一个季度。在这期间,中央政府可以先按照上一年同期的预算支出数额安排支出。财政部国库司是负责预算执行的机构,国库司统一管理和审批中央预算单位银行账户开立、变更和备案,管理部门预算指标,负责总预算会计工作,办理预算内外资金收支结算划拨,研究政府国内债务政策,拟订管理制度,负责政府内债发行、兑付及二级市场管理,拟订并监督执行政府采购政策等。财政、税务、海关等预算收入征管部门,依照国家法律、法规,积极组织预算收入,并及时将预算收入缴入中央国库。我国人大也加强了对预算执行情况的监督,在中央预算执行过程中,需要动用超收收入追加支出时,国务院应向全国人大常委会作预计超收收入安排使用情况的报告;中央预算安排的农业、教育、科技、社会保障预算资金的调减,需经全国人大常委会审查和批准。中央政府对于必须进行的预算调整,应当编制预算调整方案,必须提请全国人民代表大会常务委员会审查和批准。未经批准调整预算,中央政府不得作出任何使原批准的收支平衡的预算的总支出超过总收入或者使原批准的预算中举借债务的数额增加的决定。

四、执行决算

在预算年度结束后,预算过程就进入最后一道环节,即预算执行情况的决算阶段。决算是经法定程序批准的年度预算执行结果的会计报告,是预算管理过程中一个必不可少、十分重要的阶段。决算与预算是相对应的,有一级预算就应当有一级决算。编制决算,有助于评估预算的执行情况,发现执行中的问题,提高预算管理水平,为以后的预算决策提供参考。

除了财政部门外,审计作为一种事后监督,在执行决算中发挥着重要作用。不同政治体制下国家审计机关的组织模式是不同的,主要有四种审计模式,即立法型审计模式(审计机关隶属于立法部门,向立法部门负责)、司法型审计模式(审计法院具有司法权力,总统和国会都无权强制它去进行某项审计,自行制定审计计划)、独立型审计模式(审计机关不隶属于任何权力部门,独立行使审计监督职能)以及行政型审计模式(审计机关是行政部门的一个组成部分,向行政部门负责)。

仍以美国 2020 财政年度预算为例,在预算执行的最后阶段,政府各部门需要对预算执行状况编制决算报告。政府部门的决算报告是在内部审计基础上作出的,并且要在预算年度结束后的一个半月时间内(2020 年 10 月 1 日—11 月 15 日)接受外部预算审计。预算执行审计的基本功能是确认会计系统的正确操作,判定责任授权、政策方向和内部管理的合法性,发现存在的浪费、管理不善和效率问题。美国的外部审计有两种情况,一是立法部门的审计,主要由审计总署(GAO)进行①,GAO 是一个独立于行

---

① 随着职责的转变和扩大,2004 年审计总署更名为政府问责局(Government Accountability Office,简称仍为 GAO),只向国会负责,局长的任期为 15 年,远长于任何一届政府,具有很强的独立性,被称为"国会的看门狗",目前工作人员超过 3 000 人。

政部门以外的审计机构,对公共资金的使用以及各政府部门的支出账户进行审计,对支出项目的结果评估,既是政府的专门监督机构,又向国会提交报告和建议,保证公共资金分配和使用的真实性,防止浪费和腐败问题。二是联合型的单一审计,1996年美国国会修订了《单一审计法案》,规定在年度内接受联邦资金达30万美元以上的州、地方政府和非营利组织,必须接受单一审计。审计人员来自联邦资金管理部门、会计总署以及大的会计事务所。国会根据审计报告举行听证会,批准决算报告。

根据我国预算有关规定,财政部应当在每年第四季度部署编制决算草案的原则、要求、方法和报送期。仍以2020财政年度为例,2020年11月底,财政部下发关于编制2020年中央和地方财政决算(草案)的通知;在2021年3月20日前,各中央部门(单位)将《2020年度行政事业单位决算报表》报财政部;财政部汇总中央各部门决算情况,形成中央决算(草案)报国务院;2021年6月,国务院将2020年度的中央决算草案提请全国人民代表大会常务委员会审查和批准。在我国,审计是国家对预算进行监督管理的一个重要手段,国务院有关部门还要向全国人大常委会报告上一年度中央预算执行审计情况。

因此总体来看,预算过程是复杂的,充满斗争的,但也是严肃的。

第三节 我国预算改革

改革开放后,随着我国经济体制的转变,政府逐渐放松了对经济的控制,但是政府的"放权让利"行为也使得我国财政收入占国内生产总值(GDP)的比重、中央财政收入占全国财政收入比重呈不断下降趋势。"两个比重"的下降严重影响了政府部门特别是中央政府履行职能以及进行宏观经济调节的能力,引起了各方面的广泛关注。如何提高"两个比重"成为上至政府下至学术界共同关心的话题,也成为摆在政府面前必须优先解决的最为迫切的问题。因此,改革开放以后近20年,我国财政改革主要集中在财政收入上。一方面,通过完善税收制度,加强预算收入;另一方面,通过改革财政管理体制,合理调整中央与地方的收入结构。1994年的新税制改革有效扭转了我国"两个比重"不断下降的趋势。在财政收入压力明显缓和后,预算支出管理改革的紧迫性显得更加突出。因此,从1999年开始,为了适应公共财政体制建设,我国对公共预算支出管理进行了较大幅度的改革。

一、积极深化部门预算改革

部门预算,就是一个政府部门编制一本预算,由财政部门审核,各级人大审议通过。为了改变我国预算编制分散、粗放、不规范的弊端,我国1999年开始实行部门预算,将预算编制形式由传统的收入按类别、支出按功能的汇总预算改为按部门和项目编制部门预算,细化预算编制,真正做到"一个部门一个预算"。实行部门预算,增强了预算的完整性、统一性,部门的各种财政性资金(包括预算内外资金)全部在一本预算中编制,所有收支项目都在预算中反映出来。部门预算经过人大批准后,对该部门的收支项目安排就具有法律效力,从预算执行到资金使用的全过程都必须接受法律监督。从 2000 年开始,我国中央和省两级逐步推行了部门预算,很多市、县也开始编制部门预算,部门预算已成为我国预算管理改革的核心。

二、推行政府采购制度

政府采购是指各级国家机关、事业单位和团体组织,使用财政性资金采购依法制定的集中采购目录以内的或者采购限额标准以上的货物、工程和服务的行为。为了提高财政资金的使用效率,促进政府采购过程的透明性,同时减少采购过程中的腐败行为,财政部 1996 年在上海进行了政府采购试点,1998 年扩大试点范围,2000 年在全国铺开,并于 2002 年 6 月由全国人大颁布了《中华人民共和国政府采购法》,于 2003 年 1 月 1 日起正式施行,标志我国政府采购正式进入法制化轨道。实行政府集中采购,克服了过去分散采购的许多弊端,如采购资金的分配和使用脱节,无法有效进行监督;采购效益不高,采购的产品和服务往往价高质次;采购过程不透明、不公开,容易滋生腐败等。实行政府集中采购以来,政府的采购规模快速增长。

三、实行国库集中收付制度

国库集中收付制度,也称为国库单一账户制度,包括国库集中支付制度和收入收缴管理制度,是指由财政部门代表政府设置国库单一账户体系,所有的财政性资金均纳入国库单一账户体系进行收缴、支付和管理的制度。为了解决政府部门横向财权过于分散问题,规范政府收支行为,我国自 2001 年开始财政国库管理制度改革,实行国库集中收付制度。这一改革主要包括三个方面:财政收入通过国库单一账户体系,直接缴入国库;财政支出通过国库单一账户体系,以财政直接支付和财政授权支付的方式,将资金支付到商品和劳务供应者或用款单位,即预算单位使用资金但见不到资金;未支用的资金均保留在国库单一账户,由财政部门代表政府进行管理运作,降低政府筹资成本,为实施宏观调控政策提供可选择的手段。这一改革使我国国库资金收付方式向国际惯例前进了一大步,目前这一制度也已经在中央所有部门和多数省市广泛实行。

四、开展收支两条线管理

收支两条线是指政府对行政事业性收费、罚没收入等财政非税收入的一种管理方式,即有关部门取得的非税收入与发生的支出脱钩,收入上缴国库或财政专户,支出由财政根据各单位履行职能的需要按标准核定的资金管理模式。为了加强对预算外资金的管理,在原有改革试点基础上,2001 年对"收支两条线"管理改革进行了进一步深化,核心是收支脱钩、收缴分离,逐步将预算外资金纳入预算管理。从"收"的角度讲,主要是收缴分离,规范预算外收入收缴和减少部门资金占压,防止部门和单位乱收、滥罚及坐收坐支。从"支"的方面讲,主要是收支脱钩,执行单位上缴的收费和罚没收入不再与其支出安排挂钩,有利于执收单位公正执法。2005 年,国务院批准的收费项目的 90% 已纳入预算管理,政府性基金已全部纳入预算管理。

绩效评价,是指运用一定的评价方法、量化指标及评价标准,对中央部门为实现其职能所确定的绩效目标的实现程度,及为实现这一目标所安排预算的执行结果所进行的综合性评价。为了提高预算资金的使用效率,在2003年党的十六届三中全会通过的《关于完善社会主义市场经济体制若干问题的决定》中提出了要"建立预算绩效评价体系"。财政部已经制定了中央部门预算支出绩效考评管理试行办法,在中央部门积极推进试点工作,以逐步建立项目预算安排与项目执行效果评价有机联系的绩效评价体系。一些地方政府也在这方面也进行了许多探索,绩效预算将是下一步我国提高财政资金使用效率,加强预算管理的一个重要方面。

五、进行政府收支分类改革

政府收支分类改革,即在我国以往《政府预算收支科目》的基础上,参照国际通行做法,构建适合社会主义市场经济条件下公共财政管理要求的新的政府收支分类体系。我国以前所实行的政府收支科目分类仍带有计划经济痕迹,与市场经济体系下的政府职能转变不相适应,不能清晰地反映政府职能活动,也不利于预算管理和监督。同时,现行收支科目分类与国民经济核算体系和国际通行做法不相适应,既不利于财政经济分析与决策,也不利于国际比较和交流。为了改变这种状况,财政部于2004年底形成了《政府收支分类改革方案》,在2005年选择了部分地方和部门进行模拟试点,在2007年的预算编制中全面推进政府收支分类改革。新的政府收支分类对政府收入进行统一分类,扩大政府收入范围,将预算外收入和社会保险基金收入纳入政府收入分类范畴。新体系具体包括收入分类、支出功能分类和支出经济分类三部分。收入分类反映政府收入的来源和性质,支出功能分类反映政府各项职能活动,支出经济分类反映各项支出的具体用途。新的政府收支分类体系可较好地克服原政府预算收支分类"体系不合理、内容不完整、分类不科学、反映不明细"等弊端,并对进一步深化其他各项财政改革、提高预算透明度和财政管理水平,起到十分重要的推动作用。其后基于政府收支分类,逐渐编制了国有资本经营预算、政府性基金预算和社会保险基金预算。

六、建立现代预算制度

2013年11月,党的十八届三中全会通过的《中共中央关于全面深化改革若干重大问题的决定》提出要构建现代财政制度,实现全面规范、公开透明的预算制度,清理规范重点支出同财政收支增幅或生产总值挂钩事项,建立跨年度预算平衡机制,建立权责发生制的政府综合财务报告制度建立规范合理的中央和地方政府债务管理及风险预警机制。2014年8月,我国完成了《预算法》修订、预算改革成为现代财政制度的一项重要内容。当前我国公共预算由一般公共预算、政府性基金预算、社会保险基金预算和国有资本经营预算四部分组成。一般公共预算,指对以税收为主体的财政收入,安排用于保障和改善民生、推动经济社会发展、维护国家安全、维持国家机构正常运转等方面的收支预算。政府性基金预算,指对照法律行政法规的规定在一定期限内向特定对象征收、收取或者以其他方式筹集的资金、专项用于特定公共事业发展的收支预算。社会保险基金预算,指对社会保险缴款、一般公共预算安排和其他方式筹集的资金,专项用于社会保险的收支预算。国有资本经营预算,指对国有资本收益作出支出安排的收支预算。四本预算之间既相互独立,又存在一定的关联性。

七、全面实施预算绩效管理

预算绩效管理是现代财政制度的一项重要内容,在前期试点基础上,2018 年 9 月,中共中央、国务院通过了关于全面实施绩效管理的意见,提出要构建全方位预算绩效管理格局,将各级政府收支预算、部门和单位预算、政策和项目全面纳入绩效管理;建立全过程预算绩效管理链条,完善绩效评估机制、强化绩效目标管理和运行监控,开展绩效评价和结果运用;完善全覆盖预算绩效管理体系,加强四本预算绩效管理,力争用3—5 年时间基本建成全方位、全过程、全覆盖的预算绩效管理体系,实现预算和绩效管理一体化。

专栏21-3

21 世纪全球公共预算管理改革

1. 由"控制导向"转向"绩效导向"

始于英国光荣革命以来的近代预算制度,强调通过严格控制政府收支,以实现立法机构对行政部门的有效监督和控制。进入 21 世纪以来,金融危机对政府主动干预经济提出了新挑战,"控制导向"的预算限制了行政部门的灵活性和自主性。因此,现代预算管理进一步呈现由"控制导向"转向"绩效导向"的发展趋势。目前来看,世界各国针对将绩效信息融入预算过程这一点已然达成共识,只是如何更好地将二者有效融合,仍旧有待于进一步的多元探索与实践。

2. 强调财政的可持续性

在应对全球金融危机的过程中,许多国家选择打破数值型财政规则的限制以寻求经济的恢复和发展,例如以色列将 2009 年度和 2010 年度预算赤字占国内生产总值的比例放松至 6% 和 5.5%,智利将盈余占国内生产总值的比例由 1%(2001—2007 年)降至 0.5%(2008 年)。这进一步加剧了各国的财政风险,一些国家甚至出现了主权债务危机。仅有新西兰、澳大利亚等少数进行了针对财政可持续性和稳定性的预算改革的经济体,能够以较好的财政状况应对危机。因此,在后金融危机时代,各国政府的预算改革也更加强调财政的可持续性,以合理利用财政盈余资金,为应对危机的财政政策预留出财政空间。

3. 财政机构的新设

财政委员会是复杂的政治和经济环境的产物,与中央银行不同,财政委员会的目标、职能、形式等在各国间具有较高的异质性。但其在完善财政政策和维持公共财政的可持续性方面确实具有重要作用,被视为 21 世纪公共财政管理领域的重大创新。确保独立性是财政委员会发挥作用的首要因素,建立一个成功的财政委员会的影响因素包括:高层决策的支持、恰当的财政框架、明确的分工授权和法律支持、高素质的工作人员、合理的问责机制等。

复习与练习

● **主要概念**

公共预算　预算过程　单式预算　复式预算　增量预算　经常性预算　建设性预算　计划项目预算　零基预算　绩效预算　总预算　本级预算　部门预算　单位预算　中央预算　地方预算　预算编制　预算审批　预算初审　预算预审　预算执行　预算调整　决算　部门预算　政府采购　国库集中支付　收支两条线管理　预算绩效管理　政府收支分类改革　一般公共预算　国有资本经营预算　政府性基金预算　社会保险基金预算

● **思考题**

1. 公共预算的原则有哪些？公共预算的功能是什么？

2. 根据不同的分类标准,公共预算有哪些种类？

3. 我国和美国的预算过程各有何特点？

4. 为什么美国会发生政府关门事件？

5. 十八大以来,我国在预算管理方面进行了哪些改革？

6. 2014 年我国预算法修订的主要内容应是哪些？

7. 关于审计机关的组织模式有哪些类型？如何进一步发挥我国审计部门在预算监督中的作用？

8. 当前我国全面预算绩效管理进展如何？

9. 我国目前预算透明度如何？应如何提高我国预算透明度？

10. 我国四本预算之间的关系是什么？

6

第六篇

公共经济学

【宏观财政理论与政策】

第 十 二 章

宏观财政理论

经济周期性波动是一种常态,经济调节是政府的一项重要职能。因此,宏观财政理论与政策是经济学的主要内容之一,也是公共经济学的一个重要组成部分。自凯恩斯经济理论产生以来,宏观财政已经形成了较为完善的理论体系,对宏观财政政策的制定具有重要的指导意义。但是,对宏观财政政策效应的认识却仍是存在较大分歧的。本章主要介绍宏观财政政策的作用机制、开放经济下的财政政策效应以及对宏观财政政策效应的争论。

第一节 宏观财政政策的作用机制

对宏观财政政策作用机制和效应的分析,主要是通过产品市场和货币市场的一般均衡模型($IS-LM$ 模型)来进行的。$IS-LM$ 模型被很多经济学者认为是宏观经济学最核心的理论,是对凯恩斯经济理论体系所作的标准阐释。由于凯恩斯经济理论主要侧重于需求分析,因此也被称为需求管理政策。

一、财政政策的乘数效应

在一个封闭经济体中,社会总需求是由消费需求 c、投资需求 i、政府购买性支出 g,即 $y = c + i + g$①。根据凯恩斯消费需求函数,消费支出取决于收入的绝对水平,即:

$$c = a + by$$

c 是消费需求,a 称为自发消费,b 称为边际消费倾向(MPC),y 是人们的可支配收入,by 是引致消费,c 是 y 的增函数,b 大于零小于 1,c/y 称为平均消费倾向(APC)。

如果考虑政府的税收 t(假定是定额税)和政府向家庭的转移支付 tr,征税将减少家庭的可支配收入,转移支付将增加家庭的可支配收入,这些都将影响家庭的可支配收入,进而影响消费需求和社会总需求,消费需求函数变为:

---

① 这里都用小写表示不考虑价格因素的影响,指的是实际消费需求、投资需求、政府支出以及净出口。

$$c = a + b(y - t + tr)$$

为了简单起见,这里先假定投资 i,政府购买性支出 g 是外生变量,则社会总需求可以表示为:

$$y = c + i + g = a + b(y - t + tr) + i + g$$

整理上式可得:

$$y = \frac{a + i + g + b(tr - t)}{1 - b}$$

如果政府实行扩张性的财政政策,扩大政府支出 Δg,产出水平将增加,$\Delta y = \frac{\Delta g}{1 - b}$,由于 $0 < b < 1$,所以 $\frac{1}{1 - b} > 1$。也就是说,产出水平的增加量(Δy)大于政府支出的增加量(Δg),这被称为政府支出的乘数效应,$\frac{1}{1 - b}$ 即是政府支出乘数。

如果政府实行减税政策,税收减少 Δt,IS 曲线将向右方移动,产出水平将增加 $\frac{b\Delta t}{1 - b}$,$-\frac{b}{1 - b}$ 被称为税收乘数。由于 $0 < b < 1$,所以 $0 < \frac{b}{1 - b} < \frac{1}{1 - b}$。也就是说,实行减税政策产出水平的增加量,小于直接增加政府支出对产出水平的扩张效应。原因在于,政府对家庭实行减税政策,家庭因此增加的收入并不是全部都用于消费,而是有一部分要储蓄起来没有转化为消费需求,因此对需求的扩张效应减弱了。

如果政府对家庭实行转移支付政策,其对需求的扩张效应与减税是相似的,转移支付乘数与税收乘数的绝对值是相同的,只不过二者的方向不同,转移支付的乘数效应也小于财政支出的乘数效应。

如果政府采取平衡预算政策,即政府一方面增加支出 Δg,一方面增加税收 Δt,使得 $\Delta g = \Delta t$,保持预算收支平衡,政府支出增加使得产出水平增加 $\frac{\Delta g}{1 - b}$,增税使得产出水平减少 $\frac{b\Delta t}{1 - b}$,二者对产出的综合效应是:$\Delta y = \frac{\Delta g}{1 - b} - \frac{b\Delta t}{1 - b} = \Delta g$。也就是说,政府的平衡预算政策对总需求仍然具有扩张效应,只不过这时的扩张效应较小,平衡预算乘数为 1。

二、$IS - LM$ 模型

在前面的分析中假定投资 i 是外生变量,也就是说只考虑了产品市场,而没有考虑货币市场,这是国民收入的简单决定理论分析方法。实际上产品市场和货币市场并不是相互独立的,而是相互影响的。货币供给和需求量的变化会影响利率,而利率是投资的重要决定因素。凯恩斯经济理论用 $IS - LM$ 模型分析产品市场和货币市场的一般均衡。

1. 产品市场的均衡:IS 曲线

这里假定投资是内生变量,投资需求主要取决于利率水平(r)的高低,利率越高,投资需求越低;利率水平越低,投资需求越高,所以投资是利率的减函数,可以表示为:

公共经济学

$$i = e - dr$$

i 是投资需求,e 称为自主投资,d 是投资需求对于利率变动的反应程度。d 越大,表示投资对于利率的变化越敏感。将 i 带入社会总需求函数,社会总需求曲线可表示为:

$$y = a + b(y - t + tr) + e - dr + g$$

整理上式可得:

$$r = \frac{a + e + g + b(tr - t)}{d} - \frac{1 - b}{d}y$$

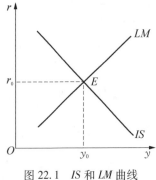

图 22.1 IS 和 LM 曲线

上式就是 IS 曲线的代数表达式,表示当投资与储蓄(或者收入与支出)相等时,利率与收入的关系,如图 22.1 中的 IS 曲线所示,政府支出的变化将使得 IS 曲线左右移动。

2. 货币市场的均衡:LM 曲线

凯恩斯认为,利率不是由储蓄与投资决定的,而是由货币的供给量和对货币的需求量决定的。货币的实际供给量一般由国家加以控制,因此对货币市场均衡的分析主要侧重于货币需求。对货币的需求,又称"流动性偏好",指由于货币具有使用上的灵活性,人们宁肯以牺牲利息收入而储存不生息的货币来保持财富的心理倾向。货币需求主要出于交易动机、预防性动机和投机动机。交易动机指个人和企业持有货币是为了正常的交易活动;预防性动机指个人和企业持有货币是为了预防意外性支出;投机动机指个人和企业持有货币是为了抓住有利的购买有价证券的投资机会。交易动机和预防性动机的货币需求与收入正相关,而投机动机与利率是负相关的。因此,货币需求函数可以表示为:

$$L = L_1(y) + L_2(r) = ky - hr$$

其中 k 是交易动机和预防性动机货币需求与收入的关系,h 是货币投机需求的利率系数。

假定实际货币供给量是 m,则货币市场的均衡可以表示为:

$$m = ky - hr$$

整理上式可得:

$$r = \frac{ky}{h} - \frac{m}{h}$$

上式就是 LM 曲线的代数表达式,表示当货币需求与货币供给相等时,利率与收入的关系。如图 22.1 中的 LM 曲线所示,货币供给量的变化将使得 LM 曲线左右移动。

可以用 IS - LM 曲线来分析产品市场和货币市场一般均衡时的利率与收入状况,如图 22.1 中的 E 点。此时,均衡的收入和利率分别是 y_0 和 r_0,财政政策通过影响产品市场的均衡,将影响国民经济的均衡产出水平。

三、挤出效应与财政货币政策的协调搭配

我们前面在分析财政政策的乘数效应时,假定利率不变,从而投资是外生变量。如果将投资作为内生变量来考虑,财政政策的效应将受到货币政策的影响。

在实行扩张性的财政政策时,如果没有货币政策的配合,即如果货币政策不变,这时财政政策的扩张效应将减弱。如图 22.2 所示,假定实行扩张性的财政政策使得 IS 曲线将从 IS_0 向右方移动 IS_1,在 LM 曲线不变的情况下,利率将从 r_0 上升到 r_1,产出水平 y 从 y_0 增加到 y_2,y_2 小于 y_1,扩张性财政政策使得利率提高了。这将抑制投资的增加,从而减少了投资需求,这被称为财政政策的挤出效应。

为了减少财政政策挤出效应对需求的抑制效应,在实行扩张性的财政政策时,可以同时配合使用扩张性的货币政策。如图 22.2 所示,扩张性的货币政策使得 LM 曲线从 LM_0 向右方移动 LM_1,均衡利率仍保持在 r_1,这时均衡产出水平为 y_1,y_1 大于 y_2,财政政策对需求的扩张效应将更为明显。

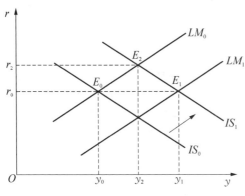

图 22.2　财政政策的挤出效应

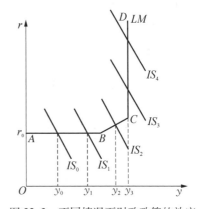

图 22.3　不同情况下财政政策的效应

通常情况下,LM 曲线应该是向右上方倾斜的,如图 22.3 中的 BC 所示。但是有两种极端情况:一种极端情况是当利率水平已经降低到某一较低水平时,货币需求的利率弹性无限大,这时人们宁愿持有货币也不愿购买债券,因为人们认为债券的价格只会下跌不会再上涨。在这一情况下,人们不管有多少货币都将持有在手中,这种情况被称为凯恩斯陷阱或流动性偏好陷阱。此时 LM 曲线将是一条水平的直线,如图 22.3 中的 AB 所示。这时财政政策完全有效而货币政策无效,财政政策不会产生"挤出效应",在产出水平增加的同时,利率水平可以保持不变。

另一种极端情况是与凯恩斯陷阱相反的古典主义极端情况,这时货币需求的利率系数接近于零,人们认为利率已经高到了极限,人们持有货币的成本极大,债券价格只会上涨不会下跌,因此人们不再愿意为投机而持有货币。这时 LM 曲线是一条垂直的直线,如图 22.3 中的 CD 所示。这时财政政策无效,而货币政策有效,财政政策将产生完全的挤出效应,只会使得利率上升,对产出水平没有影响。

因此,需要根据不同情况将财政政策和货币政策搭配使用。当经济萧条但又不太严重时,可采用扩张性的财政政策刺激总需求,又用紧缩性的货币政策控制通货膨胀;当经济发生严重的通货膨胀时,可采用紧缩性的财政政策,同时配合使用紧缩性的货币政策;当经济出现通货膨胀但又不太严重时,用紧缩性的财政政策压缩总需求,同时配合使用扩张性的货币政策降低利率,以避免财政过度紧缩而引起衰退;当经济出现严重衰退时,用扩张性的财政政策增加总需求,用扩张性的货币政策降低利率以克服"挤出效应"。

第二节　开放经济下的财政政策效应

上面对宏观财政政策效应的分析是在封闭的经济情况下进行的,没有考虑国际贸易和资本的流动,这是为了便于理论分析假定的一种理想的情况,但是现实中这种情况很少存在。当前世界经济正朝着一体化和自由化的方向发展,在开放经济下,财政政策的效应要受到本国的汇率政策、对外贸易政策、资本流动政策的影响,其效应与封闭经济下有所不同。

一、开放经济

在开放经济下,本国货币与外国货币交换比率的确定有两种方式:一是固定汇率,就是由中央银行或国家货币当局确定本国货币与一种外国货币的相对价格,中央银行或货币当局有义务以固定汇率买进或卖出外国货币;一是浮动汇率或弹性汇率,就是本国货币与外国货币的兑换比率由市场供求关系来确定,中央银行或货币当局不承诺以任何一个固定汇率来兑换外国货币。在固定汇率和浮动汇率下,财政政策对货币供给量的变化、对总需求的影响是不一样的。

在开放经济条件下,如果资本可以自由流动,我们称之为资本是可以自由兑换的。如果资本流动受到限制,在固定汇率制度下,中央银行或货币当局只对经常项目按固定汇率准备随时买进和卖出外汇,但对资本项目存在限制,我们称之为资本是不可以自由兑换的。

在开放经济下,如果资本可以自由流动,资本在国际间的套利行为会使得本国利率(r_0)与世界平均利率(r^*)水平相等,即 $r = r^*$。记住这一点很重要,因为当我们变动财政政策或货币政策时,如果使得本国利率水平与世界利率水平不一致,通过国际套利行为会使得国内利率水平与世界利率水平相等。这种套利行为会影响货币供给量,进而影响利率水平和总需求。如果我们将 $r = r^*$ 称为资本流动曲线,开放经济中的 IS、LM、CM 和总需求的均衡如图 22.4 所示。

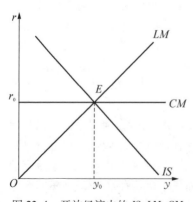

图 22.4　开放经济中的 IS、LM、CM

二、固定汇率下的财政政策效应

在开放经济下,对本国产品的总需求不仅取决于本国居民的消费支出 c、投资支出 i 和政府支出 g,而且取决于外国对本国产品的净需求$(x-im)$,即本国的贸易余额。贸易余额为正值,出口大于进口,对本国产品的总需求增加。贸易余额为负值,进口大于出口,对本国产品的总需求减少。我们将 $c+i+g$ 称为国内吸收,$x-im$ 称为国外吸收。在开放经济下,总需求是国内吸收和贸易余额的和,而贸易余额取决于外国产品对本国产品的相对价格、国内吸收和国外吸收。

如果汇率是固定汇率且资本可以自由流动(如许多新兴工业化国家),政府执行扩张性的财政政策,扩大政府支出或者减税,将使 IS 曲线向右上方移动,如图 22.5 所示,假定从 IS_0 到 IS_1。

如果货币政策不变,根据我们前面的分析,在封闭经济下财政扩张导致新的均衡点将是 IS_1 曲线与 LM_0 曲线的交点 E_2。这时利率上升,财政扩张会产生挤出效应。但是在固定汇率和资本可以自由流动的开放经济中,扩张性的财政政策使得利率上升,本国利率高于国外利率。国际套利行为将使得家庭把外国资产转换为本国货币,中央银行必须按固定汇率水平买入居民出售的外汇,同时抛售本国货币。这将使得货币供给量增加,LM 曲线向右移动,利

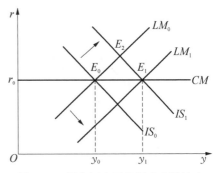

图 22.5　固定汇率下的财政政策效应

率下降,新的均衡点将落在 CM 曲线和 IS_1 曲线相交$(r=r^*)$ 的 E_1 点上。从图 22.5 中可以看出,在开放经济中由于国际套利行为,扩张性的财政政策不会使得利率上升,从而不会产生挤出效应,财政政策能够非常有效地提高总需求。

在固定汇率下,如果采用扩张性的货币政策(如在公开市场上买入债券)来扩大总需求,扩张性的货币政策使得货币供给增加。在货币需求不变的情况下,本国利率水平 r 将低于世界利率 r^*,国内居民会试图出售本国债券以购买外国债券,国内利率通过国际资本市场的套利行为将会很快地回升到 r^*。此时,中央银行不得不抛售储备,同时收回本国货币,货币供给量将减少,扩张性的货币政策使得中央银行的储备下降,而货币供给量最终没有发生变化,经济均衡点也没有发生变化。所以,在固定汇率和资本可以自由流动的情况下,LM 曲线的位置是内生的。

因此,在固定汇率和资本可以自由流动的情况下,财政政策对需求的扩张效应明显,而货币政策对总需求的扩张效应较弱。财政政策有效,货币政策无效,这与封闭经济情况下是不一样的。

如果资本项目不可以自由兑换,如一些发展中国家那样,这时国际资本无法利用资本的迅速流动而套利,本国利率 r 将不一定等于世界利率 r^*,家庭也不能迅速地将外国资产转换为本国货币,中央银行将不会为此买卖外汇储备。扩张性的财政政策使得国内需求增加,可用于出口的商品减少,同时进口增加,贸易余额将出现赤字。贸易

逆差使得中央银行不得不用卖出储备,买入本国货币,货币供给下降,从而使得利率水平上升,私人投资和消费下降,总需求也将恢复到原有的水平。因此,在固定汇率和资本流动受到限制的情况下,财政政策只在短期内有效,当货币供给对财政政策的冲击作出调整时,长期内总需求将恢复到它的初始位置,在短期内政府支出的增加只是部分挤出私人支出,长期内由于利率的急剧升高,这种挤出将是全部的,政府支出增加的代价是私人投资和消费的减少。

三、浮动汇率下的财政政策效应

如果是浮动汇率且资本可以自由流动,如大部分发达国家那样,若政府采用扩张性的财政政策,如增加支出或减税,IS 曲线将向右移动。IS_1 曲线与 LM_0 曲线的交于 E_2 点,如图 22.6 所示。

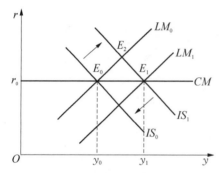

图 22.6　浮动汇率下的财政政策效应

当国内利率高于世界利率时,外国资本流入,对本国的货币需求增加。此时,由于汇率由货币供求关系决定,所以本币升值,汇率升值,汇率升值使得出口减少,进口增加,贸易余额恶化,IS 曲线开始向左移动。只要利率水平高于国际水平,资本将持续流入,促使汇率升值,IS 曲线将继续向左移动,直到又回到最初的均衡点,总需求不发生变化。所以在浮动汇率下,财政扩张造成本国货币升值,恰好抵消政府支出增加造成的扩张性效应。因此,总需求保持在原来位置,财政政策被净出口完全挤出。

浮动汇率下,如果采用扩张性的货币政策,货币供给增加,LM 曲线向右移动,利率下降,由于本国利率低于世界利率水平,资本外流,本国货币贬值,使得出口增加,进口减少,贸易余额改善,IS 曲线将向右移动。只要利率水平低于世界水平,对汇率的压力就会一直存在,IS 曲线就会进一步向右移动,直到新的均衡落于 CM 曲线与新的 LM_1 曲线的交点 E_1 上,总需求将增加。因此,在浮动汇率、资本可以自由流动的情况下,IS 曲线是内生的,财政政策对扩张总需求是无效的,而货币政策是有效的。

此外,在开放经济下,大国(如美国)与小国(除美国外的世界上绝大多数国家)的政策效果也是有区别的。大国变动利率对世界平均利率水平有影响,小国的利率水平主要受世界平均利率水平决定,它变动利率对世界平均利率水平没有影响,所以大国与小国的财政货币政策效应又有所不同。对于大国而言,扩张性的财政政策和货币政策都可以产生扩张效应,但是这两种政策对别国的影响是不同的。扩张性的财政政策使得外国货币贬值,从而使国外的贸易竞争性改善,扩张性的货币政策使得国外货币升值,使得其他国家的贸易竞争性恶化。

因此,在开放经济下,财政政策的效应将更加复杂,汇率制度、资本是否可以自由流动、一国在世界经济中的影响力等,都可能影响财政政策的效应。具体到每个国家,对经济形势的预期、社会政治的稳定性等都可能对财政政策的效应产生影响,实际情况要复杂得多。

美国联邦财政收入、支出及余额占 GDP 的比重

财政政策是美国调控经济的一个重要手段。由美国次贷危机引发的全球经济危机发生后,美国政府通过扩张性的财政政策刺激经济复苏,联邦财政赤字创历史最高水平。由于美国是世界经济第一大国,在全球经济中占有举足轻重的地位,美国联邦财政赤字及其导致的居高不下的联邦债务会对美元的走势产生重要影响。中国是持有美国国债最多的国家,根据美国财政部的数据,截至 2020 年 4 月,中国持有美国国债达到 1.1 万亿美元,美国巨额财政赤字将对中国外汇储备的安全性带来挑战。

按现行法律,美国联邦预算分为预算内和预算外两部分。预算外的政府行为主体包括两个社会保障信托基金(即联邦老年和遗嘱保险、联邦伤残保险)以及政府的邮政储蓄系统。预算外盈余通过投资于联邦债券自动冲减预算内赤字。虽然预算外收支及盈余或赤字通常并不纳入国会议案的目标,但必须将预算外盈余或赤字纳入政府预算总盈余或赤字中。

表 22.1 是 1930—2019 年美国联邦政府财政收支及余额情况。1930—2019 年的 90 年间,美国联邦政府仅有 13 年实现了财政收支盈余,其中最近一次实现财政盈余是 2001 年。如果只考虑预算内收支的话,预算赤字规模更大。

表 22.1　1930—2019 年美国联邦政府财政收支及余额情况

年份	GDP(十亿美元)	合 计			预算内(on-budget)			预算外(off-budget)		
		收入	支出	余额	收入	支出	余额	收入	支出	余额
1930	98.4	4.1	3.4	0.8	4.1	3.4	0.8	—	—	—
1935	70.5	5.1	9.1	−4.0	5.1	9.1	−4.0	—	—	—
1940	98.2	6.7	9.6	−3.0	6.1	9.7	−3.5	0.6	*	0.6
1945	226.4	19.9	41.0	−21.0	19.4	40.9	−21.5	0.6	0.1	0.5
1950	278.7	14.2	15.3	−1.1	13.4	15.1	−1.7	0.8	0.2	0.6
1955	406.3	16.1	16.8	−0.7	14.9	15.9	−1.0	1.3	1.0	0.3
1960	534.3	17.3	17.3	0.1	15.3	15.2	0.1	2.0	2.0	*
1965	709.3	16.5	16.7	−0.2	14.1	14.3	−0.2	2.4	2.3	*
1970	1 046.7	18.4	18.7	−0.3	15.2	16.1	−0.8	3.2	2.6	0.6
1975	1 606.9	17.4	20.7	−3.3	13.5	16.9	−3.4	3.9	3.8	0.1
1980	2 791.9	18.5	21.2	−2.6	14.5	17.1	−2.6	4.1	4.1	*
1985	4 265.1	17.2	22.2	−5.0	12.8	18.0	−5.2	4.4	4.1	0.2

（续表）

年份	GDP（十亿美元）	合　计			预算内（on-budget）			预算外（off-budget）		
		收入	支出	余额	收入	支出	余额	收入	支出	余额
1990	5 898.8	17.5	21.2	-3.7	12.7	17.4	-4.7	4.8	3.8	1.0
1995	7 560.4	17.9	20.0	-2.2	13.2	16.2	-3.0	4.6	3.8	0.8
2000	10 117.4	20.0	17.7	2.3	15.3	14.4	0.9	4.8	3.3	1.5
2005	12 834.2	16.8	19.3	-2.5	12.3	16.1	-3.8	4.5	3.1	1.4
2010	14 838.8	14.6	23.3	-8.7	10.3	19.6	-9.2	4.3	3.7	0.5
2011	15 403.7	15.0	23.4	-8.4	11.3	20.2	-8.9	3.7	3.2	0.4
2012	16 056.4	15.3	22.0	-6.7	11.7	18.8	-7.1	3.5	3.2	0.4
2013	16 603.2	16.7	20.8	-4.1	12.7	17.0	-4.3	4.1	3.8	0.2
2014	17 335.6	17.4	20.2	-2.8	13.2	16.2	-3.0	4.2	4.1	0.2
2015	18 099.6	18.0	20.4	-2.4	13.7	16.3	-2.6	4.3	4.1	0.2
2016	18 554.8	17.6	20.8	-3.2	13.2	16.6	-3.3	4.4	4.2	0.2
2017	19 287.6	17.2	20.6	-3.5	12.8	16.5	-3.7	4.4	4.2	0.3
2018	20 335.5	16.4	20.2	-3.8	12.2	16.0	-3.9	4.2	4.2	*
2019	21 215.7	16.3	21.0	-4.6	12.0	16.7	-4.7	4.3	4.3	*

注：* 表示该数值小于 0.05%。资料来源于美国联邦政府网站联邦预算历史数据，https://www. whitehouse. gov/omb/historical-tables/。

第三节　对宏观财政政策效应的争论

不同的经济学派对宏观财政政策的效应有不同的看法，各种理论的产生都有其特定历史背景，并且都对宏观财政政策的制定产生了一定的影响，对宏观财政政策的认识也经历了一个复杂的反复过程。

一、总需求-总供给（AD - AS）模型

除了 $IS - LM$ 模型外，还可以用总需求-总供给（aggregate demand-aggregate supply，AD - AS）模型来分析财政政策的效应。当总需求与总供给达到均衡时，将决定均衡的国民产出水平。

总需求函数表示产量与价格水平之间的关系，即在某个特定的价格水平下，经济社会需要多高水平的产量。我们前面用 $IS - LM$ 模型分析财政政策、货币政策效应时，假定价格不变，把价格作为外生变量看，实际上价格与产出水平也是存在内在联系的。

假定货币供给量是 M_0，当价格水平 P 上升时，人们需要更多的货币从事交易，对货币的需求量增加，在货币的供给量不变的情况下，利率将上升，使投资水平下降，从而导致产出水平下降，这种效应被称为利率效应。价格水平上升还使得人们所持有的货币及其他以货币衡量的具有固定价值的资产的实际价值降低，人们会相对变得贫穷，于是人们的消费需求相应的减少，这种效应被称为实际余额效应。价格水平上升还会使得人们的名义收入增加，在累进所得税制下，从而使得人们进入更高的纳税档次，税收负担增加，可支配收入下降，进而使人们的消费水平下降，这种效应被称为税收效应。

因此，当价格上升时，利率效应、实际余额效应、税收效应都将使得总需求下降，也就是说价格与总需求是负相关的，如果用 P 和 y 来表示的话，总需求曲线将是向右下方倾斜的，如图 22.7 中的 AD_0、AD_1、AD_2。

关于总需求曲线向右下方倾斜，西方经济学者的认识基本是一致的。但是，对于总供给曲线的形状却存在较大的分歧。对于总供给曲线的认识不同，也使得对财政政策的效应存在分歧。总供给函数指总产量与一般价格水平的关系，根据货币工资(W)和价格水平(P)进行调整所要求的时间长短，总供给曲线可以分为古典总供给曲线(如图 22.7 中的 CD)、凯恩斯总供给曲线(如图 22.7 中的 AB)、常规总供给曲线(如图 22.7 中的 BC)三种，总供给曲线不同，财政政策的效应也不同。

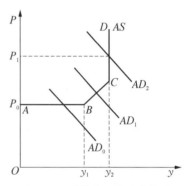

图 22.7　总供给和总需求曲线

二、新古典学派的财政政策效应

在凯恩斯主义宏观经济学产生之前，并没有系统的宏观财政理论，主流经济学派都是反对政府对经济过多干预的。19 世纪末期到 20 世纪 30 年代经济大危机以前，以英国剑桥大学经济学教授马歇尔和庇古为代表的新古典经济学派在西方经济学长期占据主导地位。新古典经济学认为供给可以自动创造需求，资本主义经济有自然趋于充分就业均衡的倾向，因此经济活动不需要政府干预。

新古典经济学派认为，产品价格和货币工资率可以适应市场供求状况上下调整。如果经济中存在失业，货币工资将下降从而引起实际工资下降，实际工资下降将促使就业和产量扩大。货币工资将一直下降到在某一实际工资率下相应的工人愿意提供的劳动恰好等于厂商愿意雇佣的工人，即充分就业为止。也就是说，名义工资具有完全弹性，名义工资对价格的变化可以作出迅速反应，使劳动供给和劳动需求保持均衡。在实际工资水平下，劳动力市场总是可以出清的，工人愿意供应多少劳动，企业就愿意雇佣多少劳动，劳动力总是可以充分就业的。因此，新古典学派的总供给曲线是一条垂直的直线，如图 22.8 中的 AS。

当政府实行扩张性的财政政策，扩大政府支出时，总需求曲线将向上移动。假定

公共经济学

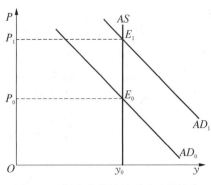

图 22.8　新古典学派的财政政策效应

总需求初始为 AD_0，均衡产出水平为 y_0，价格为 P_0，如图 22.8。如果政府通过发行国债，增加政府支出，或者通过减税刺激私人消费和投资支出，这时总需求曲线将向上移动到 AD_1。由于总供给曲线是一条向上垂直的直线，这时总需求的增加将不会增加产出水平，只是使得价格水平由 P_0 上升到 P_1。所以新古典学派不主张政府采用宏观财政政策来干预经济，认为政府采用宏观财政政策(如发行国债)扩大社会需求，不会增加产出，只会使价格增加。

三、凯恩斯学派的财政政策效应

1929 年资本主义世界爆发了一场规模空前的经济大危机，一方面是经济衰退、生产过剩，另一方面是严重失业、通货紧缩，这些是传统西方经济理论无法解释的。为了应对危机，美国在罗斯福总统的领导下积极推行新政，加强政府对经济的干预。同时英国经济学家凯恩斯从理论上为政府干预经济提供了依据，极大地完善了西方经济理论。

凯恩斯反对古典经济学派充分就业假定，认为由于存在工资合同，名义工资并不具有完全弹性，而是刚性的，短时期内工资不随价格的变化而变化。所以当价格上涨时，由于名义工资不变，实际工资将下降，实际工资下降使得对劳动的需求增加，从而产出增加，总供给曲线是向上倾斜的，如图 22.9 中的 AS。这时如果扩大政府支出，使得社会的总需求由 AD_0 上升到 AD_1，社会的均衡产出水平将从 y_0 上升到 y_1，价格水平也将从 P_0 上升到 P_1，可见如果政府实行积极的宏观财政政策，虽然会导致物价上涨，但将会提高社会产出水平，促进经济的增长。

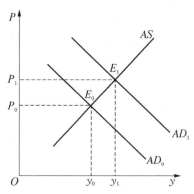

图 22.9　凯恩斯学派的财政政策效应

凯恩斯学派主张政府利用宏观财政政策对经济进行干预，认为政府支出具有乘数效应。当社会需求不足，产出水平低于潜在的充分就业产出水平时，政府应该扩大支出，实行赤字财政政策。当经济处于过度膨胀时期，政府应该削减支出，减少社会的总需求水平，从而抑制通货膨胀，也就是应实行相机抉择的财政政策。所以凯恩斯学派主张政府应该干预经济，认为只要能够合理利用财政货币政策，就可以实现资本主义持久的繁荣。

20 世纪 70 年代，资本主义经济出现"滞胀"，凯恩斯主义受到沉重打击。萨缪尔森不得不收起他的"新古典综合派"的旗帜，而改称"后凯恩斯主流经济学"，仍然强调自己的主流地位，并吸收了其他学派的先进之处，以此来充实凯恩斯主义经济理论。近来一个时期，以斯蒂格里茨和曼昆等为代表的新凯恩斯主义经济学者从菜单成本、效率工资角度指出,价格是黏性的,工资不是不能够调整,但调整需要时间。所以即使有理性预期的存在,国家的经济政策在短期内也是有积极作用的,能够影响产量和就业。

四、理性预期学派的财政政策效应

20世纪70年代资本主义出现"滞胀"现象后,为了解释这种现象,一些经济学派纷纷从不同角度提出自己的解释。理性预期学派提出了理性预期理论。所谓理性预期,即假定单个经济单位在形成预期时使用了一切有关的、可以获得的信息,并且对这些信息进行理智的整理。理性预期有下面两个特点:一是对于经济未来变化的预期,人们总是尽可能最有效地利用现在的所有可以被利用的信息,而不是仅仅依靠过去的经验和经济的变化。二是不排除现实经济生活中存在一些不确定性因素,并且这些不确定因素的随机变化会干扰人们预期的形成,使人们的预期偏离其预测变量的实际值。

理性预期学派反对凯恩斯学派所推崇的菲利普斯曲线,认为在理性预期下,失业和通货膨胀不存在交替关系,理性预期学派的菲利普斯曲线是一条垂直的直线。因此,理性预期学派反对政府利用宏观财政政策对经济进行干预,认为这种干预只会抬高价格,而不会增加产出。假定初始总需求曲线 AD_0 和总供给曲线 AS_0 相交于 E_0,这时均衡产出水平为 y_0,价格水平为 P_0,如图22.10所示。如果政府认为这时的产出水平低于潜在的充分就业的产出水平,采取扩张性的财政政策,刺激需求,使得总需求由 AD_0 上升到 AD_1。按照凯恩斯学派的观点,新的均衡点为 E_1,产出和物价都将上升,产出水平从 y_0 上升到 y_1,价格从 P_0 上升到 P_1。但是理性预期学派认为,经济主体在从事经济活动中会充分

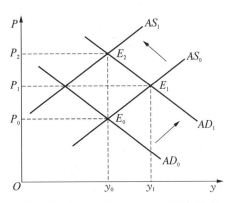

图22.10　理性预期学派的财政政策效应

利用目前可以得到的一切有关信息,能够较为准确的预期到政府执行这种财政货币政策对价格产生的影响,工资和利率将作出及时调整,结果总需求曲线和总供给曲线同时分别从 AD_0 和 AS_0 上升到 AD_1 和 AS_1,其交点为 E_2,产出水平不变,价格水平上升,即失业率没有减少而通货膨胀增加了。

换句话说,在理性预期情况下,只有政府政策无规则变动,才能导致产出暂时增加,但这种政策也只是短期有效、长期无效的。如果政府政策是有规则变动的,这种政策在短期内也是无效的。所以理性预期学派反对政府利用宏观财政政策对经济进行干预,认为政府稳定经济的政策是无效的,宏观经济是自动可以趋于稳定的。

五、供给学派的财政政策效应

供给学派反对凯恩斯主义的需求管理政策,认为经济出现滞胀的原因不在于需求而在于供给。供给学派认为市场经济是可以自动达到均衡的,如果达不到均衡,原因也在于国家执行的财政或货币政策。该学派认为凯恩斯政策扩大了国家的政府开支,

为了弥补开支,政府就要增税。增税使得劳动者和资本家不能够获得应有的工资和利润,这在两方面对总供给产生了破坏作用:一方面损伤了劳动者的积极性,劳动时间和劳动量减少了;另一方面损伤了资本家投资的积极性,企业雇佣的工人数量下降了。二者减少了社会商品的总供给和就业人数,经济出现滞涨,所以供给学派主张减税。与凯恩斯主义通过减税刺激需求不同,供给学派的减税意在增加供给。

供给学派用拉弗曲线来说明政府应该减税的原因。拉弗曲线是描述税率与税收收入关系的一条曲线,如图 22.11 所示。当税率为零时,政府的收入也为零,当税率上升到 100% 时,人们的全部收入都要作为税收收入上缴给政府,这时将没有人愿意工作或投资,政府的收入也将为零。当税率从 0 升到 100% 时,政府的税收收入呈现先升后降的趋势。当税率从 B 点升到 D 点再升到 E 点时,税收逐渐增加;当税率从 E 点升到 C 点再升到 A 点时,政府的税收收入逐渐减少。每一个税收收入都有两个税率与其对应,如 A 点和 B 点的税收收入一样,但是税率不同,A 点的税率远高于 B 点的税率,在 A 点,由于税率高,工人工作的积极性和人们投资的积极性都将受到影响,与 B 点相比,A 点的产出水平远低于 B 点,同样 C 点的产出水平也低于 D 点的产出水平,所以图中的阴影部分是税收禁区。因此,如果税率高于税率 t_0,这时政府应该减税,减税对政府收入所产生的收入效应要大于替代效应,政府收入增加的同时,社会产出水平也增加;如果税率低于最优税率 t_0,这时政府增税所产生的收入效应也将大于替代效应,对于政府来说,E 点所对应的税率 t_0 是最优税率,这时政府的税收水平将达到最大。

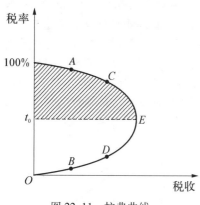

图 22.11　拉弗曲线

供给学派认为,凯恩斯主义政策的执行使得美国的税率处于税收禁区之内,因此美国的首要经济政策应该是减税,降低边际税率,从而提高人们投资、工作和储蓄的积极性,在提高政府收入的同时增加社会产出水平。供给学派的政策主张被里根政府所执行,因此 20 世纪 80 年代供给学派在西方名气大振,但是由于美国减税后,财政赤字不但没有减少,反而增加了,供给学派受到了冲击。

专栏22-2

美国"无上限"量化宽松政策引发国际隐忧

2020 年 3 月下旬,美联储宣布实施"无上限(不设额度上限)"量化宽松政策,以应对新冠疫情对美国经济的冲击,其资产负债在两个月内扩张达 20 000 多亿美元,总规模逼近 70 000 亿大关。此番力度空前的宽松货币"实验"不仅增加了债务货币化,更使得通货膨胀和金融风险加剧。

债务货币化威胁金融稳定

新冠疫情暴发后,美国国会出台多项援助法案,使得其财政收支差距大幅度拉大,4月份财政预算赤字升至前所未有的 7 380 亿美元。经济学家预计,2020 年美国财政赤字将达到近 4 万亿,其中 3.2 万亿左右将由美联储购买美国国债来填补。据美国财政部数据:截至 4 月底,市场上流通的美国国债已达 18.5 万亿左右;美联储持近 4 万亿,占比 21%。许多投资者表示,美联储的"无上限"量化宽松政策会削弱政府进行财政整顿和结构性改革的意愿,财政可持续问题的解决路径将被人为设障,影响宏观经济的长远发展和金融稳定。

通胀风险仍待观察

美联储上一轮量化宽松政策抬高了资产价格,但物价仍处于较低水平,因而此轮量化宽松政策应该不会带来通胀风险,反而可能促使美国未来几个月的物价水平持续走低。美国劳工部近期数据显示,4 月份美国 CPI(消费者价格指数)环比下降 0.8%,是 2008 年 12 月以来最大环比降幅。一般认为,量化宽松催生通胀须经几步:① 流动性投入信贷体系;② 用于扩大消费;③ 消费导致薪资增速过快;④ 提升整体通胀水平。并不是单单增加流动性就能产生通胀。

金融风险错综复杂

2008 年金融危机后,美联储共实施了 3 轮量化宽松政策,从效果来看对金融市场的影响极为复杂。量化宽松期间,一方面,美股普遍大幅上涨但量化宽松结束后出现部分回调,美国国债收益率保持在较低水平,结束后又适度上涨;另一方面,既出现过美元大幅贬值和大宗商品价格大幅上涨,也出现过美元整体走强、国际原油和工业金属价格阶段性大幅下跌。尽管量化宽松政策能为经济复苏提供支撑,但同时也助长了金融机构和企业的冒险行为,使一些部门和经济体的脆弱性进一步显现。国际货币基金组织 2019 年 10 月发布的《全球金融稳定报告》指出,这些脆弱性包括企业债务负担加剧和偿债能力减弱,机构投资者增持风险更高但流动性更差的资产,新兴经济体对外部借款的依赖性增强。

从经验来看,量化宽松执行时间越长,实体经济和金融市场越容易患上量化宽松"依赖症",退出量化宽松的难度就越大。美联储从 2015 年底开始加息以推动货币政策正常化,2017 年 10 月正式启动缩减资产负债表计划,2019 年 8 月结束"缩表"时,资产负债表规模仍远高于金融危机前的水平。可以预计,美联储在此次量化宽松完成后的退出操作将更加困难。

总体来看,对宏观财政政策效应的认识也是在不断发展变化的。自由主义不主张政府利用包括财政政策在内的宏观政策工具干预经济,认为宏观经济是可以自动趋于稳定的。凯恩斯主义认为宏观经济无法实现自动稳定,需要政府利用包括财政政策在内的宏观政策工具进行调节。对宏观财政政策效应的认识与特定时期的经济背景是密切相关的。尽管对宏观财政政策效应存在很大争议,但是对多数国家来说,宏观财政政策都是一个重要调控工具。

························· **复习与练习** ·························

● **主要概念**

消费需求　投资需求　乘数效应　政府支出乘数　税收乘数　转移支付乘数　平衡预算

乘数　产品市场的均衡　货币市场的均衡　*IS* 曲线　边际消费倾向　平均消费倾向　自发性消费　引致消费　自发性投资　*LM* 曲线　交易动机　预防性动机　投机动机　挤出效应　凯恩斯陷阱　总需求　总供给　总需求曲线　总供给曲线　古典总供给曲线　凯恩斯总供给曲线　利率效应　实际余额效应　税收效应　理性预期　拉弗曲线　封闭经济　开放经济　固定汇率　浮动汇率　大国经济　小国经济　自由兑换　资本控制　国内吸收　贸易余额　资本流动曲线

● **思考题**

1. 什么是乘数效应？政府购买性支出、减税、转移支付的乘数效应大小分别如何？平衡预算对产出水平有影响吗？

2. 什么是 *IS* 曲线？*IS* 曲线的形状如何？财政政策对 *IS* 曲线有何影响？

3. 什么是 *LM* 曲线？*LM* 曲线的形状如何？货币政策对 *LM* 曲线有何影响？

4. 什么情况下应该使用财政政策？什么情况下应该使用货币政策？

5. 对于总需求和总供给曲线的认识有哪些共识和分歧？

6. 古典经济学派、凯恩斯经济学派、理性预期学派的财政政策效应有哪些不同？其财政政策主张分别是什么？

7. 如何用拉弗曲线分析供给学派的减税效应？供给的减税政策与凯恩斯主义的减税政策有何异同？

8. 开放经济下，如果一国实行固定汇率政策，对其财政政策和货币政策的效应有何影响？

9. 开放经济下，如果一国实行浮动汇率政策，对其财政政策和货币政策的效应有何影响？

10. 开放经济下，当实行固定汇率政策但存在资本控制时，对其财政政策的效应有何影响？

11. 开放经济下，大国与小国经济政策效应存在哪些差异？

第 二十二 章

宏观财政政策

宏观财政不但有完善的理论体系,还有丰富的政策实践。虽然理论界对宏观财政政策的效应存在较大的争议,但是多数国家都在积极利用宏观财政政策对经济进行调控。特别是在经济危机时,凯恩斯主义扩张性的财政政策是很多国家的政府所偏爱的政策选择。从实践来看,宏观财政政策对稳定经济、促进经济发展的作用是十分显著的。本章主要介绍对宏观财政政策的类型、我国宏观财政政策的运用、政府经济干预方式的转变等。

第一节 财政政策分类

财政政策是国家干预经济的主要政策之一。根据不同分类方法,可以将财政政策划分为不同类型。不同类型的财政政策其实施环境和作用效果是不同的,政府可以根据实际情况加以选择。

一、按照财政政策工具的构成分类

根据我们前面在第六章对公共支出的分类,按照支出的经济性质和具体用途,可以将财政支出划分为购买性支出和转移性支出。购买性支出指政府按照等价交换原则,购买商品、劳务和公共工程等方面的支出,直接表现为政府购买商品和服务的开支。按照支出是否形成一定的社会资本,购买性支出又可以分为经常性支出和投资性支出。购买性支出是一种实质性支出,直接形成社会需求和购买力,是国民收入的一个重要组成部分,对整个社会总支出水平具有十分重要的调节作用。特别是政府投资性支出,对社会总需求的乘数效应显著,对扩大社会总需求、增强社会生产力的效果十分明显。因此,在经济陷入衰退时,可以通过扩大政府购买性支出有效增加社会总需求,在经济高涨时,可以通过减少政府购买性支出以抑制通货膨胀,从而达到调节经济的目的。

转移性支出,指政府根据一定规则将公共资金无偿转移给一些个人和组织,而不取得相应的商品和劳务。转移性支出包括政府对个人的转移支付和对企业的转移支付,转移性支出是一种货币性支出,政府在付出这些货币时并无相应的商品和劳务的交换发生。虽然转移性支出是收入在不同社会成员之间的转移和重新分配,不能算作国民收入的组成部分,但转移性支出仍然是一个重要的财政政策工具。转移性支出可以增加居民、家庭和企业的可支配收入,进而影响居民消费和企业投资,对国民收入同样具有扩张效应。但是,根据我们上一章的分析,转移性支出的乘数效应小于政府购买性支出。

财政收入类政策主要指税收政策。税收是国民收入再分配的一个重要手段,通过政府增税和减税可以调节居民的可支配收入和企业的盈利水平,进而影响居民消费和企业投资,从而达到调节社会总需求的目的。政府通常在经济高涨时采取增税措施抑制通货膨胀;在经济萧条时采取减税政策以抑制经济衰退。

当政府收入不足以弥补政府支出时,就会产生财政赤字。由于现代市场经济国家多不允许政府直接发行货币为财政赤字融资,所以发行公债是弥补赤字的一个重要手段。政府发行公债一方面可以增加财政收入,影响财政收支,另一方面又能对金融市场产生重要影响,影响货币的供求,从而调节社会的总需求水平。

二、按财政政策的扩张性分类

扩张性的财政政策一般表现为积极通过增加政府支出来增加政府渠道的购买能力,通过减税等措施增加非政府渠道的购买能力,从而达到刺激和增加社会需求的目的。其结果是政府预算支出大于预算收入,形成较大规模的财政赤字,或者预算盈余的大幅度减少。扩张性财政政策的出发点是刺激社会需求,促进经济增长。因此,这种政策只能在社会需求不足、供给相对过剩的条件下使用。

紧缩性的财政政策一般表现为积极通过压缩政府财政支出来减少流通中的购买力,通过增税抑制社会需求,进而控制经济增长的速度。其结果是预算收入大于预算支出,形成预算盈余,或者财政赤字规模大幅度的减少。紧缩性财政政策的出发点是抑制社会需求,缓解供求矛盾,促进稳定增长。因此,它适宜于在社会总需求膨胀、社会供给相对过剩,经济增长趋于过热的条件下实施。

中性财政政策一般表现为既不通过财政政策扩大社会总需求,也不通过财政政策抑制社会总需求,而是通过执行总体平衡的财政政策,财政赤字或财政盈余保持在一个相对稳定的水平,以改善经济运行质量,保持经济平稳增长,是在经济发展较为平稳时所执行的一种财政政策。

三、按财政政策发挥作用的机制分类

自动稳定的财政政策指通过财政制度的设计,不需要改变财政政策即具有自动稳定经济的作用。主要表现在两个方面,一是累进征收的个人所得税,二是社会保障支出。在累进个人所得税下,经济高涨时,纳税人收入增加,累进所得税的边际税率高,所得税税额相应增加,社会需求相应降低;反之则反。同样,社会保障支出也是如此,经济高涨时,社会保障支付的数额自动减少,以转移支付形式形成的社会需求相应减少;反之则反。因此累进个人所得税和社会保障支出具有自动调节社会需求,抑制经济周期性波动的作用。

相机抉择的财政政策即政府根据经济形势的变化和需要，及时调整财政政策，也称之为斟酌使用的财政政策。虽然财政政策的自动稳定机制可以减小经济波动，但是在经济波动较大时，其调节力度是不足的，还必须及时转变财政政策，有意识地从当时经济运行的反方向加大调控力度。如在经济高涨时，实行紧缩性的财政政策；在经济萧条时，实行扩张性的财政政策。简言之，就是"逆经济风向行事"。这种交替使用的扩张性和紧缩性财政政策，被称为补偿性的财政政策。

四、按照财政预算平衡的目标分类

年度平衡预算政策，要求不管经济形势如何，每个财政年度的收支都平衡。这种观点遭到凯恩斯主义的猛烈抨击。因为在衰退时，税收必然会随收入的减少而减少，这时如果坚持年度平衡预算的观点，那么为了减少财政赤字，只有减少政府支出或者提高税率，其结果将会加剧衰退。因此，年度平衡预算政策很少有国家再坚持使用。

周期平衡预算政策是对年度平衡预算政策的改进，不再坚持每个年度都做到收支平衡，而是要求政府收支在一个经济周期中保持平衡。即在经济衰退时实行扩张性的财政政策，有意安排预算赤字；在经济繁荣时实行紧缩性财政政策，有意安排预算盈余。以繁荣时的预算盈余弥补衰退时的赤字，使整个经济周期的盈余和赤字相抵而实现预算平衡。

功能财政预算政策是对周期平衡预算政策的改进，认为不能机械地用财政预算收支平衡的观点来对待预算赤字和预算盈余，而应从经济周期的需要来利用预算赤字和预算盈余。当国民收入低于充分就业的收入水平时，政府应实行扩张性的财政政策，以实现充分就业；当经济存在通货膨胀缺口时，政府有责任减少支出，增加税收。也就是说，政府为了实现分就业和消除通货膨胀，需要赤字就创造赤字，需要盈余就实现盈余，而不应为实现财政收支平衡妨碍财政政策的正确制定和使用。预算政策的目标不是为了追求政府收支平衡，而应是无通货膨胀的充分就业。

充分就业预算盈余指既定的政府预算在充分就业的国民收入水平，即潜在的国民收入水平上所产生的预算盈余。如果这种盈余为负值，就是充分就业赤字。充分就业预算盈余不同于实际的预算盈余，实际的预算盈余是以实际的国民收入水平来衡量预算状况的，二者的差别就在于充分就业的国民收入与实际的国民收入水平之间的差额。当实际的国民收入水平高于充分就业的国民收入水平时，充分就业预算盈余小于实际预算盈余；反之则反。充分就业预算盈余概念把收入水平固定在充分就业的水平上，消除经济中收入水平周期性波动对预算状况的影响，从而能更准确地反映财政政策对预算状况的影响。同时使财政政策的制定者充分注重充分就业问题，以充分就业为目标确定预算规模，从而确定财政政策。

但是在实际操作中，财政政策的效用和结果比理论上的假定要复杂得多，且财政政策仍是有许多局限性的，如政策时滞，主要表现为认识总需求的变化、变动财政政策以及财政政策效应的发挥都是有一定时滞的，特别是财政政策决策时滞比较长，乘数效应难以确定，外在的不可预算的随机因素也会干扰财政政策的效果，这些都使得财政政策的效果存在一定的不确定性，难以达到预期目标。

主要国家政府赤字占 GDP 的比重

自从凯恩斯理论产生以来,特别是 20 世纪 70 年代的滞胀后,尽管对财政赤字存在很大的争议,但是在一些主要国家,财政赤字似乎越来越成为一种常态。即使在经济高涨年份,很多国家也是存在财政赤字的。特别是在经济萧条时,为了刺激经济增长,各国财政赤字更是急剧增长。表 23.1 是部分 OECD 国家的 2010—2018 年政府净借款占 GDP 的比重。

表 23.1　部分 OECD 国家的 2010—2018 年政府净借款占 GDP 的比重(%)

国家	2010	2011	2012	2013	2014	2015	2016	2017	2018
澳大利亚	2.0	1.9	2.1	1.7	1.8	1.1	1.5	1.5	1.6
奥地利	2.4	1.9	1.2	0.9	1.6	4.5	1.6	1.7	1.5
加拿大	1.6	2.9	0.7	1.1	1.1	0.9	1.5	1.3	1.4
法 国	1.8	1.5	1.6	3.2	4.1	3.6	3.0	2.4	2.7
德 国	1.5	1.3	2.8	3.6	4.0	3.8	3.3	1.5	2.1
希 腊	3.1	3.7	4.4	4.8	5.8	7.4	5.2	3.1	3.7
匈牙利	5.3	2.9	4.1	9.0	7.2	6.4	7.8	9.3	5.0
意大利	1.8	0.9	3.1	3.0	3.5	3.6	4.4	3.4	1.5
日 本	7.4	7.6	6.3	8.0	7.9	6.2	6.7	1.4	2.4
韩 国	2.7	5.4	4.6	5.4	0.4	2.5	3.0	3.6	4.5
波 兰	2.3	3.0	5.1	5.0	6.3	5.7	4.3	3.8	2.0
葡萄牙	2.8	3.0	4.3	2.9	3.0	3.4	6.1	3.9	2.7
西班牙	1.4	1.0	1.7	0.5	0.2	0.4	1.0	2.0	2.2
英 国	5.9	4.7	4.6	4.0	4.7	5.7	4.3	4.7	4.8
美 国	1.9	1.6	2.4	3.8	4.8	4.4	3.3	3.2	3.9
欧洲区	1.4	—	1.8	2.6	3.1	3.0	2.5	1.3	0.6
OECD 合计	2.8	2.2	2.3	3.3	4.0	3.4	3.8	1.9	2.4

注：资料来源于 OECD 数据库,https://stats.oecd.org/Index.aspx#。

第二节　我国宏观财政政策的运用

宏观财政政策也是我国政府调控经济的一个重要工具。20 世纪 90 年代以来,随着我国经济形势的变化,宏观财政政策经历了从适度从紧的财政政策、积极的财政政策、稳健的财政政策再到积极的财政政策的转变,对实现我国经济平稳快速发展发挥了重要作用。

一、我国宏观经济形势的变化

21世纪以来,我国经济经历了较大的波动,经济运行的周期性特点非常突出。表23.2是2000年以来我国主要宏观经济指标的变化。

表 23.2 2000—2019 年我国主要宏观经济指标的变化(%)

年 份	GDP (亿元)	经济增速	居民消费 价格增速	投资增速	消费增速	出口增速
2000	100 280	8.5	0.4	10.3	9.7	27.7
2001	110 863	8.3	0.7	13.0	10.1	6.7
2002	121 717	9.1	−0.8	16.9	11.8	22.4
2003	137 422	10.0	1.2	27.7	9.1	34.7
2004	161 840	10.1	3.9	26.6	13.3	35.3
2005	187 319	11.4	1.8	26.0	12.9	27.6
2006	219 438	12.7	1.5	23.9	13.7	23.9
2007	270 092	14.2	4.8	24.8	16.8	20.7
2008	319 245	9.7	5.9	25.9	21.6	7.2
2009	348 518	9.4	−0.7	30.0	15.5	−18.3
2010	412 119	10.6	3.3	23.8	18.3	30.5
2011	487 940	9.6	5.4	23.8	17.1	15.2
2012	538 580	7.9	2.6	20.3	14.3	5.0
2013	592 963	7.8	2.6	19.1	13.1	6.0
2014	641 281	7.3	2.0	15.2	12.0	4.9
2015	685 993	6.9	1.4	9.8	10.7	−1.9
2016	740 061	6.7	2.0	7.9	10.4	−1.9
2017	820 754	6.9	1.6	7.0	10.2	10.8
2018	900 309	6.6	2.1	5.9	9.0	7.1
2019	990 865	6.1	2.9	5.1	8.0	5.0

注:资料来源于《2019年中国统计年鉴》《中华人民共和国2019年国民经济和社会发展统计公报》。

自1992年以来,我国宏观经济走势大致可以划分为五个阶段:

一是1992—1996年的快速增长时期。由于国家对经济采取治理整顿措施以及政治环境的影响,1990年代初期我国经济陷入低潮。1992年,邓小平的南方谈话提出了"发展才是硬道理"的重要思想,党的十四大的召开明确了社会主义市场经济的发展战略,使我国经济建设和改革进入了一个新的蓬勃发展阶段,我国经济进入新一轮快速增长期。1992—1996 连续 5 年经济增速都保持在 10% 以上,投资、消费需求均快速增长,但是也出现了投资过热和严重的通货膨胀。1994 年的通货膨胀达到 24.1%,是 1980 年以来最高的。

二是 1997—2002 年的缓慢增长时期。随着我国经济调控措施效果的显现,经济增速稳步下降,1997 年经济增速为 9.3%,经济发展质量也有所提高。当年党的"十五大"的召开也为我国经济发展注入了新的动力,但是由于亚洲金融危机的影响,我国陷入了有效需求不足的境地。当年投资、消费、出口增速分别为 5.1%、6.8%、6.1%,同时物价也出现了改革开放以来的首次负增长。经济增速进入一个相对较为缓慢的增长时期,连续 6 年经济增速都低于 10%,1999 最低仅为 7.6%。

三是 2003—2007 年的新一轮较快增长时期。2002 年我国召开了党的十六大,做出了当前我国正面临重大战略机遇期的重大判断,我国经济发展进入了新一轮较快增长时期。2003 年经济增速达到 10%。到 2007 年,已经连续 5 年保持两位数增长,经济运行的质量和效益同 20 世纪 90 年代上半期的那一轮快速增长期相比,都大大提高,经济发展的可持续性也明显增强。但是也出现了局部地区和部分行业投资过快,房地产市场价格持续上涨,石油、土地等能源资源供应紧张,进出口贸易结构性失衡,货币市场流动性过剩等一系列问题,宏观调控压力增大。

四是 2008—2013 年,我国的经济增速出现了较大波动。由于全球金融危机的影响,2008 年我国经济增速出现了快速下滑,经济增速逐季回落,一、二、三、四季度经济增速分别为 10.6%、10.1%、9.0%、6.8%,第四季度的经济增速是 2001 年以来的最低点。全年经济增速为 9%,比上年回落 4 个百分点,是 1992 年以来年度经济增速波动最大的一年。居民消费价格指数也从 2008 年 3 月份上涨 8.3% 转为到年底仅上涨 1.2%,外贸出口更是大幅负增长,是 1990 年以来所没有的情况,国内外经济形势面临严峻挑战。为此,我国政府实施了积极的财政政策,最终稳住了经济波动的压力,保持国内经济稳定向前发展。在这个时期,我国的经济增长发生了根本性转换,告别了过去 30 多年平均 10% 左右的高速增长。

五是 2014 年开始的经济新常态时期,新常态就是不同以往的、相对稳定的状态。这是一种趋势性、不可逆的发展状态,意味着中国经济已进入一个与过去 30 多年高速增长期不同的新阶段。尽管年均经济增速放缓,我国仍将保持在 6%～8% 的中高速。与中国从 1978 年到 2010 年年均增长 9.9% 的高速增长阶段相比较,年均增长速度大概回落 2～4 个百分点。但与世界其他国家或全球经济增长速度相比,这一增长速度仍处于领跑状态。这一阶段,中国经济呈现出新常态,主要表现为从高速增长转为中高速增长,经济结构优化升级,从要素驱动、投资驱动转向创新驱动。

2020 年,由于新冠肺炎疫情冲击,我国经济增长放缓,仅增长 1.7%。2021 年我国经济增长 8.1%,继续在全球主要经济体中名列前茅。

为了促进我国宏观经济的持续平稳健康协调发展,国家不断加强对宏观经济的调节。财政政策是一个重要的工具,国家应当根据不同经济形势,采取了不同的宏观财政政策。

二、适度从紧的财政政策（1993—1997 年）

针对 1993 年我国出现的经济过热问题，我国 1993 年下半年开始采取适度从紧的财政货币政策，以实现经济的"软着陆"，即在不使经济出现巨大滑坡的情况下，成功治理通货膨胀。适度从紧的财政政策主要内容如下。

一是严格控制财政支出。一方面，削减基建投资，国家计委要求各地区和各部门重新审查自己的投资计划。同时，暂停新上投资项目，缓建或停建不符合国家产业政策的在建项目和没有"市场潜力"及资金来源不确定的在建项目以及停建豪华办公大楼、别墅和赛马场。另一方面，削减行政开支，主要是行政费用。地方政府对行政费用必须严加管理，国家为了控制支出还进行了政府机构改革。从 1993 年到 1997 年，除了 1994 年外，5 年中有 4 年财政支出的增长速度都低于财政收入的增长速度。

二是保持财政收支基本平衡，将财政赤字控制在较低水平。1993 年我国财政赤字为 293 亿元，1994 年财政赤字的明显上升主要是由于赤字统计口径的变化。1994—1997 年我国的财政赤字分别为 574 亿元、581 亿元、529 亿元、582 亿元，基本没有增长，财政赤字占 GDP 的比重逐年下降。同时国家还改革了财政赤字的弥补方式。从 1995 年开始，我国不再允许通过向人民银行透支弥补财政赤字，所有财政赤字都必须通过发债来解决，也不允许地方财政发债。具体情况如表 23.3 所示。

三是加快建立新的税收体系。1993 年初，我国出台了一系列新的税收政策，于 1994 年实施，也就是我们所说的新税制改革。新税制实行生产型的增值税，还对一部分消费品开征较高的消费税，新开征了土地增值税，加强固定资产投资方向调节税的征管，同时禁止地方政府未经授权给予国有企业和外资企业税收优惠。这些都对抑制投资和消费需求增长过快发挥了积极作用。

表 23.3　1990—2019 全国财政收支及中央财政预算赤字（亿元）

年　份	全国财政支出	全国财政收入	全国财政赤字	中央财政预算赤字	地方财政预算赤字
1990	3 083.6	2 937.1	146.5	110.5	39.9
1995	6 823.7	6 242.2	581.5	664.4	43.0*
2000	15 886.5	13 395.2	2 491.3	2 598.2	98.9*
2005	33 930.3	31 649.3	2 281.0	2 999.6	919.5*
2010	89 874.2	83 101.5	6 772.7	8 000.0	2 000.0
2011	109 247.8	103 874.4	5 373.4	6 500.0	2 000.0
2012	125 953.0	117 253.5	8 699.5	5 500.0	2 500.0
2013	140 212.1	129 209.6	11 002.5	8 500.0	3 500.0
2014	151 785.6	140 370.0	11 415.5	9 500.0	4 000.0

（续表）

年　份	全国财政支出	全国财政收入	全国财政赤字	中央财政预算赤字	地方财政预算赤字
2015	175 877.8	152 269.2	23 608.5	11 200.0	5 000.0
2016	187 755.2	159 605.0	28 150.2	14 000.0	7 800.0
2017	203 085.5	172 592.8	30 492.7	15 500.0	8 300.0
2018	220 904.1	183 359.8	37 544.3	15 500.0	8 300.0
2019	238 858.4	190 390.1	48 468.3	18 300.0	9 300.0

注：从1994年开始债务收入不再列入财政收入，2000年开始财政支出中包括国内外债务付息支出，财政赤字统计口径的变化对财政赤字的规模有所影响。* 表示该项数据为结余或结转，并非赤字。资料来源于《2019年中国统计年鉴》和历年财政部关于中央和地方预算执行情况报告。

应该说，我国"软着陆"的经济宏观调控政策还是非常成功的。严重的通货膨胀从1995年开始得到了抑制，该年的全国商品零售价格指数比上年回落了6.9个百分点，而同期的国内生产总值仍维持了10.9%的较高增长速度，基本实现了国民经济的"软着陆"。我国经济环境得到明显改善，经济增长质量显著提高。

三、开始实施积极的财政政策（1998—2004年）

1997年亚洲爆发了金融危机。为了防止经济进一步下滑，在货币政策效果不是很明显的情况下，我国从1998年6月开始实行积极财政政策，主要措施如下。

一是增发国债，加强基础设施建设。1998年8月，第九届全国人民代表大会常务委员会第四次会议通过了财政预算调整方案，国家财政定向向中国工商银行、中国农业银行、中国银行和中国建设银行这四大国有商业银行发行1 000亿元国债用于基础设施建设，重点用于农林水利、交通通信、城市基础设施、城乡电网改造等项目建设，并希望由此带动1 000亿元银行配套建设贷款的发放。同时，定向募集2 700亿元特种国债注入国有商业银行补充其资本金，为扩张性货币政策的实施奠定优化的资产结构基础。1999年初，我国政府发行了500亿元长期国债，用于基础设施建设，并且加强了国债资金的管理工作。1999年年中，根据经济发展需要，我国又增发了600亿元长期国债专项用于固定资产投资，包括技术改造项目贷款的贴息、支持传统工业的技术改造和设备更新，推动产业结构升级。其后几年，我国每年都通过长期国债的发行拉动投资，长期建设国债规模如图23.1所示。

二是调整税收政策，以支持出口、吸引外资以及减轻企业负担。为支持外贸出口，我国分批提高了纺织原料及制品、纺织机械、煤炭、水泥、钢材、船舶和部分机电、轻工产品的出口退税率，对一般贸易出口创汇实行贴息的办法，有力促进了外贸出口。同时，调整了进口设备税收政策，降低了关税税率，对国家鼓励发展的外商投资项目和国内投资项目，实行了在规定的范围内免征关税和进口环节增值税，以鼓励引进国外先进技术设备，扩大利用外资。针对居民储蓄存款增长过快、消费增长缓慢情况，我国于1999年11月1日开征了存款利息税。为了刺激投资，从1999年7月1日起，我国对固

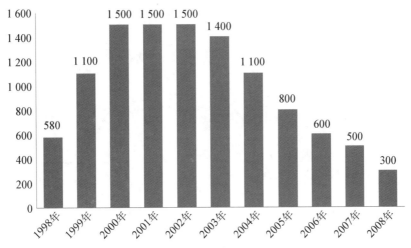

注：资料来源于1998—2008年的预算报告。

图23.1　1998—2008年我国长期建设国债发行情况（亿元）

定资产投资方向调节税减半征收,对于符合国家产业政策的技术改造项目的国产设备投资,可以按照40%的比例抵免企业所得税,2000年取消了固定资产投资方向调节税。同时,加大清理整顿收费,减轻企业社会负担。从1999年从8月1日起,对涉及房地产的营业税、契税、土地增值税给予一定的减免。

　　三是调整收入分配政策,增加社会保障、科教、农业等重点领域支出。1999年7月1日,为了提高城镇居民收入水平,我国将国有企业下岗职工基本生活费水平、事业保险金水平、城镇居民最低生活保障水平提高30%;增加机关事业单位在职职工工资和离退休人员养老金标准;一次性补发1999年6月底前拖欠的企业离退休人员统筹项目内的养老金;提高部分优抚对象标准等。加快完善企业职工基本养老保险、基本医疗保险等制度改革,加大财政对社会保障的支持力度。2001年4月和10月国家先后2次增加了机关事业单位职工工资。2002年7月1日,国家再次提高企业离退休人员基本养老金水平,并重点照顾退休早、基本养老金偏低的老工人、军队转业干部、原工商业者;再次提高了在乡老复员军人优抚待遇和新中国成立初期参加革命的老干部退休待遇水平。同时,国家加大科技教育投入,决定中央财政本级支出中教育经费所占比例从1998年起连续5年每年都比上年提高1个百分点。还推进农村税费改革,切实减轻农民负担。

　　四是实行赤字财政政策。由于积极财政政策的实施,我国财政赤字增长迅速。根据形势需要,1998—2000年连续3年全国人大在年中时调整了年初的财政赤字预算规模,因此中央财政赤字预算执行数高于年初预算数。年初中央财政预算赤字及其占GDP的比重如图23.2所示,可以看出,1998年以后中央财政预算赤字占GDP的比重显著上升,2000年最高达到2.6%,如果按照经济普查前的GDP计算,已经超过3%公认的国际警戒线水平。

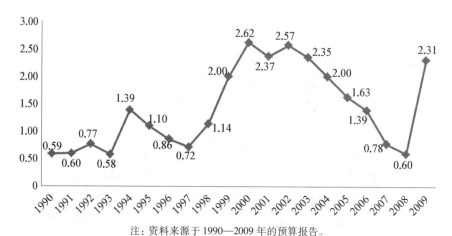

注：资料来源于 1990—2009 年的预算报告。

图 23.2　1990—2009 年中央财政预算赤字占 GDP 的比重（%）

　　积极财政政策对推动我国经济平稳发展发挥了重要作用。一是拉动了经济增长。国家发行长期建设国债，有效地带动了地方、部门和企业投入配套资金和银行贷款。据测算，1998—2002 年国债项目拉动经济增长分别为 1.8、2.0、1.7、1.5、2.0 个百分点。二是改善了人民生活。国家和政府完善了国有企业下岗职工基本生活保障、失业保险和城镇居民最低生活保障"三条保障线"制度，提高了保障标准，确保国有企业下岗职工基本生活费和离退休人员基本养老金按时足额发放。三是优化了经济结构。通过税费改革和财政支出结构的调整，促进了技术创新和高新技术产业的发展，提高了我国经济的国际竞争力。四是增加了就业岗位。由于国债资金主要是投向于基础设施等劳动密集型的建设项目，因此积极财政政策为下岗职工和农村剩余劳动力创造了许多就业机会，对我国缓解就业压力发挥了重要作用。五是办成了一大批多年想办而没有办成的大事。实施了西部大开发战略，以解决我国区域经济发展不平衡问题，开展了西气东输、西电东送、青藏铁路、南水北调、国家储备粮库、江河治理和生态建设等重大项目和重大基础设施的建设，这些都对我国经济发展具有全局意义和长远意义。

四、稳健的财政政策（2005—2008 年）

　　2004 年以后，随着我国经济的快速增长，也出现了投资过快问题，外贸进出口结构问题失衡也比较突出。根据我国经济形势的变化，在继续实行稳健的货币政策的同时，国家决定从 2005 年起实行稳健的财政政策，其主要内容如下。

　　一是控制中央财政赤字，压缩长期建设国债规模。从 2005 年起中央财政预算赤字连续 3 年下降，2007 年中央财政预算赤字为 2 450 亿元，实际只有 2 000 亿元，全国财政收入更是 20 年来首次实现了 1 540 亿元的盈余。2008 年中央财政预算赤字为 1 800 亿元，比 2007 年减少 650 亿元，预算赤字占 GDP 的比重大幅下降，只有 0.6%，是近 10 年来的最低水平，如图 23.2 所示。长期建设国债规模也从 2004 年的 1 100 亿元下降到 2008 年的 300 亿元，如图 23.1 所示，也是近 10 年来的最低水平。同时，为了保证原有重点建设项目的顺利完成，还相应增加了预算内的基本建设支出。

二是通过税收政策加强对房地产等行业的调控,改善经济结构。我国自 2005 年 6 月 1 日起,对个人购买住房不足 2 年转手交易的,销售时按其取得的售房收入全额征收营业税;个人购买普通住房超过 2 年(含 2 年)转手交易的,销售时免征营业税;对个人购买非普通住房超过 2 年(含 2 年)转手交易的,销售时按其售房收入减去购买房屋的价款后的差额征收营业税。自 2006 年 6 月 1 日起,将个人转让普通住房销售时征收营业税延长到 5 年。自 2006 年 8 月 1 日起,对出售住房所得恢复征收 20% 的个人所得税。降低或取消部分高能耗、高污染、低附加值产品的出口退税率,提高我国外贸增长质量。自 2006 年 4 月 1 日起,国家对消费税的税目和税率进行了 1994 年以来最大规模的有增有减的调整。调整了资源税政策。调整部分产品的出口退税率,扩大了"高耗能、高污染"产品取消出口退税和降低退税率的范围,同时增补加工贸易禁止类商品目录,对部分"高耗能、高污染"产品加征出口关税,降低部分资源性产品进口关税。

三是运用财政政策缓解经济中流动性过剩问题。2007 年,国家发行 1.5 万亿元的特别国债,用特别国债所购的外汇作为国家外汇投资公司的资本金来源,由其进行境外实业投资和金融产品组合投资。为了防止资金过多进入股市集聚金融风险,我国于 2007 年 5 月 30 日提高了证券交易印花税,从 1‰提高到 3‰。在连续提高存款准备金率和提高利率的情况下,2007 年 6 月全国人大还授权国务院停征、减征、免征利息税。

四是加大对农业、科技、社会事业等领域的投入,着力加强经济社会发展的薄弱环节。中央财政超收收入除按有关法律、法规和财政体制规定,增加对地方税收返还、一般性转移支付、民族地区转移支付外,主要用于加强经济社会发展薄弱环节的支出和解决历史欠账。

五是利用中央财政增收收入,建立了中央预算调节基金。为更加科学合理地编制预算,保持中央预算的稳定性和财政政策的连续性,2006 年我国安排 500 亿元新建立中央预算稳定调节基金,2007 年安排 1 032 亿元,专门用于弥补短收年份预算执行收支缺口。这样,中央财政收入预算可以由财政部在征求征管部门意见的基础上编制,不再与征管部门编制的征收计划直接挂钩。中央预算稳定调节基金的安排使用纳入预算管理,接受全国人大及其常委会的监督。

五、再次实施积极的财政政策(2009—2013 年)

2008 年下半年,国际金融危机对我国经济的影响充分显现,出口和利用外资大幅下滑,就业压力增大,经济增速显著放缓。针对新的国内外经济形势的变化,我国宏观调控政策的方向发生了重大改变。2008 年第四季度,我国再次开始实施积极的财政政策,主要体现在以下五个方面。

一是扩大政府公共投资,着力加强重点建设。中国及时推出了 4 万亿投资计划,在 2008 年年末增加安排保障性住房、灾后恢复重建等中央政府公共投资 1 040 亿元的基础上,2009 年中央政府公共投资安排 9 080 亿元,增加 4 875 亿元。其中,农业基础设施及农村民生工程建设 2 081 亿元,保障性住房建设 493 亿元,教育、医疗卫生等社会事业建设 713 亿元,地震灾后恢复重建基金 1 300 亿元,节能减排和生态建设 680 亿元,支持企业自主创新、技术改造及服务业发展 452 亿元,铁路、公路、机场和港口等基础设施建设 2 317 亿元。

二是推进税费改革,实行结构性减税。结合改革和优化税制,实行结构性减税,减轻企业和居民税收负担,扩大企业投资,增强居民消费能力。全面实施消费型增值税,减轻企业税负,促进企业增加自主创新和技术改造投入。实施成品油税费改革,公平税费负担,推动节能减排。取消和停征 100 项行政事业性收费。调高部分产品出口退税率、取消和降低部分产品出口关税、降低证券交易印花税税率并改为单边征收、暂免征收储蓄存款和证券交易结算资金利息个人所得税、降低住房交易税收等。

三是提高低收入群体收入,大力促进消费需求。调整国民收入分配格局,增强居民消费能力,扩大消费对经济增长的拉动效应。充分发挥财税政策作用,增加财政补助规模,重点增加中低收入者收入。进一步增加对农民的补贴,2009 年中央财政安排粮食直补、农资综合补贴、良种补贴、农机具购置补贴四项补贴 1 230.8 亿元,增长 19.4%,支持较大幅度提高粮食最低收购价,增加农民收入。提高城乡低保补助水平,增加企业退休人员基本养老金,提高优抚对象等人员抚恤补贴和生活补助标准,安排资金 2 208.33 亿元。同时,增加财政投入,带动和引导消费需求,实施家电和汽车下乡补贴政策,增加粮食、石油、有色金属、特种钢材等重要物资储备。

四是大力支持科技创新和节能减排,推动经济结构调整和发展方式转变。加大科技投入,中央财政安排科学技术支出 1 461 亿元。促进企业加快技术改造和技术进步,安排 200 亿元技改贴息资金,引导增加银行贷款,重点支持行业振兴规划项目等。增加节能减排投入,安排资金 495 亿元,支持节能技术改造、淘汰落后产能等方面。稳步推进资源有偿使用制度和生态环境补偿机制改革。改革完善资源税制度,促进资源合理利用。扶持中小企业发展,加快产业结构优化升级,提高自主创新能力,推动经济发展方式转变。

六、积极的财政政策要"更加有效"(2014 年至今)

2014 年以前,中央经济工作会议提及财政政策时,使用的提法都是"实施积极的财政政策"。2014 年以后,我国开始实施更加积极的财政政策。以 2019 年为例,更加积极的财政政策主要体现在以下七个方面。

一是实施更大规模减税降费。各级财税部门把落实更大规模减税降费作为实施积极财政政策的头等大事切实抓紧抓好。2019 年 1 月 1 日起实施小微企业普惠性减税、个人所得税专项附加扣除;4 月 1 日起实施深化增值税改革措施,制造业等行业增值税税率从 16% 降至 13%,交通运输业、建筑业等行业从 10% 降至 9%;5 月 1 日起降低社会保险费率。继续清理规范行政事业性收费和政府性基金。从效果来看,2019 年全年减税降费 2.36 万亿元,其中新增减税 1.9 万亿元。

二是支持打好三大攻坚战。① 大力支持脱贫攻坚。中央财政补助地方专项扶贫资金 1 261 亿元,增长 18.9%,进一步向"三区三州"等深度贫困地区倾斜,其他相关转移支付和地方政府一般债务额度分配继续向贫困地区、特别是深度贫困地区倾斜。发行易地扶贫搬迁地方政府一般债券 1 294 亿元。② 积极支持污染防治。将污染防治攻坚作为重点保障和优先支出领域。扩大北方地区冬季清洁取暖试点范围。继续实长江经济带生态保护修复奖励政策。对符合条件的从事污染防治的第三方企业减按15%的税率征收企业所得税。积极推动设立国家绿色发展基金。③ 防范化解财政金融风险。统筹做好地方政府债券发行使用和风险防控工作。在各方共同努力下,地方政府隐性债务风险得到有效防范。2019 年地方政府债券共发行 43 624 亿元,到期偿还债券本金 13 152 亿元,支付利息 6 567 亿元,年末地方政府债务余额 213 098 亿元,控制在全国人大批准的余额限额 240 774 亿元以内。

三是支持深化供给侧结构性改革。① 推动制造业高质量发展。将适用固定资产加速折旧优惠的行业范围扩大至全部制造业领域。巩固"三去一降一补"成果,及时拨付专项奖补资金 20 亿元,支持提前完成钢铁、煤炭等重点行业去产能目标。② 推进科技创新能力建设。2019 年,中央一般公共预算本级科学技术支出 3 516.2 亿元,增长 12.5%,支持提升科技支撑能力和科技重大专项加快攻坚。③ 激发市场主体活力。新增支持 58 个开发区提升各类载体市场化专业化服务水平,打造不同类型双创载体。发挥国家新兴产业创业投资引导基金作用,累计支持超过 5 100 家创业企业。支持 59 个市(州、区)开展深化民营和小微企业金融服务综合改革试点。

四是促进扩大投资消费需求。2019 年下达中央预算内投资资金 5 776 亿元,重点支持保障性安居工程、"三农"建设、重大基础设施建设、创新驱动和结构调整、社会事业和社会治理、节能环保与生态建设等方面。新增地方政府专项债券 21 500 亿元,较2018 年增加 8 000 亿元。加大对养老、托育、家政等社区家庭服务业的税费优惠力度,推动文旅休闲消费提质升级。支持新能源汽车推广应用,对新能源公交车运营给予补贴,对地方建设充电基础设施给予奖励。开展电子商务进农村综合示范,实现国家级贫困县全覆盖。对农产品供应链体系建设给予补助,重点支持农产品产后商品化处理设施建设和农产品冷链物流发展。

五是促进城乡区域协调发展。① 支持实施乡村振兴战略。下达农田建设补助资金 671 亿元。及时拨付生猪调出大县奖励和非洲猪瘟强制扑杀补助资金。进一步完善农机购置补贴政策。加大产粮大县奖励力度。将农村饮水工程维修养护经费纳入中央财政支持范围,重点对中西部地区给予补助。② 推动实施重大区域战略。制定实施有针对性的财税政策,支持粤港澳大湾区建设,深入推进新时代东北振兴,加强长江经济带环境保护。深入研究推进京津冀协同发展、长江三角洲区域一体化发展等国家重大区域发展战略,以及推进雄安新区建设、黄河流域生态保护和高质量发展、中部地区崛起的有关财政支持政策。研究制定海南自由贸易港财税政策制度体系。较大幅度增加中央对地方转移支付规模,并重点向中西部和困难地区倾斜,进一步提升区域间基本公共服务均等化水平。

六是稳步提高基本民生保障水平。① 促进扩大就业。中央财政就业补助资金支出 539 亿元,增长 14.9%。从失业保险基金结余中拿出 1 000 亿元支持职业技能提升。提高自主就业退役士兵和重点群体创业就业税额扣减额度,扩大享受政策优惠的企业范围。② 持续加大财政教育投入。巩固城乡统一、重在农村的义务教育经费保障机制。启动实施义务教育薄弱环节改善与能力提升工作,加快消除城镇"大班额"问题。

设立中等职业教育国家奖学金,扩大高职院校奖助学金覆盖面、提高补助标准。③ 提高养老保障水平。推进养老保险省级统筹。养老保险基金中央调剂比例提高至3.5%,22 个中西部地区和老工业基地省份全年受益 1 512 亿元。扎实推进划转部分国有资本充实社保基金工作,中央层面完成划转企业 81 家,划转国有资本总额 13 264 亿元。④ 推进健康中国建设。推动全面建立城乡统一的居民基本医疗保险制度,居民医保人均财政补助标准增加 30 元。降低并统一大病保险起付线,报销比例提高到 60%。将基本公共卫生服务经费人均补助标准提高到 69 元,支持地方做好各类健康服务项目。⑤ 强化民生政策兜底。继续提高城乡低保等社会救助水平和优抚对象等人群的补助标准,出台退役士兵社会保险断保接续等解困政策。⑥ 加大基本住房保障力度。支持棚改开工建设 316 万套,建档立卡贫困户等四类重点对象农村危房改造 135.5 万户,27 个地区改造老旧小区 352 万户、3.2 亿平方米。开展中央财政支持住房租赁市场发展试点。⑦ 推动文化体育事业发展。中央补助地方公共文化服务体系建设专项资金支出 147 亿元,增长 14%。持续推进全国 5 万余个博物馆、纪念馆、图书馆等公共文化设施向社会免费开放。

七是深入推进财税体制改革。① 进一步理顺中央和地方财政关系。积极推进分领域中央与地方财政事权和支出责任划分改革。推进中央与地方收入划分改革,保持增值税"五五分享"比例稳定,调整完善增值税留抵退税分担机制,明确后移消费税征收环节并稳步下划地方。② 完善预算管理制度。加大政府性基金预算与一般公共预算统筹力度,进一步扩大中央国有资本经营预算实施范围。持续推进国债管理市场化改革。进一步深化政府采购制度改革。③ 着力推进税制改革。完善增值税制度,初步建立综合与分类相结合的个人所得税制度。研究逐步健全稳定、可持续的地方税体系。④ 积极推动国资国企改革。向全国人大常委会报告全国国有资产管理总体情况。积极推动组建国有资本投资、运营公司,推动完成中国国家铁路集团有限公司、中国邮政集团有限公司改制。进一步理顺国有金融资本管理体制。

专栏23-2

积极财政政策与新发展格局

"加快形成以国内大循环为主体、国内国际双循环相互促进的新发展格局",是中央基于国内发展形势、把握国际发展大势作出的重大科学判断和重要战略选择。这是一项系统工程,既涉及国内也涉及国际,既包括供给侧也包括需求侧,需做好整体谋划和统筹安排,充分发挥积极财政政策的重要作用。

第一,充分发挥积极财政政策在常态化疫情防控和经济社会重振中的双保障作用。2020 年,面对突如其来的疫情,我国加大宏观政策应对力度,发挥积极财政政策的主动作用,加大财政支出力度,全国财政赤字 37 600 亿元,占 GDP 比重超过 3%,比 2019 年增加10 000 亿元,此外还安排 10 000 亿元抗疫特别国债和 37 500 亿元地方政府专项债务。

第二,充分发挥积极财政政策完善国内大循环体系的保障作用,继续实施减税降费政策。围绕做好"六稳"工作、落实"六保"任务。继续减税降费、减租降息,确保各项纾困措施直达基层、直接惠及市场主体。加大减税降费力度,强化阶段性政策与制度性安排相结合,重点减轻中小微企业、个体工商户和困难行业企业税费负担。

第三,充分发挥积极财政政策在扩大国内消费和投资中的双拉动作用,为居民消费升级创造条件。在诸多利好政策中新增的 1 万亿元财政赤字和 1 万亿元抗疫特别国债全部转给地方,资金直达市县基层、直接惠企利民,不允许截留挪用。一方面,着力提高城乡居民的收入水平,特别是加大对中低收入群体的就业支持和收入补贴力度,稳定居民和企业预期,打通制约居民消费和企业投资的痛点堵点,推动消费尽快恢复和有效投资加快释放。另一方面,积极扩大优质商品和服务进口,满足国民不断升级的消费需求,并通过发挥超大规模市场作用为遭受重创的世界经济创造有效需求,形成国际循环。

总体来看,20 世纪 90 年代以来,我国政府利用宏观财政政策调控经济的水平和能力不断增强,财政政策的效果是显著的,对我国经济的发展发挥了重要作用。作为发展中国家,政府应该避免对扩张性的财政政策和债务的过度依赖,制定中长期的财政收支计划仍是必需的。

第三节　政府经济干预方式的转变

改革开放以来,中国经济现代化发展所取得的伟大成就最为世人瞩目。这主要得益于以市场化为取向的经济体制转型改革的成功,不断改革原有的计划经济体制,逐步发挥市场对资源的基础配置作用,政府对经济的干预方式发生了重大转变。

一、经济体制实现了从高度集中的计划经济向市场经济转变

改革开放前,中国实行的是指令性的计划经济体制,政府计划是配置资源的主要手段。政府的作用渗透到经济的方方面面,企业没有生产经营自主权,企业生产什么、产品定价、企业利润如何分配等都由政府决定。

改革开放以后,中国的市场经济进程是渐进的,可以大致划分为三个阶段。20 世纪 80 年代是中国对市场经济的初步探索阶段。1982 年中国提出了"计划经济为主,市场调节为辅",1983 年提出了中国要发展"有计划的商品经济",其后又提出"有计划的商品经济体制应该是计划与市场内在统一的体制"。随着对市场作用认识的转变,政府逐渐放松了对价格的控制,注重发挥价格在资源配置方面的作用,向企业下放权限,调动企业的积极性。但是总体来看,这一时期政府计划对经济的影响仍然很大,市场的作用相对而言是十分有限的。

20 世纪 90 年代是中国社会主义市场经济正式提出和基本确立阶段。1992 年初,面对中国经济发展面临的体制机制性矛盾,中国改革开放的总设计师、伟大领导人邓小平提出了社会主义市场经济理论。同年,中国正式确定了建立社会主义市场经济体

制的改革目标,目的是使市场在国家宏观调控下对资源配置起基础性作用。并于1993年将社会主义市场经济写入中国宪法,中国经济正式进入市场经济阶段。其后,中国不断减少政府对经济的直接干预,推动发展了证券、期货等资本市场,初步形成了多种层次、比较完备的市场体系,收缩国有经济的规模,探索对国有企业建立现代企业制度,市场的作用得到更大的发挥,市场经济体制基本确立。

21世纪是中国市场经济进一步完善阶段。2001年,经过10多年的艰苦努力,中国加入了世界贸易组织(WTO),这对中国建立与国际经济接轨的市场经济体制提出了更高的要求。2002年,中国提出要建成完善的社会主义市场经济体制,2003年出台了完善社会主义市场经济体制若干问题的决定,中国市场经济建设进入了一个新的发展阶段。在资本市场和土地、技术等要素市场快速发展的同时,国有企业改革取得重要进展,政府职能进一步转变,着力打造服务政府、责任政府、法治政府,减少政府对经济的直接干预。

二、中国特色的社会主义市场经济模式的确立

由于政治、经济、文化、历史传统、发展阶段等方面的差异,不同国家所采取的市场经济模式是不完全相同的。按照政府作用的大小,世界市场经济主要有以美国为代表的自由市场经济模式、以德国为代表的社会市场经济模式、以日本为代表的政府主导型市场经济模式、以中国为代表的社会主义市场经济模式等几种类型。

经过四十多年的探索,中国建立了社会主义市场经济体制,走出了一条既不同于东欧转轨国家,也不同于西方传统资本主义国家的具有中国特色的社会主义市场经济模式,取得了巨大的经济成功,中国的这种经济模式被称为中国社会主义市场经济模式。中国社会主义市场经济模式把社会主义制度的优越性和市场经济的优势结合起来,证明社会主义和市场经济是可以兼容的,表现为在对外开放上,在积极利用外国资金、技术、管理经验的同时,又强调结合中国国情不盲目照搬,实现改革和开放的良性互动;在所有制结构上,在鼓励个体、私营和其他非公有制发展,形成多种所有制共同推动经济发展格局的同时,公有制仍在整个国民经济占据主导作用;在经济运行机制上,在充分发挥市场在资源配置中基础作用的同时,又加强国家宏观调控,建立和完善了国家主导型的市场经济运行机制,保障经济的平稳运行,注重促进社会公平正义。

2004年5月,美国《时代》周刊高级编辑、美国著名投资银行高盛公司资深顾问乔舒亚在英国著名思想库伦敦外交政策中心发表了一篇论文,题为《北京共识》,对中国20多年的经济改革成就作了全面理性的思考与分析。乔舒亚认为,中国的模式是一种适合中国国情和社会需要、寻求公正与高质增长的发展途径,他把这种发展模式概括为"北京共识",主要包括三方面内容:艰苦努力、主动创新和大胆试验;坚决捍卫国家主权和利益;循序渐进、积聚能量。乔舒亚指出,中国的经济发展模式不仅适合中国,也是适于追求经济增长和改善人民生活的发展中国家效仿的榜样,对全世界那些正苦苦寻找不仅发展自身,而且还要在融入国际秩序的同时,又真正保持独立和保护自己生活方式和政治选择出路的国家来讲,中国提供了新路。"北京共识"提出后,在国际

上产生了热烈反响,大有取代20世纪90年代在国际上盛行的"华盛顿共识"①之势。

专栏23-3

市场经济的其他几种模式

以美国为代表的自由市场经济模式。自由市场经济模式强调在个人、企业等市场经济主体间按市场规律开展相对完全的自由竞争,反对政府对进行过多的干预。在自由市场经济模式下,国有经济的比重较低。如美国国有经济仅占全国经济比重的2%,国家所有制企业在全国资本构成中的比重不到10%。政府对经济的管理突出显现为宏观间接管理,主要通过制定和实施一系列的宏观经济政策,保证竞争秩序和市场活动的运行。政府很少制定导向型的产业政策和规划,也很少直接干预微观经济活动,对企业的补贴和对个人承担的保障责任都相对较少。如美国的生产、流通、分配、消费等经济环节都以市场调节为主,政府干预居次要地位,政府更重要的角色是充当市场活动的"裁判员",维护市场机制正常运转,保证市场的公平竞争,为企业的经营活动创造良好的外部环境。虽然美国政府也十分注重运用财政和货币等宏观经济政策调解经济活动,促进宏观经济的平稳运行,但是美国政府没有专门从事综合经济规划的机构,也很少制定某一方面的产业政策。美国的市场经济模式也被称为现代市场经济模式。

以德国为代表的社会市场经济模式。社会市场经济模式一方面强调市场竞争,提高经济效率,另一方面,又注重适度干预,通过社会保障制度的建设促进社会公平,力求达到经济效率和社会公平兼顾。这一模式的特点主要体现在三个方面:一是认为市场的灵魂是竞争,但竞争不能采取完全自由的形式,不能以牺牲公平为代价,而应公平竞争;二是为缓和社会矛盾,坚持社会的整体性原则,注重社会保障和社会福利建设,形成了一套完整的社会福利制度;三是虽然也强调国家对经济的宏观管理,但干预的着眼点在于维护社会平衡。因此,社会市场经济是一种理想化的经济模式,其基本原则是既要保证竞争和秩序,又要促进社会发展与公平。用德国经济学家维利的话讲,"社会"的含义是指"一个有效的市场经济体制不仅要完成经济任务,而且还要完成一系列重要的社会保障任务"②。社会市场经济包含两个密不可分的领域:一个是带来经济效率的市场,另一个是提供社会保障、社会公平和社会进步的社会福利政策领域。它是"市场效率和活动与高水平的社会保障之间的结合"。

以日本为代表的政府主导型市场经济模式。政府主导型市场经济模式在强调发挥市场竞争的基础作用的同时,与欧美自由市场经济模式和社会市场经济模式相比,政府干预的力度和作用的范围都很大,注重政府调节和市场机制共同促进经济的发展。日本虽然是一个以私有制为基础、高度竞争的市场经济国家,但是战后日本政府十分注重通过行政干预、经济计划和产业政策等方式对经济加以引导。有选择地进行政府干预,是其战后经济

---

① "华盛顿共识"是20世纪90年代初期世界银行提出的指导拉美国家应对高通胀和债务危机的经济改革政策,核心是主张经济私有化、自由化和透明化,后来人们将这些观点称之为"新自由主义的政策宣言"。但是这种模式在阿根廷等国的实践结果表明存在严重问题,受到广泛批评。

② 维利·克劳斯.社会市场经济[M].张仲福译,重庆:重庆出版社,1995.

保持高速发展的一个重要因素,因此受到各方面的肯定。在政府的支持下,日本形成了很多大型企业集团,政府与这些大型企业关系密切。为了保护本国经济,日本政府对市场开放的管制也较多。为了推动国家重点扶持的产业的发展,如钢铁、汽车等,日本政府制定了系统的产业政策,通过税收、财政补贴、金融信贷等于大力支持。此外,日本政府还先后制定了十多个中长期经济计划,引导经济发展。

三、宏观调控下的市场经济

为了保持国民经济的持续平稳较快发展,实行有效的政府调控,是我国社会主义市场经济模式的一个重要特征。在充分发挥市场在资源配置中基础作用的同时,中国十分注重政府的宏观调控,将市场的在资源配置中的微观活力与政府的宏观调节有效结合起来,建立和完善了国家主导型的市场经济运行机制。

针对经济社会发展中出现的问题,为了保证经济的稳定运行,及时解决经济运行中出现的新情况和新问题,我国十分注重市场经济条件下的宏观管理,建立和健全宏观经济运行机制。政府对宏观经济的管理可以划分为两个阶段。

一是 1992 年之前,宏观经济调控以行政和计划手段为主。在这一阶段,由于市场机制不健全,虽然国家试图引进财政、货币、价格等经济手段,但是政府对宏观经济的管理主要是通过行政手段和计划手段来进行的,宏观调控的主要任务是治理通货膨胀。如改革开放初期,由于国民经济比例失调的问题比较严重,在 1980 年底召开的中央工作会议上,决定从 1981 年起对国民经济实行进一步调整。当时的主要调控措施主要是行政和计划手段,包括强制控制财政支出,强制控制信贷投放,停建、缓建一批项目,严格控制新项目上马,制止乱涨价。1987 年,经济过热的势头再次显现。国家从 1988 年实施了以"治理经济环境、整顿经济秩序"为主要内容宏观调控,1989 年决定进一步治理整顿和深化改革,主要是紧缩财政和信贷,压缩社会总需求,整顿经济秩序,对投资和消费实行力度较大的全面紧缩。

二是 1992 年之后,宏观经济调控以经济和法律手段为主。随着市场经济体制的建立和完善,政府对宏观经济的管理主要是通过经济手段来进行的,形成了多层次的宏观调控体系。在这一阶段,虽然仍保留了一些行政和计划手段,但是政府对宏观经济的管理主要是通过财政、货币等经济手段来进行的。宏观调控的主要任务从以治理通货膨胀为主,转到应对通货膨胀和通货紧缩交替发生、需求不足、结构失衡以及外部环境变化等更加复杂的经济问题上来。如随着经济形势的变化,宏观经济政策经历了从适度从紧的财政政策和货币政策(1993—1997 年)、积极的财政政策和稳健的货币政策(1998—2004 年)、稳健的财政政策和稳健的货币政策(2005—2007 年)、稳健的财政政策和从紧的货币政策(2008 年前三季度)、积极的财政政策和适度宽松的货币政策(2008 年底—2013 年),到积极有效的财政政策和稳健灵活的货币政策(2014 年至今)的转变,宏观经济调控政策的效果日益明显。

总体来看,改革开放以来,不论是从微观层面,还是从宏观层面,我国政府对经济的干预方式都发生了明显转变,尽管仍存在一些不足,例如市场化程度需要进一步提高,政府对经济的微观干预依然过多,但是通过市场这只看不见的手和政府这只看得见的手二者的相互结合,政府对宏观经济的管理能力日趋成熟。

复习与练习

● **主要概念**

　　财政收入类政策　财政支出类政策　赤字与债务政策　扩张性财政政策　紧缩性财政政策　中性财政政策　财政政策的自动稳定机制　相机抉择的财政政策　年度平衡预算政策　周期平衡预算政策　功能财政预算政策　充分就业预算盈余政策　赤字比率　积极的财政政策　稳健的财政政策　长期建设国债　适度宽松的货币政策　从紧的货币政策　存款准备金率　自由市场经济模式　社会市场经济模式　政府主导型市场经济模式　社会主义市场经济模式　北京共识　华盛顿共识

● **思考题**

　　1. 举例说明什么是财政政策的自动稳定机制,什么是相机抉择的财政政策?

　　2. 年度平衡预算政策与周期平衡预算政策有何不同?

　　3. 功能预算政策与充分就业盈余政策有何不同?

　　4. 20世纪90年代以来我国宏观经济形势是如何变化?

　　5. 2020年,财政部部长刘昆撰文指出积极的财政政策要更加积极有为,那么其中所说的"加减乘除"是什么? 如何聚焦新提出的"六稳"和"六保"?

　　6. 如何评价我国财政政策的效果?

　　7. 分析我国当前宏观经济形势,并讨论下一步我国宏观财政政策的取向应是什么?

　　8. 改革开放以来,我国对经济的干预方式发生了哪些改变?

　　9. 市场经济模式有哪些类型? 如何评价社会主义市场经济模式?

　　10. 2020年突如其来的新冠疫情对全球经济造成严重冲击,全球主要国家采取了哪些财政和货币政策?

人名索引

（按姓氏字母排序）